Wolfgang Benz

IM WIDERSTAND

Wolfgang Benz

IM WIDERSTAND

Größe und Scheitern der
Opposition gegen Hitler

C.H.Beck

Mit 39 Abbildungen

© Verlag C.H.Beck oHG, München 2018
Satz: Janß GmbH, Pfungstadt
Druck und Bindung: Druckerei C.H.Beck, Nördlingen
Umschlaggestaltung: Kunst oder Reklame, München
Umschlagabbildung: Ein Arbeiter (vermutlich August
Landmesser) verweigert den Hitlergruß beim Stapellauf des
Schulschiffes «Horst Wessel», Blohm + Voss-Werft,
Hamburg, 1936 © Scherl/Süddeutsche Zeitung Photo
Gedruckt auf säurefreiem, alterungsbeständigem Papier
(hergestellt aus chlorfrei gebleichtem Zellstoff)
Printed in Germany

ISBN 978 3 406 73345 1

www.chbeck.de

Inhalt

Prolog: Widerstand ohne Volk oder Volk ohne
Widerstand? 9
   Auflehnen gegen die Obrigkeit 9
   Phasen der Hinnahme 15
   Widerstand als Haltung 16
   Definition und Deutung 19
   Handeln gegen das Regime 20

1. **Widerstand gegen den Nationalsozialismus vor Hitlers Machterhalt: Publizisten, Politiker, Künstler, Wissenschaftler** 23
   Kurt Tucholsky, Carl von Ossietzky, Ernst Toller 25
   George Grosz, John Heartfield, Lion Feuchtwanger 29
   Emil Gumbel, Theodor Lessing 32
   Walter Gyßling 34
   Theodor Heuss, Konrad Heiden 35
   Ernst Niekisch, A. Paul Weber, Erich Ohser 38
   Theodor Wolff, Fritz Michael Gerlich 45
   Der Klub vom 3. Oktober 48
   Erich Mühsam, Werner Hegemann, Emil Ludwig 49
   Hans Achim Litten 53
   SPD, Reichsbanner, Eiserne Front 55
   Friedrich Franz von Unruh, Paul Kampffmeyer 60

2. **Statt Hitler lieber einen König:
   Bayerische Monarchisten** 64

3. **Widerstand aus der Arbeiterbewegung** 75
   Die Kommunistische Partei 75
   Verfolgung und Widerstand der Kommunisten Alfred und
   Lina Haag 79
   Die Sozialdemokratische Partei 86
   Gewerkschaften 99
   Linke Sozialisten und rechte Kommunisten 103
   Der Internationale Sozialistische Kampfbund 107
   Illusionen des Widerstands: Volksfront aller Demokraten
   oder wenigstens die Einheitsfront der Arbeiter 111

4. **Misslungenes Aufbegehren: Konservative Opposition
   nach dem Scheitern des Zähmungskonzepts** 117

5. **Der Mann aus dem Volk: Georg Elser** 129

6. **Widerstand von Christen: Anpassung und Kollaboration
   der Kirchen** 156
   Bekennende Kirche und «Deutsche Christen» 162
   «Mit brennender Sorge» 164
   Widerstand aus dem Glauben 168
   Die «Reichskristallnacht» 1938 und das Christentum ... 177
   Die Kirchen und der Krankenmord 181
   Vom Kirchenkampf zum Widerstand 188
   Jehovas Zeugen (Ernste Bibelforscher) 190
   Kirchen und Juden 194
   Das Schuldbekenntnis der Protestanten 205
   Katholische Martyrologie und christliche Barmherzigkeit .. 207

7. Intellektuelle: Die Rote Kapelle 214

8. Jüdischer Widerstand und Rettung von Juden 245
    Selbstbehauptung 245
    Der Protest in der Rosenstraße 255
    Widerstand für Juden 258

9. Nonkonformes Verhalten: Opposition und Widerstand
    der jungen Generation 284
    Edelweißpiraten, Meuten, Swing-Jugend 288
    Junge Arbeiter: Die Herbert-Baum-Gruppe 290
    Widerstand an der Universität: Die Weiße Rose 302
    Die Flugblätter der Weißen Rose 308
    Die Geschwister Scholl 317
    Alexander Schmorell 323
    Willi Graf 327
    Christoph Probst 331
    Kurt Huber 334
    Sympathisierende und Unterstützer 337
    Die Weiße Rose und die Juden 339
    Epigonen in München 343
    Nachhall in Hamburg 350
    Verklärung nach dem Untergang: Der Nachruhm
    der Weißen Rose 352

10. Gesellschaftliche Eliten 355
    Liberale: Der Robinsohn-Strassmann-Kreis 356
    Milieu und Widerstand 359
    Politischer Katholizismus 367
    Konservatives Bürgertum: Johannes Popitz 374
    Einig als Opposition: Der Solf-Kreis 376
    Gelehrte: Der Freiburger Kreis 378
    Carl Goerdelers Weg zum Widerstand 379
    Die Berliner Mittwochsgesellschaft 381

Der Goerdeler-Kreis 382
Der Kreisauer Kreis 388
Staatsziel und Gesellschaftsordnung 394

11. Widerstand von Soldaten **397**
Hitlers Kriegspläne und die Anfänge der Militäropposition . 406
Tyrannenmord: Das verschobene Attentat 407
Unternehmen Sieben 410
Schwarze Kapelle 412
Zentren und Akteure des Widerstands der Offiziere 413
Der 20. Juli 1944 416
Hitlers Rache 425
Das Nationalkomitee Freies Deutschland 430
Kriegsdienstverweigerung und Fahnenflucht als Widerstand 438

12. Widerstand in letzter Stunde **447**
Die Männer von Brettheim 447
Das Kriegsende in Ansbach 452
Aufstand in Dachau 455
Die Freiheitsaktion Bayern 457

Epilog: Widerstand in Deutschland und im Exil **463**

Dank **483**

Anhang
Anmerkungen 487
Literatur 534
Bildnachweis 539
Personenregister 541

Prolog:
Widerstand ohne Volk oder Volk ohne Widerstand?

Auflehnen gegen die Obrigkeit

Wer sich gegen fremde Herrschaft erhebt wie Andreas Hofer 1809 in Tirol gegen Bayern und Franzosen oder der preußische Offizier Ferdinand von Schill, der im gleichen Jahr in Stralsund eine Volkserhebung gegen Napoleon forderte und den Preußenkönig zum Krieg gegen Frankreich zwingen wollte, geht als Freiheitskämpfer in die Geschichte ein. Der Pole Tadeusz Kościuszko gewann im amerikanischen Unabhängigkeitskrieg Ruhm und Ehre, führte 1794 den polnischen Aufstand gegen Preußen und Russland und wird als Nationalheld verehrt; der höchste Berg Australiens trägt den Namen des polnischen Patrioten. Giuseppe Garibaldi und Giuseppe Mazzini wurden im Risorgimento zu Gründern der italienischen Nation, nicht anders Mahatma Gandhi, der im gewaltfreien Widerstand die britische Herrschaft über Indien beendigte. Einmütige Zustimmung ist allen Patrioten sicher, die gegen fremde Usurpatoren und Okkupanten kämpfen, die sich gegen ein Gewaltregime, das von außen kommt, auflehnen und den Heldentod riskieren.

Ganz anders ist es, wenn der Feind kein Fremder ist. Gegen Diktatur aufzustehen und deren Unrecht zu benennen, wenn der «Führer» behauptet, als Diener der Nation zu handeln, seine Taten als notwendig für das Vaterland erklärt, sich als Retter und Erlöser feiern lässt, findet nicht den Beifall der am Regime Mitwirkenden, der Nutznießer, der Claqueure. Widerstand gegen die Obrigkeit findet auch keine Zustimmung bei den Naiven, den Teilnahmslosen, den Betörten und schon gar nicht das Verständnis derer, die die Augen vor Rechtsbruch und Missachtung der Menschenrechte schließen, weil sie von der «Ehre der Nation», dem militärischen Erfolg, dem Triumph über andere Nationen berauscht sind oder einfach den Propagandaphrasen glauben wollen.

Zur Verinnerlichung von Werten wie Ruhe und Ordnung, Gefolgschaft und Treue, Befehl und Gehorsam erzogen, fiel es den Zeitgenossen Adolf Hitlers schwer, sich gegen die Herrschaft des Nationalsozialismus zu wehren. Sie glaubten sich, auch wenn sie in zunehmendem Maße vieles missbilligten, doch einig in der Liebe zum Vaterland und geborgen in einer Volksgemeinschaft, die ihnen als erstrebenswerte Gemeinsamkeit vorgegaukelt wurde. Gegen den äußeren Feind zusammenzustehen war auch erklärten Gegnern des NS-Regimes das erste Gebot. Je länger, desto mehr – aber nie in der nach dem Zusammenbruch behaupteten Unbedingtheit und schon gar nicht von Anfang an – wurde Terror gegen Andersdenkende das Mittel, das Kritiker schweigen ließ.

Wer sich, aus welchen Motiven auch immer, zum Widerstand gegen das NS-Regime entschloss, wählte die Einsamkeit des Außenseiters und nahm das Unverständnis der Mehrheit auf sich. Das änderte sich auch nach dem Ende des «Dritten Reiches» nicht gleich. Ob der Widerstand von Kommunisten überhaupt legitim und ernst zu nehmen sei, wurde im Zeichen des Kalten Krieges im Westen Deutschlands lange diskutiert, während im Osten der Widerstand der KPD Moskauer Observanz mit allen Mitteln glorifiziert wurde, weil er den Neubau von Staat und Gesellschaft legitimieren sollte. Aber auch Graf Stauffenberg und seine Mitverschwörer gegen Hitler mussten lange warten, bis sie als Akteure des 20. Juli 1944 als Helden und nicht mehr als Verräter gesehen wurden. Der Widerstand des Kreisauer Kreises, der Roten Kapelle, des Goerdeler-Kreises, die Militäropposition um Admiral Canaris fanden lange Zeit nicht die Anerkennung, die diese Vertreter des «anderen Deutschland» als moralische Aktiva in der überwiegend negativen Bilanz des Verhaltens deutscher Bürger unter der Diktatur zu beanspruchen hatten. Georg Elser, der schlichte Mann aus dem Volke, der früher als die anderen das Böse erkannte und im Alleingang beseitigen wollte, fand Jahrzehnte nach seiner Tat keine Beachtung, galt als Marionette in fremder Hand oder wunderlicher Einzelgänger, den niemand ernst nahm. Inzwischen steht er in der öffentlichen Wahrnehmung und Wertschätzung etwa auf Augenhöhe mit Claus Schenk von Stauffenberg. Auch die Studenten der «Weißen Rose» in München waren eine kleine einsame Gruppe. Sie wurden aber, wie in anderem Zusammenhang das Mädchen Anne Frank, früh denkmalwürdig. Nicht zuletzt deshalb, weil die Nazi-Barbarei so gegen sie gewütet hatte, dass die Identifizierung mit ihnen – nach dem Ende des Regimes – leicht fiel.

Die Fragen, die der Widerstand der Wenigen auslöst, die ihn als Angehörige der gesellschaftlichen Eliten, als Christen, als Militärs, als Politiker, Bürokraten, als einzelne Bürger geleistet haben, lauten: Warum waren es so wenige, die sich gegen das Gewaltregime aufbäumten? Warum hat es so lange gedauert, bis bei den wenigen die Erkenntnis reifte, die sie zum Handeln trieb? Warum blieb die schweigende Mehrheit bis zum letzten Atemzug des Tyrannen und länger tatenlos? Das sind die Fragen, die dieses Buch stellt.

In der nationalen Euphorie des Jahresbeginns 1933, als Aufbruchstimmung, jedenfalls die Bereitschaft mitzumachen oder mindestens abzuwarten, die politischen Emotionen in Deutschland prägte, tolerierte die Mehrheit die ersten Rechtsbrüche der Hitler-Regierung. Es gab keinen Protest gegen die Übergriffe auf Juden oder Kommunisten, die als patriotischer Überschwang Einzelner ohne Wissen der Machthaber abgetan wurden («Wenn das der Führer wüßte» lautete eine Formel der Selbstbeschwichtigung). Die Verordnung des Reichspräsidenten «zum Schutz von Volk und Staat», die nach dem Reichstagsbrand Ende Februar 1933 erlassen wurde und die pseudolegale Methode der Verfolgung politischer Gegner oder Missliebiger durch «Schutzhaft» einführte, wurde hingenommen. Ebenso das Instrumentarium der «Schutzhaft», die Konzentrationslager, die wie Pilze nach dem Regen aus dem Boden schossen. Das Gesetz «zur Wiederherstellung des Berufsbeamtentums» im April, der Sturm der SA auf die Gewerkschaftshäuser im Mai 1933 und weitere Maßnahmen, die weder durch die Weimarer Reichsverfassung noch durch das «Ermächtigungsgesetz» legitimiert waren, wurden nicht mit Verweigerung, Protest, Demonstration erwidert. Die nachträgliche Beteuerung, man habe nichts machen können, kann aber für die Frühzeit der Koalition aus NSDAP und Deutschnationaler Volkspartei nicht gelten.

Deutliche Regungen des Unmuts, der Verwahrung, der Missbilligung – die von der Hitler-Regierung sogar erwartet wurden – blieben auch aus, als Hitler die Morde anlässlich des sogenannten Röhm-Putsches im Juni 1934 damit rechtfertigte, er habe als «oberster Gerichtsherr» der Deutschen nach uraltem germanischen Recht einschreiten müssen gegen eine Meuterei. Die hatte aber gar nicht stattgefunden. In Wirklichkeit war es die Ausschaltung der SA in Form einer mörderischen Säuberung der eigenen Reihen und die durch die gebotene Gelegenheit mögliche Abrechnung mit Gegnern und Kritikern gewesen. Reichswehrminister Blomberg, der schon im Februar 1934 als Beweis seiner Ergebenheit die «Hoheitszeichen der NSDAP» bei der Wehrmacht eingeführt hatte, erließ am 1. Juli 1934 einen Tagesbefehl, in dem er die «soldatische Entschlossenheit» pries, mit der der Reichskanzler «die Verräter und Meuterer» niedergeschmettert habe. Die Wehrmacht danke ihm dies «durch Hingebung und Treue». Der Vorgang war ungeheuerlich – nicht so sehr, weil das deutsche Volk in seiner Mehrheit die Ereignisse als rettende Kraftanstrengung des Regierungschefs gegenüber der SA und ihres Anführers Ernst Röhm empfand, sondern weil Rechtsempfinden und politische Moral im nationalistischen Taumel von «Deutschlands Erneuerung» so rasch verkümmert waren, dass der Rückfall in den archaischen Zustand der Tyrannei nicht beklagt, sondern freudig begrüßt wurde.

Auch die Reichswehr, die bei dem Massaker zwei hoch angesehene Generale durch gezielten Mord verloren hatte, nahm die Ereignisse hin. Die Kirchen hüllten sich in Schweigen. Und warum hat die Justiz den anschließenden Verfassungsbruch Hitlers toleriert, mit dem er nach dem Tod Hindenburgs das Amt des Reichspräsidenten mit dem des Reichskanzlers vereinigte? Warum hat die Wehrmacht ihn bejubelt? Die letzte Barriere, die Hitler von der unumschränkten Diktatur noch trennte, war der Reichspräsident, weniger als Person, denn Hindenburg lag im Sterben, sondern als Institution, deren Existenz und deren Rechte ausdrücklich vom «Ermächtigungsgesetz» nicht tangiert waren. Am 1. August 1934 suchte Hitler das Staatsoberhaupt noch einmal auf und ließ, nach Berlin zurückgekehrt, ein Gesetz verabschieden, das ihn zum Nachfolger machte: Das Amt des Reichspräsidenten wurde aufgelöst und Hitler die Position «Führer und Reichskanzler» zuerkannt. Das geschah unmittelbar vor Hindenburgs Tod.

Die Befugnisse des «Ermächtigungsgesetzes» waren damit überschritten, aber daran nahm schon niemand mehr Anstoß. Überraschend erklärte Reichswehrminister Blomberg, er habe die Absicht, «unmittelbar nach dem Ableben des Herrn Reichspräsidenten die Soldaten der Wehrmacht auf den Führer und Reichskanzler Adolf Hitler zu vereidigen». Dieser Treueid, der Tage später geleistet wurde, war keine Usurpation der

NSDAP, er war ein freiwilliger Akt devoter Hingabe der Wehrmacht, die endgültige Selbstauslieferung der bewaffneten Macht an den Nationalsozialismus. Aus Dankbarkeit für die Entmachtung der SA? Aus Kalkül, um Hitler an das Militär zu binden, in ähnlicher Fehleinschätzung, wie sie die bereits in der Versenkung verschwundenen Protagonisten des konservativen Zähmungskonzepts Papen, Hugenberg und Konsorten an den Tag gelegt hatten? Hitler jedenfalls war endgültig im Besitz aller Macht. Daran nahm niemand erkennbar Anstoß, obwohl nicht alle Deutschen Nationalsozialisten geworden waren. Widerständiges Verhalten zeigten auch die Gegner der sich etablierenden NS-Diktatur nicht. Beim Boykott jüdischer Geschäfte, Anwaltskanzleien und Arztpraxen am 1. April 1933 zeigten hie und da nichtjüdische Deutsche Anteilnahme und demonstrierten Solidarität mit den Juden. Das war zweifellos eine oppositionelle Haltung. Fünf Jahre später, in der «Reichskristallnacht», waren solche freundlichen Emotionen in der Öffentlichkeit kaum mehr zu bemerken. Weil die Signale einer Opposition ausblieben, als die Diktatur noch nicht gefestigt und das Terrorsystem aus Geheimer Staatspolizei, SS und Konzentrationslager noch nicht etabliert war, wurden widerständige Haltungen immer schwieriger, je weiter die Zeit voranschritt und mit ihr die Gewöhnung an das Regime. Noch etwas später erschwerten außenpolitische und militärische Erfolge und eine Propaganda, die der «Volksgemeinschaft» Errungenschaften einer NS-Sozialpolitik vorgaukelte und allerlei Wohltaten für die Bevölkerung pries, vor allem aber den Führerkult als nationale Apotheose stilisierte, die Anerkennung jeder Art von Opposition. Die Deutschen entwickelten sich mehrheitlich zu Duckmäusern, die zähneknirschend auch alles hinnahmen, was ihnen nicht gefiel, soweit sie nicht in anhaltender blinder Begeisterung oder um individueller Vorteile willen das Regime gut fanden. Der Aufnahmestopp, mit dem sich die NSDAP im Frühjahr 1933 des Zustroms von «Märzgefallenen», von Opportunisten, die zu den Machthabern strebten, erwehrte, war ein deutliches Indiz für die Anpassungsbereitschaft der Deutschen, für die Akzeptanz der Hitler-Regierung.

Die Zeitgenossen erlebten während der NS-Herrschaft wie in der Zeit unmittelbar danach die Diskrepanz zwischen ihrer Wahrnehmung und ihrem Gewissen. Die Wahrnehmung reichte von der Ahnung über die Vermutung bis zum vollen Wissen der Wahrheit des Völkermords. Aber das Gewissen sagte allen, die die Ermordung der Juden nicht billigten – und das war sicherlich die Mehrheit –, diese Wahrheit dürfe nicht sein. Sie verboten sich, Zeugen (und damit Mitwisser und Mitschuldige) dieser Realität zu sein. Die Wahrnehmungsfähigkeit und -willigkeit erwies sich in dem Dilemma als schwächer, und so wird bis zum heutigen Tag die Wahrheit nur allzu oft verdrängt. Wahrheit bedeutet in diesem Zusammenhang: Wir haben es gewusst, aber wir wollten es nicht wissen, weil wir glaubten, es nicht wissen zu dürfen.

Die Erinnerung an den Nationalsozialismus ist von Anfang an emotional, politisch und moralisch besetzt. Die emotionale und die moralische Dimension ist angesprochen, wenn Zeitzeugen («Zuschauer» in der Diktion Raul Hilbergs) dem Bedürfnis nach Rechtfertigung oder Schuldabwehr nachgeben und voll Ingrimm, auf persönliche Reputation, Anständigkeit und Lebensleistung pochend, erklären, sie hätten als bewusst die NS-Zeit Mitlebende persönlich nichts vom Holocaust (und anderen Verbrechen) gewusst, sie hätten vom Genozid erst nach 1945 erfahren, und sie verlangen, gestützt auf die Würde ihres Lebensalters und die Autorität ihrer Lebensleistung, den Schluss, wenn sie nichts gewusst hätten, dann habe niemand (außer dem kleinen Kreis der Täter und ihrer eingeweihten Helfer) etwas wissen können.

Noch weiter geht das in eindeutiger Absicht erhobene Postulat, «die Deutschen» könnten von den Verbrechen des NS-Regimes gar nichts gewusst haben und dies müsse auch öffentlich zum Ausdruck kommen. Mit dieser Forderung sind auch Gedenkstätten konfrontiert. Verlangt wird von Fanatikern des Verweigerns in obsessiver Form der Hinweis auf öffentlichen Erinnerungszeichen zur Judenverfolgung, die Bestätigung, dass der Holocaust im Geheimen vollzogen worden sei und dass das deutsche Volk auf Grund perfekter Tarnung nichts davon gewusst habe.[1] Die öffentliche Diskussion ist, das kommt nicht nur in Plädoyers konservativer Autoren in einschlägigen Organen zum Ausdruck, in der Folge weitgehend und zunehmend davon bestimmt, dass ideologische Positionen wie die, der Holocaust sei im Geheimen gegen Willen und Wissen der Deutschen geschehen, aggressiv vertreten werden. Noch schäbiger sind die Verwahrungen gegen Erinnerungskultur und Aufarbeitung des Nationalsozialismus, die unter dem Jubel der Zuhörer auf Veranstaltungen der Partei «Alternative für Deutschland» vorgetragen werden.

Phasen der Hinnahme

Mahnungen aus dem Exil und die Appelle der Alliierten, das deutsche Volk möge sich gegen die Diktatur erheben, waren seinerzeit vergeblich. Die Mehrheit nahm das Unrecht, die Leiden des Krieges, den Terror des Luftkriegs hin, wollte von den Verbrechen des Regimes nichts wissen, allenfalls darüber raunen, jedenfalls darauf nicht widerständig reagieren. Beginnend im Zeitraum zwischen den Novemberpogromen 1938 bis zum Überfall auf die Sowjetunion im Juni 1941 steigerte sich aber in der Folge das Unbehagen in der Bevölkerung. Ausgelöst durch die «Reichskristallnacht» und ihre administrativen und legislativen Folgen war diese Zeit von Ahnungen über die politischen Verbrechen der Hitler-Diktatur bestimmt. Auch über den Ausbruch des Zweiten Weltkriegs herrschte überwiegend Beklommenheit, nicht die Begeisterung wie 25 Jahre zuvor im Sommer 1914, als deutsche Soldaten siegesgewiss in den Ersten Weltkrieg zogen. Die zweite Phase der Wahrnehmung des «Dritten Reiches» lag zwischen dem Überfall auf die Sowjetunion und dem Beginn der Deportation der Juden. In dieser Zeit verdichteten sich die Vermutungen über deren Schicksal. Erstes unpräzises Wissen über Massenmorde «im Osten» verbreitete sich durch Erzählungen von Soldaten im Urlaub oder durch Feldpostbriefe.

Die Zeit von Mitte Oktober 1941 bis Dezember 1942 ist dann charakterisiert einerseits durch Besorgnis über die militärische Situation und andererseits durch Karriereerfolge nicht nur im Militär und durch persönliche Bereicherung Einzelner an jüdischem Eigentum durch «Arisierung». Über das Geschick der Juden bildete sich durch Gerüchte und Informationen vom östlichen Kriegsschauplatz eine vage Gewissheit, die durch öffentlich zugängliche Informationen bestärkt wurde. Dies kam auch darin zum Ausdruck, dass offizielle Stellen Nervosität zeigten, weil in der Bevölkerung über den Judenmord gesprochen wurde. Gleichzeitig erreichten Informationen über die Natur des Krieges im Osten, der als Vernichtungskrieg auch gegen die Zivilbevölkerung geführt wurde, die deutsche Bevölkerung.

Eine weitere Periode öffentlicher Wahrnehmung des NS-Regimes wurde eingeleitet durch die Ankündigung der Alliierten am 17. Dezember 1942, die Verbrechen des NS-Regimes gerichtlich zu ahnden. Spätestens nach der Katastrophe von Stalingrad, die beträchtliche Teile der Bevölkerung von der bevorstehenden militärischen Niederlage des Deutschen Reiches überzeugte, bildete die Furcht vor der Reaktion der Alliierten eine neue Dimension der Wahrnehmung des NS-Regimes. Die Angst der Deutschen vor der Justiz der Sieger beeinflusste nun das Bewusstsein und auch die Einstellung gegenüber der Katastrophe der Juden. Der Mord an den Juden Europas wurde immer mehr zum offenen Geheimnis, nicht zuletzt auch deshalb, weil ausländische Radiostationen alliierte Stellungnahmen oder auch Reaktionen des Vatikans übermittelten. Mit der Proklamation des «Totalen Kriegs» radikalisierte sich auch die deutsche Propaganda hinsichtlich der «Judenfrage», was neue Gewissheit über den in Gang befindlichen Genozid gab. Die offensive Behandlung der «Judenfrage» durch das Regime führte, je aussichtsloser die militärische Lage wurde, zu einer immer defensiveren Haltung der Bevölkerung, die sich darauf einzustellen begann, dass die Alliierten Rechenschaft fordern würden – dann würde es gut sein, nichts gewusst zu haben, um unangenehmen Fragen nach fehlendem Widerstand oder nach der Duldung der Verbrechen ausweichen zu können.

Zwischen Herbst 1943 und der Kapitulation im Mai 1945 wurde aus diesen Gründen das vorhandene Wissen um den Völkermord und alle weiteren Verbrechen gegen die Menschlichkeit – die Versklavung von Menschen im KZ oder als Zwangsarbeiter, die Ermordung sowjetischer Kriegsgefangener, die Ausbeutung der besetzten Gebiete, der Terror gegen deren Zivilbevölkerung usw. –, begangen unter nationalsozialistischer Ideologie, verdrängt und marginalisiert.[2]

Widerstand als Haltung

Widerstand gegen das Gewaltregime, gegen den Staat, der Unrecht propagiert und Verbrechen begeht, gegen Machthaber, die Menschenrecht und Menschenwürde mit Füßen treten, ist legitim und notwendig. Das weiß man heute. Das ist eine Lehre aus der Geschichte des Nationalsozialismus als Ideologie und Herrschaft. Den Zeitgenossen des «Dritten Reiches» galten andere Überzeugungen. In patriotischer Erwartung 1933 von vielen bejubelt, nach der Errichtung der Diktatur und mit abnehmendem Kriegsglück von Ernüchterten abgelehnt, aber nur von wenigen bekämpft, gab es je länger desto weniger Möglichkeiten zu einem Widerstand gegen das Regime, der es beendet hätte. Aber das System des Terrors, das mit dem Instrumentarium Gestapo, Konzentrationslager und dem «Führerwillen» Kritik unterband und Kritiker verfolgte, existierte ja nicht von allem Anfang an. Erst die Preisgabe von Demokratie und Rechtsstaat, dann die Hinnahme der Diktatur durch die Mehrheit und das Schweigen der skeptischen Minderheit machte das Funktionieren der Unterdrückung möglich.

Die späte Lehre aus der Geschichte lautet, dass Widerstand beizeiten notwendig ist. Und Widerstand ist rechtmäßig. Das ist ein Gebot demokratischer Überzeugung, die Demokratie bewahren will. Aber was ist Widerstand, wo beginnt er, wo hat er Grenzen? Ist nur Tyrannenmord und dessen Vorbereitung wahrer Widerstand, oder beginnt Widerstand schon mit dem Flüsterwitz, der «den Führer» oder seine Gesellen lächerlich macht? Die Planung und Durchführung eines Attentats, das die Person des höchsten Befehlsgebers beseitigen sollte, wie es der Schreinergeselle Georg Elser 1939 unternahm, war eine Widerstandshandlung; daran ist kein Zweifel möglich. Beim Witz ist es schwieriger. Wer einem Bekannten, dem er vertraute, dessen Gesinnung er kannte, eine Sottise über Hitler, Göring oder Goebbels zuraunte, war deshalb gewiss kein Mann des Widerstands. Wer den gleichen Scherz auf öffentlicher Bühne vor Publikum riskierte, war sich jedoch bewusst, dass das gefährlich war und anstatt Applaus (oder nach dem Beifall) böse Folgen haben konnte.

Widerstand gegen das Unrechtsregime war also mehr als nur Verweigerung, als schweigende Ablehnung, mehr als das Einverständnis gegen die Nationalsozialisten im Milieu gleichgesinnter Gegner, mehr als die Verurteilung des Diktators und seiner Gehilfen im geschlossenen Kreis. Aus der allgemeinen und ziellosen Ablehnung des Regimes wird Widerstand durch Aktion und durch das Bekenntnis und die Bereitschaft, Konsequenzen der Haltung und daraus resultierender Handlung zu tragen. Ein zentrales Element von Widerstand ist die ganz persönliche Gefährdung dessen, der sich erkennbar auflehnt. Eine Voraussetzung ist die Bewahrung eigener Identität, das Festhalten an Normen und Werten, die Verweigerung von Anpassung und Kompromiss, wie es des Vorteils, des Friedens, des Fortkommens wegen von der Mehrheit praktiziert wurde. Widerstand ist auch mehr als das individuelle Beharren auf persönlichen Einstellungen, die mit der Räson des Regimes nicht übereinstimmten. Aber ohne eigene Haltung und Orientierung war kein Widerstand möglich.

Widerstand leistete so der 28-jährige Ludwig Gehm als Kurier des Internationalen Sozialistischen Kampfbundes (ISK). Gehm war in Frankfurt am Main Koch in einem Restaurant, das der Tarnung des Widerstands diente. Beim Gemüseeinkauf auf dem Markt verteilte er Flugblätter. An Wochenenden fuhr er mit seinem Motorrad zu geheimen Treffen mit Gesinnungsgenossen, brachte gefährdete Menschen ins Ausland und transportierte auf dem Rückweg von Paris illegale Propagandaschriften nach Frankfurt. Vier Jahre lang, bis zur Verhaftung 1937, betätigte sich Ludwig Gehm als listiger und unermüdlicher Gegner der Nationalsozialisten. Er büßte dafür im Zuchthaus, im KZ und an der Front in einer der «Bewährungseinheiten».[3]

Verweigerung (als persönliche Abwehr des Herrschaftsanspruchs und kollektive Selbstbehauptung), Opposition (als Haltung grundsätzlicher Gegnerschaft) und Widerstand als bewusstes Handeln waren Formen kritischer und gegnerischer Einstellung zum NS-Regime. Julius von Jan, evangelischer Pastor im württembergischen Oberlenningen, 41 Jahre alt, konnte es mit seinem Gewissen nicht vereinbaren, in stiller Empörung zu verharren, als er von den Novemberpogromen hörte. Er nutzte den Bußtag am 16. November 1938, eine Woche nach der «Reichskristallnacht», in der die Synagogen brannten und Juden gequält, beraubt und gedemütigt wurden, zu einer Predigt. Sie war eine Kundgebung gegen den staatlich angeordneten Antisemitismus und gegen den NS-Staat. Im Schlussgebet bat er Gott, «dem Führer und aller Obrigkeit den Geist der Buße» zu schenken. Julius von Jan wurde wenig später von SA-Männern verprügelt, dann verhaftet und zu 16 Monaten Gefängnis verurteilt. Die Haltung des Pfarrers von Jan war die gleiche, die später die Männer und Frauen des «Kreisauer Kreises» zusammenführte und die Offiziere des 20. Juli. Die eine Gruppe, die Kreisauer, die Gewalt ablehnte, plante eine neue Staats- und Gesellschaftsordnung für die Zeit nach Hitler. Das war so gefährlich wie die Verabredung der anderen Gruppe, des Goerdeler-Kreises, zum gewaltsamen Sturz der Naziherrschaft.

Definition und Deutung

Nicht nur Historiker haben Probleme mit der Definition von Widerstand gegen den Nationalsozialismus. Politische Positionen prägten nach 1945 das Bild des Widerstands gegen die Hitler-Diktatur. Im Westen, in der Bundesrepublik, herrschte lange Zeit die Vorstellung, es sei ein «Widerstand ohne Volk» gewesen, den nur wenige Angehörige traditioneller Eliten geleistet hätten, während «das Volk» teils in Begeisterung zum Regime verharrte oder die NS-Herrschaft einfach erduldete. In der DDR wurden die Aktionen der Kommunisten als alleingültiger Antifaschismus verherrlicht. Um die Verweigerung, die sich im Kampf um Kruzifixe in den Schulen, in der Vermeidung des «Heil-Hitler-Grußes» oder durch das Hören ausländischer Rundfunksender ausdrückte, um schließlich alle Haltungen von Opposition in den Widerstand einzubeziehen, wurde der Begriff «Resistenz» vorgeschlagen. Ihm waren folgende Merkmale zugeordnet: «wirksame Abwehr, Begrenzung, Eindämmung der NS-Herrschaft oder ihres Anspruchs, gleichgültig von welchen Motiven, Gründen und Kräften her».[4] Diese Begriffsbestimmung aus den frühen 1980er Jahren hat sich nicht durchgesetzt. Der schwerstwiegende Einwand dagegen lautet, dass fast jedes nicht regimekonforme Alltagsverhalten, ohne Rücksicht auf die Motive, unter diesen «erweiterten Widerstandsbegriff» falle, dass somit jeder, der dem NS-Regime nicht ständig Beifall spendete, schon Widerstand geleistet hätte.

Um der damaligen Wirklichkeit zu entsprechen und um den verschiedenen Formen von Opposition gerecht zu werden, muss man Widerstand im eigentlichen Sinn nicht nur als Haltung definieren, sondern als daraus erwachsendes Handeln, das auf grundsätzlicher Ablehnung des Nationalsozialismus beruhte, das aus ethischen, politischen, religiösen, sozialen oder individuellen Motiven darauf abzielte, das Ende des Regimes herbeizuführen oder dazu beizutragen. Voraussetzung und Anlass war eine Haltung der Verweigerung zum NS-Regime[5] oder von «weltanschaulicher Dissidenz»[6]. Daraus wurde Widerstand, wenn die Haltung sich zur Absicht verdichtete, eine Änderung der Verhältnisse zu bewirken, das Hitler-Regime mit Gewalt zu beenden. Widerstand im eigentlichen Sinne war dann jeder «bewußte Versuch, dem NS-Regime entgegenzutreten»[7] und die damit verbundenen Gefahren auf sich zu nehmen.

Handeln gegen das Regime

Opposition gegen den nationalsozialistischen Unrechtsstaat gab es trotz der allgemeinen Indolenz der Mehrheit der Deutschen in vielen Formen: Sie reichte von der individuellen alltäglichen Verweigerung gegenüber dem Verfügungsanspruch des totalen Staates über den Selbstbehauptungswillen von Gruppen bis zum politischen Widerstand, der den Sturz des Regimes und die Beseitigung der NS-Ideologie zum Ziel hatte. Die Motive des Widerstandes waren so vielfältig wie die Personen und Gruppen, die ihn leisteten. Auch in ihren Zielen und Plänen zur Neuordnung der Gesellschaft und des politischen Systems nach Hitler stimmten die Gruppierungen des Widerstandes nicht überein. Viele waren keine Anhänger der parlamentarischen Demokratie. Ihre Vorstellungen reichten von einem monarchischen über einen ständischen oder autoritären Staat oder liberale versus elitäre demokratischen Staatsformen bis hin zur kommunistischen Staats- und Gesellschaftsordnung. Schon wegen ihrer unterschiedlichen Weltanschauungen, politischen und sozialen Bindungen konnten die Regimekritiker keine geschlossene Front gegen den Nationalsozialismus bilden. Zudem entwickelte sich Widerstand zu verschiedenen Zeiten. Die frühe Opposition der Arbeiterbewegung war schon zerrieben, als Angehörige bürgerlicher Eliten über widerständige Haltungen zum Regime nachzudenken begannen. Es brauchte noch einmal Zeit, bis Militärs, Beamte, Diplomaten sich entschlossen, den Sturz des Diktators und eine neue Staatsordnung zu planen.

Die Frage, warum Widerstand seitens der gesellschaftlichen Eliten so spät einsetzte, in so geringem Umfang stattfand und so erfolglos war, ist kardinal. Das lange Zögern haben Nachgeborene den Widerstandskämpfern zum Vorwurf gemacht. Zu bedenken bleibt, dass alle Arten von Opposition, von der stillen Verweigerung bis zum militanten Widerstand, vom nationalsozialistischen Regime als Verrat diffamiert und als Pflichtverletzung oder Treuebruch gebrandmarkt worden sind. Gehorsam zu verweigern gehörte nicht zur Tradition und Erziehung der meisten Deutschen. Der NS-Staat verfügte schließlich gegen diejenigen, die sich auflehnten, je länger desto mehr über Zwangsmittel, Terrorgesetze und Strafen, die er bedenkenlos einsetzte.

Die Wirklichkeit des NS-Staates war sehr viel komplizierter als das

Bild «alle Deutschen waren Nazis» und dessen Gegenbild, die Selbstrechtfertigung, nach der die Deutschen (noch vor den Österreichern) die ersten Opfer der Nationalsozialisten gewesen sein wollten. Die historische Realität war zum erheblichen Teil zuerst durch die Zustimmung des deutschen Volks und dann durch den Terror der NS-Diktatur bestimmt. Widerstand dagegen bedeutete Gefährdung, nicht nur der eigenen Person, sondern auch der Familie, möglicherweise auch von Verwandten und Freunden. Daraus ergab sich ein bestimmter Zwiespalt: Es gibt keine Pflicht zum Heldentum, aber wie viel Unrecht, Verfolgung und Zwang, wie viel Verletzung der Menschenrechte kann und darf man selbst hinnehmen? Hilfe für Verfolgte war nach den Gesetzen des NS-Staats strafbar. Das Minimum an Menschlichkeit, an Solidarität und Hilfe für Verfolgte, das ungefährdet geleistet werden konnte, war deshalb auch ein Zeichen von Opposition gegen den umfassenden Verfügungsanspruch des NS-Staats.

Die Bezeichnung Widerstand fasst als Oberbegriff verschiedenartige Einstellungen, Haltungen und Handlungen zusammen, die gegen den Nationalsozialismus als Ideologie und praktizierte Herrschaft gerichtet waren. Im weitesten Sinn sind darunter die ins Exil geflohenen Antifaschisten, die wenig oder keine Möglichkeit hatten, etwas gegen die Regierung Hitlers zu unternehmen, ebenso zu verstehen wie die Männer, die das Attentat des 20. Juli 1944 planten. Zum Widerstand rechnet man auch diejenigen, die sich weder durch Lockung noch durch Zwang vom Nationalsozialismus vereinnahmen ließen; die ihre geistige Unabhängigkeit, ihre demokratische oder rechtsstaatliche Überzeugung, die Werte und Normen ihres Milieus – etwa im Rahmen der Arbeiterbewegung oder innerhalb kirchlicher und sonstiger religiöser und weltanschaulicher Bindungen – bewahrten und verteidigten.

Im engeren Sinne ist aber zwischen den kritischen bis abweisenden Haltungen der Verweigerung und Selbstbehauptung einerseits und den bewussten Anstrengungen zur Änderung der Verhältnisse andererseits zu unterscheiden. Opposition gegen das Unrechtsregime war noch nicht gleichbedeutend mit persönlichem Einsatz und den damit verbundenen Gefährdungen. Diesen setzte sich jeder aus, der mit Flugblättern, Wandparolen, als Kurier zu Regimegegnern im Ausland aktiv war oder einem Verschwörerkreis angehörte, in dem der Sturz der Diktatur und eine neue Staats- und Gesellschaftsordnung geplant wurden.

Verweigerung (als individuelle Abwehr des nationalsozialistischen

Herrschaftsanspruchs und als Selbstbehauptung von Gruppen), Opposition (als Haltung grundsätzlicher Gegnerschaft) und Widerstand als bewusstes Handeln waren Formen kritischer und gegnerischer Einstellung zum NS-Regime. Sie bauten aufeinander auf und steigerten sich von der passiven Abwehr zum aktiv verwirklichten Wunsch nach Veränderung des Regimes. Der Entschluss, Widerstand zu leisten, war immer eine individuelle Entscheidung. Institutionen wie die Kirchen haben das nicht zuletzt dadurch demonstriert, dass sie die Individuen, Priester wie Laien, die aus christlicher Überzeugung Widerstand gegen den Unrechtsstaat leisteten, allein ließen, wenn sie als Widerstandleistende Verfolgung erlitten.

Die christlichen Kirchen waren ja nicht nur ethische Gemeinschaften mit der Mission, Werte zu pflegen, die der Ideologie des Nationalsozialismus vollkommen entgegengesetzt sind, sie vertraten auch gesellschaftliche und politische Interessen. Sie versagten als Instanzen des öffentlichen Lebens wie die Bürokratie, die Justiz, das Militär, die Universitäten, die bürgerlichen und intellektuellen Eliten und bieten damit keinen Anlass zu besonderem Urteil. Denn auch die Wehrmacht vertrat ja einen Wertekanon, der nicht mit den Ansprüchen und Forderungen des Nationalsozialismus identisch war. Nach dem Zusammenbruch des «Dritten Reiches» beriefen sich freilich auch die Offiziere und Soldaten in Abgrenzung zur SS darauf, nicht die Truppe des Regimes gewesen zu sein. Aber die Verschwörer des 20. Juli, die Hitler-Gegner im Amt Ausland/Abwehr des OKW und in anderen Stäben und Kommandostellen, blieben eine winzige Minderheit. Die Verwaltungsjuristen und die Bediensteten der Gerichtsbarkeit stießen die Normen und Gebote ihres Standes mehrheitlich beiseite und ließen die wenigen Männer und Frauen des Widerstands allein. Die Universitäten dienten gern dem Regime, vergaßen ihren Auftrag zur Aufklärung und brandmarkten alle, die wie der Freundeskreis der Weißen Rose in München Widerstand leisteten, als Abtrünnige.

Die Geschichte des Widerstands gegen den Nationalsozialismus ist deshalb weithin ein Bericht über die Einsamkeit einzelner, über Anpassung und jubelnden Gleichschritt der Mehrheit, über Verzagtheit und versäumte Gelegenheiten. Aber die Geschichte der Opposition handelt auch von der Notwendigkeit, einer verbrecherischen Obrigkeit zu widerstehen und vom Mut der wenigen, die Widerstand leisteten und alle Konsequenzen auf sich nahmen.

1. Widerstand gegen den Nationalsozialismus vor Hitlers Machterhalt: Publizisten, Politiker, Künstler, Wissenschaftler

Die Nationalsozialistische Deutsche Arbeiterpartei (NSDAP) war als Splitter der völkisch-rechtsradikalen Protestbewegung nach dem Ende des Ersten Weltkrieges in München entstanden. Als Stoßtrupp einer «nationalen Revolution» wollte ihr Führer Adolf Hitler 1923 an der Spitze der NSDAP von München aus die demokratische Reichsregierung in Berlin beseitigen. Nach dem Scheitern des Putsches versank die Hitler-Bewegung für einige Jahre in Bedeutungslosigkeit. Die Jahre 1924 bis 1928 benutzte Hitler, der in seiner kurzen Haft in Landsberg sein programmatisches Bekenntnisbuch «Mein Kampf» schrieb, zum Wiederaufbau und Ausbau der Parteiorganisation und zur Erprobung der Technik von Agitation und Massenregie.

Die Parlamentswahlen wurden von der NSDAP lediglich zu propagandistischen Zwecken und als Erfolgsbarometer benützt. Noch 1928 brachten die Reichstagswahlen der Partei nur 2,6 Prozent der Stimmen und zwölf Mandate. Der Aufstieg von der radikalen politischen Sekte zur Massenpartei gelang erst nach dem Bruch der Großen Koalition von SPD, DDP, Zentrum und DVP unter Reichskanzler Hermann Müller im Frühjahr 1930. Mit dem Ende dieses Kabinetts war die Weimarer Republik kein parlamentarisch regierter Staat mehr. Die konservativen Regierungen unter Brüning, Papen und Schleicher stützten sich nur noch auf die Autorität des Reichspräsidenten Hindenburg, der mit dem Artikel 48 der Weimarer Reichsverfassung die Berufung und Entlassung von Regierungen ohne Mehrheit im Parlament verfügen konnte. Die weltweite Wirtschaftskrise und das krasse Ansteigen der Arbeitslosigkeit bildeten den Hintergrund weiterer Radikalisierung im öffentlichen Leben: In den Reichstagswahlen im September 1930 errang die NSDAP reichlich 18 Prozent der Stimmen und war mit 107 Mandaten zweitstärkste Partei geworden. Im Juli 1932 verbesserte sie sich sogar auf 37,3 Prozent und 230 Mandate. Sie war damit stärkste Partei, aber den Zenit der Zustimmung bei freien Wahlen hatte sie damit auch schon erreicht. Als im November 1932 abermals gewählt wurde, bekam die NSDAP noch 33,1 Prozent und 196 Mandate, blieb aber die stärkste Fraktion im Reichstag.

Viele Wähler und Mitglieder der demokratischen bürgerlichen Parteien waren sich der durch den Nationalsozialismus drohenden Gefahr nicht bewusst. Sie sahen ihn lediglich als radikale Randerscheinung in einer Krisenzeit. Im übersteigerten Nationalbewusstsein, in der Überzeugung, dass Deutschland nach dem Ersten Weltkrieg Unrecht geschehen sei, in der Hoffnung auf die Überwindung des Versailler Friedensvertrages und in der Abneigung gegen das neue und ungeliebte parlamentarisch-demokratische System der 1918/19 errichteten Republik waren sich viele konservative Bürger mit den antidemokratischen Extremisten einig. Während Nationalkonservative auf ein Zweckbündnis mit der NSDAP hofften, das sie nach der gemeinsamen Schaffung eines autoritären Staates wieder auflösen könnten, betrachteten die Nationalsozialisten ihre bürgerlich-deutschnationalen Partner nur als Gehilfen bei der Erringung der absoluten Macht im Staat, den sie dann ganz allein nach ihren Vorstellungen umgestalten wollten.

Eine verhängnisvolle und folgenschwere Vorleistung konservativer Gruppierungen zugunsten der Nationalsozialisten war die Entmachtung der preußischen Regierung am 20. Juli 1932 durch den Reichskanzler Franz von Papen, der damit zum «Steigbügelhalter» Hitlers wurde. In einer widerrechtlichen Aktion, dem «Papenstreich», erklärte Papen die sozialdemokratisch geführte preußische Regierung unter Ministerpräsident Otto Braun, die mit dem Innenminister Severing als Bollwerk der Demokratie und des Widerstandes gegen den Nationalsozialismus gegolten hatte, für abgesetzt. Der Reichskanzler übernahm selbst als Staatskommissar die Regierungsgeschäfte Preußens und ebnete so im größten deutschen Land den Weg zur Machtübernahme der Nationalsozialisten.

Kurt Tucholsky, Carl von Ossietzky, Ernst Toller

Widerstand gegen die antidemokratische, rassistische und nationalistische Hitler-Bewegung gab es von Anfang an. Intellektuelle und Wissenschaftler warnten frühzeitig vor dem Nationalsozialismus, aber ohne Erfolg. «Daß der Nazi dir einen Totenkranz flicht – Deutschland, siehst du das nicht –?», fragte Kurt Tucholsky 1930 in seinem Gedicht «Deutschland, erwache».[1] Zwei Jahre später schrieb er für die legendäre, freilich nur von einem kleinen Kreis Intellektueller gelesene Zeitschrift «Die Weltbühne» die Satire «Hitler und Goethe», in der ein Schulaufsatz als Form diente, um rechtsradikale Einfalt und Großmäuligkeit vorzuführen. Der Vergleich ging zu Ungunsten Goethes aus: «Hitler und Goethe stehen in einem gewissen Gegensatz. Während Goethe sich mehr einer schriftstellerischen Tätigkeit hingab, aber in den Freiheitskriegen im Gegensatz zu Theodor Körner versagte, hat Hitler uns gelehrt, was es heißt, Schriftsteller und zugleich Führer einer Millionenpartei zu sein, welche eine Millionenpartei ist. Goethe war Geheim, Hitler Regierungsrat. Goethes Wirken ergoß sich nicht nur auf das Dasein der Menschen, sondern erstreckte sich auch ins kosmetische. Hitler dagegen ist Gegner der materialistischen Weltordnung und wird diese bei seiner Machtübergreifung abschaffen sowie auch den verlorenen Krieg, die Arbeitslosigkeit und das schlechte Wetter».[2]

Der beißende Hohn Tucholskys traf auch den Statthalter Hitlers in Berlin, den Gauleiter Joseph Goebbels, der in der Reichshauptstadt nicht nur NS-Propaganda machte, sondern Straßenschlachten der SA gegen die Republik von Weimar organisierte. Im Gedicht «Joebbels» spottete Tucholsky im Berliner Jargon gegen den Propagandachef der NSDAP: «Du bist mit irgendwat zu kurzgekomm. Nu rächste dir, nu lechste los. Dir hamm se woll zu früh aus Nest jenomm! Du bist keen Heros, det markierste bloß. Du hast'n Buckel, Mensch – du bist nich richtich! Du bist bloß laut – sonst biste jahnich wichtig! Keen Schütze – een Porzellanzerschmeißer, keen Führer biste – bloß'n Reißer, Josef, du bist een jroßer Mann –!»[3] Der publizistische Widerstand gegen den noch nicht zur Macht gekommenen Nationalsozialismus, den Kurt Tucholsky führte, war schon vor 1933 ein Grund, außerhalb Deutschlands zu leben. Mit seinem Selbstmord 1935 kam der Satiriker dem Rachebedürfnis der Nazis zuvor.

Carl von Ossietzky, der Herausgeber der «Weltbühne», schrieb Ende 1931, als Hitler an der Schwelle zur Macht zu sein schien, ein vernichtendes Urteil über den Nationalsozialismus: «Die gleiche Not, die alle schwächt, ist Hitlers Stärke. Der Nationalsozialismus bringt wenigstens die letzte Hoffnung von Verhungernden: den Kannibalismus. Man kann sich schließlich noch gegenseitig fressen. Das ist die fürchterliche Anziehungskraft dieser Heilslehre. Sie entspricht nicht nur den wachsenden barbarischen Instinkten einer Verelendungszeit, sie entspricht vor allem der Geistessturheit und politischen Ahnungslosigkeit jener versackenden Kleinbürgerklasse, die hinter Hitler marschiert. Diese Menschen haben auch in bessern Zeitläuften nie gefragt, immer nur gegafft. Für das Schauspiel ist gesorgt, ebenso für ihr Muschkotenbedürfnis, die Knochen zusammenzureißen, vor irgend einem Obermotzen zu ‹melden›.»[4]

Am Ende des letzten Heftes der «Weltbühne» – es war die Nummer 10 des 29. Jahrgangs vom 7. März 1933 – wurde in einer redaktionellen Notiz mitgeteilt, dass auch der Herausgeber des Blatts, Carl von Ossietzky, «nach den Ereignissen des 27. Februar» verhaftet worden war. Zum Wahlergebnis vom 5. März 1933 (das der NSDAP 43,9 Prozent und ihren deutschnationalen Verbündeten 8 Prozent der Stimmen brachte) könne man nicht mehr Stellung nehmen, aber es beginne damit ein neuer Abschnitt der Geschichte der Deutschen Republik: «Wir dürfen wohl in diesem Augenblick feststellen, daß wir immer unsere warnende Stimme erhoben, daß wir uns nicht gescheut haben, den Ruf ewiger Querulanten auf uns zu nehmen, denen nichts recht zu machen ist. So schmerzlich die Konstatierung auch ist: Unsere Kritik, unsere Warnungen waren mehr als berechtigt.»[5]

Der früheste und entschiedenste Widerstand gegen Hitler und seine nationalsozialistische Bewegung wurde von Intellektuellen, Künstlern, Literaten geleistet. Ihre Waffen waren Ironie und Satire, Hohn und Spott, schließlich das Pathos der Verzweiflung.

1932 erschien die wegen ihres unorthodox-marxistischen Standpunkts wenig beachtete Analyse Ernst Ottwalts «Deutschland erwache!». Ernst Ottwalt, 1901 in einem protestantischen Pfarrhaus in Pommern geboren, hatte sich nach abgebrochenem Jurastudium als junger Mann der rechtsradikalen Bewegung angeschlossen, war Zeitfreiwilliger und im Kapp-Lüttwitz-Putsch gegen die Weimarer Republik gewesen und gegen die Linke engagiert. Dann bekannte er sich als Marxist und Republikaner,

1931 trat er in die KPD ein, ohne aber deren Doktrinen wie die Denunziation der Sozialdemokraten als «Sozialfaschisten» zu teilen.[6] Nach unstetem Leben wurde er Ende der 1920er Jahre als Schriftsteller bekannt, er publizierte im Malik Verlag Romane, war mit Bert Brecht, Hanns Eisler, Wieland Herzfelde und anderen revolutionären Intellektuellen und Künstlern befreundet. Zusammen mit Brecht verfasste Ottwalt das Drehbuch zum Film «Kuhle Wampe». Ottwalt definierte nach marxistischen Maximen den Nationalsozialismus als Produkt der ökonomischen und der durch diese determinierten sozialen Verhältnisse. Er sah den Konkurrenzkapitalismus auf dem Weg zum Monopolkapitalismus und deutete die Hitler-Bewegung als Gefolgschaft verängstigter Kleinbürger ohne revolutionären Impetus, aber bereit zum Aufruhr. Als nicht linientreuer Kommunist beschwor er zur Abwehr der Gefahr von rechts den Geist einer vereinten Arbeiterbewegung im Bündnis aller linken Kräfte.[7] Der Weg der NSDAP war in seinen Augen die Vorbereitung einer Diktatur der Großindustrie «auf dem sechs Millionen hoffnungsloser, verzweifelter, von apokalyptischen Ängsten gepeitschter deutscher Bürger dem großen Gaukler Hitler nachtaumeln».[8] Seine Analyse der nationalsozialistischen Bewegung brachte ihm die wütende Feindschaft der braunen Schlägerkolonnen ein. Nach dem Reichstagsbrand zerstörte die SA seine Wohnung. Ottwalt floh erst in den Untergrund, dann über Dänemark und die Tschechoslowakei 1934 nach Moskau. Als Opfer des Stalinismus ging er 1943 in einem sibirischen Lager zugrunde.

Ernst Toller schrieb in der Festungshaft, in der er für seine Mitwirkung an der Münchner Räterepublik von 1919 büßte, 1923 die Komödie «Der entfesselte Wotan», in der Adolf Hitler als besessener Friseur figuriert. Das Stück, 1926 in Berlin uraufgeführt, hatte keinen Erfolg. Man nahm Hitler nach dem Münchner Operettenputsch nicht mehr oder noch nicht wieder ernst. Die Karriere des späteren «Führers» hatte Toller freilich visionär vorweggenommen.

Ganz früh, 1923, ist auch Paul Kampffmeyers Schrift «Der Fascismus in Deutschland» erschienen. Der Sozialdemokrat und Historiker der Arbeiterbewegung war Aktivist der Gartenstadtbewegung und hatte wie der prominentere Emil Gumbel die terroristische Seite des Rechtsextremismus im Visier. Früher als andere erkannte Kampffmeyer gemeinsame Strukturen der faschistischen Bewegung Mussolinis und der Hitler-Partei, aber im Gegensatz zu Ottwalt interessierten ihn die ideologischen Mobilisierungskräfte, die völkischen, rassistischen und antisemitischen Argumente, erheblich weniger als die martialischen Gesten, mit denen sich die Nationalsozialisten Aufmerksamkeit verschafften. Kampffmeyer argumentierte gegen die Tendenzen zur Diktatur im republikanisch-nationalen Ton, an die Vernunft der Demokraten appellierend: «Durch ihre verbrecherische Hetze gegen die ‹Novemberverbrecher› treibt der nationalsozialistische Fascismus niederträchtigen Verrat an der nationalen Sache; denn ohne die arbeitende Novemberdemokratie ist keine Abwehr der Fremdherrschaft, keine wirtschaftliche und politische Gesundung Deutschlands möglich. Die organisierte Zusammenarbeit sozialer Klassen hat die politische und wirtschaftliche Demokratie zur Voraussetzung, das heißt einen der fascistischen Diktatur gerade entgegengesetzten Zustand. Den Fascismus befördern, das heißt Deutschland zurzeit die politische Einheit zerstören und den katastrophalen Zusammenbruch der Wirtschaft vorbereiten.»[9]

Viele glaubten, wenn sie ihn der Lächerlichkeit preisgaben, ihn als kleinbürgerlichen Parvenü, als Phrasen schmetternden Popanz entlarvten, würden sie der NSDAP, der rechtsextremen «Bewegung» des Demagogen Adolf Hitler das Wasser abgraben. Das erwies sich als Irrtum, obwohl die Einschätzung des künftigen Diktators zutreffend war. Eine arg lieblose, allerdings zutreffende, da auf Beobachtung aus der Nähe gestützte Beschreibung des «Führers» kam aus den eigenen Reihen. Sie erschien 1931 bei Rowohlt unter dem Titel «Adolf Hitler, Wilhelm III».[10] Als Autor firmierte ein Weigand von Miltenberg. Unter dem Pseudonym verbarg sich ein Mann des Straßer-Flügels der NSDAP namens Herbert Blanck, von dem wenig bekannt ist. Zweifellos als Autor eine fragwürdige Gestalt, zeichnete «Weigand von Miltenberg» ein ernst zu nehmendes Bild des nach der Macht strebenden «Führers»: «Wer ihn beobachtet, ist nach fünf Minuten davon überzeugt, daß es mit der nordischen Herrenrasse, die er züchten will, noch lange Wege hat. Er ist stets entweder linkisch oder forsch. Aber die verschlossene Gehaltenheit, die in der inneren, ihrer Aufgabe bewußten Sicherheit des Führers ruht, hat ihm stets gefehlt. So kann es vorkommen, daß er einen Vorbeimarsch abnimmt und dabei die Hände auf dem Bauch gefaltet hält wie eine Berliner Zimmervermieterin. Keine seiner Gesten ist fertig, abgerundet. Aus jeder spricht die Ängstlichkeit des gehobenen kleinen Mannes, der befürchten muß, wieder etwas falsch gemacht zu haben, aber noch nicht genau weiß, auf welche Art es aufkommen wird. Hin und wieder macht er Anläufe zum Dekorativen, aber er scheitert stets damit, wie er überhaupt immer scheitern wird. Der Dinge Ärgstes aber ist die Peitsche, die er fast stets bei sich führt. Es ist dies etwa keine lange Reitgerte, die der Diktator im Zorn federnd gegen den Unterschenkel schlagen könnte, damit die Schärfe oder Dringlichkeit eines Kommandos unterstreichend. Sondern es ist eine – Hundepeitsche. Mit dickem, silbernem Knopf und kurzer stummeliger, abgenutzter Lederkordel. Zuweilen hält er sie wie einen Marschallstab, und dann glaubt man jeden Augenblick, das Glockenzeichen zum Beginn der Zirkusvorstellung zu hören. Diese Peitsche ist ein Symbol: sie langt einfach nicht. Diese Peitsche ist ein Dilettant – wie der ganze Mann. Aber gerade deshalb ist er der Massenführer, der Kleon der deutschen Bürgerlichkeit. In ihm findet sich jeder wieder, und es nachzuahmen, wie er sich räuspert und wie er spuckt, fällt keinem schwer. Dieser Masse kann er jeden Kitsch bieten.»[11]

George Grosz, John Heartfield, Lion Feuchtwanger

Wegen ihres künstlerischen Rangs sind die antifaschistischen Graphiken und Bilder von George Grosz legendär geworden, nicht minder die Fotomontagen von John Heartfield. Beide gehörten der KPD an und verstanden sich als Klassenkämpfer und Streiter gegen Reaktion und Faschismus in der Weimarer Republik. John Heartfields Ausdrucksmittel waren das politische Plakat und die «Arbeiter-Illustrierte-Zeitung». Zusammen mit Grosz arbeitete Heartfield auch für den Malik-Verlag seines Bruders Wieland Herzfelde, das bedeutendste literarische und künstlerische Forum der revolutionären Linken bis 1933.

Der Schriftsteller Lion Feuchtwanger hat in seinem 1930 erschienenen Zeitroman «Erfolg. Drei Jahre Geschichte einer Provinz» ein scharfes Bild der damaligen politischen Landschaft Bayerns gezeichnet, in der die NSDAP entstand und Zulauf hatte. Hitler als «Rupert Kutzner» wird als Führer der «Wahrhaft Deutschen» nicht weniger lächerlich als gefährlich geschildert. Der Aufstieg Hitlers, der Putschversuch von 1923, das Auftrumpfen im Prozess 1924, Begeisterung und Zustimmung seiner Anhänger erscheinen als bemitleidenswertes wie verabscheuungswürdiges

Gemisch aus nationalistischer Aufwallung, Desorientierung, Sehnsucht nach heiler Welt. Kutzner wird geschildert als ein Schmierenkomödiant, dessen Gesten einstudiert sind, ein feiger Maulheld, getrieben von Ehrgeiz und Sendungsbewusstsein («Reden war der Sinn seiner Existenz»). «Kutzner» konkurriert mit dem Staatskommissar «Flaucher» (Gustav von Kahr) um die Gunst des vaterländisch gesinnten Kleinbürgertums, wütet mit diesem gegen Berlin, posiert nach der Anleitung eines ehemaligen Hofschauspielers, gibt den Staatsmann so, wie der alte Mime in Schillers Fiesco vor dem Adel Genuas den Sturz der Tyrannei verkündet.

Der Hitler-Putsch des 9. November 1923 erscheint in Feuchtwangers Roman als Intrigenposse im Schmierentheater: «Als dann der Abend da war, hielt, im Saal des Kapuzinerbräus, der Generalstaatskommissar Flaucher die langerwartete große Rede zur Lage. Alle vaterländischen Vereine waren geladen, der riesige Saal war gefüllt bis auf den letzten Platz. Einleitend sprach Flaucher über die zersetzenden Wirkungen des Marxismus. Einziges Mittel dagegen sei Ordnung, eiserne Disziplin. Er hob die Stimme, er wollte seine These verkünden: von allen somit, auch von den bestgesinnten Patrioten, sei zu fordern unbedingte Unterordnung unter die gottgewollten Organe des Staates, unter die Regierung, unter den Staatskommissar, unter ihn. Da, an der entscheidenden Stelle seiner Rede, wurde er unliebsam unterbrochen durch Unruhe am Saaleingang. Kommandos, Geschrei, ein Schuß. Mit rauchender Pistole auf einmal steht neben ihm auf der Rednertribüne der Führer Rupert Kutzner. Er trägt einen neuen, streng geschnittenen, uniformartigen Sportrock. Um den Hals hat er einen weißen, gestärkten, sehr hohen Kragen; scharf bis zum Nacken trennt sein Scheitel die Haare. Auf der Brust trägt er ein geschweiftes Kreuz aus Eisen, eine Kriegsauszeichnung, verliehen nur für die Erreichung sehr hoher Ämter oder sehr großen Reichtums und für wirkliche Heldentaten. In der Hand die Pistole hält er hoch erhoben. ... Dem totenstillen Saal mit schmetternder Stimme verkündete er: ‹Die nationale Revolution ist ausgebrochen. Der Saal ist von sechshundert Schwerbewaffneten umzingelt. Reichswehr und Landespolizei unter unsern Fahnen sind im Anmarsch. Die bayrische Regierung und die Reichsregierung sind abgesetzt. Eine provisorische Reichsregierung unter meiner Leitung wird gebildet. Der Morgen findet entweder eine deutsche nationale Regierung oder mich tot.› Dann, mit starker Stimme, befahl er: ‹Maßkrug her›, trank tief.

Ungeheurer Beifall knatterte hoch. Viele hatten Tränen in den Augen. Begeistert schauten sie auf Rupert Kutzner, voll des gleichen Gefühls wie in der beliebten Oper Lohengrin, wenn auf silbernem Schwan einer hereinzieht, um im letzten Augenblick Erlösung aus allen Nöten zu bringen.»[12]

Viele lasen den Roman, der 1930 erschien, mit Behagen, freuten sich über die Demaskierung Hitlers und seiner Anhänger. Das war literarischer Widerstand, für den der Autor 1933 ins Exil musste. Zum Bild, das Feuchtwanger von der frühen NSDAP zeichnete, gehört aber auch schon die Lust an der Gewalt, die Ermordung des Dienstmädchens Amalie Sandhuber als vermeintliche Verräterin.

Vielleicht die beste Schilderung des Putsches, den Adolf Hitler am Abend des 8. November 1923 im Münchner Bürgerbräu in Szene setzte, stammt aus der Feder des Eugeni Xammar. Der katalanische Journalist war durch Zufall im richtigen Moment in der Hauptstadt Bayerns und wurde Zeuge des Geschehens, das er ebenso präzise wie sarkastisch beschrieb. Xammar, in Barcelona geboren, damals 35 Jahre alt, war zuerst Korrespondent in Großbritannien gewesen. Dort hatte er seine hervorstechendsten Eigenschaften, kritische Distanz und skeptische Ironie, entwickelt, mit denen er vom Herbst 1922 bis 1937 als Korrespondent in Berlin brillierte.

Der Vatikan sei «das Zentrum der internationalen jüdischen Verschwörung gegen die Befreiung der germanischen Rasse». Das wisse er aus sicherer Quelle, und wenn er alles erzählen könnte, was er wisse, würden seinen Besuchern die Augen aufgehen. Das erklärte Adolf Hitler Anfang November 1923 Xammar und dessen Freund, dem Spanier Josef Pla, denen Hitler kurz vor dem Putsch ein Interview gewährte. Xammar überlieferte den Monolog, den er als Parabel entfesselter Dummheit begriff, weil die Monstrosität dessen, was Hitler sagte, nicht nachvollziehbar war. Im Münchner Büro des Völkischen Beobachters klang Hitlers Obsession im Herbst 1923 nur absurd: Die Judenfrage sei «ein Krebsgeschwür, das unseren deutschen nationalen Organismus zerfrisst». Hitler wusste für das von ihm solchermaßen diagnostizierte politische und soziale Übel auch die Lösung: «Wenn wir wollen, dass Deutschland lebt, müssen wir die Juden vernichten.»

Xammar verlor wegen des Artikels «Adolf Hitler oder die entfesselte Dummheit» seinen Brotgeber. Die Zeitung «Veu de Catalunya» kündigte ihrem Deutschlandkorrespondenten. Der liberale und demokratische Katalane berichtete fortan für andere Blätter. Nach Francos Putsch musste Xammar ins Exil.[13]

Emil Gumbel, Theodor Lessing

Mit rechtsradikalen Mördern beschäftigte sich seit Beginn der Weimarer Republik der Wissenschaftler Emil Julius Gumbel, seit 1923 Privatdozent für Statistik an der Universität Heidelberg, bekannt als Anhänger der Friedensbewegung und streitbarer Redner. Die ersten 5000 Exemplare seines Buches «Zwei Jahre Mord» waren schon nach vier Wochen vergriffen, Neuauflagen folgten. Die fünfte Auflage im Oktober 1922, unter dem Titel «Vier Jahre politischer Mord», enthielt zahlreiche neue Fälle, unter ihnen die Ermordung zweier Minister der ersten deutschen Republik: Erzberger und Rathenau. Die Gesamtzahl der Morde von rechts war auf 354 angewachsen, mit einer Gesamtsühne von 90 Jahren und 2 Monaten Einsperrung, einer Geldstrafe von 730 Mark und einer lebenslangen Haft. 22 Morde von links standen jetzt diesen Verbrechen gegenüber, bestraft durch 10 Erschießungen, 248 Jahre und 9 Monate Einsperrung und dreimal lebenslänglich Zuchthaus.

Die Vermutung, dass die Justiz der Weimarer Republik auf dem rechten Auge blind war, auf dem linken dafür über eine geradezu phantastische Sehkraft verfügte, war durch Gumbels Dokumentationen aufs traurigste bestätigt. Seine schlichte Darstellung erwies sich als unanfechtbar. Im Vorwort zu «Vier Jahre politischer Mord» heißt es: «Ich hatte … die Behauptung aufgestellt, daß die deutsche Justiz über 300 politische Morde unbestraft läßt und hatte erwartet, daß dies nur zwei Wirkungen haben könne. Entweder die Justiz glaubt, daß ich die Wahrheit sage, dann werden die Mörder bestraft. Oder sie glaubt, daß ich lüge, dann werde ich als Verleumder bestraft. Tatsächlich ist etwas Drittes, völlig Unvorhergesehenes eingetreten: Obwohl die Broschüre keineswegs unbeachtet blieb, ist von behördlicher Seite kein einziger Versuch gemacht worden, die Richtigkeit meiner Behauptungen zu bestreiten. Im Gegenteil, die höchste zuständige Stelle, der Reichsjustizminister, hat meine Behauptungen mehrmals ausdrücklich bestätigt. Trotzdem ist nicht ein einziger Mörder bestraft worden.»[14] Weitere Dokumentationen folgten und machten den Autor nicht nur bei der extremen Rechten immer verhasster.[15]

Als Mitglied der Deutschen Liga für Menschenrechte, als entschiedener Verteidiger der Republik und Verfechter der Aussöhnung mit Frankreich schrieb er über die Umtriebe der Rechtsextremisten, über den Terror der Hitler-Anhänger und immer wieder über die Zahl der «Fememorde», die feigen Verbrechen aus dem Hinterhalt gegen politisch Andersdenkende.

1931 stellte Gumbel, im Auftrag der «Liga für Menschenrechte», eine Schrift zusammen «Laßt Köpfe rollen – Faschistische Morde 1924–1931». Der Titel war ein Zitat aus der NS-Propaganda. Auf 23 Seiten waren 63 Morde, die Nationalsozialisten bis 1931 verübt hatten, aufgelistet und beschrieben. Gumbels Schlussfolgerung lautete: «Diese Zahlen verlaufen ungefähr parallel dem Anwachsen der nationalsozialistischen Bewegung, von 1924 bis 1929 sehr langsam, dann sprunghaft rasch. In diesen Bluttaten offenbart der Faschismus sein wahres Gesicht. Er zeigt dem deutschen Volk die Methoden, deren er sich bedienen wird, wenn er zur Macht kommen sollte.»[16] Gumbel, der sich längst auch bei der bürgerlichen Rechten missliebig gemacht hatte, wurde noch vor der Machtübergabe an die NSDAP Opfer seiner Gesinnung und seines Widerstands. Nach vielen Krawallen der rechtsextremen Studentenschaft wurde im Sommer 1932 wegen einer pazifistischen Äußerung ein Disziplinarverfahren angezettelt, in dem ihm am 5. August die Lehrbefugnis entzogen wurde. Gumbel ging, noch vor Hitlers Machtantritt, ins Exil und folgte Einladungen der Universitäten Paris und Lyon. Er legte Wert auf die Feststellung, aus politischen Gründen emigriert zu sein und nicht als Jude, d. h. nicht wegen seiner Zugehörigkeit zu einer religiösen, kulturell oder «rassisch» definierten Minderheit. Gleichwohl diffamierten ihn die Nationalsozialisten in ihrer Propaganda immer als Inkarnation des jüdischen Hochschullehrers. Sein Name stand 1933 auf der ersten Ausbürgerungsliste der nationalsozialistischen Reichsregierung. Stationen seines Exils ab 1940 waren die New School for Social Research in New York und andere amerikanische Hochschulen. Gewürdigt wurde der unbequeme und streitbare Pazifist und Widerstandskämpfer gegen den terroristischen Rechtsextremismus in der Weimarer Republik, der vor dem Faschismus der Hitler-Bewegung warnte, der deshalb mit der akademischen und bürgerlichen Welt in Konflikt geriet, aber erst lange nach seinem Tod.[17]

Schlimmer als Gumbel erging es dem Philosophen Theodor Lessing, der bereits 1926 wegen Kritik an Reichspräsident Hindenburg als exponierter Linker, Pazifist und Kämpfer gegen Rechtsradikalismus seine außerordentliche Professur an der Technischen Hochschule Hannover verloren hatte. Lessing floh im Frühjahr 1933 ins Exil nach Prag, wo er Ende August von Nationalsozialisten ermordet wurde. Anhänger der Friedensbewegung wurden von den Nationalsozialisten von vornherein als Gegner klassifiziert; sie fanden sich daher zahlreich auf den Ausbürgerungslisten des zur Macht gekommenen nationalsozialistischen Regimes. Nicht wenige hatten auf den Barrikaden der Publizistik gegen die Hitler-Bewegung gekämpft wie Kurt Hiller oder Berthold Jacob und Hellmut von Gerlach. Constanze Hallgarten stand 1932 in München im Zentrum des «Pazifistenskandals», als sie bei einer großen Frauenfriedenskundgebung randalierende Nazis in die Schranken wies. Wenig später war sie, wie die meisten Vertreter des deutschen Pazifismus, als Emigrantin auf der Flucht vor Hitler.

Walter Gyßling

Unter dem plakativen Titel «Der Anti-Nazi. Handbuch im Kampf gegen die NSDAP» erschien 1930 (und 1932 in stark erweiterter und überarbeiteter Zweitauflage) ein Kompendium, das Diskussionsrednern in Versammlungen der NSDAP und Veranstaltern von Schulungen gegen den Nationalsozialismus Material vom griffigem Zitat bis zum Vortragstext an die Hand geben sollte. Die schlagenden Argumente, um dem Nationalsozialismus «die heuchlerische Maske vom Gesicht zu reißen»[18] waren auf 192 losen Blättern ausgebreitet. Praktische Ratschläge, wie mit dem Material umzugehen sei, fehlten nicht. Gut strukturiert waren Texte geboten, mit denen NS-Rassentheorien widerlegt, der Verrat an Südtirol, die Obstruktion NS-Abgeordneter im Parlament, die Korruption der NSDAP gebrandmarkt, «Die Lüge als nationalsozialistisches Kampfmittel, Judenhetze, Katholikenhetze, Bluthetze» analysiert und das damals prominente Personal der Hitler-Partei porträtiert war.

Redakteur und weitgehend auch Autor der Schrift war Walter Gyßling, der im Auftrag des Centralvereins deutscher Staatsbürger jüdischen

Glaubens (C. V.) der NS-Propaganda mit einer Abwehrschlacht zu antworten suchte. Die Aktivitäten des Büros Wilhelmstraße (BW) von dem aus der jüdische Kampf gegen Hitler geführt wurde, erfolgten getarnt. Verantwortlich waren Hans Reichmann, jüdischer Funktionär des C. V. und Walter Gyßling, nichtjüdischer Aktivist im Büro Wilhelmstraße und intimer Kenner des Nationalsozialismus. Der in München geborene Journalist war Antifaschist, in der SPD, im Reichsbanner Schwarz-Rot-Gold und in der Eisernen Front aktiv. In Diensten des C. V. stand er von 1928 bis 1933. Im März 1933 floh er ins Exil nach Basel. Später in Paris und dann in Zürich setzte er den Kampf gegen NS-Deutschland fort, publizistisch und in der französischen Armee.

Theodor Heuss, Konrad Heiden

Kritik an der nationalsozialistischen Ideologie und ihren Vorkämpfern gab es in vielfacher Form auch von bürgerlich-linksliberaler Seite. Der prominenteste Vertreter war wohl der spätere Bundespräsident Theodor Heuss, der wie sein Parteifreund Reinhold Maier (1957–1960 Vorsitzender der FDP) nach der «Machtergreifung» verstummte und sich nach dem Sündenfall der Zustimmung zum «Ermächtigungsgesetz» im März 1933 in die «inneren Emigration» zurückzog. In einer Reichstagsrede als Abgeordneter der Staatspartei im Mai 1932 legte Heuss sich mit Göring an und kritisierte die nationalsozialistischen Vorstellungen von Außenpolitik. Als Vortragsredner hatte sich Heuss schon lange mit dem Programm der NSDAP auseinandergesetzt. Gegen den Antisemitismus der NSDAP hatte Heuss früh Partei ergriffen. Ein Vortrag in Tübingen im Februar 1931 war der Anlass für das Buch. Heuss hatte die Nationalsozialisten «Techniker der demagogischen Phrase» und «kalte Zyniker» genannt. Unter Protest der Anwesenden, die mit Getöse den Saal verließen, hatte Heuss sich kritisch mit dem Programm der NSDAP, insbesondere mit der Wirtschafts- und der Rassenideologie auseinandergesetzt. Die Stuttgarter Union Deutsche Verlagsgesellschaft gab daraufhin ein Buch bei dem liberalen Parlamentarier und politischen Schriftsteller in Auftrag, und zwar als objektive kritische Studie im Gegensatz zu den verbreiteten polemischen Schriften.

Heuss war seit September 1930 wieder Mitglied des Reichstags für die Deutsche Demokratische Partei, die sich in Staatspartei umbenannt hatte, er war Stadtverordneter in Berlin und Dozent an der Hochschule für Politik. Prädestiniert für eine sachliche Darstellung schrieb Heuss einen Text, der nicht als kämpferischer Widerstand verstanden werden konnte, über den er selbst später nicht glücklich war, der vor allem die Tatsache erwies, dass Argumente demokratischer Vernunft von Demagogen und ihrem Publikum nicht gehört und verstanden werden, dass milde Ironie, das Stilmittel des Autors Heuss, keinerlei Wirkung zeigte. Anfang 1932 erschien das Buch «Hitlers Weg».[19] Es war die erste von acht Auflagen. Übersetzt wurde das Buch für Ausgaben in Italien, Schweden und den Niederlanden. Heuss wollte einen bewusst distanziert-kühlen Beitrag zur Auseinandersetzung mit dem Nationalsozialismus leisten und dazu die historischen und psychologischen Voraussetzungen der Hitler-Bewegung diskutieren. Dem liberalen politischen Schriftsteller Heuss fehlte die Phantasie, sich vorzustellen, mit welcher Brutalität und Mordlust das NSDAP-Programm dann ab 1933 in die Wirklichkeit umgesetzt wurde. Immerhin findet sich in seiner Schrift auch die klare Absage an Rassismus und Antisemitismus: «Die Zerstörung jüdischer Friedhöfe muß eine Gemeinschaft tief treffen, in der, im Widerspruch zu allem Geschwätz von der individualistischen Auflösungskraft des Jüdischen, die Familie lebensvolle Bindung auch in die Vergangenheit bedeutet, sie beschmutzt uns alle. Wir tragen einen Fleck an uns herum, seit in Deutschland solches, feig und ehrfurchtslos, möglich wurde.»[20]

Die Resonanz des Buches blieb verhalten, nach der achten Auflage herrschte ab Frühjahr 1932 keine weitere Nachfrage. Die Nationalsozialisten schwiegen, Goebbels bemerkte, die Broschüre sei dumm und kaum weiterer Beachtung wert: «Die bürgerliche Welt versteht uns nicht.»[21] Rezensionen in demokratischen, liberalen und sozialdemokratischen Blättern bedauerten den fehlenden kämpferischen Ton, und nach dem Machterhalt Hitlers wurde dem Verlag das Buch peinlich. Die kritische Distanz des Autors zur Hitler-Bewegung war so unübersehbar, dass die Schrift von Theodor Heuss im Frühjahr 1933 auf den Index verbotener Bücher gesetzt wurde. Mit einer NS-freundlichen Darstellung als Ersatz betraute der Verlag einen unverdächtigen Autor, dessen Buch im Spätsommer 1933 erschien.[22] Groteskerweise, wohl auch aus gebotener Eile, schrieb der Nachfolger fleißig bei Heuss ab, wendete aber den Sinn in absolut eindeutigen Lobpreis des Nationalsozialismus.

Über den Publizisten Konrad Heiden ärgerten sich die Nationalsozialisten mehr als über Heuss. Heiden veröffentlichte 1932 die «Geschichte des Nationalsozialismus. Die Karriere einer Idee», die als gut recherchierte Aufklärungsschrift Wirkung hatte.[23] Der Autor, ehemals Korrespondent und Redakteur der «Frankfurter Zeitung» und Mitarbeiter der «Vossischen Zeitung», emigrierte im April 1933. Vom Saarland aus setzte er den Widerstand gegen den Nationalsozialismus mit dem nächsten Buch «Geburt des Dritten Reiches» (1934) und den unter dem Pseudonym Klaus Bredow publizierten Schriften «Hitler rast» (1934) und «Sind die Nazis Sozialisten?» (1934) fort. Heiden war auch der Verfasser der ersten großen und kritischen Biographie Hitlers, die 1936/37 in zwei Bänden in Zürich erschien (parallel zu englischen, amerikanischen und französischen Ausgaben), geschrieben aus dem Geist des Widerstandes.[24]

Konrad Heiden legte die erste philosophisch-politische Analyse des Nationalsozialismus vor, die exakt die Inhaltsleere des Machtanspruchs und den daraus resultierenden Erfolg der Partei konstatierte. «Ihre Programmlosigkeit – die vielgenannten 25 Punkte sind kein ernstgenommenes Programm – ist mehr als ein auf eine gedankenfaule Zeit berechneter Erfolgstrick. Sie beruht auf der Erkenntnis, daß eine Bewegung aus Ursachen entspringt, nicht aus Zielen, und daß den Menschen mehr an Führern als an Verhaltensmaßregeln liegt. Zweifellos ist hier ein veredelter Fatalismus im Spiel; der Glaube an die Macht eines Schicksals, das noch mächtigere Ideen gebiert und gegen sich selbst Taten weckt. Wie in vielem anderen sind die Nationalsozialisten auch in bezug auf die Dialektik der Geschichte beim Marxismus in die Schule gegangen. Aber während die Marxisten den triebhaften Charakter der Politik zur ‹Wissenschaft› läutern wollten, nahmen die Nationalsozialisten, weltklüger, ihn so, wie er ist. Das entspricht einer Anschauung, die dem Volk die Tätigkeit des reinen Existierens, Zeugens und Wachsens zuteilt, einer gesandten Führung dagegen die des Ordnens, Gliederns und Zielsetzens vorbehält.»[25]

Heidens scharfsinnige und angesichts immer neuer Bereitschaft, populistischen Heilskündern zu folgen, bedrückend aktuelle Erkenntnis stellte den absolut demagogischen Charakter der NSDAP heraus. Die Verdrossenheit als Agens der Anhängerschaft, ihr Aufstand gegen die

Politik, stehe im Gegensatz zum Streben nach Elitebildung des Populisten Hitler. An diesem Antagonismus, dem Ansturm der Massen, müsse, so der Trugschluss, zu dem sich Konrad Heiden verleiten ließ, die nationalsozialistische Bewegung zugrunde gehen. Der vermeintlichen Ernsthaftigkeit des Attributs «Sozialismus» im Firmenschild der Hitler-Partei war auch Heiden erlegen, als er den Wahlsieg im September 1930 als Endpunkt der NSDAP erkannte: «Wo war Hitler hingeraten! Er war aufgebrochen mit einer kleinen Schar glühender, todesverachtender, ja todeslustiger Jugend, die ihre Leiber in die Flammen warf. Wenn er sich jetzt umblickte, sah er hinter sich das fahle Heer der Millionen, die viel mehr nach Brot hungerten als nach Freiheit; die Gewinn von ihm wollten, mochte es auch der Raub am Nebenmann sein; die von ihm zugleich höhere Zölle und niedrigere Lebensmittelpreise, größere Renten und kleinere Steuern, bessere Dividenden und bessere Löhne erwarteten. Aus der Abendröte eines untergehenden Zeitalters war er losmarschiert, und angekommen war er bei den dürftigen Hauslampen eines verzweifelten Volkes, das nicht von seinen Tischen weg wollte.»[26]

Ernst Niekisch, A. Paul Weber, Erich Ohser

Ebenfalls im Krisenjahr 1932 veröffentlichte Ernst Niekisch seine Warnung «Hitler – ein deutsches Verhängnis». Niekisch, ehemals Sozialdemokrat, war geistiger Mittelpunkt einer elitären Oppositionsbewegung mit nationalkonservativen und nationalbolschewistischen Ansichten. 1939 wurde er, nachdem seine Zeitschrift «Widerstand. Blätter für nationalrevolutionäre Politik» schon 1934 verboten worden war, wegen «Vorbereitung zum Hochverrat» zu einer lebenslangen Zuchthausstrafe verurteilt.[27] Als Widerstandskämpfer wurde er u. a. angeklagt, weil er das Manuskript «Das Reich der niederen Dämonen» – eine vernichtende Kritik des «Dritten Reiches» – verfasst hatte, das im Ausland erscheinen sollte. Im «Völkischen Beobachter», dem Zentralorgan der NSDAP, war 1938 über den Niekisch-Prozess zu lesen: «Schon lange vor 1933 trat er in Gegensatz zum Nationalsozialismus und bekämpfte auch nach der Machtübernahme bis zu seiner Festnahme die politischen und wirtschaftlichen Ziele des nationalsozialistischen Staates in hetzerischer Weise, wobei er die führenden

Persönlichkeiten des Dritten Reiches in übelster Form beschimpfte.» Die Rote Armee befreite Niekisch 1945 aus dem Zuchthaus Brandenburg.

Bei aller ideologischen Wirrsal, durch die Niekisch sich selbst charakterisierte, durchschaute er den demagogischen Antrieb des Hitlerschen Machtgelüstes, kaschiert mit Phrasen der Massenbetörung: «Kleine verkümmerte Menschen hatte Hitler einst hoffen lassen, daß er ihrer geheimen sozialen Erlösungs- und politischen Befreiungssehnsucht zunächst Worte, schließlich Erfüllung schenken werde. Das erste, was er ihnen reichte, war Feders ‹Brechung der Zinsknechtschaft›, die lediglich ein bestechender, aber bescheidener Einfall, kein umfassender revolutionärer Feldzugsplan war. ‹Sozialismus› war von jeher eine Hoffnung schlecht weggekommener gequälter Bevölkerungsschichten; Hitler rief die Federsche Erfindung als ‹deutschen› Sozialismus aus. Dieser Sozialismus erschreckte die bürgerliche Gesellschaft nicht und beschwichtigte zugleich die, welche viele Gründe hatten, mit ihr unzufrieden zu sein. Den Besitzenden tat er nicht weh; soweit sie unruhig wurden, machte er schleunigst den Unterschied zwischen ‹raffendem› und ‹schaffendem› Kapital, wobei es am Ende keinen reichen Mann mehr gab, dem es verwehrt worden wäre, sich dem ‹schaffenden› Kapital zuzurechnen. Den Nichtbesitzenden schenkte er den lindernden Trost eines sozialen Heilmittels, das in Kürze ihre Wohlfahrt heben und den wirtschaftlichen Auswüchsen beikommen werde. So verdarb dieser Sozialismus nichts; er brach keine Brücke ab. Er war ein durchaus sozialpazifistisches Element. Es war kein kämpferischer Zug an ihm, so tosend er auch in den massenerfüllten Sälen brandete. Er war nur laut, nie kriegerisch. Den Klassenkampf wiegelte er zielbewusst ab; er legte es sichtbar darauf an, den sozialen Kampfwillen der niederen Schichten zu lähmen. Echter sozialer Kampfwille sollte sich geradezu in dem Lärm, den der ‹deutsche› Sozialismus in seinen Massenversammlungen verursachte, verbrauchen. In den Jubelstürmen, die durch Hitlers Beschwörungen herausgefordert wurden, lösten sich seelische Spannungen, die sich andernfalls zu Stürmen gegen die Bastionen der bürgerlichen Gesellschaft Luft gemacht hätten.»[28]

Niekischs Buch war mit Zeichnungen des Graphikers A. Paul Weber illustriert. Weber war auch Mitherausgeber der Zeitschrift «Widerstand»; er gilt als Inbegriff des antifaschistischen Künstlers schlechthin. Freilich gab es auch andere Talentproben des Illustrators. 1927 war ein Büchlein des rechtsradikalen Terroristen und späteren SA-Obergruppenführers

Manfred von Killinger, «Ernstes und Heiteres aus dem Putschleben», erschienen, das 1933 im Zentralverlag der NSDAP seine fünfte Auflage erlebte. Unter den Zeichnungen Webers in diesem Buch finden sich auch antisemitische Karikaturen, die an Eindeutigkeit schwer zu übertreffen sind.[29] Ein Werbeplakat für das bösartig judenfeindliche Buch Artur Dinters «Die Sünde wider das Blut» aus dem Jahr 1918 stammt ebenfalls aus der Feder A. Paul Webers.[30]

Trotz einer Unbedenklichkeitsbescheinigung der Reichsschrifttumskammer wurde jedoch Anfang 1940 Webers 1936 erschienenes Buch «Zeichnungen, Holzschnitte und Gemälde» beschlagnahmt, weil es, wie aus einem Gutachten der Gestapo hervorging, «unzeitgemäße Bilder» enthielt, aber auch ein Porträt von Ernst Niekisch. Das nationalsozialistische Regime legte dem Nationalbolschewisten Niekisch Widerstand zur Last und hatte ihm den Hochverratsprozess gemacht. A. Paul Webers Buch wurde deshalb als Propagandaschrift für den Widerstandskreis um Niekisch gewertet und auf die «Liste schädlichen und unerwünschten Schrifttums» gesetzt. Anfang Juli 1937 wurde Weber im Zuge einer Aktion gegen den Niekisch-Kreis festgenommen. Bis Mitte Dezember saß er in Untersuchungshaft in Hamburg-Fuhlsbüttel, vorübergehend auch im Polizeigefängnis am Alexanderplatz in Berlin und in Nürnberg. Später wurde die Haft, in der mehrere Bilderzyklen entstanden, gelegentlich zum KZ-Aufenthalt stilisiert, um den Mythos des Antifaschisten A. Paul Weber zu festigen. Der Zeichner wurde nach der Entlassung aber nicht weiter verfolgt, er hatte kein Berufsverbot, er konnte sich mehrfach an Ausstellungen beteiligen, und er war in den Jahren 1940 bis 1943 auch in den Ausstellungen der Preußischen Akademie der Künste vertreten.

Im offiziellen «Deutschen Wochendienst», in dem amtliche Sprachregelungen, Empfehlungen, Anregungen und Verbote für die Redaktionen von Zeitschriften zur Kunst- und Wissenschaftspolitik verlautbart wurden, findet sich am 26. November 1943 eine Eloge auf das Buch A. Paul Webers «Britische Bilder», das 1941 im Nibelungen Verlag in Berlin erschienen war. Seine Zeichnungen «treffen mit einer bei sonst keinem Zeichner der Gegenwart anzutreffenden Schärfe den Kern den Gegners. ... Grauenhafteste Illustrationen des britisch-jüdischen Vernichtungswillens. ... Blutige Stationen auf dem Wege der britischen Weltmacht (sind) festgehalten.»

Dem Lob für die Einmaligkeit der Bildersprache des Künstlers war die Aufforderung angefügt, seine Zeichnungen sollten «noch stärker als bisher reproduziert werden und mit entsprechenden Unterschriften und Erklärungen ins Volk und ins Ausland gebracht werden».[31] In Nachschlagewerken und Handbüchern wird die kurze Gestapo-Haft 1937 wegen der Beziehung zu Niekisch als Beweis für eine allezeit widerständige Gesinnung des Künstlers hervorgehoben.[32]

Ein anderes Beispiel frühen künstlerischen Engagements mit tragischen Folgen für das Bekenntnis gegen den Nationalsozialismus: Der Zeichner Erich Ohser, 1903 in Sachsen geboren und in Plauen aufgewachsen, war Täter und Opfer im NS-System zugleich. Nach einer Schlosserlehre wurde er 1921 an der Leipziger Akademie für Graphische Künste und Buchgewerbe aufgenommen, den Lebensunterhalt erwarb er mit Werbegraphik und Plakaten. Bald hat er Aufträge für Buchillustrationen und von Zeitungen. Seit Mitte der 1920er Jahre ist er mit Erich Kästner befreundet, der als Literaturstudent für Zeitungen und Zeitschriften schreibt, ehe er Redakteur der «Neuen Leipziger Zeitung» wird. 1928 ziehen beide nach Berlin. Der Dritte im Bund ist Erich Knauf, der vom Redakteur der «Plauener Volkszeitung» zum Lektor der Büchergilde Gutenberg avanciert (und später Autor der Landserschnulze «Heimat Deine Sterne» wird). Ohser illustriert Gedichtbände seines Freundes Kästner und Satiren von Michail Sostschenko, den die beiden Freunde Anfang 1930 in Moskau besuchen.

Zu den Aufträgen, die der Sozialdemokrat Erich Knauf dem Freund vermittelt, gehören die Karikaturen, die Ohser in den Jahren 1929 bis 1933 für das Parteiorgan «Vorwärts» zeichnet. Der junge Künstler hat mit Politik nichts im Sinn, auch politische Karikaturen macht er nur zum Broterwerb, sein Metier sind künstlerische Portraits und Gruppen, Tiere, Landschaften, Akte. Erfolg über den Tod hinaus hat er freilich mit einer unsterblichen Bildgeschichte unter Pseudonym. Verhängnisvollen Tagesruhm erwarb er als politischer Karikaturist für Goebbels' Renommierblatt «Das Reich».

Freunde schildern den Zeichner als gutmütig und humorvoll, als Mann von rascher Auffassung, von geselligem Naturell, kontaktfreudig, heiter, hilfsbereit. Schwerhörigkeit und eine Knieverletzung hinderten ihn am Militärdienst. Von Schwierigkeiten, sich im Leben zurechtzufinden, von Einsamkeit, Lebensangst berichtet einer seiner Weggefährten, Kurt Kusenberg: «Dieser kindliche verspielte Mensch muß geahnt haben, daß ein furchtbares Ende ihn erwarte und daß er allein es herbeiführen werde ... In den letzten Monaten seines Lebens ergriff die Verdüsterung ihn häufiger, heftiger. Bei Tage ging es noch hin; da war die Arbeit, da waren die Luftangriffe, die täglichen Sorgen. Nachts nahten sich die Gespenster und hetzten ihn ohne Erbarmen. Aus unruhigem Schlaf fuhr er empor. Ein Traum, der ständig wiederkehrte, hatte ihn erneut gequält: Ihm war, als sei er eingemauert. Erregt sprang er auf. Man hörte ihn durchs Zimmer tappen und halblaut mit sich reden. Am nächsten Morgen waren die Bilder von den Wänden gerissen, lagen Zeichnungen zerstört am Boden».[33]

Aus Existenzangst floh Ohser nach dem Machterhalt der Nationalsozialisten aus Berlin und tauchte bei den Schwiegereltern in Marburg unter, weil er fürchtete, die Rache der Nazis werde den «Vorwärts»-Karikaturisten ereilen. Im Herbst 1933 kehrt er nach Berlin zurück. Am Tag der Ankunft ruft ihn Kurt Kusenberg an, damals Redakteur der «Berliner Illustrirten». Ohser soll eine Bildergeschichte – eine stehende Hauptfigur in vielen Abenteuern – über einen längeren Zeitraum für das Wochenmagazin zeichnen. Mit anderen Arbeitsproben bringt Ohser das Paar «Vater und Sohn» – rund, glatzköpfig und gediegen der Alte, gesträubten Haares und quirlig der Junge – zur Besprechung mit dem Redakteur. Sie entscheiden sich für «Vater und Sohn», weil das Thema unendlich entwicklungsfähig ist.

Im Dezember 1934 beginnt die Serie zu erscheinen. Ein Problem entsteht, da Ohsers Gesuch um Aufnahme in den Fachausschuss der Pressezeichner im Reichsverband der deutschen Presse (Voraussetzung der Berufsausübung nach neuem nationalsozialistischen Recht) abschlägig beschieden wird, wegen «exponierter publizistischer Tätigkeit im marxistischen Sinne».

Die Bildgeschichten erscheinen unter Pseudonym. Das kleingeschriebene «e.o.plauen» steht für Erich Ohser aus Plauen und wird zum Markenzeichen des Erfolgs. Drei Jahre lang, bis Ende 1937, erscheint Woche für Woche eine neue Folge der Aventuren des liebenswerten Paares, dreimal stellt der Ullstein Verlag Sammelbände zusammen, sie haben großen Absatz und werden oft nachgedruckt. e.o.plauen ist berühmt, aber Erich Ohser hat Schwierigkeiten.

Im Februar 1936 war er endgültig aus dem Reichsverband der deutschen Presse ausgeschlossen worden. Die seinerzeit auf Widerruf erfolgte Eintragung in die Berufsliste der Pressezeichner wurde gelöscht, «nachdem Ermittlungen ergeben haben, daß Sie nicht die Eigenschaften haben, die die Aufgabe der geistigen Einwirkung auf die Öffentlichkeit erfordert ... Durch die von Ihnen gezeichneten gehässigen Angriffe gegen den Nationalsozialismus und seine Führer, Ihre Darstellung des Führers und Reichskanzlers und des Reichsministers für Volksaufklärung und Propaganda haben Sie deutlich gezeigt, daß Sie nicht die geistigen Voraussetzungen für den heutigen Schriftleiterberuf erfüllen. Ihre Eintragung in die Berufsliste der Schriftleiter kann nicht verantwortet werden».[34] Auf Intervention des Ullstein Verlags wurde Ohser dann doch noch, mit der Einschränkung «als unpolitischer Pressezeichner», in den Landesverband aufgenommen. Das Berufsverbot war abgewendet. Der Preis bestand darin, dass «Vater und Sohn» für das Winterhilfswerk, die alljährliche nationalsozialistische Wohlfahrtskampagne, auftreten mussten.

Ohser hat sich dem Regime angepasst. Die Freundschaft mit Erich Kästner, der sich mühsam in der inneren Emigration mit Gelegenheitsarbeiten über Wasser hält, erkaltet, auch andere Freunde ziehen sich zurück, als Ohser – mit unpolitischen Witzfiguren erfolgreich und auf Ausstellungen präsent – ein erstaunliches Angebot annimmt. Die seit Mai 1940 erscheinende Wochenzeitung «Das Reich», die insbesondere im Ausland das Renommee des «Dritten Reiches» aufbessern soll, in der Goebbels die Leitartikel schreibt, bietet ihm an, politische Karikaturen zu liefern. Ohser nimmt an. Aus Ehrgeiz, weil er der glatten Witze überdrüssig ist? Aus Sorge um seine Familie? Aus Feigheit? Aus künstlerischer Ambition? Jedenfalls sind platter Opportunismus oder Karrierestreben nicht seine Motive. Nach wie vor hat Ohser keine Sympathien für den Nationalsozialismus und dessen Protagonisten. Zusammen mit Hanns Erich Köhler (der als «Erik» zeichnet), illustriert Ohser Woche für Woche die letzte Seite mit der Rubrik «Am Rande des Weltgeschehens». Es sind Feindbilder: bösartige Bolschewiken, Roosevelt, Churchill, Stalin als Schurken. Politischer Journalismus im Dienste des Regimes. Übrigens war in der Nachkriegsbiographie Köhlers, der vor allem in der «Frankfurter Allgemeinen Zeitung» als ständiger politischer Karikaturist seit den 1950er Jahren Furore machte, von seiner propagandistischen Tätigkeit in Goebbels' Diensten kaum die Rede.

Ein Stück weit hat Ohser in politischer Naivität wohl an die Bedrohung Deutschlands durch äußere Feinde geglaubt: «Als er dieses Land in einen Kampf gegen die ganze Welt verwickelt sah ... klammerte er sich an den Begriff Schicksalsgemeinschaft. ‹Wenn die Feinde ins Land kommen›, äußerte er, ‹wird man uns nicht leben lassen›. Er war davon überzeugt, dass Deutschland völlige Vernichtung drohe».[35] Ohser war Opfer der Propaganda geworden, an der er mitwirkte.

Neben dem erfolgreichen Angepassten gibt es aber einen anderen, den widerständigen Erich Ohser, der unbestechlich beobachtete und unverblümt darüber sprach. Kurt Kusenberg traf ihn auf einer Kunstausstellung: «Ohne Rücksicht auf die umherwimmelnden Parteigenossen (und ohne Rücksicht auf sich selber) unterwarf er – sehr laut, sehr vernehmlich – die ausgestellten Bilder einer bissigen Kritik. Manch erstaunter oder drohender Blick traf uns; Ohsers Äußerungen hätten ihm leicht verhängnisvoll werden können. Der Zufall wollte, dass es gut ging. Nein, feige war er nicht, und wenn die Kunst auf dem Spiele stand, kannte er keine Vorsicht.»[36]

Das wurde sein Verhängnis. Im November 1943 war das Atelier in der Budapester Straße und damit der größte Teil des zeichnerischen Oeuvres im Bombenkrieg zugrunde gegangen. Zusammen mit dem Freund Erich Knauf, der inzwischen Pressechef der Filmgesellschaft Terra geworden war, dort den Werbefeldzug für «Jud Süß» organisiert hatte und ebenfalls ausgebombt ist, zieht er in einen Vorort zum Ärztehepaar Daubenspeck. Dort lebt auch Bruno Schultz, Herausgeber der Zeitschrift «Das deutsche Lichtbild» und eines Buches «Das deutsche Aktwerk». Man freundet sich an, sitzt gemeinsam im Luftschutzkeller; die Gastgeber sind Spitzel. Im Februar 1944 denunziert Schultz die Freunde Ohser und Knauf wegen lästerlicher Äußerungen über Goebbels und wegen Verhöhnung des Führers. Am 27. März werden sie verhaftet, am bevorstehenden Prozess vor dem Volksgerichtshof nimmt der Propagandaminister persönlichen Anteil, drängt auf baldige Eröffnung, wünscht, dass Roland Freisler die Verhandlung führe. Ohser versucht am 31. März vergeblich, sich im Gefängnis das Leben zu nehmen. Der Volksgerichtshof setzt den 6. April als Termin. In den frühen Morgenstunden dieses Tages erhängt sich Erich Ohser in seiner Zelle. Erich Knauf wurde am 2. Mai 1944 hingerichtet.

Theodor Wolff, Fritz Michael Gerlich

Theodor Wolff gehörte an der Spitze des liberalen «Berliner Tageblatts» zu den entschiedenen Verteidigern der Weimarer Republik. Stil des Blattes war es, mit Zwischentönen, durch Ironie, intellektuell zu argumentieren. Sich mit dem Radauantisemitismus der NSDAP auseinanderzusetzen, war unter dem Niveau der Redaktion. Am 8. Juni 1930 schrieb Theodor Wolff über Nationalsozialismus und Nationalsozialisten: «Keine geschliffene Phrase, keine dunstige Ideologie kann darüber hinwegtäuschen, daß er mit seinem Geschrei nach umstürzender Gewalt und mit einer Rassenverhetzung die Roheit, die Verblödung und die gemeinsten Pöbeltriebe anreizt und zu verbrecherischen Ausbrüchen treibt. Würde man eine Untersuchung vornehmen können, so würde man unter den von alten Weibern verhätschelten und von ungebildeten Großindustriellen protegierten Wanderpropheten des Nationalsozialismus nicht wenige pathologisch interessante Gehirne feststellen, und der verquollene Dampf, der von ihnen ausgeht, verbreitet sich über eine Masse, die auf jedes Betäubungsmittel reagiert. Die Benebelten, die mit Theorie nichts anzufangen wissen, greifen zum praktischen Revolver und schießen los.»[37]

Wolff, der sich in den letzten Monaten der Weimarer Republik vergeblich bemühte, Thomas Mann als Anwalt der Vernunft, als Agitator gegen Hitler zu gewinnen (der solchem allerdings damals noch abgeneigte Schriftsteller hätte als Redner eines «republikanischen Kartells» auftreten sollen), wurde im Frühjahr 1933 Emigrant. Seine Flucht vor Hitler endete 1943 in Nizza, wo er von der italienischen Besatzungspolizei an die Gestapo ausgeliefert wurde.

Am 10. Mai 1933 bei der Bücherverbrennung, der vom Regime inszenierten «Aktion wider den undeutschen Geist», war Wolff zusammen mit Georg Bernhard, dem anderen großen liberalen journalistischen Streiter gegen die NSDAP, mit dem «Feuerspruch» ausdrücklich verdammt worden: «Gegen volksfremden Journalismus demokratisch-jüdischer Prägung, für verantwortungsbewusste Mitarbeit am Werk des nationalen Aufbaus!» Mit der stolz vorgetragenen Sentenz eines studentischen Schreiers waren die Schriften beider auf dem Scheiterhaufen gelandet.

Der letzte der «Feuersprüche» hatte den besonders verhassten Publizisten gegolten, die für ihren frühen Widerstand grausam büßen mussten: Der eine sah im schwedischen Exil keinen anderen Ausweg mehr als den Selbstmord, der andere wurde bis zum physischen Ruin durch Konzentrationslager geschleift: «Gegen Frechheit und Anmaßung, für Achtung und Ehrfurcht vor dem unsterblichen deutschen Volksgeist! Verschlinge, Flamme, auch die Schriften der Tucholsky und Ossietzky!»

Gemeint waren mit dem Verdikt auch Publizisten wie Franz Pfempfert, dessen Zeitschrift «Die Aktion» bis 1932 aus zuletzt trotzkistischer Position Widerstand gegen die NS-Bewegung geleistet hatte, oder Leopold Schwarzschild mit dem «Tage-Buch». Nicht weniger exponiert als diese Zeitschriften hatten sich im Kampf gegen den Nationalsozialismus auch «Die Neue Rundschau» sowie Fritz Küsters «Das andere Deutschland», Erich Schairers «Sonntags-Zeitung» oder die bis 1931 von Hellmut von Gerlach geleitete «Welt am Montag».

Die NSDAP stieß auch auf Widerstand von konservativer Seite. Unter den Gegnern des Nationalsozialismus war der Münchner Publizist Fritz Michael Gerlich einer der profiliertesten. Im Ersten Weltkrieg gehörte er der extrem nationalistischen Gruppierung der Alldeutschen an, danach tat er sich als Streiter gegen Marxismus und Kommunismus hervor. Nach 1923 widmete sich der einflussreiche Journalist dem Kampf gegen Hitler und seine Anhänger. Mit Unterstützung katholischer Kreise gab er seit 1930 die Zeitschrift «Der gerade Weg» heraus, die, gestützt auf einen eigenen Nachrichtendienst, Interna der NS-Bewegung veröffentlichte in der Absicht, deren kriminellen Charakter zu enthüllen.

Ende Juli 1932 veröffentlichte Gerlich einen Wahlaufruf mit dem Titel «Der Nationalsozialismus ist eine Pest!» Seine Forderung, die Parteien des politischen Katholizismus, Zentrum und Bayerische Volkspartei zu wählen, notfalls sogar die SPD, aber keinesfalls NSDAP, war ethisch begründet: «Dem Kriege des Mittelalters folgte die Pest als eine Geißel der Menschheit. Aber diesem Kriege, den wir alle erlebt und gefühlt haben und dessen Spuren und Folgen Revolution, Inflation, Wirtschaftskrise und Arbeitslosigkeit heißen, folgte eine geistige Pest: der Nationalsozialismus. Die Übel, unter welchen die Völker leiden, können allein geheilt werden durch Verständigung, Versöhnung, Abrüstung und Frieden. Nationalsozialismus aber bedeutet: Feindschaft mit den benachbarten Nationen, Gewaltherrschaft im Innern, Bürgerkrieg, Völkerkrieg. Nationalsozialismus heißt: Lüge, Hass, Brudermord und grenzenlose Not.»[38]

Kurz zuvor hatte Gerlich einen Drohbrief erhalten, den er im «Geraden Weg» im vollen Wortlaut veröffentlichte: «Wir warnen Sie. Die nächsten Tage wird ihnen ihr schmutziges Handwerk gelegt werden. Sie erbärmlicher Schmutzfink. Seien Sie überzeugt, dass die Stunde bald schlägt, wo Deutschland von Ihnen und Ihresgleichen befreit wird. Wir werden an Ihnen und Ihrer schwarzen Sippe (die Katholiken) ein besonderes Exempel statuieren, indem wir einen Scheiterhaufen aus allen in Deutschland befindlichen Christuskreuzen nebst den darauf befindlichen Christusfiguren – jenes Christus, welcher von einer jüdischen Hure geboren wurde – errichten, worauf sie nebst dem übrigen Pfaffengesindel einschließlich der ganzen Marxistenbrut geschmort werden. Wenn dann diese Befreiungsfeuer zum Himmel steigen, hat die Geburtsstunde der neuen arischen Religion begonnen. Dann wird das deutsche Volk dem einzigen auf Erden wandelnden Gott, Adolf Hitler, auf den Knien dafür danken, dass er es von der jüdisch-pfäffisch-marxistischen Pest befreit hat. Heil Hitler. Blut und Tod allen Marxisten und Pfaffen!»[39]

Einer der letzten Artikel Gerlichs erschien am Tag nach dem Machterhalt Hitlers, in der Ausgabe vom 1. Februar 1933 im «Geraden Weg». Unter der Überschrift «Es bleibt uns nur eines: Die Hoffnung» war zu lesen: «Wir haben nie ein Hehl daraus gemacht, daß wir die von Hitler großgemachte Bewegung zur angeblichen Befreiung und Erneuerung Deutschlands nur als eines der sinnfälligsten Kennzeichen des geistigen und politischen Zusammenbruchs unseres Volkes, nämlich als die offenbar unvermeidliche offene Loslösung von der menschlichen Kultur der letzten zwei Jahrtausende, also als jenen Schritt in die Barbarei ansehen, dessen lebensvernichtende Auswirkung erst wieder die Selbstbestimmung unseres Volkes auf seine sittlichen, kulturellen und politischen Grundlagen erweckt.»[40] Die Zeitschrift «Der gerade Weg» wurde aufgrund der Verordnung zum Schutz von Volk und Staat vom 28. Februar 1933 zunächst für vier Wochen, dann endgültig verboten. Gerlich wurde im März 1933 von der SA festgenommen. In «Schutzhaft» im KZ Dachau wurde er vielfach misshandelt und schließlich ein Opfer der Mordaktion des 30. Juni 1934, als Hitler unter dem Vorwand «Röhm-Putsch» mit seinen Gegnern innerhalb und außerhalb der NSDAP abrechnete.

Der Klub vom 3. Oktober

Zwangsläufig endete öffentliche Opposition gegen die um die Macht ringende NSDAP am 30. Januar 1933 mit der äußeren oder inneren Emigration, also der Flucht aus Deutschland oder dem stillen Rückzug ins Unpolitische. Es war kaum je möglich, republikanisch-demokratische Strukturen über den Machterhalt der NSDAP hinweg zu retten und in Widerstandsaktivitäten umzusetzen. Ein Beispiel dafür gibt es allerdings, in Gestalt der Robinsohn-Strassmann-Gruppe, die ihre Wurzeln im Engagement eines politischen Freundeskreises in Hamburg hatte. Es war der Klub vom 3. Oktober, den sieben junge Leute, kompromisslose Demokraten und Republikaner, die sich als Linke in den Parteien SPD und DDP verstanden, gegründet hatten. Zu ihnen gehörten die Sozialdemokraten Gustav Dahrendorf und Theodor Haubach, die später im Goerdeler- und im Kreisauer Kreis zur Prominenz des Widerstands zählten. Ernst Strassmann, Jurist, und Hans Robinsohn, Nationalökonom und Geschäftsmann,[41] spielten in der Hamburger DDP wichtige Rollen.

Die Gründung des Klubs am 3. Oktober 1924 – der Name war keine programmatische Anspielung auf irgendein historisches oder politisches Datum – geschah aus Verdruss über die politische Atmosphäre, über die «stille und legale Rechtsentwicklung» in der Weimarer Republik. Der Kapp-Lüttwitz-Putsch 1920, der Rathenau-Mord 1922 und der Hitler-Putsch 1923 hatten Anstöße zur Organisation des Freundeskreises gegeben; Hamburger Lokalkolorit gehörte ebenso dazu wie eine gewisse politische Romantik. In der Vorgeschichte des Klubs hatte nämlich die Idee, Hamburg zur republikanischen Schutzburg auszubauen, die einer wie 1920 im Kapp-Lüttwitz-Putsch vor Extremisten fliehenden demokratischen Reichsregierung Zuflucht bieten könnte, eine gewisse Rolle gespielt.

Nach der Überzeugung der Klubgründer waren nach dem Kapp-Putsch zwar «die republikanisch-demokratischen Formen» erhalten geblieben, «aber eine wirkliche Republik, die von rechts noch hätte angegriffen werden können, existierte nicht mehr».[42] Der Klub, der sich als Arbeitsgruppe republikanischer, aktiv demokratischer junger Politiker definierte, die in ihren Parteien tätig waren und aus dem Freundeskreis in sie hineinwirken wollten, hatte elitäre Züge und entbehrte auch nicht einer konspirativen Note. Den spektakulärsten Erfolg verbuchte der politische Klub 1926, als er ein im Reichsministerium des Innern geplantes Ausführungsgesetz zum Artikel 48 der Reichsverfassung verhinderte. Auf diskreten Wegen war der Gesetzentwurf in den Kreis gelangt, einige Mitglieder unterzogen ihn in einem Memorandum fundamentaler Kritik. Entwurf und Memorandum wurden vom Oktoberklub auf einer Pressekonferenz in Berlin präsentiert. Alle Nachrichtenbüros und die großen Zeitungen waren vertreten und berichteten. Die Entrüstung auf Seiten der Regierung war beträchtlich, das Reichsministerium des Innern musste dementieren. Das Gesetz, das den militärischen Behörden größere Machtbefugnisse gebracht hätte, kam nicht zustande.

Der Klub, der in seinen besten Zeiten knapp 100 Mitglieder hatte, hielt auf die Dauer den Friktionen des parteipolitischen Engagements der Mitglieder nicht stand. Ab 1928 entzweite der Streit um den Panzerkreuzer A auch die Klubmitglieder. Parteidisziplin und Klubideen brachten etliche in unlösbare Konflikte. Aber der Klub wurde Keimzelle des einzigen liberalen Widerstandskreises um Ernst Strassmann und Hans Robinsohn nach 1933.

Erich Mühsam, Werner Hegemann, Emil Ludwig

Außerhalb parteipolitischer Bindungen beschwor der idealistische Anarchist, Schriftsteller und Bühnenautor Erich Mühsam die Arbeiterparteien SPD und KPD zum gemeinsamen Kampf gegen Hitler. In seiner Zeitschrift «Fanal», die er 1926 als Forum des Kampfes gegen Politik und Justiz einer nach rechts driftenden Republik gegründet hatte, plädierte er für die Einheitsfront aller antifaschistischen Kräfte: «Die einzige Kraft, die imstande wäre, Hitlers Machtergreifung zu verhindern, ist der verbundene Wille der vom Nationalsozialismus nicht verwirrten deutschen Arbeiterschaft.»[43]

Diesem ebenso frühen wie vergeblichen Appell ließ Mühsam 1929 als Warnung an SPD und KPD eine Prophezeiung folgen, die 1933 Realität wurde. Eine schreckliche Zeit werde kommen «wenn der Tanz des Dritten Reiches losgeht, wenn die Auflösung aller Arbeiterkoalitionen von irgendeinem Hitler, Frick oder anderem verhängt wird, wenn die standrechtlichen Erschießungen, die Pogrome, Plünderungen, Massenverhaftungen das Recht in Deutschland darstellen».[44] Schon in der Nacht des Reichstagsbrandes am 28. Februar 1933 wurde Mühsam verhaftet und nach monatelangen Misshandlungen im KZ Oranienburg ermordet.

Der fünfte der «Feuersprüche» des 10. Mai 1933, mit denen Studenten an vielen Orten Deutschlands unerwünschte Bücher ins nationalsozialistische Feuer warfen, verdammte die «Verfälschung unserer Geschichte und Herabwürdigung ihrer großen Gestalten» und forderte «Ehrfurcht vor unserer Vergangenheit». Als literarische Schurken wurden Emil Ludwig und Werner Hegemann genannt, die stellvertretend verfemt wurden. Im Gegensatz zu Ludwig, der durch seine psychologisierende historische Belletristik – über Wilhelm II., Bismarck u. a. – weithin bekannt und populär war, ist Hegemann dem Publikum damals wie später eher unbekannt geblieben.

Anders als Emil Ludwig, der seit Jahrzehnten im freiwilligen Exil in der Schweiz lebte, musste Hegemann 1933 aus Deutschland fliehen. Er hatte im Februar 1933 das Buch «Entlarvte Geschichte» publiziert, das trotz hoher Auflage in einem Leipziger Verlag innerhalb von zwei Wochen vergriffen war. Vor allem nationalsozialistische Buchhandlungen hatten es gern verkauft, was einmal mehr beweist, dass Nationalsozialisten wenig Sinn für Ironie hatten und sich auf das Vordergründige verließen, in diesem Fall auf die ehrfürchtige Widmung, die dem Buch vorangestellt war: «Den Führern der Deutschen Paul von Hindenburg und Adolf Hitler in erwartungsvoller Verehrung».

Angesprochen war in der wortreichen Huldigung vor allem der Punkt 17 des NSDAP-Programms, in dem eine Bodenreform propagiert war mit dem Ziel der Verhinderung von Bodenspekulation und der Schaffung von gesunden Wohnungen. Hegemann schrieb, «dem weitsichtigen, aber bisher in seiner Tatkraft gehemmten Staatspräsidenten» habe «der Allmächtige endlich in Ihnen, Herr Reichskanzler, den entschlossenen Mann der politischen Tat an die Seite gestellt». Der Verurteilung von großgrundbesitzenden Junkern folgte dann der Satz: «Dadurch, daß Sie diesem aus der Zeit Wilhelms II. und seiner Vorfahren überkommenen Unfug endlich ein Ende machen, werden Sie, Herr Reichskanzler, die Regierung des ehrwürdigen Reichspräsidenten von Hindenburg zur glorreichsten in der Geschichte der Deutschen machen. Jeder patriotische Deutsche wird Ihnen zu ewigem Dank verpflichtet sein.»[45]

Hegemann hatte sich allein mit dieser Widmung als begnadeter Satiriker erwiesen, und die nationalsozialistische Kulturpolitik reagierte erwartungsgemäß, als schließlich bemerkt wurde, dass Hitler und Hindenburg Objekt seines Spottes waren. Mitte März 1933 erschien im «Völkischen Beobachter» das Verdikt über Hegemann. Autor war Hellmuth Langenbucher, der als nationalsozialistischer Literaturfunktionär das Amt des Scharfrichters ausübte. Hegemanns Buch wurde als «Gipfel der Scribentenunverschämtheit» gegeißelt: «Ich habe an Büchern aus der Geschichte und über die Geschichte bis zum heutigen Tage kaum etwas Niederträchtigeres gelesen als dieses ‹Werk›! Da die Widmung den unbefangenen und unkritischen Leser irreführen und glauben machen könnte, es handele sich um eine ernsthafte Angelegenheit, sehe ich mich veranlaßt, dem Schreiberling Hegemann die Maske herunterzureißen; ich darf mir in diesem Falle anmaßen, Anwalt einer ‹öffentlichen Sache› zu sein und als solcher das energische Einschreiten der zuständigen Behörde zu fordern; denn was hinter dem Buche steckt, ist nichts weiter als eine Verächtlichmachung alles dessen, was jedem anständigen Deutschen von Kind auf heilig ist!»[46]

Mit Zitaten wurde dann die Verworfenheit des Autors Hegemann belegt, und, vor Abscheu ganz außer sich, holte der Kritiker zum vernichtenden Schlag aus. Das Buch sei «ein maßlos gemeiner Kitsch, der unter dem Vorwand, Geschichtskritik zu sein, um Aufmerksamkeit wirbt», ein «Zerwühlen ehrfürchtig gehüteter Schätze der deutschen Geschichte bis herein in die jüngste Gegenwart», ein «In-den-Schmutz-Treten alles dessen, was deutscher Jugend, deutschem Soldatentum und deutscher Überlieferungstreue heilig ist», «eine unerhörte Beschimpfung des deutschen Reichspräsidenten von Hindenburg und des deutschen Kanzlers Adolf Hitler». Hegemann stelle sich, so das Fazit, außerhalb der deutschen Volksgemeinschaft und richte sich selbst.

Hegemanns Buch «Entlarvte Geschichte», in dem er Legenden und Verklärungen von Hermann dem Cherusker über Barbarossa und Luther bis zu Friedrich dem Großen zerstört, wurde in einer erweiterten Neuausgabe als eine der ersten Publikationen des Exils 1934 in der Soziologischen Verlagsanstalt in Prag veröffentlicht.

Werner Hegemann, 1881 in Mannheim geboren, hatte an der Technischen Hochschule Berlin und in München Stadtplanung und Kunstgeschichte studiert, war vor der Promotion in München an Universitäten in Paris und Pennsylvania, in Berlin und Straßburg gewesen, er bereiste vor dem Ersten Weltkrieg die Welt, lebte dann bis in die frühen 1920er Jahre als Stadtplaner und Architekt in USA, etablierte sich schließlich in Berlin als Architekturkritiker, Herausgeber und Publizist. Sein Buch über Friedrich den Großen «als Werther und Reichsverderber» war 1924 unter dem Pseudonym Manfred Maria Ellis erschienen. Erste Station seines Exils war Prag, 1935 bekam er eine Professur für Stadtplanung an der Columbia University in New York. Im April 1936 ist er gestorben. Sein Hauptwerk «Das steinerne Berlin», 1930 erschienen, in dem die Bedingungen in den Mietskasernen der Reichshauptstadt Anlass für städtebauliche Verbesserungsvorschläge sind, wurde wie auch die «Entlarvte Geschichte» nach dem Zweiten Weltkrieg wieder entdeckt und neu aufgelegt. Architekten und Stadtplanern ist Hegemann ein Begriff, als Literat und Publizist blieb er vergessen.

Möglicherweise haben Passagen der ersten Auflage Anlass zu Missverständnissen über den Standpunkt des Autors gegeben. Im Nachwort zur (laut Titelei) «vollständig umgearbeiteten und erweiterten Neuausgabe» erklärte sich Hegemann als «Vorkämpfer einiger der wichtigsten Ziele eines echten nationalen Sozialismus» und diese Tatsache sei «auch von vielen einsichtigen Nationalsozialisten gewürdigt worden».[47]

Hatte Hegemann also doch Hoffnungen auf Hitler gesetzt? Das ist trotz missverständlicher Formulierungen nicht der Fall gewesen. Hegemann hätte dann nicht in der «Weltbühne» im September 1932 die Programm- und Bekenntnisschrift des Chefs der NSDAP als die «Memoiren des armen Teufels Hitler» verhöhnt, «in deren Kloake er alle Lesefrüchte zusammenpanschte, die er halb verdaut wieder von sich geben mußte».[48]

Hermann Kesten nannte rückblickend Hegemann einen lauteren Patrioten, der gegen Legenden produzierende Historiker, «gegen Tendenz und Vorurteil, gegen Krieg und Militarismus, gegen Diktatur und regierende Narretei» gekämpft habe. «Hegemann war ein begeisterter Nationalist, ein Schwärmer für Vernunft und Wahrheit, ein Volksfreund. Er war ein Pamphletist, weil er die Herrschaft der bezahlten und zahlenden Phraseure nicht mehr ertrug».[49] Und Arnold Zweig beklagte mit dem Tod Hegemanns eine zerstörte Zukunftshoffnung: «die ungeheure Arbeit wird ohne ihn geschehen müssen, die der Schutt des Dritten Reiches hinterlasssen wird».[50]

Hans Achim Litten

Auch mit juristischen Mitteln wurde Widerstand gegen das Aufkommen des Nationalsozialismus geleistet. Hans Achim Litten, ein junger Rechtsanwalt in Berlin, büßte sein Engagement nach dem Machterhalt der NSDAP. 1903 in Halle geboren, war Litten Spross eines bürgerlich-konservativen Hauses. Der Vater, Fritz Julius Litten, zierte die Königsberger Universität als Ordinarius für Römisches und Bürgerliches Recht, war Geheimer Justizrat, von deutschnationaler Gesinnung, Gegner der Republik und Berater der preußischen Regierung. Die jüdische Herkunft schien keine Rolle mehr zu spielen. Ohne Taufe wäre die Karriere des Vaters zwar nicht möglich gewesen, für den Sohn war die Beschäftigung mit jüdischer Tradition, mit jüdischer Mystik aber wohl vor allem in der Abgrenzung zum Vater wichtig. Litten studierte Jura und ließ sich 1928 in einer Sozietät mit einem etwas älteren Kollegen in Berlin als Anwalt nieder.

Ohne die Mitgliedschaft einer Partei zu erwerben, engagierte sich Litten für die Arbeiterbewegung und betätigte sich als Rechtsbeistand im Rahmen der Roten Hilfe Deutschland, jener Organisation, die mit intellektueller Unterstützung von Albert Einstein, Käthe Kollwitz, Thomas und Heinrich Mann, Kurt Tucholsky und Arnold Zweig Proletariern half, die aus politischen Gründen vor Gericht kamen.

Der junge Anwalt Litten wurde bekannt, als er gegen den sozialdemokratischen Berliner Polizeipräsidenten Zörgiebel Strafanzeige erstattete wegen Anstiftung zum Mord. Bei der verbotenen Maikundgebung des Jahres 1929 hatte die Polizei rücksichtslos in die Menge geschossen, als Arbeiter das Demonstrationsverbot missachteten. 33 Tote waren zu beklagen gewesen. Littens Strafanzeige führte zu einem Untersuchungsausschuss und zu Protestveranstaltungen.

Folgenschwerer für den Rechtsanwalt waren die Mandate, die er gegen die Nationalsozialisten übernahm. Im «Felseneck-Fall» hatten 150 SA-Männer eine Kleingartenkolonie überfallen und dabei zwei Menschen erschlagen. Litten rekonstruierte den Tathergang und brachte wenigstens fünf Nationalsozialisten zur Anklage. Im November 1930 hatte der berüchtigte Berliner SA-Sturm 33 ein Arbeiterlokal, den Edenpalast, überfallen und vier Männer schwer verletzt. Litten vertrat sie als

Nebenkläger und ließ Adolf Hitler als den verantwortlichen Chef der NSDAP in den Zeugenstand laden, wo er ihn sehr in die Enge trieb. Litten beabsichtigte den Nachweis, dass die Gewalttaten der SA von der Parteiführung nicht nur gebilligt, sondern geplant waren, und er zwang Hitler zur öffentlichen Distanzierung von seinem Berliner Gauleiter Goebbels. Dies war der spektakulärste, beileibe jedoch nicht der einzige derartige Fall aus der Praxis Littens. Die Nationalsozialisten schworen Rache.

Entgegen dem Rat seiner Freunde floh Litten nicht ins Ausland, als Hitler Reichskanzler geworden war. In der Nacht zum 28. Februar 1933, als der Reichstag brannte, wurde Litten verhaftet und ins Zuchthaus Spandau gebracht. Weitere Stationen seines fünfjährigen Leidensweges waren das KZ Sonnenburg, dann wieder Spandau. Ende Oktober 1933 wurde er ins Zuchthaus Brandenburg verlegt, Misshandlungen, Verhöre mit Folterungen, ein misslungener Selbstmordversuch nach der erpressten und widerrufenen Belastung kommunistischer Arbeiter, die er gegen die SA vertreten hatte, waren Stationen vor der Einlieferung ins KZ Esterwegen im Emsland im Februar 1934. Dem folgten ab Juni 1934 drei Jahre und zwei Monate im KZ Lichtenburg. Der schwer Herzkranke war dann, immer bei harter körperlicher Arbeit und mangelnder medizinischer Betreuung, ein Vierteljahr lang in Buchenwald, schließlich ab Oktober 1937 in Dachau. Anfang Februar 1938 erhielt seine Mutter die Nachricht, er habe seinem Leben durch Erhängen selbst ein Ende gemacht. Nachprüfbar waren die Umstände seines Todes nicht.

Die Mutter Littens, die bei den vierteljährlichen Besuchen den physischen Verfall ihres Sohnes miterleben musste, hatte die ganze Zeit über alles getan, was man nur irgend tun konnte, um dem Sohn zu helfen. Petitionen an den Reichsminister von Blomberg, an Hindenburg und an den Reichsjustizminister Franz Gürtner waren ebenso vergeblich wie Interventionen bei der Prominenz des NS-Staats, zu der Frau Litten gesellschaftliche Verbindungen hatte oder suchte. Appelle aus dem Ausland blieben erfolglos, denn Hans Achim Litten war Gegenstand des persönlichen Rachedurstes von Hitler. Das erfuhr seine Mutter spätestens anlässlich eines Besuchs bei Roland Freisler, der die Akten des Falles zur Hand hatte, die Petentin recht ungnädig abfahren ließ und erklärte, unter keinen Umständen etwas für Litten tun zu wollen. Er soll aber trotzdem mit Hitler gesprochen und über das Ergebnis Freunden gegenüber geäußert haben: «Es wird niemand etwas für Litten erreichen. Hitler lief blaurot im

Gesicht an, als er den Namen hörte.»[51] Bei ihrem letzten Besuch im KZ Dachau im Herbst 1937 trug Hans Achim Litten auf seiner Häftlingskleidung außer dem Kennzeichen der politischen Gefangenen auch den gelben Fleck, die in den Konzentrationslagern früher als außerhalb der Lagerzäune eingeführte Brandmarke, die zu besonders schlechter Behandlung und äußerster Willkür gegen die jüdischen Träger einlud.[52]

SPD, Reichsbanner, Eiserne Front

Die ideologische Gegenposition, aber auch parteipolitische Konkurrenz waren die treibenden Kräfte beim Kampf der Arbeiterbewegung gegen Hitlers NSDAP vor deren Machtübernahme. Allerdings waren viele Kräfte der Arbeiterbewegung im Kampf gegeneinander gebunden. Die KPD verunglimpfte die Sozialdemokraten und scheute auch nicht davor zurück, sich gelegentlich mit der NSDAP gegen die SPD und andere Parteien zu verbünden. Die SPD hingegen wollte absolut nichts mit den moskauhörigen Kommunisten zu tun haben. Die NSDAP als gemeinsamer Gegner war der Nutznießer. Gruppierungen links der SPD, aber jenseits der stalinistischen KPD wie der ISK, die Organisation Neu Beginnen, die Sozialistische Arbeiterpartei Deutschland (SAPD) waren konsequente Gegner der NSDAP, allerdings war ihre numerische Stärke gering. Die Feindschaft der KPD zum parlamentarisch-demokratischen System schloss die Sozialdemokraten zwangsläufig ein. Diese wiederum waren durch ihren strikten Legalitätskurs auch angesichts regierungsamtlicher Verfassungsbrüche wie dem «Papenstreich» gegen die preußische Regierung am 20. Juli 1932 an wirksamen Widerstandsaktionen (einem Generalstreik etwa) gehindert. Die Führung der SPD war nicht bereit, den Boden des verfassungsmäßig Erlaubten zu verlassen oder auch nur den Anschein davon zu erwecken, bis es zu spät war, weil die Feinde der Verfassung Recht und Gesetz zerstört hatten.

Der erste nationalsozialistische Wahlerfolg im Herbst 1930 führte zur Wiederbelebung des 1924 als Selbstschutzorganisation der demokratischen Linken gegründeten politischen Kampfverbands Reichsbanner Schwarz-Rot-Gold. Ziel des Verbandes war die Verteidigung von Republik und Verfassung durch Propaganda und entschiedenes, organisiertes

Auftreten gegenüber rechten Extremisten. Aufmärsche und Kundgebungen bei denen Stärke gezeigt wurde, waren die Mittel, mit denen gekämpft wurde. Offiziell überparteilich, war die Organisation fast ganz von der SPD getragen; sie stellte vier Fünftel der rund drei Millionen Mitglieder, die mit der SA, dem Bund der Frontsoldaten Stahlhelm und anderen «Parteiarmeen» um die Herrschaft auf der Straße rangen. Gründer und Bundesvorsitzender bis 1932 war der Magdeburger Oberbürgermeister Otto Hörsing, dem Karl Höltermann, ein sozialdemokratischer Journalist folgte. Die eigentliche Truppe des Reichsbanners bildeten die eine Woche nach der Reichstagswahl 1930 gegründeten Schutzformationen (Schufo) mit annähernd 400 000 Mitgliedern, die sich aktiv an den bürgerkriegsartigen Kämpfen in der Endphase der Weimarer Republik beteiligten. Sie engagierten sich zur Verteidigung der Demokratie gegen Extremisten und Terroristen von rechts und links.

Nach dem «Papenstreich» verfiel auch das Reichsbanner zunehmend in Resignation. Gegen die Koalition der bürgerlichen Rechten mit Hitler war im Dezember 1931 die Eiserne Front als «Wall von Menschenleibern gegen die faschistische Gefahr» gegründet worden. Geführt von Karl Höltermann sollten sich die Kräfte von SPD, Freien Gewerkschaften, Reichsbanner und Arbeitersportlern in einem republikanischen Bündnis vereinigen. Es schlossen sich nur noch Organisationen der linksliberalen Deutschen Demokratischen Partei (die sich seit 1930 Staatspartei nannte) an. Den Kern der Eisernen Front bildeten die Einheiten der Schufo. Der politische Katholizismus blieb, obwohl grundsätzlich in Opposition zur NSDAP, mit seiner Volksfront der Eisernen Front fern. Entschlusslosigkeit der Führung verhinderte Aktionen des Reichsbanners bzw. der Eisernen Front gegen die Machtübernahme Hitlers. Solche Widerstandsaktionen waren bis ins Frühjahr 1933 hinein von vielen Mitgliedern gefordert worden, die kein Verständnis dafür hatten, dass sie nicht mit einem Generalstreik oder ähnlichen Aktionen für die Republik kämpfen durften. Ihre Führung scheute den Vorwurf ungesetzlicher Handlungen mehr als alles andere. Allerdings zögerte sie nicht nur aus Legalitätsdenken, sondern auch wegen des Blutvergießens, das unvermeidlich gewesen wäre beim Zusammenstoß mit der SA und anderen rechten Bürgerkriegstruppen.

In der SPD gab es eine Gruppe junger intellektueller Reichstagsabgeordneter, die der Parteiführung kritisch gegenüberstanden und kämpferischer für die Verteidigung der Republik eintraten. Sie wurden «Militante Sozialisten» genannt. Zu ihnen gehörte neben Carlo Mierendorff und Theodor Haubach auch Kurt Schumacher, der 1945 Vorsitzender der Partei wurde. Der junge SPD-Politiker Kurt Schumacher saß seit 1924 im württembergischen Landtag und von 1930 bis 1933 im Reichstag. Er arbeitete in Stuttgart als Redakteur am Parteiblatt «Schwäbische Tagwacht» und als SPD-Funktionär. Er war die treibende Kraft beim Reichsbanner Schwarz-Rot-Gold und in der Eisernen Front. Mit seiner berühmten Rede im Reichstag am 23. Februar 1932 wäre Schumacher als Widerstandsleistender gegen den Nationalsozialismus auch in die Annalen eingegangen, wenn es für ihn keine prominente politische Karriere nach dem Untergang des NS-Staats mehr gegeben hätte. So knapp und schneidend, mit solcher Verachtung, ist kein anderer Abgeordneter den Nationalsozialisten entgegengetreten wie der Hinterbänkler Schumacher in seiner einzigen improvisierten kurzen Reichstagsrede.

Den Anlass hatte die Unterstellung des nationalsozialistischen Abgeordneten Gregor Straßer gegeben, der namens der NSDAP die Sozialdemokratie als «Partei der Deserteure» diffamiert hatte. Schumacher meldete sich zu Wort und eröffnete, gegen Straßer und Goebbels gerichtet, die Zurückweisung mit der Bemerkung, es habe keinen Zweck, mit formalem Protest gegen solche Ungeheuerlichkeiten anzugehen: «Wir wenden uns dagegen, auf diesem Niveau moralischer und intellektueller Verlumpung und Verlausung zu kämpfen.» Nach dem Ordnungsruf des Reichstagspräsidenten Paul Löbe fuhr er fort, eine Auseinandersetzung sei schon darum nicht möglich, weil die Sozialdemokraten in den Nationalsozialisten nicht das gleiche Niveau achten könnten. Den Herren der NSDAP fehlten die politischen Kenntnisse, sie brächten auch keinerlei Voraussetzungen mit, um ein kritisches Urteil über die Sozialdemokratie abgeben zu können, und dann fiel der Satz: «Die ganze nationalsozialistische Agitation ist ein dauernder Appell an den inneren Schweinehund im Menschen.» Als der Tumult sich gelegt, der Präsident mit Hilfe der Glocke wieder einigermaßen Ruhe hergestellt hatte, setzte Schumacher folgendes drauf: «Wenn wir irgendetwas beim Nationalsozialismus anerkennen, dann ist es die Tatsache, daß ihm zum ersten Mal in der deutschen Politik die restlose Mobilisierung der menschlichen Dummheit gelungen ist.» Gegen Hitlers Propagandachef fiel ihm die hübsche und treffende Sottise ein: «Herr Dr. Goebbels hat sich hier als ein großer Leitartikel gebärdet, und er ist doch nur ein mißratenes kleines Feuilleton.» Zum Schluss schrie er den Nationalsozialisten entgegen: «Sie können tun und lassen, was Sie wollen; an den Grad unserer Verachtung werden Sie niemals heranreichen.»[53]

Friedrich Stampfer nannte später diese Rede «das Stärkste, was im Reichstag je gesagt wurde über die moralische und intellektuelle Verlumpung des deutschen Volkes durch die Methode der nationalsozialistischen Agitation». Auch wenn das nur eine Paraphrase war, zeigt es, welchen Eindruck Schumacher gemacht hatte.[54]

Die Stegreifrede im Reichstag am 23. Februar 1932 hatte eine lange Vorgeschichte. Die Elemente dazu finden sich in der politischen Auseinandersetzung Schumachers mit dem Nationalsozialismus in den letzten Jahren der Weimarer Republik. Am 3. April 1932, wenige Tage vor der Reichspräsidentenwahl, bei der Hindenburg, Hitler und Thälmann konkurrierten (nicht nur Hindenburg empfand die Wahlempfehlung der SPD für ihn ganz richtig als verkehrte Frontstellung, während die bürgerliche Rechte für Hitler votierte), sprach Schumacher vor Arbeitersportlern in Stuttgart. Das Geheimnis des Nazi-Erfolges sei die Widerstandslosigkeit der politischen Parteien des Bürgertums. Der Faschismus wolle Gewalt, er sei am 13. März zwar geschlagen worden (als Hitler im ersten Wahlgang gegen Hindenburg 30,1 Prozent der Stimmen erhielt), zu einer richtigen Niederlage des Nationalsozialismus komme es aber erst, wenn Hindenburg am 10. April noch mehr Stimmen bekomme als am 13. März. (Tatsächlich erhielt der alte Feldmarschall und amtierende Reichspräsident 53 Prozent, aber Hitler steigerte seinen Stimmenanteil auf 36,8 Prozent, also um fast 7 Prozent.) Die dümmste Redensart sei die, fuhr Schumacher vor den Arbeitersportlern fort, dass die Arbeiter nichts zu verlieren hätten. Dann rief er ihnen zu: «Wir können uns nicht beugen vor den vom Faschismus aufgerüttelten niedersten Instinkten des Kleinbürgertums. Mögen andere weichen, wir weichen nicht, wir kämpfen.»

Rhetorisch war dies ein Exempel des Pathos der Arbeiterbewegung im Stil der Zeit, in dem auch die Berichterstattung über die Veranstaltung erfolgte: «Den Abschluß der Veranstaltung bildete ein packender Sprech- und Bewegungschor, der in dem Gelöbnis des Kampfes für die Freiheit gipfelte und das Publikum zu stärksten Beifallskundgebungen hinriß.»[55] Aber Schumacher war, das sollte sich noch zeigen, mehr als nur ein pathetischer Redner.

Am 7. April 1932 hoffte er in einer Wahlkundgebung auf die Bereinigung der Bürgerkriegsatmosphäre, die von der NSDAP erzeugt werde. Die Nationalsozialisten seien «nichts anderes als die Knüppelgarde des modernen Monopolkapitals», aber die Kommunisten hätten sich durch ihre Hilfestellung für die Nationalsozialisten an der deutschen Arbeiterklasse aufs schwerste versündigt und durch die voreilige Kandidatur Thälmanns für das Reichspräsidentenamt «die Möglichkeit einer gemeinsamen sozialistischen Kandidatur kaputt gemacht».[56]

Die Vereidigung des Papen-Kabinetts am 3. Juni 1932 kommentierte Schumacher in einem Leitartikel unter dem Titel «Der Dolchstoß. Das Deutschland Wilhelms des II. drängt vor».[57] Wenige Tage später, bei einer Kundgebung der Eisernen Front, bezeichnete er anlässlich der Auflösung des Reichstages durch Papen, den Chef des «Monokelkabinetts», die Nationalsozialisten als die eigentliche Regierungspartei und warnte vor dem historischen Rückfall in Wilhelminischen Feudalismus und Militarismus: «Die Jahrzehnte vor dem Kriege und das dumme und großspurige Verhalten gegenüber den Ideen des Friedens, der Abrüstung und der Internationalen Schiedsgerichtsbarkeit erleben heute ihre Wiederauferstehung in den Giftereien gegen den Völkerbund.» Und weiter: «Militarismus ist eine Gesinnung, ist das Prinzip der Geltung der Gewalt.» Dieser Militarismus habe 1918 die größte politische und militärische Niederlage der Weltgeschichte herabbeschworen, um nach dem Versagen auf seinem ureigensten Gebiete feige davonzulaufen.[58]

Es spricht nicht gegen Schumacher, dass er frühzeitige richtige Einsichten in das Wesen des Nationalsozialismus mit falschen Prognosen verband. Das Ergebnis der Wahlen zur Hamburger Bürgerschaft am 27. September 1931, bei denen die NSDAP auf Kosten der bürgerlichen Parteien erheblich gewonnen hatte, erklärte Schumacher folgendermaßen: «Hat Hitler ursprünglich Hugenberg bis auf einen unverdaulichen Kern gefressen, so frißt er jetzt die anderen, die als bloße Schleimgewächse überhaupt keinen Punkt des Widerstands haben. Trotz des äußerlichen Bombenerfolges der Nationalsozialisten hat sich der Gesamtanteil der reaktionären Stimmen prozentual durchaus nicht vergrößert.»[59] Und Schumacher kam zu dem, wie sich zwei Jahre später erwies, richtigen Schluss, der Nationalsozialismus ermorde seine Verbündeten: «Sein politischer Erfolg gegenüber dem Marxismus besteht lediglich darin, daß er den Abmarsch der deklassierten Mittelschichten nach links bisher verhindert hat. Er hat für das große Kapital den Wert, die kleinen Leute einen Umweg bei der Erkenntnis ihrer Klasseninteressen machen zu lassen. Aber dabei nagt er am Bestand der alten bürgerlichen Besitzverteidigungsparteien. Je größer der Anteil der Hakenkreuzler am bürgerlichen Parteiensystem wird, desto regierungsunfähiger wird das deutsche Bürgertum. Das gibt im Augenblick große Schwierigkeiten für Deutschland, weist aber Wege für [den] zukünftigen Aufstieg der Arbeiterklasse. Denn kein Vergleich mit anderen faschistisch regierten Ländern hilft darüber hinweg, daß neben allen anderen Gründen schon allein aus denen der Außenpolitik der deutsche Nationalsozialismus als den Staatswillen bildende Potenz selbst im Falle seiner Regierungsbeteiligung absolut ohne Aussicht und Zukunft ist».[60]

Der falsche Schluss bestand darin, dass Schumacher das bürgerlich reaktionäre Wählerpotential unterschätzte und im Herbst 1931 den Einbruch in die Wählerreservoirs der demokratischen Parteien offensichtlich nicht für möglich hielt. Aber gleichweit entfernt war seine Position von den Kommunisten. Er hatte sie Ende März 1930 in einem Referat bei der württembergischen Gaukonferenz des Reichsbanners Schwarz-Rot-Gold» «rotlackierte Doppelausgaben der Nationalsozialisten» genannt und verkündet: «Beiden ist gemeinsam der Hass gegen die Demokratie und Vorliebe für die Gewalt.»[61]

Friedrich Franz von Unruh, Paul Kampffmeyer

Der Schriftsteller Friedrich Franz von Unruh, Sohn eines preußischen Generals und wie sein Bruder, der Schriftsteller Fritz von Unruh, als Berufsoffizier Teilnehmer des Ersten Weltkriegs, setzte sich in einem Essay, der 1931 erschien, mit Programm, Personal und Führern der nationalsozialistischen Bewegung auseinander. Unruh hatte Versammlungen der NSDAP und Aufmärsche der SA besucht, mit Parteigenossen der NSDAP gesprochen und Hitlers Buch «Mein Kampf» studiert. Hitler fasse es nicht, dass jemand anderes im Sinn haben könne als Polen zu erobern, die Juden rauszuwerfen, Mussolini zu kopieren. Diese Ahnungslosigkeit helfe ihm, seinen «fahrigen Patriotismus mit kategorischer Wucht» zu verkünden. Aus Unsicherheit müsse er sich diktatorisch behaupten. Wer seine Memoiren lese, erhalte den Schlüssel zu Hitlers

Charakter. Unruh analysierte das Bekenntnisbuch «Mein Kampf» mit eindeutigem Ergebnis: «Wenn er spricht, fasziniert er; das fällt hier fort. Es bleiben nur Worte, ein Brei von Begriffen. Hier schreibt er aus dem Schwall seiner ‹Bildung›. Hetzer ohne revolutionären Schwung, Prediger ohne ethische Glut, Lehrer mit erhobenem Finger, Reisender in Patriotismus. Prahlerisch, wie man ihn ja schon kennt, vom Novemberputsch her, wo er sagte: ‹Der Morgen findet entweder in Deutschland eine nationale Regierung oder uns tot›, dann aber, das Sterben den anderen überlassend, entfloh. Nun, da er sich als Berufenen sieht, als Diktator von morgen – denn ‹alles, was ich sage und tue, wird einmal der Geschichte angehören› – schwelgt er in deutschen Belangen. Außenpolitik, Innenpolitik, Schule, Religion, Sittlichkeit, Propaganda, Heer, Volk und Rasse. Wenn Hitler regiert, wird er ‹Zehntausende› aburteilen und hinrichten lassen. Er wird aufräumen mit den ‹Nichtskönnern und Schwächlingen›, er wird endgültig auf die Vordertreppe des Daseins gelangen. Er wird dort nur seinesgleichen dulden, jeden anderen ‹rücksichtslos anfahren: Hinweg, feiger Lump! Ziehe den Fuß zurück, du beschmutzest die Stufen; denn der Voraufstieg in das Pantheon der Geschichte ist nicht für Schleicher da, sondern für Helden!›»[62]

Der Literat von Unruh hatte in der Parteiarmee SA das Modell des «Dritten Reiches» als «Kasernenstaat» erkannt, der an Drill und Kadavergehorsam alles Frühere übertreffen werde. Ihn interessierte, nicht ganz zeittypisch, auch die Stellung, die den Frauen im Staat Hitlers zugedacht war. Der Befund war aufgrund der Schriften und Reden aus dem Lager der Nationalsozialisten evident: «Zurück in die Küche, heraus aus der Politik! Heraus aus der Öffentlichkeit! Wie soll eine Frau künftig Richterin sein, wo es hagelt von Todesurteilen? Da bedarf es ‹stählerner Nerven›. Für diese ‹eiserne Zukunft ist der härteste Mann gerade noch hart genug›. Nein, ‹die Frau muß wieder Magd und Dienerin werden›, sie muß ‹je nachdem unter gelindem Druck mit dieser Rolle vertraut gemacht werden›. Die Erziehung muß dazu helfen. Das Hauptgewicht legt Hitler auf körperliche Ausbildung, ‹erst dann auf die Förderung der seelischen und zuletzt der geistigen Werte›. Ein Minimum an Intellekt und ein Höchstmaß an physischer Eignung macht die Frau erst zu dem, was sie werden soll: Fruchtschoß des Dritten Reichs. Sie hat die hehre Mission, die Entrassung zu hemmen. Sie dient Zwecken der Zucht zur ‹Aufnordung› der Deutschen.»[63]

Unruhs Diagnose des Nationalsozialismus war klar und unmissverständlich. Eine brutale und willkürliche Diktatur erwarte die Deutschen, wenn Hitler zur Macht gelangen würde. Der Herrschaft der Phrase stellte der preußische Schriftsteller die Herrschaft der Vernunft entgegen, beschwor Luther und Lessing, Goethe und Kant, den Freiherrn vom Stein für die Ideale von Freiheit und Frieden, plädierte für die Liebe zur Republik und endete mit der Illusion: «Der Nationalsozialismus wird scheitern am Gefühl für nationale Würde und soziale Notwendigkeiten».[64]

Paul Kampffmeyer kam in einer Broschüre, die unter dem Eindruck der politischen Ereignisse des Jahres 1923 geschrieben war, zur Feststellung, in der Wahrnehmung deutscher Interessen habe «nie ein Politiker so gewissenlos und verantwortungslos gehandelt wie Adolf Hitler». Das 1924 publizierte Traktat hätte, wenn das Publikum willens gewesen wäre, daraus politische Konsequenzen zu ziehen, die Politik der verbrannten Erde, mit der zwei Jahrzehnte später Hitler-Deutschland zugrunde ging, verhindern können. Kampffmeyer beschrieb Hitlers politische Rezepte gegen die französische Besetzung des Ruhrgebiets im Frühjahr 1923. In Hitlers Reden habe sich ein geradezu toll gewordener verbrecherischer Fanatismus ausgetobt, «als die Franzosen das Ruhrgebiet besetzten und festhielten. So empfahl er, die Industrieanlagen dieses Gebiets in Brand zu setzen. Der literarische Schildknappe des nationalsozialistischen Häuptlings Adolf Viktor von Koerber hat in seiner Schrift: ‹Adolf Hitler, sein Leben, seine Reden› diese rednerischen Wahnsinnsausbrüche des Münchener Sturmtrupp-Organisators festgehalten: ‹Was hat es zu sagen, wenn in der Katastrophe unserer Gegenwart Industrieanlagen zugrunde gehen? Hochöfen können bersten, Kohlengruben ersaufen, Häuser mögen zu Asche verbrennen – wenn nur ein Volk dahinter aufsteht, stark, unerschütterlich, zum Letzten entschlossen. Denn wenn das deutsche Volk wieder aufersteht, dann wird auch das andere alles wieder auferstehen ... Das Ruhrgebiet hätte das deutsche Moskau werden müssen!›»[65]

Es war nicht nur der Phrasendrusch eines Hintersassen, der ein Volk von Helden beschwor und deshalb noch größere Not erhoffte, der von Tod und Leben faselte, es war – wie Kampffmeyer erkannt hatte und worüber er den Deutschen die Augen öffnen wollte – Hitler selbst, dem Zerstörung elementares Bedürfnis war. In einem Interview für die «Daily

Mail» hatte Hitler im Oktober 1923 erklärt, «daß der passive Widerstand niemals hätte aufgegeben werden dürfen. Da man aber die Franzosen aus dem Ruhrgebiet nicht vertreiben könne, so hätte man das ganze Ruhrgebiet einschließlich der Bergwerke und Fabriken in die Luft sprengen oder anzünden müssen. Poincaré hätte dann im Ruhrgebiet gesessen wie damals Napoleon in Moskau. Der Vertreter der ‹Daily Mail› schreibt, daß er beim Verlassen des Hauptquartiers Hitlers, der keinesfalls die Eigenschaften Mussolinis besitze, den Eindruck gehabt habe, aus einem Irrenhaus zu kommen.»[66]

Man konnte, wenn man wollte, schon früh erkennen, wohin der Machterhalt des Demagogen Hitler und seiner militanten Gefolgschaft führen würde. Das Gerede vom gewollten Untergang des Ruhrgebiets im Widerstand gegen die Franzosen 1923 nahm die Taktik der verbrannten Erde im Frühjahr 1945 und das Verdikt des Diktators über das ganze deutsche Volk vorweg, dem er nach beispielloser Zerstörung und monströsen Verbrechen den Untergang wünschte, ehe er sich durch Selbstmord aller Verantwortung entzog. Nicht nur die Erkenntnis über Wirkungen und Folgen des Nationalsozialismus war frühzeitig möglich. Widerstand der Demokraten, der Vernünftigen, der Bürger wäre erfolgreich gewesen, wenn Konservative und Liberale, Arbeiter und Christen ihn gemeinsam den Nationalsozialisten entgegengesetzt hätten. Blind jauchzender Patriotismus statt politischer Rationalität, verbreitete Verachtung des demokratischen Systems, der Wunsch nach dem starken Mann, die Neigung, sich den durch populistische Verheißungen aufgeheizten Emotionen, Ressentiments und Feindbildern hinzugeben, waren stärkere Triebkräfte als die Erkenntnis, dass die aggressive, rassistische, völkische, nationalistische Ideologie, die Hitler verkündete, in den Abgrund führen musste. Diejenigen, die sich dem Trend entgegenstemmten, die warnten und Widerstand leisteten, ehe die NSDAP an die Macht kam, blieben in der Minderheit. Die meisten büßten dafür schon im Frühjahr 1933.

2. Statt Hitler lieber einen König: Bayerische Monarchisten

In den süddeutschen Ländern Bayern, Baden und Württemberg fand die «Machtergreifung» der Nationalsozialisten erst im März 1933 statt. In München, Karlsruhe und Stuttgart waren noch demokratisch legitimierte Regierungen im Amt, zwar ohne parlamentarische Mehrheiten, aber auch geschäftsführend waren sie legal und handlungsfähig. Ministerpräsident Heinrich Held (Bayerische Volkspartei) in München, die Staatspräsidenten Eugen Bolz in Stuttgart und Joseph Schmitt in Karlsruhe (beide Zentrum) waren Gegner des Nationalsozialismus, christlich-konservativ und föderalistisch gesonnen. Mit Argwohn hatten sie die Mediatisierung Preußens durch den Staatsstreich Franz von Papens am 20. Juli 1932 beobachtet, der damit das stärkste Bollwerk des parlamentarischen Systems und der Weimarer Republik geschleift und entscheidende Vorarbeit für die Hitler-Diktatur geleistet hatte.

Mit Sorge sah man in Süddeutschland, wie Hitler die Errichtung einer faschistischen Diktatur betrieb. Die Sorge teilten auch bald Hitlers Koalitionsgenossen in Berlin. Schon eine Woche nach dem Machterhalt des NSDAP-Chefs graute dessen konservativen Ministern vor dem, was kommen würde und was sie mit verursacht hatten. Lediglich Vizekanzler Papen gab sich siegesgewiss und sagte zum Fürsten Eugen zu Oettingen-Wallerstein auf dessen Frage, wie er die Ernennung Hitlers zum Reichskanzler vor seinem Gewissen verantworten könne: «Aber Durchlaucht, wie können Sie sich darüber erregen? Hitler ist doch zwischen mir und Hugenberg so eingeengt, dass er sich nicht rühren kann».[1]

In Bayern, der Keimzelle der Hitler-Bewegung und in deren Hochburg München, wurde nachgedacht, wie das Unheil abgewendet werden könnte. Das Ende der Monarchie in der Novemberrevolution 1918 hatte, trotz eines ungeliebten Königs, zur traumatisierten Fixierung gegen Demokratie und Republik geführt. Die Schwesterpartei des katholischen Zentrums, die Bayerische Volkspartei (BVP) stand nur mit Mühe auf dem Boden der Republik, die Mehrheit bekannte sich zur Monarchie. Deren Restauration unter dem populären Kronprinzen Rupprecht, der seinen Anspruch auf den Thron ausdrücklich angemeldet hatte, sich aber allen Bestrebungen seiner Anhänger, ihn darauf zu setzen, beharrlich entzog, war ein populäres Projekt. Bürger, Bauern und Adel organisierten ihr Interesse in Vereinen wie dem Bayerischen Heimat- und Königsbund und, im selben Jahr 1923 gegründet, im antiparlamentarischen wie antidemokratischen Zirkel Gäa des Freiherrn Franz von Gebsattel, der als politisches Forum von Schwerindustrie und Großgrundbesitz einflussreich war. Gründer war Nikolaus Cossmann, der Herausgeber der «Süddeutschen Monatshefte» und Leiter des Verlags Knorr und Hirth, in dem die «Münchner Neuesten Nachrichten» erschienen. Cossmann war sowohl fanatischer Nationalist als auch entschiedener Gegner Hitlers. Deshalb stellte er sich den bayerischen Monarchisten zur Verfügung. Zu den Gründern gehörte auch Prinz Eugen zu Oettingen-Wallerstein. Die Gäa war ein Sprachrohr süddeutscher Konservativer mit Verbindungen zum Rechtsextremismus. Die Gäa organisierte 1925 den Dolchstoßprozess und finanzierte die Organisation Reichsflagge des Erlanger Zahnarztes und Reserveoffiziers Adolf Heiß, die sich 1923 am Hitler-Putsch beteiligte.

Mit der königstreu gesonnenen bayerischen Beamtenschaft, dem Bürgertum, dem Klerus, einflussnehmendem Adel und der ländlichen Bevölkerung war Bayern unter Führung der BVP ein gefühltes Königreich ohne König. Gegenüber der Stimmung der «nationalen Revolution», von der die Hitler-Regierung in Berlin getragen war, hofften Konservative, die bayerische Eigenart mit einer restaurierten Wittelsbacher Monarchie retten zu können.

Zum politischen Programm gehörte das föderalistische Prinzip, das man seit der Reichsgründung 1871 mit Sonderrechten für Bayern verteidigte, das aber in der Verfassung der Weimarer Republik nach bayerischer Auffassung weitgehend preisgegeben und im NS-Staat endgültig vernichtet war. Die Parlamentarische Demokratie galt den Konservativen in Bayern als fremdartige Ideologie, die sie zugunsten einer ständisch und christlich verfassten Monarchie ablehnten. Der Nationalsozialismus entsprach aber genauso wenig den bayerischen Vorstellungen, da er, abgesehen von folkloristischen Anbiederungen der politischen Eigenart des Freistaats und den daraus resultierenden Bedürfnissen diametral entgegenstand: Föderalismus, kirchliches Leben im christlich bestimmten Alltag, traditionelle Gestalt der Gesellschaft in konservativem Selbstgenügen. Wegen ihres Unverständnisses für Demokratie kamen die bayerischen Konservativen auch nie auf die Idee, sich mit Sozialdemokraten gegen die Nazis zu verbünden, obwohl die SPD Anfang 1933 dazu bereit gewesen wäre. Für die bayerischen Patrioten, die keineswegs Separatisten waren, die sich sogar als die besseren deutschen Patrioten als die Preußen verstanden, war die Vorstellung populär, ihr Land sei die «Ordnungszelle» des Deutschen Reiches, sie träumten nach dem Ersten Weltkrieg von «Bayerns deutschem Beruf». Hand in Hand damit ging die Vorstellung einer, nur in einer Monarchie seien die bayerischen Wünsche nach Ordnung und allgemeinem Wohlergehen zu befriedigen.

Ob man in Bayern wirklich glaubte, mit dem Königshaus und der Wiederbelebung der Wittelsbacher Monarchie Anfang des Jahres 1933 noch einen Trumpf gegen den Nationalsozialismus im Ärmel zu haben, steht dahin. Tatsächlich gab es die Option gar nicht, die nationalsozialistische Herrschaft in Bayern abzuwenden. Nicht nur, dass die NSDAP bei den Reichstagswahlen im März 1933 auch in Bayern großen Zulauf hatte und die Bayerische Volkspartei überflügelte, der Wille zum bayerischen König war eher folkloristischer denn politischer Natur. Wenn viele Bayern von der guten alten Zeit träumten, die Revolution von 1918 verabscheuten und voll Argwohn nach Berlin blickten, so waren doch allenfalls enragierte Monarchisten wie die Mitglieder des Bayerischen Heimat- und Königsbundes wirklich an einem bayerischen König Rupprecht interessiert. Das Zögern der politischen Instanzen, des Ministerpräsidenten und der Parteien kam hinzu, obwohl auch die SPD Wohlwollen gegenüber der Königsidee signalisierte.

Ein professioneller Beobachter, der württembergische Gesandte in München Carl Moser von Filseck, berichtete am 18. Februar 1933 über zwei Ereignisse, in denen die symbolische und dekorative Bedeutung des monarchischen Gedankens deutlich wurde: «Im Nationaltheater wird anläßlich des Faschings die alte Operette ‹Der Vogelhändler› gegeben. Dieselbe ist neu bearbeitet, der Schauplatz nach Bayern in kurfürstlicher Zeit verlegt. Als sich nun am Schluß des II. Aktes die Fahnen der bayerischen Regimenter vor dem Kurfürsten senkten und die Musik ‹Gott mit Dir, Du Land der Bayern› intonierte, erhob sich zu Ehren des zufällig anwesenden Kronprinzen ein stürmischer minutenlang anhaltender Jubel. Die Zuhörer sprangen von den Sitzen auf und grüßten mit dem Zuruf ‹Hoch Rupprecht› den Kronprinzen, der sich dankend verneigte. Es heißt zwar, diese Ovation sei nicht ganz spontan gewesen, sondern von gewissen Kreisen provoziert worden, aber das kann angesichts dessen, wie das Publikum darauf einging, ihrer Bedeutung keinen zu großen Abtrag tun».[2] Schauplatz des zweiten Ereignisses war der Münchner Dom: «Bei dem heutigen Pontifikal-Requiem für den verstorbenen Kardinal Frühwirt, der ja mehrere Jahre hier Nuntius war, nahm der Ministerpräsident mit den übrigen Mitgliedern der Regierung und den geladenen Persönlichkeiten, zu denen ich auch gehörte, in den Kirchenstühlen auf der Epistelseite des Presbyteriums Platz, während Kardinal Faulhaber am Portal auf den Kronprinzen wartete, ihm das Weihwasser reichte und ihn an seinen Platz geleitete, einen gesonderten Betstuhl an seiner Seite. Das sind vielleicht Äußerlichkeiten, denen kein großer Wert beizumessen ist, sie zeigen aber doch, welche Rolle der Kronprinz hier spielt und wie das Volk sich immer mehr daran gewöhnt, ihn an erster Stelle zu sehen.»[3] Moser von Filseck erläuterte die beiden Begebenheiten mit dem Hinweis, aus zuverlässiger Quelle höre er, dass der Kronprinz mit dem Übereifer der Monarchisten gar nicht einverstanden sei und dass man die Schwierigkeiten nicht verkennen dürfe, «aber er winkt doch nicht deutlich genug ab und zeigt sich gern bei jeder Gelegenheit, wobei er etwaigen Ovationen nicht ausweicht».[4]

Den bayerischen Widerstand aus monarchistischer Überzeugung verkörperte wie kein anderer der Freiherr Erwein von Aretin. Er gehörte dem bayerischen Bildungsadel an, die Bedeutung seiner im öffentlichen Leben prominenten Familie rekurrierte nicht aus Grundbesitz. Wegen eines Herzfehlers kam für den 1887 in Bad Kissingen geborenen Freiherrn keine militärische Karriere in Betracht, das lag auch nicht in der Tradition der Familie, die in der Verwaltung und in der Wissenschaft Schwerpunkte hatte. In der königlichen Pagerie in München erzogen, studierte der vielseitig begabte Aristokrat in München, Leipzig und Göttingen Astronomie, war auch Assistent am Lehrstuhl für Kunstgeschichte in Göttingen, wo er 1912 promovierte. Im gleichen Jahr wurde er Assistent an der Sternwarte in Wien. Aretin war konservativ und selbstverständlich königstreu. Nach dem Ersten Weltkrieg begann seine Karriere als Journalist. Aretin schrieb für die «Süddeutschen Monatshefte» Nikolaus Cossmanns und für die einflussreichste Tageszeitung in Bayern, die von der Schwerindustrie finanzierten «Münchner Neuesten Nachrichten». Für dieses Blatt beobachtete Aretin den Prozess, in dem sich Anfang 1924 Adolf Hitler für seinen Putschversuch im November 1923 verantworten musste. Die tiefe Verachtung Aretins für den späteren Reichskanzler Hitler begründete sich im Münchner Gerichtssaal. Ab 1924 leitete Erwein von Aretin das Ressort Innenpolitik der «Münchner Neuesten Nachrichten».

Mit Rainer Maria Rilke befreundet und mit zahlreichen Verbindungen zu Persönlichkeiten der Politik, Wirtschaft und Gesellschaft war Freiherr von Aretin eine geachtete literarische und politische Gestalt. Im Hochadel zuhause, war er der Repräsentant des monarchischen Gedankens und Herold einer Restauration der Wittelsbacher Herrschaft. Ab Mitte der 1920er Jahre war er politischer Berater des Kronprinzen Rupprecht und Vorsitzender des Bayerischen Heimat- und Königsbundes. Aretin, der nie einer Partei angehörte, achtete auf die Unabhängigkeit des Bundes, der die Wünsche einer beträchtlichen Zahl bayerischer Bürger nach Wiederherstellung des Wittelsbacher Königreiches vertrat. An der Jahreswende 1932/33 mit dem Höhepunkt im Februar 1933 herrschte die fixe Idee, die Rückkehr der Wittelsbacher könne eine Diktatur Hitlers wenigstens für Bayern vermeiden. Da die weiß-blauen Royalisten dies aber nicht mit dem Ausscheiden des erneuerten Königreichs Bayern aus dem Verband des Deutschen Reiches verbinden wollten, vielmehr auf den greisen Generalfeldmarschall a. D. und Reichspräsidenten Hindenburg vertrauten, der ausgerechnet dieses staatsrechtliche Kunststück zustande bringen sollte, war die bayerische Rettungsphantasie nicht mehr als eine Illusion von kurzer Dauer. Das Projekt hatte es im Juli 1932 schon einmal gegeben, damals, um die Eigenstaatlichkeit Bayerns gegenüber Berlin zu betonen. Anlässlich des Staatsstreichs Papens gegen das Land Preußen versuchte Erwein von Aretin den Ministerpräsidenten Heinrich Held zu überreden, den Kronprinzen Rupprecht als Bayerischen Generalstaatskommissar – als Übergang zum König – auszurufen. Das war am Zögern Helds gescheitert.

Der letzte Versuch erfolgte im Februar 1933. Der Vorsitzende der Bayerischen Volkspartei und amtierende Finanzminister Fritz Schäffer brachte den Kronprinzen wieder als Generalstaatskommissar ins Spiel. Rupprecht war jetzt auch bereit, über seinen Schatten zu springen, und wollte König werden, aber weder garantieren, die Regierung Held im Amt zu belassen, noch dem Landtag das Recht der Regierungsbildung zu gewähren.⁵

Kronprinz Rupprechts Kabinettschef Josef Maria Graf Soden hatte am 20. Februar eine Unterredung mit Kardinal Faulhaber, der die Anerkennung des Papstes für eine bayerische Monarchie in Aussicht stellte.⁶ Am folgenden Tag beschäftigte sich die bayerische Regierung noch einmal mit dem Projekt und beschloss, die Reaktion des Reichspräsidenten Hindenburg abzuwarten. Zu ihm waren als Emissäre des Kronprinzen zwei bayerische Adelige unterwegs: Eugen Fürst zu Oettingen-Wallerstein und Alfons Freiherr von Redwitz. Erwartungsgemäß versagte sich Hindenburg der Idee, und damit war sie erledigt. In München dauerte es aber noch einige Tage bis zu dieser Erkenntnis. Rivalitäten und politische Flügelkämpfe standen den Beteuerungen gegenüber, das bayerische Volk und die maßgebenden Politiker wollten mit Hilfe eines Königs Rupprecht eine Hitler-Diktatur in Bayern verhindern. Das Projekt war erbarmungswürdig schlecht vorbereitet, die Unentschlossenheit, wann und wie der Staatsstreich – denn darum, um Verfassungsbruch ging es – ins Werk gesetzt werden sollte, kam dazu, den Rest besorgten die Märzwahlen 1933 und die darauf folgende Gleichschaltung der Länder.

Bis dahin waren die Königsmacher emsig an der Arbeit. Georg Enoch Freiherr von und zu Guttenberg hielt als Landesleiter des Bayerischen Heimat- und Königsbundes im Münchner Hotel Vier Jahreszeiten Hof, empfing Besucher und führte in großer Geschäftigkeit Unterredungen. Am 25. Februar 1933 suchte ihn dort im Auftrag des Reichsführers SS Johann-Erasmus Freiherr von Malsen-Ponickau auf, einer der wenigen Angehörigen des bayerischen Adels, die frühzeitig den Weg zur NSDAP und SS gefunden hatten. Der Gesandte Himmlers sondierte aufgrund der Gerüchte, inwiefern die Staatsregierung die Ausrufung der Monarchie plane. Guttenberg versicherte dem Standesgenossen, dass die Sache akut sei, und erklärte: «Die gleichzeitige Ausrufung in Bayern und im Reich halte ich für ausgeschlossen. Die Monarchie wird im Reich ganz bestimmt einmal kommen, aber noch einige Zeit auf sich warten lassen. Wie ich schon vorher sagte, wird der Kronprinz selbstverständlich immer den Reichsgedanken hochhalten und sich auch einem republikanischen Reich unter Hindenburg und Hitler einfügen. Sein Vertreter im Bundesrat wird die Interessen Bayerns in Reichsfragen verfechten. Ich darf bei der Gelegenheit ausdrücklich darauf hinweisen, daß der Kronprinz niemals die Absicht hat, die Tatsache der Reichswehr als Reichstruppe in irgendeiner Form anzutasten.»

Zwei Tage später trafen sich die Herren auf Wunsch Guttenbergs noch einmal. Baron Malsen machte auf die Skepsis Himmlers hinsichtlich eines bayerischen Königs aufmerksam, wogegen sein Standeskollege Guttenberg mit großer Überzeugung, aber jenseits politischer Tatsachen davor warnte, in Bayern mit Druck, Gewalt oder Terror etwas erreichen zu können. Druck seitens der NSDAP müsse über kurz oder lang in Bayern «zum völligen Zusammenbruch Eurer Politik und damit zum Bolschewismus führen». Nur ein König könne die anstehenden Probleme in Bayern lösen, und von Opposition gegen die Proklamation der Wittelsbacher Monarchie könne überhaupt keine Rede sein. «Seid Euch darüber klar», sprach Guttenberg, «daß auch in der SA die überwiegende Mehrheit sich zur Ausrufung der Monarchie nicht oppositionell einstellen würde. Diese Tatsache schafft dem König eine Basis, wie sie in der heutigen Zeit stärker kaum gedacht werden kann.»[7]

Der vermeintliche Trumpf der bayerischen Politik, die Wittelsbacher wieder auf den Thron zu holen, um die Herrschaft Hitlers in Bayern zu verhindern, war von allem Anfang an wirklichkeitsfremd. Um sich der Realität anzunähern, wurden die politischen Hoffnungen scheinbaren Möglichkeiten angepasst. Auf dem Rückzug von ihren Illusionen träumten die Föderalisten und Royalisten schließlich von einem Königreich Bayern in einem nationalsozialistischen Deutschen Reich. Ministerpräsident Held reiste nach Berlin, um Hitler die bayerische Position deutlich zu machen. Wie die Haltung der Bayerischen Volkspartei war auch Helds Einstellung von Ratlosigkeit, Wankelmut und Opportunismus bestimmt. Als Hitler am 1. März Held auf die «Königsfrage» ansprach und monarchistische Bestrebungen, ob mit den Hohenzollern in Berlin oder den Wittelsbachern in München als «das Allergefährlichste» bezeichnete, wiegelte der bayerische Ministerpräsident ab: «Es bestehe keinerlei Anlaß zu einer Befürchtung. Freiherr v. Guttenberg sei die treibende Kraft, aber das bayerische Volk denke zu realpolitisch, als daß es in seiner Mehrheit mitmache. Er, der Ministerpräsident, habe die Hauptvertreter der monarchistischen Bewegung ganz klar aufgeklärt über die derzeitige Unmöglichkeit. Aber wenn von Berlin ein Schlag gegen Bayern in seiner Eigenstaatlichkeit erfolge, dann ... Der Reichskanzler kenne doch den bayerischen Kronprinzen selbst, der nicht so töricht sei. An dem bewußten angeblichen Versuch in der Königsfrage sei gar nichts dran gewesen. Im übrigen seien auch unter den Nationalsozialisten Anhänger der Monarchie in Bayern.»[8] Das erklärte Hitler als Irrtum, und Held wiegelte weiter ab.

Das Ergebnis der Reichstagswahlen am 5. März 1933 war eindeutig. Auch in Bayern entschied sich die Bevölkerung mit 43,1 Prozent für die NSDAP und deutlich gegen die BVP (27,2 Prozent). Auch die Gesamtheit der demokratischen Kräfte war mit 42,7 Prozent schwächer als die NSDAP. Am 9. März verschwand die Regierung Held von der politischen Bühne, ohne dass es zu Unruhen kam. Aber Personen wurden verhaftet, die politische Gegner waren, BVP-Politiker, Sozialdemokraten, missliebige Journalisten. Als Reichsstatthalter war Franz Ritter von Epp eingesetzt worden, der sowohl Monarchist als auch Nazi war. Zu den Verhafteten gehörte Erwein von Aretin. Vom 13. März 1933 an war er im Polizeigefängnis Ettstraße, in der Haftanstalt Stadelheim, im KZ Dachau und wieder in Stadelheim bis zum 17. Mai 1934 in «Schutzhaft».

Verhaftet wurden auch mehrere Redakteure der «Münchner Neuesten Nachrichten» und Politiker, die sich zu eindeutig gegen die NSDAP positioniert hatten. Der gescheiterte Anlauf der Königstreuen zum Widerstand hatte die Nationalsozialisten allerdings so irritiert, dass die monarchistische Bewegung in den folgenden Jahren unter sorgfältiger Beobachtung der Gestapo stand. Karl-Ludwig Freiherr von und zu Guttenberg, der jüngere Bruder Enochs, gründete als junger Historiker 1934 das Periodikum «Weiße Blätter. Zeitschrift für Geschichte Tradition und Staat», in dem Autoren, die dem Nationalsozialismus kritisch gegenüberstanden, wie Oswald Spengler, Jochen Klepper, Reinhold Schneider, Ulrich von Hassell, zu Wort kamen. In aller Vorsicht wurden dort bis 1942 konservative Positionen vertreten. Nicht deswegen erscheint Karl-Ludwig Guttenberg in der Literatur über den Widerstand. Er tat im Amt Ausland/Abwehr der Wehrmacht unter Admiral Canaris Dienst in der Umgebung von Hans Oster und Hans von Dohnanyi. 1939 vermittelte Guttenberg den Kontakt zwischen Ulrich von Hassell und Carl Goerdeler. Wegen seiner Verbindung zum Verschwörerkreis des 20. Juli wurde Guttenberg verhaftet und von einem Sonderkommando in der Nacht zum 24. April 1945 in Berlin ermordet.

Ebenfalls aus der Gesinnungsgemeinschaft des Bayerischen Heimat-

und Königsbundes, der sich am 6. Juli 1933 auflöste, kam Adolf Freiherr von Harnier, ein Münchner Rechtsanwalt, der ab 1935 einen Kreis von Gegnern des Nationalsozialismus um sich scharte, in dem von einem Rechtsstaat mit einem König an der Spitze geträumt wurde. Die Gruppe hatte Verbindungen zu anderen Oppositionellen, auch zu Sozialdemokraten und Kommunisten. Anfangs traf man sich im Salon der Bildhauerin Margarethe von Stengel, einer monarchistischen Aktivistin aus dem Heimat- und Königsbund. Heinrich Weiß, ehemals königlicher Schlossgärtner, der städtische Bauaufseher Josef Zott, der Verlagsvertreter Wilhelm Seutter von Lötzen waren die treibenden Kräfte. Harnier, der bis 1936 auf dem Familiengut in der Oberpfalz lebte, übernahm die Führung des Kreises, der Flugblätter gegen die NS-Herrschaft entwarf und Pläne für ein bayerisches Königreich schmiedete, das in einem Staatenbund mit den ebenfalls wieder herzustellenden Monarchien Österreich, Württemberg und Baden nach dem Untergang des «Dritten Reiches» das Glück seiner Untertanen garantieren werde. Innerhalb des Harnier-Kreises, der durch den ebenso katholischen wie konservativen Fürsten von Waldburg-Zeil finanziert wurde, kam es zum Zwist über die Verfassung des erstrebten Königreichs. Die kleine Gruppe entzweite sich über der Frage des Ständestaats, den Harnier propagierte, versus einer christlich-sozialen Orientierung mit besonderen Rechten der Arbeiterschaft. Dafür kämpfte Josef Zott, der umtriebigste Aktivist in der Runde. Für den Elan der Gruppe war es auch hinderlich, dass sich Kronprinz Rupprecht trotz vielfältiger Anstrengungen Harniers, der ihn flüchtig kannte, nicht für die Bestrebungen seiner Anhänger interessierte, ja gar nichts damit zu schaffen haben wollte.

Umso mehr interessierte sich die Gestapo für die Königstreuen um Harnier und Zott. Ein Spitzel berichtete regelmäßig und detailliert. Deshalb wusste die Obrigkeit, dass im Sommer 1937 Klebezettel «Bayern erwacht! Hitler verkracht!» verbreitet werden sollten und dass ein Nachrichtenblatt in geringer Auflage wohl tatsächlich vertrieben wurde, in dem es hieß: «Wie lange noch?/Die Staatsgewalt ist in den Händen eines Irren;/Der Irre in den Händen von Verbrechern!»[9]

Anfang August 1939 wurden die ersten von insgesamt 125 Personen des Harnier-Zott-Kreises festgenommen. Nach fünf Jahren Untersuchungshaft verurteilte der Volksgerichtshof den Freiherrn Harnier zu zehn Jahren Zuchthaus. Er starb wenige Tage nach seiner Befreiung aus dem Zuchthaus Straubing an den Folgen der Haft. Heinrich Weiß, Margarethe Freifrau von Stengel, Wilhelm Seutter von Lötzen und einige andere wurden ebenfalls zu Zuchthausstrafen verurteilt. Für Josef Zott musste ein eigener Termin anberaumt werden, da der Hauptzeuge gegen ihn, der Gestapo-Spitzel «Theo», bei der Verhandlung nicht erschienen war. Am 26. Oktober 1944 wurde Zott zum Tod verurteilt und am 16. Januar 1945 hingerichtet.

Dafür, dass die bayerischen Monarchisten nichts bewegt hatten, mussten sie einen hohen Preis zahlen. Er erklärt sich auch daraus, dass der NS-Staat die Königsbewegung und deren Gefährlichkeit ebenso überschätzte wie die Beteiligten sich selbst. Kronprinz Rupprecht galt als Symbolfigur, denn weder durch Taten noch durch Ermunterung seiner Anhänger trat er je hervor; sie schien jedoch durch ihre bloße Existenz gefährlich zu sein. Reinhard Heydrich, als Chef der Sicherheitspolizei ziemlich allmächtig, wollte Rupprecht Ende August 1940 sogar ausbürgern. Auf Intervention des Reichsstatthalters Ritter von Epp unterblieb das, aber nach einem Besuch in Italien wurde Kronprinz Rupprecht an der Rückkehr nach Deutschland gehindert. Er lebte in Florenz, seine Familie und die seines Sohnes wurden 1944 in Konzentrationslagern inhaftiert.

Eine andere prominente Gruppe von Monarchisten scharte sich um den ehemaligen bayerischen Gesandten in Berlin, Franz Sperr. Nach dem Ende seines Amtes durch die Gleichschaltung der Länder zog er sich im November 1934 nach München zurück. Er verfügte über viele Verbindungen, hatte Kontakt mit dem Hofmarschall des Kronprinzen Rupprecht, Franz Freiherrn von Redwitz, dem ehemaligen Reichswehrminister Otto Gessler, dessen Bezug zu Bayern als Oberbürgermeister in Regensburg und dann in Nürnberg eng war. Gessler wohnte benachbart zu Sperr im vornehmen Münchner Stadtteil Bogenhausen. Der ehemalige Reichsminister Eduard Hamm war wie Gessler Mitglied der linksliberalen DDP und ebenso Monarchist.

Die Herren berieten sich häufig über die staatsrechtliche Situation nach dem erwarteten Zusammenbruch des NS-Regimes und sondierten geeignete Persönlichkeiten, die dann die politische Verantwortung übernehmen könnten. Es ergaben sich Kontakte zum Kreisauer Kreis, die Ernst Fürst Fugger-Glött herstellte. Zum Kronprinzen Rupprecht bestand ohnehin enger Kontakt. Über Gessler kam auch die Verbindung zum Amt Ausland/Abwehr zustande, denn Wilhelm Canaris war einst

Marineadjutant beim Wehrminister Gessler gewesen. Zwar plante der Sperr-Kreis nicht die gewaltsame Beseitigung des NS-Regimes, das war auch nicht das Bestreben der Kreisauer, es war jedoch schon wegen der damit verbundenen Gefahr ein Akt des Widerstands. Franz Sperr, der über die Jesuitenpatres Alfred Delp und Augustin Rösch mit Helmuth James Graf von Moltke bekannt geworden war, auch mit dem Grafen Stauffenberg Kontakt gehabt hatte, wurde am 28. Juli 1944 verhaftet und vom Volksgerichtshof zum Tod verurteilt, wegen Mitwisserschaft und Nichtanzeige der Staatsstreichpläne und wegen seiner Verbindungen zum Kreisauer Kreis. Am 23. Januar 1945 wurde er in Berlin-Plötzensee hingerichtet.

3. Widerstand aus der Arbeiterbewegung

Die Kommunistische Partei

Die KPD bereitete sich frühzeitig auf die Fortsetzung ihres Kampfes gegen die NSDAP für den Fall der Machtübernahme durch Hitler vor. Die Kommunisten gedachten, den Widerstand gegen Hitler aus dem Untergrund zu führen, und rüsteten sich für ein Leben in der Illegalität. Verstecke für Mitgliederkarteien, Waffen, Vervielfältigungsgeräte und Papier zum Druck von Flugblättern wurden organisiert, die zentralisierte Parteibürokratie richtete sich auf das Fortbestehen als Geheimorganisation ein. Von den kleinsten Einheiten, den Straßen-, Stadtteil-, Betriebszellen, über Orts- und Bezirksleitungen bis zum Zentralkomitee sollte die Parteiorganisation nach dem Machterhalt der Nationalsozialisten im Untergrund arbeiten. Die deutschen Kommunisten glaubten, gelenkt von der Kommunistischen Internationale (Komintern) in Moskau, darauf eingerichtet zu sein, mit Propagandamitteln im Alleingang den Nationalsozialismus zu überwinden. Zu den falschen Voraussetzungen für den Kampf gehörte die fortdauernde Frontstellung gegen die Sozialdemokraten, die wie die NSDAP als Feinde gesehen wurden. Falsch war auch die Annahme, die Hitler-Regierung werde bald abgewirtschaftet haben. Unter politischem Widerstand verstanden die Kommunisten in den beiden Anfangsjahren des NS-Regimes auch und vor allem die Demonstration ihrer Fortexistenz, das verlustreiche Zeigen von Präsenz aus der Illegalität sowie spektakuläre Propagandaaktionen.

Die Kommunisten waren dem Terror, der unmittelbar nach Hitlers Regierungsübernahme hereinbrach, aber nicht gewachsen. Die Vorstellung, aus dem Untergrund heraus nicht nur den Nationalsozialismus zu besiegen, sondern auch eine durch ihn herbeigeführte revolutionäre Situation zu eigenen Gunsten nutzen zu können, erwies sich sehr rasch als Illusion. Die Nationalsozialisten nahmen den Reichstagsbrand in der Nacht des 27. Februar 1933 zum Anlass, die KPD zu verbieten und ihre Funktionäre gnadenlos zu jagen. Für die NS-Propaganda stand fest, dass «die Kommunisten» das Reichstagsgebäude angezündet hatten. Für die daraus abgeleiteten Verfolgungen fanden die Nationalsozialisten Beifall auch außerhalb der eigenen Reihen. Bereits in den ersten Märzwochen wurden 11 000 Kommunisten verhaftet. Im Juni 1933 waren mehr als die Hälfte (17 von 28) der Bezirksleiter der KPD nicht mehr in Freiheit, ebenso mehr als ein Drittel der Abgeordneten des Reichstags und des Preußischen Landtags.

Die Parteiführung der KPD spaltete sich auf: Im Juni 1933 verlegte die Partei einen Teil des Politbüros ins Ausland; als «Auslandsleitung» etablierten sich Wilhelm Pieck (1949–1960 Präsident der DDR), Franz Dahlem und Wilhelm Florin in Paris. Walter Ulbricht (1953–1971 Parteichef der SED in der DDR) und drei andere Mitglieder blieben als «Inlandsleitung» in Berlin. In grenznahen Orten des Auslands (Tschechoslowakei, Niederlande, Dänemark) und im Saargebiet (das noch bis 1935 unter Völkerbundsverwaltung stand) errichtete die KPD «Grenzstützpunkte». Von hier aus wurden Propagandaschriften nach Deutschland geschleust. Diese Stützpunkte dienten auch als Anlaufstellen für flüchtende Funktionäre und als Relaisstationen zwischen den Aktivisten im Untergrund und der Emigration.

Der Kampf gegen die Nationalsozialisten wurde mit Flugblättern und Kleinzeitungen, Streuzetteln und Broschüren geführt. Sie wurden zunächst heimlich in Deutschland hergestellt, dann aber in zunehmendem Maße im Ausland gedruckt und unter großen Gefahren eingeschmuggelt und verteilt. Die Kommunisten erhofften sich davon zweierlei: einmal die Stärkung des Selbstbewusstseins in den eigenen Reihen; zum anderen sollten Schriften, z. B. über das KZ Dachau, den Deutschen die Augen öffnen und sie für den kommunistischen Widerstand gewinnen.

Gelegentlich machte die KPD durch aufsehenerregende Aktionen darauf aufmerksam, dass es sie noch gab: etwa durch rote Fahnen, die an Fabrikschornsteinen gehisst wurden, durch Sprechchöre auf Berliner Hinterhöfen und anderes mehr. So riskant und verlustreich diese Aktionen waren, so gering war doch ihre Wirkung. Während sich das NS-

Regime festigte, lichteten sich die Reihen der Kommunisten immer schneller, ohne dass ihre massenhaft verbreiteten Druckschriften dem Nationalsozialismus geschadet oder den Kommunisten Verbündete aus anderen Oppositionskreisen eingebracht hätten. Die Gefängnisse, Zuchthäuser und Konzentrationslager füllten sich mit Kommunisten, die Führungspositionen der illegalen KPD mussten immer rascher neu besetzt werden.

Im August 1935 wurde im Anschluss an den Kongress der Kommunistischen Internationale in Moskau eine Änderung der Taktik beschlossen. Die «Brüsseler Konferenz» (so lautete die Tarnbezeichnung für das Treffen deutscher Kommunisten in Moskau) stellte die Weichen neu: An die Stelle der Materialschlacht durch Druckschriften sollte Überzeugungsarbeit in den Betrieben treten, um unzufriedene Arbeiter über Kritik an der Sozialpolitik des NS-Staates als Verbündete zu gewinnen.

Von einem durch die KPD straff organisierten Widerstandskampf auf breiter Front gegen den Nationalsozialismus, wie er später als Staatslegende der DDR propagiert wurde, konnte in Wirklichkeit auch nach 1935 keine Rede sein. Die Propagandaaktivitäten hatten sich weitgehend ins Exil verlagert. Die noch in Deutschland operierenden kommunistischen Widerstandskämpfer arbeiteten seit dem Ausbruch des Zweiten Weltkrieges eigenständig.

Ein Teil der aus KZ und Haftanstalten zurückgekehrten Funktionäre nahm den Kampf wieder auf, bildete neue Organisationen auf regionaler und lokaler Ebene und versuchte auch die Vernetzung verschiedener Gruppen. In Leipzig existierte um den Werkzeugschlosser Georg Schumann, der ehemals Reichstagsabgeordneter der KPD gewesen war, eine kommunistische Widerstandsorganisation.[1] In Hamburg gab es die Bästlein-Gruppe. Sie existierte mit etwa 200 Mitgliedern (überwiegend KPD-Funktionäre, einige Sozialdemokraten und andere) von 1940 bis 1942. Leiter war der ehemalige Abgeordnete des Preußischen Landtags Bernhard Bästlein. Oskar Reincke gehörte neben Franz Jacob zu den führenden Köpfen der Gruppe. Wie Bästlein hatten sie Zuchthausstrafen oder KZ-Haft als kommunistische Funktionäre hinter sich.[2] Kontakte gab es auch zu anderen Gruppen, wie dem Kreis um Robert Uhrig und Beppo Römer, der in besonderer Weise charakteristisch dafür war, dass ab Kriegsbeginn der kommunistische Widerstand nicht mehr bedingungslos den Vorgaben der Parteileitung im Ausland und den Direktiven der Komintern in Moskau folgte. Robert Uhrig war Werkzeugmacher, hatte als Kommunist eine Zuchthausstrafe verbüßt und anschließend eine weitverzweigte Organisation in Berlin aufgebaut, mit Verbindungen nach Hamburg, Mannheim, Leipzig, München und anderen Orten. Ab 1940/41 arbeitete Uhrig mit Beppo Römer zusammen, der seinen Weg von der äußersten Rechten zum Widerstand der Arbeiterbewegung gefunden hatte.[3]

In Berlin agierten Franz Jacob (der nach dem Untergang der Bästlein-Gruppe in die Reichshauptstadt geflohen war) und der Maschinenbauer Anton Saefkow. Ihre Gruppe knüpfte ein Netz illegaler Zellen in Berliner Fabriken. Im Juli 1944 zerschlug die Gestapo mit der Saefkow-Jacob-Gruppe eine der größeren kommunistischen Widerstandsorganisationen.[4] In Nordbaden mit dem Schwerpunkt Mannheim hatte sich ein kommunistischer Widerstandskreis um Georg Lechleiter gebildet, der auch mit Sozialdemokraten zusammenarbeitete. Eine illegale Schrift «Der Vorbote» als «Informations- und Kampf-Organ gegen den Hitlerfaschismus» wurde der Lechleiter-Gruppe zum Verhängnis. Ende Februar 1942 wurden 50 bis 60 Mitglieder von der Gestapo verhaftet. 19 Todesurteile wurden vollstreckt.[5] In Magdeburg sammelten der KPD-Bezirksfunktionär Hermann Danz und der Lehrer Martin Schwantes die Mitglieder der Partei, die 1933 im Untergrund Widerstand geleistet hatten und verhaftet worden waren. Die Danz-Schwantes-Gruppe war mit den Widerstandskreisen um Georg Schumann in Sachsen und Theodor Neubauer in Thüringen verbunden und kooperierte mit der Saefkow-Jacob-Gruppe in Berlin, sie war offen gegenüber sozialdemokratischen Regimefeinden. Die Magdeburger Gruppe fiel im Juli 1944 der Gestapo zum Opfer. Zwischen 1940 und 1944 existierte in Thüringen ein Netz in etwa 50 Orten, das vom ehemaligen Gymnasiallehrer Neubauer und dem KPD-Funktionär Magnus Poser organisiert war.

Linientreuer im Sinne Moskaus als diese regionalen kommunistischen Zirkel des Widerstands war die Knöchel-Organisation. Chef war Wilhelm Knöchel, der einzige Führungskader der KPD, dem es im Januar 1942 gelang, aus der Emigration ins Deutsche Reich zurückzukehren. Das ZK-Mitglied Knöchel folgte den Instruktionen aus Moskau und versuchte, eine zentrale Inlandsleitung der KPD aufzubauen, um die Strukturen der kommunistischen Partei zu restaurieren. Im

Dienst der Idee, den Krieg zu beenden, gab Knöchel monatlich die Untergrundzeitung «Der Friedenskämpfer» heraus, die sich parteipolitisch neutral darstellte. Anfang 1943 flog die Knöchel-Organisation auf. Im Sommer 1944 wurden Knöchel und 22 Mitglieder, Verbindungsleute und Sympathisanten zum Tode verurteilt und hingerichtet.[6]

Den 1933 propagierten, nach 1945 zur Meistererzählung stilisierten und in der DDR ständig gefeierten Massenwiderstand der Kommunisten hat es nur zu Beginn der NS-Herrschaft gegeben. Dennoch hatte die Kommunistische Partei die größte Zahl von Toten im Widerstand gegen die Hitler-Diktatur zu beklagen. Gegenüber der KPD-Auslandsleitung und der Politik der Komintern steht die persönliche Integrität vieler Antifaschisten, die Kommunisten waren wie Lina und Alfred Haag. Sie waren die eigentlichen Protagonisten des Widerstands der Arbeiterbewegung.

Verfolgung und Widerstand der Kommunisten Alfred und Lina Haag

Gegen fünf Uhr morgens, ein paar Tage nach der «Machtergreifung», kommen die Nazis. Sie verwüsten die Wohnung und nehmen Alfred Haag mit. Er ist 28 Jahre alt, von Beruf Schreiner und Kommunist. Seit 1932 vertritt er die KPD als Abgeordneter im Stuttgarter Landtag. Er lebt mit seiner Frau und der sechsjährigen Tochter Käthe in Schwäbisch Gmünd. Dort ist er geboren und aufgewachsen. Auch nach dem 30. Januar tritt er öffentlich gegen den Nationalsozialismus auf, bei einer Demonstration in Schwäbisch Gmünd, bei Veranstaltungen in Mutlangen und Lindau. Am 10. oder 11. Februar wird er verhaftet, am 27. April vom Landgericht Ellwangen wegen «Landfriedensbruchs» zu einer Gefängnisstrafe verurteilt. Weitere Stationen sind das Landgerichtsgefängnis Ulm, dann das Konzentrationslager Oberer Kuhberg, schließlich ab Juli 1935 Dachau und ab September 1939 Mauthausen. Alfred Haags Ehefrau, 25 Jahre alt und ebenfalls Kommunistin, wird am 15. Februar 1933 verhaftet und in das Gefängnis Gotteszell in Schwäbisch Gmünd eingeliefert; die Abteilung, in der in dem ehemaligen Kloster «Schutzhaft» vollstreckt wird, ist das erste deutsche Konzentrationslager für Frauen.[7] Alfred Haag hatte im Württembergischen Gauleiter und Reichsstatthalter Murr seit den Tagen, als beide Landtagsabgeordnete geworden waren, einen persönlichen Feind. Der hatte dem jungen Kommunisten einst gedroht, er werde niemals wieder in Freiheit kommen, solange er, Murr, lebe.

Weihnachten 1933 wurde Lina Haag aus dem Frauen-KZ Gotteszell entlassen. Die wiedergewonnene Freiheit will sie nutzen, ihren Mann frei zu bekommen und mit ihm und der sechsjährigen Tochter Käthe Deutschland zu verlassen. Lina fährt nach Stuttgart, um beim Minister des Innern und der Justiz, dem formal Zuständigen, die Freilassung des Landtagsabgeordneten Alfred Haag zu erwirken. Der Minister, Dr. Jonathan Schmid, seit 1923 Mitglied der NSDAP, der aber im Unterschied zum Gauleiter Murr als moderat gilt, hört sich die Angelegenheit an. Lina Haag erklärt ihm, ihr Onkel in Buenos Aires könne die Überfahrt nach Argentinien finanzieren, wenn Alfred Haag mit Frau und Kind die Ausreiseerlaubnis erhalte.

Der Minister sagt, er wolle den Fall prüfen, lässt tatsächlich wenig später mitteilen, wenn sie die Tickets vorweisen könne, würde ihr Mann entlassen. Wochen später sind die Möbel verkauft, der Haushalt ist aufgelöst, mit Koffern und Schiffskarten erwarten Frau und Tochter auf dem Stuttgarter Hauptbahnhof den entlassenen Häftling Haag, um mit ihm nach Südamerika in die Freiheit zu reisen. Sie müssen mitansehen, wie er von Gestapo-Männern umzingelt und wieder abgeführt wird. Der KZ-Kommandant Buck hat auf Order des Justizministers den Gefangenen Haag zwar freigegeben, aber gleich wieder durch die Gestapo, die außernormative Exekutive, festnehmen lassen. Lina Haag interveniert noch einmal bei der Staatsgewalt. Die neuerdings verhängte Schutzhaft, schreibt der Minister, werde rechtzeitig aufgehoben, um den nächsten Dampfer zu erreichen. Tatsächlich wird Alfred Haag zum angekündigten Termin abermals entlassen. Am folgenden Tag soll die Reise beginnen. Die Hoffnung dauert nur Stunden. In der Nacht wird Alfred Haag wieder verhaftet. Noch einmal geht Lina Haag zum Minister. Der ist erbost über die Missachtung seiner Kompetenz durch seinen Parteigenossen, den Gauleiter Murr, aber der ist mächtiger und der Minister bedauert, er könne jetzt nichts mehr machen. Das war im Mai 1934.

Lina Haag leistet mit Gesinnungsgenossen aus tiefer Überzeugung mit Flugblättern und Propaganda weiter Widerstand gegen das NS-

Regime. Deswegen wird sie im April 1936 erneut verhaftet. Bis März 1938 ist sie in Untersuchungshaft im Frauengefängnis Weimarstraße in Stuttgart, dann kurze Zeit wieder in Gotteszell in Schwäbisch Gmünd. Am 24. Mai 1938 wird Lina Haag in das Frauen-KZ Lichtenburg bei Torgau an der Elbe deportiert; das bedeutet Haft auf unbestimmte Zeit nach alleiniger Willkür der SS.

Eines Tages wird der Kommandant des Konzentrationslagers Lichtenburg auf Lina aufmerksam. SS-Hauptsturmführer Max Koegel inspiziert die Lagerbibliothek und will wissen, wie die junge Frau heißt, die dort als Schreibhilfe beschäftigt ist. Den Namen Haag kennt er aus Dachau, wo die Karriere des gefürchteten Sadisten Koegel als Adjutant begann. Ob Alfred Haag ihr Mann sei? Ja. Seit wann sie in der Lichtenburg sei? Seit zwölf Monaten. Warum? Politisch natürlich? Ja. Das wisse man ja bei der Brut, tönt Koegel im Selbstbewusstsein des einstigen Almhirten, der es zu Macht und Bedeutung gebracht hat. Der Kommandant will gehen, fragt aber noch «Führung?», hört «Ohne Beanstandung» und verkündet herablassend, endgültig im Gehen, dann könne sie vielleicht entlassen werden, eine Laune des Machtinhabers. Die Gefangene ist wie vom Donner gerührt und weiß, dass sie diesen Moment, der nie wiederkehren wird, der eine einzige winzige Chance bedeutet, nutzen muss: «Kann vielleicht entlassen werden! Es ist ungeheuerlich. Die Angst, daß das nur so hingesagt sein könnte, reißt mich aus meiner Betäubung. Ich sehe nur noch, daß er weg will. Ich darf ihn nicht weglassen, ich fühle instinktiv, daß das Versprechen im nächsten Moment vergessen sein würde. Kann vielleicht entlassen werden! Tausend Gedanken jagen mir durch den Kopf. Ich weiß nicht, was ich alles denke. Eine verzweifelte Angst gibt mir das Richtige ein. ‹Das wird leider nicht möglich sein!›, platze ich heraus.»

So etwas hat Koegel noch nicht erlebt. Sein rotes Gesicht wird blau, brüllend will er wissen, warum das nicht möglich sei, und muss aus dem Mund der gefangenen Kommunistin hören, dass die für sie zuständige Gestapo in Stuttgart als höhere Instanz die Entlassung durch den KZ-Kommandanten Koegel nicht zulassen werde. Dessen Wutausbruch hätte tödlich sein können für Lina Haag, die es wagte, vor seinen Leuten seine Allmacht anzuzweifeln. Man werde schon sehen, plärrt er drohend und rauscht ab. Am 20. April, an «Führers Geburtstag», werden tatsächlich einige Häftlingsfrauen amnestiert. Lina ist nicht dabei und tief enttäuscht. Von der Oberaufseherin hört sie, dass die Stuttgarter Gestapo ihrer Entlassung widersprochen habe.

Wenig später wird Lina zur Kommandantur befohlen. In einem Vorzimmer muss sie warten. Sie hört wie «der Dicke», Koegel, telefoniert, vernimmt ihren Namen. «Dann reißt er die Tür auf und schaut mit unverhohlenem Triumph über die Szene. Ich spritze hoch und bleibe regungslos stehen. Er befiehlt einem Schreiber, sofort meine Papiere in Ordnung zu bringen. ‹Dann können Sie heute noch weg!› bellt er mich an. Ich muß mich am Stuhl festhalten. Ob mich, frage ich, die Stuttgarter nicht doch gleich wieder festnehmen könnten? ‹Einen Dreck können die!› schreit er, ‹ich habe verfügt, und Berlin ist einverstanden! Sie sind entlassen, und damit basta!› ‹Jawohl›, sage ich. Er grinst. ‹Hoffentlich glauben Sie jetzt›, schreit er, ‹daß ich die höhere Instanz bin!› Ich nicke. Er tritt in sein Zimmer zurück und wirft die Türe zu.»[8]

Die Szene dokumentiert die Selbstbehauptung, die Geistesgegenwart, den unbeugsamen Willen einer «hilflosen Frau» zum Widerstand und zugleich die unwillkürliche Raffinesse der Klügeren, die der dumpfen männlichen Eitelkeit des Mächtigen ihren Erfolg abtrotzt. Beschrieben ist die Szene in dem langen Brief Lina Haags an ihren Mann, in dem sie ihr Leben unter nationalsozialistischer Herrschaft schildert. Verfasst ab Mai 1944 in Riessersee bei Garmisch, als sie das Schlimmste schon hinter sich hat, aber noch nichts über ihren Mann weiß, wird der Text, 1947 erstmals veröffentlicht, unter dem Titel «Eine Handvoll Staub» zur Inkunabel der Erinnerungsliteratur.

Lina Haag kam am 18. Januar 1907 in einem Dorf bei Schwäbisch Gmünd zur Welt. Als Kind einer Arbeiterfamilie wuchs Paulina Jäger (so war die unehelich Geborene im Standesamt registriert) in armen Verhältnissen auf. Nach dem Besuch der Dorfschule wurde sie Hilfsarbeiterin. Sie heiratete den zwei Jahre jüngeren Schreiner Alfred Haag aus Schwäbisch Gmünd, der in der Kommunistischen Partei aktiv war und 1932 jüngster Abgeordneter im Württembergischen Landtag wurde. Auch Lina engagierte sich in der KPD. Sie war für einige Zeit der Enge ihrer schwäbischen Heimat entkommen. In Buenos Aires arbeitete sie als Dienst- und Kindermädchen.

Der Machterhalt Hitlers wird zur persönlichen Katastrophe der Familie Haag. Nach der Entlassung aus dem KZ Lichtenburg am 15. April 1939 lebt Lina Haag in Berlin. Sie ist Hilfsarbeiterin in einer Metallfabrik, sie hat mit der Tochter Käthe eine Behausung in der Kommandantenstraße im armseligen Scheunenviertel und verfolgt nur einen Gedanken, ihrem Mann die Freiheit zu verschaffen. Sie will bei Heinrich Himmler, dem Reichsführer SS und Chef der deutschen Polizei, dem Herrn über die Konzentrationslager, persönlich für ihren Mann plädieren. Immer wieder erscheint sie in der Prinz-Albrecht-Straße, der Zentrale des Terrors in Berlin, und begehrt den Chef zu sprechen. Stark beschäftigte Herren in Uniform hören sich höflich und kühl an, was sie vorträgt, und wimmeln sie ab. Aber das Wunder geschieht. Im Spätsommer 1939, kurz vor dem Beginn des Zweiten Weltkriegs, steht die kommunistische Widerstandskämpferin und ehemalige KZ-Insassin im Büro des Gewaltigen. Es ist eine säkulare Begegnung, bei der Lina die Würde der Frau ausstrahlt, die etwas Selbstverständliches tut. Sie verlangt die Freiheit ihres Mannes, der nichts Böses getan hat, der wegen seiner Gesinnung verfolgt und aus persönlicher Feindschaft eines politischen Gegners malträtiert wird. So sieht sie es, sie fleht nicht und bettelt nicht, sie hat eine Forderung und gleichzeitig unendliche Angst, denn sie weiß, dass ein Wimpernzucken des Reichsführers SS ihr erneute KZ-Haft, Misshandlung, den Tod bringen kann.

Der Adjutant Suchanek meldet Himmler, dies sei die Frau Haag, ihr Mann sei Häftling in Mauthausen. Und sie setzt rasch hinzu: «Ich möchte Sie bitten, ihn freizulassen.» Himmler erinnert sich an die Angelegenheit des kommunistischen Abgeordneten und die Feindschaft des Gauleiters gegen ihn. Der gnadenlose Pedant Himmler, der ohne emotionale Regung Menschen in den Tod schickt, der Ideologe, der seinem Führer gehorsam, den Genozid an Millionen Juden exekutieren lässt, ist hoch empfindlich gegen individuelles unkorrektes Verhalten. Dem asketischen Spießer ist egozentrischer Machtmissbrauch so verhasst wie Ausschweifung und Prunksucht, Völlerei und Suff der Potentaten des «Dritten Reiches». Solches mag ihn bewegt haben, als er die vor ihm sitzende Lina Haag betrachtete.

Ob sie auch Kommunistin sei, fragt er plötzlich. Ja, sagt sie und, es bricht aus ihr heraus: «Wir sind genau so ehrlich und anständig wie die anderen! Wir Kommunisten sind nicht das Gesindel, für das man uns hält.» Himmler lächelt und tauscht sich mit seinem Adjutanten darüber aus, dass man «die Kommune von der anderen Seite» kenne. Die Kommunistin vor ihm fühlt sich, wie sie sich später erinnert, wie betrunken, sie hat vergessen, wo sie ist, warum sie dort ist, und redet «wie mit Engelszungen»: «Wir haben aus Idealismus gekämpft.» Der Reichsführer SS sagt, sie habe hoffentlich eingesehen, dass das ein falscher Idealismus gewesen sei, und Lina erwidert, sie und ihr Mann hätten immer nur dafür gekämpft, was sie für gut und recht gehalten hätten. Himmler sieht sie durchdringend an und fragt, ob er jetzt ihren Mann freigeben solle, damit sie weiterkämpfen könnten? Die wegen Hochverrat ins KZ verschleppte Kommunistin hält den Blick aus und schweigt. Die Audienz ist beendet, Himmler erhebt sich, sagt, er werde sich den Fall ansehen.

Der Adjutant versichert Lina, sie habe einen ausgezeichneten Eindruck auf den Reichsführer gemacht, aber sie ist nicht recht zufrieden. Sie hatte Himmler die Augen über die Zustände in den KZs öffnen wollen, sie hatte Anklage gegen das Terrorsystem als solches erheben wollen und sieht sich als Widerstandskämpferin gescheitert – bei aller Befriedigung, alles ihr Mögliche für ihren Mann getan zu haben. Dass sie lange nichts mehr hört, nimmt sie als Bestätigung, dass die Intervention vergeblich war.

Es dauert noch bis Anfang Februar 1940, dann erhält sie den Bescheid, sie könne ihren Mann in der Prinz-Albrecht-Straße abholen.[9] Himmler hatte tatsächlich befohlen, den Kommunisten Alfred Haag aus dem KZ zu entlassen. Angesichts der Verfügung, dass auf Kriegsdauer kein KZ-Gefangener die Freiheit erhalten durfte, war das vermutlich der einzige Fall. Alfred Haag wurde am 9. November 1939 von Mauthausen nach Dachau verlegt und dort formell entlassen und in Richtung Berlin in Marsch gesetzt. Er machte Station im Landgerichtsgefängnis in Hof und wurde dann ins Berliner Gestapo-Gefängnis in der Prinz-Albrecht-Straße gebracht, wo ihn seine Frau am 1. Februar 1940 abholen durfte.

Trotz aller Todesangst und Verzweiflung bleibt die Widerstandskämpferin Lina Haag unbeirrt, ist nicht, wie die Mehrheit der Deutschen, zu Kompromissen mit dem NS-Regime bereit. Aber sie hat auch kein Verständnis für die Angepassten, die dem «Führer» zujubeln, als die Wehrmacht ins Sudetenland, später in Österreich, dann in Tschechien, Polen und Frankreich einmarschiert, die aber nichts hören und sehen, nicht wissen wollen, was in den Konzentrationslagern geschieht. Lina Haag erklärt sich den Erfolg des Nationalsozialismus als System der Einschüchterung: «die leiseste Drohung genügt, und das Volk schweigt. Schweigt nicht nur, jubelt, marschiert, denunziert, steht geschlossen hinter dem Führer, wie es der Führer will. Die Drohung ist seine Staatskunst, seine Außenpolitik und seine Innenpolitik, Drohung und Angst, Grausamkeit und Feigheit sind die Fundamente seines Staates. Man droht uns, und man droht mit uns, wie man es braucht. Der kleine Kriminalbeamte droht, und der Führer droht. Damit machen sie es. Die Drohung ist das einigende Band, das die Volksgemeinschaft zusammenschließt. Das Band? Die Kette. Sie müssen ja brutal und grausam sein, womit sollen sie sonst drohen? Hinter jeder Drohung steht das KZ, ein Abgrund von Verworfenheit, Verbrechen und tiefster Schuld. Die Bürger ahnen es. Das genügt. Mehr darüber zu wissen, ist schädlich. Es soll nicht Empörung, sondern Angst erzeugt werden. Sie wird erzeugt.»[10]

Die eingekerkerte Arbeiterfrau, die keine Bildung genossen hat, die ihr helfen könnte, ihre Situation und deren Ursachen zu analysieren, kommt mit scharfen Sinnen und Intelligenz zu den Einschätzungen der Funktionseliten des Systems, für die Wissenschaftler später lange Zeit und Mühen aufwendeten: «Wir finden die Tatsache, daß sich Hitlers Kreaturen nicht aus dem asozialen, sondern aus dem kleinbürgerlichen Element des Volkes rekrutieren, schauderhaft und beunruhigend. Es sind also keine geborenen Sadisten, keine professionellen Verbrecher, keine passionierten Mörder, sondern Spießbürger. Wie alle andern. Dasselbe Organisationstalent, das draußen mit Gänsemarsch und Vitamindrops die Volksgesundheit zu heben sich bemüht, treibt hier im Lager die Sterblichkeitsziffer in die Höhe.»[11]

Die wegen ihrer gegnerischen Gesinnung und wegen ihres Widerstands gegen den Nationalsozialismus, «wegen Hochverrats» im KZ Gefangenen könnten es zur Not verstehen, dass die Menschen eingeschüchtert und willfährig seien: «Unbegreiflich ist uns nur, daß es so viel Sadisten gibt. Sind es wirklich Sadisten, Verbrecher von Grund auf, Mörder? Ich glaube es nicht ... Es sind Spießbürger. Nur sind sie zufällig nicht beim Finanzamt, sondern bei der Polizei, zufällig keine Magistratsschreiber oder Metzgermeister oder Kanzleigehilfen oder Bauarbeiter oder Standesbeamte, sondern Gestapo-Angestellte und SS-Männer. Sie unterscheiden nicht zwischen Gut und Böse, sie tun ganz einfach das, was ihnen befohlen ist. Es ist ihnen nicht befohlen, zwischen Gut und Böse zu unterscheiden oder zwischen Recht und Unrecht, sondern die Staatsfeinde auszurotten und zu vertilgen. Sie tun dies mit derselben sturen Pedanterie, mit demselben deutschen Fleiß und mit derselben deutschen Gründlichkeit, mit der sie sonst Steuererklärungen geprüft oder Protokolle geschrieben oder Schweine geschlachtet hätten. Sie peitschen eine wehrlos an einen Pflock gebundene Frau mit sachlichem Eifer und gewissenhaftem Ernst aus, in der vollen Überzeugung, damit dem Staat zu dienen oder ihrem Führer, was für sie das gleiche ist. Mag in letzterem Fall ein kleines Vergnügen dabei sein, ausschlaggebend ist das deutsche Pflichtbewußtsein, von einem Dämon ins Dämonische gesteigert. Deshalb steht auf ihrem Koppelschloß ‹Meine Ehre heißt Treue›.»[12] Diese, im Jahr 1944 niedergeschriebene Einsicht aus der Erfahrung von vier Jahren Haft im Gefängnis und KZ erläutert mit wenigen Worten die ganze Soziologie des NS-Staats.

Am Ende der NS-Herrschaft wurde das Lazarett in Riessersee bei Garmisch, in dem Lina Haag als Heilgymnastin arbeitete, aufgelöst und von der US-Armee in Besitz genommen. Ein Offizier kümmerte sich um Linas Manuskript. Sie selbst suchte in München eine neue Bleibe. Nach Schwäbisch Gmünd wollte sie nicht zurück. In der Buchhandlung im Münchner Gewerkschaftshaus fand sie Arbeit. Als ihr Buch erschienen war, wurde sie zum Vortrag bei einem Schriftstellerkongress in Frankfurt am Main eingeladen. Sie lebt mit der Tochter Käthe allein. Denn die Freiheit, die Lina Haag für ihren Mann erkämpft hatte, war nicht von langer Dauer gewesen. Gerade drei Monate. Im Mai 1940 wurde Alfred Haag zur Wehrmacht einberufen und an die Ostfront geschickt. Er geriet in sowjetische Kriegsgefangenschaft und kehrte erst 1948 zurück. Alfred Haag engagierte sich in der Vereinigung der Verfolgten des Naziregimes, er entwickelte sich zum Spezialisten für Entschädigung und Wiedergutmachung und kämpfte für ehemalige KZ-Gefangene um Renten und Sozialleistungen. Lina zog sich nach der Rückkehr des Mannes getreu anerzogenem Rollenverständnis ins Familienleben zurück.

Die Sozialdemokratische Partei

Gegen den Nationalismus hatten sich vor 1933 prominente Sozialdemokraten wie Ernst Reuter exponiert, der als Magdeburger Oberbürgermeister (seit April 1931) und als Reichstagsabgeordneter (seit Juli 1932) zu den Hoffnungen der SPD zählte, dem aber auch die besondere Aufmerksamkeit der Nationalsozialisten galt. Er verlor im Frühjahr 1933 sein Amt und kam zweimal ins KZ, ehe er 1935 über Großbritannien ins türkische Exil fliehen konnte. Im Herbst 1946 zurückgekehrt, wurde er als Westberliner Oberbürgermeister zur Symbolgestalt freiheitlicher Demokratie.[13] Ein anderer Sozialdemokrat dieser Generation war Kurt Schumacher, der als einer der jungen «Militanten Sozialisten» mit der einzigen Rede, die er im Februar 1932 im Reichstag hielt, Aufsehen erregte und dann der Feindschaft der NSDAP sicher sein durfte.

Schumacher büßte dieses Verdikt dadurch, dass er fast die gesamte NS-Zeit im KZ, überwiegend in Dachau, inhaftiert war. Im Frühjahr 1945 begann der knapp Fünfzigjährige, körperlich schwer gezeichnet, mit dem Wiederaufbau der SPD von Hannover aus. Es gelang ihm nicht, 1949 Kanzler der Bundesrepublik zu werden. Als Oppositionsführer war er dann nicht nur schärfster Kritiker Adenauers, sondern auch der Alliierten. Sein Antifaschismus war ebenso durch die Endjahre der Weimarer Republik geprägt wie sein Antikommunismus.[14]

Nach dem 28. Februar 1933, an dem der Reichstag brannte, setzte sich die seit dem 30. Januar 1933 amtierende Hitler-Regierung in den Besitz von Vollmachten, die die verfassungsmäßigen Rechte der Bürger beschnitten. Die Immunität der Abgeordneten war nicht mehr garantiert. Unter dem Beifall des konservativen Bündnispartners, der Deutschnationalen Volkspartei und der Zustimmung der katholischen Zentrumspartei und dem winzigen Rest von Liberalen, die 1933 noch übrig waren, machten sich die Nationalsozialisten daran, den Rechtsstaat zu demontieren und durch ihre Diktatur zu ersetzen. Mit Verordnung des Reichspräsidenten Paul von Hindenburg wurden Bürgerrechte außer Kraft gesetzt und das bis 1945 angewendete Willkürinstrument «Schutzhaft» eingeführt, das in den Konzentrationslagern vollstreckt wurde.

Die SPD war bis 1932 die stärkste, dann, nach den sensationellen Erfolgen der NSDAP, die zweitstärkste und vor allem die am besten organisierte Partei in Deutschland. Auch angesichts der Exzesse nach Hitlers Machtübernahme war sie entschlossen, den Weg der Legalität keinen Fingerbreit zu verlassen. Der Parteivorstand ließ sich in dieser Haltung auch nach dem Reichstagsbrand mit seinen Folgen nicht beirren. Die Parteibasis hatte allerdings dafür nicht immer Verständnis. Beginnend Ende der 1920er Jahre formierten sich am linken Rand der SPD Gruppierungen, die 1933 im Widerstand eine Rolle spielen sollten.

3. Widerstand aus der Arbeiterbewegung

Die SPD verstand sich zur Zeit der Machtübernahme Hitlers als Opposition, die mit aller Schärfe, aber nur mit legalen Mitteln, gegen die Hitler-Regierung und die NSDAP kämpfen wollte. Dazu bestand freilich bald keine Möglichkeit mehr.[15] Das Umfeld der SPD, von den Arbeiterbildungsvereinen bis zur Arbeitersportbewegung und allen voran das Reichsbanner Schwarz-Rot-Gold als Kampforganisation für Demokratie und Rechtsstaat, war bereits dem Druck des nationalsozialistischen Terrors erlegen.[16] Bei den Reichstagswahlen am 5. März 1933 hatte die SPD noch 120 Mandate errungen. Am 23. März wurde über das von Hitler verlangte «Ermächtigungsgesetz» abgestimmt, mit dem sich das Parlament selbst entmachtete, weil es mit mehr als der notwendigen Zweidrittelmehrheit der Reichsregierung die Vollmacht zur Gesetzgebung nach Belieben erteilte. SA und SS hatten das Gebäude der Kroll-Oper abgeriegelt, in dem die Abgeordneten tagten, weil das Reichstagsgebäude ausgebrannt war. Die kommunistischen Abgeordneten konnten schon nicht mehr an der Sitzung teilnehmen. 94 Sozialdemokraten waren noch anwesend, 26 waren bereits verhaftet oder befanden sich auf der Flucht.

Die Rede, mit der der SPD-Vorsitzende Otto Wels die Zustimmung der Sozialdemokraten zum «Ermächtigungsgesetz» verweigerte, war das letzte offen ausgesprochene Wort des Widerstandes in einem deutschen Parlament gegen die Errichtung der NS-Diktatur. Wels verteidigte unter dem Toben und dem brüllenden Gelächter der Abgeordneten der NSDAP den Rechtsstaat und die parlamentarische Demokratie gegen die Nationalsozialisten: «Noch niemals, seit es einen Deutschen Reichstag gibt, ist die Kontrolle der öffentlichen Angelegenheiten durch die gewählten Vertreter des Volkes in solchem Maße ausgeschaltet worden, wie es jetzt geschieht, und wie es durch das neue Ermächtigungsgesetz noch mehr geschehen soll. Eine solche Allmacht der Regierung muß sich um so schwerer auswirken, als auch die Presse jeder Bewegungsfreiheit entbehrt.» Es ging um mehr als einen parlamentarischen Akt der Gesetzgebung, als den die Reichsregierung in Hitlers Regierungserklärung das «Ermächtigungsgesetz» darzustellen versuchte. Es war die Preisgabe von Demokratie und Parlamentarismus, es ging um die von der NSDAP und ihren konservativen Verbündeten erstrebte Überwindung des Verfassungsstaates: «Die Verfassung von Weimar ist keine sozialistische Verfassung», erklärte Otto Wels: «Aber wir stehen zu den Grundsätzen des Rechtsstaates, der Gleichberechtigung, des sozialen Rechts, die in ihr festgelegt sind. Wir deutschen Sozialdemokraten bekennen uns in dieser geschichtlichen Stunde feierlich zu den Grundsätzen der Menschlichkeit und der Gerechtigkeit, der Freiheit und des Sozialismus. Kein Ermächtigungsgesetz gibt Ihnen die Macht, Ideen, die ewig und unzerstörbar sind, zu vernichten.»[17]

Otto Wels musste nach seiner mutigen Rede Deutschland verlassen. Er floh nach Prag und 1938 weiter nach Paris. Am 10. Mai 1933 wurde das Parteivermögen der SPD beschlagnahmt, soweit es nicht ins Ausland gerettet worden war. Am 22. Juni erging das Verbot jeglicher politischer Tätigkeit, gleichzeitig erloschen alle Mandate der SPD im Reichstag und in den Länderparlamenten. Viele sozialdemokratische Funktionäre wurden verhaftet und in Konzentrationslager verschleppt.

Der SPD-Vorstand hatte zuletzt auf eine Doppelstrategie gesetzt. Gestützt auf die Parlamentsmandate wollte die Partei politisch aktiv und präsent bleiben; gleichzeitig baute sie ab Frühjahr 1933 in Prag eine Auslandszentrale auf, von der aus die illegale Weiterarbeit im Deutschen Reich geleitet werden sollte. Diese Strategie der SPD war nicht unumstritten. Abgesehen davon, dass ein Teil der Parteibasis für offenen Widerstand plädierte und nicht kampflos vor dem Nationalsozialismus kapitulieren wollte, kam es im Mai 1933 zum Konflikt zwischen der Vorstandsmehrheit im Exil und einer Gruppe um den früheren Reichstagspräsidenten Paul Löbe, die darauf setzte, durch legale Opposition dem nationalsozialistischen Terror begegnen zu können. Diese Illusion war freilich schnell verflogen. Nach dem Überfall der Nationalsozialisten auf die Gewerkschaftshäuser am 2. Mai 1933 beschloss der Parteivorstand in Erwartung eines Schlages gegen die SPD die Ausreise seiner drei Mitglieder Otto Wels, Siegmund Crummenerl und Friedrich Stampfer. Wenig später folgten ihnen Hans Vogel, Erich Ollenhauer und Paul Hertz. Andere Prominente, Otto Braun und Albert Grzesinski, Philipp Scheidemann, Rudolf Breitscheid und Rudolf Hilferding, waren bereits emigriert.

Nach dem Verbot im Juni 1933 verblieb der SPD dann nur noch der Exilparteivorstand in Prag. Im Exil firmierte die Partei unter der Bezeichnung Sopade, die ebenso für Neuanfang stand wie für das Bewahren der Tradition der demokratischen Arbeiterbewegung Deutschlands.[18] Um den Einfluss in Deutschland nicht zu verlieren, wurde das Parteiorgan in Prag weiterpubliziert und hieß jetzt «Neuer Vorwärts». Grenzsekretariate wurden rings um Deutschland eingerichtet. Kuriere brachten dorthin Nachrichten und Berichte aus Deutschland über die soziale Lage der Arbeiterschaft sowie über die Einstellung der Bevölkerung zum Regime. Sie transportierten von diesen Stellen aus Flugschriften und anderes Propagandamaterial ins Reich. Mit Erlebnisberichten und einer Dokumentation über die Konzentrationslager, in denen zu diesem Zeitpunkt schon 50 000 Menschen gefangen gehalten wurden, versuchte die Exil-SPD bereits 1934, die Nachbarstaaten auf den Terror der Nationalsozialisten aufmerksam zu machen. Wichtig waren auch die «Deutschland-Berichte» der Sopade. Die Berichte erschienen von April/Mai 1934 bis April 1940, zuerst kamen sie aus Prag, dann aus Paris. Sie boten Informationen über die wirkliche Lage in Deutschland jenseits nationalsozialistischer Propaganda.

Die SPD im Exil sah eine ihrer Aufgaben darin, «der Welt die Wahrheit zu sagen»[19] und vor der Expansion der nationalsozialistischen Diktatur zu warnen. Ein anderes Ziel war die Information der Genossen in Deutschland und die Stärkung ihres Widerstandswillens. Die SPD-Führer im Prager Exil arbeiteten seit Herbst 1933 an einer Programmschrift, um ihrer Opposition gegen die nationalsozialistischen Machthaber ein Ziel zu geben und die theoretische Position der SPD zu klären. Das «Prager Manifest» war der früheste Programmentwurf einer neuen Verfassungsordnung in Deutschland nach Hitler. Ende Januar 1934 wurde das Manifest veröffentlicht. Darin hieß es, die Wiedereroberung demokratischer Rechte sei eine «Notwendigkeit, um die Arbeiterbewegung als Massenbewegung wieder möglich zu machen». Der «Kampf um die Demokratie» erweitere sich zum «Kampf um die völlige Niederringung der nationalsozialistischen Staatsmacht».[20]

Die Verfasser des «Prager Manifests», Rudolf Hilferding, Friedrich Stampfer und Curt Geyer, hatten über die Sofortmaßnahmen nach der Beseitigung des Nationalsozialismus hinaus die Vision eines erneuerten demokratischen Staates und einer demokratisch-sozialistischen Gesellschaft. Die im Januar 1934 verabschiedete Programmschrift schloss mit dem Aufruf an die deutsche Arbeiterschaft, die «Ketten der Knechtschaft» abzuschütteln. Im Deutschen Reich wurde das «Prager Manifest» unter dem Tarntitel «Die Kunst des Selbstrasierens» verbreitet.

Vor dem Einmarsch deutscher Truppen, mit dem im Frühjahr 1939 die Zerschlagung der Tschechoslowakei besiegelt wurde, floh der sozialdemokratische Parteivorstand nach Paris. Die Regierung in Prag war wegen ihrer Haltung gegenüber den deutschen Emigranten und deren politischen Aktivitäten von Berlin aus zunehmend unter Druck geraten.[21] Deshalb zogen die deutschen Sozialdemokraten Anfang des Jahres 1938 nach Paris. Ein Jahr später, kurz vor der Besetzung der französischen Hauptstadt durch deutsche Truppen am 14. Juni 1940, waren sie wieder auf der Flucht. Die Personen des Dramas, in das die Flucht nach Südfrankreich und weiter durch Spanien und Portugal ausartete, hatten die großen Namen des demokratischen Sozialismus der Weimarer Republik und der Gegner Hitlers. Otto Wels war nicht mehr unter ihnen. Am 16. September 1939 war er, 66jährig, nach längerer Krankheit in Paris gestorben.

Die beiden bedeutendsten anderen tragischen Figuren des sozialdemokratischen Exils sind Rudolf Hilferding und Rudolf Breitscheid. Hilferding wurde 1877 in Wien geboren und starb unter nicht geklärten Umständen im Pariser Gefängnis La Santé im Februar 1941. Ursprünglich Arzt, war er einer der wichtigsten marxistischen Theoretiker; sein Buch «Das Finanzkapital», erschienen 1910, machte ihn zur Autorität schlechthin, seine These vom «organisierten Kapitalismus» und das daraus resultierende Postulat der Wirtschaftsdemokratie waren ab Mitte der 1920er Jahre offizielle Doktrin der Sozialdemokratie und des Allgemeinen Deutschen Gewerkschaftsbundes. Hilferding war Herausgeber der Zeitschrift «Marx-Studien», Redakteur des «Vorwärts», Chef des USPD-Organs «Die Freiheit» (1918–1922) gewesen, hatte nach der Novemberrevolution der Sozialisierungskommission des Rats der Volksbeauftragten angehört. Im Herbst 1923 und 1928/29 war er Reichsfinanzminister gewesen, am Heidelberger Programm der SPD von 1925 hatte er als Autor maßgeblich mitgearbeitet, dem Reichstag gehörte er von 1924 bis 1933 an, im Parteivorstand saß er seit September 1922. Als «Erfüllungspolitiker», «Novemberverbrecher» und prominenter Vertreter des demokratischen Sozialismus stand er auf den Proskriptionslisten der Nationalsozialisten und war deshalb im März 1933 über die Schweiz und die Tschechoslowakei nach Paris emigriert, wo er publizistisch Widerstand gegen den Nationalsozialismus leistete.[22] Nicht weniger gefährdet war sein um drei Jahre älterer Freund Rudolf Breitscheid, der als Mitglied des Reichstags (1920–1933) und als außenpolitischer Sprecher der SPD zur Parteiprominenz gehörte. Der ursprünglich linksliberale promovierte

Volkswirt war seit 1912 SPD-Mitglied, 1917 bis 1922 hatte er der USPD angehört, in der Revolutionszeit, von November 1918 bis Januar 1919, war er preußischer Innenminister gewesen.²³ Wie Hilferding saß er im Pariser Gefängnis La Santé, bis ihn die Franzosen Anfang 1941 an die Gestapo auslieferten. Er starb im KZ Buchenwald im August 1944.

Friedrich Stampfer, 1874 in Brünn in der damaligen k.u.k.-Monarchie geboren, war nach dem Studium der Volkswirtschaft und der Staatswissenschaften der Sozialdemokratie beigetreten, ab 1900 war er zwei Jahre lang Redakteur der «Leipziger Volkszeitung» und dann Herausgeber einer Pressekorrespondenz gewesen. Im November 1916 wurde er Chefredakteur des SPD-Zentralorgans «Vorwärts». Stampfer gehörte zum rechten Flügel der Partei, war antirevolutionär und streng antikommunistisch gesonnen und trat im Juli 1919 aus Protest gegen den Versailler Friedensvertrag zurück. Ab Februar 1920 wieder als Chefredakteur beim «Vorwärts», gehörte er bis 1933 auch dem Reichstag an. Seit 1925 war er Mitglied im Parteivorstand der SPD.

Trotz seiner Abneigung gegen die Emigration (wegen seiner jüdischen Herkunft aber noch gefährdeter als andere prominente Sozialdemokraten) folgte Stampfer im Mai 1933 dem Parteibeschluss und ließ sich, zusammen mit Otto Wels und dem Parteikassierer Siegmund Crummenerl, ins Ausland entsenden, um in Prag die Zentrale der Exil-SPD zu konstituieren. Mit Curt Geyer und Erich Rinner saß er in der Programmkommission des «Prager Manifests», er leitete mit Geyer zusammen in Prag den «Neuen Vorwärts». Wenig später veröffentlichte er die erste Geschichte der Weimarer Republik.²⁴

1935 hatte Stampfer an den gescheiterten Verhandlungen einer deutschen Volksfront, dem Versuch eines Zusammenschlusses aller antifaschistischen Kräfte im Exil,²⁵ in Paris teilgenommen, im Februar und März 1939 hielt er sich in New York auf, um mit amerikanischen Gewerkschaftern und Gesinnungsfreunden Wege zur weiteren Finanzierung der Sopade-Arbeit zu suchen (der Teil des Parteivermögens, den die Sozialdemokraten im Frühjahr 1933 ins Ausland gerettet hatten, war längst aufgebraucht). Im Frühjahr 1940 war Stampfer aus demselben Grunde abermals in New York und kehrte am 9. Mai wieder nach Paris zurück.

Hans Vogel, 1881 geboren, gelernter Holzbildhauer und ab 1908 Parteifunktionär, verkörperte den Typ des sozialdemokratischen Berufspolitikers. Er war Bezirkssekretär in Franken, saß für die SPD von 1912 bis

1918 im bayerischen Landtag und von 1919 bis 1933 im Reichstag, war seit 1927 Mitglied des Parteivorstands und ab Juni 1931 zusammen mit Otto Wels und Arthur Crispien Vorsitzender der Partei. Auf der Parteikonferenz vom 26. April 1933 im Amt als zweiter Vorsitzender der SPD bestätigt, wurde er im Mai in die Emigration nach Prag geschickt, zog 1938 mit dem SPD-Vorstand nach Paris um und amtierte nach dem Tod von Otto Wels im September 1939 als alleiniger Vorsitzender der exilierten Sozialdemokratie.

Curt und Anna Geyer hatten in den ersten Jahren der Weimarer Republik als junge Leute (Anna war 1893 als Tochter eines Bildhauers in Frankfurt am Main, Curt 1891 in Leipzig als Sohn des sozialdemokratischen Reichstagsabgeordneten Friedrich Geyer zur Welt gekommen) politische Rollen gespielt. Curt Geyer hatte sich nach dem Studium der Geschichte und der Volkswirtschaft 1917 der USPD angeschlossen, war Mitglied des Zentralkomitees, hatte sie im Reichstag vertreten, er begleitete den linken Flügel auch zur KPD und ließ sich nach Moskau zur Komintern delegieren. Nach seiner Rückkehr zur SPD 1922 war er bis 1933 innenpolitischer Redakteur des «Vorwärts». Seine politische Position war jetzt rechts von der sozialdemokratischen Mitte; eine Zusammenarbeit mit der KPD oder der linken Parteiopposition lehnte er ab. Seit Oktober 1933 in der Emigration, war er, zusammen mit Friedrich Stampfer, Chef des «Neuen Vorwärts» in Prag und dann in Paris. 1938 wurde er in den Parteivorstand berufen.[26] Anna Geyer war in der Revolutionszeit Abgeordnete der USPD im sächsischen Landtag gewesen, auch sie kehrte nach Stationen bei der KPD und dann der Kommunistischen Arbeitsgemeinschaft zur SPD zurück und war als Journalistin für den «Vorwärts», in der Emigration auch für das «Pariser Tageblatt» tätig.

Herbert und Elsbeth Weichmann sowie Erich Rinner und Erich Ollenhauer gehörten zu den Jüngeren der sozialdemokratischen Elite im Exil, sie waren 1933 um die 40 Jahre alt und bildeten das mittlere Establishment der sozialdemokratischen Funktionäre. Herbert Weichmann (1896–1983) stammte aus einer gebildeten jüdischen Familie aus Oberschlesien, er hatte Jura studiert, war Richter und Journalist gewesen, ehe ihn der preußische Ministerpräsident Otto Braun ins Staatsministerium holte, wo er als persönlicher Referent im Rang eines Ministerialrats tätig war, bis ihn die Nationalsozialisten 1933 aus dem Amt jagten. Über Brünn flohen Herbert und Elsbeth Weichmann (1902–1988) im Oktober

1933 nach Paris. Beide arbeiteten dort als Journalisten. Sie waren 1940 zunächst von der französischen Regierung interniert worden.

Erich Ollenhauer (1901–1961) hatte nach einer kaufmännischen Lehre die Laufbahn des sozialdemokratischen Jugendfunktionärs eingeschlagen, war ab 1923 Sekretär der sozialistischen Jugendinternationale und wurde am 26. April 1933 als Vertreter der jüngeren Generation in den Parteivorstand der SPD gewählt. Über Saarbrücken war er nach Prag und dann nach Paris emigriert, aus der Internierung im Mai 1940 wurde er wie andere wichtige Leute durch Intervention des prominenten französischen Sozialisten Léon Blum entlassen.[27]

Ganz ähnlich war die Karriere Erich Rinners (1902–1982) verlaufen. Nach manchen Funktionen in der SPD war der studierte Volkswirt 1933 in den Parteivorstand gewählt worden, in der Emigration war er von 1934 bis 1940 in Prag und schließlich in Paris Redakteur der monatlich erscheinenden «Deutschland-Berichte» der Sopade gewesen.

Das nationalsozialistische Regime hatte viele Emigranten mit der Ausbürgerung[28] bestraft und verlangte von der französischen Regierung die Auslieferung zwecks weiterer Verfolgung. Das physische Entkommen, die Flucht vor Hitlers Schergen, bedeutete noch nicht Rettung. Dazu waren Pässe und Visa, Ausreisegenehmigungen und die Gewährung von Transit nötig. Die französischen Behörden waren zu Hilfen kaum willens und vor allem nicht in der Lage. Die Organisation der Reise des SPD-Vorstands über Spanien und Portugal nach den Vereinigten Staaten oder Großbritannien, in geringerem Maße auch noch in andere Länder, erforderte Beziehungen und Geldmittel, die nur außerhalb des bedrängten europäischen Kontinents aufgebracht werden konnten. Vor allem zwei Rettungsaktionen teilen sich mit dem Jewish Labor Committee (New York) den Ruhm, Flüchtlingen vor Hitler im letzten Augenblick geholfen zu haben.[29]

Im Auftrag des von amerikanischen Bürgern im Sommer 1940 errichteten Emergency Rescue Committee besorgte Varian Fry von einem Hotelzimmer in Marseille aus Visa und Schiffspassagen, steckte den Hilfsbedürftigen Geld in die Tasche und sorgte für den Transit durch Spanien nach Portugal. Intellektuelle, Wissenschaftler, Schriftsteller und Künstler wie Heinrich Mann, Alfred Döblin, Lion Feuchtwanger, Franz Werfel, Marc Chagall und andere Prominente verdankten dem Emergency Rescue Committee die Rettung.[30]

Im selben Hotel hatte sich ein amerikanischer Journalist schon vor Fry einquartiert. Frank Bohn (1878–1975) arbeitete im Auftrag der amerikanischen Gewerkschaftsbewegung (American Joint Labor Committee) ebenso virtuos wie erfolgreich daran, europäische Sozialisten und Gewerkschaftsfunktionäre vor den Nationalsozialisten in Sicherheit zu bringen. Für die Sopade-Leute war er zuständig. Zur Seite stand dem Amerikaner Fritz Heine, sozialdemokratischer Parteifunktionär und selbst auf der Flucht vor Hitler, seit 1925 Sekretär beim Parteivorstand, ab 1933 in Prag für Verlags- und Propagandafragen zuständig. 1938 in Paris in den Parteivorstand kooptiert, organisierte er von Juli 1940 bis Februar 1941 in Marseille als Sopade-Beauftragter die Flucht gefährdeter Sozialdemokraten, lebte dann bis Anfang 1946 in London.[31] Nach der Rückkehr wurde er in den SPD-Vorstand gewählt. Sein Name steht für den Behauptungswillen der Sozialdemokratie im Exil und für Traditionen der deutschen Arbeiterbewegung von Weimar über Hitler hinaus zur Bundesrepublik.

Nach der Rettung trennten sich die Wege und Schicksale der Sozialdemokraten im Exil. Hans Vogel, der seit Januar 1941 in London die SPD repräsentierte und auf die Rückkehr in ein Deutschland nach Hitler hoffte, starb am 6. Oktober 1945, während in Wennigsen bei Hannover unter dem Vorsitz von Kurt Schumacher die «Reichskonferenz» der wiederentstehenden SPD tagte. Die Londoner Emigration war dort durch Erich Ollenhauer (und ebenso durch Fritz Heine und andere) vertreten. Er kehrte im Februar 1946 nach Deutschland zurück, wurde im Mai zum stellvertretenden Vorsitzenden der SPD in den westlichen Besatzungszonen gewählt und war nach dem Tod Kurt Schumachers von 1952 bis 1963 Vorsitzender der SPD, ein ebenso loyaler wie beständiger Politiker, der als Oppositionsführer und Kanzlerkandidat gegen Konrad Adenauer freilich glücklos blieb.

Erich Rinner lebte ab Herbst 1945 in New York, als Wirtschaftsexperte einer Bank trat er politisch nicht mehr hervor. Das Ehepaar Geyer trennte sich nach der Flucht aus Frankreich. Anna Geyer ging nach Amerika, wo sie 1941 Mitglied im Executive Committee des German-American Council for the Liberation of Germany from Nazism wurde. Sie starb 1973 in Detroit. Curt Geyer lebte ab Juni 1941 in London. Nach Konflikten über Programm und Politik der SPD nach dem Untergang des NS-Staates verließ er im Januar 1942 den Parteivorstand der Sopade. Geyer, der vorübergehend mit den strikt antideutschen

Überzeugungen Lord Vansittarts sympathisierte, wurde nach einer Erklärung über den Nationalismus der SPD und die Mitschuld der Partei am Aufstieg des Nationalsozialismus aus der SPD ausgeschlossen. Er zog sich schließlich ganz aus der Politik zurück und arbeitete von 1947 bis 1963 als Korrespondent der «Süddeutschen Zeitung» in London. 1967 ist er gestorben.

Elsbeth Weichmann studierte in New York Statistik, wurde Mitarbeiterin der Rockefeller Foundation, schrieb auch für die deutsch-jüdische New Yorker Zeitung «Aufbau». Herbert Weichmann arbeitete in der Kanzlei eines Wirtschaftsprüfers und war u. a. Vorstandsmitglied im German-American Council for the Liberation of Germany from Nazism. Im Juni 1948 kehrte er auf Wunsch des Hamburger Bürgermeisters Max Brauer nach Deutschland zurück, seine Frau folgte wenig später nach. Er gehörte zu den wenigen vor Hitler Geflohenen, die im öffentlichen Dienst der Bundesrepublik eine Karriere machten. Weichmann baute den Rechnungshof in Hamburg wieder auf und war dessen Präsident, dann Präses der Finanzbehörde und von 1965 bis 1971 Erster Bürgermeister von Hamburg. Er ist 1983, inzwischen Ehrenbürger der Hansestadt, gestorben; seine Frau lebte bis 1988.[32]

Friedrich Stampfer, der neben Breitscheid älteste, aber auch der agilste im Exilvorstand der SPD, stürzte sich nach der Überfahrt nach New York gleich wieder in die politische Arbeit. Er schrieb für das Exilblatt «Neue Volks-Zeitung» und war in Organisationen der politischen Emigration tätig, hielt sich von Oktober 1941 bis Februar 1942 wieder in London auf, um Kontakte mit der britischen Labour Party zu pflegen. Zu seinen politischen Anliegen gehörte es, die Kollektivschuld-These und die Vermutung eines faschistischen deutschen Nationalcharakters zu bekämpfen. Er exponierte sich gegen die Ansichten Robert Vansittarts und stritt gegen Territorialverluste des Deutschen Reiches und gegen die Massenvertreibungen der Deutschen aus Ostmitteleuropa. Im Sommer 1947 besuchte er die amerikanische und die britische Besatzungszone Deutschlands, ein Jahr später nahm er einen Ruf als Dozent an die Akademie der Arbeit in Frankfurt am Main an. Bis zu seinem Tod im Dezember 1957 war er als Journalist und Schriftsteller präsent.

In London etablierte sich 1940 der letzte Exilvorstand der Sozialdemokratie, der aber nicht mehr viel bewirken konnte. SPD und die linken «Zwischengruppen» kamen wieder ins Gespräch, das 1945 zur Wiedervereinigung von Neu Beginnen, ISK und SAPD mit der SPD führte. Ein großer Teil der Mitglieder der sozialdemokratischen Arbeiterbewegung hatte sich nach dem Verbot der Partei ins Private zurückgezogen, pflegte aber im Umfeld von Arbeitersiedlungen und Vorstädten das sozialdemokratische Milieu, das in Formen von Nachbarschaft, Geselligkeit, Kameradschaft und gegenseitiger Hilfe eine Zone bildete, in der nationalsozialistische Ideologie ohne Einfluss und NS-Propaganda ohne Wirkung blieben. Ihre Grundhaltung war stille Verweigerung und Resistenz. Das äußerte sich im Hören verbotener Auslandssender, im Austausch von regimekritischen Ansichten im kleinen Kreis, in Läden und Gaststätten, die von Sozialdemokraten betrieben wurden und als Nachrichtenbörsen und Orte des Trostes unter Gleichgesinnten dienten.

Das war kein Widerstand und wurde vom NS-Regime nicht als bedrohlich angesehen. Die oppositionelle Haltung vieler Sozialdemokraten schwächte sich auch vorübergehend ab, als die Arbeitslosigkeit überwunden war und die außenpolitischen und militärischen Erfolge des Regimes einsetzten. Der Verlauf des Krieges und schließlich die sich abzeichnende Niederlage stärkten die oppositionelle Einstellung dann wieder. Das auf inneren Vorbehalt und Tradition gegründete Zusammengehörigkeitsgefühl war jedenfalls so stark, dass die Sozialdemokratie nach dem Zusammenbruch des NS-Staates die überlieferten Strukturen rasch wiederbeleben und als Partei darauf aufbauen konnte.

Eine von sozialdemokratischen Verhaltensnormen im «Dritten Reich» etwas abweichende Gruppe gab es in Hannover, geleitet von Werner Blumenberg, dem Herausgeber der «Sozialistischen Blätter». Blumenberg und seine Mitstreiter Franz Nause und Willy Wendt wandten sich entschieden gegen das Legalitätsdenken in der SPD, bekannten sich zum Aufbau illegaler Strukturen des Widerstands und gründeten auf ihre Erfolge einen Führungsanspruch, der sie in Gegensatz zum Prager Exilvorstand brachte. Mitte 1935 waren mehr als 700 Mitglieder aus dem SPD-Milieu in ihrer Sozialistischen Front organisiert. Damit dürfte in Hannover der größte sozialdemokratische Widerstandskreis Deutschlands gewirkt haben. Allerdings richteten sich die Aktivitäten vor allem nach innen, die «Sozialistischen Blätter» wurden überwiegend von Hannoveraner Sozialdemokraten gelesen und wurden vom allgemeinen Publikum kaum bemerkt. Wie andere linke Gruppierungen träumten viele der Leser von einer erneuerten und geeinten Arbeiterbewegung und vom Sturz des NS-Regimes. Ähnlich wie die bürgerlichen Kreise der Opposition begnügten sich auch die Sozialisten in Hannover mit Planungen für ein besseres Deutschland nach Hitler. Im Sommer 1936 zerschlug die Gestapo die Sozialistische Front. Blumenberg und anderen gelang die Flucht ins Ausland. Mehr als 300 Personen wurden verhaftet, gegen 200 von ihnen wurden Prozesse geführt. Von Oktober bis Dezember 1937 standen noch einmal 200 Angeklagte in einem Massenprozess vor Gericht. Versuche Blumenbergs, die Sozialistische Front von Amsterdam aus wiederzubeleben, waren vergeblich.[33]

Einige der aktivsten sozialdemokratischen Widerstandskämpfer erlebten die Wiedergeburt der Partei nicht mehr. Sie hatten, wie Julius Leber, Theodor Haubach, Wilhelm Leuschner, Carlo Mierendorff und Adolf Reichwein, vor 1933 keine Spitzenpositionen im Apparat der SPD eingenommen. Meist waren sie Redakteure bei Parteizeitungen oder Parlamentarier; Leuschner war Innenminister in Hessen gewesen; der Wissenschaftler Reichwein, bis zu seiner Entlassung durch die Nationalsozialisten Professor an der Pädagogischen Hochschule Halle, war erst 1932 zur SPD gekommen. Die Genannten überwanden im Widerstand die eigenen Parteigrenzen und suchten Kontakt zu Andersdenkenden. Sie spielten wichtige Rollen in allen überparteilichen Widerstandskreisen, in denen sich vor allem nach Kriegsausbruch Menschen konservativer, liberaler, parteiungebundener, christlicher und sozialdemokratischer Gesinnung in der Gegnerschaft zum Hitler-Staat trafen. Adolf Reichwein war Mitgründer des Kreisauer Kreises, er stand auch Claus Schenk Graf von Stauffenberg und damit den Verschwörern des 20. Juli nahe.

Reichwein brachte auch Haubach und Mierendorff zu den Kreisauern. Haubach hatte Kontakt zum Goerdeler-Kreis, Leber zur Militäropposition. Leber gehörte ab 1943/44 auch zum Kreisauer Kreis, er war mit Stauffenberg befreundet und hatte ab Sommer 1944 auch Verbindung zu Kommunisten, nämlich zur Saefkow-Gruppe. Die Verhaftung von Reichwein und Leber Anfang Juli 1944 machte Hoffnungen des Widerstandes zunichte. Das gescheiterte Attentat am 20. Juli riss auch Haubach und Leuschner in den Abgrund. Im Herbst 1944 wurden die Sozialdemokraten Leuschner und Reichwein, im Januar 1945 Leber und Haubach hingerichtet. Mierendorff war bei einem Luftangriff umgekommen. Sie alle hätten wichtige Aufgaben in einer Regierung nach Hitler haben sollen, Leber als Reichsinnenminister, Leuschner als Vizekanzler oder Reichspräsident, Reichwein als Kulturminister.

Gewerkschaften

Disziplin der Mitglieder und die Entschlossenheit der Führung, sich strikt im Rahmen der Legalität zu bewegen, waren ebenso wie die Zersplitterung der Gewerkschaftsbewegung in politische und weltanschauliche Richtungen Gründe dafür, dass es trotz des hohen Organisationsgrades, des antifaschistischen Bewusstseins und der Aktionsbereitschaft an der Basis durch die der SPD nahestehenden Gewerkschaften des ADGB keinen Widerstand gegeben hat, der in breiter und geschlossener Front dem NS-Regime die Stirn geboten hätte. In drei Dachverbänden und 200 Einzelorganisationen weltanschaulich und nach Berufssparten getrennt, wurde die Notwendigkeit einer Einheitsgewerkschaft seit der Notverordnungsregierung Brüning 1930 diskutiert. Anton Erkelenz von der Hirsch-Dunckerschen Richtung war einer der ersten, die das Gespräch über die politischen Barrieren hinweg suchten. Christliche Gewerkschafter wie Heinrich Imbusch und Jakob Kaiser sahen im Hinblick auf den drohenden Machterhalt Hitlers den Zusammenschluss aller gewerkschaftlichen Organisationen als unbedingt erforderlich an. Unüberwindbare Vorbehalte gegen die kommunistische Revolutionäre Gewerkschaftsopposition (RGO) schlossen diese jedoch von vorneherein aus.

Der von der Basis geforderte Generalstreik als Reaktion auf den Verfassungsbruch des autoritären Kanzlers Papen am 20. Juli 1932, der (nach dem Vorbild von 1920, als der Kapp-Lüttwitz-Putsch durch gewerkschaftlichen Widerstand vereitelt worden war) die Entwicklung aufgehalten hätte, war unterblieben, und das Zögern ging weiter, während die Nationalsozialisten sich in der Macht einrichteten. Internationale Solidaritätsangebote gegen den Nationalsozialismus lehnten die Spitzenfunktionäre zwar ab, aber Ende April 1933 waren sie so weit, eine Vereinbarung zu treffen, die zur Einheitsgewerkschaft in Deutschland führen sollte. Sie begann mit einer bemerkenswerten Deklamation: «Die nationale Revolution hat einen neuen Staat geschaffen. Dieser Staat will die gesamte deutsche Volkswirtschaft einheitlich zusammenfassen und machtvoll zur Geltung bringen. Aus diesem volklichen Einheits- und Machtwillen heraus kennt er weder klassenmäßige Trennung noch volksabgewandte Internationalität. Diese Tatsache stellt das gesamte deutsche Volk, jeden seiner Stände und jeden einzelnen vor die Notwendigkeit, seine Haltung zu diesem Staat festzulegen.»[34]

Das klang, im dritten Monat nationalsozialistischer Herrschaft, nach vorauseilender freudiger Anpassung, wie sie allenthalben im Bürgertum, bei Konservativen und Liberalen, geübt und bekundet wurde. Einige Unterzeichner der Vereinbarung fanden sich – spät genug – dann auch in den Widerstandskreisen, die am 20. Juli 1944 durch das Attentat auf Hitler die Diktatur beseitigen wollten. Aber im Frühjahr 1933 hatten sie, zurückhaltend ausgedrückt, die Zeichen der Zeit verschlafen oder sich von den sozialpolitischen Phrasen der Nazis blenden lassen oder die freiwillige Gleichschaltung eingeleitet; ein Dokument des Widerstands war das zögerliche Tasten nach gewerkschaftlicher Einheit gewiss nicht.

Wenige Tage später war das Thema Geschichte. Die Besetzung der Gewerkschaftshäuser am 2. Mai 1933 durch die SA, der Raub des Vermögens des Allgemeinen Deutschen Gewerkschaftsbundes und anderer gewerkschaftlicher Organisationen, die Auflösung der gesamten Gewerkschaftsbewegung und die Gründung der nationalsozialistischen Deutschen Arbeitsfront (DAF) erfolgten nach der Usurpation des 1. Mai zum «Tag der nationalen Einheit» als Coup, der lähmend wirkte und Gegenwehr im Keim erstickte.

Als politische Ranküne des Regimes sollte ein Vertreter des ADGB, dessen Bundesvorstand Anfang Mai 1933 im Gefängnis saß, den Chef der DAF Robert Ley im Juni 1933 nach Genf begleiten, um dort das gewerkschaftliche Mandat bei der Internationalen Arbeitsorganisation auf die neue NS-Institution (die Arbeitnehmer und Arbeitgeber in die Zwangsmitgliedschaft einer gemeinsamen Organisation presste) zu übertragen. Da der ADGB-Vorsitzende Theodor Leipart politisch und psychisch der Reise nicht gewachsen war, bestimmte der Bundesvorstand den sozialdemokratischen Gewerkschaftsfunktionär und bis 1933 hessischen Innenminister Wilhelm Leuschner für die heikle Aufgabe. Leuschner verhielt sich in Genf demonstrativ schweigend und brachte den Nationalsozialisten Robert Ley in eine schwierige Lage.[35] Auf der Rückreise wurde Leuschner an der Reichsgrenze verhaftet und ins KZ Börgermoor, eines der Emslandlager, eingeliefert. Nach der Entlassung 1934 suchte er Kontakt zum Sozialdemokraten Julius Leber und zum Repräsentanten der christlichen Gewerkschaften Jakob Kaiser. Der gelernte Buchbinder, der sich früh im katholischen Kolping-Verein engagierte und überzeugter Gegner des Nationalsozialismus war, hatte einen Kreis Gleichgesinnter um sich geschart und hielt Verbindung zu Anhängern einer Einheitsgewerkschaft wie Max Habermann, einem Spitzenfunktionär des Deutsch-Nationalen Handlungsgehilfenverbandes. Habermann gehörte mit Jakob Kaiser und Wilhelm Leuschner zu den Mitwissern des militärischen Widerstands, er wurde nach dem 20. Juli verhaftet und entzog sich weiterer Verfolgung Ende Oktober 1944 durch Freitod im Gefängnis.

Die Haltung vieler Gewerkschaftsfunktionäre aller Richtungen und Sparten, die nach dem Verbot ihrer Organisationen und der Gründung der DAF arbeitslos geworden waren, von der Gestapo beobachtet wurden (oder dieses zu befürchten Grund hatten), bestand in Resignation und Anpassung an die neuen Verhältnisse. In einem Bericht über die Situation Ende 1933 in der gut organisierten und prononciert antifaschistischen Eisenbahngewerkschaft in Sachsen heißt es: «Viele Leipziger Eisenbahngewerkschaftler und ein Teil der Funktionäre waren in der kurzen Zeit des nazistischen Terrors ein Opfer der Angst geworden. Sich unklar darüber, daß Kampf auch Opfer fordert, resignierten sie oder traten aus Zweckmäßigkeitsgründen in die Reihen der Nazis. Jeder Gang durch die Stadt oder durch eine Dienststelle wurde zur Qual. Selten, daß ein Kollege den Mut noch fand, auf der Straße ein paar freie Worte zu wechseln. Der Freund von gestern wurde der Gegner von heute.»[36]

Die Aktivitäten widerständiger Gewerkschafter beschränkten sich weitgehend auf die Konservierung des Milieus, in dem Pläne für die Zeit nach dem Nationalsozialismus ersonnen wurden und auf konspirative Weise der Kontakt aufrechterhalten wurde.[37] Der Sozialdemokrat Hans Gottfurcht, seit 1919 hauptberuflicher Gewerkschafter im Zentralverband der Angestellten, war ab 1933 für eine Versicherungsgesellschaft tätig, was ihm Reisen ermöglichte. 1934 und 1935 traf er sich mit anderen Gewerkschaftern. «Etwa zur gleichen Zeit glaubten wir, eine größere Zusammenkunft von Kollegen wagen zu können. Durch Benachrichtigung von Mund zu Mund versammelten wir annähernd 40 Kollegen im Restaurant des Lehrer-Vereinshauses am Alexanderplatz in Berlin. Wir saßen an kleinen Tischen und sangen Lieder, die jedem Unbeteiligten den Eindruck vermitteln mußten, daß wir Anhänger eines Kegelklubs oder Fußball-Freunde seien. Das Unternehmen war nicht ganz ungefährlich, denn mehrere Kellner kannten uns aus Versammlungen, die wir in den Sälen des Hauses früher abgehalten hatten. Jetzt, an einem Nachmittag, war das Restaurant so gut wie unbesetzt von Passanten. Die meisten Teilnehmer waren Berliner, aber es war auch gelungen, Kollegen aus dem Reich einzubeziehen. Das bloße Wiedersehen bekannter Gesichter war eine freudige Demonstration der Zuversicht. In einer Reihe von Fällen bot diese Zusammenkunft die Ermutigung zur Konsolidierung ihrer Gruppen. Irgendwelche Folgen traten nicht ein: das Treffen muß den Augen der Gestapo entgangen sein.»[38]

Hans Gottfurcht wurde 1937 verhaftet, im Juli 1938 emigrierte er über Amsterdam nach London, wo er in der Auslandsvertretung Deutscher Gewerkschafter (ADG) dann in der Union deutscher sozialistischer Organisationen in Großbritannien leitend tätig war. Nach dem Krieg setzte er die Kariere im Internationalen Bund Freier Gewerkschaften in Brüssel fort. Der Vorsitzende des ADGB, Theodor Leipart, der 1933 ein Arrangement mit den Nationalsozialisten suchte und strikt jeden Widerstand ablehnte, war im Mai 1933 kurze Zeit in «Schutzhaft», zog sich dann ins Privatleben zurück und blieb vom NS-Regime unbehelligt. Prominente Gewerkschafter, die wie Gottfurcht Juden oder jüdischer Herkunft waren, wanderten frühzeitig aus wie Ludwig Rosenberg (Angestelltengewerkschaft) oder Siegfried Aufhäuser, der 1920 zusammen mit Carl Legien den Aufruf zum Generalstreik gegen den Kapp-Lüttwitz-Putsch unterzeichnet hatte. Aufhäuser opponierte bis Ende März 1933 gegen Theodor Leiparts Stillhaltepolitik, trat dann vom Vorsitz der Arbeitsgemeinschaft freier Angestelltenverbände (Afa) im ADGB zurück und begab sich ins Exil, zunächst nach Wien, um vom Ausland aus den Kampf gegen das NS-Regime durch illegale Gewerkschaftsaktivitäten in Deutschland zu fördern.

Eine illegale Organisation oder Strukturen für Aktivitäten im Untergrund (wie die KPD sie aufgebaut hatte) existierten nicht, auch die Unterwanderung der nationalsozialistischen DAF war keine realistische Option gewerkschaftlichen Widerstands. Zirkel ehemaliger Spitzenfunktionäre fungierten als «Illegale Reichsleitung der deutschen Gewerkschaften».[39] Jenseits der deutschen Grenzen, zuerst im Saarland und in der Tschechoslowakei, dann in den Niederlanden, Belgien, Frankreich und Dänemark entstanden Außenposten, in denen sich verfolgte und vertriebene Gewerkschafter sammelten. Daraus gingen schließlich die Landesgruppen deutscher Gewerkschafter in Schweden und Großbritannien hervor. Die bekannten Gewerkschaftsführer, die sich aktiv engagierten und an den Vorbereitungen zum Staatsstreich gegen Hitler beteiligten, wie Jakob Kaiser von den Christlichen oder der Sozialdemokrat Wilhelm Leuschner von den Freien Gewerkschaften, waren nicht im Rahmen illegaler gewerkschaftlicher Organisationen aktiv, sondern handelten individuell.

Linke Sozialisten und rechte Kommunisten

Engagierte demokratische Sozialisten, die unter dem Legalitätskurs der SPD litten, fanden sich in kleinen Organisationen am linken Rand der Sozialdemokratie zusammen.[40] Sie trafen sich im Widerstand mit Kommunisten, die dem Stalinismus der KPD skeptisch gegenüberstanden und sich schon Ende 1928 in der KPD Opposition (KPDO) zusammenschlossen, nachdem der VI. Weltkongress der Komintern sie als «Rechte» ausgeschlossen hatte. Die mindestens 3500 Mitglieder der KPDO lehnten auch das Sozialfaschismuskonzept der KPD ab und wären deshalb der SPD gegenüber offen für die Bildung einer Einheitsfront der Arbeiterbewegung gegen Hitler gewesen.[41] Die linke Sezession aus der SPD, die 1931 unter dem Namen Sozialistische Arbeiterpartei Deutschlands (SAPD) gegründet wurde, war mit rund 17 000 Mitgliedern nicht nur die größte der «linken Zwischengruppen», sie konkurrierte auch mit der KPDO, die viele Mitglieder an sie verlor. Programmatisch diffus, orientierte sie sich, ähnlich wie die KPDO, an den Thesen Karl Marx' zum Bonapartismus. In den Faschismusanalysen zeigte sie sich realistischer als KPD und SPD.[42]

Die sozialistischen Widerstandsgruppen, die in den ersten Jahren nationalsozialistischer Herrschaft am aktivsten im Widerstand waren, gehörten nicht zur SPD. Es waren vor allem Organisationen und Gruppen, die sich vor 1933 von der Sozialdemokratie gelöst hatten, die links von der SPD standen und erst ab 1945 wieder zur SPD fanden. Der knapp 30-jährige Rudolf Küstermeier, Werkstudent aus Bielefeld, der als Journalist arbeitete, organisierte Ende 1932 einen Diskussionskreis von Freunden, Studenten, Arbeitslose und junge Arbeiter, die, enttäuscht über die Haltung der SPD, die NSDAP am Machterhalt hindern und einen revolutionären sozialistischen Neubeginn herbeiführen wollten. Ziel der Gruppe, zu der Kurt Mengelin, Willi Schwarz, Willi Strinz, Karl Zinn gehörten, die als organisatorische Basis des frühen illegalen Widerstands den «Roten Stab» bildeten, war eine Einheitsfront gegen Hitler. Ab April 1933 stellte die Gruppe eine Zeitschrift mit dem Titel «Roter Stoßtrupp» her, der auch dem Widerstandskreis als Namen diente. Küstermeier gründete außerdem eine Wochenzeitung «Blick in die Zeit», die über die nationalsozialistische Politik aufklären sollte. Der Rote Stoßtrupp war vor allem in Berlin aktiv, hatte aber auch in der Pfalz, in Hamburg und Stettin Kontakte. Die Flugblätter der Gruppe riefen im Herbst 1933 die Gestapo auf den Plan. 240 Personen wurden verhaftet, viele von ihnen zu hohen Strafen verurteilt. Küstermeier erhielt im August 1934 zehn Jahre Zuchthaus und war anschließend in den KZ Sachsenhausen und Bergen-Belsen inhaftiert. 1945 wurde er Chefredakteur der von der britischen Besatzungsmacht publizierten Zeitung «Die Welt», 1977 ist er, nachdem er auch in Israel journalistisch tätig war, gestorben. Mit der Verhaftungsaktion im November 1933 war die Gruppe Roter Stoßtrupp im Grunde zerschlagen, unter Mengelin blieb ein Rest aktiv, der sich bis 1945 vor allem der Hilfe für politisch Verfolgte und Juden widmete.[43]

Die «Roten Kämpfer» hatten sich schon 1931 aus linken Absplitterungen der SPD zusammengefunden. Basisdemokratisch und außerparlamentarisch orientiert, hatten sie ihre Wurzeln in der Sozialwissenschaftlichen Vereinigung, die sich am Rand der SPD und weiter links mit theoretischen Fragen der Arbeiterbewegung beschäftigte. Der Name des Kreises, der sich in der Endphase der Weimarer Republik auf den Kampf gegen den Nationalsozialismus unter Bedingungen der Illegalität vorbereitete, kam von einer westdeutschen, SPD-kritischen Gruppe, die eine Zeitschrift mit dem Titel «Rote Kämpfer» herausgab. Einflussreich war zunächst Fritz Sternberg (1895–1963), der nach dem Studium der Wirtschaftswissenschaften als Publizist und marxistischer Theoretiker ab 1931 in der SAP wirkte. Sternberg emigrierte 1933 in die Schweiz, dann nach Paris und 1939 in die USA. Die Roten Kämpfer organisierten sich über eine Reichsleitung in Berlin, die mit ehemaligen Funktionären und Theoretikern der Kommunistischen Arbeiterpartei Deutschlands und Mitgliedern anderen marxistischen Splittergruppen besetzt war, wie Arthur Goldstein und Kurt Steckert, dem Publizisten Alexander Schwab, dem Redakteur und Buchhändler Karl Schröder. Etwa 400 Mitglieder, überwiegend junge Arbeiter, hatte der antifaschistische Kreis in seinen Bezirken West, Südwest, Sachsen, Hamburg und Bremen. Die Zeitschrift «Der Rote Kämpfer» wurde im Frühjahr 1936 durch das Organ «Der Arbeiterkommunist» ersetzt. Nach dem theoretischen Verständnis der «Roten Kämpfer» war der Nationalsozialismus eine «terroristische Diktatur des Monopolkapitals».[44]

In zwei «Reichskonferenzen» 1934 und 1935 bemühten sich die Delegierten um Klärung von Positionen und Programm, wobei die inneren Gegensätze offen zutage traten. Wegen des geringen Organisationsgrades entging die Gruppe Rote Kämpfer, die Beziehungen zur KPDO, zum ISK und zur SAPD unterhielt, bis zum Herbst 1936 der Verfolgung durch die Gestapo. Zwischen November 1936 und Mai 1937 wurden im Zuge von Ermittlungen gegen die KPD 150 Rote Kämpfer festgenommen und zu Freiheitsstrafen verurteilt. Im Krieg wurden viele von ihnen zu «Bewährungseinheiten» der Wehrmacht zwangsrekrutiert. Die widerständigen Aktivitäten endeten mit der Verfolgung durch die Gestapo. Der Kreis der Roten Kämpfer war «ein geheimer Debattierzirkel, kaum ein politisches Gravitationszentrum gegen das NS-System» gewesen.[45]

Der Mitgliederzahl nach am wichtigsten war unter den linken «Zwischengruppen» die SAPD, die in Berlin und Mitteldeutschland, aber auch in anderen Großstädten und Industrierevieren vertreten war. Die Partei, deren später prominentestes Mitglied Willy Brandt war, hatte eine Auslandszentrale in Paris und eine illegale Reichsleitung in Deutschland. In den Jahren 1935 und 1936 arbeiteten etwa 5000 SAPD-Mitglieder im Widerstand. 1937 waren die meisten dem Zugriff der Gestapo zum Opfer gefallen. Einige wenige hielten sich noch über das Jahr 1939 hinaus.

Eine andere Gruppe nannte sich nach ihrer im Herbst 1933 in Prag publizierten Programmschrift «Neu Beginnen».[46] Darin wurde der Anspruch auf die Führung einer reformierten Arbeiterbewegung mit scharfer Kritik an der Politik der Arbeiterparteien SPD und KPD in der Weimarer Republik begründet. Verfasser war unter dem Pseudonym «Miles» der Berliner linke Sozialist Walter Loewenheim, bis 1927 Mitglied der KPD und seit 1929 der SPD. Er propagierte, wie schon in der «Leninistischen Organisation» der 1920er Jahre, die Einheit der Arbeiterbewegung in einer proletarisch-revolutionären Einheitspartei zum Kampf gegen den Faschismus in langfristiger Perspektive.

Die Programmschrift «Neu Beginnen» mit dem Untertitel «Faschismus oder Sozialismus. Als Diskussionsgrundlage der Sozialisten Deutschlands», die großes Aufsehen, auch im Ausland erregte, hatte eine elitäre Kaderpartei im Sinn, deren Wurzeln schon vor Hitlers Machterhalt in der leninistischen Organisation (auch unter der Bezeichnung ORG) zu finden waren. Neu Beginnen war im Grunde eine parteiübergreifende konspirative Bewegung, von etwa 150 Kadern, die sowohl in der SPD wie in der KPD, aber auch in der KPDO beheimatet waren. Das Leitungsgremium bildeten die Brüder Walter und Ernst Loewenheim, Eberhard und Wolfgang Wiskolo, außerdem Walter Dupré und Franz Schleiter. 1933 stieß der später prominente Sozialdemokrat Richard Löwenthal dazu. Kontakte existierten zu Gewerkschaftsfunktionären wie Hans Gottfurcht und Hans Jahn sowie zur Gruppe der Religiösen Sozialisten des Gefängnispfarrers Erich Kürschner aus Berlin-Tegel. In der Illegalität nach dem 30. Januar 1933 waren rund 500 Aktivisten tätig. Sie konkurrierten mit dem sozialdemokratischen Exilvorstand um die Führung der Arbeiterbewegung im Widerstand gegen den Nationalsozialismus. Zu Neu Beginnen zählten sich auch die Sopade-Grenzsekretäre Waldemar von Knoeringen, Erwin Schoettle und Franz Bögler. Im Sommer 1935 prallten Gegensätze innerhalb der Organisation aufeinander; eine Gruppe um die Brüder Loewenheim stand auf «defensiv-defätistischen» Positionen, die Exilgruppe um Karl Frank war aktionistisch. Innerparteilich endete die Auseinandersetzung mit der Absetzung der Loewenheim-Zentrale und dem Sieg von Karl Frank, Richard Löwenthal und dem ehemaligen KPD-Funktionär Werner Peuke. Razzien der Gestapo brachten im Herbst 1935 und Frühjahr 1936 einen großen Teil der Mitglieder in Haft. Unentdeckt blieb u. a. Fritz Erler, der nach 1945 in der SPD eine wichtige Rolle spielte, er konnte den Widerstand aus der Illegalität fortsetzen. Bis auf einige Splitter in Süddeutschland war die Gruppe Neu Beginnen im Herbst 1938 jedoch zerschlagen. Sie hatte entschieden Widerstand geleistet.[47]

Der Internationale Sozialistische Kampfbund

Der ISK unterhielt lokale Stützpunkte im ganzen Deutschen Reich. Er war in sechs Bezirke gegliedert und hatte eine Exilzentrale in Paris. Die kleine Organisation machte vor allem mit Flugblättern, Parolen auf Straßen und an Wänden Propaganda gegen das NS-Regime. Außerdem zeichnete er sich durch moralischen Rigorismus in den Anforderungen an die Lebensweise (abstinent gegenüber Tabak und Alkohol, vegetarische Ernährung) der Mitglieder aus, verlangt war auch der Austritt aus der Kirche. Das Demokratieverständnis wich von dem der SPD deutlich ab. Der ISK stand politisch entschieden links von der Sozialdemokratie.[48]

Ideologisch hatte der ISK eine Sonderstellung in der Arbeiterbewegung. Der Bund war in der Nähe zur Jugendbewegung und mit lebensreformerischer Tendenz entstanden. Leonard Nelson war Sozialdemokrat, Anhänger der idealistischen deutschen Philosophie in der Nachfolge Immanuel Kants und Verfechter eines ethischen Sozialismus, dessen Staats- und Gesellschaftsmodell elitäre Züge hatte. Den Marxschen historischen Materialismus lehnte Nelson ebenso ab wie das demokratische Prinzip zugunsten einer «Diktatur der Vernunft». Die Anforderungen an die Mitglieder charakterisieren den ISK als elitär-voluntaristische Gemeinschaft mit hohem politisch-moralischen Anspruch. Die Gegnerschaft zum Nationalsozialismus war eine zwangsläufige Folge.

Nach dem Tod Leonard Nelsons hatte 1927 dessen Sekretär Willi Eichler die Führung übernommen und die Organisation auf antifaschistischen Widerstand aus dem Untergrund vorbereitet. Eichler baute ab Herbst 1933 in Paris die Auslandszentrale des ISK auf, von der aus die Aktivitäten in Deutschland gesteuert wurden. Trotz der geringen Mitgliederstärke von einigen Hundert, unterstützt von Sympathisanten, war der ISK im ganzen Reichsgebiet präsent. Fünf vegetarische Gaststätten und ein Brotladen bildeten das organisatorische Gerüst der illegalen Arbeit. Bis Ende 1937 erschienen monatlich die «Neuen Politischen Briefe», nach Eichlers Decknamen auch «Reinhart-Briefe» genannt, sie wurden nach Deutschland geschmuggelt und waren wegen ihres Informationsgehalts beliebt. Der ISK propagierte, anders als die beiden großen Parteien der Arbeiterbewegung, konsequent eine Einheitsfront des sozialistischen Antifaschismus.

3. Widerstand aus der Arbeiterbewegung

Einer der Widerstandskämpfer des ISK war Ludwig Gehm, 1905 in einer sozialdemokratischen Arbeiterfamilie geboren. Als er sechs Jahre alt war, zog die Familie nach Frankfurt am Main. Der Vater war als aktiver Gewerkschafter aus der bayerischen Pfalz ausgewiesen worden, weil er zu einem Streik aufgerufen hatte. Ludwig absolvierte eine Lehre als Dreher, engagierte sich früh im Freidenkerverband, in der Sozialistischen Arbeiterjugend und dann in der SPD. Über den Internationalen Jugendbund (der nach seinem Gründer auch Nelson-Bund genannt wurde) kam Ludwig Gehm 1927 zum ISK.

Bis 1935 arbeitete Gehm als Ausfahrer der Seifenfabrik Dreiturm, deren Besitzer ISK-Mitglied war. Nach der «Arisierung» des Betriebs wurde Gehm als «politisch unzuverlässig» entlassen. Die Begründung traf aus nationalsozialistischer Sicht absolut zu, denn vier Jahre lang war Gehm Tag und Nacht im Widerstand aktiv. Die Angehörigen des ISK hatten sich früh auf Widerstand gegen das NS-Regime und auf die Illegalität vorbereitet. Gehm, der «Chauffeur» genannt, leistete mit seinem Lieferwagen Kurierdienste, transportierte Flugblätter und illegale Zeitschriften. Als der ISK am Steinweg 10 in der Nähe der Frankfurter Hauptwache eine vegetarische Gaststätte gründete, die alsbald florierte, war Gehm dort als Koch und Einkäufer tätig. Die «Vegas», die es auch in anderen Städten gab, waren Markenzeichen, Treffpunkt und Erwerbsquelle des ISK. Gehm war auch nach dem Feierabend in der Vega rastlos tätig. Mit dem Motorrad fuhr er nach Köln und nach Paris, um an konspirativen Treffen teilzunehmen, Druckschriften zu holen oder gefährdete Genossen ins Ausland zu bringen.

Mit spektakulären Aktionen sollte die Bevölkerung sensibilisiert und die NSDAP irritiert werden. In Darmstadt erschreckten die ISK-Aktivisten die Teilnehmer einer NS-Kundgebung durch die Detonation einer Bombenattrappe. Das größte Aufsehen erregten sie am 19. Mai 1935 mit der «Autobahn-Aktion». Zur Eröffnung eines Teilstücks der «Straßen des Führers» war der Besuch Hitlers an diesem Sonntag angesagt. Drei Tage lang beobachteten vier ISK-Männer die Strecke Frankfurt – Darmstadt, ehe sie in der Nacht vor der Einweihung Fahrbahnen und Brücken mit den Parolen «Hitler = Krieg» und «Nieder mit Hitler» bemalten und Lautsprecherkabel durchschnitten. Die Aufschriften wurden entdeckt und mit Fahnen verhängt bzw. mit Sand bestreut. Den wusch der Regen jedoch wieder ab, und die Feier war erheblich beeinträchtigt.[49]

Ende 1936 gelang es der Gestapo, die Widerstandsorganisation ISK zu zerschlagen. Im August 1937 wurde der leitende Funktionär im Inland, Julius Philippson, verhaftet. Philippson war Lehrer, 1934 wurde er aus dem Schuldienst entlassen, im Dezember 1938 zu lebenslänglichem Zuchthaus verurteilt, im Mai 1943 ins KZ Auschwitz deportiert und dort ermordet. Einem Sonderdezernat der Gestapo gingen im gesamten Reichsgebiet über hundert ISK-Mitglieder, zuletzt die süddeutschen Gruppen, ins Netz. Lediglich im Rhein-Ruhr-Gebiet hielten sich einige wenige bis Kriegsende. Willi Eichler, bei dem in der Pariser Auslandszentrale alle Fäden zusammenliefen, wurde im April 1938 aus Frankreich ausgewiesen, über Luxemburg ging er nach Großbritannien, wo er ab Januar 1939 den Kampf gegen NS-Deutschland propagandistisch weiterführte.

Kurz vor Weihnachten 1936 hatte die Gestapo auch Gehm festgenommen. Nach wochenlanger Haft in Frankfurt wurde er nach Hamburg ins KZ Fuhlsbüttel überführt. 77 Verhöre, die meisten von Misshandlungen begleitet, überstand Ludwig Gehm, ohne einen Kameraden zu verraten oder ein Geheimnis preiszugeben. Am 26. März 1938 verurteilte ihn das Oberlandesgericht Hamburg wegen Vorbereitung zum Hochverrat zu zwei Jahren Zuchthaus, von denen er neun Monate absitzen musste, in Fuhlsbüttel und im Lager Schilp am Nord-Ostsee-Kanal, in dem die Gefangenen Torf stechen mussten. Am Heiligen Abend 1938 war die Haftstrafe verbüßt, aber Gehm kam nicht in Freiheit, sondern ins Konzentrationslager Buchenwald. Im Juni 1943 wird er aus dem Konzentrationslager Buchenwald «zur Bewährung vor dem Feind» entlassen, das heißt, um in einem der «Bewährungsbataillone 999» für den Endsieg zu kämpfen.

In der Nähe von Volos in Mittelgriechenland wird Gehm Zeuge deutscher «Vergeltungsmaßnahmen», bei denen ganze Dörfer ausgerottet werden. Das bestärkt seinen Entschluss zur Desertion: «Das Nazi Regime ist ohne Gewalt nicht zu beseitigen. Dies war eigentlich der für mich entscheidende Grund, wegzugehen und dann auch zu den Partisanen zu gehen und aktiv gegen die SS zu kämpfen. Ohne Gewalt geht es nicht. Wir allein sind viel zu schwach, und in Deutschland wird es keine Gewalt gegen Hitler geben. Wir werden also angewiesen sein auf die Gewalt, die die Gegner Deutschlands gegenüber Deutschland und damit eben gegen den Nationalsozialismus anwenden, das heißt: Krieg führen. Da dies nun einmal so war, war es auch unsere Pflicht, mitzuhelfen in dem Kampf zur Beseitigung des Nationalsozialismus. Wir konnten diese Sache unmöglich allein den Alliierten überlassen und von ihnen erwarten, daß sie uns befreien, ohne daß wir selbst etwas dazu täten, womöglich nur dabeistanden und zusahen. Das wollten wir nicht. Deshalb gingen wir zu den Partisanen.»[50]

Am 18. September 1944 liefen zwei Gruppen von je acht Mann unter Mitnahme von Waffen und Munition geschlossen zu den Partisanen der griechischen Nationalen Befreiungsfront EAM über. Gehm traf dort auf den deutschen Sozialdemokraten Sepp Mörtel und auf Falk Harnack, der ein Jahr zuvor mit den Studenten der Weißen Rose in München vor dem Volksgerichtshof gestanden hatte und (nach der Desertion als Nachrichtenoffizier) in Griechenland das Antifaschistische Komitee deutscher Soldaten – Freies Deutschland (AKFD) mitgegründet hatte.

Im Oktober 1944 befreien britische Truppen die Region Volos. Die deutschen Kombattanten in den Reihen der Partisanen wurden von den Briten aber nicht als Waffenbrüder akzeptiert. Die Briten sahen sie nur als Deutsche und nahmen sie in Gewahrsam. Weihnachten 1944 befand sich Ludwig Gehm auf einem britischen Schiff Richtung Ägypten. Dort wurde er in einem Camp als Kriegsgefangener interniert. 1946 war er in britischen Lagern des Nahen Ostens unterwegs, um bei der politischen Resozialisierung deutscher Kriegsgefangener mitzuwirken. Das half ein wenig über die Enttäuschung hinweg, nicht als antifaschistischer Kämpfer auf der richtigen Seite anerkannt worden zu sein. Weihnachten 1946, zehn Jahre nach der Verhaftung durch die Gestapo, wurde Ludwig Gehm aus britischer Gefangenschaft entlassen. Am 4. Januar 1947 kam er wieder in seiner Heimatstadt Frankfurt an.

Ludwig Gehm kehrte auch, wie die meisten ISK-Angehörigen, in die SPD zurück. Im Londoner Exil hatte sich Willi Eichler der Union deutscher sozialistischer Organisationen in Großbritannien angeschlossen. Damit begann die Annäherung des ISK an die SPD, die im August 1945 vollzogen und durch die langjährige Mitgliedschaft Eichlers im Parteivorstand dokumentiert wurde. Gehm engagierte sich als Jugendsekretär in der SPD und blieb als aktiver Antifaschist, ehemaliges ISK-Mitglied, Verfolgter des NS-Regimes und kritischer Sozialist vielen unbequem. Ludwig Gehms moralische Integrität und politische Autorität waren über jeden Zweifel erhaben. Von 1958 bis 1972 war er Stadtverordneter in Frankfurt am Main. 1987 wurde er in Griechenland geehrt und gefeiert, als er bei einer Konferenz im Athener Goethe-Institut zu Gast war.

Der Widerstandskarriere Gehms ähnlich war das Schicksal des Münchners Ludwig Linsert. Geboren 1907 im sozialdemokratischen Milieu machte er eine Lehre als Schlosser, wurde 14-jährig Mitglied im Deutschen Metallarbeiter-Verband, engagierte sich bei den Naturfreunden und trat 1931 dem ISK bei. Dort lernte er seine Frau Margot kennen, mit der zusammen er ab 1933 in München-Laim ein Lebensmittelgeschäft betrieb. Es diente als Anlaufstelle für die Widerstandsaktivitäten der Münchner ISK-Gruppe. In ihrer Wohnung vervielfältigten Ludwig und Margot Linsert Flugblätter, die sie nachts mit dem Motorrad verteilten. Ludwig fuhr, Margot saß auf dem Soziussitz und verstreute Pamphlete gegen die Nazis. 1937 wurde Ludwig Linsert verhaftet, zu 25 Monaten Gefängnis verurteilt, die er in Landsberg am Lech verbüßte. Im Juni 1943 folgten die Zwangsrekrutierung zum Bewährungsbataillon 999 der Wehrmacht und der Einsatz an der Ostfront. 1947 kehrte Linsert aus sowjetischer Kriegsgefangenschaft nach München zurück. Er widmete sich der Gewerkschaftsarbeit, wurde erst Kreisvorsitzender, später Vorsitzender des Landesbezirks Bayern des DGB. Seit 1948 war er wieder Mitglied der SPD. 1981 starb er, als Widerstandskämpfer und Gewerkschafter geehrt und geachtet, in seiner Heimatstadt München.[51]

Illusionen des Widerstands: Volksfront aller Demokraten oder wenigstens die Einheitsfront der Arbeiter

Die historische Spaltung der deutschen Arbeiterbewegung im Ersten Weltkrieg und der sich vertiefende Gegensatz von Kommunisten und Sozialdemokraten in der Weimarer Republik hatten zum Aufstieg der NSDAP beigetragen. Auch der Machterhalt Hitlers konnte von der Arbeiterbewegung nicht verhindert werden. Im Widerstand gegen den gemeinsamen Feind fanden die ideologisch zerstrittenen Lager nicht zusammen. Trotz oder wegen des Unvermögens, eine Einheitsfront der Arbeiterbewegung zum Kampf gegen den Nationalsozialismus zu bilden, entstand 1935, angeregt durch das Beispiel Frankreichs und Spaniens, wo Regierungsbündnisse von den Arbeitern bis zu den Konservativen an die Macht gekommen waren, die Idee einer Volksfront gegen Hitler.[52]

Im Frühjahr 1935 traf sich in Berlin ein kleiner Kreis linker Sozialdemokraten und Gewerkschafter um den ehemaligen Reichstagsabgeordneten Otto Brass (1875–1950), den Genossenschaftsfunktionär Oskar Debus (1888–1942), den Redakteur Franz Petrich (1889–1945), den SPD-Abgeordneten Hermann Louis Brill (1895–1959). Brill hatte 1933 die Gruppe Befreiung der Arbeit gebildet, die sich 1934 Neu Beginnen anschloss. Der promovierte Jurist Brill, der seit 1920 dem thüringischen Landtag und 1932 dem Reichstag angehörte, war maßgeblich als Verfasser am Programm der Gruppe Deutsche Volksfront beteiligt. In zehn Punkten waren die Ziele festgelegt und mit einer angesichts der geringen Zahl von Streitern bombastischen Präambel eingeleitet: «Geeint in dem Willen, die hitleristische Diktatur zu stürzen, Deutschland vor dem Untergang in einem zweiten Weltkrieg zu retten und Freiheit und Gleichheit wieder zu den Grundsätzen des politischen Lebens aller Deutschen zu machen, haben sich die liberalen, demokratischen, sozialistischen und kommunistischen Gruppen Deutschlands zu einer Deutschen Volksfront zusammengeschlossen und verkünden dem deutschen Volke folgende Forderungen als Programm». Die Postulate lauteten «Sturz und Vernichtung der Diktatur», Wiederherstellung des Rechtsstaats, Wiedergutmachung begangenen Unrechts, Freiheit des Glaubens und der Weltanschauung sowie Demokratie als Staats- und Gesellschaftsordnung. Weitere programmatische und pragmatische Forderungen waren Abrüstung und Aussöhnung mit Frankreich, die Wiedererrichtung des Völkerbunds und die Gründung einer europäischen Gemeinschaft, Aufhebung der Zwangswirtschaft, Verstaatlichung der Schwerindustrie und der Banken, Beseitigung von Not und Arbeitslosigkeit, Rettung der Spareinlagen und Einführung der 40-Stunden-Woche.[53]

Der «Deutschen Volksfront» war nur ein kurzes Leben beschieden. Im Herbst 1938 verhaftete die Gestapo die Mitglieder, ein Jahr später verurteilte sie der Volksgerichtshof. Hermann Brill wurde zu zwölf Jahren Zuchthaus verurteilt und Ende 1943 aus der Anstalt Brandenburg-Görden ins KZ Buchenwald deportiert. Im Konzentrationslager sammelte Brill wieder Gleichgesinnte – Kommunisten, Sozialdemokraten, Christen – in einem Volksfront-Komitee, das ab Februar 1944 Pläne für eine politische

Neugestaltung Deutschlands entwarf, die in der «Buchenwalder Plattform» vom 1. Mai 1944 breite Zustimmung aus allen politischen Lagern und vielen Häftlingsnationen fand. Inhaltlich entsprach das Dokument den «zehn Punkten» des Volksfront-Appells von 1936/37.

Das Buchenwalder Volksfront-Komitee, bestehend aus Hermann Brill, dem Katholiken Werner Hilpert, dem Sozialdemokraten Ernst Thape und dem Kommunisten Walter Wolf, die als Gegner des Nationalsozialismus in KZ-Haft waren, erörterte bis zur Befreiung im April 1945 Grundsätze und Ideen zur Demokratisierung Deutschlands, scheiterte aber in seiner eigentlichen Zielsetzung, dem Gedanken einer alle ideologischen Lager und Richtungen übergreifenden politischen Einigung gegen jede Form von Faschismus. Als Minimallösung wurde das «Buchenwalder Manifest» am 13. April 1945 verabschiedet, in dem die «demokratischen Sozialisten des ehemaligen Konzentrationslagers Buchenwald» ihren Kampf gegen die Diktatur als Legitimation anführten, um «dem deutschen Volke» die Grundsätze des Neuaufbaus zu verkünden. Der Vernichtung des Faschismus durch ein Verbot der NSDAP sollte eine «Volksrepublik» folgen, gebildet aus lokalen Volksausschüssen, die einen Deutschen Volkskongress berufen sollten, der eine Regierung einsetzen und Parlamentswahlen veranlassen würde. Neugliederung des Reiches, Abschaffung des Berufsbeamtentums, Sozialisierung der Wirtschaft, Frieden durch Wiedergutmachung, europäisches Bewusstsein, Humanität waren Maximen, die auch andere Programme des Widerstands charakterisierten, die ebenso ohne deutsche Anregung in den Plänen und Programmen der Alliierten für Deutschland nach Hitler wichtig waren.

Dem Buchenwalder Komitee erschien zur Verwirklichung ihrer Vision die sozialistische Einheit unerlässlich. Der «revolutionäre demokratische Sozialismus», das konstatierte Hermann Brill allerdings schon am Tag nach der Befreiung, würde ohne die Kommunisten ins Leben treten. Die Hoffnung auf eine Volksfront als gemeinsame sozialistische und demokratische Organisation hielt der politischen Realität am Ende der NS-Diktatur nicht stand. Der Vorwurf an die Kommunisten lautete, sie würden die Volksfrontidee für ihre Zwecke instrumentalisieren.[54] Die kameradschaftliche Zusammenarbeit im KZ war eine Illusion, die mit der Befreiung endete. Zur Selbstinszenierung des kommunistischen Widerstands gehörte die Legende von der «Selbstbefreiung» der Buchenwalder Häftlinge unter kommunistischer Führung im April 1945, die bis zum Ende der DDR gepflegt wurde. Und die Vereinigung von KPD und SPD zur Sozialistischen Einheitspartei Deutschlands (SED), unter Nachhilfe der Sowjetischen Militäradministration im Frühjahr 1946 vollzogen, hatte mit dem Geist des «Buchenwalder Manifestes» nichts mehr zu tun.

Alle vier Mitglieder des Buchenwalder Volksfront-Komitees machten politisch Karriere: Hermann Brill war 1945, zurückgekehrt in die SPD, für kurze Zeit Ministerpräsident von Thüringen, 1946 wechselte er in die US-Zone und war von 1946 bis 1949 Staatssekretär und Chef der hessischen Staatskanzlei, dann im ersten Deutschen Bundestag Abgeordneter.[55] Werner Hilpert war Mitgründer der CDU und stellvertretender Ministerpräsident in Hessen. Ernst Thape, der Magdeburger Sozialdemokrat im Buchenwalder Volksfront-Komitee, wurde im Juli 1945 2. Vizepräsident der Provinz Sachsen. Der Kommunist Walter Wolf wurde Volksbildungsminister in Thüringen.

Eine andere Volksfront-Initiative entstand im Exil. Ebenfalls inspiriert durch die Regierungen in Frankreich und Spanien, rief Willi Münzenberg im August 1935 in Paris einen vorbereitenden Ausschuss für die Schaffung einer Deutschen Volksfront zusammen. Der 1889 in Erfurt geborene Münzenberg hatte bis 1932 dem Zentralkomitee der KPD angehört. Nach dem Reichstagsbrand floh er nach Frankreich und gründete dort einen antifaschistischen Verlag. Im September 1935 wurde bei einem zweiten Treffen in Paris, an dem neben Kommunisten 22 Sozialdemokraten und 25 bürgerliche Gegner des Nationalsozialismus teilnahmen, ein Büro unter Leitung des Schriftstellers Heinrich Mann etabliert. Im Mai 1936 beschloss die Volksfrontbewegung einen Aufruf zur Einigung aller Hitler-Gegner. Parallel zu dem in Berlin von Hermann Brill und seinen Freunden erarbeiteten Zehn-Punkte-Programm, sogar am selben Tag, dem 21. Dezember 1936, aber unabhängig von ihnen, wurde in Paris ein Aufruf verabschiedet, der zur Volksfront aufrief mit den Zielen demokratischer Rechte und Freiheiten, sozialer Sicherheit, Brechung der Macht von Großindustrie, Banken, Großgrundbesitz und Militär in einem Staat nach Hitler. 40 Kommunisten, 20 Sozialdemokraten, 10 SAPD-Mitglieder und 28 bürgerliche NS-Gegner und Intellektuelle stimmten der Resolution zu. Die Pariser Volksfront, die am 10./11. April 1937 eine Botschaft an das deutsche Volk richtete, scheiterte an internen Differenzen, vor allem an der Unvereinbarkeit kommunistischer und sozialdemokratischer Positionen. Symptomatisch war der Seufzer des Vorsitzenden des Volksfrontkomitees Heinrich Mann über den Vertreter der Kommunisten Walter Ulbricht: Er könne sich nicht «mit einem Mann an einen Tisch setzen, der plötzlich behauptet, der Tisch, an dem wir sitzen, sei kein Tisch, sondern ein Ententeich, und der mich zwingen will, dem zuzustimmen».[56]

Die Bemühungen des Exils schleppten sich bis ins Frühjahr 1939.[57] Widerstandsgruppen in Deutschland wie der Kreisauer Kreis arbeiteten im Geist der Einheit antifaschistischer Gesinnung, ohne den Terminus «Volksfront» zu benützen, und das Nationalkomitee Freies Deutschland, das in der Sowjetunion aus deutschen Stalingrad-Gefangenen im Sommer 1943 entstand, nützte die Volksfrontidee gegen Hitler – jedoch ohne Erfolg – in seiner Propaganda. Willi Münzenberg, der Initiator in Paris, überwarf sich mit der KPD-Führung in Moskau. Nach Auseinandersetzungen mit Walter Ulbricht verließ er 1938 die kommunistischen Reihen. Als Gegner einer Diktatur des Proletariats und als Kritiker des deutsch-sowjetischen Angriffspakts hatte er sich vom ultralinken KPD-Funktionär zum demokratisch-freiheitlichen Sozialisten gewandelt. Aus einem französischen Internierungslager floh Willi Münzenberg im Juni 1940 vor den vorrückenden Truppen der deutschen Wehrmacht und kam dabei auf ungeklärte Weise ums Leben.[58]

Der Widerstand der Arbeiterbewegung – so unterschiedlich und vielfältig die Organisationen und Gruppen waren, die ihn leisteten – erschöpfte sich nicht in Propagandaaktionen. Kampf gegen das Regime war auch das öffentliche Beharren auf demokratischen und rechtsstaatlichen Idealen. Dafür sind zu Beginn der Hitler-Zeit viele Sozialdemokraten und Mitglieder der linkssozialistischen Organisationen ins Gefängnis und KZ gekommen, ebenso wie die Kommunisten, deren Ideale denen der Nationalsozialisten, aber auch denen der Sozialdemokraten entgegengesetzt waren. Die Bewahrung des eigenen Standorts gegen die um sich greifende Begeisterung für den Nationalsozialismus war eine Haltung der Verweigerung, die – dann vor allem im Krieg – vielfach in Opposition mündete. Pläne für ein Deutschland nach Hitler, für eine neue Gesellschaftsordnung, die kommunistisch oder parlamentarisch-demokratisch, jedenfalls antinationalsozialistisch orientiert sein würde, sind als Ausdruck politischen Widerstandes in den Reihen der Arbeiterbewegung diskutiert worden. In der sozialdemokratischen Emigration wurde, wie im ISK, bei Neu Beginnen und in der SAPD über Nachkriegsdeutschland früher diskutiert als in den bürgerlich-konservativen Widerstandskreisen, die sich erst Ende der 1930er Jahre formierten. Die Möglichkeiten, aus dem Exil in Großbritannien oder in den USA politischen Widerstand zu leisten, waren von Anfang an bescheiden, und nach Kriegsausbruch gab es sie kaum mehr.

Im Exil näherten sich die linkssozialistischen Gruppen, die sich wegen ihres entschieden antifaschistischen Engagements und wegen der Forderung nach einer Einheitsfront der gesamten Arbeiterbewegung gegen den Nationalsozialismus vor 1933 von der SPD getrennt hatten, wieder den Sozialdemokraten. Aus ihren Reihen (SAPD) ging auch der spätere Parteivorsitzende und Bundeskanzler Willy Brandt hervor.

4. Misslungenes Aufbegehren: Konservative Opposition nach dem Scheitern des Zähmungskonzepts

Am 17. Juni 1934 hielt Vizekanzler Franz von Papen im Auditorium Maximum der Universität Marburg eine Rede vor Studierenden. Sie richtete sich an die deutsche Öffentlichkeit und war dem politischen Zustand des Deutschen Reiches eineinhalb Jahre nach dem Machterhalt der Hitler-Bewegung im Bündnis mit den Konservativen gewidmet. Die Weimarer Verfassung war durch das «Ermächtigungsgesetz» praktisch außer Kraft, Willkürakte waren alltäglich. Die Gewerkschaften und Parteien waren aufgelöst, die Länder «gleichgeschaltet», NSDAP und Staat miteinander verflochten. Neben den Organen der Staatsgewalt übte die SA als Hitlers revolutionäre Garde unkontrollierte Macht aus, drangsalierte nichtkonforme Bürger nach Belieben und forderte den Zusammenschluss mit der Reichswehr zur Politischen Miliz. Hitler brauchte aber für seine Expansionspläne die Reichswehr und war bereit, zu deren Gunsten die konkurrierende SA zu entmachten.

Die sozialrevolutionäre Dynamik der SA war in der «Kampfzeit der Bewegung» zur Machteroberung unverzichtbar gewesen, dann aber mit Hitlers Taktik «der langsamen Vollendung des totalen Staates» nicht mehr zu vereinbaren. Ernst Röhm, der Chef der Parteigarde, ließ Hitler die Unzufriedenheit seiner Männer zunehmend spüren. Im April 1934 tadelte Röhm die «unbegreifliche Milde» gegenüber den Reaktionären und das Versäumnis, «nicht rücksichtslos aufgeräumt» zu haben. Der SA-Chef proklamierte die «zweite Revolution» und meldete damit den Anspruch der Bewegung auf die programmatischen Ziele an, für die sie in der «Kampfzeit» marschiert war. Auf der Seite Hitlers standen die Konkurrenten Röhms innerhalb der NSDAP, Göring und Goebbels, die dabei waren, eigene Machtbereiche in Staat und Gesellschaft zu etablieren, und Himmler, der mit seiner SS aus dem Unterordnungsverhältnis zur SA herauskommen und ins erste Glied der Hitler-Vasallen treten wollte.

Ebenso wie das Amt Abwehr der Reichswehr sammelte der Sicherheitsdienst (SD), ein von Himmlers Adlatus Reinhard Heydrich im Rahmen der SS organisierter Geheimdienst der NSDAP, Material gegen Röhm; Göring ließ Dossiers über die (längst öffentlich bekannte, aber bislang tabuisierte) Homosexualität des SA-Chefs anlegen. Hitler zögerte noch, überredete aber am 4. Juni 1934 Röhm, die gesamte SA für vier Wochen zu beurlauben.

Vor diesem Hintergrund war Vizekanzler Franz von Papen in Marburg ans Rednerpult getreten, um die Nation aufzurütteln. Eine Kluft zwischen dem geistigen Wollen und der täglichen Praxis der deutschen Revolution habe sich aufgetan. Das erkläre sich daraus, dass die geistige Umkehr mit einem sozialen Umbruch zusammentreffe. Mit einem literarischen Bild aus Conrad Ferdinand Meyers Novelle «Die Versuchung des Pescara» versuchte der Vizekanzler die historische Situation der «nationalen Revolution» zu beschreiben und den Mann an der Spitze in die Pflicht zu nehmen. Das Zitat über Martin Luthers Stellung zu den Bauernkriegen sollte Hitler als Mahnung verstehen: «Ein weltbewegender Mensch hat zwei Ämter: er vollzieht, was die Zeit erfordert, dann aber – und das ist sein schwereres Amt – steht er wie ein Gigant gegen den aufspritzenden Gischt des Jahrhunderts und schleudert hinter sich die aufgeregten Narren und bösen Buben, die mittun wollen, das gerechte Werk übertreibend und schändend.»[1] Die «aufgeregten Narren und bösen Buben» tummelten sich seit der «Machtergreifung» in der siegestrunkenen revolutionären Garde Hitlers, der SA, deren Anführer Ernst Röhm eine zweite Welle der Revolution forderte und für Unruhe nicht nur in der Reichswehr sondern auch im konservativen Bürgertum sorgte. Die Exzesse der Braunhemden waren ein ständiges Ärgernis, die Klagen darüber wurden an das Büro des Vizekanzlers (das deshalb scherzhaft als «Reichsbeschwerdestelle» tituliert wurde) adressiert, weil Papen über ausgezeichnete Verbindungen zum Staatsoberhaupt Paul von Hindenburg verfügte und nicht der NSDAP angehörte, sondern das konservative Element in der Reichsregierung vertrat und unter Reaktionären als ehemaliger Reichskanzler Reputation genoss.

Vor den Marburger Studenten wurde Papen noch deutlicher, als er von einer unerwünschten zweiten und dritten Welle der «deutschen Revolution» sprach, in der Pose des Staatsmannes vor doktrinären Fanatikern warnte, den gerade untergehenden Rechtsstaat verteidigte, sich gegen Propaganda als Regierungsmethode verwahrte und Terror als verwerflich brandmarkte. Die Regierung wisse «daß jeder Terror Ausfluß eines bösen Gewissens ist, das ungefähr der schlechteste Berater ist, den sich die Führung erlauben darf».[2]

Der Höhepunkt der Rede war ein Appell für das Ende der revolutionären Bewegungsphase, für Recht und Ordnung und die Beseitigung des Dualismus von Staat und Partei durch deutlichen Primat der Staatsgewalt: «Kein Volk kann sich den ewigen Aufstand von unten leisten, wenn es vor der Geschichte bestehen will. Einmal muß die Bewegung zu Ende kommen, einmal ein festes soziales Gefüge, zusammengehalten durch eine unbeeinflußbare Rechtspflege und durch eine unbestrittene Staatsgewalt, entstehen. Mit ewiger Dynamik kann nicht gestaltet werden. Deutschland darf nicht ein Zug ins Blaue werden, von dem niemand weiß, wann er zum Halten kommt.»[3]

Die Absage an die egalitäre Ideologie der Nationalsozialisten kam in der Mahnung scharf zum Ausdruck, es müsse verhindert werden «daß ein Stand entsteht, der sich des Staates bemächtigt und für sich den Totalitätsanspruch erhebt». Die «natürliche und göttliche Ordnung» gehe durch Revolution in Permanenz verloren. Die Formulierungen machen klar, dass in der Rede Opposition nicht aus liberaler und demokratischer Wurzel zum Ausdruck gebracht wurde, sondern aus fundamental-konservativem Denken. Die antidemokratische Revolution könne nur dann zu Ende gedacht werden, sprach Franz von Papen, «wenn sie mit dem Grundsatz der Volkssouveränität bricht und wieder zu dem der natürlichen und göttlichen Herrschaft zurückkehrt». Damit war nicht explizit der im benachbarten Österreich propagierte Ständestaat gemeint, aber eine gewisse ständische Ordnung galt den Konservativen doch als das richtige Fundament der Gesellschaft. Gerungen müsse auch darum werden, ob das neue Reich christlich sein werde oder «sich in Sektierertum und halbreligiösem Materialismus» verliere: «Man sollte auch in jenen Kreisen, die eine neue, arteigene religiöse Einigung erhoffen, sich einmal die Frage stellen, wie sie sich die Erfüllung der deutschen Aufgabe in Europa vorstellen, wenn wir uns freiwillig aus der Reihe der christlichen Völker ausschalten».[4]

Das musste in der NSDAP als Kampfansage verstanden werden, nicht anders als die Feststellung des Redners, die Vorherrschaft einer einzigen Partei («anstelle des mit Recht verschwundenen Mehr-Parteien-Systems») habe nur als Übergangserscheinung Berechtigung. Aus dem deutschnationalen Umfeld, in das die Marburger Rede gehörte, war schließlich das Bekenntnis zu Europa, «zur gemeinsamen europäischen Kultur und Zivilisation», gegenüber der man sich nicht geistig an den Grenzen abschließen dürfe, ungewohnt. Die Absage an das «Dritte Reich» als völkisches Ghetto klang aus dem Munde des Vizekanzlers äußerst erstaunlich.

Betrachtet man die Biographie Franz von Papens, der mit der Marburger Rede Mitte Juni 1934 als Regimekritiker debütierte, wird die Opposition aus dem konservativen Lager noch rätselhafter, denn der Herrenreiter aus katholisch-westfälischem Uradel ging doch als Steigbügelhalter Hitlers und Totengräber der Weimarer Republik in die Geschichte ein. Begonnen hatte der gelernte Kavallerieoffizier im Dezember 1913 seine Karriere als Militärattaché in Washington, musste aber wegen eines diplomatischen Missgeschicks Ende 1915 zurückgerufen werden. Papen wurde als Bataillonschef an der Westfront und dann als Generalstabsoffizier im Vorderen Orient, zuletzt als Major in der türkischen Armee in Palästina, eingesetzt.

Nach dem Ersten Weltkrieg wurde Papen Politiker, betätigte sich im ultrakonservativen Herrenklub und war als Exponent des rechten (und monarchistischen) Flügels der Zentrumspartei von 1921 bis 1932 Mitglied des preußischen Abgeordnetenhauses. Durch Heirat der Saarindustrie nahestehend und vermögend, erwarb er 1923 Aktien des Zentrumsorgans «Germania» und wurde dort Aufsichtsratsvorsitzender.

Gestützt nur auf das Vertrauen Reichspräsident Hindenburgs, trat Papen im Juni 1932 die Nachfolge Brünings als Reichskanzler an – gegen den Willen des Zentrums, das er deshalb verließ. Sein «Kabinett der nationalen Konzentration» hatte er aus konservativen Gesinnungsgenossen, meist adeligen Beamten ohne politisches Mandat, gebildet. Als Vorleistung an die NSDAP hob Papen das von Brüning erlassene SA-Verbot auf. Den dadurch mitverursachten «Altonaer Blutsonntag» – bürgerkriegsartige Kämpfe der SA mit Kommunisten – nahm er zum Anlass des «Preußenschlags» am 20. Juli 1932, bei dem in einer staatsstreichartigen Aktion die demokratische preußische Regierung unter Otto Braun abgesetzt wurde. Papen wurde Reichskommissar für Preußen und leitete damit die Gleichschaltung des größten deutschen Landes ein.

Seinen einzigen außenpolitischen Erfolg in der Reparationsfrage auf der Konferenz von Lausanne im Juni/Juli 1932 verdankte er ausschließlich Brüning. Innenpolitisch scheiterte das «Kabinett der Barone» sowohl beim Versuch, die Hitler-Bewegung in ein autoritäres Regierungssystem einzubinden, als auch bei der Lösung der sozialpolitischen Probleme wie der Beseitigung der Arbeitslosigkeit. Am 17. November 1932 trat Papen zurück. Das Vertrauen Hindenburgs genoss er weiterhin; in dessen Auftrag bereitete er die Machtübernahme der NSDAP vor. Als Vizekanzler wurde Papen ein Opfer des Misslingens der Strategie der Einbindung und Zähmung der Hitler-Bewegung durch deutschnationale Kräfte.[5]

Möglicherweise hatte Papen das Scheitern des Konzepts, nach dem die Konservativen Hitler zur Macht verholfen hatten, um ihn wieder abzuservieren, wenn seine Bewegung den Kahlschlag gegen Republik, Demokratie und liberale Gesinnung vollbracht hätte, selbst gar nicht so empfunden. Aber es gab Klügere, wie den Geheimrat Alfred Hugenberg an der Spitze der Deutschnationalen Volkspartei, die die Weimarer Republik verabscheuten, das parlamentarisch-demokratische System verachteten und es mit Hilfe der Hitler-Bewegung zerstörten, in der Absicht, an dessen Stelle einen hochkonservativen monarchisch-autoritären Staat zu errichten. Hugenberg wurde als Wirtschafts- und Ernährungsminister Hitlers am 27. Juni 1933 zum Rücktritt gezwungen, einen Tag später wurde die DNVP aufgelöst.

In gehöriger Distanz zum reaktionären Chef der Deutschnationalen Volkspartei Hugenberg sammelten sich Rechte, die sich «jungkonservativ» nannten. Sie verachteten die Weimarer Republik ebenso und bekämpften sie, aber sie hatten andere Ziele als die Restauration des Wilhelminismus. Vordenker des Programms und Urheber des Begriffs «Konservative Revolution» war der Publizist Arthur Moeller van den Bruck, der im rechtsintellektuellen Juni-Klub von 1919 agierte und – im Gegensatz zum reaktionären Konservativismus der Weimarer Republik – nicht die Wiederherstellung der Zustände vor 1918 propagierte, sondern, wie Hitler, den revolutionären Aufbruch statt auf linkem auf rechtem Kurs. Moeller van den Bruck, der nach einem Nervenzusammenbruch 1925 seinem Leben ein Ende setzte, hatte Hitler mit seinem Gedanken-

4. Misslungenes Aufbegehren

gebäude aus Antimarxismus und Antiliberalismus, nationalistischem Preußentum und sozialistischer Phraseologie sehr beeindruckt. Lediglich das fehlende Rasseideal unterschied Moeller van den Brucks Utopie einer elitären Diktatur von Hitlers Vision.

Ein einflussreicher rabiater Antidemokrat, der Publizist Edgar Julius Jung, Autor des Kultbuches der «Konservativen Revolution» mit dem programmatischen Titel «Die Herrschaft der Minderwertigen», war früher zur Einsicht gekommen, dass gegen die Errichtung eines totalitären Systems, die Hitler betrieb anstatt sich auf die Zerstörung der Demokratie zu beschränken, Werte zu verteidigen waren, die mit Rechtsstaatlichkeit, Gesinnungsfreiheit und weiteren Bürgerrechten, christlichem Humanismus, Religionsfreiheit, europäischer Tradition umschrieben sind. Bedeutung und Notwendigkeit dieser Werte hatten ihm die Herrschaftspraxis der Nationalsozialisten in ihrem ersten Amtsjahr vor Augen geführt.

Für Edgar Jung, der in München eine Kanzlei als Rechtsanwalt betrieb, und seine Gesinnungsgenossen war es ein weiter Weg zur Erkenntnis gewesen. Als junger Jurist hatte Jung den Widerstand gegen «nationale Verräter», der Separatistenbewegung in der Pfalz, organisiert. Er war Terrorist, mitschuldig am Tod von fünf Menschen bei einem Attentat 1924. Als Propagandist einer konservativ-revolutionären Erneuerung Deutschlands fand er im kurzzeitigen Kanzler Papen 1932 sein Idol. Als Redenschreiber und Berater diente er Papen dann auch in dessen Funktion als Vizekanzler Hitlers. Jung war Mittelpunkt eines Kreises von jüngeren Konservativen, die sich in wachsender Opposition zum Regime Hitlers einig wussten. Das Amt des Vizekanzlers, dessen enge Beziehungen zum Staatsoberhaupt Hindenburg auch von Hitler nicht ignoriert werden konnten, bot einen einigermaßen geschützten Raum für die Hege oppositioneller Gesinnung. Im Bewusstsein der Mitschuld am Aufstieg Hitlers sannen die Männer um Edgar Jung unter dem Schirm Papens (dessen intellektuelles und moralisches Engagement seinen Fähigkeiten entsprechend gering war, der allenfalls am Schrecken über die politische Entwicklung der Dinge teil hatte) über Möglichkeiten nach, die Fahrt in den Abgrund aufzuhalten. Von Jung ist der Ausspruch überliefert: «wir sind mit dafür verantwortlich, daß ‹dieser Kerl› an die Macht gekommen ist; wir müssen ihn wieder beseitigen.»[6]

Edgar Jung war auch der Autor der Rede, die Papen in der Marburger

Universität am 17. Juni 1934 vortrug. Im Oppositionskreis, der sich in seinem Büro um Edgar Jung scharte, war Papen nur die Galionsfigur. Das wussten auch die in der Gestapo und im Sicherheitsdienst der SS Zuständigen, die das Treiben um Papen im Auge hatten, und das wusste Hitler, der Papen aber noch brauchte.

Papen beschrieb sich selbst im Rückblick als überlegenen Staatsmann, der seit dem Frühjahr 1933 gewarnt und Hitler zur Mäßigung gemahnt habe. Im Auftrag und Einverständnis Hindenburgs habe er als Konservativer und als Katholik Widerstand geleistet, die Terrormethoden der Nationalsozialisten gegeißelt und in öffentlicher Rede Recht und politische Moral in Deutschland zu retten versucht.[7] In Papens Erinnerung war die Marburger Rede der historische Versuch, Hitler zu bremsen: «Am 17. Juni sprach ich im Auditorium Maximum der alten Marburger Universität. Lange und sorgfältig hatte ich diese Rede vorbereitet, weil hier die geistige Prominenz Deutschlands versammelt war und ich das Ohr des deutschen Volkes haben würde. Eine öffentliche Abrechnung in dieser Lage konnte nur zwei mögliche Folgen haben: Entweder bewog ich Hitler, in letzter Stunde einzulenken, oder wenn dies nicht geschah, mußte meine Regierungstätigkeit beendet sein. Ich war nicht bereit, noch weitere Verantwortung zu übernehmen, wenn die Dinge sich nicht änderten. Mein Anteil an der Verantwortung für den 30. Januar 1933 und meine wiederholt geäußerte Hoffnung, das Hitlerexperiment werde gelingen, verpflichteten mich, dem deutschen Volk offen und ungeschminkt das zu sagen, was in dieser Stunde gesagt werden mußte.»[8]

Propagandaminister Goebbels notierte am 18. Juni 1934 in seinem Tagebuch: «Papen hat eine tolle Rede für die Nörgler und Kritikaster gehalten. Ganz gegen uns, nur mit ein paar Phrasen vermischt. Wer hat ihm die aufgesetzt? Wo ist der Schubiak? Ich verbiete diese Rede für die ganze Presse auf Befehl Hitlers. Der ist sehr wütend. Wird sich Papen kaufen.»[9] Ein paar Tage später, am 22. Juni schrieb er, Papen sei gekommen «ganz klein. Bittet um Freundschaft. Aber ich traue ihm nicht mehr. Er winselt zu viel.»[10] Am 27. Juni wusste Goebbels, dass die Marburger Rede von Edgar Jung ausgearbeitet worden war, dass es darüber Streit um das Honorar gebe und dass in der Reichswehr «saure Stimmung» herrsche.[11]

Die deutliche Kritik aus dem konservativen Lager beunruhigte Hitler und sein Gefolge, bestärkten sie in der Überzeugung, dass die SA des

Sozialrevolutionärs Ernst Röhm unschädlich gemacht werden musste, um die Reichswehr nicht – wie von den Männern um Edgar Jung erhofft – in den Widerstand gegen das Regime zu treiben, womöglich zum konservativen Staatsstreich gegen Hitler für ein zwar autoritäres, aber doch wenigstens Recht und Ordnung wahrendes System. Edgar Jung wurde am 26. Juni verhaftet und vier Tage später, im Zuge der Mordaktion gegen die SA-Führung und andere Missliebige, im KZ Oranienburg erschossen.

Franz von Papen, der seine Demission als Vizekanzler angeboten hatte, erhielt Hausarrest, entmachtet war er längst, aber sein Amt musste er erst einmal behalten. Kontaktversuche aus der Umgebung Papens nach der Marburger Rede zum Reichspräsidenten Hindenburg wurden unterbunden. Sie hätten auch nichts mehr genutzt, denn der greise Nationalheld war auf seinem Gut in Ostpreußen abgeschirmt und nicht handlungsfähig, wohl auch nicht willens, und die Reichswehr sah sich mit der Liquidierung der konkurrierenden SA in ihrer Loyalität zum Reichskanzler Hitler bestätigt. Nach dem «Röhm-Putsch» erfolgte der von Konservativen, Reichswehr, Bürgertum tolerierte Rechtsbruch der Vereinigung der Ämter von Staatsoberhaupt und Regierungschef in der Person Hitlers, der sich nun offiziell «Führer und Reichskanzler» und bald nur noch «Führer» nennen ließ.

An Opposition dachte in konservativen Kreisen lange Zeit niemand mehr. Nach der Entmachtung der SA war die Hoffnung auf Unterstützung von Veränderungen, gar einen Staatsstreich durch die Reichswehr illusionär. Für Papen, dessen Amt als Vizekanzler mit dem «Röhm-Putsch» stillschweigend aufgelöst wurde, fand sich eine neue Verwendung als Diplomat, bis zum «Anschluss» in Österreich, dann in der Türkei. Dass der Mann, der Hitler so tatkräftig in den Sattel geholfen hatte und ihm nach der zaghaften oppositionellen Regung 1934 bis zum Ende des «Dritten Reiches» diente, vom Nürnberger Tribunal gegen die Hauptschuldigen freigesprochen wurde, erinnerte nach 1945 das Publikum noch einmal an den westfälischen Edelmann. Verständnis für den Freispruch hatten wenige. Dass er dann im Entnazifizierungsverfahren zu acht Jahren Arbeitslager verurteilt wurde, erschien plausibler. 1949 war er aber schon wieder ein freier Mann, ohne jede Einsicht, wie seine Memoiren beweisen.[12]

Nicht nur Edgar Jung aus dem Oppositionskreis im Büro des Vizekanzlers musste die späte Erkenntnis der Absichten Hitlers und der

NSDAP mit dem Tod büßen. Oberregierungsrat Herbert von Bose, Papens Pressereferent, wurde am 30. Juni 1935 von der Gestapo erschossen. Der sächsische Protestant hatte als junger Offizier am Ersten Weltkrieg teilgenommen. Er kämpfte gegen die Novemberrevolution, dann, als Teilnehmer am Kapp-Putsch, gegen die Weimarer Republik. Ab 1919 war er im Geheimdienst der Reichswehr tätig und leitete ab April 1931 den Nachrichtendienst der Deutschnationalen Volkspartei Hugenbergs. Der jungkonservative Bose organisierte in dieser Stellung die Harzburger Front aus DNVP, NSDAP und Stahlhelm gegen die Reichsregierung Brüning. Im Juli 1932 berief ihn der damalige Kanzler Papen in die Presseabteilung der Reichsregierung. Ab April 1933 war Bose in der Vizekanzlei. Dort, im Palais Borsig, in der Voßstraße 1, Ecke Wilhelmsplatz, direkt neben der Reichskanzlei, wurde Oberregierungsrat von Bose am 30. Juni 1934 verhaftet und von einem SS-Trupp an Ort und Stelle erschossen. Der Mord wurde später als Versehen im Rahmen der «Staatsnotwehr» bedauert. Aber Himmler, der das SS-Kommando geschickt hatte, den Herbert von Bose seinen Freunden gegenüber unmittelbar vor seinem Tod als persönlichen Feind bezeichnet hatte, wusste genau, was er tat.[13]

Fritz Günther von Tschirschky aus einer schlesischen Rittergutsbesitzerfamilie, 1918 Weltkriegsteilnehmer als Offiziersanwärter, dann im Freikorps Maercker, verwaltete den Familienbesitz und wurde als Jungkonservativer erst 1933 politisch aktiv. Als Adjutant des Vizekanzlers Papen stellte er seine verzweigten verwandtschaftlichen und gesellschaftlichen Verbindungen in dessen Dienst und war der Drahtzieher des Kreises, der das konservative Zähmungskonzept zu später Stunde mit Hilfe Hindenburgs realisieren wollte. Tschirschky wurde in «Schutzhaft» genommen, die er im Gestapo-Hauptquartier in Berlin und im KZ Lichtenburg verbrachte. Nach Interventionen kam er nach wenigen Tagen wieder in Freiheit und begleitete Papen nach Wien. 1935 emigrierte er über Paris nach London, wo er bis 1952 lebte. Zurückgekehrt in die Bundesrepublik trat er in die Dienste des Auswärtigen Amtes.

Wilhelm Emanuel Freiherr von Ketteler, katholisch, jungkonservativ, aus dem westfälischen Umkreis mit Papen bekannt, gehörte zu den Mitarbeitern des Vizekanzlers. Zusammen mit dem Volontär Kurt Josten gelang es ihm, das Borsig-Palais unerkannt zu verlassen, als der SS-Stoßtrupp am 30. Juni die Räume besetzte. Er versuchte, Hindenburg in Neudeck über die Situation zu informieren und zum Eingreifen zu bewegen, was ihm nicht gelang, da der Reichspräsident vollkommen abgeschirmt war.[14] Auch Ketteler begleitete Papen nach Wien und war als Attaché an der Deutschen Botschaft vorläufig in Sicherheit. Die Rache der Nazis traf ihn erst im Frühjahr 1938 während der Annexion Österreichs. Lebend war er zuletzt in der Nacht des «Anschlusses» vom 13. zum 14. März 1938 gesehen worden. Kettelers Leiche wurde am 25. April 1938 aus der Donau geborgen; ein Gestapo-Kommando hatte ihn ertränkt. Seinem Freund, dem Grafen Kageneck, der nach ihm forschte, wurde dringend die Flucht empfohlen.[15]

Hans Reinhard Graf von Kageneck gehörte ebenfalls zur Entourage des Vizekanzlers. Nach der gescheiterten «Kurskorrektur» der Hitler-Regierung, die mit der Marburger Rede eingeleitet werden sollte, konnte er sich verbergen. Auch er begleitete Papen nach Wien und zog sich 1938 auf den Familiensitz bei Freiburg ins Privatleben zurück. Ein weiterer Mitarbeiter Papens, Friedrich Carl von Savigny, der ihn seit seiner Kanzlerschaft juristisch beriet und im jungkonservativen Kreis in der Vizekanzlei Verbindungen zu katholischen kirchlichen Stellen pflegte, wurde verhaftet und für kurze Zeit im KZ festgehalten. Savigny war dann Justitiar der kirchlichen Treuhand AG und später Abteilungsleiter der Reichsstelle für Häute und Leder. 1944 kam er an der Ostfront ums Leben.

Als politische Figur war Papen nur eine Marionette Hitlers, aus dem Amt des Vizekanzlers schmiss dieser ihn einfach hinaus, und als Behörde endete die Vizekanzlei ohne Sang und Klang. Hitler beauftragte seinen Leibarchitekten mit dem Umbau des Palais Borsig, und Speer schickte Handwerker, die mit Lärm und Staub die Mitarbeiter vertrieben.[16]

Dass Franz von Papen, weil er die von Edgar Jung verfasste Marburger Rede vortrug, deswegen nicht zum Widerstand gerechnet werden kann, ist wegen der Dienste, die er Hitler davor und danach leistete, evident. Schwieriger zu beurteilen ist die Rolle der Männer, die den Schutz nutzten, den Papens Verbindung zum Reichspräsidenten bot. Die späte Erkenntnis der Dynamik der Hitler-Bewegung, dass ihr Führer unter den Augen eines großenteils begeisterten Publikums zielstrebig seine Diktatur errichtete, hatte die Männer der «Konservativen Revolution» auf die Oppositionsbank gebracht. Demokraten waren sie genauso wenig wie die von ihnen verachteten Nationalsozialisten, aber auf Recht und Ordnung, Sitte und Anstand und christliche Werte wollten sie nicht ganz verzichten. Ihrem elitären Staats- und Gesellschaftsmodell entsprach die NS-Herrschaftspraxis keineswegs. Das erkannten sie aber erst, als keine Korrektur des Kurses mehr möglich war.

Edgar Jung hat die Ziele der Jungkonservativen 1932 formuliert: «Konservative Revolution nennen wir die Wiederinachtsetzung aller jener elementaren Gesetze und Werte, ohne welche der Mensch den Zusammenhang mit der Natur und mit Gott verliert und keine wahre Ordnung aufbauen kann. An Stelle der Gleichheit tritt die innere Wertigkeit, an Stelle der sozialen Gesinnung der gerechte Einbau in die gestufte Gesellschaft, an Stelle der mechanischen Wahl das organische Führerwachstum, an Stelle bürokratischen Zwangs die innere Verantwortung echter Selbstverwaltung, an Stelle des Massenglücks das Recht der Volksgemeinschaft.»[17]

Das ist die Absage an zentrale demokratische Werte, mit der eine Gesellschaft propagiert wird, in der nicht Gleichheit, soziale Ethik und demokratische Staatsordnung bindend sind, sondern unterschiedliche Wertigkeit des Individuums, hierarchischer Gellschaftsaufbau und eine autoritäre Verfassung nach dem Prinzip der Volksgemeinschaft. Kurt Sontheimer hat in einer Studie, die zu den Klassikern der Politikwissenschaft zählt, die antidemokratischen Ideologeme der Zeit 1918–1933 analysiert.[18] Heute progagieren die Publizisten der «Neuen Rechten» wieder, unbeirrt von wissenschaftlicher Erkenntnis, die Ideologie der «konservativen Revolution», sie bemühen sich lediglich, allzu Anstößiges zu kaschieren und die grundsätzliche Demokratiefeindschaft ihrer Vertreter zu marginalisieren.[19]

Das unglückliche Ende Edgar Jungs und anderer Propagandisten einer «konservativen Revolution» wird als Beweis einer grundsätzlich widerständigen Haltung gegen den Nationalsozialismus von den neurechten Epigonen als Alibi benutzt. Die große ideologische Nähe und der gemeinsame Hass auf Demokratie, Liberalismus und Parlamentarismus zeigen konservative Revolutionäre und Nationalsozialisten jedoch als Vertreter eines sehr nahe verwandten Staats- und Gesellschaftsmodells.

Nach dem Ende des Jung-Kreises in Papens Büro war aus dem konservativen Lager lange Zeit nichts Oppositionelles mehr zu vernehmen. Die Marburger Rede war auch weit entfernt vom Halali einer Jagd auf Hitler. Um seine Diktatur aufzurichten, musste dieser nur noch die potenziellen Gegner in den eigenen Reihen, die SA und den revolutionären Landsknecht Ernst Röhm an ihrer Spitze ausschalten. Vom konservativen Bürgertum hatte er nichts zu befürchten. Ebenso wenig von der Reichswehr und den Kirchen. Das Programm zur Rettung Deutschlands, an dem die Frondeure um Papen arbeiteten, war eine Neuauflage des konservativen Zähmungskonzeptes, mit dem Hugenberg und Papen so grandios gescheitert waren. Edgar Jungs Plan einer zweiten, konservativen Revolution hatte das Ziel, die NSDAP zu spalten, den vermuteten «gemäßigten» Flügel zu benutzen für eine Kurskorrektur in Richtung eines autoritären Systems. Papen war die Rolle zugedacht, Hindenburg zur Ausrufung des Staatsnotstands zu bewegen. Der Reichspräsident sollte dann der Reichswehr befehlen, SA und SS zu entwaffnen. Ein siebenköpfiges Direktorium mit konservativer Mehrheit würde daraufhin die Regierungsgewalt übernehmen, um den Neubau des Staates zu organisieren. Die Naivität des Planes, der auf der Autorität und der nicht mehr vorhandenen Einsicht und Führungskraft des greisen Hindenburg basierte, übertraf das Zähmungskonzept von 1932/33 beträchtlich. Dem Direktorium sollten außer den Generalen Rundstedt und Fritsch der Leipziger Oberbürgermeister Goerdeler, die ehemaligen Reichskanzler Brüning und Papen sowie die Nationalsozialisten Hitler und Göring angehören. Das Direktorium sollte den Übergang zur Monarchie bilden, die den Männern der «konservativen Revolution» als einzig mögliche Staatsform des Deutschen Reiches galt. Edgar Jung hatte in einer Denkschrift die Absichten und Ziele formuliert und auch den revolutionären Charakter der Monarchie betont «Am Ende der Demokratie (Volkssouveränität) steht mit revolutionärer Logik die Krone (Herrschaft aus höherer Verantwortung)».[20]

Die Illusionen der politischen Denker in der Vizekanzlei, ihre Träume von der Wiederbelebung des mittelalterlichen Wahlkaisertums, verwirklicht durch einen Reichsverweser, der nicht der NSDAP angehören dürfe, die Träume vom elitären Staatsgebilde anstelle der plebejischen Naziherrschaft waren allenfalls Präludien eines seriösen konservativen Widerstandes. Das Zähmungskonzept war mit den dilettantischen und realitätsfernen Überlegungen der Hintersassen Franz von Papens zum zweiten Mal gescheitert.

5. Der Mann aus dem Volk: Georg Elser

Morddrohungen gegen Adolf Hitler waren, als er 1933 an die Macht gekommen war, nicht selten. Der Polizei gelang es kaum je, die Urheber zu identifizieren und ihre Motive zu ergründen, und Publizität war nicht erwünscht. Im März 1933 konnte in Königsberg ein politischer Gegner des Nationalsozialismus, der Schiffszimmermann Kurt Lutter, ermittelt und verhaftet werden. Er stand unter Verdacht, gemeinsam mit kommunistischen Gesinnungsgenossen ein Sprengstoffattentat auf den Reichskanzler geplant zu haben. Bei einer Wahlveranstaltung sollte es ausgeführt werden. Aber noch war Deutschland ein Rechtsstaat, und die Indizien reichten dem Gericht für eine Verurteilung nicht aus. Aus Mangel an Beweisen kam Lutter wieder in Freiheit.

Der Plan des Studenten Helmut Hirsch, der sich im Dezember 1936, angestiftet in Prag von Otto Straßer, Hitlers abtrünnigem Gesinnungsgenossen, auf den Weg nach Nürnberg machte, um Julius Streicher, den antisemitischen Agitator und «Frankenführer» zu töten (und womöglich auch gleich Hitler), scheiterte schon im Vorfeld. Helmut Hirsch, Mitglied der bündischen Jugend und mit seiner jüdischen Familie 1936 nach Prag emigriert, ließ sich dazu überreden, den Mordanschlag auszuführen, von dem die künftige Behandlung der deutschen Juden durch Straßers Schwarze Front abhängig sei. Hirsch wurde bereits wenige Stunden nach der Ankunft in Stuttgart verhaftet, denn der Mittelsmann, der ihm den Sprengstoff für das Attentat aushändigen sollte, war ein Gestapo-Spitzel. Am 8. März 1937 wurde der 21-jährige vom Volksgerichtshof zum Tod verurteilt und am 4. Juni 1937 in der Strafanstalt Berlin-Plötzensee hingerichtet. Das war ein politisch angestifteter Justizmord, aber Deutschland war zu dieser Zeit kein Rechtsstaat mehr.[1]

Herausragend absurd unter den wenigen bekanntgewordenen Attentatsplänen von Einzelpersonen war der Fall des Maurice Bavaud, der 1916 in Neuchatel in der Schweiz in einer streng katholischen Familie als Sohn eines Postangestellten und einer Gemüsehändlerin zur Welt gekommen war. Nach der Ausbildung zum technischen Zeichner beabsichtigte er, Missionar zu werden, und studierte Theologie in einem Seminar für Spätberufene in Saint Ilan in der Bretagne. Aus den Sommerferien 1938, die er bei den Eltern verbrachte, kehrte er nicht mehr ins Priesterseminar zurück, weil er den Drang verspürte, die Welt durch einen Tyrannenmord vor Hitler zu retten. Im Oktober 1938 reiste er deshalb nach Deutschland. Für seine Mission hatte er in Basel eine Pistole erworben. Einen Plan hatte Maurice Bavaud jedoch nicht. Er fuhr, in der Hoffnung Hitler zu treffen, erst nach Berlin, dann nach Berchtesgaden und schließlich nach München. Der Erinnerungsmarsch am 9. November sollte ihm die Gelegenheit bieten, hoffte er, Hitler so nahe zu kommen, dass er ihn erschießen könnte. Bavaud ergatterte eine Tribünenkarte gegenüber der Heiliggeistkirche im Zentrum Münchens, übte sich auf dem Ammersee und im Wald bei Pasing im Schießen. Während der Pompes funèbres am 9. November erkannte er, dass die Entfernung zum Opfer viel zu groß war. Um Hitler aus der Nähe zu erwischen, reiste der Eidgenosse, der kaum Deutsch verstand, am folgenden Tag nach Berchtesgaden, wo er erfuhr, dass Hitler in München weilte.

Bavaud versuchte, sich mit gefälschten Empfehlungsbriefen ein Entree im Braunen Haus zu verschaffen, was natürlich misslang. Dann wollte er abermals auf den Obersalzberg, um dort Hitler persönlich zu stellen, gab aber schließlich, inzwischen auch ohne Mittel, entnervt auf. Um Deutschland wieder zu verlassen, bestieg er in München einen Zug nach Paris, aus dem ihn die Polizei allerdings schon in Augsburg herausholte, weil er keine Fahrkarte hatte. Wegen der Pistole und wegen Schwarzfahrens erhielt er zunächst eine Strafe von neun Wochen Haft. Aufgrund der bei ihm gefundenen gefälschten Empfehlungsschreiben, mit denen er sich Zutritt zu Hitler verschaffen wollte, wurde er nach Berlin-Moabit überstellt, verhört und wegen der erwiesenen Absicht, Hitler töten zu wollen, am 18. Dezember 1939 vom Volksgerichtshof zum Tod verurteilt und eineinhalb Jahre später am 14. Mai 1941 hingerichtet. Erst spät wurden das Wahnhafte des Attentatsplanes und der zwiespältige Charakter des jungen Schweizers deutlich.[2] Dubios war, dass er sich als Antisemit bekannte, noch dubioser war der Hinweis auf einen engen

Freund im Priesterseminar, einen Marcel Gerbonay, der ihn zum Attentat angestiftet habe. Der Freund wähnte sich als Oberhaupt der Familie Romanow. Um den russischen Zarenthron wieder besteigen zu können, wollte er den Kommunismus ausrotten. Dazu müsse zuerst Hitler aus dem Weg geräumt werden, machte er seinem Freund Bavaud ohne Zimperlichkeit hinsichtlich der Logik klar. Ohne die Mordlust der NS-Justiz, die bei solcher Beweislage das Todesurteil gegen einen Verwirrten fällte, wäre die Angelegenheit die Farce geblieben, die sie in Wirklichkeit war.

Oder doch nicht? Im Dezember 1976 wurde die Geschichte neu entdeckt und prominent als tragisches Ende einer Lichtgestalt inszeniert. Rolf Hochhuth nannte in der Rede, mit der er sich für den Basler Kunstpreis 1976 bedankte, Bavaud den einzigen wahren Widerstandskämpfer, feierte ihn als Wiedergeburt des Wilhelm Tell und «heroischen Einzelgänger», der «noch realistischer als Georg Elser und Claus Schenk von Stauffenberg» gewesen sei. In einem wahren Amoklauf pries der streitbare Dichter den Verwirrten aus der Westschweiz als Inkarnation des authentischen Widerstandes gegen die Hitler-Diktatur.[3]

Ein Jahr später geschah der Anschlag auf Hitler, der im Gegensatz zum plan- und ziellosen Aktionismus von Helmut Hirsch und Maurice Bavaud präzise vorbereitet, in allen Details durchdacht war und nur durch einen nicht berechenbaren Zufall scheiterte. Am 8. November 1939 detonierte gegen 21.20 Uhr im Festsaal des Münchner Bürgerbräukellers eine Bombe. Sie brachte die Decke des Saals zum Einsturz. Acht Menschen wurden getötet, 63 verletzt. Der Anschlag hatte dem Führer Adolf Hitler gegolten.

Der Ort und der Zeitpunkt hatten hohe symbolische Bedeutung. Hier, im Münchner Traditionsbrauereikeller, an dessen Stelle heute das Kulturzentrum am Gasteig steht, hatte Adolf Hitler zum ersten Mal nach der Macht gegriffen. Am 8. November 1923 war er mit Anhängern in eine politische Versammlung, veranstaltet von der konservativen Bayerischen Volkspartei und reaktionären militanten Vaterländischen Verbänden aus Anlass des fünften Jahrestags der Novemberrevolution, eingedrungen, hatte theatralisch mit einer Pistole gegen die Decke des Saales geschossen und versucht, die anwesenden Repräsentanten der bayerischen Staatsmacht zu Spießgesellen einer «nationalen Diktatur» zu machen.[4] Eine «Proklamation an das deutsche Volk» wurde in ganz München plakatiert, die verkündete, «die Regierung der Novemberverbrecher in Berlin» sei abgesetzt und durch die «provisorische deutsche Nationalregierung» unter Führung des Weltkriegsheroen Ludendorff und des Vorsitzenden der rechtsextremen Splitterpartei NSDAP Adolf Hitler (bei Mitwirkung des Reichswehrgenerals von Lossow und des bayerischen Polizeiobersten von Seisser) ersetzt worden. Da die beiden letztgenannten und der bayerische Generalstaatskommissar Gustav von Kahr sich bald dem Einfluss der Putschisten wieder entziehen konnten, wurde der Staatsstreich schnell zur Operette, allerdings mit blutigem Ende. Unter beträchtlichem Beifall aus der Bevölkerung setzte sich am Vormittag des 9. November vom Bürgerbräukeller aus ein Zug Bewaffneter in Bewegung, Richtung Innenstadt. An dessen Spitze schritten Ludendorff und Hitler. Die bayerische Staatsregierung hatte inzwischen die Zügel wieder in der Hand. An der Feldherrenhalle am Odeonsplatz erwartete Landespolizei die Demonstranten. Ein Schusswechsel verwandelte den Demonstrationszug in das Chaos wilder Flucht. 15 Putschisten, vier Polizeibeamte und ein Passant kamen ums Leben. Hitler entfloh, wurde zwei Tage später verhaftet. Die NSDAP wurde verboten, die Teilnehmer des Hitler-Putsches standen im Frühjahr 1924 wegen erwiesenen Hochverrats vor Gericht. Sie fanden milde Richter.

Der Hitler-Prozess[5] war ein Justizskandal. Er stand am Anfang der Mythologisierung des Hitler-Putsches, der als Meistererzählung der NSDAP zur historischen Tat, zum heroischen Rettungsversuch des Deutschen Reiches verklärt und ab 1933 alljährlich symbolisch reinszeniert wurde. Die NS-Propaganda deutete das Geschehen vom kläglichen Misserfolg eines dilettantischen Staatsstreichversuchs zum triumphalen Heilsgeschehen um, dessen mit allen Emblemen und dem Ritual einer politischen Religion feierlich gedacht wurde. Der gelernte Pferdeknecht Christian Weber, seit 1920 NSDAP-Mitglied und als Leibwächter zur engsten Entourage Hitlers gehörend, leitete nach seinem Aufstieg zum Münchner Lokalpolitiker das Amt für den 8./9. November, das für die Dekoration und Inszenierung des Spektakels und die Betreuung der «Alten Kämpfer» zuständig war.[6] Am Abend des 8. Novembers trafen sich im Münchner Bürgerbräukeller stets die «Alten Kämpfer», um des Putschversuchs von 1923 zu gedenken. Am 9. November wurden die «Blutzeugen der Bewegung» mit einem makabren Zeremoniell geehrt. Kostümiert wie damals (ein eigener Fundus verwaltete die historischen Gewänder), marschierte die NS-Prominenz den gleichen Weg wie 1923, musikalisch untermalt und dekoriert mit

Fahnenschmuck und Feuerschalen auf Pylonen. Aber jetzt endete der Zug nicht mehr an der Feldherrnhalle, dem Ort des einstigen kläglichen Scheiterns, sondern ging weiter zum Königsplatz. Die noble klassizistische Anlage Leo von Klenzes hatten die Nationalsozialisten zum Aufmarschplatz verunstaltet. Das «Parteiforum» der NSDAP war mit Platten belegt (weil darauf die Stiefel von Marschformationen so schön knallten) zum zentralen Kultort und Aufmarschgelände des Nationalsozialismus geworden. Überragt vom «Führerbau» und dem «Verwaltungsbau der NSDAP» bildeten zwei Ehrentempel für die «Blutzeugen der Bewegung» von 1923 den Mittelpunkt. Die «Gefallenen der Bewegung», die 15 Toten der Schießerei an der Feldherrnhalle vom 9. November 1923, waren 1935 in die Ehrentempel überführt worden. Jeweils am 9. November wurden auf dem Königsplatz die Herangewachsenen der HJ in die NSDAP übernommen, den Abschluss bildeten nächtliche Treueschwüre des SS-Nachwuchses auf dem Platz.

Die alljährliche Rede Hitlers vor den «Alten Kämpfern» der NSDAP am Abend des 8. November im Bürgerbräukeller war ein Höhepunkt des nationalsozialistischen Feierjahrs. Im Bürgerbräusaal, der Platz für 2000 Gäste bot, fühlten sich Parteiprominenz und Gefolgsleute aus der Anfangszeit der NSDAP, als sie noch eine radikale völkische Sekte mit einem linkischen Demagogen an der Spitze gewesen war, en famille, schwelgten in Erinnerung und lauschten ihrem Idol, das die armseligen Anfänge der Bewegung zum nationalen Heldenepos stilisierte.

Am 8. November 1939 war die Situation anders als in den Vorjahren. Am 1. September hatte der Krieg begonnen, auf den Hitler zielstrebig hingearbeitet hatte. Das übliche Ritual des Abends war verkürzt worden. Hitler sollte unmittelbar nach der Veranstaltung nach Berlin abreisen. Wegen schlechten Wetters konnte er nicht fliegen. Die Abfahrt des Sonderzuges im Münchner Hauptbahnhof war auf 21.32 Uhr festgesetzt. Deshalb verließ Hitler mit seinem Gefolge aus Reichsministern und Parteigrößen um 21.07 Uhr unter den Klängen der Nationalhymne den Raum. Als die Bombe um 21.20 Uhr explodierte, waren noch 200 Personen im Saal, die beim Bier die Führerrede nachklingen und nachwirken ließen.

Hitler erfuhr bei einem Halt des Zuges in Nürnberg, wie knapp er einem Anschlag entgangen war. Sein Propagandaminister, der mit ihm im Salonwagen saß, informierte ihn und verewigte den historischen Moment in seinem Tagebuch: «In Nürnberg kommt eine Hiobsbotschaft, ich muß dem Führer ein Telegramm überreichen, nach dem kurz nach unserem Verlassen des Bürgerbräus dort eine Explosion stattfand. 8 Tote und 60 Verletzte. Das ganze Gewölbe heruntergestürzt. Das ist ungeheuerlich. Der Führer hält die Nachricht zuerst für eine Mystifikation. Aber ich frage in Berlin nach, alles stimmt. Man hatte schon zweimal versucht, den Zug anzuhalten, aber ohne Erfolg. Der Umfang des Schadens ist riesengroß. Ein Attentat, zweifellos in London erdacht und wahrscheinlich von bayerischen Legitimisten durchgeführt. Der Führer diktiert ein Communique, das ich gleich schon in Nürnberg herausgebe. Wir überlegen ausgiebig wahrscheinliche Täterschaft, Folgen und evtl. Maßnahmen. Wir halten das Volk vorläufig noch zurück, bis wir wenigstens wissen, aus welcher Richtung der Anschlag kommt. Der Führer und wir alle sind wie durch ein Wunder dem Tode entronnen. Wäre die Kundgebung wie alle Jahre vorher programmgemäß durchgeführt worden, dann lebten wir alle nicht mehr. Er steht doch unter dem Schutz des Allmächtigen. Er wird erst sterben, wenn seine Mission erfüllt ist.»[7]

Für Hitler und sein Sprachrohr Goebbels war die Schuldfrage sofort geklärt. Hitler hatte im Bürgerbräu in seiner Rede den Vorwurf, Großbritannien trage die Schuld am Krieg, eintönig eine knappe Stunde lang paraphrasiert.[8] Folgerichtig meldete der «Völkische Beobachter» am 9. November, «der ruchlose Anschlag» habe im ganzen deutschen Volk höchste Erbitterung und Empörung ausgelöst: «Im gleichen Augenblick, da die Nachricht von dem Verbrechen bekannt wurde, fühlte jeder Deutsche instinktiv, daß England hinter dieser Freveltat steht».[9] Zum Beweis wurde eine Verlautbarung des Reichsführers SS Himmler angeführt, nach der die Spuren der Täter ins Ausland führen würden und dass deshalb eine zusätzliche Belohnung in ausländischer Währung, zahlbar durch die zuständige deutsche diplomatische Vertretung, ausgesetzt sei (damit war das inländische Kopfgeld von 600 000 RM auf insgesamt 900 000 RM erhöht).

Auch als der Täter gefasst war und die Tat gestand, blieb die NS-Propaganda dabei, dass der Anschlag in London ausgeheckt und vom Secret Service durchgeführt worden sei. Als «Werkzeug des englischen Geheimdienstes» wurde «der Verräter Otto Straßer» genannt.[10] Der frühe Gefolgsmann Hitlers und wie sein Bruder Gregor Vertreter des «sozialistischen»

Flügels der NSDAP, hatte 1930 die Partei verlassen und verfolgte an der Spitze der Schwarzen Front einen eigenen Kurs gegen Hitler. 1933 war er ins Exil gegangen. Er hatte mit dem Anschlag im Bürgerbräukeller aber nichts zu tun.

Um Beweise für die Verantwortung des Secret Service zu schaffen, wurde der Venlo-Zwischenfall inszeniert: Da weder Hitler noch Himmler an die Alleintäterschaft des festgenommenen Attentäters glauben wollten, wurden zwei britische Agenten mit Verbindungen zum Reichssicherheitshauptamt bei Venlo an der deutsch-niederländischen Grenze in einen Hinterhalt gelockt und auf deutsches Territorium verschleppt. Captain Best und Major Stevens blieben bis Kriegsende in KZ-Haft, um als Beweise für eine britische Verschwörung präsentiert werden zu können. Weder sie noch der britische Geheimdienst waren tatsächlich in das Münchner Attentat involviert.

Otto Straßer, der nach Hitlers Meinung maßgebliche Drahtzieher, meldete sich mit einem Gegenangriff zu Wort. Seit seinem Bruch mit Hitler versuchte er an der Spitze einer kleinen und in sich ziemlich zerstrittenen Schar von «Revolutionären Nationalsozialisten» als Herold von Nationalbolschewisten, enttäuschten NSDAP-Mitgliedern, antikapitalistisch, völkisch und nationalistisch gestimmten Querfrontlern mit der Schwarzen Front erst in Deutschland, ab 1933 in Österreich, dann in Prag und ab 1938 in der Schweiz, schließlich in Kanada mit publizistischen Mitteln, Broschüren, einer Zeitung und Kurzwellensendern, Widerstand gegen Hitler zu leisten.[11] Zu einem Attentat war der nach Prag emigrierte Student Helmut Hirsch angestiftet worden.

Im November 1939 setzte der Chef der Schwarzen Front der NS-Propaganda eine eigene Legende entgegen: Straßer, den die Schweiz am 13. November 1939 nach Frankreich auswies, behauptete, das Attentat sei eine nationalsozialistische Provokation, ein «außenpolitischer Reichstags-Brand». Er verwies damit auf die nicht nur von Zeitgenossen gern geglaubte Legende, die Nationalsozialisten hätten im Februar 1933 den Brand des Reichstagsgebäudes selbst angestiftet, um einen Vorwand zur Bekämpfung von Gegnern und zur Errichtung der Diktatur zu haben. Beim Bürgerbräuattentat, das glaubten auch viele ausländische Zeitungen, hätten die Nationalsozialisten den schmutzigen Trick wiederholt, um die Welt an Hitlers Unverwundbarkeit durch die Kraft der «Vorsehung» glauben zu machen, das deutsche Volk für den Krieg emotional um den «Führer» zu scharen und potentielle Gegner in den eigenen Reihen zu lähmen. Noch einen Schritt weiter ging die Vermutung, Hitler habe den Anschlag so inszeniert, dass er zugleich den Effekt der Säuberung der NSDAP von missliebig gewordenen «Alten Kämpfern» – den Opfern der Bombe im Bürgerbräukeller – hatte. Solches wurde noch über den Zusammenbruch des «Dritten Reiches» hinaus geglaubt.[12]

Das NS-Regime war naturgemäß sehr interessiert, den Anschlag auf Hitler als ausländische Machenschaft darzustellen. Entsprechend berichtete die gelenkte Presse, die den Auftrag hatte, die Einheit von Volk und Führer als unverbrüchlich darzustellen. Das Provinzblatt «Der Grenzbote», das in Heidenheim an der Brenz erschien, berichtete am 9. November noch ohne Kenntnis der Tatsache, dass der verhaftete Attentäter aus der engeren Region stammte: «Mit tiefer Trauer empfingen wir die Botschaft von dem Attentat in München, wo 8 brave Kämpfer ihre Treue zum Führer mit dem Tode bezahlten. Wir schätzen uns trotz dieser bitteren Opfer glücklich, daß der Führer von dem Anschlag verschont blieb. Der Feind wußte, wie sehr Adolf Hitler seinem deutschen Volk an das Herz gewachsen ist. Aus seiner Rettung ersehen wir aber, daß der Allmächtige den Führer gesegnet hat und ihm nichts zustoßen ließ. Er will haben, daß der Führer auf dieser Welt seine Mission erfüllen darf. Wie haben wir damals gebangt, als Adolf Hitler sich auf den Kriegsschauplatz in Polen begab, wie er im Flugzeug über Warschau flog. Als dann offenbar wurde, wer der Münchner Attentäter ist, haben wir wieder den Atem angehalten. Der englische Geheimdienst hat das Attentat gewollt und ausgerechnet einen Deutschen als Verbrecher gefunden, der so etwas begehen konnte. Hoffentlich wird dieser der erste Verbrecher sein, der nach dem neuen Gesetz aufgehängt wird.»[13]

Die gleichgeschaltete und von Goebbels durch Sprachregelungen inhaltlich gelenkte deutsche Presse verurteilte die Tat mit nur geringen Variationen des Ausdrucks der Empörung in der gleichen Weise wie der Heidenheimer «Grenzbote». Das amtliche Deutsche Nachrichten Büro (DNB) gab den Ton und die Fakten vor, die teilweise frei erfunden waren, wie die Erklärung Himmlers am 10. November, die Spur führe ins Ausland. Die Details dachten sich Journalisten im Dienst der Wahrheit des Regimes aus: «Man kann ruhig schon heute sagen, dass jedenfalls in Bezug auf die Legierung einzelner Metallteile tatsächlich ein ausländischer Ursprung nachzuweisen sein wird.»[14]

Der Auslandspresse standen außer den Verlautbarungen der Reichspressekonferenz keine Informationen zum Münchner Attentat zur Verfügung. In den Kommentaren überwog die Annahme, das NS-Regime habe das Ereignis getürkt, da die Behauptung, der britische Geheimdienst habe die Hände im Spiel, nicht beweisbar und die Präsentation Elsers als Werkzeug der Briten unglaubwürdig war. Die Schweizer Presse folgte weithin unisono den Vorgaben der NS-Pressepolitik. Eine Ausnahme bildete die «Appenzeller Zeitung», die mit Ironie und Sarkasmus das «Wunder von München» betrachtete. Am 10. November hieß es: «Die Schilderung des Bombenattentats im Münchner Bürgerbräukeller nimmt in Deutschland in Presse und Radio einen großen Raum ein. Man weiß vorläufig noch nicht das Geringste über die Urheber der Tat, man weiß nur, daß England schuld ist, wie es früher immer die Bolschewisten und die Juden waren. Indessen finden sich die Bolschewisten heute unter jenen, welche Hitler gratulieren, daß er dem Anschlag entging, während die deutschen Juden, die vor genau einem Jahr die Ermordung des deutschen Botschaftsrats vom Rath in Paris mit der Zahlung einer Milliardenkontribution und einem Pogrom büßen mußten, diesmal scheinbar nicht verdächtigt werden. Die Tatsache, daß Hitler und alle höheren Parteiführer dem Attentat nicht zum Opfer fielen, wird als ein Wunder bezeichnet und als Beweis angesehen, daß der deutsche Führer unter dem Schutz der Vorsehung stehe. Wir enthalten uns eines Kommentars zu den Ereignissen im Bürgerbräukeller; denn es scheint uns zwecklos, Wunder zu kommentieren ...»[15] Am 23. November zählte das Blatt die Aspekte des Wunders auf, «bei welchem sich das nationalsozialistische Führerkorps mit Adolf Hitler an der Spitze durch vorzeitiges Verlassen des Bürgerbräukellers der Vernichtung entzogen hat, bei dem dieser selbe Bürgerbräukeller nächtelang von einem staatsfeindlichen Individuum ‹bearbeitet› werden konnte, bei dem man schon einige Stunden nach dem Attentat ‹die Hand Englands› gesehen hat und bei dem der sonst so geschickte Täter es versäumte, rechtzeitig ins Ausland zu verduften.»[16]

Das «Thurgauer Tagblatt» druckte mit Sympathie für Hitler die Glückwünsche Mussolinis und anderer Staatsmänner, berichtete über den Empfang des päpstlichen Nuntius Orsenigo bei Hitler, bei dem er als Doyen des diplomatischen Korps zur Errettung gratulierte und die Glückwünsche des Papstes übermittelte. In Basel hielt die «National-

Zeitung» dagegen den Deutschen den Spiegel vor. Sie druckte am 9. und 15. November in zwei Folgen die Eindrücke eines Kaufmanns von einer Reise nach Deutschland. Er habe viele getroffen, die «Heil Hitler!» gerufen, ihm dann aber unter vier Augen versichert hätten, der Spuk des «Tausendjährigen Reiches» werde bald vorbei sein. Das Fazit des Eidgenossen lautete, im Allgemeinen denke «das deutsche Volk politisch überhaupt nicht oder dann erstaunlich naiv».[17] Das katholische «Basler Volksblatt» kommentierte in einzigartiger Deutlichkeit vor allen anderen Schweizer Blättern die Lage in Deutschland: «Die freie Meinungsäußerung gehört im Reich längst der Vergangenheit an; die Persönlichkeitswerte und -rechte sind eingeschränkt, wenn nicht gar in einer Weise beschnitten, die jede Individualität ausschließt und den Einzelmenschen zur schicksalsmäßigen Nummer stempelt. Gewissen Kategorien von Menschen ist das Bürgerrecht abgesprochen worden; sie sind recht- und schutzlos, sitzen im Gefängnis und Konzentrationslager, bar jeden rechtlichen Beistandes, um der ‹Sicherheit› des Regimes willen. Der Jude ist dem Sklaven gleichgestellt. Seine Habe werden ihm [so!] enteignet und soweit er noch vegetiert, steht ihm das Los der Verbannung in Judenreservate bevor ... Diese Einschnürung des Eigenlebens der Nation und seine einförmige Gleichschaltung unter den spezifischen Habitus des totalitären Staates muss naturgemäß Explosivstoffe anhäufen und gelegentlich zur gewaltsamen Entladung bringen. Bisher habe die Gestapo in ‹ihrem Übereifer› alles ruhig halten können. Das Attentat im Münchner Bürgerbräukeller ist als Dolchstoß des ‹Hinterlandes› anzusehen.» Damit lag der Basler Autor, der an kein ausländisches Komplott glauben wollte, genau richtig.[18]

Die Blätter des Exils legten im Gegensatz zur NS-Presse großen Wert darauf, das Attentat als Widerstand aus dem Volk darzustellen, und wiesen deshalb auch Spekulationen über eine Inszenierung der NS-Propaganda zurück. Im «Neuen Vorwärts», dem Wochenblatt der SPD im französischen Exil, hieß es: «Beim Bürgerbräukellerattentat muß man erst herumraten und herumkonstruieren, welchen politischen Zweck das System vielleicht mit dem Attentat verfolgt haben könnte, wenn man von der Annahme einer Inszenierung ausgeht. In dieser Hinsicht gibt es gar keine Parallele zwischen dem Reichstagsbrand und dem Bürgerbräukellerattentat. Von Tag zu Tag befestigt sich vielmehr der Eindruck: dieses Attentat ist ein ernstlicher Schlag gegen das System.»[19]

Auch in den «Deutschland-Berichten» der SOPADE wurden Stimmen zitiert, die der offiziellen Lesart Skepsis entgegenbrachten: «Das Attentat in München hat die Bevölkerung sehr aufgewühlt. Niemand ist noch davon überzeugt, dass die Engländer die Urheber sind. Mehr und mehr nimmt die Meinung zu, dass tatsächlich ein Attentat auf Hitler geplant war und dass es nur einem Zufall zu verdanken ist, wenn er mit dem Leben davon kam.»[20] Aus einem deutschen Bergbaubetrieb wurde über die Stimmung nach dem Anschlag berichtet: «Das Münchner Attentat hat ungeheuere Aufregung verursacht. In den ersten Tagen gab es eine wahre Sturmflut von Gerüchten und es wurde heftig debattiert. Viele wollten in dem Attentat den Anfang von Hitlers Ende sehen und alle wurden schon recht frech und offen. Da erfolgten, zwei Tage nach dem Anschlag, viele Verhaftungen, zunächst von Juden, dann von politischen Gegnern des Systems. Sofort wurde es wieder stiller und die Leute wurden ängstlich.»[21]

Die Polizei reagierte schnell auf den Anschlag im Bürgerbräu. Großalarm, Abriegelung des Tatorts, Verhöre sämtlicher Angestellter der Gaststätte, Verhaftung des Pächters und einiger Bediensteter waren die ersten lokalen Maßnahmen. Die Grenzkontrollen zum Ausland wurden verstärkt. Eine «Sonderkommission Bürgerbräuattentat» wurde auf höchster Ebene in Berlin eingerichtet, die Leitung hatte der Chef des Reichskriminalpolizeiamtes im Reichssicherheitshauptamt, SS-Oberführer Arthur Nebe.[22] Die Kommission spiegelt die Rivalitäten im Herrschaftsapparat des NS-Staates: eingesetzt auf Befehl Reinhard Heydrichs, des Chefs des Reichssicherheitshauptamtes, dem nur noch der Reichsführer SS Himmler vorgesetzt war, welcher ebenso wie Hitler selbst lebhaften Anteil an den Ermittlungen nahm, entwickelte die Sonderkommission ihre Aktivitäten in zwei Zweigen, der Tatortkommission mit einem erfahrenen Kriminalisten, Hans Lobbes, und der Täterkommission unter einem Gestapo-Offizier, Franz-Josef Huber.

Als Leiter der Sonderkommission Bürgerbräuattentat achtete Nebe mit Erfolg darauf, dass seine Kriminalpolizei vor der Geheimen Staatspolizei Ergebnisse liefern konnte. Zusammen mit Heydrich und dem Gestapo-Chef Müller traf Nebe am Morgen des 9. November in München ein. Während die Täterkommission den zahllosen Hinweisen und Denunziationen aus dem Publikum nachging, fand die Tatortkommission im Schutt des Bürgerbräu rasch die Reste der Höllenmaschine, die in einem Pfeiler direkt hinter dem Rednerpult, von dem aus Hitler gesprochen hatte, installiert gewesen war. Den Kriminalisten war schnell klar, dass die Bombe in langwieriger Arbeit eingebaut worden war, dass der Sprengstoff aus dem zivilen, nicht aus dem militärischen Bereich stammte und dass der Zündmechanismus durch ein Uhrwerk gesteuert war. Das deutete zum einen auf die Zielstrebigkeit des Attentäters, zum anderen darauf, dass der Apparat nicht aus professioneller Hand stammte, sondern das Werk eines geschickten Bastlers war.

Ab 11. November gab es auf Verfügung Heydrichs im Reichssicherheitshauptamt eine neue, den beiden Zweigen der Sonderkommission Bürgerbräuattentat übergeordnete «Zentralkommission Anschlag München». Damit hielt er nicht nur die Fäden in der Hand, es wurde auch deutlich, wie ernst die NS-Führung das Ereignis nahm.[23] An diesem Tag besuchte Hitler anlässlich der Trauerfeier für die Opfer des Attentats den in Trümmern liegenden Saal und ließ sich die Stelle zeigen, an der er den Tod finden sollte. Nach dem Täter wurde nicht nur mit bürokratischem Aufwand, sondern mit großem personellem Einsatz gesucht. Dass er längst gefasst war, wussten die Ermittler aber noch nicht.

Am Abend des 8. November um 20.45 Uhr hatten zwei Zollbeamte in Konstanz einen Mann aufgegriffen, als er die grüne Grenze zur Schweiz überschreiten wollte. Wegen des Verdachts auf Fahnenflucht brachten die Zöllner den Mann ins Zollhaus Kreuzlinger Tor. Gegen 22 Uhr wurde er zum Grenzkommissariat Konstanz überstellt. Eine Leibesvisitation förderte Teile von Zündern, ein Abzeichen des Rotfrontkämpferbundes und eine Ansichtskarte des Münchner Bürgerbräukellers zu Tage. Inzwischen war in München die Bombe detoniert. Es dauerte aber noch Tage, bis klar war, dass der schwäbisch sprechende Schreinergeselle Georg Elser der Attentäter von München war.

Die höchsten Stellen beharrten indessen darauf, dass Großbritannien verantwortlich sei und deshalb Georg Elser allenfalls ausführendes Werkzeug gewesen sein könne. An dieser Version hielt die NS-Propaganda hartnäckig fest. Am 22. November erfuhr die Öffentlichkeit durch den «Völkischen Beobachter», dass der Attentäter gefasst sei, Georg Elser heiße und sein Auftraggeber der britische Geheimdienst sei.[24]

Georg Elser war 36 Jahre alt, als sein Foto im «Völkischen Beobachter» die Nachricht der Ergreifung des Hitler-Attentäters illustrierte.[25] Es zeigte einen nachdenklich oder skeptisch blickenden Mann im offensichtlich untypischen Sonntagsstaat, unrasiert und durch die Gestapo-Haft leicht verwahrlost. Der Anblick sollte den Bildlegenden wie «Der gemeinste Verbrecher des Jahrhunderts»[26] oder «Das gekaufte Werkzeug – Georg Elser»[27] entsprechen.

Georg Elser war am 4. Januar 1903 im Königreich Württemberg zur Welt gekommen, in Hermaringen bei Heidenheim an der Brenz. Im nahegelegenen Königsbronn am Ostrand der Schwäbischen Alb wuchs er auf. Der Vater, Ludwig Elser, stammte aus einem Bauernhof; mit 18 Geschwistern war er aufgewachsen. Im November 1903 heiratete er die sieben Jahre jüngere Maria Müller aus Hermaringen; sie war Magd auf dem elterlichen Hof gewesen. Bei der Hochzeit war ihr Sprössling Georg bereits zehn Monate alt; er wurde nachträglich als eheliches Kind anerkannt. Fünf Geschwister kamen im Lauf der Zeit dazu. Die wirtschaftlichen Verhältnisse der Familie Elser in Königsbronn waren armselig. Der kleine Hof, den der Vater mit Unlust bewirtschaftete, reichte zum Leben nicht aus, Ludwig Elser betrieb deshalb auch ein Fuhrgeschäft und verlegte sich dann auf den Holzhandel. Die Landwirtschaft besorgte im Wesentlichen die Mutter mit Hilfe der Kinder. Georg, der Älteste, hatte naturgemäß die meisten Pflichten im Stall und auf dem Feld, außerdem musste er sich viel um die jüngeren Geschwister kümmern. Das Ärgste war die Trunksucht des Vaters und seine Gewalttätigkeit gegen die Mutter. Die Familie geriet ins Elend, der Hausherr, auch im Holzhandel glücklos, kam immer öfter lärmend und besoffen nachhause.

1910 kam Georg in die Schule. Er sei ein mittelmäßiger Schüler gewesen, sagte er von sich. Schönschreiben, Rechnen und Zeichnen waren seine Stärken, gefördert wurde er nicht, weder in der Dorfschule noch von den Eltern. 1917 verließ Georg 14-jährig die Schule. Zuhause wurde er als kostenlose Arbeitskraft dringend gebraucht, vom Vater im Holzhandel, von der Mutter in der Landwirtschaft. Nach einem halben Jahr begann er eine Lehre als Eisendreher in den Schwäbischen Hüttenwerken Königsbronn. Nach eineinhalb Jahren brach er ab. Er war körperlich überfordert. Im März 1919 startete er neu mit einer Schreinerlehre, die er im Frühjahr 1922 mit der Gesellenprüfung als Jahresbester abschloss. Der Beruf des Möbeltischlers erfüllte ihn. Georg Elser achtete penibel auf Genauigkeit und Qualität. Werkstolz gehörte wie Gerechtigkeitssinn zu seinem Charakter. Bis Herbst 1923 übte er sein Handwerk erst in Königsbronn, dann in Aalen aus. Wegen der Inflation, die den Lohn zunichte machte, kündigte er und arbeitete wieder für Kost und Logis bei den Eltern. Eine kleine Werkstatt richtete er sich im Elternhaus ein, um auch schreinern zu können.

Georg Elser liebte die Musik. Als Autodidakt spielte er erst Flöte, kaufte sich dann eine Ziehharmonika und eignete sich die zum Spiel notwendigen Fertigkeiten selbst an. Ohne Notenkenntnis spielte er nach Gehör. Für die Zither, die er 1926 in Konstanz erwarb, nahm er dann gründlichen Unterricht. Ein paar Jahre später kam der Kontrabass hinzu, auf dem er im Zitherclub Königsbronn und im Gesangverein Konkordia musizierte.

Seine besten Jahre verbrachte der junge Mann ab Anfang 1925 am Bodensee. Um sich beruflich fortzubilden und den desolaten Familienverhältnissen zu entfliehen, hatte er sich nach alter Handwerkersitte auf Wanderschaft begeben. In Bernried bei Tettnang fand er Arbeit in einer Möbelschreinerei, kündigte aber bald, weil ihm die Ausstattung der Werkstatt unzulänglich schien. In den Dornier-Werken in Manzell brauchte man einen gelernten Schreiner für den Bau von Flugzeugpropellern. Elser verdiente so gut wie noch nie, zog dann aber doch weiter nach Konstanz, arbeitete in einer Uhrenfabrik, wurde arbeitslos, fand in Bottighofen in der Schweiz Beschäftigung, bis er wegen Auftragsmangel entlassen wurde und in Meersburg wieder in einer Uhrenfabrik arbeitete. Geselligkeit übte Georg Elser in den Trachtenvereinen Oberrheintaler und Alpenrose. In der Konstanzer Zeit engagierte sich Elser auch im Freien Abstinentenverein Kreuzlingen, was wohl ein Reflex auf den trinkenden Vater war.

Bei den Damen war der zurückhaltende, höfliche junge Mann beliebt. Mit der Näherin Mathilde Niedermann war er von 1928 bis 1930 zusammen. Am 11. September 1930 kam ihr Sohn Manfred zur Welt, aber die Partnerschaft zerbrach bald danach. Die Mutter erzog den Knaben allein, heiratete dann, Kontakte zwischen Vater und Sohn gab es nicht. Georg Elser, der Unterhalt für seinen Sohn leistete, wurde nach dem Attentat in der Familie seiner einstigen Freundin totgeschwiegen. Aber den späten Ruhm seines Vaters als Widerstandskämpfer hat Manfred, der 1997 starb, mit Freude und Stolz erlebt. Die Weltwirtschaftskrise beendete Georg Elsers Aufenthalt am Bodensee. Im Frühjahr 1932 gab es nach dem Konkurs der Meersburger Uhrenfabrik und einer kurzen Zeit in einer Bautischlerei keine Arbeit mehr. Er verdingte sich als Störschreiner. Mehrere Familien gaben Elser nacheinander Unterkunft und Verpflegung für die Reparatur von Mobiliar. Als Elser am Ende seiner finanziellen Möglichkeiten Mitte 1932 beschloss, nach Königsbronn zurückzukehren, endete auch seine Beziehung zu Hilda Lang, einer Schneiderin in Konstanz.[28]

Das Dorf Königsbronn, in das Georg Elser im August 1932 zurückkehrte, war im Wandel begriffen. Die ökonomische und politische Situation hatte sich Ende der 1920er Jahre verschlechtert. Arbeitslosigkeit und Niedriglöhne grassierten auch in der schwäbischen Provinz. Nicht wenige traten der Hitler-Bewegung bei und taten ihre neue Überzeugung von der heilbringenden Wirkung des Nationalsozialismus lautstark kund. Für Georg Elser, der die NSDAP und ihre Führer verachtete, stand jedoch persönliches Unglück im Vordergrund; die Zerrüttung der Familie und deren unaufhaltsamer wirtschaftlicher Ruin. Georgs Rückkehr ins Heimatdorf und Elternhaus wurde von der Mutter und dem jüngeren Bruder Leonhard begrüßt, vom Vater teilnahmslos hingenommen. Die Freude über den heimgekehrten Ältesten war allerdings fern aller herzlichen Emotionen rein ökonomischer Natur. Georgs Arbeitskraft wurde gebraucht, auch geschätzt, aber nicht entlohnt. Die Eltern, Maria und Ludwig Elser, lebten im Laufe ihrer Ehe mehrere Male über längere Zeit voneinander getrennt, sie waren einander gründlich entfremdet. 1935 waren die Schulden aufgrund der Misswirtschaft des Vaters so hoch, dass der kleine Hof – natürlich unter Wert – verkauft werden musste. Der größere Teil des Erlöses diente der Tilgung der Schulden. Maria Elser brachte sich dann als Tagelöhnerin durch und arbeitete zuletzt in der Brauerei zum Rössle, Ludwig Elser ging keiner Beschäftigung mehr nach. Er hauste in einer Hütte auf einer ihm verbliebenen Obstwiese.

Georg Elser trat 1936 bei einem Königsbronner Schreiner in Dienst, kündigte aber bald wieder – nicht nur wegen des niedrigen Lohnes, sondern vor allem wegen der Belehrungen, die ihm der fachlich unterlegene Dienstherr ständig angedeihen ließ. Der karge Lohn kränkte Elsers Gerechtigkeitssinn, das nörgelnde Besserwissen sein sensibles Ehrgefühl. Im Dezember 1936 fand Georg Elser eine neue Stelle, zunächst als Hilfsarbeiter, in der Armaturenfabrik Waldenmaier in Heidenheim.

Der introvertierte, wortkarge Einzelgänger war, wie in der Zeit am

Bodensee, ein Freund der Geselligkeit und pflegte sie im Königsbronner Zitherclub und im Gesangverein, beteiligte sich an Ausflügen und ging eine neue Liebesbeziehung ein. Seine Freundin Elsa war allerdings verheiratet, wenngleich unglücklich mit einem trinkenden Ehegatten. 1938 wurden Elsa und Hermann Härlen geschieden. Aber in den von kleinbürgerlichen Normen geprägten Verhältnissen der engen Welt Königsbronns blieb das Verhältnis von Georg und Elsa mit einem Makel behaftet.[29] Dass Georg im Hause Härlen wohnte und sich dort im Keller eine Werkstatt eingerichtet hatte, machte die Dinge komplizierter. Nach dem Rauswurf durch den Nochehemann wohnte Georg Elser ab Anfang 1937 in der Dachkammer der neuen Behausung seiner Mutter. Sie lebte mit ihrem Sohn Leonhard in einer Doppelhaushälfte, die sie von ihrem Anteil des Erlöses des Hofes und mit einer Hypothek erworben hatte. Krach gab es dort nicht nur wegen der Besuche Elsas bei Georg, die von der Mutter und dem Bruder als unanständig betrachtet wurden, weil sie noch nicht geschieden war, sondern auch wegen der Forderung des Bruders Leonhard, Georg müsse für die Dachkammer Miete bezahlen.

Das war zu viel für den empfindlichen Gerechtigkeitssinn Georg Elsers. Er war benachteiligt, denn als Eigentümer des vom Bauunternehmer Karl Vollmer im Sommer 1936 erworbenen Häuschens waren die Eltern Ludwig und Maria Elser und ihr Sohn Leonhard eingetragen worden, nicht aber Georg. Er fühlte sich zurückgesetzt, denn seine Leistungen von klein auf für die Familie waren dadurch missachtet. Die Eltern hatten ihm früh Verantwortung für die jüngeren Geschwister übertragen, und er hatte vor seiner Zeit am Bodensee wie nach der Rückkehr ins Dorf stets ohne Lohn der Mutter in der Landwirtschaft und dem Vater im Wald und beim Holzhandel geholfen. Im Mai 1939 verließ Georg die Dachkammer und schied von der Familie.

Seine politischen Überzeugungen waren zur Zeit des Münchner Abkommens Ende September 1938 gefestigt, als die Regierungen von Großbritannien und Frankreich Hitlers Forderung auf das Sudetengebiet erfüllten, auf Kosten der Integrität und Souveränität der Tschechoslowakei. Für Georg Elser stand fest – das gab er auch der Gestapo nach der Verhaftung im November 1939 zu Protokoll –, dass das NS-Regime die Konzessionen der Appeasement-Politik nicht mit Mäßigung belohnen werde, vielmehr Hitler unbedingt einen Krieg wolle. Die Abneigung des Individualisten, dem die persönliche Freiheit über alles ging, gegen die vielfältigen Zwänge des nationalsozialistischen Alltags, gegen die martialischen Rituale der «Volksgemeinschaft», gegen den Hitlergruß, den das dressierte Volk gehorsam entbot, waren schon früh ausgeprägt. Das Rechtsgefühl des schlichten schwäbischen Schreinergesellen stieß sich an der Rabulistik einer Sozialpolitik, die mit Zwangsorganisationen wie dem Reichsarbeitsdienst, dem Reichsnährstand und der DAF, weil deren Verheißungen wie «Kraft durch Freude» nur die Gleichschaltung und Formierung aller Arbeitenden zum Ziel hatten, bei sinkendem Realeinkommen, unter Verlust von Freizügigkeit, Tarif- und Koalitionsfreiheit. Die Realität der NS-Arbeitswelt in Gestalt von Ausbeutung und Quieszierung der Werktätigen, verbrämt mit gemeinschaftsstiftenden Phrasen und dekoriert mit nationalistischen völkischen Parolen, die Lebensraum und Hegemonie versprachen, war natürlich nicht nur Georg Elser bewusst. Aber er zog Konsequenzen aus dem, was er scharf beobachtete, und analysierte unbestechlich.

Seine Einsichten und Motive für das Bestreben, den Lauf der Dinge zu ändern, sind im Protokoll der Verhöre durch die Gestapo dokumentiert. Natürlich hat Elser nicht in dem ledernen Beamtendeutsch seine Beweggründe in Worte gefasst. Was er in schwäbischer Mundart formulierte, haben die Polizeikommissare geglättet, ins Schriftdeutsche übersetzt, sie haben zusammengefasst und redigiert. Aber der Inhalt ist mit Sicherheit richtig wiedergegeben, denn er entspricht dem aufrechten, redlichen Charakter des Aussagenden: «Nach meiner Ansicht haben sich die Verhältnisse in der Arbeiterschaft nach der nationalen Revolution in verschiedener Hinsicht verschlechtert. So z. B. habe ich festgestellt, dass die Löhne niedriger und die Abzüge höher wurden. Während ich im Jahre 1929 in der Uhrenfabrik in Konstanz durchschnittlich 50,– RM wöchentlich verdient habe, haben die Abzüge zu dieser Zeit für Steuer, Krankenkasse, Arbeitslosenunterstützung und Invalidenmarken nur ungefähr 5,– RM betragen. Heute sind die Abzüge bereits bei einem Wochenverdienst von 25,– RM so hoch. Der Stundenlohn eines Schreiners hat im Jahre 1929 eine Reichsmark betragen, heute wird nur noch ein Stundenlohn von 68 Pfg. bezahlt Es ist mir erinnerlich, dass 1929 sogar ein Stundenlohn von 1,05 RM tarifmäßig bezahlt worden ist. Aus Unterhaltungen mit verschiedenen Arbeitern ist mir bekannt, dass auch in anderen Berufsgruppen nach der nationalen Erhebung die Löhne gesenkt und die Abzüge größer wurden. Beispiele kann ich nicht anführen. ... Ferner steht die Arbeiterschaft nach meiner Ansicht seit der nationalen Revolution unter einem gewissen Zwang. Der Arbeiter kann z. B. seinen Arbeitsplatz nicht mehr wechseln, wie er will, er ist heute durch die HJ nicht mehr Herr seiner Kinder und auch in religiöser Hinsicht kann er sich nicht mehr so frei betätigen. Ich denke hier insbesondere an die Tätigkeit der Deutschen Christen.»[30]

Anders als diejenigen, die sich in die Ohnmacht der kleinen Leute fügten, die Diktatur als höhere Gewalt hinnahmen und allenfalls auf bessere Zeiten hofften, empfand Elser die Notwendigkeit zu handeln. Er war im landläufigen Sinne kein politischer Mensch. Er war gewerkschaftlich im Holzarbeiterverband organisiert; das gehörte für ihn zum beruflichen Status. Engagiert hat er sich, über die formale Mitgliedschaft hinaus, nicht. Elser hatte bis 1933 stets KPD gewählt, weil er die Interessen der Arbeiter durch diese Partei am besten vertreten glaubte. Mit dem Parteiprogramm und politischen Theorien hatte er sich nie beschäftigt. Höchstens dreimal hatte er Versammlungen besucht, und zwar als Mitglied des Rotfrontkämpferbundes, das er auf Werben eines Kollegen in Konstanz geworden war.

Georg Elser war, protestantisch erzogen und aufgewachsen, Christ. Möglicherweise nicht im Sinne der amtskirchlichen Beobachtung von Sitte und Brauch und regelmäßiger Übung und gewiss nicht in der in seiner Heimat damals viel geübten Frömmigkeit pietistischer Observanz. Aber christliches Verständnis im Sinne humanen Verhaltens war ihm selbstverständlich. Eine weitere Triebfeder für Lebensgefühl und Haltung Georg Elsers war der Pazifismus, wiederum ohne theoretische Fundierung, vielmehr aus der Erkenntnis des menschlichen Leides, das Kriege verursachen, heraus. Am Ende des Ersten Weltkriegs hatte er gerade die Volksschule absolviert. Die Familie Elser hatte wie die ganze Bevölkerung gehungert, aber in der schwäbischen Provinz gab es keine besonderen Gründe, Krieg aus ethischer Reflexion grundsätzlich zu verdammen. Die Stimmung war in Königsbronn nicht anders als überall im Reich. Die Patrioten glaubten sich um die Früchte des verdienten Sieges betrogen, und alle fühlten sich durch die Folgen beschwert. Für Georg Elser war die Konsequenz selbstverständlich. Er war aus Gefühl und tiefer Überzeugung Gegner von Krieg als Mittel der Politik. Seinen Entschluss zu handeln begründete Elser in den Vernehmungen der Gestapo im November 1939 nach dem gescheiterten Attentat: «Die seit 1933 in der Arbeiterschaft von mir beobachtete Unzufriedenheit und der von mir seit Herbst 1938 vermutete unvermeidliche Krieg beschäftigten stets meine Gedankengänge. Ob dies vor oder nach der Septemberkrise 1938 war, kann ich heute nicht mehr angeben. Ich stellte allein Betrachtungen an, wie man die Verhältnisse der Arbeiterschaft bessern und einen Krieg vermeiden könnte. Hierzu wurde ich von niemandem angeregt, auch wurde ich von niemandem in diesem Sinne beeinflusst. Derartige oder ähnliche Unterhaltungen habe ich nie gehört. Auch vom Moskauer Sender habe ich nie gehört, dass die deutsche Regierung und das Regime gestürzt werden müssen. Die von mir angestellten Betrachtungen zeitigten das Ergebnis, dass die Verhältnisse in Deutschland nur durch eine Beseitigung der augenblicklichen Führung geändert werden könnten. Unter der Führung verstand ich die ‹Obersten›, ich meine damit Hitler, Göring und Goebbels. Durch meine Überlegungen kam ich zu der Überzeugung, dass durch die Beseitigung dieser 3 Männer andere Männer an die Regierung kommen, die an das Ausland keine untragbaren Forderungen stellen, ‹die kein fremdes Land einbeziehen wollen› und die für eine Besserung der sozialen Verhältnisse der Arbeiterschaft Sorge tragen werden.»[31]

Zielstrebigkeit und moralischer Rigorismus unterschieden Elser von allen anderen Widerstandskämpfern. Als er zur Einsicht gelangte, dass es seine Pflicht sei, das Unrechtsregime durch Tyrannenmord zu beseitigen und einen Krieg zu verhindern, zögerte er nicht, die Erkenntnis in die Tat umzusetzen. Über die Schuld, die er als Mörder dadurch nach christlicher Überzeugung auf sich laden würde, hatte er lange nachgedacht, eine viele rettende Tat gegen die damit zu begehende individuelle Sünde abgewogen. Dem Schreinergesellen, der keine Bücher las, war die ethische Problematik seines Tuns vollkommen bewusst. Im Verhör sagte er: «Wenn ich gefragt werde, ob ich die von mir begangene Tat als Sünde im Sinne der protestantischen Lehre betrachte, so möchte ich sagen, ‹im tieferen Sinne, nein!›. Ich glaube an ein Weiterleben der Seele nach dem Tode und ich glaubte auch, daß ich einmal in den Himmel kommen würde, wenn ich noch Gelegenheit gehabt hätte, durch mein ferneres Leben zu beweisen, daß ich Gutes wollte. Ich wollte ja auch durch meine Tat ein noch größeres Blutvergießen verhindern.»[32]

Georg Elsers Religiosität beruhte auf seiner Erziehung. Unter dem

Einfluss der streng protestantischen Mutter wurde gebetet und der Sonntagsgottesdienst besucht, nach der Konfirmation mit abnehmender Tendenz. Im Jahr des Attentats erneuerte Georg die religiösen Bindungen: «Erst im Laufe dieses Jahres ging ich wieder öfter in die Kirche, nämlich bis heute vielleicht seit Jahresbeginn ungefähr 30 mal. Ich bin in letzter Zeit auch öfter werktags in eine katholische Kirche gegangen, wenn gerade keine evangelische Kirche da war, um dort mein Vaterunser zu beten. Es spielt meines Erachtens keine Rolle, ob man dies in einer evangelischen oder katholischen Kirche tut. Ich gebe zu, dass diese häufigen Kirchenbesuche und dieses häufige Beten insofern mit meiner Tat, die mich innerlich beschäftigte, in Zusammenhang stand, als ich bestimmt nicht soviel gebetet hätte, wenn ich die Tat nicht vorbereitet bzw. geplant hätte. Es ist schon so, dass ich nach einem Gebet immer wieder etwas beruhigter war.»[33]

Elser hatte sich auch über den hohen Preis der mit der Tat verbundenen wahrscheinlichen Tötung Unschuldiger Gedanken gemacht. Hitler wollte er zusammen mit seiner Entourage, der Elite des NS-Staats, umbringen, aber Kellnerinnen und Personal des Bürgerbräu nicht gefährden. Dazu hatte Elser zu seiner Beruhigung in Erfahrung gebracht, dass während der Rede Hitlers nicht serviert wurde, sie also während der Detonation nicht im Saal sein würden. Dass es anders kommen sollte, konnte er nicht vorhersehen.

Ein Jahr lang wendete Georg Elser alle Energie auf die Vorbereitung des Attentats. Am 8. November 1938 fuhr er nach München, um die alljährlichen Feierlichkeiten im Bürgerbräukeller zu studieren. Er plante, im folgenden Jahr während der Hitler-Rede eine Bombe direkt hinter dem Rednerpult zu zünden, die auch die Umgebung Hitlers treffen sollte. In der Heidenheimer Fabrik Waldenmaier stahl er nach und nach 250 Preßstücke Pulver. Im März 1939 kündigte er und nahm eine Hilfsarbeiterstellung im Steinbruch Georg Vollmers in Itzelberg bei Königsbronn an, wo er Kenntnisse in Sprengtechnik erwerben und weiteren Sprengstoff organisieren konnte. In der Freizeit beschäftigte er sich mit der Konstruktion seiner Höllenmaschine. Anfang August 1939 zog Elser nach München. Tagsüber führte er Gelegenheitsarbeiten aus, mietete sich möblierte Zimmer erst in der Blumenstraße, dann in der Türkenstraße. Mindestens dreißig Nächte verbrachte er im Bürgerbräukeller, um die Bombe in die Säule im Festsaal einzubauen. Er aß in der Bürgerbräu-Gaststätte zu Abend, verbarg sich dann in einer Abstellkammer bis zur Sperrstunde und arbeitete dann mehrere Stunden an der Aushöhlung der Säule und schließlich an der Installation von Sprengsatz und Zünder. Den anfallenden Bauschutt sammelte er in einem Sack, trug ihn am Tage in einem Handkoffer aus dem Haus und entsorgte ihn im Hochwasserbett der Isar.

Im Gepäck hatte Elser, als er nach München zog, Werkzeug, einige Uhrwerke, die Preßstücke Schießpulver aus der Heidenheimer Fabrik, 150 Sprengpatronen und 120 Sprengkapseln aus dem Itzelberger Steinbruch sowie eine Schachtel Gewehrpatronen. Im Verhör beschrieb Elser nicht nur mit großer Detailfreude sein Vorgehen, sondern auch die Konstruktion seiner Bombe. Als Zündmechanismus dienten drei Gewehrpatronen, die von zwei Uhrwerken ausgelöst wurden. Der übergenaue Handwerker Elser ordnete alle Funktionselemente doppelt und dreifach an, um absolute Gewissheit zu haben, dass sein Plan technisch gelingen würde. In der Haft baute er den Sprengsatz noch einmal komplett nach, weil die Polizei ihn für die Lehrmittelsammlung des Reichssicherheitshauptamts haben wollte. Die Uhrwerke trieben zum eingestellten Zeitpunkt mit einer Feder einen Schlitten mit drei Nägeln auf die Gewehrpatronen, deren Pulverladung die Explosion des Sprengstoffs auslöste.[34]

In der Nacht zum 3. November baute Elser die Bombe in der Säule im Festsaal ein, achtete auf die Dämpfung des Geräuschs der Uhrwerke und stellte am Morgen des 6. November den Zündmechanismus ein. Dann verließ er München und reiste nach Stuttgart zu seiner dort verheirateten Schwester Marie. Sein Perfektionismus ließ ihm jedoch keine Ruhe. So kehrte er nach München zurück, verbrachte die Nacht zum 8. November noch einmal im Saal des Bürgerbräus, um sich zu vergewissern, dass die Uhrwerke noch exakt liefen. Am 8. November fuhr Georg Elser nach Konstanz in der Absicht, illegal in die Schweiz zu gelangen. Als Beweisstücke in der eher illusionären Hoffnung, politisches Asyl in der Schweiz zu erlangen, führte er die Postkarte des Münchner Bürgerbräu und die anderen Belege seines Attentats mit sich, die ihm nach der Verhaftung zum Verhängnis werden sollten.[35]

Als Hitler am 8. November 1939 um 20 Uhr den Festsaal in München betrat, war Elser schon in Konstanz. Eine dreiviertel Stunde später war er verhaftet. Am folgenden Tag befand er sich wieder in München, in Händen der Gestapo, die ihn im Wittelsbacher Palais folterte und am 12. November Mitarbeitern des Bürgerbräukellers gegenüberstellte. Die Ermittlungen am Tatort hatten ergeben, dass die Bombe in knieender Haltung in den Pfeiler des Bürgerbräu-Saales eingebaut worden sein musste. Die geschwollenen und entzündeten Knie Elsers waren die entscheidenden Indizien gegen ihn. In der Nacht zum 14. November gestand Elser die Tat. Zum Schrecken der Vernehmenden bestand er auf der Alleintäterschaft, an der entgegen allen Propagandagetöses auch kein Zweifel möglich war.[36] Dann wurde Elser nach Berlin überführt und dort erneut vernommen, von anderem Personal wegen der politischen Zweifel an der Alleintäterschaft, die zur Unzufriedenheit der höheren Stellen konstatiert worden war.

In der Berliner Gestapo-Zentrale Prinz-Albrecht-Straße 8 erläuterte Elser noch einmal sein Vorhaben anhand von Plänen und Skizzen. Auch in Berlin wurde er misshandelt. Davon konnten sich seine Angehörigen und die ehemalige Geliebte Elsa Härlen überzeugen, die verhaftet und erst von der Stuttgarter Gestapo, dann in Berlin vernommen und mit Georg konfrontiert wurden. Die Eltern Maria und Ludwig Elser wurden erst in Heidenheim, dann in Stuttgart inhaftiert. Die Mutter wurde anschließend nach Berlin gebracht, wie Georgs älteste Schwester Friederike Kraft und ihr Mann aus Schnaitheim, die Schwester Anna und ihr Mann aus Stuttgart, der Bruder Leonhard mit seiner Frau Erna. Elsa Härlen, mit der Georg Elser verlobt gewesen war, die er zum letzten Mal im Januar 1939 gesehen hatte, wusste wie die Eltern und die Geschwister nichts von dem geplanten Attentat. Die in Sippenhaft genommene Familie Elser wohnte unter Polizeiaufsicht grotesk erweise in Berlin im Hotel Kaiserhof, das Hitler und seinem Gefolge als Hauptquartier gedient hatte, ehe er Reichskanzler wurde. Ende November durften die Angehörigen nachhause zurückkehren, wo sie allerdings als Angehörige des verhinderten Hitler-Mörders einen schweren Stand hatten und wie Aussätzige behandelt wurden. Elsers Lieblingsschwester Marie Hirth, die er in Stuttgart nach Abschluss der Vorbereitungen zum Anschlag auf dem Weg in die Schweiz besucht hatte, blieb bis Mitte Februar 1940 in Haft.[37]

Georg Elser, dessen Alleintäterschaft trotz aller Bemühungen der Gestapo nicht widerlegt werden konnte, blieb für den Rest seines Lebens ein Gefangener. Dem Zugriff der Justiz war er allerdings dauerhaft entzogen. Zwar interessierte sich das Reichsjustizministerium für ihn, und im zuständigen Volksgerichtshof in Berlin wurde für einen Prozess eine

Akte angelegt, aber der Chef des Reichssicherheitshauptamts Heydrich machte dem Oberreichsanwalt beim Volksgerichtshof unmissverständlich klar, dass die Rechtspflege nicht gefragt war, nicht einmal das unbedingt systemhörige Tribunal Roland Freislers, das unzählige Widerstandskämpfer in mehr als dubiosen Verfahren rasch und reibungslos zum Tod verurteilte. Hitler und Himmler verständigten sich am 15. Dezember 1939 über die Ergebnisse der Vernehmungen Elsers: Anfang 1940 wurde er in den Zellenbau des Konzentrationslagers Sachsenhausen eingeliefert, dort blieb er in strenger Isolationshaft. Er bekam eine Hobelbank, durfte sein Werkzeug und seine Zither behalten, genoss damit Privilegien, die zur bald wuchernden Legendenbildung über den Gefangenen beitrugen. Im Februar 1945 wurde Georg Elser ins KZ Dachau verlegt, wo er unter den gleichen Bedingungen im Lagergefängnis, dem Arrestgebäude, in Einzelhaft lebte. Im April 1945 wollten sich die Eliten des in Agonie liegenden «Dritten Reiches» prominenter Widerstandskämpfer entledigen. Gestapo-Chef Müller gab den allerhöchsten Befehl weiter an den SS-Standartenführer Huppenkothen, der am 6. April in Sachsenhausen Hans von Dohnanyi hinrichten ließ, drei Tage später wurden im KZ Flossenbürg die «Sonderhäftlinge» Dietrich Bonhoeffer und Wilhelm Canaris liquidiert. Am 9. April hatte der Kommandant von Dachau den Befehl in Händen, Georg Elser diskret zu ermorden; gemeint war, ihn während des nächsten Luftangriffs zu erschießen und die Tat – wie den im April 1944 im KZ Buchenwald am KPD-Chef Ernst Thälmann verübten Mord – als Folge eines alliierten Bombardements zu deklarieren. So viel Mühe gab man sich in Dachau nicht mehr. Elser wurde noch am Abend des 9. April 1945 aus seiner Zelle geholt und am Krematorium erschossen. Die Leiche wurde sofort verbrannt.

Dass Elser nicht vor den Volksgerichtshof gestellt wurde, dass er reichlich fünf Jahre den Status eines Sonderhäftlings im KZ hatte, ist damit zu erklären, dass Hitler nach dem Endsieg einen Schauprozess haben wollte, um seiner Manie vom britischen Komplott zu huldigen. Mitgefangene Elsers waren die beiden britischen Geheimdienstleute Captain S. Payne Best und Major Stevens, die als Zeugen präsentiert werden sollten. Das privilegierte Schicksal Elsers als Sonderhäftling brachte Legenden hervor, die sein Bild lange über sein Ende hinaus prägten. Die NS-Propaganda, die ihn als gedungenes Werkzeug des britischen Geheimdienstes stigmatisierte, blieb natürlich im Publikum virulent. Die Behauptung, Elser sei von Hitler und Himmler angestiftet gewesen, um den Mythos der Vorsehung, die den Diktator allezeit schütze, zu festigen, fand ebenso willige Gläubige wie die Mär vom Reichstagsbrand, den die Nazis verursacht hätten, um ihn den Kommunisten in die Schuhe zu schieben.

Es fanden sich vermeintliche Zeugen, die das bestätigten. Best hat nach seiner Befreiung ein Buch geschrieben, in dem er abenteuerliche Geschichten erzählte, die er durch den regelmäßigen Austausch von Kassibern von seinem Mithäftling Elser erfahren haben wollte.[38] Auch das Wachpersonal dachte sich Erklärungen zum Fall Elser aus. Am glaubwürdigsten schienen die Schilderungen Martin Niemöllers, der als Theologe und Widerstandskämpfer als über jeden Zweifel erhaben galt; seine Phantasiegebilde waren besonders wirkmächtig und nachhaltig. Niemöller behauptete entgegen der Wahrheit, er habe in engem Kontakt zu Elser im KZ Sachsenhausen gestanden, deshalb könne er bekunden, dass Elser im Range eines Unterscharführers der SS angehört habe und im Dienst des Regimes das Attentat zum Schein inszeniert habe, damit der Durchhaltewille des deutschen Volkes gestärkt werde. Niemöller, der zugeben musste, dass er mit Elser kaum Kontakt gehabt hatte, behauptete unermüdlich auch in einem Briefwechsel mit der Mutter Georg Elsers, in Vorträgen vor Studenten, gestützt auf die Autorität des Zeitzeugen als Mithäftling und die Glaubwürdigkeit als Pfarrer und Kirchenpräsident, Elser habe als Nazi im Auftrag seiner Führung gehandelt. Als «Beweis» konnte er schließlich nur angeben, die SS habe Elser so kameradschaftlich behandelt, dass er einer der ihren gewesen sein müsse. Auch das wusste er nur vom Hörensagen, aber der streitbare Gottesmann blieb dabei.[39]

Der lange Zeit verfemte und dann vergessene Georg Elser, der Hitler um des Friedens willen töten wollte, ist nicht nur von den Historikern rehabilitiert worden, er ist heute neben (bei vielen sogar vor) dem Grafen Stauffenberg der eigentliche Held des deutschen Widerstands. Der «Attentäter aus dem Volke» ist, nach den bahnbrechenden Forschungen der 1960er Jahre von Anton Hoch und Lothar Gruchmann im Münchner Institut für Zeitgeschichte,[40] allmählich populär geworden. In seinem Heimatort Königsbronn, der lange durch Zurückhaltung in Sachen Elser auffiel,[41] wird er als großer Sohn gewürdigt. 1998 wurde dort an prominenter Stelle eine Gedenkstätte eingerichtet. Georg Elser ist Held eines Romans[42], Protagonist eines Dramas[43] und zweier Filme.[44] Eine wachsende Zahl von Biographien ist dem schwäbischen Widerstandskämpfer gewidmet.⁴⁵

Zum 60. Jahrestag des Bürgerbräuattentats, am 8. November 1999, erschien in der «Frankfurter Rundschau» ein Artikel aus der Feder eines Privatdozenten der Technischen Universität Chemnitz, Lothar Fritze, der bislang als Widerstandsforscher nicht in Erscheinung getreten war. Der Text unter dem Titel «Die Bombe im Bürgerbräukeller. Der Anschlag auf Hitler vom 8. November 1939. Versuch einer moralischen Bewertung des Attentäters Georg Elser» entsprach seinem Habilitationsvortrag vom 10. November 1998. Dem öffentlichen Skandal waren Auseinandersetzungen im Dresdner Hannah-Arendt-Institut für Totalitarismusforschung vorausgegangen. Die Thesen Fritzes waren dort auf erhebliche Bedenken gestoßen und wurden kontrovers diskutiert.⁴⁶ Das öffentliche Debüt des jungen Gelehrten nährte den Argwohn, aus geschichtspolitischem Streben sei der Text in dem als links-liberal geltenden Blatt lanciert worden, dessen Redaktion möglicherweise ein wenig übertölpelt worden sei. Eine elaborierte Fassung des Textes erschien später unter dem Titel «Der Ehre zuviel. Eine moralphilosophische Betrachtung zum Hitler-Attentat von Georg Elser».⁴⁷ Der Schluss ist zwingend, dass der Vorabdruck politisch motiviert war, das heißt, dass Einfluss auf das Geschichtsbild der Leser genommen werden sollte, dass provoziert und ein vorhandener oder vermuteter Konsens über ein bestimmtes historisches Ereignis in Frage gestellt werden sollte.

Der Streit um Traditionen, um die Bewertung und gegebenenfalls Neubewertung dessen, was an Personen und Ereignissen aus der Geschichte für die politische Kultur des Landes reklamiert wird, was im kollektiven Gedächtnis durch Rituale und Zeichen als besonders erinnerungswürdig gepflegt wird, ist ebenso Bestandteil demokratischer Kultur, wie die Verteidigung des Konsenses, der in der Gesellschaft nach der Hitler-Ära über die legitimierende Funktion des Widerstandes gegen das NS-Regime nach dessen Untergang entstanden ist, oder wie die Verurteilung des Völkermordes an Juden, an Sinti und Roma, wie die Verurteilung von anderen NS-Verbrechen, etwa der «Euthanasie», der Ermordung Kranker und Behinderter. Provokation durch wissenschaftliche, politische, moralische Thesen und Postulate ist nicht unzulässig. Freilich müssen energische Reaktionen darauf hingenommen werden. Ernst Nolte hat, als er in den 1980er Jahren den Historikerstreit auslöste, zweifellos mit harschen Erwiderungen auf seine in der «Frankfurter Allgemeinen Zeitung» vorgetragenen Thesen zur Ursprünglichkeit des Holocaust gerechnet. Er hat sie bewusst hervorgerufen, sich dann aber gekränkt in die Rolle des weltfernen Gelehrten zurückziehen wollen, der in nebulösen Formulierungen Ideologie produziert, aber die Freiheit der Wissenschaft mit der rhetorischen Feststellung in Anspruch nehmen will, ob man als Wissenschaftler überhaupt noch etwas fragen dürfe, was nicht konform sei.

Die Parallele besteht darin, dass auch nach dem Eklat über den Elser-Artikel, der energische Gegenrede provoziert hatte (und auch beträchtliche fachliche Einwände sowie Mängelrügen an den Autor hinsichtlich seiner Quellenrecherche und seiner Kenntnis des gesamten Forschungsfeldes Widerstand), von Tabus die Rede war, die angeblich bestünden. Das ist leicht gesagt und schwer bewiesen. Es gibt die Attitüde, demokratischen Konsens, also die Überstimmung einer Mehrheit in der Betrachtung bestimmter Sachverhalte wie z. B. den erlaubten und notwendigen Widerstand gegen ein Unrechtsregime oder die Verwerflichkeit des sexuellen Missbrauchs von Kindern oder die Notwendigkeit des Schutzes privaten Eigentums, als Tabu zu deklarieren, Denkverbote zu unterstellen, die angebliche Tabus verletzen könnten, und dann den Verlust der Freiheit der Wissenschaft zu argwöhnen. Die Feststellung eines der Mentoren Lothar Fritzes in einem Zeitungsinterview ist als Indiz für die Methode zu werten, den Konsens der Mehrheit zu denunzieren: «Wir haben in Deutschland im Umgang mit der NS-Geschichte eine traumatisierte Öffentlichkeit, die nicht mit der gebotenen Sachlichkeit, Nüchternheit, Offenheit und Unverkrampftheit unkonventionelle Thesen behandeln kann.»[48]

Das ist eine ebenso kühne wie unzutreffende und deshalb leichtfertige Behauptung, die Rückschlüsse auf die mit der Publikation des Textes über Elsers Attentat verfolgte Strategie zulässt. Die Argumentation erinnert an das generationenübergreifende Aufbäumen gegen die Kollektivschuldthese, die angeblich von den Alliierten aufgestellt und gegen die Deutschen angewendet worden sei. Sie erinnert auch an das trotzige Aufbegehren mancher dagegen, dass die Verunglimpfung der Holocaustopfer strafrechtlich sanktioniert ist, die daraus folgern wollen, es sei verboten, über bestimmte historische Sachverhalte überhaupt zu diskutieren. Die Behauptung, die Mehrheit der Deutschen habe ein neurotisches

Verhältnis zum Nationalsozialismus folgt den gleichen Argumentationsmustern und nährt deshalb Zweifel an der wissenschaftlichen Absicht und der reinen Aufklärungsintention.

Fritze urteilt von der durch den Abstand von sechs Jahrzehnten und die realitätsferne Konstruktion einer absoluten Ethik scheinbar doppelt gesicherten Bastion einer theoretisch-fixierten rigoristischen Moral über einen Fall versuchten Tyrannenmords. Dieser sei von einem – so Fritzes Fazit – dazu intellektuell und ethisch unzulänglich ausgerüsteten und deshalb nicht legitimierten Täter unternommen worden. Claus Schenk von Stauffenberg verursachte durch sein Attentat auf Hitler am 20. Juli 1944 auch den Tod von fünf Menschen, der beim Versuch, den Diktator zu beseitigen, billigend in Kauf genommen worden war. Durch Sozialisation, Bildung und Beruf wäre er nach Fritzes Kategorien als Tyrannenmörder vielleicht besser legitimiert gewesen, aber Stauffenberg spielt in der Argumentation, die Elser als Verursacher des Todes von acht Unbeteiligten moralisch verurteilt, interessanterweise keine Rolle.

Im Interesse der Generalisierbarkeit der moral-philosophischen Erwägungen Fritzes, die sich damit über den Verdacht des Demontageversuches an einem Einzelnen und über die dadurch vielleicht intendierte Delegitimierung des gesamten Widerstands gegen das NS-Regime erhoben hätte, wäre es aufschlussreich gewesen, die Thesen an den von Anfang an kanonisierten Widerstandshelden Stauffenberg oder Goerdeler zu exemplifizieren. Das hätte wenigstens den Verdacht ausgeräumt, dass der lange vergessene Außenseiter Georg Elser stellvertretend für den Widerstand überhaupt in Anspruch genommen und das Demontageprojekt als Versuchsballon am schlichten Tischlergesellen gestartet wurde, um zu ergründen, wie tragfähig der gesellschaftliche Konsens über den Widerstand gegen die nationalsozialistische Herrschaft ist.

6. Widerstand von Christen: Anpassung und Kollaboration der Kirchen

Die religiösen wie die politischen Positionen der von Rom zentral geführten Katholischen Kirche unterschieden sich fundamental von denen der 28 autonomen protestantischen deutschen Landeskirchen, die sich zudem im Bekenntnis in Lutheraner, Reformierte und Unierte schieden. Während der Vatikan politisch-diplomatisch auf die NSDAP reagierte, war das katholische Volk von seinen Priestern und Bischöfen sowohl in religiöser Hinsicht wie parteipolitisch auf die Abwehr der nationalsozialistischen Ideologie eingestimmt, auch durch die Aufforderung, mit der Stimmabgabe für Zentrum bzw. Bayerische Volkspartei (BVP) die Hitler-Bewegung zu bekämpfen.

Einzelne Vertreter der evangelischen Kirche kamen schon ab Frühjahr 1933 aus theologischen oder ethischen Gründen mit dem NS-Staat in Konflikt, als die Amtskirche und die Mehrheit der Gläubigen noch Hoffnungen auf eine Kirchenreform setzten und grundsätzliche Positionen organisatorischen Zielen und dem Verhältnis Kirche und Staat nachordneten. Im Verlauf spalteten sich Klerus und Gläubige in die obrigkeitsfrommen, vom Nationalsozialismus begeisterten Deutschen Christen und die Bekennende Kirche. Aus der Opposition gegen das «Dritte Reich» entwickelte sich der Kirchenkampf als Selbstbehauptung und Abwehr staatlichen Anspruchs gegenüber den protestantischen Landeskirchen in Deutschland. Es war ein Kampf um die Integrität der organisatorischen Strukturen und für die Unabhängigkeit der kirchlichen Lehre gegenüber nationalsozialistischer Ideologie. Es war kein Widerstand im politischen Sinne, der auf Ablehnung, gar das Ende des Regimes zielte, und es war keine allgemeine fundamentale Opposition gegen den Geist und gegen die Taten der nationalsozialistischen Regierung.

Protestantischer Tradition entsprach die Vorstellung einer starken Obrigkeit mit enger Verbindung von Thron und Altar, wie sie das Kaiserreich 1871 bis 1918 darstellte. Der Zusammenbruch des Bismarck-Reiches im Ersten Weltkrieg hatte viele evangelische Christen in eine tiefe Krise gestürzt. Der demokratischen Republik von Weimar standen sie mehrheitlich reserviert gegenüber und richteten ihre Hoffnung auf politische Kräfte, die das Vergangene idealisierten. Sie standen der Deutschnationalen Volkspartei, die 1933 die bürgerlich-reaktionäre Verbündete Hitlers wurde, nahe.[1]

Die Katholiken hatten andere Erinnerungen an das Kaiserreich als die Protestanten. Die Katholische Kirche stand damals in Opposition zum Staat und führte einen «Kulturkampf» zur Wahrung religiöser Rechte und kultureller Autonomie. Die Katholiken galten wie die Sozialdemokraten als national unzuverlässig. Das hatte die Parteien des politischen Katholizismus, Zentrum und BVP, in der Zeit nach 1918 fast zwangsläufig in die staatstragende Rolle gebracht. Auch Hitler suchte, so lange er noch Mehrheiten brauchte, ein gutes Verhältnis zum politischen Katholizismus. Überredet durch Hitlers kirchenfreundliche Zusicherungen, in Panik wegen des Radikalismus der NSDAP und beschwichtigt durch die Aussicht auf das Konkordat (das Abkommen zwischen der Reichsregierung Hitler und dem Vatikan, das die Rechte der katholischen Kirche in Deutschland festlegte und garantierte), stimmten die Parteien des politischen Katholizismus im März 1933 dem «Ermächtigungsgesetz» und damit der Preisgabe des parlamentarischen Systems zu.

Für die katholischen Christen entstand eine paradoxe Situation: Die Mehrzahl der kirchlichen Funktionsträger hatte eben noch in Versammlungen und Kundgebungen deutlich gemacht, dass Katholiken mit ihrer Überzeugung und ihrem Stimmzettel Hitler entgegentreten müssten. Nun nahmen die katholischen Bischöfe in einer Kundgebung am 28. März 1933 ihre Warnungen vor Hitler und ihre Verurteilung der Ideologie der NSDAP offiziell zurück. Es sei anzuerkennen, dass der Chef der Reichsregierung und Führer der NSDAP öffentlich und feierlich erklärt habe, dass die Unverletzlichkeit der katholischen Glaubenslehre und die Rechte der Kirche garantiert seien. Ohne die frühere «Verurteilung bestimmter religiös-sittlicher Irrtümer aufzuheben», signalisierten die katholischen Bischöfe ein gewisses Vertrauen in die neuen Verhältnisse und erinnerten die Gläubigen an die gebotene «Treue gegenüber der rechtmäßigen Obrigkeit».[2]

Erich Klausener, Ministerialdirektor im Reichsverkehrsministerium und im Ehrenamt Leiter der Laienbewegung «Katholische Aktion» im Bistum Berlin, vertrat auf den Katholikentagen 1933 und 1934 unbeirrt die von der Amtskirche preisgegebenen Positionen gläubiger Christen gegenüber dem Nationalsozialismus. Am 24. Juni 1934 erklärte er in Berlin-Hoppegarten vor 60 000 Zuhörern die Unvereinbarkeit von NS-Ideologie und gelebtem Katholizismus. Acht Tage später, am 30. Juni 1934, erschoss ihn ein SS-Hauptsturmführer in seinem Dienstzimmer im Ministerium, meldete dem Gestapo-Chef Heydrich telefonisch den Vollzug des Mordbefehls und rückte mit dem SS-Begleitkommando von 18 Männern wieder ab. Klausener büßte sein Glaubensbekenntnis durch Meuchelmord am hellichten Tage. Sein Name war auch deshalb auf die Liste der «Staatsfeinde» gesetzt worden, weil er vor der Versetzung ins Verkehrsressort Chef der Polizeiabteilung im preußischen Innenministerium gewesen war, damit Einsicht und Kenntnis in die Strukturen der NSDAP vor deren Machterhalt hatte. Aber vor allem war er Opfer der Mordaktion anlässlich des «Röhmputsches» als widerständiger katholischer Christ.[3]

Widerspruch aus theologisch oder religiös begründeter Ablehnung des autoritär-diktatorischen Staates war in beiden Kirchen auf Randgruppen und Einzelpersonen beschränkt. Auf katholischer Seite waren es die «Rhein-Mainische-Volkszeitung» mit ihrem Kreis sozial Engagierter (Friedrich Dessauer, Walter Dirks) und Männer der katholischen Arbeiterbewegung wie Jakob Kaiser – nach dem Kriege einer der führenden Politiker der CDU – sowie fromme Christen, die auf ihren Pfarrer hörten und mit der «neuheidnischen» NS-Politik weiter nichts zu tun haben wollten.

Vordenker eines möglichen christlichen Widerstands war auf evangelischer Seite der Schweizer reformierte Theologe Karl Barth (1886–1968), der als Ordinarius in Münster und seit 1930 in Bonn lehrte und zur kirchlichen Dogmatik forschte. Auch in tagespolitischen Arbeiten forderte der sozialdemokratische Theologe die Eigenständigkeit der Kirche gegenüber Ansprüchen des NS-Staates und begründete damit die Widersetzlichkeit der Bekennenden Kirche.[4] Die Thesen der Barmer Synode, mit denen das Kirchenregiment und die häretische Theologie der Deutschen Christen verworfen wurden, hatte Karl Barth konzipiert. Ebenso ging das Postulat, die Kirche müsse freibleiben von Bevormundung und Distanz zum NS-Staat halten, auf ihn zurück. Da Barth als Professor den Eid auf Hitler verweigerte, suspendierte ihn die Universität Bonn am 26. November 1934; wenig später wurde er aus Deutschland ausgewiesen. Von Basel aus blieb er Spiritus Rector der Bekennenden Kirchen, korrespondierte mit führenden Mitgliedern. Die vom NS-Regime bedrohten Nachbarländer rief Barth zum bewaffneten Widerstand auf.[5] Das macht die Bekennende Kirche aber nicht zur Widerstandsbewegung. Die Pastoren, die sich in Bruderräten organisierten, waren weit entfernt von Umsturzgedanken: Sie hielten am protestantischen Loyalitätsgebot gegenüber weltlicher Obrigkeit fest, und nicht wenige BK-Mitglieder sympathisierten mit politischen Zielen des NS-Staates.[6] Aber das Beharren auf der institutionellen Unabhängigkeit und dem Recht auf unabhängige Verkündigung von Lehre und Gebot der Kirche brachte die Bekennende Kirche in Gegensatz zum nationalsozialistischen Staatsziel einer gleichgeschalteten uniformen Staatskirche. Daran scheiterte die Politik des 1935 installierten Reichskirchenministers Hanns Kerrl ebenso wie dem «Reichsbischof» von Gnaden Hitlers und der Deutschen Christen die geschlossene Gefolgschaft der deutschen Protestanten versagt blieb.[7]

Aber auch die Bekennende Kirche sprach nicht mit einer Stimme. Eine Mehrheit (der «bischöfliche Flügel») war zu Konzessionen und zur Zusammenarbeit mit dem NS-Staat bereit. Die Minderheit (der radikale oder bruderrätliche Flügel) lehnte Kompromisse mit dem Kirchenministerium ab. Aber auch der radikale Flügel stritt im «Kirchenkampf» nicht gegen den Unrechtsstaat, er verteidigte die Freiheit der Kirche, geriet damit in unerwünschte Konfrontation zum Staat und zur NSDAP.[8] Wo die Auseinandersetzung zum politischen Kampf wurde, der als Widerstand zu werten ist, ging er von Einzelpersonen, allenfalls Gruppen aus.

Auf der evangelischen Seite waren es nicht nur Männer wie Dietrich Bonhoeffer und Karl Barth, die Bedenken gegen ein diktatorisches Regime hatten, weil sie den unbedingten Verfügungsanspruch des Nationalsozialismus über die Menschen ablehnten, sondern auch Laien, etwa Elisabeth Schmitz, Studienrätin für Religion, Geschichte und Deutsch. Sie verfasste 1935 eine Denkschrift «Zur Lage der deutschen Nichtarier», die sie 1936 noch ergänzte. Schmitz war engagiertes Mitglied der Bekennenden Kirche; sie hatte bei Adolf von Harnack studiert, bei Friedrich Meinecke promoviert, korrespondierte mit Karl Barth und gehörte zum Kreis des

Dahlemer Theologen Helmut Gollwitzer. Aus christlicher Überzeugung schied sie 1936 aus dem Schuldienst, verließ Berlin und lebte in ihrer Heimatstadt Hanau. Das Memorandum der Elisabeth Schmitz stand im Gegensatz zur praktizierten lutherischen Theologie der Trennung von Gesetz und Evangelium, mit der die Judenverfolgung von der Evangelischen Kirche toleriert wurde. Die Belege, mit denen die Denkschrift das Unrecht an den Juden dokumentiert, stammen sämtlich aus öffentlichen Medien des Jahres 1935 – das macht den Text zum eindrucksvollen Dokument dessen, was die Zeitgenossen wussten, wenn sie vor der Diskriminierung und Ausgrenzung der Minderheit solidarisch nicht die Augen verschließen wollten. Die Berliner Bekenntnissynode im September 1935 nahm von der Denkschrift wahrscheinlich überhaupt keine Notiz. Das Dokument war zwar nicht der Vergessenheit anheimgefallen, wohl aber die Autorin. Wilhelm Niemöller, der Chronist des evangelischen Kirchenkampfes, schrieb die Denkschrift Marga Meusel, einem prominenteren Mitglied der Bekennenden Kirche, zu.[9]

Die Sozialarbeiterin Marga Meusel, die seit August 1932 das Evangelische Bezirkswohlfahrtsamt Berlin-Zehlendorf leitete, war engagierte Gegnerin der Nationalsozialisten und positionierte sich früh auf Seiten der Bekennenden Kirche. Im Sommer 1934 versuchte sie, eine Beratungsstelle für «nicht-arische» Christen zu errichten. Zur Seite stand ihr Charlotte Friedenthal, die als Wohlfahrtspflegerin entlassen war, aber ehrenamtlich mit Marga Meusel arbeitete. Mit Unterstützung des Spandauer Superintendenten Martin Alberts wurde der Leiter der Betheler Anstalten Pastor Friedrich von Bodelschwingh gebeten, die Schirmherrschaft zu übernehmen. Der wand und drehte sich, war mit Arbeit überhäuft, sah keine Möglichkeit, den erbetenen Dienst zu leisten.[10] Auch weitere Anfragen in Kreisen der Bekennenden Kirche blieben ohne Erfolg. Frau Meusel wollte nun mit einem Artikel in der Zeitschrift «Die innere Mission» ihre Kirche aufrütteln, damit sie ihre Christenpflicht gegenüber den Gläubigen jüdischer Herkunft erkenne, stieß aber wieder auf Verständnislosigkeit und Kleinmut. Ein derartiger Artikel sei derzeit nicht möglich, ließ die Redaktion wissen und fügte hinzu, viele Protestanten seien der Ansicht, «daß die Not der Nichtarier gar nicht so groß sei, sondern daß in dieser Hinsicht häufig übertrieben würde». Angeregt wurde, das Thema im Central-Ausschuss der Inneren Mission zu diskutieren. Als Unterlage könne Marga Meusel dazu eine Denkschrift unterbreiten.[11]

Im Mai 1935 war der zehnseitige Text fertig. Meusel richtete die «Denkschrift über die Aufgaben der Bekennenden Kirche an den evangelischen Nichtariern» an die Synodalen der dritten Bekenntnissynode der Deutschen Evangelischen Kirche, die vom 4. bis 6. Juni 1935 in Augsburg zusammenkam. Meusel legte das Problem mit drastischen Beispielen dar, berief sich auf das Gutachten der Erlanger Theologischen Fakultät, verwies auf die Notwendigkeit einer Beratungsstelle und rief die Kirche zum Handeln auf: «Viele Tausende evangelischer Nichtarier warten schon lange auf ein solches Wort der Bekennenden Kirche, das ihnen beweist, daß sie ganz zu uns gehören als unsere Brüder und Schwestern.»[12] Die Synodalen waren über die Zumutung so erschrocken, dass sie mit Stillschweigen auf die Denkschrift reagierten und die Not der «nichtarischen» Glaubensbrüder einfach ignorierten.

Im September 1935 hatte Marga Meusel eine weitere Denkschrift verfasst, «Zur Lage der deutschen Nichtarier». Sie wurde noch weniger beachtet als die erste. Vielleicht war sie für die Bekenntnissynode der Preußischen Kirche bestimmt, wurde dort aber nicht zur Kenntnis genommen. Die zweite Denkschrift bezog alle «Nichtarier», nicht nur die Christen, in das Postulat, ihnen Beistand und Zuwendung zu gewähren, ein. Entschieden forderte Meusel jetzt von der Kirche, Gottes Gebot über die Gehorsamspflicht in weltlichen Dingen zu stellen, nannte als Beispiel für die Verletzung der Gebote Gottes die soeben erlassenen Nürnberger Gesetze und stellte die Frage, ob die Christen Gottes Geboten oder dem Götzen der nationalsozialistischen Weltanschauung folgen sollten. Mit Beispielen aus dem Alltag der nationalsozialistischen Judenpolitik belegte sie die These, dass die Ausrottung der Juden beabsichtigt sei, und klagte die kirchlichen Amtsträger an, wegen ihrer Anpassung, ihres Ausweichens, ihrer Feigheit: «Warum sucht Bodelschwingh in den Ärzteblättern einen ‹arischen› Medizinalpraktikanten? Warum muß eine Stenotypistin in der Inneren Mission den Ariernachweis erbringen?»[13] Die deutliche Sprache, das theologisch unanfechtbare Postulat zum Widerstand gegen staatliches Handeln waren verstörend auch für die Pastoren der Bekennenden Kirche, die bei der Synode in Berlin-Steglitz Ende September 1935 um das Thema herumlavierten, erschütternden Kleinmut und völliges Desinteresse an der Situation der Juden in Deutschland zeigten. Marga Meusel ergänzte ihre Denkschrift im Frühjahr 1936 durch einen Nachtrag, in dem sie die Folgen der Nürnberger Gesetze ausführlich darlegte.[14] Auch damit erreichte sie nichts.

Persönlich blieb sie unermüdlich für die Verfolgten bis zur Erschöpfung engagiert. Überanstrengt und enttäuscht starb Marga Meusel 1953 im Alter von 56 Jahren. Ihren Einsatz hat ein Nutznießer ihrer Tätigkeit, Walter Strauß, gewürdigt. Er war damals als christlicher «Nichtarier», als preußischer Beamter entlassen und diskriminiert, wurde nach dem Ende des NS-Regimes Staatssekretär in Hessen und dann im Bundesjustizministerium und war Leiter des evangelischen Arbeitskreises der CDU. Strauß würdigte 1946 die Arbeit von Marga Meusel: Sie habe «durch ihre bedingungslose Einsatzbereitschaft und ihren auf ihre persönliche Sicherheit keine Rücksicht nehmenden Mut die Arbeit ihrer Bezirksstelle während des Krieges in Bahnen geleitet, die ungewöhnlich waren. Sie hat ihre beratende und tätige Fürsorge vor allem in den Dienst derjenigen gestellt, die durch den Nationalsozialismus verfolgt wurden. Insbesondere hat sie sich solcher christlichen und jüdischen Nichtarier und sogenannter Mischlinge angenommen, die durch die gesetzlichen und ungesetzlichen Maßnahmen des Dritten Reiches bedrängt und in Gefahr geraten waren. Sie hat sich darüber hinaus in einer sehr erheblichen Zahl von Fällen darum bemüht, Nichtarier zu decken, unterzubringen, mit Lebensmitteln und Ausweispapieren zu versorgen, die sich dem Zugriff der Gestapo entzogen hatten und gezwungen waren, ein illegales Leben zu führen. Sie hat niemals danach gefragt, welche Gefahr sie selbst hierbei lief. Ihrer Hilfe ist es zu verdanken, wenn eine Reihe von Menschen vor dem Tode bewahrt geblieben sind.»[15]

Bekennende Kirche und «Deutsche Christen»

Nur eine Minderheit von Vertretern der evangelischen Kirche befand sich ab Frühjahr 1933 in Konflikt mit dem Staat. Sie widersetzte sich den Gleichschaltungsversuchen. Die Nationalsozialisten wollten eine Kirchenreform durchsetzen, die aus den 28 selbstständigen evangelischen Landeskirchen eine einheitliche und gleichförmige «Reichskirche» gemacht hätte, die unter einem «Reichsbischof» nach dem Führerprinzip organisiert sein sollte. Viele evangelische Christen hatten sich dem Nationalsozialismus angeschlossen. Sie kämpften, vielfach erfolgreich, unter der Bezeichnung «Deutsche Christen» bei den Wahlen für kirchliche

Gremien (Synoden) um die Mehrheit. Seit Herbst 1932 trat im Umfeld der NSDAP unter Führung nationalsozialistischer Pfarrer die Glaubensbewegung «Deutsche Christen» auch als Organisation an die Öffentlichkeit. Ihnen standen evangelische Christen, Pfarrer wie Laien, gegenüber, die zunächst nur der Maxime folgten, dass die Kirche sich nicht in staatliche Belange und der Staat sich nicht in kirchliche Angelegenheiten einmischen dürfe. Aus dieser Haltung heraus entwickelten sich im Kampf um Tradition und Organisation der Landeskirchen religiös und zunehmend auch politisch motivierte Vorbehalte gegenüber dem NS-Staat.

In der Abwehr der «Deutschen Christen», die bei den Kirchenwahlen im Juli 1933 mit massiver Unterstützung der NSDAP mehr als 70 Prozent der abgegebenen Stimmen errungen hatten, formierte sich allmählich die kirchliche Opposition in Form der Bekennenden Kirche. Auf der Synode der Evangelischen Kirche der altpreußischen Union in Wuppertal-Barmen wurden Ende Mai 1934 grundsätzliche Einwände gegen den Versuch, ins Kirchenregiment einzugreifen, formuliert. Die Kernaussage lautete, der Staat finde seine Grenze an den Geboten Gottes, und es sei Aufgabe der Kirche, an die Verantwortung der Regierenden und Regierten zu erinnern. Die Synode war zusammengetreten, um «der Zerstörung des Bekenntnisses und damit der evangelischen Kirche in Deutschland im Glauben und in der Einmütigkeit zu widerstehen. Den Versuchen, durch falsche Lehre, durch Anwendung von Gewalt, Unlauterkeit des Vorgehens die Einheit der Deutschen Evangelischen Kirche herzustellen, setzt die Bekenntnissynode entgegen: Die Einigkeit der evangelischen Kirchen Deutschlands kann nur werden aus dem Worte Gottes im Glauben durch den Heiligen Geist.»[16]

Bei solchem Protest gegen die weltliche Obrigkeit ging es in erster Linie noch um die Kirchenpolitik des Nationalsozialismus. Die oppositionellen Kirchenvertreter, die immerhin Hitlers Absicht, die evangelische Kirche in das NS-System einzugliedern, durch ihre Haltung vereiteln konnten, blieben noch lange im Zwiespalt zwischen der vom Christen geforderten Loyalität gegenüber dem Staate einerseits und den staatlichen Verstößen gegen christliche Gebote andererseits.

Widerstand im politischen Sinne hat die Bekennende Kirche als Ganzes nicht geleistet. Sie kämpfte erst für die Unversehrtheit ihrer organisatorischen Strukturen und dann für die Unabhängigkeit der kirchlichen Lehre, nach welcher die christlichen Gebote nicht der NS-Ideologie untergeordnet werden durften. Das Regime aber fühlte sich durch diese kirchlich-theologische Widersetzlichkeit vielfach auch politisch-ideologisch getroffen. Durch alle Landeskirchen ging von nun an ein Riss, die Fronten waren einerseits durch die Anhänger der Bekennenden Kirche, die immer mehr in grundsätzliche Opposition zum Staat gerieten, und andererseits die «Deutschen Christen», die überzeugte Nationalsozialisten waren, bestimmt.

Bei vielen Christen der Bekennenden Kirche wurde aus der oppositionellen Haltung schließlich politischer Widerstand. Sie kämpften, ihrem Gewissen verpflichtet und meist ganz auf sich gestellt, manchmal von Gemeindemitgliedern unterstützt, mit ihren Mitteln – Predigt und Schrift – erst gegen Übergriffe des Staates ins kirchliche Leben, dann gegen die praktizierte nationalsozialistische Ideologie, die sich z. B. gegen Behinderte richtete. Sie wendete sich gegen einen christlichen Glauben, der sich mit Antisemitismus und «neuheidnischen Irrlehren» vermischte. Dazu gehörte die Forderung nach einem «heldischen Jesus» ebenso wie das Verlangen nach «artgemäßem» Glauben, gegründet auf «Rasse, Volkstum und Nation». Höhepunkt der deutsch-christlichen Agitation war die Generalversammlung der Mitglieder des Gaues Groß-Berlin der «Deutschen Christen» im November 1933 im Berliner Sportpalast. In öffentlicher Rede propagierte der Gauobmann «die völkische Sendung Luthers» und verhöhnte das Alte Testament als Buch von Viehjuden und Zuhältern.[17] Der Sportpalastskandal leitete die Spaltung der Deutsche-Christen-Bewegung ein und diskreditierte die regimehörigen Protestanten nachhaltig.

«Mit brennender Sorge»

Das Vertrauen der katholischen Kirche in die Zusicherungen Hitlers vom Frühjahr 1933 wich bald der Ernüchterung. Nationalsozialistische Demonstrationen und Straßenterror beim «Gesellentag» des katholischen Kolpingvereins im Juni 1933 in München wurden offiziell noch als Missverständnis gewertet und mit bischöflichen Ermahnungen zu äußerster Zurückhaltung beantwortet. Provokationen bei Fronleichnamsprozessionen, die zunehmende Behinderung katholischer Vereinsarbeit, Propaganda gegen Bekenntnisschulen, gegen Kruzifixe in Schulen oder Unterbindung katholischer Publizistik zeigten, was von Hitlers Anbiederungsversuchen an die katholische Kirche zu halten war. Die alltäglichen Behinderungen des kirchlichen Lebens und der von den Nationalsozialisten inszenierte Kampf gegen Ordensgemeinschaften («Klostersturm»), die Prozesse gegen Ordensgeistliche wegen angeblicher Devisenschiebereien und Sittlichkeitsvergehen schreckten die katholischen Kirchenführer auf.[18] Das in Absprache mit deutschen Kardinälen und Bischöfen verfasste päpstliche Rundschreiben «Mit brennender Sorge» vom März 1937 kritisierte die Zustände in Deutschland und distanzierte sich von der nationalsozialistischen Ideologie. «Mit brennender Sorge und steigendem Befremden beobachten wir seit geraumer Zeit den Leidensweg der Kirche, die wachsende Bedrängnis der ihr in Gesinnung und Tat treubleibenden Bekenner und Bekennerinnen inmitten des Landes und des Volkes». Der Papst erinnerte an das Konkordat, das abgeschlossen worden sei, um den Katholiken «im Rahmen des Menschenmöglichen Leiden zu ersparen».[19] Er kritisierte die Rassenpolitik der Nationalsozialisten scharf, allerdings ohne die Juden konkret zu erwähnen. Dieses Rundschreiben wurde in allen Kirchen verlesen. Die Verteilung des Textes unter den Augen der Gestapo war eine große organisatorische Leistung. Die Mehrzahl der katholischen Bischöfe war aber auch in der Folgezeit nicht bereit, auf Konfrontationskurs zum Hitler-Regime zu gehen.

Der Breslauer Kardinal Adolf Bertram blieb als Vorsitzender der Bischofskonferenz zu Kompromissen mit dem Regime geneigt, auch wenn er gegen Eingriffe des Staates in die Rechte der Kirche Protest erhob. Statt der energischen Auseinandersetzung mit der Ideologie und den Methoden und Zielen nationalsozialistischer Politik, die einige wenige Bischöfe immer wieder forderten, ließ es Kardinal Bertram bei Eingaben in zurückhaltender Form bewenden. Man dürfe das kirchliche Leben nicht gefährden und noch mehr erschweren, lautete das Argument der Mehrheit der Bischöfe. Bischöfe wie Konrad Graf Preysing in Berlin und sein Vetter Clemens August Graf von Galen in Münster, die immer wieder auf eine entschiedenere Politik der Bischofskonferenz drängten, blieben Außenseiter.

Graf Preysing, ursprünglich Diplomat im Auswärtigen Dienst Bayerns, wurde 1913, 33-jährig, zum Priester geweiht, machte rasch Karriere als Bischof von Eichstätt 1932 und drei Jahre später von Berlin. Seine Haltung gegenüber dem Nationalsozialismus war früher und stärker als die vieler Amtsbrüder im Klerus und Episkopat von Skepsis bestimmt. Er plädierte vergeblich für einen offensiveren Kurs als seine Kollegen, die auf den Buchstaben des Konkordats pochten, und als Kardinal Bertram, der sich mit nutzlosen Eingaben an die Reichsregierung abarbeitete. 1940 kam es nach intensivem Zerwürfnis zum Bruch zwischen Bischof Preysing und Kardinal Bertram.

Nach 1945 wurden Galen und Preysing als «Bekennerbischöfe» gefeiert. Beide waren von unmittelbarer Verfolgung verschont geblieben, wohl auch wegen ihrer Herkunft aus westfälischem Ur- bzw. bayerischem Hochadel. Anders erging es dem Oberhirten der weniger bedeutenden württembergischen Diözese Rottenburg. Joannes Baptista Sproll, aus kleinem oberschwäbischen Milieu stammend – er war das älteste von 14 Geschwistern in einer Kleinbauernfamilie –, war stärker an kirchenrechtlichen als an theologischen Fragen interessiert und von konservativer Gesinnung. Als enragiertem Antikommunisten wurden dem Bischof von Rottenburg wenn nicht Sympathien, so doch die Neigung zum Arrangement mit der NSDAP nachgesagt. Politisch war Sproll in der Zentrumspartei engagiert. Er stand dem württembergischen Staatspräsidenten Eugen Bolz nahe, der später vom Widerstandskreis um Carl Goerdeler als Reichsminister vorgesehen war und deshalb nach dem 20. Juli 1944 hingerichtet wurde. Sproll war zunächst Anhänger des Reichskonkordats, fand aber wegen der Schikanen gegen die Kirche und der Zerstörung des Rechtsstaats bald zu einer Haltung der Opposition. Da er sich offen als Gegner des NS-Regimes bekannte, wurde im Oktober 1937 beim Sondergericht Stuttgart wegen «Heimtücke» gegen ihn ermittelt. Im Streit um die katholische Bekenntnisschule eskalierte der Konflikt.

Weil Bischof Sproll die Teilnahme an der Volksabstimmung über den Anschluss Österreichs im April 1938 verweigerte, inszenierten die Nationalsozialisten Randale vor dem Bischofspalais in Rottenburg. Am 11. April 1938 war die Parole «Bischof Sproll Volksverräter» auf dem Bürgersteig zu lesen, im Juli verwüsteten Demonstranten die Residenz des Bischofs. Der katholische Oberhirte wurde als einziger Bischof in der Geschichte des «Dritten Reiches» gezwungen, seine Diözese zu verlassen. Nach Freiburg im Breisgau deportiert, konnte er ins Benediktinerkloster St. Ottilien in Bayern fliehen. Der päpstliche Nuntius in Berlin drängte den renitenten schwäbischen Bischof, sein Amt aufzugeben oder einen Koadjutor zu akzeptieren. Das lehnte Sproll ab. Im Juni 1945 kehrte er in sein Bistum zurück. Schwer krank starb er 1949 in Rottenburg. Er wurde als Märtyrer der katholischen Sache verehrt, war aber im Gegensatz zu Galen und Preysing bald vergessen.[20]

Ein Beispiel für den alltäglichen katholischen Kompromiss zwischen Kirche und Staat, Frömmigkeit und Kommerz bot das Wirken der Regensburger Domspatzen, des traditionsreichen und berühmten Knabenchors am katholischen Bischofssitz der bayerischen Oberpfalz. Es ist eine Geschichte von Anpassung und Gleichschaltung, die das kirchliche Leben im nationalsozialistischen Staat charakterisiert.

Die Regensburger Domspatzen erfreuten sich der Gunst des Diktators. Zweimal haben sie für Hitler auf dem Obersalzberg gesungen, auf dem Reichsparteitag 1938 sind sie ebenfalls aufgetreten (mit «Wach auf, Wach auf» aus Wagners Meistersingern), gekleidet waren sie dabei in HJ-Uniform. Auch zur Eröffnung des Reichsparteitags 1939 waren die Domspatzen geladen, aber das Ereignis wurde wegen des beginnenden Zweiten Weltkriegs abgesagt.

Das regimenahe Wirken des Regensburger Domchores war aber nicht so sehr von katholischen Sympathien für den Nationalsozialismus bestimmt, sondern von finanziellen Interessen und vom politischen bzw. künstlerischen Ehrgeiz zweier Männer. Der eine war Domkapellmeister Dr. Theobald Schrems, der von Hitlers Gnaden den Professorentitel führte; er strebte sowohl nach musikalischer Qualität wie geschäftlichem Erfolg. Der andere war Dr. Martin Miederer, NS-Funktionär und Vorsitzender des Domchorvereins. In heftiger Konkurrenz miteinander verfolgten die beiden Männer ihre Ziele, der eine als Opportunist im Dienst der Kirche, der andere als Vertreter von Staat und Partei im gleichgeschalteten Domchorverein. Eine weitere (nach außen die wichtigste) Instanz waren das Domkapitel und Bischof Buchberger, der lange Zeit gute Beziehungen zur Reichskanzlei pflegte. Einig waren sich alle Beteiligten darin, die Singknaben im Dienst des NS-Staats auftreten zu lassen, bei vielen Gelegenheiten außerhalb des kirchlichen Raumes, zur Kulturwerbung im Ausland und zur Truppenbetreuung der Wehrmacht im Krieg.[21]

Widerstand aus dem Glauben

Auf evangelischer Seite richteten sich Kanzelverkündigungen 1935 gegen die «rassisch-völkische Weltanschauung». In einer Denkschrift des «radikalen Flügels» der Bekennenden Kirche an Hitler wurde der staatlich verordnete Antisemitismus verurteilt, ebenso die Existenz der Konzentrationslager, die Willkür der Gestapo und andere Erscheinungen des NS-Staates. Aber die Denkschrift blieb geheim, und eine öffentliche Kanzelabkündigung ermahnte die Gläubigen zum Gehorsam gegenüber der weltlichen Obrigkeit. Weder gegen die Entrechtung der deutschen Juden durch die Nürnberger Gesetze im September 1935 noch gegen den Novemberpogrom 1938 haben die Kirchen als öffentliche Institutionen geschlossen und nachdrücklich protestiert. Offener Widerstand aus christlicher Gesinnung wurde nur von einzelnen Personen, Pfarrern wie engagierten Laien, geleistet, die sich zu Wort meldeten, um Unrecht beim Namen zu nennen. Die Konsequenzen, die sie damit bewusst auf sich nahmen, hatten sie allein zu tragen. Insgesamt sind während der NS-Herrschaft etwa 900 evangelische Christen, Pfarrer und Laien, wegen ihrer aus dem Glauben motivierten Widersetzlichkeit verhaftet und bestraft worden. Sie kamen ins Gefängnis oder ins KZ, zwölf sind mit dem Tod bestraft worden.

Pfarrer Martin Niemöller wurde wegen seiner regimekritischen Äußerungen und wegen seines mutigen Protestes in Predigten und Gottesdiensten zur herausragenden Gestalt protestantischen Widerstandes. Seine Karriere als Kirchenmann, die mit dem Amt des Kirchenpräsidenten der Evangelischen Kirche in Hessen und Nassau (1947–1964) und radikal pazifistischem Engagement in der Bundesrepublik ohne Berührungsängste vor Kommunisten endete, war ziemlich ungewöhnlich. In einer Pfarrerfamilie in Elberfeld geboren, war er nach dem Abitur 1910 in die Kaiserliche Marine eingetreten und im Ersten Weltkrieg U-Boot-Kommandant und hatte dann eine landwirtschaftliche Lehre absolviert. Der Entschluss, Pfarrer zu werden, entsprang volksmissionarischer Intention; Niemöller sah Kirche und Diakonie als Ordnungsmacht in der Weimarer Republik, deren demokratischem System er mit Distanz gegenüberstand. Dem Nationalsozialismus begegnete Niemöller, der seit 1931 eine Pfarrstelle in Berlin-Dahlem innehatte, dagegen mit Sympathie. Martin Niemöllers Weg vom patriotischen Militaristen zur Symbolgestalt des christlichen Widerstands gegen den Nationalsozialismus und danach zur Galionsfigur der Friedensbewegung war lang und verschlungen. Zu den Stationen gehörten seine Weigerung 1918, zwei U-Boote laut Waffenstillstandsvertrag nach England zu überführen, und der Verzicht auf Teilnahme an einem Freikorps in Kiel, weil es auf den Rat der Volksbeauftragten, die provisorische Reichsregierung, vereidigt wurde, sowie Niemöllers Freiwilligenmeldung aus dem KZ zur Wehrmacht nach dem Ausbruch des Zweiten Weltkriegs.

Diese Weltanschauung des Dahlemer Pfarrers zeigt sich auch im autobiographischen Bericht aus dem Jahr 1934.[22] Die Bestrebungen der Deutschen Christen betrachtete Niemöller dennoch mit Argwohn, und er wurde im Mai 1933 Mitgründer der jungreformatorischen Bewegung. Der Sieg der «Deutschen Christen» bei den Kirchenwahlen im Juli 1933 führte ihn in die innerkirchliche Opposition. Im September 1933 initiierte er aus Protest gegen den «Arierparagraphen» der «Deutschen Christen», wiewohl er von antijudaistischen und antisemitischen Ressentiments nicht frei war, den Pfarrernotbund,[23] aus dem die Bekennende Kirche hervorging. Bis Ende 1933 traten 6000 Pfarrer dem Notbund bei; darüber hinaus orientierten sich viele Christen der Bekennenden Kirche an der Haltung Niemöllers. Obwohl er um Staatsloyalität bemüht war, stand er gegenüber den Deutschen Christen auf dem Boden der Barmer Theologischen Erklärung vom Mai 1934, die deren Lehre und Kirchenpolitik zurückwies. Die Freiheit der Kirche und das von der Dahlemer Bekenntnissynode im Oktober 1934 proklamierte Notrecht der Bekennenden Kirche, die sich in Bruderräten organisierte, waren für Niemöller unverzichtbar. Ohne grundsätzliche politische Gegnerschaft geriet der streitbare Dahlemer Pastor in immer stärkeren Konflikt mit dem NS-Staat, weil er die Politik des Kirchenministers Kerrl missbilligte und in Predigten zunehmend das von NS-Ideologen wie Alfred Rosenberg propagierte Neuheidentum geißelte.[24] Niemöller wurde im Juli 1937 verhaftet, zu einer Geldstrafe und Festungshaft verurteilt, die durch die Untersuchungshaft verbüßt war. Als «Hitlers persönlicher Gefangener» saß er dann drei Jahre lang in einer Einzelzelle im KZ-Sachsenhausen und wurde im Juli 1941 nach Dachau überführt, wo er bis zur Befreiung Ende April 1945 als prominenter Gefangener eingekerkert war.

Ganz auf sich gestellt leistete der katholische Priester Max Josef Metzger (1887–1944) Widerstand. Er war ebenso Pazifist und Sozialist wie Kämpfer für die Überwindung konfessioneller Schranken. Dazu hatte er die Bruderschaft Una Sancta gegründet. Wegen regimekritischer Äußerungen in Vorträgen und Predigten wurde er mehrfach verhaftet. 1943 verfasste er ein «Manifest für ein neues Deutschland», das im Ausland auf die Opposition gegen Hitler aufmerksam machen sollte. Völkerversöhnung und Weltfrieden waren die Ziele; ein demokratisches, christliches, antimilitaristisches und sozial engagiertes Deutschland sollte die Vision verwirklichen helfen. Wegen «Vorbereitung zum Hochverrat und Feindbegünstigung» wurde Metzger im Juni 1943 festgenommen und im Oktober 1943 vom Volksgerichtshof zum Tode verurteilt. Im Zuchthaus Brandenburg wurde er im April 1944 hingerichtet. Seine Kirche hat sich wenig für ihn eingesetzt.[25]

Papst Johannes Paul II. erhob am 3. Mai 1987 den Jesuitenpater Rupert Mayer im Münchner Olympiastadion in den Stand der Seligen. Der im Herbst 1945 verstorbene Geistliche genießt auch heute noch in München Verehrung wie kaum ein anderer. Sein Grab in der Bürgersaalkirche in Münchens Fußgängerzone ist Ziel frommer Katholiken, die mit ihren Sorgen und der Bitte um Linderung von Nöten an den Ort seines Wirkens als Präses der Marianischen Männerkongregation am Bürgersaal (seit 1921) und Seelsorger in St. Michael kommen. Verehrt wird er auch als Verfolgter des NS-Regimes und Mann des Widerstandes.

Geboren wurde Rupert Mayer 1876 in Stuttgart. 1899 wurde er in Rottenburg zum Priester geweiht, 1900 trat er in die Societas Jesu ein, seit 1912 wirkte er in München, unterbrochen durch den Ersten Weltkrieg, den er nach der Freiwilligenmeldung als Divisionspfarrer im Elsass, in Galizien und in Rumänien bis zur schweren Verwundung, dem Verlust des linken Beines, Ende 1916 mitmachte.

Als Seelsorger und – obwohl kein begnadeter Rhetor – als volkstümlicher Prediger, als gesuchter Beichtvater entfaltete der Pater große Wirksamkeit im katholischen Milieu. 1925 führte er die Bahnhofsgottesdienste im Morgengrauen ein, um Bergsteiger und Skifahrer am frühen Sonntagmorgen zu erreichen. Volksnähe war ihm wichtiger als theologische Gelehrsamkeit. Dem frommen Pragmatiker lagen die materiellen Sorgen seiner Gemeindemitglieder so stark am Herzen wie die spirituellen Probleme. An seiner Abneigung gegen den Nationalsozialismus ließ er schon lange vor 1933 keinen Zweifel. Daran änderte auch die offiziell verordnete Kompromissbereitschaft der katholischen Kirche im Zeichen des Konkordats nichts. Pater Rupert Mayer setzte sich in seinen Predigten mit der NS-Ideologie so gründlich auseinander, dass ihn die Gestapo am 7. April 1937 mit einem Redeverbot belegte. Da er es ignorierte, wurde er am 5. Juni verhaftet und am 23. Juli vom Sondergericht München wegen heimtückischer Angriffe auf Partei und Staat, dem Standardvorwurf in solchen Fällen, zu sechs Monaten Gefängnis verurteilt.

Seine Gefängnisstrafe musste Pater Rupert Mayer nicht verbüßen, ersatzweise verbrachte er die folgenden Monate in einem Exerzitienhaus am Starnberger See. Der Gestapo gegenüber hatte er am 9. Juni 1937 folgendes versichert: «Ich erkläre, dass ich im Falle meiner Freilassung trotz des gegen mich verhängten Redeverbotes nach wie vor, sowohl in den Kirchen Münchens als auch im übrigen Bayern, aus grundsätzlichen Erwägungen heraus, predigen werde. Ich erkläre insbesondere, dass ich auch in Zukunft von der Kanzel herab in der bisherigen Form die Kirche gegen etwaige Angriffe mit aller Entschiedenheit und Offenheit und Schärfe, aber ohne persönlichen Angriff verteidigen werde. Ich werde auch weiterhin in der von mir bisher geübten Art und Weise predigen, selbst dann, wenn die staatlichen Behörden, die Polizei und die Gerichte, meine Kanzelreden als strafbare Handlungen und als Kanzelmißbrauch bewerten sollten.»[26]

Da er diese Erklärung in die Tat umsetzte, wurde Pater Rupert Mayer am 5. Januar 1938 zum zweiten Mal verhaftet. Die Amnestie aufgrund der Annexion Österreichs brachte ihm am 3. Mai die Entlassung aus dem Gefängnis Landsberg am Lech. Die dritte Verhaftung erfolgte am 3. November 1939 wegen Wahrung des Beichtgeheimnisses. Nach zwei Monaten im Gestapo-Gefängnis im Wittelsbacher Palais München wurde Pater Rupert Mayer am 23. Dezember in das KZ Sachsenhausen eingeliefert, in dem er bis 7. August 1940 in Einzelhaft untergebracht war. Wegen seines schlechten Gesundheitszustands lebte der Pater dann bis zur Befreiung 1945 im oberbayerischen Benediktinerkloster Ettal im Arrest. Nach München zurückgekehrt, blieb ihm wenig Zeit, sich wieder als Seelsorger und Nothelfer zu betätigen. Am Fest Allerheiligen, dem 1. November 1945, erlitt er während der Messe einen Schlaganfall, dem er wenig später erlag.

Kardinal Faulhaber, der Erzbischof von München und Freising, erwähnte und verurteilte am 4. Juli 1937 in seiner Sonntagspredigt die erste

Verhaftung Rupert Mayers. Faulhaber zeigte sich bestürzt und entrüstet und teilte die Verbitterung der katholischen Männerkongregation über die Verhaftung ihres Präses. Der Kardinal hatte sie aber auch angewiesen, jeden öffentlichen Protest zu unterlassen, weil er auf Verhandlung, Verwahrung und Einspruch setzte und immer noch an die Buchstaben des Konkordats glaubte. Er erklärte, die Verhaftung Rupert Mayers sei ein Zeichen, «daß der Kulturkampf zur Vernichtung der katholischen Kirche in Deutschland» in eine neue Phase eingetreten sei, es nahe die Entscheidung, Flammenzeichen würden rauchen «und eines dieser Flammenzeichen ist die Verhaftung unseres Münchener Männerapostels».[27] Der NS-Staat war nicht beeindruckt durch die Predigt. Die kraftvollen Worte waren wohl auch mehr auf ihre Wirkung nach innen, auf die Münchner Katholiken, gesprochen als in der Hoffnung, die NS-Kirchenpolitik zu verändern. Widerstand kann man die Predigt des Münchner Erzbischofs kaum nennen.

Michael von Faulhaber, 1913 vom bayerischen König als Bischof von Speyer geadelt, seit 1917 Erzbischof von München und Freising und Kardinal, war damals 68 Jahre alt. Längst hatte er als bayerischer Kirchenfürst, als Kanzelredner einen Ruf über seinen Wirkungsbereich hinaus erlangt. Er war als Feind des Bolschewismus bekannt, war maßgeblich am bayerischen Konkordat 1924 beteiligt gewesen, galt seit seinen berühmten Adventspredigten 1933 als Kritiker des Nationalsozialismus, und er versuchte in der deutschen Bischofskonferenz, den Vorsitzenden zu einer energischeren Gangart gegenüber der Regierung zu bewegen.[28] Aber er war in erster Linie ein bedeutender Theologe, der sich mit den Werken der Kirchenväter und biblischer Poesie beschäftigt hatte. Als Bischof war er Organisator und Initiator auf vielen Gebieten, vom Frauenstudium bis zum Kirchenbau, und ebenso Verteidiger und Bewahrer des Schulrechts, der katholischen Ehe, des Armenrechts und der kirchlichen Lehr-, Verwaltungs- und Kultusfreiheit. Nach Sozialisation, Status und Habitus war er nicht zum Widerstand gegen staatliche Gewalt disponiert, allenfalls zum Protest gegen Übergriffe auf kirchlichen Rechts- und Besitzstand und zur mahnenden und beschwörenden Predigt. Im April 1933 hatte Kardinal Faulhaber dem Regensburger Geistlichen Alois Wurm, der vergeblich versucht hatte, einen Protest gegen den Judenboykott zu veröffentlichen, geantwortet: Das Vorgehen gegen die Juden sei derart unchristlich, dass eigentlich und grundsätzlich und überhaupt jeder Christ, nicht bloß jeder Priester, dagegen auftreten müsse. Aber für die Amtskirche bestünden weit wichtigere Gegenwartsfragen als die Judenverfolgung, nämlich das Schulwesen, der Bestand katholischer Vereine, das Problem der Sterilisierung im Zuge der Eugenikdiskussion. Für das Christentum seien dies die wichtigeren Fragen, zumal man annehmen dürfe «daß die Juden sich selber helfen können».[29] Der Kardinal zeigte sich auch befremdet über die Anfrage des Priesters, warum die Kirche nichts gegen die Judenverfolgung tue: Bei einer Hetze gegen Katholiken oder den Bischof habe auch kein Mensch gefragt, was man gegen diese Hetze tun könne.

Ein solcher Brief eines hohen geistlichen Würdenträgers erklärt mehr über das Verhalten der katholischen Kirche als jede Enzyklika. Kirchenfromme halten den Kardinal wohl immer noch in der Lesart der Neuen Deutschen Biographie für einen Fels in der braunen Brandung. In die Nationalbiographie ist er als Glaubensheld eingegangen: «Mit unbedingter Entschiedenheit und unerschütterlichem Mut wehrte er die nationalsozialistische und bolschewistische Bedrohung der Freiheit und insbesondere des Glaubens ab. Vor allem wandte er sich mit größtem Nachdruck gegen den nationalsozialistischen Antisemitismus und den nationalen Chauvinismus dieser Bewegung».[30]

Kirchliche Proteste gab es 1935 gegen das offiziell propagierte «Neuheidentum», gegen jene Tendenzen, die nationalsozialistische Ideologie zu einer «völkischen Religion» weiterzuentwickeln, auf germanisch-heidnischen Götterglauben zurückzugreifen und Hitler gar zu einem Gott zu machen. In der Folge wurden 500 Pfarrer vorübergehend verhaftet. Nicht nur Priester beider Konfessionen waren gegenüber dem NS-Staat oft mutiger als ihre Bischöfe, auch Gläubige traten in christlich motiviertem Widerstand hervor.

Lothar Kreyssig, seit 1928 Richter am Landgericht Chemnitz, war in der Bekennenden Kirche zunächst als Vorsitzender des Orts- und Kreisbruderrats Flöha (Sachsen), dann als Präses der Sächsischen Synode und, nachdem er auf eigenen Wunsch zum 1. August 1937 an das Amtsgericht Brandenburg an der Havel versetzt worden war, im Kreisbruderrat Brandenburg, im Landesbruderrat Berlin und in der Synode der Altpreußischen Union engagiert. Kreyssig verweigerte von Anfang an die üblichen Konzessionen an das Regime, wurde nicht Mitglied in der NSDAP, äußerte vielmehr auch öffentlich immer wieder seine Abneigung gegen den Nationalsozialismus. Der sächsische Gauleiter Mutschmann forderte die Entlassung des fachlich hervorragend beurteilten Juristen, Kreyssig konnte aber außer dem berüchtigten Staatssekretär Roland Freisler auch den Reichsjustizminister von seiner Integrität überzeugen, obwohl er sich als Gegner des Regimes aus religiöser Überzeugung bekannte. Er wurde natürlich überwacht und kam mehrfach mit Gestapo und Justiz in Konflikt. Im April 1939 verhinderte er an der Spitze von gleichgesinnten Anhängern der Bekennenden Kirche in der Brandenburger St. Gotthardt-Kirche die Predigt eines Pfarrers der «Deutschen Christen». Das war rechtlich gesehen Hausfriedensbruch und Gottesdienststörung, darüber hinaus ein Dienstvergehen wegen Missbrauchs der Stellung als Richter. Kreyssig erklärte hingegen sein Tun als «geistliche Notwehr». Die Ermittlungen ruhten, weil Kreyssig zur Wehrmacht einberufen wurde. Im November 1939 wurde der 41 Jahre alte Jurist, der außerdem einen Bauernhof bewirtschaftete, aus dem Heeresdienst entlassen. Inzwischen waren Verstöße Kreyssigs gegen den Kanzelparagraphen und gegen das Heimtückegesetz bekannt geworden. Das Maß war endgültig voll, als Kreyssig gegen den Abtransport von Kranken protestierte, die zu Opfern der «Euthanasie» bestimmt waren, und als er gegen Reichsleiter Bouhler, den Chef der Kanzlei des Führers und der Aktion T4, wegen Mordes Strafanzeige erstattete. Auch der Reichsjustizminister Gürtner, der Kreyssig einbestellte, konnte ihn nicht von der Rechtmäßigkeit des Krankenmords überzeugen. Im Dezember 1940 verfügte Gürtner die Einleitung eines Dienststrafverfahrens mit dem Ziel, ihn ohne Pension zu verabschieden. Kreyssig beantragte von sich aus, in den Ruhestand versetzt zu werden. Dem wurde durch Entscheid Hitlers am 4. März 1942 mit Wirkung ab 1. Juli 1942 entsprochen. Kreyssig erhielt die gesetzlichen Versorgungsbezüge und lebte bis zum Ende des «Dritten Reiches» unbehelligt.[31]

Ein anderes Mitglied der Bekennenden Kirche erlitt ein schlimmeres Schicksal. Im Mai 1936 entstand ein Dokument, das die klarste Zurückweisung staatlichen Totalitätsanspruchs aus den Reihen der protestantischen Kirche enthält. Die Denkschrift der 2. Vorläufigen Kirchenleitung der Bekennenden Kirche an den Führer und Reichskanzler war – in der Tradition des Zusammenwirkens von Thron und Altar – ausschließlich für Adolf Hitler bestimmt, der sie nie zur Kenntnis nahm. In devotem Ton, wie er der Obrigkeit gebührte, sollte die Gefahr der Entchristlichung durch das NS-Regime beschworen und vor neuheidnischem «positiven Christentum», der Zerstörung der kirchlichen Ordnung und der Zersetzung von Sittlichkeit und Recht gewarnt werden. Die Verfasser schmeichelten eingangs dem Adressaten mit dem Bemerken, die Kirche wisse zu würdigen, «was es im Jahre 1933 und späterhin bedeutet hat, daß die Träger der Nationalsozialistischen Revolution nachdrücklich erklären konnten: wir haben mit unserem Sieg über den Bolschewismus zugleich den Feind überwunden, der auch das Christentum und die christlichen Kirchen bekämpfte und zu zerstören drohte.»[32] In der Eingabe an den Staats- und Regierungschef wurde dann aber der Forderung, sich uneingeschränkt auf die NS-Weltanschauung zu verpflichten, unter Berufung auf das Christentum eine unbedingte Absage erteilt: «Wenn hier Blut, Rasse, Volkstum und Ehre den Rang von Ewigkeitswerten erhalten, so wird der evangelische Christ durch das erste Gebot gezwungen, diese Bewertung abzulehnen. Wenn der arische Mensch verherrlicht wird, so bezeugt Gottes Wort die Sündhaftigkeit aller Menschen. Wenn dem Christen im Rahmen der nationalsozialistischen Weltanschauung ein Antisemitismus aufgedrängt wird, der zum Judenhaß verpflichtet, so steht für ihn dagegen das christliche Gebot der Nächstenliebe.»[33]

Waren die Verfasser so naiv anzunehmen, Adolf Hitler werde das Dokument studieren und dann zur Einsicht kommen, dass sie jede Publizität der Denkschrift vermeiden wollten? Die Weltöffentlichkeit nahm das Dokument dennoch zur Kenntnis, und zwar unmittelbar vor der Olympiade 1936, in der das NS-Regime sich nur von seiner Sonnenseite präsentieren wollte. Am 16. Juli 1936, zwei Wochen vor den Olympischen Spielen in Berlin, berichtete die «New York Herald Tribune» Einzelheiten aus der Denkschrift, und einige Tage später war der volle Wortlaut in den «Basler Nachrichten» zu lesen.

Auch in der Bekennenden Kirche herrschte Entsetzen über den «Verrat», das Dokument in die Öffentlichkeit gebracht zu haben. Unter Verdacht geriet bald der Büroleiter der Vorläufigen Kirchenleitung, der 45-jährige ehemalige Landgerichtsdirektor Friedrich Weißler. Er war als Jude geboren, als Kind getauft, mit einer Pfarrerstochter verheiratet, Träger des Eisernen Kreuzes und überzeugter Protestant.[34] Weil er im Februar 1933 in Magdeburg einen SA-Mann, der in Uniform vor Gericht erschienen war, wegen Ordnungswidrigkeit mit einer Geldbuße belegt hatte, wurde er in seinem Büro zusammengeschlagen und öffentlich gedemütigt. Nach der

Entlassung aufgrund des Berufsbeamtengesetzes (die rechtswidrig war, weil für ihn das Frontkämpferprivileg hätte gelten müssen) zog Friedrich Weißler mit seiner Familie nach Berlin. Er beriet die Bekennende Kirche juristisch und übernahm dann die Leitung der Kanzlei der Vorläufigen Kirchenleitung. An der Denkschrift hatte er mitgearbeitet. Im Oktober 1936 wurde er von der Gestapo verhaftet, mit ihm der Vikar Werner Koch und dessen Freund Ernst Tillich, ein ehemaliger Theologiestudent. Weißler gab zu, ein vorläufiges Exemplar der Denkschrift an die beiden weitergegeben zu haben.

Die Verantwortlichen der Bekennenden Kirche hatten die Gestapo um zweckdienliche Ermittlungen gebeten. Weißler hatte seinem kirchlichen Vorgesetzten die Mitwirkung an der Indiskretion bereits Mitte September 1936 gestanden und war vom Dienst suspendiert worden. Nach der Verhaftung distanzierte sich die Geistlichkeit mehrheitlich energisch von dem Christen Weißler, den sie später als ersten Märtyrer der Bekennenden Kirche verehrte. Nicht zuletzt Martin Niemöller äußerte sich klar und deutlich: «Gegen Weißler muß sofort ein klarer Strich gezogen werden. Wir müssen sauber und klar handeln, das sind wir der BK schuldig.»[35] Aus der Untersuchungshaft wurde Weißler im Februar 1937 in das KZ Sachsenhausen eingeliefert und dort im März im Zellenbau (in den Martin Niemöller ein Jahr später als Gefangener einzog) totgeschlagen. Die Kirche hat geschwiegen; zur Solidarität war sie zu verzagt. Nicht einmal in die Fürbitten für die verfolgten Christen hat die Bekennende Kirche Friedrich Weißler, den Vikar Koch und Ernst Tillich aufgenommen, weil es sich um «politische Vorgänge» handele. Erst 2005 sprach der Vorsitzende des Rats der Evangelischen Kirche in Deutschland, Bischof Wolfgang Huber, bei der Einweihung eines Gedenkzeichens in der KZ-Gedenkstätte Sachsenhausen das erlösende Bekenntnis: «Wir tragen als Kirche schwer an dem, was Friedrich Weißler angetan wurde. Verlassen war er nicht nur von der deutsch-christlichen Reichskirche, die auf Seiten der Nationalsozialisten stand. Auch die Bekennende Kirche, für die Friedrich Weißler gearbeitet hat und als deren Glied er sich fühlte, trat ihm nicht zur Seite.»[36]

Die «Reichskristallnacht» 1938 und das Christentum

In der Nacht des 9. November 1938 hatte die NSDAP einen Pogrom (die «Reichskristallnacht») gegen die deutschen Juden inszeniert. Angestachelt vom Reichspropagandaminister Goebbels, der das Attentat des 17-jährigen Herschel Grünspan gegen einen Beamten der deutschen Botschaft in Paris zum Anlass nahm, tobte «der spontane Volkszorn» in Gestalt von SA-Männern in Räuberzivil und NSDAP-Funktionären gegen Synagogen und Geschäfte und Wohnungen von Juden im ganzen Reich. Der Schaden durch Zerstörung, Plünderungen und Brandstiftung war beträchtlich. Tausende Juden wurden gedemütigt und misshandelt; die Zahl der Toten ging mindestens in die Hunderte. In den Tagen nach der «Reichskristallnacht» wurden 26 000 deutsche Juden in Konzentrationslager gesperrt. Die Politik des NS Staates gegen die Juden hatte eine neue Stufe erreicht. Der Entrechtung folgte jetzt die Vernichtung der wirtschaftlichen Existenz, die Vertreibung aus Deutschland. Der inszenierte Pogrom vom 9. November 1938 hatte trotz der spontanen Beteiligung vieler Passanten auch viele Deutsche abgestoßen. Selbst wenn sie keine Freunde der Juden waren, empörten sie sich über die Formen der Entrechtung der jüdischen Minderheit in Deutschland.[37]

Individuelle Verurteilungen der Novemberpogrome 1938 und offene Parteinahme für die verfolgten Juden brachten evangelische Pastoren wie Julius von Jan in Württemberg, den katholischen Berliner Dompropst Bernhard Lichtenberg oder den protestantischen Pfarrer Heinrich Grüber in Bedrängnis, ebenso Klaus Lohmann. Er war im April 1938 in Trier als Pastor der kleinen und von der Mehrheit der evangelischen Brüder und Schwestern stark angefeindeten Gemeinde der Bekennenden Kirche ordiniert worden. Er war 28 Jahre alt, frisch verheiratet. 1933 war er mit Begeisterung der SA beigetreten, 1934 verließ er sie wieder. Am Sonntag, der den Novemberpogromen 1938 folgte, gedachte er in seiner Predigt der Ereignisse und nannte die Juden «Brüder»: «Die Epileptischen von Bethel, die Verachteten, Ausgestoßenen und Armen in der Welt, sie alle sind deine Brüder, die an Christi statt vor dir stehen. Auch die Juden können unsere Brüder sein, und sie sind es heute, wenn ihnen die Welt die Barmherzigkeit versagt. Wehe uns Christen, wenn wir uns an der Judenverfolgung der Welt beteiligen! Es gilt: ‹Was ihr getan habt einem unter diesen meinen geringsten Brüdern, das habt ihr mir getan.›«[38] Das wurde natürlich denunziert. Die Gestapo ermittelte gegen ihn und setzte das erste von zwölf Verfahren gegen den Geistlichen in Gang. Im August 1939 wurde er zur Wehrmacht einberufen, Überwachung und Verhöre dauerten an.

Auch Pfarrer Julius von Jan machte die Möglichkeiten und Grenzen persönlichen Widerstands aus christlicher Verantwortung deutlich. Jan, seit 1935 evangelischer Pfarrer im württembergischen Oberlenningen, als Mann der Bekennenden Kirche und Kritiker der regimehörigen «Deutschen Christen» den Behörden schon aufgefallen, konnte es mit seinem Gewissen nicht vereinbaren, in stiller Empörung zu verharren. Den Bußtag am 16. November 1938 benutzte er, damals 41 Jahre alt, nach schwerem inneren Kampf, wie er rückblickend schrieb, um seine Gemeinde an die Christenpflicht zu erinnern: «In diesen Tagen wurde es mir innerlich klar, daß längeres Schweigen Sünde wäre.» Die Predigt war eine eindrucksvolle und in ihrer Deutlichkeit ziemlich einmalige Demonstration gegen den Antisemitismus und den NS-Staat. Der Predigt lag Jeremia 22,29 («O Land, Land, höre des Herrn Wort!») zugrunde:

> «In diesen Tagen geht durch unser Volk ein Fragen: wo ist in Deutschland der Prophet, der in des Königs Haus geschickt wird, um des Herrn Wort zu sagen? Wo ist der Mann, der im Namen Gottes und der Gerechtigkeit ruft, wie Jeremia gerufen hat: Haltet Recht und Gerechtigkeit, errettet den Beraubten von des Frevlers Hand! Schindet nicht die Fremdlinge, Waisen und Witwen, und tut niemand Gewalt, und vergießt nicht unschuldig Blut!?
>
> Gott hat uns solche Männer gesandt! Sie sind heute entweder im Konzentrationslager oder mundtot gemacht. Die aber, die in der Fürsten Häuser kommen und dort noch heilige Handlungen vollziehen dürfen, sind Lügenprediger wie die nationalen Schwärmer zu Jeremias Zeit und können nur Heil und Sieg rufen, aber nicht des Herrn Wort verkündigen. Die Männer der ‹Vorläufigen Kirchenleitung›, von denen die Zeitungen in der letzten Woche berichtet haben, haben in einer Gottesdienstordnung das Gebot des Herrn klar ausgesprochen und sich wegen der erschreckenden Missachtung der göttlichen Gebote durch unser Volk vor Gott gebeugt für Kirche und Volk. Jedermann weiß, wie sie dafür als Volksschädlinge angeprangert und außer Gehalt gesetzt worden

sind, – und schmerzlicherweise haben es unsere Bischöfe nicht als ihre Pflicht erkannt, sich auf die Seite derer zu stellen, die des Herrn Wort gesagt haben. – Wenn nun die einen schweigen müssen, und die anderen nicht reden wollen, dann haben wir heute wahrlich allen Grund, einen Bußtag zu halten, einen Tag der Trauer über unsere und des Volkes Sünden.

Ein Verbrechen ist geschehen in Paris. Der Mörder wird seine gerechte Strafe empfangen, weil er das göttliche Gesetz übertreten hat. Wir trauern mit unserem Volk um das Opfer dieser verbrecherischen Tat. – Aber wer hätte gedacht, daß dieses eine Verbrechen in Paris bei uns in Deutschland so viele Verbrechen zur Folge haben könnte? Hier haben wir die Quittung bekommen auf den großen Abfall von Gott und von Christus, auf das organisierte Antichristentum. Die Leidenschaften sind entfesselt, die Gebote Gottes mißachtet, Gotteshäuser, die anderen heilig waren, sind ungestraft niedergebrannt worden, das Eigentum der Fremden geraubt oder zerstört. Männer, die unserem deutschen Volk treu gedient haben und ihre Pflicht gewissenhaft erfüllt haben, wurden ins KZ-Lager geworfen, bloß weil sie einer anderen Rasse angehörten! Mag das Unrecht auch von oben nicht zugegeben werden, – das gesunde Volksempfinden fühlt es deutlich, auch wo man nicht darüber zu sprechen wagt. – Und wir als Christen sehen, wie dieses Unrecht unser Volk vor Gott belastet und seine Strafen über Deutschland herbeiziehen muß. Denn es steht geschrieben: Irret euch nicht! Gott läßt seiner nicht spotten; was der Mensch säet, das wird er auch ernten! Ja, es ist eine entsetzliche Saat des Hasses, die jetzt wieder ausgesät worden ist. Welche entsetzliche Ernte wird daraus erwachsen, wenn Gott unserem Volk und uns nicht Gnade schenkt zu aufrichtiger Buße.

Wenn wir so reden von Gottes Gerichten, so wissen wir wohl, daß manche im Stillen denken: wie kann man auch heute von Gottes Gerichten und Strafen über Deutschland reden, wo es so sichtbar aufwärts geht und in diesem Jahr zehn Millionen Deutsche mit dem Reich vereinigt worden sind; da sieht man doch Gottes Segen über unserm Volk! Ja, es waltet eine erstaunliche Geduld und Gnade Gottes über uns. Aber gerade deshalb gilt es: o Land, Land, Land, höre des Herrn Wort!»

Der tapfere Pfarrer schloss mit den Worten: «Und wenn wir heute mit unserem Volk in der Buße vor Gott gestanden sind, so ist dies Bekennen der Schuld, vor der man nicht sprechen zu dürfen glaubte, wenigstens für mich auch heute gewesen wie das Abwerfen einer großen Last. Gott Lob! Es ist herausgesprochen vor Gott und in Gottes Namen. Nun mag die Welt mit uns tun, was sie will!»[39]

Zeugen sagten aus, dass Jan in seiner Predigt auch mehrfach die Wendung «armes Deutschland» gebraucht habe. Am Ende des Gottesdienstes verlas er zur Fürbitte eine Liste von Pfarrern, die mit Redeverbot oder Landesverweisung bestraft waren, und im Schlussgebet bat er, dass Gott «dem Führer und aller Obrigkeit den Geist der Buße schenken möge».

Einige Tage später, am 25. November 1938, waren in der Nähe der Kirche Plakate angeschlagen, auf denen in schwarzen Lettern auf rotem Grund das Wort «Judenknecht» prangte. Am Abend kamen auf Lastwagen und in anderen Fahrzeugen etwa 200 Männer, SA-Leute in Zivil, ins Dorf, drangen gewaltsam ins Pfarrhaus ein und suchten nach dem Pfarrer. Julius von Jan befand sich aber in einem Nachbarort, wo er Bibelstunde hielt. Drei Männer holten ihn dort ab, während die übrigen vor der Kirche randalierten. Vor seinem Pfarrhaus wurde er verprügelt, auf das Dach eines Schuppen geworfen und schließlich ins Rathaus gebracht. Von dort aus wurde er ins Amtsgerichtsgefängnis Kirchheim/Teck eingeliefert. Bis Februar 1939 blieb der Pfarrer dort inhaftiert, wurde dann nach Stuttgart überführt, geriet im März aus dem Gewahrsam der Justiz in Gestapo-Haft. Am 13. April wurde er entlassen und zwei Tage später aus Württemberg ausgewiesen. Ab Juli 1939 lebte er in einem evangelischen Freizeitheim in Bayern in der Nähe von Passau.

Die Reaktion der Kirchenleitung in Gestalt eines Erlasses an die Dekanatämter vom 6. Dezember 1938 war beklagenswert. Im Kampf gegen die christliche Kirche sei die Behauptung ihrer angeblichen Judengenossenschaft eine «gehässige Mißdeutung», die als Waffe eingesetzt werde. Diener der Kirche müssten alles vermeiden, «was einer unzulässigen Kritik an konkreten politischen Vorgängen gleichkommt». Nach wohlabgewogenem Einerseits-Andererseits kam die Kirchenbürokratie zum Schluss: «So sehr der Fehler zu vermeiden ist, daß das Evangelium in einer Weise verkündigt wird, ‹als ob nichts geschehen wäre›, daß es also ganz unbezogen auf die Gegenwart bleibt, so sehr ist auch der andere Fehler zu vermeiden, daß statt der Verkündigung des Evangeliums mit seinem tiefsten seelenrettenden Inhalt in der ganz bestimmten konkreten Situation der Zuhörer die Predigt belastet wird mit politischen und kirchenpolitischen, wohl den Pfarrer, aber nicht ohne weiteres die Zuhörer bewegenden Ausführungen.»[40]

Inzwischen war beim Sondergericht Stuttgart aufgrund des «Heimtückegesetzes» gegen Julius von Jan Anklage erhoben worden. Ihm wurde vorgeworfen, er habe «1) öffentlich gehässige, hetzerische und von niedriger Gesinnung zeugende Äußerungen über leitende Persönlichkeiten des Staates und der NSDAP, über ihre Anordnungen und die von ihnen geschaffenen Einrichtungen gemacht, die geeignet sind, das Vertrauen des Volkes zur politischen Führung zu untergraben, und in Tateinheit hiermit 2) als Geistlicher in einer Kirche vor mehreren Angelegenheiten des Staats in einer den öffentlichen Frieden gefährdenden Weise zum Gegenstand seiner Verkündigung und Erörterung gemacht».[41]

Die Anklageschrift bestand zum größten Teil aus zitierten Passagen der Bußtagspredigt. Nach fünfstündiger Verhandlung wurde Pfarrer Julius von Jan am 15. November 1939 zu 16 Monaten Gefängnis unter Anrechnung der vier Monate Untersuchungshaft verurteilt. Er verbüßte ab Januar 1940 sechs Monate davon im Gefängnis Landsberg/Lech. Zu den weiteren Schikanen gehörte es, dass er drei Jahre lang als wehrunwürdig galt, und ihm die Gestapo den Motorradführerschein verweigerte, den er zum Dienst auf bayerischen Diaspora-Pfarrstellen gebraucht hätte. Anfang Juni 1943 wurde der Geistliche zum Kriegsdienst, u. a. an der Ostfront, eingezogen. Im September 1945 kehrte er in sein Pfarramt nach Oberlenningen zurück. Julius von Jan ist 1964 gestorben. Zum 50. Jahrestag seiner Bußtagspredigt wurde eine Gedenktafel eingeweiht.[42]

Die Kirchen und der Krankenmord

Die seit 1933 propagierte sozialdarwinistische Bevölkerungs- und Rassenpolitik des Nationalsozialismus denunzierte Behinderte als «Ballastexistenzen», «Defektmenschen», «leere Menschenhülsen». Die geheime Mordaktion wurde unter der euphemistischen Tarnbezeichnung «Euthanasie» ab Herbst 1939 in Gang gesetzt. Formale Grundlage bildete erst eine mündliche Ermächtigung Hitlers, die dann, auf einem Briefbogen der Privatkanzlei des «Führers» schriftlich fixiert, auf den 1. September 1939 zurückdatiert wurde. «Ermächtigt» waren Karl Brandt, Hitlers Leibarzt, und Philipp Bouhler, der Chef der «Kanzlei des Führers», unheilbar Kranken bei «kritischster Beurteilung ihres Krankheitszustandes den Gnadentod» zu gewähren. Meldepflicht für missgestaltete Neugeborene bestand ab August 1939. Meldebögen und ärztliche Gutachter sorgten für ein geordnetes

Verfahren des nun einsetzenden Massenmordes, der in den Anstalten Bernburg, Brandenburg, Grafeneck, Hadamar, Hartheim und Sonnenstein betrieben wurde. Unter der Tarnbezeichnung «Aktion T 4» war eine nahezu perfekt arbeitende Organisation tätig, die in einer Villa in der Berliner Tiergartenstraße 4 ihre Zentrale hatte. Eigene Standesämter beurkundeten den Tod, die Leichen wurden sofort eingeäschert. Erkennbar falsche Angaben zur Todesursache weckten bei der Benachrichtigung oft das Misstrauen der Angehörigen, der ständige Betrieb der Krematorien in den «Euthanasie»-Anstalten die Aufmerksamkeit der Umgebung.

Die Justizbehörden erhielten im Sommer 1940 durch Hinweise aus der Bevölkerung Kenntnis von den Vorgängen. Reichsjustizminister Gürtner, den sowohl die Vorgänge selbst als auch das Fehlen einer gesetzlichen Grundlage beunruhigten, drängte auf die sofortige Einstellung der heimlichen Tötung Geisteskranker. Nach seinem Tod im Januar 1941 warb sein kommissarischer Nachfolger Franz Schlegelberger, der den Typ des reaktionären Bürokraten, keineswegs den des NS-Aktivisten verkörperte, jedoch bei den nachgeordneten Stellen seines Ressorts ausdrücklich um Verständnis und Unterstützung für die «Euthanasie». Proteste aus der Bevölkerung wurden von den Kirchen aufgenommen.[43]

Im Sommer 1940 schrieb der württembergische Landesbischof Theophil Wurm dem Reichsinnenminister Wilhelm Frick einen Brief, in dem er den Krankenmord in der Heilanstalt Grafeneck auf der Schwäbischen Alb – einer der sechs zentralen Tötungsstätten des «Euthanasie»-Projekts – beim Namen nannte. Der protestantische Bischof bemühte sich allerdings um einen moderaten Ton, sprach von «Lebensvernichtung» statt von Mord und verlieh der Hoffnung Ausdruck, dass die Reichsregierung die Einwendungen aus menschlichem und religiösem Standpunkt würdigen «und die vorhandene Mißstimmung nicht als eine Mißachtung nationaler und politischer Notwendigkeiten» betrachten werde. In der Sache unmissverständlich nannte Wurm das Vorgehen des Staates zwar eine Missachtung göttlichen Gebotes, blieb aber konziliant und vermied eine Anklage, wie sie theologisch vertretbar und geboten gewesen wäre. Bischof Wurm folgte damit der Tendenz, Konflikte zu vermeiden und staatliches Handeln sogar über ethische Grenzen hinaus zu tolerieren.[44]

Mitte des Jahres 1940 diskutierten Anstaltsleiter der Diakonie die Möglichkeit der Mitwirkung am «Euthanasie»-Programm in der Hoffnung, es «auf die zu keiner geistigen Regung und zu keiner menschlichen Gemeinschaft mehr fähigen Personen» beschränken zu können. In einer Aktennotiz hielt Pastor Bodelschwingh diese Überlegung, die Allerschwächsten zu opfern, fest.[45] Die Oberhirten beider Kirchen wussten vom Krankenmord, dem elementaren Verstoß gegen Naturrecht und christliche Ethik. Mit dem Protest gegen die weltliche Obrigkeit taten sich protestantische wie katholische Bischöfe jedoch sehr schwer.

Am 1. August 1940 richteten der Freiburger Erzbischof Gröber und der Rottenburger Generalvikar Kottmann einen gemeinsamen Brief an den Chef der Reichskanzlei Hans Heinrich Lammers. Von Devotionsformeln umrahmt formulierten sie in einer Sprache, die mehr Verständnis für die «Euthanasie» als flammenden Zorn über die Verletzung göttlichen Gebots erkennen ließ, Einwände und Bitten an den «hochverehrten Herrn Minister»: «wir beehren uns, Ew. Exzellenz Nachfolgendes als dringende Angelegenheit vorzutragen. Aus den Reihen des Volkes, sowohl Württembergs als Badens, sind wir davon unterrichtet worden, daß in den letzten Wochen schon eine sehr große Anzahl von Geisteskranken und Geistesschwachen in den staatlichen wie auch in den privaten Anstalten der Euthanasie verfallen sind ... Viele der Verstorbenen waren durchaus arbeitsfähig, sodaß sie keine Belastung für den Staat gebildet haben. Wir fühlen uns im Gewissen verpflichtet, Ew. Exzellenz dringend zu bitten, doch Ihren weitgehenden Einfluß geltend zu machen, damit das durch das Naturrecht und christliche Gesetz verbotene Verfahren eingestellt werde. Wir denken dabei aus patriotischen Gründen auch an die Wirkung, die das Bekanntwerden obiger Vorgänge in der ganzen kultivierten Welt hervorrufen müßte. Wir erklären uns bereit, auf caritativem Wege für alle die Unkosten aufzukommen, die dem Staat durch die Pflege der zum Tod bestimmten Geisteskranken erwachsen».[46]

Nach einigem Zögern schrieb am 11. August 1940 auch Kardinal Bertram, dazu gedrängt vom Münsteraner Bischof Clemens August Graf von Galen, einen Brief an Lammers, der in Kopie gleichzeitig auch an den Reichsinnenminister Frick und den Kirchenminister Kerrl ging. Der deutsche Episkopat erachte es als seine Pflicht, die Reichsführung auf «Besorgnisse in der Bevölkerung» aufmerksam zu machen, nachdem auf staatliche Veranlassung «Geisteskranke getötet werden». Das war, gewunden genug in Worte gefasst, immerhin Klartext, der allerdings am Ende wieder relativiert wurde und jedes spirituelle Selbstbewusstsein vermissen ließ: «Der

Episkopat bittet, diese seine Darlegungen, die ebenso aus der Verantwortung unseres religiösen Pflichtbewußtseins wie aus heißer Liebe zum deutschen Volke, insbesondere auch seiner irdischen Wohlfahrt erfolgen, wohlwollend aufzunehmen und, soweit erforderlich, dafür Sorge tragen zu wollen, daß die eingangs erwähnten Besorgnisse und Gerüchte keinerlei Begründung in entsprechenden Tatsachen finden.»[47]

Aus dem Einspruch gegen staatliche Eingriffe in die kirchliche Organisation und aus der Verteidigung kirchlicher Lehrfreiheit – dem Protest in eigener Sache also – erwuchs endlich doch offizieller Widerstand, gelegentlich sogar von evangelischen und katholischen Kirchenführern im Gleichklang vorgebracht. Am 9. Dezember 1941 verwahrte sich der württembergische Landesbischof Theophil Wurm als Sprecher der Bekennenden Kirche gegen die Drangsalierung der Kirche; er verwies dabei auch auf die seit September 1939 laufenden Mordaktionen gegen Geisteskranke und Behinderte und die zunehmende Verfolgung der Juden. Die Diktion, in der das geschah, war verhalten, um nicht zu sagen verständnisvoll für die Politik, gegen die der Bischof doch die kritische Stimme der Kirche erhob: «Wer jetzt innere Gegensätze aufreißt und vertieft, handelt unverantwortlich und volksschädlich. Vieles ist geschehen, was nur der feindlichen Propaganda nützen konnte; wir rechnen dazu auch die Maßnahmen zur Beseitigung der Geisteskranken und die sich steigernde Härte in der Behandlung der Nicht-Arier, auch derer, die sich zum christlichen Glauben bekennen.»[48] Am folgenden Tag protestierte auch der Vorsitzende der katholischen Bischofskonferenz, der Breslauer Kardinal Bertram, in einer Denkschrift an Hitler u. a. gegen die Tötung Kranker und Behinderter.[49]

Der evangelische Bischof Wurm war mit seiner Eingabe an den Innenminister Frick im Sommer 1940 der erste Kirchenführer, der den Krankenmord thematisierte. Öffentlich predigte erst im Sommer 1941 der katholische Bischof von Münster Clemens August Graf von Galen gegen die Ermordung der Behinderten. Clemens August Graf von Galen (1878–1946) entstammte westfälischem Uradel, sein Großonkel Wilhelm Emmanuel Freiherr von Ketteler war als Bischof von Mainz die zentrale Gestalt des politischen und sozialen Katholizismus im Kaiserreich gewesen. Galen studierte in Innsbruck Theologie, nach der Priesterweihe in Münster 1904 war er als Seelsorger in Berlin tätig, ehe er 1929 Pfarrer und im September 1933 Bischof in Münster wurde. Er war patriotisch und von politischer Gesinnung konservativ, hatte gegenüber der parlamentarischen Demokratie der Weimarer Republik zwar Skepsis gezeigt, geriet aber wegen seines Rechtsempfindens bald mit den Nationalsozialisten in Konflikte. Er verteidigte Rechte und Freiheit der Kirche gegen Zugriffe des Regimes. Darüber hinaus kritisierte er in Predigt und Schriftwechsel mit Behörden die Rassenideologie, den Ultranationalismus und den Terror durch Gestapo und SS. In der Fuldaer Bischofskonferenz kämpfte er für eine härtere Linie des katholischen Episkopats gegenüber dem Hitler-Staat, konnte sich aber gegen die Mehrheit und den Kurs Kardinal Bertrams nicht durchsetzen. Im Sommer 1941 wurde die Opposition des Münsteraner Bischofs gegen den NS-Staat öffentlich.

In zwei Predigten, am 13. Juli 1941 in St. Lamberti und am 20. Juli in der Liebfrauenkirche nannte Galen Übergriffe der Gestapo auf Klöster und Ordensniederlassungen in Münster himmelschreiendes Unrecht und fand darüber hinaus deutliche Worte für die Rechtlosigkeit im «Dritten Reich»: «Wie viele deutsche Menschen schmachten in Polizeihaft, in Konzentrationslagern, sind aus ihrer Heimat ausgewiesen, die niemals von einem ordentlichen Gericht verurteilt worden sind, oder die nach Freispruch vor Gericht oder nach Verbüßung der vom Gericht verhängten Strafe erneut von der Gestapo gefangengenommen wurden und in Haft gehalten werden.»[50]

In der dritten Predigt am 3. August 1941 in St. Lamberti führte Bischof Galen seinen Gläubigen die zehn Gebote vor Augen, um deren Missachtung im einzelnen zu beklagen. Im Sittengemälde des Oberhirten, in dem das fünfte Gebot «Du sollst nicht töten» im Mittelpunkt und in direkter Beziehung zum Kranken- und Behindertenmord der «Euthanasie»-Aktion stand, behandelte er auch das Gebot «Du sollst keine fremden Götter neben mir haben» und nannte als angebetete Götzen den Staat, das Volk und die Rasse.[51]

Die deutlichen Worte des Bischofs kamen spät, aber sie waren endlich ein öffentliches Signal kirchlichen Widerstands. Galen sprach als katholischer Amts- und Würdenträger, und er bezog sich auf einen gemeinsamen Hirtenbrief der deutschen Bischöfe, der am 6. Juli 1941 in allen katholischen Kirchen verlesen worden war. Darin war zwar das fünfte Gebot beschworen, aber ohne konkreten Verweis auf die nationalsozialistische Politik. Unter keinen Umständen dürfe der Mensch außerhalb von Kriegen und gerechter Notwehr einen Unschuldigen töten, hatte die Bischofskonferenz verlauten lassen. Aber Clemens August von Galen nannte erst jetzt den Anlass unmissverständlich beim Namen. Schon dem Hirtenbrief hatte er am 6. Juli von der Kanzel herab persönlich hinzugefügt, dass allgemein der an Sicherheit grenzende Verdacht herrsche, dass die zahlreichen unerwarteten Todesfälle von Geisteskranken absichtlich herbeigeführt würden.

In der Predigt am 3. August 1941 verurteilte der Münsteraner Bischof den seit Herbst 1939 staatlich verordneten, aber klandestin praktizierten Krankenmord: «Wenn man den Grundsatz aufstellt und anwendet, dass man den ‹unproduktiven› Mitmenschen töten darf, dann wehe uns allen, wenn wir alt und altersschwach werden! Wenn man die unproduktiven Mitmenschen töten darf, dann wehe den Invaliden, die im Produktionsprozess ihre Kraft, ihre gesunden Knochen eingesetzt, geopfert und eingebüßt haben! Wenn man die unproduktiven Mitmenschen gewaltsam beseitigen darf, dann wehe unseren braven Soldaten, die als schwer Kriegsverletzte, als Krüppel, als Invalide in die Heimat zurückkehren! Wenn einmal zugegeben wird, dass Menschen das Recht haben, ‹unproduktive› Mitmenschen zu töten – und wenn es jetzt zunächst auch nur arme wehrlose Geisteskranke trifft –, dann ist *grundsätzlich* der Mord an allen unproduktiven Menschen, also an den unheilbar Kranken, den arbeitsunfähigen Krüppeln, den Invaliden der Arbeit und des Krieges, dann ist der Mord an uns allen, wenn wir alt und altersschwach und damit unproduktiv werden, freigegeben! Dann braucht nur irgendein Geheimerlaß anzuordnen, daß das bei den Geisteskranken erprobte Verfahren auf andere ‹Unproduktive› auszudehnen ist, daß es auch bei den unheilbar Lungenkranken, bei den Altersschwachen, bei den Altersinvaliden, bei den schwerkriegsverletzten Soldaten anzuwenden sei. Dann ist keiner von uns noch seines Lebens sicher: Irgendeine Kommission kann ihn auf die Liste der ‹Unproduktiven› setzen, die nach ihrem Urteil ‹lebensunwert› geworden sind! Und keine Polizei wird ihn schützen, und kein Gericht wird seine Ermordung ahnden und den Mörder der verdienten Strafe übergeben.»[52]

Der Bischof ließ keinen Zweifel an der Intention und dem Umfang der Morde, führte Zahlen auf und die Namen von Anstalten, gab individuelle Beispiele und nannte die Aktion einen staatlich angeordneten Mord und erklärte die moralischen und gesellschaftlichen Folgen. Graf Galens Predigt am 3. August 1941 war der erste öffentliche Protest gegen die «Euthanasie»-Aktion, von der alle schon seit langem wussten, auch die Vertreter der Kirche.

Der Bischof hatte sich den Hass der Nationalsozialisten zugezogen. Abgesehen von nächtlicher Ruhestörung, Steinwürfen gegen das bischöfliche Palais, öffentlicher Diffamierung und Pöbelei ist ihm jedoch nichts geschehen. Seinem öffentlichen Aufbegehren gegen den Krankenmord wird dessen Ende zugeschrieben. Die «Euthanasie»-Aktion wurde freilich in diskreterer Weise fortgesetzt, nachdem wesentliche Ziele zur Zeit der Predigt bereits erreicht waren.[53] Insgesamt sind zwischen 1939 und 1945 etwa 240 000 Menschen mit Behinderungen oder psychischen Erkrankungen ermordet worden. Clemens August Graf von Galen, der 1946 in den Kardinalstand erhoben wurde, war und blieb der bekannteste und populärste katholische Widerstandskämpfer.[54]

Die Seligsprechung am 9. Oktober 2005, die Papst Benedikt XVI. in Rom zelebrierte, war ein Akt katholischer Kirchenpolitik, der allerdings unbeabsichtigt den Nimbus Galens beschädigte. Bereits in den 1970er Jahren waren Herkunft, Gesinnung, Amtsverständnis des Münsteraner Bischofs nicht mehr nur hagiographisch betrachtet worden, die Seligsprechung rief kritische Geister auf den Plan. Beginnend in der «Frankfurter Allgemeinen Zeitung» wurde eine publizistische Debatte geführt, in der skeptische Theologen und Widerstandsforscher die Frage aufwarfen (und verneinten), ob Galen die kirchliche Würde der Seligkeit verdient habe. Eugen Drewermann nannte den Kardinal im Westdeutschen Rundfunk einen Deutschnationalen, für den der Angriffskrieg der Nazis kein Problem gewesen sei,[55] Uta Ranke-Heinemann sah in ihm einen Antisemiten und Kriegsfreund,[56] und in der «Zeit» war zu lesen: Galen «verabscheute Demokratie, Liberalismus und ‹Modernismus›, er stand vielen Zielen und der anfänglichen Politik des Hitler-Staates nahe und weinte der Weimarer Republik keine Träne nach».[57] Solche Charakterisierungen polarisierten zwischen linkskatholischen und profanen Positionen auf der einen und traditionsverhafteten Kirchenhistorikern auf der anderen Seite. Der selige Kardinal befruchtete jedenfalls die öffentliche Diskussion und die Forschung zum Thema Widerstand oder Hinnahme des Unrechtsstaats in erheblichem Maße.[58]

Vom Kirchenkampf zum Widerstand

Der «Kirchenkampf» war nicht Widerstand gegen ein Menschenrechte und göttliches Gebot verletzendes Regime, sondern die Verteidigung institutioneller und religiöser Ansprüche und Räume der beiden Amtskirchen gegenüber einem Staat, der totale Verfügungsgewalt über Menschen beanspruchte. Widerstand aus christlicher Überzeugung als politisches Handeln war bis zum Ende immer nur die Sache Einzelner. Sie hatten Anteil an den Überlegungen des Kreisauer Kreises wie an den Plänen der Goerdeler-Gruppe. Klare Ablehnung und unbeirrbare Kompromisslosigkeit, gegründet auf die Erkenntnis der grundsätzlichen Verwerflichkeit nationalsozialistischer Herrschaft, bestimmten die Haltung einzelner Menschen, die darüber zu Märtyrern wurden, wie Dietrich Bonhoeffer und Martin Niemöller auf der evangelischen oder Max Joseph Metzger und Augustin Rösch auf der katholischen Seite.

Der evangelische Theologe Dietrich Bonhoeffer nahm von Anfang an Partei gegen die Nationalsozialisten. Er war der prominenteste evangelische Christ, der – mehr Wissenschaftler als Seelsorger, von der Ökumene überzeugt und engagiert als Erneuerer des Glaubens – Widerstand aus christlicher Verantwortung leistete. Die Nazis belegten den Leiter des Predigerseminars der Bekennenden Kirche 1940 mit Rede- und Schreibverbot. Bonhoeffer fand Kontakt zur Militäropposition und zum Goerdeler-Kreis, warb in England für die Ziele der Opposition. Anfang April 1943 wurde er verhaftet, saß erst im Militärgefängnis in Berlin Tegel, dann im Gestapo-Gefängnis in der Prinz-Albrecht-Straße, dann im KZ Buchenwald. Am 9. April 1945 wurde er im KZ Flossenbürg ermordet.[59]

Bonhoeffer leitete die Notwendigkeit von Widerstand aus christlichen Grundpositionen ab. Im April 1933 schrieb er in einem Aufsatz zur Politik gegenüber den Juden: «Die Kirche ist den Opfern jeder Gesellschaftsordnung in unbedingter Weise verpflichtet, auch wenn sie nicht der christlichen Gemeinde angehören.» Grundsätzlich vertrat er den Standpunkt, der ihn schließlich von der christlichen Kritik am NS-Regime zum politischen Widerstand führte: «Wenn die Kirche den Staat in seiner Recht und Ordnung schaffenden Funktion versagen sieht, d. h. wenn sie im Staat hemmungslos ein zuviel oder zuwenig an Ordnung und Recht verwirklicht sieht», müsse die Kirche an die Stelle des Staates treten und «unmittelbar politisch» handeln.[60]

Aus christlicher Überzeugung setzten sich in Lübeck junge Geistliche im Umkreis des Kaplans Johannes Prassek mit den Intentionen nationalsozialistischer Politik auseinander. Die Lektüre der Predigt Bischof Galens, Flugblätter, Nachrichten des britischen Rundfunks überzeugten den Kreis, dem auch der evangelische Vikar und frühere NSDAP-Genosse Karl Friedrich Stellbrink angehörte, von den Verbrechen des Regimes und der aussichtslosen militärischen Situation. Nach einer Denunziation im Mai 1942 verhaftet, wurden Prassek und seine Freunde, der katholische Priester Hermann Lange und Kaplan Eduard Müller sowie der protestantische Pfarrer Stellbrink, am 23. Juni 1943 vom Volksgerichtshof zum Tod verurteilt und im November 1943 in Hamburg hingerichtet.[61]

Paul Schneider, der evangelische Pfarrer, der als «Prediger von Buchenwald» in die Geschichte des christlichen Widerstands einging, wurde im Hunsrück in einer reformierten rheinischen Pfarrfamilie geboren, war 18-jährig Freiwilliger im Ersten Weltkrieg, studierte dann Theologie und arbeitete nach dem Studium in einer Eisenhütte im Ruhrgebiet, dann 1923/24 in der Berliner Stadtmission, wurde nach der Ordination Anfang 1925 Hilfspfarrer in Essen und übernahm 1926 als Nachfolger seines Vaters die Pfarrstelle in Hochelheim und Dornholzhausen bei Wetzlar.

Als Mitglied der Bekennenden Kirche exponierte sich Schneider früh gegen die nationalsozialistische Kirchenpolitik und predigte gegen die Ideologen des Regimes. Die Kirchenbehörde versetzte den regimekritischen Pfarrer auf Betreiben der NSDAP in die kleine Gemeinde Dickenschied und Womrath im Hunsrück, wo er sich weiter gegen die weltliche Obrigkeit exponierte. Bis 1937 war der Geistliche mehrfach von der Gestapo verhört, viermal in «Schutzhaft» genommen und dann aus der Rheinprovinz verbannt worden. Im November 1937 wurde Schneider in das KZ Buchenwald eingewiesen. Wegen seiner unbeugsamen Haltung wurde er mit Bunkerhaft bestraft und häufig misshandelt. Sein fundamentaler Widerstand war nicht zu brechen. Im Krankenrevier wurde er am 18. Juli 1939 mit einer Injektion ermordet.[62]

In München engagierte sich der Jesuitenpater Augustin Rösch seit 1941 in der Abwehr der nationalsozialistischen Angriffe auf die Klöster. Er sammelte einen Kreis von Hitler-Gegnern, unter ihnen Pater Alfred

Delp SJ, und versuchte die katholische Bischofskonferenz zu einer schärferen Gangart gegen das NS-Regime zu bewegen. Ab Winter 1941 betätigten sich die Jesuiten Rösch, Delp und König im Kreisauer Kreis, von dort aus liefen auch Fäden zu den Verschwörern des 20. Juli 1944. Pater Delp wurde Ende Juli 1944 verhaftet und im Januar 1945 zum Tode verurteilt, Rösch war von Januar bis April 1945 in Gestapo-Haft, Pater König blieb unentdeckt.

Jehovas Zeugen (Ernste Bibelforscher)

Nur eine christliche Glaubensgemeinschaft leistete dem nationalsozialistischen Staat geschlossen und bedingungslos Widerstand: die Zeugen Jehovas oder Ernsten Bibelforscher, wie sie bis 1931 offiziell genannt wurden. Die in Deutschland etwa 25 000 Seelen zählende Gemeinde wurde ab 1933 in einzelnen Ländern verboten.[63] Das reichsweite Verbot der Glaubensgemeinschaft Jehovas Zeugen erfolgte im Einvernehmen des NS-Regimes und der beiden großen Kirchen. An einer Konferenz im Berliner Polizeipräsidium, die am 29. Mai 1933 stattfand, nahmen auf Einladung des Preußischen Ministers für Wissenschaft, Kunst und Volksbildung außer Vertretern aus Reichsministerien und der Gestapo auch Delegierte des Breslauers und des Berliner Ordinariats für die katholische Kirche und des Evangelischen Oberkirchenrats teil. Argumente für ein Verbot wurden zusammengetragen und das Einvernehmen zwischen Staat und Kirchen festgestellt. Das findet sich auch ausdrücklich in der Begründung des Verbots vom 1. April 1935, in dem «eine unverkennbare Hetze gegen die staatlichen und kirchlichen Einrichtungen» seitens der Ernsten Bibelforscher konstatiert war.

Der Münchner Erzbischof Kardinal Faulhaber hatte schon im Mai 1933 in einem Brief an die bayerische Regierung dankbar anerkannt, dass sich im öffentlichen Leben schon manches gebessert habe: die Gottlosenbewegung sei eingedämmt, Freidenker dürften nicht mehr offen gegen Christentum und Kirche toben, und «die Bibelforscher können nicht mehr ihre amerikanisch-kommunistische Tätigkeit entfalten».[64] Das Schreiben signalisierte den Kurswechsel der katholischen Kirche, die im Frühjahr 1933 einen modus vivendi mit dem Nationalsozialismus suchte und dabei zu manchen Opfern bereit war. Das Verdikt über die Zeugen Jehovas war freilich kein Opfer, sondern Ausdruck tiefer Abneigung. Etwa die Hälfte der Zeugen Jehovas setzte im Untergrund den «Verkündigungsdienst» fort. Die Zeugen Jehovas verweigerten den Heil-Hitlergruß und vor allem den Wehrdienst. Sie wurden dafür unerbittlich verfolgt. Etwa 10 000 befanden sich in Haft im Gefängnis oder KZ, etwa 1200 Todesopfer forderte der Widerstand dieser Glaubensgemeinschaft, die 1936/37 auch in Flugblattaktionen die Bevölkerung über den verbrecherischen Charakter des NS-Staats aufzuklären suchte und sich dadurch über die Verteidigung ihrer Interessen hinaus gegen das Unrechtsregime engagierte.[65]

Anfang September 1936 trat in Luzern ein internationaler Kongress der Zeugen Jehovas zusammen. Die Teilnehmer verfassten eine Resolution über die Verfolgung ihrer Glaubensgeschwister «in Deutschland, Österreich und anderswo» und sandten das Dokument in einem Exemplar an die Reichskanzlei Berlin «an Herrn Hitler» und in einer zweiten Ausfertigung an den Papst. Letzteren sahen sie nicht in der Rolle eines Helfers oder als Oberhaupt einer international respektierten Institution, sondern als Komplizen nationalsozialistischer Politik. Die zentrale Botschaft der Resolution lautet: «Wir rufen alle gutgesinnten Menschen auf, davon Kenntnis zu nehmen, daß Jehovas Zeugen in Deutschland, Österreich und anderswo grausam verfolgt, mit Gefängnis bestraft, und auf teuflische Weise mißhandelt und manche von ihnen getötet werden. Alle diese verruchten Taten werden gegen sie von einer grausamen, heimtückischen und bösen Macht verübt, wozu diese durch jene religiöse Organisation, nämlich die römisch-katholische Hierarchie, welche viele Jahre lang das Volk getäuscht und den heiligen Namen Gottes gelästert hat, veranlaßt wird. Die Hitler-Regierung, die von den Jesuiten der römisch-katholischen Hierarchie unterstützt und beeinflußt wird, hat wahren Christen jede Art grausamer Bestrafung auferlegt und fährt fort dies zu tun, gleichwie auch Christus Jesus und seine Apostel um der Gerechtigkeit willen verfolgt wurden.»[66] Zur Position der Zeugen Jehovas gegenüber weltlichen und staatlichen Dingen hieß es: «Als Nachfolger Christi beteiligen wir uns nicht an den politischen Angelegenheiten dieser Welt; auch besitzen wir kein Interesse daran. Unser einziger Zweck und Auftrag besteht darin, den Namen und das Königreich Gottes unter Christus bekanntzumachen, damit die Menschen darüber Klarheit erhalten und in völliger Kenntnis der Sachlage entscheiden können, wem sie dienen wollen.»[67] Die Schrift wurde Regierungsstellen und Kirchen zugesandt und am 12. Dezember 1936 in zehntausend Exemplaren reichsweit verbreitet.

Die Renitenz gegenüber den Ansprüchen von Partei und Staat, insbesondere die Verweigerung von Hitlergruß und Militärdienst, machte die kompromisslosen Gläubigen zu Verfolgten, denn in der Perspektive des Regimes leisteten sie mit ihrem Verhalten fundamentalen Widerstand. Wegen ihrer Sanftmut und Schicksalsergebenheit wurden die Zeugen Jehovas in den Konzentrationslagern häufig in Arbeitskommandos eingesetzt, die wenig Aufsicht und Bewachung erforderten. Sie arbeiteten in Unterkünften der SS und in privaten Behausungen von SS-Führern und in öffentlichen Einrichtungen.

Die Zeugen Jehovas, deren Widerstand in stiller beharrlicher Verweigerung bestand, wurden deshalb aber nicht weniger grausam behandelt als andere Opfer des NS-Systems. Das Flugblatt «Offener Brief» von 1937 bot dafür Beweise. Im Wortlaut zitiert war dort auch die Erklärung, mit der Zeugen Jehovas ihrer Glaubensgemeinschaft abschwören und persönlich an Eides statt versichern sollten, «daß ich die staatsfeindlichen Machenschaften der jüdischen internationalen Bibelforscher-Vereinigung erkannt habe und ich mich als treuer Deutscher von dieser Vereinigung, so weit ich ihr angehörte oder nahestand, losgesagt habe ... Ich bin mir bewußt, daß jede weitere Betätigung für die Internationale Bibelforscherbewegung, ganz gleich in welcher Beziehung, schärfste Bestrafung nach sich zieht, da ich dann nicht mehr wert und würdig bin, in der Gemeinschaft des deutschen Volkes zu leben und zu arbeiten. Falls in der kommenden Zeit staatsfeindliche Elemente an mich herantreten sollten mit Broschüren, Flugblättern, Büchern etc., werde ich die Täter sofort der zuständigen Partei- oder Polizeistelle melden und die Druckschriften abliefern.»[68]

Die gegenseitige Denunziation, nach der das NS-Regime die Glaubensgemeinschaft der Bibelchristen als jüdisch geführte und kommunistisch durchsetzte Organisation und Jehovas Zeugen den Nationalsozialismus mit der katholischen Kirche verbündet stigmatisierten, macht die Abneigung deutlich und begründet die Verfolgung und den Widerstand zusätzlich. Die Flugblattaktion muss als logistische Meisterleistung gewürdigt werden. In diesem offenen Brief «An das bibelgläubige und Christus liebende Volk Deutschlands» wurden nationalsozialistische Verbrechen benannt. Das Flugblatt wurde am 20. Juni 1937 in ca. 70 000 Exemplaren in einer Aktion zwischen 12.00 und 13.00 Uhr schlagartig verteilt.[69]

Elfriede Löhr war an der Vorbereitung und Durchführung der beiden Flugblattaktionen der Zeugen Jehovas beteiligt. Sie leitete ab Frühjahr 1937 die illegale Organisation der Zeugen Jehovas in Bayern. Im August 1937 verhaftet, wurde sie von 1939 bis 1945 in den Frauenkonzentrationslagern Lichtenburg und Ravensbrück eingesperrt.

Die Familie Harms in Wilhelmshaven leistete durch Verweigerung Widerstand gegen den NS-Staat. Martin Harms war Tischlermeister und stand wie sein Sohn Johannes und die Schwiegertochter Elise im Verdacht, an einer Flugblattaktion der Zeugen Jehovas im Juni 1938 mitgewirkt zu haben. Nach der Hausdurchsuchung und Verhaftung wurde Martin Harms ins KZ Sachsenhausen deportiert, wo er bis zum Frühjahr 1945 blieb. Johannes und Elise kamen nach einigen Monaten Gefängnishaft wieder auf freien Fuß. Am 7. November 1940 verurteilte das Reichskriegsgericht in Berlin den Kraftfahrer Johannes Harms wegen «Zersetzung der Wehrkraft» zum Tode. Der 30-jährige hatte sich geweigert, dem Einberufungsbefehl zur Wehrmacht Folge zu leisten. Am 8. Januar 1941 wurde er im Zuchthaus Brandenburg-Görden hingerichtet.

Hans Gärtner kam 1906 in Lorsch (Bergstraße) zur Welt. Die fünf Geschwister wurden nach dem Tod erst der Mutter, dann des Vaters unter Verwandten aufgeteilt. Hans war katholisch, konvertierte später zum Protestantismus, und um 1930, im Alter von 24 Jahren, schloss er sich den «Ernsten Bibelforschern» an. 1933 heiratete er und machte sich in Zwingenberg als Frisör selbstständig. Im Oktober 1933 wurde die Glaubensgemeinschaft der Zeugen Jehovas in Hessen verboten. Hans Gärtner wurde damit als Objekt der Überwachung und Verfolgung mehrfach verhaftet und zu Gefängnisstrafen verurteilt. Er weigerte sich, den Hitlergruß zu entbieten oder zu erwidern, wurde der illegalen Betätigung beschuldigt, weil er an Versammlungen teilgenommen hatte. Seine dritte Verhaftung Ende Mai/Anfang Juni 1937 erfolgte, nachdem er bei einem Sonntagsspaziergang einem ehemaligen Arbeitgeber, der mit «Heil Hitler» grüßte, erklärte: «Dieser Gruß kommt für mich nicht in Frage. Guten Tag!»[70]

Gärtner wurde Ende Juni 1937 in das KZ Dachau deportiert, wo er im April 1940 an den Folgen von Misshandlungen und Hunger starb. Er war wegen seines Glaubens, den er unbeirrt und demonstrativ lebte, verfolgt worden. Nach ihm wurde in Zwingenberg der Hans-Gärtner-Weg benannt. Erzählt wurde auch, dass der Denunziant, ein lokaler NS-Bonze, nach dem Krieg gezwungen worden sei, eskortiert von US-Soldaten, ein Schild «Ich bin schuld am Tod des Hans Gärtner» durch Zwingenberg zu tragen und dazu eine Kuhglocke zu läuten. Auf einem Lastwagen der US-Armee sei er dann nach Bensheim gefahren und dort entlassen worden.[71] Die Geschichte der Schmach des Täters und der Rehabilitierung des Opfers ist als erinnerungspolitische Anekdote so makaber wie anrührend, aber doch unwahrscheinlich. Schuldgefühle in den Jahren 1946 oder 1947, die eine solche Justiz in Gang gesetzt hätten, sind ebenso unwahrscheinlich wie die Adaption der Nazimethoden durch die amerikanische Besatzungsmacht.

Kirchen und Juden

Am Verhältnis zu den getauften Juden, denen die christlichen Kirchen ja besondere Solidarität schuldeten, wurden die Schwierigkeiten von Widerstand, Anpassung und Kollaboration mit dem NS-Regime besonders deutlich. Im Herbst 1938 schrieb der Schriftsteller Jochen Klepper, gläubiger Christ, frommer Protestant, Dichter von Kirchenliedern, in sein Tagebuch: «Was an den Juden geschieht, ist eine schwere, schwere Glaubensprüfung – für die Christen.»[72] Vier Jahre später, 1942, schied er mit seiner inzwischen zum Christentum übergetretenen jüdischen Frau und seiner jüdischen Stieftochter freiwillig aus dem Leben. Die christlichen Kirchen haben angesichts des Holocaust die Glaubensprüfung nicht bestanden, und es hat lange gedauert, bis sie darüber zu reflektieren begannen.

Natürlich hätten die Kirchen die Möglichkeit gehabt, sich für die verfolgten Juden zu engagieren. Der Vatikan unternahm sogar einen Anlauf dazu. Im Juni 1938 beauftragte Pius XI. den amerikanischen Jesuitenpater John LaFarge mit dem Entwurf einer päpstlichen Enzyklika, die Rassismus und Antisemitismus verurteilen sollte. Drei Monate später lieferte LaFarge den mit Hilfe zweier Ordensbrüder verfassten Text, der als Enzyklika «Humani generis unitas» – «über die Einheit des Menschengeschlechtes» – das christliche Fanal gegen nationalsozialistischen Rassenwahn gewesen wäre. Der Textentwurf war vor der «Reichskristallnacht» fertig, vor dem inszenierten deutschen Pogrom also, der im November 1938 die Wegmarke bildete zwischen Ausgrenzung und einer Verfolgung, die auf Vernichtung zielte. Umso eindrucksvoller wäre die Enzyklika gewesen, weil sie die Entwicklung voraussah, auch wenn das Schlimmste noch nicht zu ahnen war.

Im Kapitel «Die Juden und der Antisemitismus» des nicht veröffentlichten päpstlichen Schreibens heißt es: «Ist die Verfolgung einmal in Gang gekommen, dann werden Millionen von Menschen auf dem Boden ihres eigenen Vaterlandes der elementarsten Bürgerrechte und -privilegien beraubt, man verweigert ihnen den Schutz des Gesetzes gegen Gewalt und Diebstahl, Beleidigung und Schmach harren ihrer, man geht sogar so weit, das Brandmal des Verbrechers Personen aufzudrücken, die das Gesetz ihres Landes bis dahin peinlich genau befolgt haben. Sogar jene, die tapfer für das Vaterland gekämpft haben, werden wie Verräter behandelt; die Kinder derer, die auf dem Schlachtfeld gefallen sind, werden aufgrund der alleinigen Tatsache, wer ihre Eltern sind, für außerhalb des Gesetzes stehend erklärt».[73]

Warum hat der Papst diese Worte nie von den Kanzeln der katholischen Kirche verkünden lassen? Papst Pius XI., der Auftraggeber der Enzyklika, starb Anfang 1939; wahrscheinlich hat er den Text nie gesehen. Unter seinem Nachfolger, dem zaudernden Pius XII., wurde das Papier im Archiv begraben.

Die Haltung der christliche Kirchen gegenüber dem nationalsozialistischen Regime war von einem Pragmatismus bestimmt, der von Anpassung und Kollaboration – verkörpert etwa durch die «Deutschen Christen» auf der evangelischen Seite – zu Schadensbegrenzung, Abwehr und Widerstand – verkörpert vor allem durch individuelles Engagement auf Seiten der Bekennenden Kirche und einzelner katholischer Priester und Bischöfe – reichte. Prüfstein war die Haltung gegenüber den Juden. Aber die christliche Solidarität unterlag rascher Erosion; das zeigte sich in der Verweigerung der Kenntnisnahme des jüdischen Schicksals, in Gleichgültigkeit und Hinnahme. Einer kleinen Gruppe gegenüber hätten die christlichen Kirchen sogar unmittelbare Verantwortung und Sorgepflicht gehabt, für den Personenkreis nämlich, der durch Taufe die Verbindung zum Judentum gelöst hatte, in die Gemeinschaft evangelischer oder katholischer Christen eingetreten war. Diese Christen wurden nach nationalsozialistischem Gesetz als Angehörige der jüdischen «Rasse» reklamiert und damit diskriminiert und verfolgt.

Die «Judenchristen» katholischer oder evangelischer Konfession waren seit den Nürnberger Gesetzen vom September 1935, ihrer durch Taufe dokumentierten Abkehr vom Judentum ungeachtet, vom Staat der zu Bürgern minderen Rechts diskriminierten jüdischen Minderheit zugeordnet, und zwar mit allen Konsequenzen. Den mit der Polizeiverordnung vom 1. September 1941 eingeführten Judenstern mussten auch sie tragen; ab dem 15. September waren alle Juden vom vollendeten sechsten Lebensjahr an verpflichtet, das handtellergroße Stigma auf der Oberkleidung aufgenäht zu zeigen. Auch die «Judenchristen» waren genötigt, die entwürdigenden Embleme bei den jüdischen Gemeinden zu erwerben, die von den Behörden ausersehen waren, die Verteilung und den Verkauf zu organisieren.

Die Kennzeichnung, eine der letzten Diskriminierungen auf dem Weg zur Vernichtung der Juden, machte den «Judenchristen» ihre unglückliche Situation dramatisch augenscheinlich, mussten sie doch jetzt auch im christlichen Gottesdienst, der vielen von ihnen Trost und Zuflucht war, Zurückweisung und Ghettoisierung fürchten. Für die Kirchen wurde der Zwang zum Tragen des Judensterns zur Herausforderung, Stellung zu beziehen und Partei für die bedrängten Gemeindeglieder jüdischer Herkunft zu ergreifen. Den konfliktmeidenden Ausweg, Sondergottesdienste für die Sternträger zu veranstalten, besondere Judenbänke in den Kirchen einzurichten oder die Sakramente den Judenchristen von der übrigen Gemeinde getrennt zu spenden, hatte Kardinal Bertram zurückgewiesen. Auch der Wiener Erzbischof Theodor Innitzer war, wie in einem SD-Bericht aus dem November 1941 zu lesen ist, gegen die Zusammenfassung jüdischer Katholiken in judenchristlichen Gemeinden; er forderte die Priester auf, für die zur Deportation bestimmten katholischen Juden beten zu lassen. Ebenso verweigerte der Wiener Kardinal Innitzer Konzessionen an die nationalsozialistische Rassenlehre, wie sie im besonderen Kirchendienst für «Judenchristen» zum Ausdruck gekommen wären, und wies die Priester seiner Erzdiözese an, etwaigen Segregationsaufforderungen durch Gläubige gegenüber den «Judenchristen» scharf entgegenzutreten, denn die Kirche dürfe keine Rassenunterschiede machen.[74]

Eine evangelische Vikarin in Breslau, Mitglied der Bekennenden Kirche, wandte sich in einem Flugblatt, das auch überregional verbreitet wurde, im Herbst 1941 gegen die Folgen der Kennzeichnung der christlichen «Juden»: «Es ist Christenpflicht, sie nicht etwa wegen der Kennzeichnung vom Gottesdienst auszuschließen. Sie haben das gleiche Heimatrecht in der Kirche wie die anderen Gemeindemitglieder und bedürfen des Trostes aus Gotteswort besonders ... Für die Gemeinden besteht die Gefahr, daß sie sich durch nicht wirklich christliche Elemente irre führen lassen, daß sie die christliche Kirche durch unchristliches Verhalten gefährden. Es muß ihnen hier seelsorgerisch etwa durch Hinweis auf Luk. 10, 25–37 (‹Wer ist dein Nächster?›) und Matth. 25, 40 (‹Was ihr einem von diesen meiner geringsten Brüder getan habt, das habt ihr mir getan!›) geholfen werden.»[75]

Die Breslauer Seelsorgerin Katharina Staritz schlug vor, den «Judenchristen» durch vertrauenswürdige Gemeindemitglieder Plätze beim Gottesdienst anweisen zu lassen oder gar besondere Plätze für die Sternträger vorzusehen, damit sie nicht von unchristlichen Elementen fortgewiesen würden. Um das Odium der Ghettoisierung zu vermeiden, sollten prominente Mitglieder der Gemeinde wie Gemeindekirchenräte sich zu den «nichtarischen Christen» setzen; eventuell könnten diese auch zum Gottesdienst abgeholt werden. Soviel christliche Fürsorge und Zuwendung ging der Schlesischen Landeskirche zu weit; sie distanzierte sich von dem Flugblatt. Ein Artikel der SS-Zeitung «Das Schwarze Korps» attackierte die Vikarin Staritz, die daraufhin am 4. März 1942 in Schutzhaft genommen wurde.[76] Sie war zunächst in Breitenau und vom 6. August 1942 bis 18. Mai 1943 im KZ Ravensbrück ihrer Freiheit beraubt. Unter Vorbehalt der Gestapo-Aufsicht entlassen, blieb sie bis 1945 ohne Anstellung, dann war sie vertretungsweise und von 1949 bis zu ihrem Tod 1953 regulär wieder im Pfarrdienst.[77]

Die Diffamierung der «nichtarischen Christen» hatte 1941, als der Judenstern verordnet wurde, aber schon eine Tradition, die bis zum Beginn des NS-Regimes zurückreichte. Mit der nationalsozialistischen Definition von Staat und Volk, die im Zeichen der NS-Rassenideologie ab Frühjahr 1933 die Zugehörigkeit zur deutschen Nation ausschließlich von «rassischen» Kriterien abhängig machte, denen gegenüber Jahrhunderte lange Ansässigkeit, kulturelle und religiöse Assimilation nichts galten, wurde auch die Bevölkerungsgruppe ehemaliger Juden ausgegrenzt, die (oder deren Vorfahren) sich meist vor längerer Zeit schon vom Judentum ab- und einer der christlichen Kirchen zugewendet hatten. Die Grundsätze der völkischen Segregation wurden in den Nürnberger Gesetzen im Herbst 1935 auf der staatlichen Seite auch formell kodifiziert.

Begonnen hatte die soziale Ausgrenzung mit dem Gesetz zur Wiederherstellung des Berufsbeamtentums im April 1933, und zwar weit über den staatlichen öffentlichen Dienst hinaus. Der «Arierparagraph», der den Ausschluss von Juden konstituierte, wurde auch von nichtstaatlichen Körperschaften, Institutionen und Vereinen übernommen. Die stillschweigende Übernahme nationalsozialistischer Sprachregelungen, Bezeichnungen und Begriffe machte den diskriminierten Personenkreis bald ganz allgemein zu «Nichtariern». Demgegenüber bezeichnet der Ausdruck «Judenchristen» immerhin die spezifischen Probleme der Gruppe und entspricht nicht der völkisch-rassistischen Nomenklatur des Nationalsozialismus.

Im Gegensatz zur großen Mehrheit der «Arier» und zur verhältnismäßig immer noch großen Gruppe der Juden (ihre Zahl betrug im Deutschen Reich 1933 rund 500 000) waren die «Judenchristen» eine kleine Minderheit von mindestens 116 000 Menschen, für die sich die Bezeichnung «Nichtarier» immer mehr einbürgerte. Sie hatten zunächst gar nicht das Bewusstsein einer besonderen Identität. Sie verstanden sich – ausschließlich – als Deutsche, als Christen, maßen der jüdischen Herkunft keine Bedeutung mehr zu, empfanden mit Juden keinerlei Gemeinsamkeit, und die Juden standen ihnen ihrerseits mit Distanz gegenüber. Dass es in nationalsozialistischer Perspektive keinen Unterschied zwischen der großen Minderheit der Juden und der kleinen Minderheit der «Judenchristen» gab, wurde letzterer erst allmählich und unter Schmerzen bewusst.

Die theologische Debatte über den Status der «Judenchristen»[78] begann unmittelbar nach der Etablierung des nationalsozialistischen Regimes, teils in der von christlicher Sorge getragenen Erkenntnis, dass «erstmalig der Judenchrist mit dem jüdischen Volk mitgetroffen» war,[79] vor allem aber aus rassistisch begründetem Ausgrenzungsdrang. Man wollte den «Arierparagraphen» auch im kirchlichen Dienst und in der Gemeinde anwenden. Dies war in erster Linie ein Problem innerhalb der evangelischen Kirche, deren Spaltung sich über dem Postulat einer staatskonformen «Reichskirche» einerseits und der Betonung des Primats von

Bekenntnis und Verkündigung außerhalb staatlichen Reglements andererseits abzeichnete.

Verfochten die Deutschen Christen als Anhänger einer gleichgeschalteten nationalen Reichskirche die Ausgrenzung auch der christlichen «Juden» in Sondergemeinden, so reduzierte sich das Problem in der Bekennenden Kirche auf die Frage des «Arierparagraphen» für Geistliche.

Gerhard Jasper, Pastor in Bethel und entschiedener Gegner eines antisemitischen staatsfrommen Christentums, stritt frühzeitig energisch für die völlige Gleichberechtigung der «Judenchristen» und gegen ihre Segregation. Nicht um Volkstumsfragen könne es der Kirche gehen, sondern ausschließlich religiöse Kriterien seien maßgeblich. «Die Bejahung des heilsgeschichtlichen Verständnisses des jüdischen Volkes schließt damit die völlige Anerkennung des Judenchristen im Raum der Kirche ein und verbietet die Bildung besonderer judenchristlicher Gemeinden aus völkischen Gesichtspunkten heraus, die für die Kirche im Blick auf den Judenchristen nicht maßgebend sein dürfen. Daß der Judenchrist im Raum der Kirche nicht besonders gestellt wird, sondern daß im Gegensatz dazu in der höheren Ebene der Kirche die Unterschiede zwischen Judenchristen und Heidenchristen aufgehoben erscheinen, ist darum letztlich Anerkennung der Heilsgeschichte Gottes mit der Menschheit überhaupt.»[80]

Argumente der «Deutschen Christen» aufgreifend untersuchte Jasper neben der grundsätzlichen theologischen Klärung der Frage das kirchenrechtliche Problem der Anwendung des «Arierparagraphen» (analog den Bestimmungen des Gesetzes zur Wiederherstellung des Berufsbeamtentums vom 7. April 1933) gegen Amtsträger der evangelischen Kirche. Eine gewisse Rechtfertigung äußerer Art zum Ausschluss würde vorliegen, wenn man von einer «Verjudung der Kirche» sprechen könne, ausgelöst etwa durch Massentaufen von Juden oder dadurch, dass «jüdischer Geist» in die Leitung der Kirchen eingezogen sei. Davon konnte jedoch keine Rede sein.

Nach einer Umfrage waren von 18 000 amtierenden deutschen protestantischen Pfarrern lediglich 29 jüdischer Abstammung. Von diesen gehörten 17 der preußischen Landeskirche an, 11 von ihnen waren entweder Frontkämpfer oder vor dem 1. August 1914 ordiniert worden, gehörten also zu dem Personenkreis, für den die antijüdische Gesetzgebung vorerst nicht gelten sollte. Lediglich sechs Pfarrer waren vom «Arierparagraphen», den die Generalsynode am 6. September 1933 für die preußische Landeskirche einführte, bedroht.[81]

Früh und unmissverständlich hatten der junge Privatdozent Dietrich Bonhoeffer und Pfarrer Martin Niemöller öffentlich gemacht, dass sie die Ausgrenzung der «Judenchristen» für bekenntniswidrig hielten.[82] Aber die kirchliche Praxis entsprach weithin nicht der theologisch korrekten Beweisführung des Bekenntnispfarrers Jasper und seiner gleichdenkenden Amtskollegen. Die Mehrheit der evangelischen Christen sympathisierte bald nach der Machtübernahme Hitlers mit den Deutschen Christen, die nach den Kirchenwahlen im Juli 1933 in den meisten Landeskirchen die Führung hatten.

Zu den Folgen der Einführung des «Arierparagraphen» in der preußischen Landeskirche gehörte die Gründung des Pfarrernotbundes durch Martin Niemöller und dessen Protest gegen die Diskriminierung der Amtsträger jüdischer Herkunft auf der Wittenberger Nationalsynode im September 1933. Zur allgemeinen Überraschung wurde der «Arierparagraph», dessen Einführung man von der Nationalsynode erwartet hatte, dann nicht reichsweites Kirchengesetz.

Im Vorfeld der Nationalsynode hatten Abgeordnete des Kurhessischen Kirchentags bei den theologischen Fakultäten von Marburg und Erlangen Gutachten über die Rechtmäßigkeit der Einführung des «Arierparagraphen» erbeten. Marburg reagierte umgehend und sprach sich am 19. September 1933 ohne Wenn und Aber für die Gleichberechtigung der «Judenchristen» aus und erklärte den Ausschluss von Vertretern dieses Personenkreises aus dem kirchlichen Leben für rechtswidrig. Erlangen reagierte am 25. September pragmatischer im Sinne der Anpassung an die staatlichen Vorgaben: Die «volle Gliedschaft in der Deutschen Evangelischen Kirche» sei unbestritten, aber man müsse Zurückhaltung von den «Judenchristen» von kirchlichen Ämtern fordern.[83]

Das Schicksal Paul Mendelsons, seit 1927 Pfarrer der Dankeskirchengemeinde in Berlin-Wedding, war zu diesem Zeitpunkt allerdings bereits entschieden. Mendelsons Vater war auch schon evangelischer Geistlicher gewesen, dessen Vater hatte sich 1839 taufen lassen. Nach NS-Terminologie war Paul Mendelson wegen des Großvaters «Vierteljude» oder «Mischling zweiten Grades». Ein Dienstkollege an derselben Gemeinde, Anhänger der «Deutschen Christen», forderte seine Entlassung. Mendelson war wegen seiner jüdischen Herkunft politisch seit langem angefeindet, aber als Seelsorger beliebt und angesehen. Die preußische Kirchenleitung entschied im Juli 1933, dass Pfarrer Mendelson, allerdings auch sein Kontrahent, den Dienst einstellen müsse und zum 1. Oktober 1933 pensioniert werden solle. Mendelson war 60 Jahre alt und wäre auch vom «Arierparagraphen» (der zum Zeitpunkt seiner Pensionierung noch gar nicht eingeführt war) nicht betroffen gewesen, denn er gehörte zu dem Personenkreis, der schon vor dem 1. August 1914 im Amt und damit ausdrücklich ausgenommen war – wenigstens im staatlichen Bereich. Auch Paul Mendelsons jüngerer Bruder Ernst wurde 1936 als Pfarrer zwangspensioniert. Er suchte den Ausweg aus der Stigmatisierung im Freitod, seine Angehörigen nahmen einen anderen Namen an.[84]

1933 gab es im Deutschen Reich etwa 20 000 evangelische und rund 6000 katholische Christen jüdischer Herkunft (die drei oder vier jüdische Großeltern hatten und damit nach NS-Jurisdiktion «Volljuden» waren). Unter den «Mischlingen ersten Grades» (zwei jüdische Großeltern: «Halbjuden») bekannten sich 45 000 zum evangelischen und 13 000 zum katholischen Glauben. Bei den «Mischlingen zweiten Grades» («Vierteljuden») schätzte man die Zahl der Protestanten auf 90 000 und die der Katholiken auf 26 000. Rechnet man die Zahlen der mit Abstufungen Diskriminierten zusammen, so waren es mindestens 90 000 evangelische Christen und 26 000 Katholiken, die von der Rassengesetzgebung des NS-Staats mitbetroffen waren, obwohl sie sich selbst keineswegs zum Judentum zählten. Zeitgenössische Schätzungen, aber auch spätere Berechnungen, gehen von höheren Zahlen aus.[85] Berücksichtigen muss man auch die «jüdisch Versippten», vor allem die «arischen» Partner in «Mischehen», die außer sozialen Ausgrenzungen in steter Angst um das Schicksal von Familienmitgliedern lebten, wenn sie nicht dem Druck nachgaben und sich trennten.

In Grenzfällen definierten die Nationalsozialisten die Zugehörigkeit zum Judentum mit religiösen Kriterien. In der «privilegierten Mischehe» war der jüdische Partner geschützt und sogar von der Kennzeichnungspflicht ausgenommen, wenn die Kinder einer christlichen Konfession angehörten. Mit der Scheidung oder dem Tod des nichtjüdischen Partners erloschen die Privilegien für die jüdischen Partner, und die Betroffenen waren wieder Juden. «Mischehen», deren Abkömmlinge zur jüdischen Religionsgemeinschaft gehörten, waren nicht privilegiert, der jüdische Partner unterlag allen Diskriminierungen, und die Abkömmlinge waren in nationalsozialistischer Terminologie «Geltungsjuden» mit allen juristischen Konsequenzen.

Ein gar nicht kleiner Personenkreis war also außer den Juden von der judenfeindlichen Politik des NS-Staats betroffen, und es ist von Bedeutung, wie sich die christlichen Kirchen gegenüber diesen Menschen, ihren bedrängten und verfolgten Mitgliedern, verhielten. Das erstens vom politischen und theologischen Gegensatz zwischen Deutschen Christen und der Bekennenden Kirche in den einzelnen Landeskirchen und Gemeinden, zweitens vom staatlichen Druck und drittens von der allgemeinen Tendenz der allmählichen Erosion widerständigen Verhaltens gegenüber dem NS-Staat determinierte Problem wurde durch die offizielle Preisgabe der Christen, die vom Staat als Juden definiert und damit diskriminiert waren, gelöst. Die Preisgabe erfolgte allmählich. Die Stationen entsprachen den fortschreitenden Pressionen durch staatliches Handeln: Berufsbeamtengesetz 1933, Nürnberger Gesetze 1935, Novemberpogrom 1938, Judensternverordnung 1941. Fürsorge, die in einzelnen Fällen, durch einzelne Gemeinden oder in organisierter Form unter dem Dach der Kirche jenen Christen gegenüber geübt wurde, die zu Juden gestempelt worden waren, ändert das Bild ebenso wenig wie der Protest, der aus einzelnen Gemeinden von einzelnen Geistlichen gegen die amtskirchliche Haltung und das staatliche Vorgehen erhoben wurde.

Ein Beispiel für die Betreuung der Ausgegrenzten bot die Hamburger Jerusalem-Kirche; sie gehörte zur judenmissionierenden Presbyterianischen Kirche von Irland. Dort wurden unter Leitung zweier «judenchristlicher» Pastoren regelmäßig Teenachmittage veranstaltet für die «‹nicht-arischen› Christen, um sie in ihrer Verlassenheit zu trösten».[86]

Die Evangelische Kirche kapitulierte im Dezember 1941 endgültig. Die von «Deutschen Christen» geführten Landeskirchen von Thüringen, Sachsen, Nassau-Hessen, Schleswig-Holstein, Anhalt und Lübeck hatten durch eine gemeinsame «Bekanntmachung über die kirchliche Stellung der Evangelischen Juden» am 17. Dezember 1941 erklärt, dass «jegliche Gemeinschaft mit Judenchristen aufgehoben» sei. Und die Kirchenkanzlei der Deutschen Evangelischen Kirche schloss die Debatte in einem Rundschreiben an die Landeskirchen vom 22. Dezember 1941 kirchenbürokratisch ab. Darin hieß es, der «Durchbruch des rassischen Bewußtseins in unserem Volk» habe die Ausscheidung der Juden «aus der Gemeinschaft mit uns Deutschen» bewirkt. An dieser unbestreitbaren

Tatsache könne die Kirche nicht vorbeigehen, und daher seien die Kirchenbehörden gebeten, «geeignete Vorkehrungen zu treffen, daß die getauften Nicht-Arier dem kirchlichen Leben der deutschen Gemeinde fernbleiben. Die getauften Nicht-Arier werden selbst Mittel und Wege suchen müssen, sich Einrichtungen zu schaffen, die ihrer gesonderten gottesdienstlichen und seelsorgerlichen Betreuung dienen können.»[87]

1938 entstand in Berlin die «Kirchliche Hilfsstelle für evangelische Nichtarier». Sie sollte Mittel und Wege zur Auswanderung des betroffenen Personenkreises finden und arbeitete dazu auch mit anderen Konfessionen zusammen. Der Leiter Probst Heinrich Grüber, nach dem die Hilfsstelle in der Regel «Büro Grüber» genannt wurde, gehörte der Bekennenden Kirche an. Im Dezember 1940 wurde er verhaftet und in den Konzentrationslagern Sachsenhausen und Dachau festgehalten.[88] Werner Sylten führte die Arbeit der Hilfsstelle bis zur Auflösung auf Gestapo-Befehl weiter. Ende Februar 1941 wurde Sylten ins KZ Dachau deportiert und im August 1942 in der Euthanasieanstalt Hartheim bei Linz in der Gaskammer ermordet.

Unter Leitung von Probst Grüber kümmerte sich die «Hilfsstelle für Rasseverfolgte» auch um untergetauchte Juden und sorgte für deren Unterkommen außerhalb Berlins.[89] Generell war aber jede Hilfe für Juden durch engagierte Christen und Priester deren Privatangelegenheit. Das zeigte sich spätestens dann, wenn die Helfer in die Mühlen der nationalsozialistischen Verfolgung gerieten. Dann wurden sie von der Amtskirche im Stich gelassen.

Auf katholischer Seite hatte sich seit April 1934 das Caritas-Notwerk engagiert, und zwar zunächst für ehemalige Politiker und Funktionäre der Zentrumspartei, zunehmend und mit der Zeit fast ausschließlich für «nichtarische Katholiken». Die Bemühungen unter der Geschäftsführung von Heinrich Krone, dem ehemaligen Vorsitzenden der deutschen Windthorstbünde und späteren Adenauer-Vertrauten und CDU-Politiker der Bundesrepublik, dienten vor allem der Förderung der Auswanderung. Im Mai 1938 wurde die Betreuung der «Nichtarier» aus vereinsrechtlichen und steuerlichen Gründen eingestellt. Parallel zum Caritas-Notwerk war bis zu seiner Auflösung im Juni 1941 der St. Raphaels-Verein, der seit 1871 katholische Auswanderer beriet und betreute, als Hilfsorganisation u. a. bei der Beschaffung von Ausreisedokumenten tätig.

Im Herbst 1938 wurde das «Hilfswerk beim Bischöflichen Ordinariat Berlin» gegründet, das die Arbeit des Caritas-Notwerkes fortführte. Das Hilfswerk stand bis zu dessen Verhaftung unter der Leitung von Bernhard Lichtenberg, der sich längst für Juden und nicht nur für «katholische Nichtarier» engagierte. Lichtenberg war seit 1932 Dompfarrer, 1938 Dompropst an der St. Hedwigs-Kathedrale.[90] Regelmäßig betete er im Gottesdienst für die Juden. Er verurteilte in einem Brief an den Reichsgesundheitsführer Leonardo Corti Ende August 1941 die «Euthanasie». Am 23. Oktober 1941 wurde er verhaftet und zu zwei Jahren Gefängnis verurteilt, die er im Gefängnis Berlin-Tegel verbüßte. Nach der Entlassung sollte er ins KZ Dachau deportiert werden. Er starb auf dem Transport am 3. November 1943. Die katholische Kirche verehrt ihn, nachdem er 1966 seliggesprochen wurde, als Märtyrer. Das Hilfswerk war zuletzt dem Bischof persönlich nachgeordnet. Es kümmerte sich um die etwa 4000 «katholischen Nichtarier» und deren Angehörige in Berlin.[91] Ähnliche Einrichtungen gab es in Breslau und Oppeln, Köln, Frankfurt a. M. und München. Das Berliner Hilfswerk unterstützte vor allem Auswanderer.

Die Geschäftsführerin des Hilfswerks, Margarete Sommer, berichtete im Februar 1942 zu Händen des Kardinals Bertram über die Deportationen aus Deutschland, die Ende 1941 begonnen hatten. Im August 1943 übergab sie dem Vorsitzenden der deutschen Bischofskonferenz zwei Entwürfe zu Protesten des Episkopats gegen die Judenpolitik der Reichsregierung. Die Memoranden waren in engem Einvernehmen mit dem Berliner Bischof Konrad Graf Preysing entstanden. Das erste thematisierte die Unauflösbarkeit der Ehe, um Verhaftungen und Deportationen von Partnern aus «Mischehen» zu verurteilen. Der zweite Entwurf forderte Auskunft über den Verbleib der aus Deutschland Deportierten, die Möglichkeit der Seelsorge für die «katholischen Nichtarier», die Bekanntgabe der Lager und Ghettos und deren Besuch durch eine Kommission. Das Schriftstück ließ an Entschiedenheit nichts zu wünschen übrig: «Mit tiefstem Schmerz – ja mit heiliger Entrüstung – haben wir deutschen Bischöfe Kenntnis erhalten von den in ihrer Form allen Menschenrechten Hohn sprechenden Evakuierungen der Nichtarier. Es ist unsere heilige Pflicht, für die schon durch Naturrecht verliehenen unveräußerlichen Rechte aller Menschen einzutreten.»[92]

Der greise und unentschlossene Kardinal Bertram[93] konnte sich freilich nicht dazu durchringen, die Entwürfe in einen öffentlichen Protest der deutschen Bischöfe umzusetzen, obwohl es im Sommer und Herbst 1943 an Informationen über das Schicksal der Juden im Osten nicht mangelte und obwohl der Osnabrücker Bischof Berning im November noch einmal intervenierte. Der Protest der deutschen Bischöfe unterblieb – aus Skrupeln über Kompetenz und Legitimation zu einem solchen Schritt, aus Zweifeln über die Stichhaltigkeit der angeführten Argumente, aus Skepsis gegenüber den Informationen, die vorlagen, aus politischen Erwägungen? Im April 1944 verbat sich der Breslauer Kardinal jedenfalls weitere Besuche der Geschäftsführerin des Berliner Hilfswerks mit Berichten und Petitionen über das Unrecht an «Mischlingen und Nicht-Arier Familien».[94]

Das Schuldbekenntnis der Protestanten

Nach dem Untergang des NS-Regimes bestand in der evangelischen wie in der katholischen Kirche erheblicher Erklärungsbedarf für die Haltung und das Verhalten im «Dritten Reich». Während in der evangelischen Kirche, die im Neuaufbau die Einheit suchte, die Hitler ihr 1933 hatte oktroyieren wollen, die selbstkritische Auseinandersetzung zwischen Deutschen Christen und Bekennender Kirche unausweichlich war, neigten die katholischen Würdenträger und das katholische Volk dazu, die Schikanen und Verfolgungen, die im Kirchenkampf erlitten wurden, als Folge von grundsätzlicher Opposition, von Widerstand zu sehen. Die Kardinalswürde für den Bischof Graf Galen, die Verehrung der Bekenner, hatte ganz selbstverständlich die erwünschte Folge, die katholische Kirche nachträglich zur Bastion gegen ein Regime von Verbrechern zu stilisieren. Erst Rolf Hochhuths Drama «Der Stellvertreter» über die Rolle Papst Pius' XII. brachte eine notwendige Diskussion in Gang. Sie wird immer wieder belebt, zuletzt durch ein Buch, das den zaudernden Pontifex Maximus, der sich in diplomatischem Gestrüpp vor der moralischen Herausforderung seines Amtes drückte, zum Helden des Widerstands gegen die Hitler-Diktatur zu stilisieren versucht.[95]

Dietrich Bonhoeffer, der mit theologischer und ethischer Begründung einer der wenigen war, die das Attribut «Widerstandskämpfer» auf kirchlicher Seite in Anspruch nehmen können, hat schon im September

1940 eine Schuld seiner Kirche konstatiert und deren Eingeständnis verlangt: «Die Kirche bekennt, ihre Verkündigung von dem einen Gott, der sich in Jesus Christus für alle Zeiten offenbart hat und der keine anderen Götter neben sich leidet, nicht offen und deutlich genug ausgerichtet zu haben. Sie bekennt ihre Furchtsamkeit, ihr Abweichen, ihre gefährlichen Zugeständnisse. Sie hat dadurch den Ausgestoßenen und Verachteten die schuldige Barmherzigkeit oftmals verweigert. Sie war stumm, wo sie hätte schreien müssen, weil das Blut der Unschuldigen zum Himmel schrie. Sie hat das rechte Wort zu rechter Zeit nicht gefunden. Sie hat dem Abfall des Glaubens nicht bis aufs Blut widerstanden und hat die Gottlosigkeit der Massen verschuldet.»[96]

Zwei Jahre später, im Spätherbst 1942, machte Bonhoeffer noch einmal die Schuld der Kirchen zum Thema: «Das politische und geistige Chaos unserer Zeit ist nicht zuletzt eine gewaltige Anklage gegen das Versagen der christlichen Kirchen als weltgestaltende Macht: gegen die sittliche und geistige Trägheit der russischen Orthodoxie, gegen die teils allzu welt- und zeitfremde, teils völlig säkularisierte Predigt und die hemmungslose Zersplitterung des Protestantismus, aber auch gegen die katholische Priesterkirche mit ihrem oft so toten Formalismus und ihrer äußerlich frommen Betriebsamkeit.»[97] Bonhoeffer zieh das organisierte Christentum des feigen Verstummens, der Heuchelei und der Unwahrhaftigkeit angesichts der Gewalt und fand die Kirchen schuldig der Unbarmherzigkeit und der Verleugnung der ärmsten ihrer Brüder. Dem Theologen war das Untreue gegenüber christlichem Auftrag und Abfall von Christus.

Nach dem Zusammenbruch der nationalsozialistischen Herrschaft war in den evangelischen Kirchen das Bedürfnis nach Klärung nicht nur ihrer Verstrickung, sondern auch künftiger Strukturen elementar. Protagonisten des Diskurses über Schuld und Neuanfang waren Karl Barth und Martin Niemöller. Prominent beteiligt war auch Pfarrer Hans Asmussen, der im Herbst 1945 einen Text verfasste, der in der Redaktion von Otto Dibelius die Grundlage zum Stuttgarter Schuldbekenntnis bot. Dieses wurde zum Schlüsseldokument des Neubeginns, verabschiedet während der Tagung des Vorläufigen Rates der Evangelischen Kirche Deutschland, zu der eine hochrangige Delegation des internationalen Ökumenischen Rates der Kirchen nach Stuttgart gereist war. Die Stuttgarter Erklärung[98] blieb umstritten. Zeitgenossen verwiesen auf die

Gräuel der Vertreibung der Deutschen aus den Ostgebieten, auf das Schicksal von Angehörigen, beharrten auf persönlicher Unschuld, litten am Phantomschmerz wegen des angeblichen Vorwurfs einer deutschen Kollektivschuld und hatten Mühe, von den nationalsozialistischen Illusionen, die NS-Propaganda zwölf Jahre lang genährt hatte, Abschied zu nehmen.[99] Später Geborenen als den Pastoren und ihren Mitlebenden ging das Stuttgarter Schuldbekenntnis nicht weit genug. Es war jedoch unverzichtbar in der notwendigen Auseinandersetzung über die Rolle, die Protestanten im Nationalsozialismus gespielt hatten, und es bezeichnete die Abkehr von deutschnationalen Traditionen und die Wendung zur Ökumene.

Katholische Martyrologie und christliche Barmherzigkeit

Die Katholische Kirche sah ihre Positionen gegenüber dem Nationalsozialismus triumphaler. Am 2. Juni 1945, drei Wochen nach dem Ende des «Dritten Reiches», richtete Papst Pius XII. das Wort an das Kollegium der Kardinäle. Er blickte zurück auf seine zwölf Jahre als Nuntius in Deutschland, in denen er sich um die Sicherung der Katholischen Kirche bemüht und «die hervorragenden Eigenschaften» des deutschen Volkes kennengelernt habe. Deshalb hege er die Zuversicht, «daß es sich wieder zu neuer Würde und zu neuem Leben wird erheben können, nachdem es das satanische Gespenst des Nationalsozialismus von sich geworfen» habe.[100] Die Katholische Kirche habe getan, was in ihrer Macht gelegen habe, um gegen den Nationalsozialismus einen starken Damm zu setzen.

Der Papst verteidigte das Konkordat, beklagte den trotz dessen Vereinbarungen immer heftiger werdenden Kampf gegen die Kirche und pries den Widerstand, zu dem sich Millionen tapferer Katholiken um ihre Bischöfe geschart hätten. Pius XII. rief die Enzyklika seines Vorgängers «Mit brennender Sorge» in Erinnerung, mit der am Passionssonntag 1937 aller Welt die Wahrheit über den Nationalsozialismus verkündet worden sei: «der hochmütige Abfall von Jesus Christus, die Verneinung seiner Lehre und seines Erlösungswerkes, der Kult der Gewalt, die Vergötzung von Rasse und Blut, die Unterdrückung der menschlichen Freiheit und Würde». Ob es möglich gewesen wäre, das deutsche Volk in die Lage zu versetzen, die Fesseln des Nationalsozialismus abzuwerfen, stehe dahin, aber der Kirche könne jedenfalls niemand den Vorwurf machen, «sie habe nicht rechtzeitig den wahren Charakter der nationalsozialistischen Bewegung und die Gefahr, der sie die christliche Kultur aussetze, klar aufgezeigt».[101] Papst Pius verwies ausführlich auf die Maßnahmen des NS-Regimes gegen die Einrichtungen und die Freiheit der Religionsausübung der katholischen Kirche, beklagte die Verfolgung katholischer Priester, nannte Zahlen der im KZ Dachau eingekerkerten Geistlichen und Ordensleute.

Der Kirchenkampf war aber, das war nicht zu beschönigen, keine Reaktion des NS-Staats auf einen Widerstand der katholischen Kirche gewesen, der nach 1933 aus spirituellen Motiven geführt worden wäre. Die Kirche als Institution hatte auf die Vereinbarungen des Konkordats gepocht und sich bemüht, Ein- und Übergriffe des NS-Regimes abzuwehren, um ihren Besitzstand gegen Ansprüche von Staat und Partei zu verteidigen. Den Kampf gegen die NS-Ideologie hatte sie, um der Rechtsvereinbarungen des Konkordats willen, 1933 aufgegeben.

Im Juni 1945 sah der Papst die Kirche aber nicht nur als Opfer, sondern auch als Künderin früher Erkenntnis über die verwerfliche Weltanschauung der Nationalsozialisten und als deren Widersacherin und zitierte die Enzyklika «Mit brennender Sorge», deren Mitautor er 1937 gewesen war: «Wer die Rasse, oder das Volk, oder den Staat, oder die Staatsform, die Träger der Staatsgewalt oder andere Grundwerte menschlicher Gemeinschaftsgestaltung ... zur höchsten Norm aller, auch der religiösen Werte macht und sie mit Götzenkult vergöttert, der verkehrt und fälscht die gottgeschaffene und gottbefohlene Ordnung der Dinge».[102]

Das Urteil über den verdammenswerten Nationalsozialismus steht im Kontrast zur Unterstützung von NS-Verbrechern, die in tätiger Barmherzigkeit nach dem Zusammenbruch des Unrechtsregimes von kirchlichen Stellen, Priestern und Bischöfen geübt wurde. Amtsinhaber der katholischen Kirche retteten Täter vor der irdischen Gerechtigkeit, entzogen sie dem Zugriff der Alliierten und halfen fanatischen Antisemiten, KZ-Kommandanten, SS-Offizieren, Massenmördern zur Flucht über die «Rattenlinie», die wegen ihrer Relaisstationen auf dem Weg nach Rom auch «Klosterroute» genannt wurde. In den ersten Jahren nach dem Zusammenbruch des «Dritten Reiches» war dieser Weg, trassiert und gepflegt von Geistlichen und Würdenträgern der katholischen Kirche, eine komfortable Möglichkeit, der Verantwortung für Gewaltverbrechen wie der Mitwirkung beim Judenmord zu entkommen. In Rom wirkte der Franziskaner Krunoslav Draganović, ein ehemaliger Ustascha-Mann für seine kroatischen Landsleute. Er war Sekretär des päpstlichen Instituts San Girolamo degli Illirici, des Pendants zur deutschen und österreichischen Nationalkirche in Rom, des Collegio Teutonico des österreichischen Bischofs Hudal. Der kroatische Faschist war auch für das päpstliche Flüchtlingshilfswerk zuständig. Dabei oblag ihm die Betreuung kroatischer Gefangener in alliierten Lagern. Umsichtig sorgte er für Ustascha-Faschisten. Deren Anführer, der ehemalige Staatschef Ante Pavelić, war vor seiner Emigration nach Argentinien zusammen mit Mitgliedern seines Kabinetts lange Zeit Gast in San Girolamo. Dem Bischof Ivan Bucko lag das Schicksal der in Rimini internierten Ukrainer einer Waffen-SS-Division am Herzen, und so entgingen die Ukrainer durch päpstliche Intervention bei der britischen Regierung der Repatriierung in die Sowjetunion und waren in einer Stärke von 8000 bis 9000 Mann in Kanada und Australien als Siedler willkommen. Der Erzbischof von Genua, Giuseppe Siri, war ein weiterer Helfer in der Not der Nazis. Genua war der wichtigste Hafen für die Flucht nach Südamerika.

Der Stadtpfarrer von Sterzing, Johann Corradini, half bei der Flucht des SS-Obersturmbannführers Adolf Eichmann. Der Franziskaner Franz Pobitzer in Bozen versteckte Erich Priebke. Das Albergo Lupo am Brenner war ein beliebter Unterschlupf für NS-Verbrecher im Transit wie für den SS-Standartenführer Walter Rauff, der die Gaswagen konstruieren ließ, in denen Hunderttausende Juden ermordet wurden. Auch das Deutschordenskloster in Meran und das Kapuzinerkloster bei Brixen waren gastfreundliche Orte für Nazis, ebenso das Bozener Kloster der Franziskaner. Der Bischof der Diözese Brixen, Johannes Geisler, sorgte sich intensiv um das Wohl von Nazis, unterstützt von seinem Generalvikar Alois Pompanin und vielen Klerikern.[103]

Außer Adolf Eichmann sind Täter wie der KZ-Arzt Josef Mengele, der Kommandant des Vernichtungslagers Treblinka, Franz Stangl, der

6. Widerstand von Christen

stellvertretende Lagerkommandant von Sobibór, Gustav Franz Wagner, und viele andere, etwa der einstige Gestapo-Chef in Lyon, Klaus Barbie, der Kommandant des Ghettos Przemysl Josef Schwammberger, der professionelle Antisemit Johann von Leers, der SS-Hauptsturmführer Erich Priebke, der am Massaker in den Ardeatinischen Höhlen in Rom beteiligt war, nach dem Zusammenbruch des NS-Staates mit Hilfe der katholischen Kirche nach Südamerika entkommen. Ihre Helfer waren Geistliche und Würdenträger in Italien, vor allem in Südtirol und Rom.

Die Schlüsselfigur war der 1885 in Graz geborene Alois Hudal, Theologieprofessor und seit 1923 Rektor des Collegio Teutonico di Santa Maria dell'Anima in Rom, seit 1933 Bischof und päpstlicher Thronassistent, der Papst Pius XII. persönlich nahestand und sich bis Anfang 1950 des besonderen Segens des Heiligen Vaters für sein Nazihilfswerk erfreuen durfte. Monsignore Montini (der spätere Papst Paul VI.) im vatikanischen Staatssekretariat engagierte sich unter dem Wohlwollen Pius' XII. für bedrängte Nationalsozialisten, der amerikanische Kardinal Spellman warb in katholischen Kreisen der USA Finanzmittel ein. Aber auch aus anderer Quelle floss Geld. Ein Brief an Hudal vom 4. April 1949, abgesandt vom Staatssekretariat des Vatikans, beweist die tätige Anteilnahme des Papstes am Hilfswerk für die Täter. Er habe die angenehme Pflicht, schrieb Montini, «Ihrer hochwürdigsten Exzellenz den Betrag von 30000 Lire zu überreichen, der hier beigelegt ist, als außerordentliche Unterstützung, die der Heilige Vater gütig Österreichern zu überlassen geruht». Dem Geschenk sei als «Ausdruck seiner väterlichen Güte» der päpstliche Segen für Bischof Hudal und dessen Mitarbeiter hinzugefügt.[104] Der Segen wurde Hudal erst entzogen, als die italienische Presse über seine Hilfe für den einstigen Gouverneur des Distrikts Krakau unter deutscher Besatzung, Otto Wächter, berichtete, wodurch der Vatikan in unerwünschte Schlagzeilen geriet. Bis dahin hatte Hudal beträchtliche Hilfsdienste organisiert.

Bischofs Hudal sympathisierte von Anfang an mit dem Nationalsozialismus und unternahm 1942 einen Versuch zu Friedensgesprächen mit einem Amateurgeheimdienstler im SS-Rang.[105] Hudal fühlte sich nach dem Untergang des «Dritten Reiches» berufen, den Gesinnungsgenossen zu helfen.

Der Bischof hatte Helfer und Gesinnungsgenossen, die geleitet vom Gedanken der Vergebung, der Abwehr des Kommunismus, dem Kampf gegen Nihilismus und Atheismus in seltsamem Werteverständnis die

Taten der NS-Verbrecher in Konzentrationslagern und beim Judenmord geringer bewerteten als die Bereitschaft zur Rückkehr oder Bekehrung zu den Überzeugungen und Verheißungen der katholischen Kirche. An Hudals Seite war der Pallotiner Pater Anton Weber tätig, nicht minder der Vizerektor der Anima, Kaplan Karl Heinemann.

Ein weiteres, sehr wichtiges Motiv der katholischen Kirche, insbesondere prominent vertreten durch Papst Pius XII., war das Bestreben, den Untergang des christlichen Abendlandes zu verhindern. Das Abendland sahen kirchliche Würdenträger, darin einig mit dem NS-Propagandaminister Goebbels, durch den Bolschewismus äußerst bedroht. Die Ideologie des Nationalsozialismus mit ihren Charakteristika Rassismus, Antisemitismus, Herrenmenschentum, Militarismus, praktiziert und mit vielen Millionen Opfern als menschenfeindlich bezeugt, erschien nicht nur Würdenträgern der katholischen Kirche als geringeres Übel gegenüber der von ihnen befürchteten bolschewistischen Gefahr.

Die Furcht vor einem Dritten Weltkrieg, ausgelöst durch Stalin, um die kommunistische Weltrevolution durchzusetzen, war zur Zeit des Kalten Krieges eine verbreitete Form bürgerlicher Massenhysterie. Das Schlagwort Nihilismus bildete den Nucleus der Ängste, und die damit umschriebenen Gefahren schlossen nahtlos an Beschwörungen der NS-Propaganda an. Das Schicksal der europäischen Judenheit wurde zwar als Tragödie wahrgenommen, aber gegenüber der mit Schuld aufgeladenen Präsentation des Holocaust durch die alliierten Sieger, die vor allem als Besatzungsmächte und als Herrscher über Deutschland wahrgenommen wurden, blieb die Indoktrination Goebbels' wirksam, der die Einheit eines vermeintlichen Weltjudentums und bolschewistischen Herrschaftsstrebens gepredigt und das deutsche Volk zum Durchhalten gegen diese Gefahr aufgeputscht hatte.

Dass das NS-Regime kirchenfeindlich gewesen war, schien nach seinem Zusammenbruch den katholischen Würdenträgern nachrangig, und angesichts vermeintlich größerer Gefahr, die dem Abendland ab 1945 drohte, verzeihlich, ebenso wie die Verstrickung der katholischen Kirche in die klerikalfaschistischen Regimes in der Slowakei oder in Kroatien. Die Verfolgung der Juden war am Ende des Zweiten Weltkriegs kein zentrales Thema für das große Publikum. Vom angeblich christlich-jüdischen Abendland war noch lange keine Rede. Um das christliche Abendland vor Stalins Zugriff zu retten, schienen alle Mittel geboten und erlaubt.

Die Barmherzigkeit der katholischen Kirche galt nicht nur den in italienischen Lagern internierten ehemaligen deutschen und österreichischen SS-Angehörigen, Nationalsozialisten und ihren Verbündeten, kroatischen Ustaschas, Ukrainern im Gefolge von Wehrmacht und SS usw. Die Pilgerfahrt nach Rom versprach auch entflohenen Internierten aus Deutschland, Österreich und Kroatien Hilfe beim Entkommen vor irdischer Gerechtigkeit. Viele brachen auf und entsannen sich ihrer katholischen Wurzeln, oder fühlten spirituelle Bedürfnisse, die sie zuvor nicht gekannt hatten, denn die Fürsorge des Vatikans galt in erster Linie Katholiken. Die Rückkehr einstiger Abtrünniger wurde mit Eifer betrieben und durch eine (kirchenrechtlich nicht zulässige und deshalb mit Tricks vollzogene) Zweittaufe besiegelt.

Gegenüber NS-Verbrechern wie dem Kommandanten des Vernichtungslagers Treblinka, in dem 900 000 Juden ermordet wurden, SS-Hauptsturmführer Franz Stangl, zeigte sich Bischof Hudal äußerst fürsorglich. Dem gebürtigen Österreicher Stangl war im Mai 1948 die Flucht aus der Internierungshaft in Linz gelungen. Er hatte sich nach Rom durchgeschlagen, weil er wusste, dass im Vatikan ein Bischof Hilfsdienste für Leute seines Schlages leistete. Ein alter Kamerad, den er zufällig in der Heiligen Stadt traf, wusste Bescheid und wies den Weg. Der Empfang war warm und herzlich: «Der Bischof kam in das Zimmer, wo ich wartete, streckte mir beide Hände entgegen und sagte: ‹Sie müssen Franz Stangl sein. Ich hab' Sie erwartet.›» Der Gottesmann verschaffte dem Massenmörder eine Unterkunft, gab ihm Geld und besorgte einen Pass. Das Dokument, ausgestellt vom Roten Kreuz, hatte einen Schönheitsfehler. Stangl machte seinen Wohltäter sofort darauf aufmerksam: «Ich sagte: ‹Die haben einen Fehler gemacht, das ist nicht richtig. Mein Name ist Franz D. Paul Stangl.› Aber er klopfte mir auf die Schulter und sagte, ‹Wir wollen schlafende Hunde nicht wecken – lassen Sie's lieber.› Er verschaffte mir ein Visum für Syrien und eine Stelle in einer Weberei in Damaskus und gab mir eine Schiffskarte. Und so bin ich nach Syrien gekommen. Und nach einiger Zeit kam meine Familie mir nach, und drei Jahre später, 1951, wanderten wir nach Brasilien aus.»[106] Hudals Wirken wurde erst wegen mangelnder Diskretion zum Skandal. 1952 schied er, nachdem der Vatikan starken Druck ausgeübt hatte, verbittert aus dem Amt.

Seiner Klage, dass er wegen der geleisteten Hilfe als nazistischer oder allzu deutscher faschistischer Bischof gebrandmarkt und gestürzt worden sei, schloss Hudal den Dank an den Herrgott an, dass er ihm die Augen geöffnet und die unverdiente Gabe geschenkt habe, «viele Opfer der Nachkriegszeit in Kerkern und Konzentrationslagern besucht und getröstet und nicht wenige mit falschen Ausweispapieren ihren Peinigern durch die Flucht in glücklichere Länder entrissen zu haben».[107]

Nähme man die Causa Hudal nur als persönliches Bekenntnis eines kirchlichen Würdenträgers, der schließlich wegen seines Engagements ins Abseits geraten war, dann bliebe es ein individueller Fall von Irrtum und wahnhafter Weltsicht, wie er auch in katholischen Kreisen vorkommen mag. Die Sympathiebeweise, die Hudal erfuhr, und vor allem die vielen Helfer und Mitwirkenden, die NS-Verbrechern zur Flucht nach Südamerika oder nach Arabien halfen, verweisen aber auf ein Problem kirchlichen Selbstverständnisses im Spannungsfeld von Anpassung und Widerstand, für das der Bischof nur ein besonders heftiges Symptom war.[108]

7. Intellektuelle: Die Rote Kapelle

Im Februar 1942 erhielten Berliner Bürger in besseren Vierteln wie Charlottenburg und Zehlendorf eine Flugschrift zugesandt. Sie bestand aus sechs eng mit Schreibmaschine hergestellten vervielfältigten Seiten. Der Text war wegen der Typographie mühsam zu lesen. Die Überschrift lautete «Die Sorge um Deutschlands Zukunft geht durch das Volk!». Das Traktat endete mit der Aufforderung, es weiterzureichen, und mit der Versicherung: «Morgen gehört uns Deutschland!» Die Unterschrift lautete «Agis». Der gebildete Leser verband das mit dem Namen der Könige des antiken Sparta, deren berühmtester eine Sozialreform veranlasst hatte, aber von Reaktionären gestürzt und im Jahr 241 v. Chr. hingerichtet worden war. Das Flugblatt ging in Hunderten Exemplaren per Post an ausgesuchte gebildete Adressaten, nicht nur in Berlin; die Gestapo fand es im gesamten Reichsgebiet. Meist trugen die Empfänger die brisante Nachricht selbst zur Obrigkeit.

Der Text hielt Hitler und seinem Regime den bevorstehenden militärischen und ökonomischen Untergang vor. «Ein Endsieg des nationalsozialistischen Deutschland ist nicht mehr möglich», war zu lesen, die Überlegenheit der Gegner und der Mangel an Rohstoffen hätten den Ausgang des Krieges bereits entschieden. Durch sinnlose Opfer und weitere Gräuel sei der Krieg allenfalls zu verlängern, das Ende könne nur noch verschlimmert werden. Absicht und Ziel der Verfasser der Flugschrift wurden in elaborierter Sprache mit ähnlichen patriotischen nationalstaatlichen Argumenten beschrieben, wie im Goerdeler-Kreis und in Kreisau, aber mit eindeutigerem revolutionären Eifer. Nicht die Restauration der Zustände vor Hitler bringe das Heil, sondern die Zusammenarbeit einer kommenden deutschen Regierung mit den fortschrittlichen Kräften Europas. Angesprochen war ausdrücklich die Sowjetunion. Vorbedingung sei die Übergabe der Macht in den von Deutschland besetzten Gebieten an freie und unabhängige Regierungen, die Räumung des Territoriums der Sowjetunion, die Aufkündigung der Freundschaft mit dem faschistischen Italien. «Auf dieser Basis wäre ein Friede möglich, bei dem die Unversehrtheit des deutschen Reiches in den Grenzen vom Frühjahr 1939 gewahrt bleiben könnte. Das deutsche Volk muß verlangen, daß es in umfaßenden Handelsverträgen und Abkommen an den Gütern der Erde beteiligt wird. An jeder Abrüstung wird es in gleichem Maße teilzunehmen bereit sein wie alle Anderen. Noch hätte, nach Überwindung der nationalsozialistischen Krankheit, das deutsche Volk hinreichend eigene Kräfte und genug Freunde in der Welt, um seinen ehrlichen Willen zu wirklicher Neuordnung und zu dauerhafter Sicherung des Friedens auch gegen den Widerstand feindlicher Mächte durchzusetzen.»[1]

Solche Erwartungen waren Anfang 1942 kaum mehr realistisch, sie sind aber aufschlussreich für das Denken der Widerstandsgruppe, die den Text aussandte. Es handelte sich offensichtlich um bürgerlich-nationale Leute, aber mit Sympathie für die Sowjetunion und der Bereitschaft, sozialistische Elemente in ein neues Gesellschaftsmodell einzubeziehen. Eine erneuerte deutsche Politik sollte sich, das war im Flugblatt nach der Abrechnung mit dem Nationalsozialismus ausgeführt, auf drei Bevölkerungsgruppen stützen, nämlich diejenigen Soldaten, die bereit seien, das Wohl des Volkes über die Existenz von Staat und Wehrmacht im Sinne der Nationalsozialisten zu stellen, zweitens auf die Arbeiter, die bereit seien, «die Sache der Nation zu ihrer eigenen zu machen», und drittens die Intelligenz, die bereit sei, revolutionäre Wege zu beschreiten: «Das deutsche Volk braucht eine sozialistische Regierung der Arbeiter, der Soldaten und der werktätigen Intelligenz. Nur durch das entschlossene Zusammengehen der volksverbundenen Kräfte in der Wehrmacht mit den besten Teilen der Arbeiterklasse und der Intelligenz kann der herrschenden Partei das Heft aus der Hand gerissen werden.» Wie das revolutionäre Pathos in zielführende Aktionen zu verwandeln sei, war nicht ausgeführt. Die Handlungsanweisung war rhetorisch so schmissig wie inhaltlich realitätsfern: «Straft die SS mit Verachtung! Laßt es sie fühlen, daß das Volk Mörder und Spitzel aus tiefster Seele verabscheut! Hört endlich auf mit dem Unfug, Winterhilfsabzeichen zu sammeln! Jeder Groschen, jede Hilfeleistung an das herrschende Regime, verlängert den Krieg und führt uns alle nur noch tiefer ins Elend! Schluß mit Gedankenlosigkeit und Gefühlsduselei.»[2] Die Argumentation lag jedenfalls nicht auf der Linie des Moskauer Kommunismus und wäre weithin auch von Konservativen nachvollziehbar gewesen.

Der Appell zur Aufkündigung der Untertanengesinnung widersprach allerdings den konservativen bürgerlichen Emotionen, die durch Erziehung und Sozialisation der Mehrheit im wilhelminischen Obrigkeitsstaat eingepflanzt worden waren. Die mangelnde Bereitschaft zur Demokratie in der Weimarer Republik ist ein Indiz, die Hinnahme der Führerschaft Hitlers ein anderes. Die Überzeugung, dass Ruhe und Ordnung die erste Bürgerpflicht sei, dass der Regierung trotz erwiesener krimineller Fehlhandlungen Gefolgschaft zu leisten sei, war im Publikum nicht zu erschüttern. Deshalb ging das Postulat im Flugblatt «Die Sorge um Deutschlands Zukunft geht durch das Volk» ins Leere: «Jawohl, erst die Verweigerung von Gehorsam und Pflichterfüllung bringt die Voraussetzung für die Errettung des Volkes vor dem Untergang.»[3]

Einer der Verfasser war der deutsch-amerikanische Journalist John Sieg. Er war Ende dreißig, arbeitete als freier Autor, veröffentlichte seit den späten 1920er Jahren Reportagen im liberalen «Berliner Tageblatt», in der rechtskonservativen Zeitschrift «Die Tat» und in der kommunistischen «Roten Fahne». Er schrieb auch unter dem Pseudonym Friedrich Nebel und hatte Kontakte zu den kommunistischen Widerstandskreisen um Herbert Baum, Robert Uhrig und Beppo Römer. Sieg ernährte und tarnte sich als Bediensteter der Deutschen Reichsbahn. Seit 1929 war er Kommunist und deswegen 1933 erstmals für kurze Zeit im Gefängnis. Im Oktober 1942 wurde Sieg wieder verhaftet, er schied im Berliner Gestapo-Gefängnis Prinz-Albrecht-Straße wenige Tage später freiwillig aus dem Leben.

Der andere Urheber des Flugblattes, das im Urteil des Reichskriegsgerichts als «schärfstes und übelstes Machwerk des Angeklagten» bezeichnet wird, hieß Harro Schulze-Boysen. Er war Oberleutnant der Luftwaffe und tat Dienst in der Nachrichtenabteilung des Reichsluftfahrtministeriums. Seine dienstliche Beurteilung ist sehr gut: Auf Grund seiner Sprachkenntnisse habe er dem Generalstab der Luftwaffe hervorragende Dienste geleistet. Schulze-Boysen war Sohn eines Marineoffiziers und Großneffe des Admirals von Tirpitz. Er hatte Rechts- und Staatswissenschaften studiert, aber ohne Abschluss. Er engagierte sich im rechtsobskuren Jungdeutschen Orden, betätigte sich publizistisch und leitete von 1932 bis zu deren Verbot im April 1933 die nationalrevolutionäre Zeitschrift «der gegner».[4]

Unter dem Einfluss der Jugendbewegung und von Ideen der Konservativen Revolution berührt, strebte Schulze-Boysen mit Gleichgesinnten nach der Überwindung von Klassengegensätzen, der Versöhnung von Arbeiterbewegung und Nationalidee in einer «Volksgemeinschaft», die aus der Reform von Bürgertum und Proletariat entstehen sollte. Die Querfrontmentalität büßte der 24-jährige Idealist 1933 mit einem kurzen Aufenthalt in einem frühen Konzentrationslager der SA in Berlin, dessen einzige Bestimmung es war, Gegner des Nationalsozialismus durch Misshandlungen einzuschüchtern.

Seit 1936 war Harro Schulze-Boysen verheiratet mit Libertas Haas-Heye, geboren 1913 in Paris, aufgewachsen auf dem Besitz ihres Großvaters, des Fürsten Philipp Eulenburg in Liebenberg bei Berlin. Das Abitur legte sie in Zürich ab, nach einem Aufenthalt in Großbritannien arbeitete sie 1933 als Pressereferentin für die Hollywood-Firma Metro-Goldwyn-Mayer. Ihr Vater hatte die Modeabteilung der Kunstgewerbeschule geleitet, die in jenem Gebäude in der Prinz-Albrecht-Straße in Berlin untergebracht war, das später Gestapo-Zentrale und Ort ihrer Verfolgung wurde. 1936 arbeitete sie in der Kulturfilmzentrale des Reichspropagandaministeriums. Sie war als «Märzgefallene» im Frühjahr 1933 der NSDAP beigetreten, verließ sie 1937 jedoch wieder.[5]

Das Ehepaar Schulze-Boysen pflegte einen Freundeskreis, der nicht nur politische und schöngeistige Interessen hatte.[6] Die jungen Leute zelteten am Darß an der Ostsee und fuhren im Spreewald Kanu. Dem Naturerlebnis gleich wichtig waren künstlerische und literarische Erfahrungen, vermittelt durch das Ehepaar Schumacher (Kurt ist Bildhauer, Elisabeth Graphikerin), die Tänzerin und Bildhauerin Oda Schottmüller, den Schriftsteller Günther Weisenborn. Zum Freundeskreis gehörten auch der Literat Walter Küchenmeister und dessen Lebensgefährtin, die Ärztin Elfriede Paul. Die Freunde waren sich einig in der Opposition zum NS-Staat, daraus wurde im Krieg Widerstand. Die Empathie zur Sowjetunion war ihnen gemeinsam, obwohl sie keine Kommunisten im Sinne parteipolitischer Organisation waren. Walter Küchenmeister war bis zu seinem Ausschluss 1926 Mitglied der KPD, Elfriede Paul zeigte sich in ihren Memoiren, die 1981 in der DDR erschienen, als allezeit linientreue Kommunistin.[7]

Nicht Widerstand, aber Skepsis und Regimekritik führten Menschen zusammen, Intellektuelle, die im Kulturbetrieb, in der Verwaltung, in der Wissenschaft tätig waren. Sie wollten ihre Karriere nicht aufs Spiel setzen, hatten vielerlei Gründe, sich nur im Geheimen, unter sorgfältig ausgesuchten Vertrauten als Hitler-Gegner erkennen zu geben. Im Grunewald, in der Villa des Filmproduzenten der Tobis Herbert Engelsing trafen sich Prominente und andere, die ihre Gesinnung in der Öffentlichkeit (mit gutem Grund) verheimlichten, zum Feiern und zum Gedankenaustausch. Der Verleger Peter Suhrkamp war dabei, die Schauspielerin Grethe Weiser, das Ehepaar Schulze-Boysen und viele weitere, die die Sorgen des Widerstands teilten.[8] Sie bildeten einen äußeren Kreis von Sympathisanten. Sie selbst leisteten weder Widerstand, noch waren sie Mitwisser, aber sie waren wichtig für das Selbstbewusstsein der Kämpfer, denn Widerstand macht besonders einsam.

Der Schriftsteller Günther Weisenborn, aus dem Rheinland stammend, bereits in jungen Jahren mit seinem Roman «Barbaren» bei der Bücherverbrennung 1933 verfemt und vorübergehend mit Schreibverbot belegt, gehörte zum Freundeskreis des Ehepaares Schulze-Boysen. Er wurde als Überlebender ein früher Chronist des Widerstands. Libertas Schulze-Boysen arbeitete mit Günther Weisenborn an einem Theaterstück «Die guten Feinde».[9] Günther Weisenborn schrieb nach 1945 das erste politische Zeitstück für das Theater. Es hieß «Die Illegalen. Drama aus der deutschen Widerstandsbewegung» und wurde am 21. März 1946 im Hebbel-Theater in Berlin uraufgeführt. Es war ein Denkmal für seine Freunde, ein Bilderbogen nach dem Muster der Dramaturgie Bertolt Brechts, ein Stück tiefer Resignation und unaufdringlicher Moral. Resignation charakterisiert auch die autobiographischen Skizzen Günther Weisenborns, die 1948 unter dem Titel «Memorial» erschienen. Die dreijährige Haft des Autors als politischer Gefangener in Moabit und Spandau bildet den Rahmen der Reflexion über Privates und Politisches im Widerstand gegen staatliches Unrecht. Die Literaturkritik nannte Memorial «eines der ehrlichsten Werke der deutschen Literatur zum Thema Krieg und Widerstand» («Kindlers Literatur Lexikon»).[10] Berühmt wegen des Anspruchs als Gesamtdarstellung des deutschen Widerstands wurde das Buch «Der lautlose Aufstand», bei dem Günther Weisenborn als Herausgeber des von Ricarda Huch nach einem Aufruf in der deutschen Presse ab 1946 gesammelten Materials fungiert. Weisenborn hat darin auch eine Ehrenrettung seiner Freunde aus der Roten Kapelle versucht, eingebettet in die Darstellung aller Facetten des Widerstands gegen den Nationalsozialismus.[11]

Ein zweiter Freundeskreis in Berlin hatte ähnliche Interessen und war in zunehmender Opposition zum Nationalsozialismus verbunden. Den Mittelpunkt bildeten Arvid und Mildred Harnack. Arvid war 1901 als Sohn des Literaturwissenschaftlers Otto Harnack und Neffe des Theologen Adolf Harnack in Deutschland geboren. Nach dem Kriegsabitur war er Mitglied in einem Freikorps gewesen, studierte dann Rechtswissenschaften und promovierte 1924 mit summa cum laude. Ein Rockefeller-Stipendium ermöglichte dem 25-jährigen erst eine Studienzeit in Großbritannien (August bis Dezember 1925) und anschließend einen zweijährigen Aufenthalt in den Vereinigten Staaten an der Madison-Universität in Wisconsin beim Nationalökonomen John R. Commons. Dort lernte er die Anglistikdozentin Mildred Fish kennen. Sie war ein Jahr jünger als Arvid. Wenige Monate später waren die beiden verheiratet. 1929 kehrte Arvid nach Deutschland zurück, Mildred fand dort eine neue Heimat, bereitete ihre Promotion in amerikanischer Literaturwissenschaft vor und war als Lektorin an der Berliner Universität beschäftigt. Den Lehrauftrag verlor sie 1933. Als Lehrerin für englische Literaturgeschichte am Berliner Abendgymnasium setzte sie ihre berufliche Laufbahn fort, promovierte 1941 in Gießen und bekam wieder einen Lehrauftrag in Berlin. Sie war eine begnadete Übersetzerin deutscher Literatur. Durch gute Beziehungen zur Botschaft der Vereinigten Staaten war sie besser über die internationalen Wirkungen der deutschen Politik und über Entwicklungen wie den Spanischem Bürgerkrieg informiert als das deutsche Publikum. Die politischen Diskussionen mit Freunden und Kritikern des NS-Regimes befruchtete sie mit Informationen aus den USA, die sie zusammenstellte und weitergab.[12]

Arvid Harnack hatte in den Jahren seines Aufenthalts in Amerika Gelegenheit, Einsicht in aktuelle sozial- und wirtschaftspolitische Probleme zu gewinnen. Madison galt als Laboratorium fortschrittlicher Ideen, die in der Politik des Staates Wisconsin getestet und in Präsident Roosevelts New Deal realisiert wurden. Harnack setzte sich in Madison mit Problemen von Streik und Arbeitslosigkeit, Lohn- und Tarifstrukturen, dem Wahlsystem, der Infrastruktur auseinander und forschte über die Geschichte der Arbeiterbewegung in den USA.[13] Nach der Rückkehr aus den USA studierte Harnack in Gießen Literaturwissenschaft, Philosophie und Volkswirtschaft und erwarb seinen zweiten Doktortitel. Ende 1934 schloss er mit dem zweiten Staatsexamen auch seine juristische Ausbildung ab. Er war jetzt 33 Jahre alt.

Aus Interesse am Wirtschaftssystem der Sowjetunion beteiligte er sich 1931 in Berlin an der vom Gießener Nationalökonomen Friedrich Lenz angeregten Gründung einer Arbeitsgemeinschaft zum Studium der sowjetischen Planwirtschaft (ARPLAN) und organisierte im August 1932 eine Reise in die Industriegebiete der Sowjetunion. 24 Interessierte, Wissenschaftler und Publizisten nahmen teil, unter ihnen Ernst Niekisch und Klaus Mehnert, Otto Hoetzsch und Friedrich Lenz. 1935 wird Harnack Mitarbeiter im Reichswirtschaftsministerium. 1937 tritt er, weil das von Beamten erwartet wird, wenn sie strebsam sind, und weil Parteigenossen unauffälliger sind als Verweigerer, der NSDAP bei. 1942 wird Harnack zum Oberregierungsrat befördert. Sein Aufgabengebiet sind wirtschaftspolitische Grundsatzfragen und die ökonomische Region USA.

Ende der 1920er Jahre hatte sich ein regelmäßiger Gesprächskreis um Arvid und Mildred Harnack zusammengefunden, dem Autoren und Intellektuelle unterschiedlicher Couleur angehörten wie die Verleger Rowohlt und Samuel Fischer, Lektoren und Kritiker wie Max Tau und Emil Franzen, die Journalistin Margret Boveri, der Schriftsteller Ernst von Salomon. 1934 endeten die Treffen in der Harnack-Wohnung in der Hasenheide im Berliner Arbeiterviertel Neukölln. Ein neuer Debattenzirkel, der politisch interessiert und regimekritisch orientiert war, traf sich dann bei den Harnacks. Eine wichtige Rolle spielten Adam und Greta Kuckhoff.

In Aachen in einer großbürgerlichen Fabrikantenfamilie 1887 geboren und damit deutlich älter als sein Freund Harnack, hatte sich Adam Kuckhoff nach dem Studium und der Promotion dem Theater zugewendet. Er gründete in Frankfurt das Künstlertheater, 1930 wurde er Dramaturg am Berliner Schauspielhaus. Als Herausgeber der Schriften Georg Büchners und als Redakteur der Kulturzeitschrift «Die Tat» hatte er sich einen literarischen Namen gemacht. Seit der Studienzeit war er mit Adolf Grimme befreundet.[14] Sein Roman «Scherry» erschien 1930, Theaterstücke und Erzählungen folgten und 1937 der Roman «Der Deutsche von Bayencourt». Adam Kuckhoff lebte seit 1933 mit Greta Lorke zusammen; sie heirateten 1937, als sie ein Kind erwarteten. Die junge Frau hatte Volkswirtschaft studiert, und Adam veranlasste Greta zum Studium des Marxismus. Seit einem Aufenthalt in Madison war sie mit Mildred und Arvid Harnack befreundet. Sie ist als Übersetzerin und Dolmetscherin tätig, u. a. für das Rassenpolitische Amt der NSDAP. Zusammen mit Mildred Harnack arbeitete sie an einer Übersetzung von Adolf Hitlers «Mein Kampf», die für die antifaschistische Propaganda im Ausland gedacht war. Greta Kuckhoff hatte starken Einfluss auf die Widerstandsaktivitäten des Gesprächskreises um das Ehepaar Harnack. Mit der Gruppe um Harro und Libertas Schulze-Boysen kommen die Kuckhoffs erst 1940 in Kontakt.

Anders als die schwärmerische Russlandsehnsucht Alexander Schmorells und seiner Freunde im Münchner Widerstandskreis Weiße Rose richtete sich das Interesse der Intellektuellen um die Ehepaare Schulze-Boysen und Harnack in Berlin auf die Sowjetunion als modernes Gesellschaftsmodell. Die Sympathie galt aber nicht Stalins Diktatur und war nicht am Parteikommunismus orientiert, sie folgte vielmehr dem Traum von der gerechten sozialistischen Gesellschaft und stürzte sich auf die Überzeugung, dass Wirtschaft zum Wohle aller planmäßig zu entwickeln und staatlich zu lenken sei, sah die Sowjetunion in der Vorreiterfunktion, war aber auch von Gefühlen bestimmt, die den deutschen Überfall im Juni 1941, deklariert als antibolschewistischen und rassistischen Kreuzzug, zutiefst ablehnten. Zu den propagandistischen Aktionen gehörte die Zeitung «Die innere Front», die sich mit mehrsprachigen Beilagen auch an Zwangsarbeiter und Kriegsgefangene wandte. Tenor war ab 1940 zweieinhalb Jahre lang die Aufforderung zur Beendigung des Krieges durch die Beseitigung der Hitler-Regierung. «Offene Briefe an die Ostfront» appellierten an die Wehrmacht, den Feind im eigenen Land zu bekämpfen. Verfasser waren John Sieg und Adam Kuckhoff. Der «Brief des Polizeihauptmanns Denken an seinen Sohn» hatte die Absicht, die Zivilbevölkerung zu Opposition und Widerstand zu veranlassen.[15] Die «offenen Briefe an die Ostfront» berichteten über Gräuel gegen die Zivilbevölkerung und forderten zur Desertion auf. Urheber waren Harro Schulze-Boysen und John Sieg.

Die Männer und Frauen der Roten Kapelle boten einen Querschnitt der besten Berliner Gesellschaft. Beamte und Militärs, Künstler und Intellektuelle, Kommunisten, Konservative und Christen, Adel und Arbeiter fanden sich in tätiger Abneigung gegen das Hitler-Regime zusammen. Diese Heterogenität von Weltanschauung und sozialem Status ohne Organisationsstrukturen machte die Opposition, für die von der militärischen Abwehr der Name Rote Kapelle geprägt wurde, so bedrohlich für die Obrigkeit.

Dass sich in der Roten Kapelle Angehörige gesellschaftlicher Eliten mit kommunistischen Arbeitern in der gemeinsamen Ablehnung des NS-Regimes trafen, machte diesen Widerstandskreis für die Nationalsozialisten besonders suspekt und gefährlich. Das realitätsblinde Wüten der Verfolger lässt sich zu einem gewissen Grad daraus erklären, dass sie die vielbeschworene «Volksgemeinschaft» in der Gegnerschaft zum Hitler-Staat vereint sahen. In keinem anderen Widerstandskreis war der Anteil von Frauen so groß wie in der Roten Kapelle – nirgendwo sonst wurde auf so dürftigem juristischen Fundament, wie es dem Reichskriegsgericht in den Prozessen gegen Schulze-Boysen, Harnack und deren 116 mitangeklagte Gesinnungsgenossen ausreichend schien, so rachsüchtig gemordet.

Die Todesurteile wurden erbarmungslos gefällt und vollstreckt wie gegen Hilde Coppi, die am 27. November 1942 im Gefängnis ihren Sohn Hans (den späteren mit seinem Vater gleichnamigen Historiker des Widerstands) gebar. Das Todesurteil gegen die junge Mutter erging am 20. Januar 1943. Die einzige Gnade, die Hilde Coppi erfuhr, bestand darin, dass es erst am 5. August 1943 vollstreckt wurde. So lange durfte sie ihr Kind noch versorgen. Sie starb im Alter von 34 Jahren. Hans Coppi, der Vater, war schon am 22. Dezember 1942 hingerichtet worden; er war 26 Jahre alt. Auch Liane Berkowitz, die als Studentin über John Rittmeister zur Roten Kapelle kam, erwartete ein Kind, als sie im September 1942 verhaftet wurde. Sie starb zwei Tage vor ihrem 20. Geburtstag, am 5. August 1943. Das Kind ging in einem Kinderheim zugrunde. Sein Vater, der Abendschüler Friedrich Rehmer, war 22 Jahre alt, als er in Plötzensee im Mai 1943 unter dem Fallbeil sein Leben verlor.

Die Reduktion der widerständigen Aktivitäten der Roten Kapelle auf Spionage für die Sowjetunion diente dazu, sie zu verharmlosen, denn damit waren die Widerstandskämpfer «Landesverräter» und mit einem Delikt gebrandmarkt, das bürgerliche Patrioten noch Jahrzehnte später in Wallungen der Abwehr versetzte. War schon Opposition gegen den Staat in der obrigkeitsfrommen deutschen Gesellschaft seit dem Kaiserreich schwer nachvollziehbar und offener Widerstand schon gar nicht, so gehörte Landesverrat im Krieg, obwohl dieser ein ungerechtfertigter Angriffskrieg war und nicht der Abwehr einer feindlichen Aggression diente, zu den im bürgerlichen Verständnis wahrhaft schändlichen Dingen, für die auch Regimekritiker kaum Verständnis aufbrachten.

Den bildungsbürgerlichen, ja akademischen Charakter der oppositionellen Diskussionsrunden bei Arvid und Mildred Harnack prägten Männer wie Egmont Zechlin, Ordinarius für Überseegeschichte und Kolonialpolitik in Hamburg, der Marburger Professor der Romanistik Werner Krauss[16] und Albrecht Haushofer, der Sohn des NS-Geopolitikers, der zwar wie der Vater in München eine Professur für politische Geographie in Berlin hatte, aber seine Wissenschaft nicht in die Dienste des Regimes stellte.

Gleichgesinnte erweiterten den Kreis nicht nur als Sympathisanten an der Peripherie. Der Psychoanalytiker John Rittmeister war 1898 in einer Hamburger Kaufmannsfamilie geboren. Der Kriegsfreiwillige des Jahres 1917 studierte nach dem Ersten Weltkrieg Medizin, war ab 1929 Volontärarzt erst in Bern und Zürich, dann Facharzt für Neurologie. Sein professionelles Interesse galt dem Psychoanalytiker C. G. Jung, sein politisches den Werken von Bakunin und Marx. 1932 besuchte er die Sowjetunion, 1938 wurde er wegen politischer Betätigung aus der Schweiz ausgewiesen. In Berlin war er dann Oberarzt in der Nervenklinik «Waldhaus», zuletzt Leiter der Poliklinik des Deutschen Instituts für psychologische Forschung und Psychotherapie in Berlin. Dieses Institut entwickelte unter der Leitung des Professors Mathias Heinrich Göring, eines Cousins des Reichsmarschalls, eine «deutsche Seelenheilkunde». Sie sollte die verschiedenen Schulen der Psychotherapie gleichschalten und vor allem die verhasste psychoanalytische Lehre Sigmund Freuds als jüdische Entartung aus der Welt schaffen. John Rittmeister als Anhänger des abtrünnigen Freud-Schülers C. G. Jung, der sich den Nationalsozialisten auch mit antisemitischen Tiraden anbiederte, hatte im Berliner Institut keine Schwierigkeiten.[17] Seine Frau brachte Rittmeister in Kontakt zu Schülern einer Abendschule, mit denen er regelmäßig philosophische und politische Probleme erörterte. Ende 1941 lernte er Harro Schulze-Boysen kennen und erweiterte dessen Widerstandskreis durch seine Gesprächsrunde. Am 26. September 1942 wurde Rittmeister verhaftet, am 12. Februar 1943 zum Tode verurteilt und in Plötzensee hingerichtet.[18]

Zu den jüngsten Mitgliedern der Roten Kapelle, die ihren Widerstand mit dem Leben büßten, gehörte der Student Horst Heilmann; er war wie Friedrich Rehmer 22 Jahre alt, als sein Todesurteil vollstreckt wurde. Kaum 23 Jahre alt war Cato Bontjes van Beek, als sie im August 1943 hingerichtet wurde. Die Keramikkünstlerin half Heinz Strelow, einem Journalisten aus dem Rittmeister-Kreis, und John Graudenz bei der Herstellung von Flugblättern. Auch Eva-Maria Buch, die katholische Buchhändlerin, war erst 1921 geboren. Sie bereitete sich an der Auslandswissenschaftlichen Fakultät der Berliner Universität auf den Beruf als Dolmetscherin vor, gab Sprachunterricht und arbeitete aushilfsweise in der Gsellius'schen Buch-, Antiquar- und Globenhandlung in Berlin-Mitte. Dort lernte sie den knapp zwanzig Jahre älteren Wilhelm Guddorf kennen, der ebenfalls aus katholischem Hause stammte. Er hatte den Familienauftrag, Priester zu werden, verweigert, sich 1922 der KPD angeschlossen und war seit 1924 als Redakteur des Parteiblatts «Rote Fahne» tätig. 1934 verhaftete ihn die Gestapo, nach drei Jahren Zuchthaus wurde er schließlich Gehilfe in jener Buchhandlung, die auch anderen Nonkonformisten eine Existenzmöglichkeit bot. Eva-Maria Buch und Wilhelm Guddorf fühlten sich durch viele Interessen und Fragen verbunden, sie wurden ein Paar, und Guddorf führte Eva-Maria in den Widerstandskreis ein.

Eva-Maria Buch spielte keine zentrale Rolle, war aber auch keine einfache Mitwisserin, sondern engagiert in der Gegnerschaft zum Regime. Aktiv beteiligte sie sich durch die Übersetzung von Flugblättern, deren Adressaten französische Zwangsarbeiter in Berliner Rüstungsbetrieben waren. Im Oktober 1942 wurde sie verhaftet, nach langer Untersuchungshaft stand sie vor dem Reichskriegsgericht, das sie im Februar 1943 zum Tod verurteilte. Im Frauengefängnis Barnimstraße hoffte sie mit Gefährtinnen auf eine Begnadigung, die Hitler am 21. Juli 1943 ablehnte. Am 5. August ging sie mit 15 gleichgesinnten Frauen der Roten Kapelle den letzten Weg zur Guillotine in Plötzensee.[19]

Zu den jüngeren Mitgliedern gehörte auch Heinrich Scheel. Er war, wie Hans und Hilde Coppi, Hans Lautenschläger und andere Angehörige des Schulze-Boysen-Kreises, Schüler der reformpädagogischen Schulfarm Insel Scharfenberg in Berlin-Tegel gewesen. 1946 bis 1949 leitete Scheel die Schule, ehe er eine Karriere als Historiker und Wissenschaftspolitiker in der DDR machte, die ihn an die Spitze der Akademie der Wissenschaften und der Historikergesellschaft brachte. Scheel war 1932 dem kommunistischen Jugendverband beigetreten, hatte mit der sozialistischen Widerstandsgruppe Rote Kämpfer um Alexander Schwab Kontakt. 1939 kam er zum Freundeskreis um Kurt Schumacher und darüber zum engeren Kreis der Schulze-Boysens. Als Wetterdienstinspektor auf Kriegsdauer tat Heinrich Scheel Militärdienst auf dem Flugplatz Rangsdorf südlich von Berlin. Scheel gehörte, da ihn das Gericht zu fünf Jahren Zuchthaus verurteilte, zu den wenigen Überlebenden des Widerstandskreises. Er verbüßte einen Teil im Lager Aschendorfer Moor (Emsland), wurde dann in Torgau in die Bewährungseinheit 500 rekrutiert, geriet in den Vogesen in amerikanische Kriegsgefangenschaft, aus der er im September 1946 entlassen wurde.[20]

Die Schrift «Napoleon Bonaparte, sein politischer Weg kurz dargestellt in Auszügen aus bekannten Werken der Geschichtsschreibung», verfasst von Harro Schulze-Boysen, wurde 1942 verbreitet. Sie hatte den Umfang von sechs engzeilig beschriebenen Schreibmaschinenseiten, war vervielfältigt und stellte an die Bildung der Empfänger hohe Anforderungen. Sie unterschied sich gründlich von Agitationsschriften des Widerstands, rief nicht auf, forderte nicht, verdammte nicht, argumentierte durch Darbietung historischer Fakten und vermied penetrante Parallelen zur aktuellen Situation.[21] Der Aufsatz war wohl als Diskussionseinstieg und Test der Gesinnung ausgewählter Empfänger konzipiert.[22] Das «Napoleon»-Traktat war (ähnlich den ersten Flugblättern der «Weißen Rose») ziemlich akademisch, berief sich ständig auf Autoritäten der Historiographie, in der Absicht nachzuweisen, dass Napoleon an Russland gescheitert war, und legte dem gebildeten Leser den Schluss nahe, Hitler müsse zwangsläufig auf gleiche Weise wie der Franzosenkaiser durch die Hybris der Macht zugrunde gehen. Hitler war kein einziges Mal namentlich genannt, nur über Anspielungen (etwa der, Bonaparte sei wegen seiner Geburt auf Korsika von vielen Franzosen als Ausländer gesehen worden) oder codierte Mitteilungen (Reaktionäre hätten Napoleon als «Trommler» für ihre Ziele benutzt) und die Verwendung zeitaktueller Begriffe wie Blitzkrieg, Zwangsarbeit, Arbeitsbuch, Wehrmacht usw. Die Schrift zeigte die historische Parallele vom Untergang des napoleonischen Kaiserreiches mit einem zwangsläufig zu erwartenden ähnlichen Ende des Hitler-Staats. Auch der Mordanschlag, dem Napoleon auf dem Weg zur Pariser Oper entging, wird unausgesprochen zum Bürgerbräuattentat Georg Elsers im November 1939 in Beziehung gesetzt, das vom Publikum und wohl auch vom Verfasser der Flugschrift als britisches Komplott gesehen wurde. Diese Konnotation suggerierte das «Napoleon»-Pamphlet jedenfalls seinen Lesern. Zentrales Anliegen der Schrift war der Krieg gegen Russland, an dem Napoleons Imperium zerbrochen war, als Hinweis, dass auch Hitlers Macht an der Sowjetunion zu Schanden werden würde.

Im Kern der Gruppe, den das Dreieck Harnack-Kuckhoff-Schulze-Boysen bildete, waren Idealismus und Intellekt die Triebkräfte zum Widerstand gegen den Nationalsozialismus. Die Neigung zur Konspiration korrespondierte mit dem missionarischen Streben der Gruppe, und die marxistische Theorie galt vielen als unabdingbare Voraussetzung jeder Lösung politischer, ökonomischer und sozialer Probleme und der Überwindung der Hitler-Diktatur. Freilich teilten nicht alle der mehr als 150 Personen, die zum Widerstandskreis Rote Kapelle gehörten, die dogmatischen Positionen und die Theoriegläubigkeit der Führungsspitze. Greta Kuckhoff schrieb im Rückblick: «Wir verstanden sehr wohl, daß eine langjährige Widerstandsarbeit innerhalb Deutschlands stets umgeben von Menschen, die die Politik der Nazis stillschweigend oder mit lautem ‹Heil Hitler› und ‹Siegheil› billigten, sehr viel Kraft aufzehrte. Wenigen von uns war es vergönnt, unmittelbar Kontakt zu Arbeitern zu haben, die sich nicht hatten verlocken und terrorisieren lassen.»[23]

Das breite weltanschauliche Spektrum der Roten Kapelle ließ Raum für ganz unterschiedliche Facetten der Opposition. Adolf Grimme, der ehemalige preußische Kultusminister, war religiöser Sozialist und beschäftigte sich nicht mit Lenins Schriften zur revolutionären Taktik, sondern mit dem Johannesevangelium. Der Journalist Johannes Graudenz war in den 1920er Jahren der KPD beigetreten, ohne Funktion, Mandat und dogmatischen Eifer. Er arbeitete für die US-Presseagentur United Press in Berlin und in Moskau. Dann war er Inhaber einer Fotoagentur und Korrespondent der «New York Times». 1940 lernte er Harro Schulze-Boysen kennen und wirkte mit an der Herstellung des Flugblatts «Die Sorge um Deutschlands Zukunft geht durch das Volk». Im Mai 1942 war er maßgeblich an der Aktion gegen die NS-Propagandaschau «das Sowjetparadies» im Berliner Lustgarten beteiligt. Zeitgleich mit dem Brandanschlag der Herbert-Baum-Gruppe auf die Ausstellung, aber unabhängig von deren Aktivitäten, die den jungen Kommunisten jüdischer Herkunft zum Verhängnis wurden, klebten Harro Schulze-Boysens Freunde Zettel an Berliner Fassaden mit der Botschaft: «Ständige Ausstellung Das NAZI-PARADIES Krieg Hunger Lüge Gestapo Wie lange noch?»[24]

Die Künstlerinnen Oda Schottmüller und Elisabeth Schumacher waren so wenig parteipolitisch gebunden wie Erika Schönfeld, die 1935 den Bildhauer Cay-Hugo Graf von Brockdorff heiratet und über ihn 1938 zum regimekritischen Kreis des Schauspielers Wilhelm Schürmann-Horster kommt. Schürmann-Horster, dessen Gesprächskreis zum Verbund der Gruppe Schulze-Boysen und Harnack gehörte, war allerdings Kommunist. Zu seinem Freundeskreis gehörte Hans Coppi, der aus einer Weddinger Arbeiterfamilie stammte, sich 1931/32 als 15-jähriger den Roten Pfadfindern und dem kommunistischen Jugendverband angeschlossen hatte und 1934 zum ersten Mal wegen des Verteilens von antifaschistischen Flugblättern im KZ Oranienburg inhaftiert war. Hans Coppi arbeitete als Dreher in einer Maschinenbaufabrik. Er gehörte zu den Aktiven in der Roten Kapelle. Hilde, die mit ihm seit 1939 befreundet und seit Juni 1941 verheiratet war, unterstützte ihn. Sie nahm an der Aktion gegen die Ausstellung «Das Sowjetparadies» teil und übermittelte Lebenszeichen von deutschen Kriegsgefangenen im sowjetischen Gewahrsam an deren Angehörige. Viele Sympathisanten wie die Schriftsteller Alexander Spoerl (der damals noch als Ingenieur tätig war) oder Günther Weisenborn waren politisch unabhängig. Die ideologische Vielfalt der Opposition um Schulze-Boysen und Harnack war erstaunlich.[25]

Maria Terwiel hatte einen bürgerlichen Hintergrund. Ihr Vater war stellvertretender Oberpräsident der preußischen Provinz Pommern, er wurde 1933 nach dem «Gesetz über die Wiederherstellung des Berufsbeamtentums» als Sozialdemokrat entlassen. Die Tochter galt wegen der jüdischen Mutter nach NS-Rassenideologie als «Halbjüdin» und brach 1935 das weit fortgeschrittene Jurastudium ab, weil sie keine Berufschancen für sich sah. Über ihren Lebensgefährten, den Zahnarzt Helmut Himpel, bzw. dessen Patienten Graudenz, fand das Paar zu Schulze-Boysen. Die katholische Juristin Maria Terwiel war für eine französisch-schweizerische Textilfirma tätig – in den Gestapo-Akten und in der Literatur erscheint sie nur als Stenotypistin oder Telefonistin. Ihr Partner, den sie wegen der Rassenpolitik des «Dritten Reiches» nicht heiraten durfte, war gläubiger Protestant. Ökumenisches Christentum war die gemeinsame Haltung, die sie auch zur Hilfe für Juden motivierte. Die Zahnarztpraxis Himpels diente als Treff- und Stützpunkt bei den Widerstandsaktivitäten. Maria Terwiel und Helmut Himpel verbreiteten Abschriften der Predigten des Münsteraner Bischofs von Galen gegen den Nationalsozialismus und den Krankenmord im Juli und August 1941. Ebenfalls auf dem Postweg brachten sie an Adressen, die sie aus Telefonbüchern gewannen, Flugschriften wie «Die Sorge um Deutschlands Zukunft» auf den Weg. John Graudenz hatte das Vervielfältigungsgerät besorgt und beim Druck und Versand geholfen. Der Pianist Helmut Roloff war ebenfalls im Vertrieb antifaschistischer Propagandaliteratur aktiv. An der nächtlichen Aktion gegen die Ausstellung «Das Sowjetparadies» machte auch Maria Terwiel mit. Beteiligt waren außerdem die Studierenden Ursula Goetze, Liane Berkowitz und Friedrich Rehmer aus dem Rittmeister-Kreis und Otto Gollnow, der bei Mildred Harnack Englischunterricht genommen hatte, sowie Fritz Thiel, in dessen Wohnung die Aktion vorbereitet worden war.

Maria Terwiel und Helmut Himpel waren profilierte Widerstandskämpfer im Rahmen der Roten Kapelle; sie handelten aus christlichem Glauben.[26] Kommunistischer Gesinnung unverdächtig war auch Erwin Gehrts. Der Oberst, der im Reichsluftfahrtministerium die Gruppe «Vorschriften und Lehrmittel» leitete, war Christ aus Überzeugung. Er war von der Jugendbewegung vor dem Ersten Weltkrieg geprägt, hatte eine Lehrerbildungsanstalt besucht und war als Freiwilliger 1914 erst zur Infanterie, dann zu den Militärfliegern gekommen. Der dekorierte Leutnant der Reserve des Ersten Weltkriegs war in der Weimarer Republik als Journalist tätig, gehörte dem nationalkonservativen «Tat»-Kreis an und stand mit Ernst Niekisch in Kontakt. 1935 ließ er sich von seinem ehemaligen Vorgesetzten überreden, in das Ministerium einzutreten, wo er vom Hauptmann zum Obersten avancierte. Mit dem zwanzig Jahre jüngeren Harro Schulze-Boysen verband Gehrts Sympathie, antikapitalistische Grundüberzeugung und nach dem Überfall auf die Sowjetunion das negative Urteil über die militärischen Chancen, den Krieg zu gewinnen. Gehrts, der Schulze-Boysen schon vor der NS-Zeit kennengelernt hatte, versorgte ihn mit Informationen, möglicherweise ohne Kenntnis der Aktivitäten der Roten Kapelle. Seiner Verhaftung am 10. Oktober 1942 folgte der Prozess am 10. Januar 1943. Vier Wochen später wurde er hingerichtet.[27]

Walter Husemann, in einer Arbeiterfamilie bei Kiel geboren und aufgewachsen, war 29 Jahre alt, als er 1938 über seine Frau Marta Harro Schulze-Boysen kennenlernte. Marta, geb. Wolter, war 1913 als Tochter eines Schneiders geboren. Sie erlernte das Handwerk des Vaters, schloss sich dann als Arbeitslose 1928 dem Kommunistischen Jugendverband an und wirkte als Mitglied des Ensembles Rotes Sprachrohr an Theateraufführungen mit. 1932 war sie eine der Darstellerinnen im Film «Kuhle Wampe». Wegen Widerstands gegen das Regime wurde sie 1936 im Frauen-KZ Mohringen inhaftiert, 1937 gegen Auflagen entlassen. Der Werkzeugmacher Husemann hatte 1938 eine kommunistische Parteikarriere, Mitarbeit in einer Widerstandsgruppe und KZ-Aufenthalte in Sachsenhausen und Buchenwald hinter sich, war Redakteur von KPD-Zeitungen in Essen und Mannheim gewesen, hatte für die «Rote Fahne» geschrieben und war im Februar 1933 in die Illegalität untergetaucht. 1936 war er zusammen mit seinem Vater verhaftet worden. Nach der Entlassung aus dem KZ schloss er sich 1938 dem Schulze-Boysen-Kreis an, unterhielt auch Kontakte zur Herbert-Baum-Gruppe.[28] Husemann war in der Produktion und beim Vertrieb von Flugblättern aktiv. Im September 1942 verhaftet, in Verhören gefoltert, wurde er im Mai 1943 hingerichtet.

Das Ende der Berliner Widerstandsgruppe kam durch einen Funkspruch des sowjetischen Militärgeheimdienstes GRU an ihren Agenten «Kent» in Brüssel. Darin erhielt dieser den Befehl, mit zwei Männern in Berlin Kontakt aufzunehmen, die mit vollem Namen und ihrer Adresse genannt waren: Adam Kuckhoff und Harro Schulze-Boysen. Der Funkspruch wurde im Sommer 1942 von der deutschen Abwehr dechiffriert. Das ermöglichte die Zerschlagung des sowjetischen Agentennetzes in Westeuropa und setzte Verhaftungen durch die Gestapo in Gang, denen auch die Mitglieder des Widerstandskreises Schulze-Boysen/Harnack zum Opfer fielen.[29] Den von der deutschen militärischen Abwehr vermuteten, von der Gestapo übernommenen und von der Militärjustiz gleichfalls behaupteten Zusammenhang der Berliner Widerstandsgruppe mit dem sowjetischen Agentennetz, gesteuert von Brüssel und Paris aus, was ihr den Namen Rote Kapelle einbrachte, gab es nicht.

Die Verbindung zur Sowjetunion bestand lediglich in folgendem: Ab September 1940 hatte Arvid Harnack Kontakt mit Alexander M. Korotkow alias Erdmann, einem Mitarbeiter des sowjetischen Geheimdienstes, der als Angehöriger der sowjetischen Botschaft in Berlin etabliert war. Harro Schulze-Boysen beteiligte sich ab Frühjahr 1941 an den Gesprächen. Die deutschen Regimegegner informierten ihren Gesprächspartner über deutsche Angriffsvorbereitungen gegen die Sowjetunion. Die politischen Motive der beiden und ihres Freundeskreises waren die Sorge vor der Zerstörung des deutschen Nationalstaats durch einen Krieg gegen die östliche Großmacht, der von Deutschland nicht gewonnen werden konnte. Weitsichtiger als andere Widerstandsgruppen, etwa der Kreisauer Kreis, die Goerdeler-Gruppe und die Militäropposition, setzten Harnack und Schulze-Boysen auf die Verständigung mit der Sowjetunion, um Deutschland als mitteleuropäische Macht zu erhalten. Ähnlich haben die Protagonisten des konservativen Widerstands Carl Goerdeler, Helmuth Graf Moltke, Adam von Trott zu Solz und andere gegenüber den USA und Großbritannien agiert. Aus der Perspektive der Nationalsozialisten waren beide Haltungen Verrat. Im Kalten Krieg war dann nur der Kontaktversuch zur Sowjetunion der unverzeihliche Sündenfall.

Verhängnisvoll nicht nur für das Schicksal der Mitglieder des Widerstandskreises um Schulze-Boysen und Harnack, sondern auch für deren Nachruhm war, dass ihnen der Name Rote Kapelle angehängt wurde. Unter dieser Bezeichnung unterhielt die sowjetische militärische Nachrichtenorganisation GRU ein Netz von Agenten im besetzten Westeuropa, die von Frankreich und Belgien aus im regen Funkverkehr mit Moskau standen.[30] Das Agentennetz, das mit der französischen und belgischen Resistance gegen die deutschen Besatzer kooperierte, hatte der in Polen geborene Leopold Trepper (Deckname «Grand Chef», auch «Gilbert») aufgebaut. Trepper wurde Ende 1942 in Paris verhaftet, konnte aber fliehen. Nach der Rückkehr in die Sowjetunion wurde er auch dort inhaftiert. In den 1950er Jahren wartete er in Warschau jahrelang auf die Ausreiseerlaubnis in den Westen, lebte in Frankreich und dann in Israel.[31] In Brüssel agierte Anatoli Markowitsch Gurewitsch («Petit Chef»), der unter dem Decknamen «Kent» Kontakt zur Berliner Widerstandsgruppe aufgenommen und einmal mit Schulze-Boysen zusammengetroffen war. Mit dem Berliner Widerstandskreis hatten die sowjetischen Spione sonst nichts zu tun, aber die Sonderkommission des Reichssicherheitshauptamtes, die gegen Harnack und Schulze-Boysen ermittelte, rubrizierte den Fall in den Akten unter dem Titel «Rote Kapelle. Bolschewistische

Hoch- und Landesverratsgruppe im Reich». Damit waren die Widerstandskämpfer als Spione und Vaterlandsverräter im Dienst des östlichen Hauptfeindes stigmatisiert.

Harnack, Schulze-Boysen und andere in ihrem Umkreis waren tatsächlich bereit gewesen, der Sowjetunion regelmäßig Nachrichten zu liefern, mit denen sie den Krieg beenden und günstige Bedingungen für einen Friedensschluss herbeiführen wollten. Sie hatten aber weder Gelegenheit noch Möglichkeit zur Übermittlung von Informationen nach Moskau. Schulze-Boysen drängte ab Mai/Juni 1942 seine sowjetischen Gesprächspartner, die Berliner Widerstandsgruppe mit Funkgeräten auszurüsten. Von den Warnungen vor einem deutschen Angriff war man in Moskau nicht beeindruckt, und die Funkgeräte, die schließlich eintrafen, erwiesen sich als unhandlich, unbrauchbar und schwer reparabel. Hans Coppi und andere gaben sich zwar Mühe, mit Moskau Verbindung aufzunehmen, und die Apparate wurden unter konspirativen Umständen in Berlin hin- und hertransportiert, aber kein einziger Geheimnisverrat erreichte von Berlin aus per Funk die Sowjetunion.

Lediglich einmal war der Sowjetagent «Kent» aus Brüssel nach Berlin gekommen und hatte über eine Unterhaltung mit Harro Schulze-Boysen nach Moskau gefunkt. 1942 gab es einen zweiten Versuch zum Aufbau einer Nachrichtenverbindung Berlin – Moskau. Fallschirmspringer suchten Kontaktpersonen, die jedoch keine Verbindung zum deutschen Widerstand hatten. Die Gestapo kompilierte im «Bericht über die Aufrollung der kommunistischen Spionage- und Hochverratsorganisation im Reich und in Westeuropa» Mutmaßungen, Fiktionen und Tatsachen zum Gemälde eines grandiosen Erfolgs der eigenen Tätigkeit gegenüber finsteren Machenschaften verbohrter Vaterlandsfeinde, deren einziges Ziel die Unterstützung des Bolschewismus gewesen sei: «Bis zum Ausbruch des Krieges bestand diese Unterstützung in einer Unzahl fortgesetzter hochverräterischer Handlungen zur Unterwühlung und Zersetzung weiter Volkskreise, besonders jedoch intellektueller Schichten. Insbesondere seit Beginn des Krieges mit der Sowjetunion fanden diese Bestrebungen ihre Fortsetzung in einer Kette von Landesverratshandlungen zu Gunsten der Sowjetunion. Die Aushebung dieser hoch- und landesverräterischen Kreise gelang in einem Augenblick, als sie gerade daran waren, ihre Arbeit mit Hilfe von sowjetrussischen Fallschirmagenten und deren mitgebrachten Sendegeräten zu intensivieren. Zwei Personen, typische intellektuelle Salonbolschewisten, haben innerhalb dieser Hoch- und Landesverratsgruppe eine überragende Rolle gespielt und sogar versucht, sich in ihrer Hörigkeit gegen Moskau gegenseitig den Rang abzulaufen. Es sind dies der Oberleutnant im Reichsluftfahrtministerium Harro Schulze-Boysen (Deckname: Choro) und der Oberregierungsrat im Reichswirtschaftsministerium Dr. Phil. Arvid Harnack (Deckname: Arwid). Völlig verschieden in ihrer Mentalität und Arbeitsweise, haben sie besonders nach Ausbruch des deutsch-sowjetischen Krieges doch das gleiche Ziel erreicht und zu vervollkommnen versucht: Ausspähung politischer, wirtschaftlicher und militärischer Geheimnisse und deren Weiterleitung an die Sowjetunion».[32]

Vor dem Reichskriegsgericht mussten sich die Widerständigen wegen Hochverrats und Landesverrats verantworten.[33] Der Ausdruck «verantworten» trifft freilich die Sachlage nicht: Das Regime wollte nur vernichten, und die willfährige Militärjustiz sah es nicht als ihre Aufgabe, Schuld zu ermessen und nach den Maßstäben von Gesetzesnormen zu ahnden. Richter und Ankläger machten den Angeklagten klar, dass das Tribunal nicht der Rechtsfindung diente, sondern politische Macht ausübte. Es ging um die Bekämpfung und Vernichtung von Feinden.

Die Anklage in den Prozessen vor dem Reichskriegsgericht in Berlin gegen 79 Mitglieder des Widerstandskreises Rote Kapelle vertrat Manfred Roeder, ein Mann, den man zu den furchtbaren Juristen rechnen muss, die aus rechter Gesinnung, Ehrgeiz, Opportunismus, Karrierestreben den NS-Staat in Funktion hielten – Juristen, die nie ein Unrechtsbewusstsein entwickelten wie der Marinerichter Filbinger, der noch im Frühjahr 1945 Todesurteile fällte, es aber dann zum Ministerpräsidenten von Baden-Württemberg brachte und nach seinem Sturz fassungslos erklärte, was damals Recht gewesen sei, könne heute nicht Unrecht sein. Positivistisch in ihrem Rechtsverständnis, politisch rückwärtsgerichtetem Patriotismus verhaftet, machten solche Juristen wieder Karriere, entzogen sich der Verantwortung, waren schlau und skrupellos und stifteten neues Unheil. Ein Prototyp dieser unerfreulichen Spezies war Roeder.

Er war der Ankläger nicht nur gegen die Freundeskreise um die Ehepaare Harnack und Schulze-Boysen, er vertrat die nationalsozialistische Staatsräson auch in einem Verfahren mit dem Kennzeichen «Depositenkasse» gegen Mitarbeiter des Geheimdienstes der Wehrmacht Ausland/

Abwehr, in dem auch Dietrich Bonhoeffer, Hans von Dohnanyi und Dr. Josef Müller («Ochsensepp») wegen Hoch- und Landesverrat angeklagt waren. Wegen der Verbindungen zum Vatikan, die aus der Dienststelle des Admirals Canaris aufgebaut wurden, deren Akteur der zwielichtige katholische Rechtsanwalt Müller war, wurden diese Aktivitäten mit der Bezeichnung «Schwarze Kapelle» belegt. General Hans Oster, Chef der Zentralabteilung im Amt Abwehr, beschrieb den Untersuchungsführer Roeder nach einer Vernehmung: «Junger, überheblicher, krankhaft ehrgeiziger, triebhaft hemmungsloser, phantasiereicher Kriminalist neuester Prägung mit den zuständigen, angeberhaft stechenden Augen, der verstandesmäßig seiner Meinung nach erkannte Kombinationen als Tatsache im Sinne seines Zieles und seines erhofften Erfolges sieht, der sich selbst und sein Können als verwöhnter Günstling prominenter Personen weit überschätzt und die Dinge so sieht, wie er sie sehen will. In der Wahl seiner Mittel und Methoden ist er hemmungslos. Man könnte ihn als Sadist bezeichnen. Ihm zur Seite steht ein subalterner Kriminalbeamter – wahrscheinlich aus dem SD – mit schielenden Augen, der einem nicht in die Augen sehen kann.»[34]

Der gerade 30 Jahre jungen, lebensfrohen Gräfin Erika von Brockdorff machte der Ankläger Roeder höhnisch klar, ihr werde das Lachen noch vergehen, sie entgegnete «Nicht, solange ich Sie sehe!»[35] Sie wurde im Dezember 1942 zu zehn Jahren Zuchthaus verurteilt. Auf Hitlers Befehl wurde eine neue Verhandlung angesetzt, die mit einem Todesurteil endete, das am 13. Mai 1943 in Plötzensee vollstreckt wurde. Ihr Mann, Cay-Hugo Graf Brockdorff, war zu der Zeit an der Ostfront eingesetzt. Er wurde in Sippenhaft genommen und kam in eine «Bewährungs»-Einheit. Oda Schottmüller, die im September 1942 verhaftet wurde, stand am 26. Januar 1943 vor dem Reichskriegsgericht. Mit ihr wurden Walter Husemann, KPD-Mitglied und Journalist, der 1938 zwei Jahre KZ-Haft in Sachsenhausen und Buchenwald durchgestanden hatte, der Zahnarzt Helmut Himpel und seine Verlobte Marie Terwiel zum Tod verurteilt. Oda Schottmüller charakterisierte in einem Kassiber aus der Todeszelle den Ankläger Roeder als geschniegelte lächerliche Figur, er sei «ein unbeschreiblich eitler Gockel».[36]

Der Gestapo-Bericht über die Rote Kapelle blieb stilbildend über das Ende des NS-Regimes hinaus. Illustriertenschreiber, Sachbuchautoren, aber auch seriöse Historiker folgten den Vorgaben und machten die Mitglieder des Widerstandskreises um Harro Schulze-Boysen und Arvid Harnack zu Agenten der Sowjetunion, zu Vaterlandsverrätern, zu Söldlingen des Kommunismus und Lumpen in der Stunde der Not. Auch die Geheimdienste in Ost und West instrumentalisierten die Rote Kapelle für ihre Zwecke im Kalten Krieg. Sie stützten sich auf die Phantasien von Gestapo-Bediensteten, von Ermittlern und Verfolgern der Militärjustiz.

Der Militärrichter Manfred Roeder war als Sohn eines Landgerichtsdirektors 1900 in Kiel geboren. Nach dem Notabitur 1917 wurde er Soldat und blieb es über das Ende des Ersten Weltkriegs hinaus als Freikorpskämpfer im Baltikum. 1920 wurde er mit dem Rang Leutnant verabschiedet. Jura hatte er gleichzeitig in Berlin, Würzburg und Göttingen studiert. 1921 promovierte er mit einem Thema zum Arbeitsrecht, heiratete eine Dame von Adel und bewirtschaftete 1924 bis 1927 deren Gutsbesitz in Neetze bei Lüneburg. 1930 nahm er das Jurastudium wieder auf und schloss es im folgenden Jahr mit einem sehr mäßigen Staatsexamen ab. Nach dem Referendardienst 1934 war er Amtsrichter in Berlin. Politisch war er beim Stahlhelm und in der Deutschnationalen Volkspartei engagiert, 1933 wurde er Mitglied im Bund NS-Deutscher Juristen und trat der SA bei. Ab 1935 stand er in Diensten der Militärjustiz der Luftwaffe und machte rasch Karriere bis zum Oberstkriegsgerichtsrat 1941. Gute Beziehungen zum Chef der Luftwaffe Göring wurden ihm nachgesagt. Seine dürftige juristische Kompetenz machte Roeder durch erhöhten Verfolgungseifer wett und erwarb sich den Ruf gnadenloser Härte und Brutalität.[37]

Roeder stieg 1944 zum Oberstrichter bei der Luftflotte 4 auf und wurde am Ende des Krieges noch zum Generalrichter befördert. Ab Mai 1945 war er als Kriegsgefangener in Gewahrsam der US-Armee. Dort erkannte er die Zeichen der Zeit rasch und diente sich dem US-Geheimdienst Counter Intelligence Corps (CIC) als Kommunismusexperte an. Mit dem Abschlussbericht der Gestapo zur Causa Rote Kapelle weckte er das Interesse der Amerikaner und fixierte 1948 das Bild von den Aktivitäten und Personen des Widerstands in den Freundeskreisen von Schulze-Boysen und Harnack im Sinne der Gestapo.[38]

Ab November 1946 war er in Nürnberg inhaftiert, um als Zeuge im Juristenprozess verwendet werden zu können. Eines seiner Opfer, Adolf Grimme, ehemaliger preußischer Minister und späterer Intendant des Nordwestdeutschen Rundfunks, hatte Roeder am 15. September 1945 wegen Körperverletzung im Amt und Aussageerpressung im Verfahren gegen die Rote Kapelle bei der britischen Militärregierung angezeigt. Eine weitere Klage gegen Roeder beim Internationalen Militärtribunal war von Adolf Grimme, Günther Weisenborn und Greta Kuckhoff gemeinsam angestrengt worden. Die Amerikaner gaben die Ermittlungen an deutsche Behörden ab.

Das Amtsgericht Nürnberg nahm Roeder am 25. Oktober 1948 in Untersuchungshaft wegen des dringenden Verdachts, in den Verfahren Rote Kapelle und «Depositenkasse» Zwangsmittel, um Aussagen zu erpressen, angewendet und schwere Körperverletzung zugelassen zu haben. Roeder beteuerte seine Unschuld und behauptete, er habe als deutscher Richter nur seine Pflicht getan. Im Januar 1949 gab das Amtsgericht Nürnberg Roeders Antrag auf Haftentlassung statt. Der zuständige Oberstaatsanwalt erklärte, die strafrechtlichen Vorwürfe gegen Roeder seien nicht haltbar, der Vorwurf der Misshandlung bei Vernehmungen nicht mit Sicherheit nachzuweisen, aber er habe nach Aussagen nahezu aller Zeugen «seine Opfer durch seine Kälte, seine Barschheit und seinen Zynismus seelisch unmenschlich gequält».[39]

Das Amtsgericht Nürnberg verwies den Fall nach Lüneburg, in dessen Nähe die Familie Roeder den Wohnsitz in Neetze hatte. In der britischen Zone durften deutsche Gerichte zur Ahndung von Verbrechen gegen die Menschlichkeit tätig werden, in der US-Zone blieb das der Besatzungsmacht vorbehalten. Die Hoffnung des Nürnberger Oberstaatsanwalts, das Gericht in der britischen Zone werde «dem unheilvollen Wirken des Beschuldigten besser gerecht werden», war eine Illusion. In Lüneburg solidarisierte sich die Justiz mit Roeder gegen seine Opfer.

Roeder, der sich bis zu seinem Ende «Generalrichter zur Wiederverwendung» nannte, erwog nach der Einstellung des Verfahrens durch den Lüneburger Staatsanwalt Schadensersatzansprüche gegen seine Opfer und warf sich sehr erfolgreich in der Rolle des Aufklärers über die Gefahren des Bolschewismus in die Brust. Der Habitus entsprach dem Zeitgeist, wie einem Bericht der Lokalpresse zu entnehmen ist: «Roeder war Generalrichter beim früheren deutschen Reichskriegsgericht, wo er in mehreren Fällen an Verhandlungen wegen Hoch- und Landesverrat und anderer Straftaten als Ankläger mitwirkte. Einer dieser Prozesse wurde unter der Bezeichnung ‹Rote Kapelle› bekannt. Er gilt als eine der größten deutschen Verratsaffären, in die auch der heutige Generaldirektor des

NWDR, Adolf Grimme, verwickelt war. Roeder hat in diesem Jahr sein bisheriges Schweigen gebrochen, verschiedentlich in Vorträgen zum Komplex ‹Rote Kapelle› Stellung genommen.»[40] Die Stimmung in Westdeutschland war nicht nur von den Ängsten des Kalten Krieges bestimmt, man wollte auch vom Nationalsozialismus nichts mehr hören und schon gar nichts von eigenen Verstrickungen. Die Lebenslüge der Generation, die Hitlers Macht ermöglicht, geduldet und genossen hatte, die sich an Deutschlands vorübergehender Macht und Größe berauscht und die Verbrechen des Regimes nicht wahrgenommen hatte, lautete, man habe nichts machen können gegen das Unheil, das Vaterland sei in einer Gefahr gewesen, die größer und vor allem wichtiger gewesen sei als alles andere. Das machte es denjenigen leicht, die in Diensten des Regimes schuldig geworden waren, zu behaupten, sie hätten nur ihre Pflicht getan, Befehle ausgeführt und niemals Böses getan.

Die öffentliche Meinung der Bundesrepublik war nicht erst in den 1950er Jahren von der Furcht vor einem Dritten Weltkrieg, ausgelöst durch die Sowjetunion, beherrscht. Die Ängste der Bürger wurzelten in der Novemberrevolution, als die geordnete Welt des Kaiserreichs am Ende des verlorenen Ersten Weltkriegs zusammenbrach, als Bürgerkrieg herrschte, in dem die Kommunisten sich formierten, in München und Bremen kurzlebige Räterepubliken etablierten. Die befürchtete Überwältigung durch bolschewistische Barbaren – eine bürgerliche Urangst seit Oktober 1917 – hatte Goebbels virtuos für die Durchhaltepropaganda des NS-Staats genutzt, und das Verhalten der Sowjetunion im Kalten Krieg bestätigte scheinbar alle düsteren Prognosen. In diese Grundstimmung mischten sich in den Nachkriegsjahren emotionaler Patriotismus, der die Verbrechen des Nationalsozialismus von den vaterländischen Heldentaten der Wehrmacht abspaltete. Die Wehrmacht sollte makellos in Erinnerung bleiben, und Verrat galt ebenso wie Fahnenflucht als schimpflich. Verrat durch Spionage für die Sowjetunion war das Odium der Roten Kapelle, die dadurch den Endsieg verhindert (das glaubten unbelehrbare Nationalsozialisten und deren Epigonen im Rechtsextremismus der Bundesrepublik) und den Tod unendlich vieler braver deutscher Soldaten bewirkt habe – das war eine weit verbreitete Bürgermeinung.

Der Lüneburger Staatsanwalt, der das Verfahren gegen Roeder einstellte, war nicht nur selbst offensichtlich über den Hitler-Staat wenig aufgeklärt, er nahm kollegial und standesbewusst eindeutig Partei für den Wehrmachtsrichter und hielt Widerstand, auch gegen einen Unrechtsstaat, für unerlaubt. Im Schlussbericht, mit dem Oberstaatsanwalt Dr. Hans-Jürgen Finck die Ermittlungen in Lüneburg zusammenfasste und das Verfahren im November 1951 einstellte, heißt es, «Anhaltspunkte dafür, daß die Durchführung der Verfahren gegen die Angehörigen der Gruppe Schulze-Boysen/Harnack ein Verbrechen gegen die Menschlichkeit darstellt», würden fehlen, die von Roeder gefällten Todesurteile seien rechtmäßig gewesen, und «auch von der Gruppe des 20. Juli» sei «in umfassenden Maße Landesverrat und Spionage betrieben» worden. Ein «ungeheures Maß an Schuld» habe die Militäropposition auf sich genommen, durch Verratshandlungen sei unnütz und unschuldig «Blut deutscher Soldaten» geflossen.

Der Topos «Verrat» war seit der Dolchstoßlegende, die erfunden worden war, um den Leidensdruck über den verlorenen Ersten Weltkrieg zu lindern, wirkungsvoll bei patriotisch Empfindenden und wurde deshalb von den Medien jahrzehntelang mit Eifer bedient, in Trivialblättern wie in seriösen Zeitungen. Der Lüneburger Staatsanwalt, der den furiosen Generalrichter a. D. Roeder als Opfer, nicht als Täter sah und juristische Kollegialität und politische Sympathie erkennen ließ, beharrte auf dem Motiv Landesverrat. Für Widerstand fehlte ihm jedes Verständnis: «Die Mehrzahl der vernommenen Zeugen ... bestand aus Menschen, die sich in einen maßlosen Haß gegen den nationalsozialistischen Staat hineingesteigert und aus diesem übersteigerten Haß auch heute noch nicht herausgefunden haben zu einer objektiven Würdigung des Geschehens. Sie sind es, die die Vorwürfe gegen den beschuldigten Dr. Roeder erheben.» Gerade deshalb «mußte dieses Verfahren mit einem völligen Mißerfolg der Anklage enden».[41]

Schon 1948, nach seiner ersten Haftentlassung, machte Roeder seine Sicht der Roten Kapelle öffentlich. 1951 trat er für die rechtsextreme Sozialistische Reichspartei mit Vorträgen über die Gefahren des Bolschewismus auf, illustriert mit der tendenziös entstellten Geschichte der Roten Kapelle, gestützt auf die Autorität eines Wehrmachtsjuristen, der den Kommunismus in Gestalt der Roten Kapelle vor 1945 bekämpfte und gegen das Phantom nach 1945 weiter zu Felde zog.

1952 veröffentlichte Roeder ein Pamphlet mit 36 Seiten Umfang über die Rote Kapelle. Die «Aufzeichnungen des Generalrichters», kapitelweise datiert nach Art eines Tagebuchs und mit einem larmoyanten Vorwort versehen, in dem eine Tochter das Schicksal des unschuldig eingekerkerten Vaters beklagt, dokumentieren nicht nur den Rufmord des NS-Richters an seinen Opfern Adolf Grimme, Günther Weisenborn und Greta Kuckhoff, die Gerechtigkeit gesucht hatten, als sie ihren Peiniger verklagten, sie sind eine einzige Denunziation des Widerstands. Die Rote Kapelle sei keine Widerstandsgruppe gewesen, sondern ein kommunistisches Spionagenetz, behauptete er und raunte, das Netz werde von Ostberlin aus wieder neu gewoben mit dem Ziel, «zuverlässige und getarnte kommunistische Verbindungsleute für die Zersetzungsarbeit zu werben – als Voraussetzung für die große X-Aktion».[42] Als Resümee gab Roeder seinen Lesern folgendes mit auf den Weg: «Alles in allem, das Thema ‹Rote Kapelle› darf nicht ruhen, nicht nur, weil sie noch besteht, sondern weil man eben dabei ist, sie wieder in Aktion zu setzen».[43] Roeder galt in der Bundesrepublik als Mann von Reputation. Politisch hatte er sich auf der richtigen Seite neu orientiert. Er saß in Glashütten, seinem Wohnort in Hessen, ab 1963 für die CDU im Gemeinderat und war stellvertretender Bürgermeister. Er lebte von seiner Pension als Wehrmachtsrichter, wurde im Verfahren gegen Otto John, den ehemaligen Präsidenten des Bundesamts für Verfassungsschutz, als Experte für Spionage bemüht. Roeder starb 1971 und wurde mit Ehren zu Grabe getragen. Es dauerte noch mehr als drei Jahrzehnte, bis der Deutsche Bundestag 2009 alle Urteile der NS-Justiz wegen «Kriegsverrats» aufhob, damit auch die 90 Todesurteile Roeders.

Viele Zeitgenossen folgten Roeders Wahnvorstellungen in der Bundesrepublik nur zu gern. Die Boulevardpresse, Illustrierte und das Nachrichtenmagazin «Der Spiegel» versorgten das Publikum jahrzehntelang in regelmäßigen Abständen mit Enthüllungen über Spionage und Landesverrat.[44] Die Denunziation des Widerstands der Kreise Schulze-Boysen und Harnack als Aktivitäten kommunistischer Vaterlandsverräter korrespondierte mit der hemmungslosen Vereinnahmung der Roten Kapelle durch die DDR. Zum 25. Jahrestag «der Befreiung des deutschen Volkes vom Faschismus durch die ruhmreiche Sowjetarmee» publizierte das Institut für Marxismus-Leninismus beim ZK der SED einen schön ausgestatteten schmalen Band mit Lebensbildern von 52 Widerstandskämpfern der Roten Kapelle.[45] Die Einführung bot die parteioffizielle Sicht der SED, nach der Widerstand gegen das NS-Regime nur durch die KPD oder nur nach deren Anleitung habe stattfinden können. Danach wären die Männer und Frauen der Roten Kapelle quasi in einem angeschlossenen Verband der KPD aktiv gewesen. Die Schulze-Boysen/Harnack-Organisation habe nach der Generallinie der KPD gehandelt und über den Moskauer Rundfunk und durch Kuriere sowie Beauftragte des Zentralkomitees Weisungen empfangen, nach denen die antifaschistische Arbeit organisiert worden sei.[46]

Tatsächlich war die Publikation, für die das Institut für Marxismus-Leninismus verantwortlich zeichnete, ein Projekt des Ministeriums für Staatssicherheit. Erich Mielke persönlich war Mitte der 1960er Jahre der Initiator. Er wollte mithilfe der Geschichte der Roten Kapelle eine Traditionslinie schaffen, auf der die Widerstandsorganisation gegen Hitler als Vorläufer und Vorbild der Staatssicherheitsorgane und deren Zusammenarbeit mit dem sowjetischen Geheimdienst KGB in Erscheinung treten sollte. Dazu waren erhebliche Uminterpretationen notwendig. Die Mitglieder der Roten Kapelle mussten als «Kundschafter» für die Sowjetunion dargestellt werden, wodurch der Nimbus des antifaschistischen Kampfes auf die Stasi übertragen werden sollte. Die legitimatorische Absicht war unübersehbar; die historischen Tatsachen wurden an das erwünschte Geschichtsbild angepasst. Dieser Mühe hatte sich über Jahre ein Team von Geheimdienstfunktionären unterzogen, das Biographien fälschte und die Widerstandskämpfer der Schulze-Boysen/Harnack-Gruppe zu linientreuen moskauhörigen Kommunisten frisierte. Die Staatssicherheit entfaltete vielfache Aktivitäten, sichtete Literatur und Dokumente, nahm Einfluss auf Überlebende, wirkte an den Memoiren von Elfriede Paul und Greta Kuckhoff mit, plante Hörspiele, eine Sonderbriefmarke, einen Film und ein Denkmal. Das Geschichtsbild der DDR über die Rote Kapelle wurde nach den Bedürfnissen der Behörde Erich Mielkes gestaltet. Höhepunkt dieser Geschichtspolitik war eine pompöse Zeremonie am 22. Dezember 1969, in der Angehörige von Mitgliedern der Roten Kapelle hohe sowjetische Orden für Dienste als «deutsche Patrioten an der Seite der Sowjetunion» erhielten. Das traf nicht nur Bürger der DDR. Falk Harnack, der in Westberlin lebte, erhielt von der Sowjetischen Militärmission stellvertretend für seinen Bruder Arvid eine hohe Auszeichnung; ihn hatte übrigens nicht nur der östliche Geheimdienst ausgespäht, sondern auch die Kollegen im Westen hatten sich für ihn interessiert.[47]

Im monoton dröhnenden Parteijargon wurde Geschichtsklitterung getrieben und das Banner einer Wahrheit jenseits historischer Fakten entrollt: «Die imperialistische und die rechtssozialdemokratische Geschichtsschreibung in Westdeutschland verleumdet den von der KPD organisierten und geführten zielgerichteten antifaschistischen Kampf. Es werden die führende Rolle des Zentralkomitees der KPD geleugnet und Gegensätze zwischen der Parteiführung und den Parteiorganisationen im Lande im Ziel des antifaschistischen Kampfes konstruiert. Es wird versucht, dem heroischen Kampf der KPD, der Arbeiterklasse und anderer demokratischer Kräfte während der Zeit der Hitler-Diktatur jede Organisiertheit abzusprechen. Diese Verleugnungen lassen sich allein schon am Beispiel der Schulze-Boysen/Harnack-Organisation widerlegen. Diese antikommunistischen Fälschungen dienen dem Versuch der reaktionärsten Kreise des westdeutschen Monopolkapitals, auch mit den Mitteln der Geschichtsschreibung im Rahmen der psychologischen Kriegführung die konsequenteste antifaschistische und antiimperialistische Kraft, die marxistisch-leninistische Partei der deutschen Arbeiterklasse, zu verleumden und zu isolieren. Es soll zugleich verhindert werden, daß sich die demokratischen und antiimperialistischen Kräfte Westdeutschlands entsprechend den Lehren und Erfahrungen der antifaschistischen Widerstandsbewegung zusammenschließen und gemeinsam den Kampf gegen das staatsmonopolistische Herrschaftssystem führen. Nicht zuletzt widerspiegeln auch die von der Schulze-Boysen/Harnack-Organisation herausgegebenen illegalen antifaschistischen Schriften, daß Hitler-Gegner aus verschiedenen Klassen und Schichten in völliger Übereinstimmung mit dem von der KPD gewiesenen Ziel des antifaschistischen Kampfes um den Sturz des Naziregimes durch die deutsche antifaschistische Volksfront gerungen haben.»[48]

Auch in der Bundesrepublik beschäftigten sich Geheimdienste gern mit der Roten Kapelle.[49] Gestützt auf ehemalige Gestapo-Bedienstete, auf Personal der Militärjustiz und deren Akten arbeitete die Organisation Gehlen am Bild der Roten Kapelle. Reinhard Gehlen, seit April 1942 Chef der Abteilung Fremde Heere Ost im Generalstab des Heeres, hatte sich erfolgreich der US-Besatzungsmacht als Spezialist für den Osten angedient und als Morgengabe ein von ihm eingerichtetes Geheimdienstarchiv mitgebracht. Da weder die Amerikaner noch etwas später die Bundesrepublik auf die vermeintliche Expertise des Generalmajors a. D. verzichten wollten, wurde die Organisation Gehlen zur Keimzelle des Bundesnachrichtendienstes.[50] Die Vorlagen der Verfolger aus dem «Dritten Reich» passten ins antikommunistische Bedrohungsszenario des Kalten Krieges. Experten wie der Militärrichter Manfred Roeder trugen das Ihre bei, und es entstand die Mär vom Fortleben der Verschwörung gegen den Westen durch eine revitalisierte Rote Kapelle. Wie bei so manchem geheimdienstlichen Schemen existierte davon nichts in der Realität.[51]

Das bürgerliche Verdikt über die Rote Kapelle in der Historiographie der Bundesrepublik war inhaltlich der Glorifizierung in der DDR entgegengesetzt, aber ebenso definitiv. Gleichermaßen arrogant gegenüber Journalistenkollegen, die sich um das Geheimnis Rote Kapelle in weniger renommierten Medien mühten, wie gegenüber Historikern, die an der Rolle Schulze-Boysens als Sowjetspion zweifelten, schuf Heinz Höhne mit der Autorität des «Spiegel»-Redakteurs, dem Informationen zu Gebote stünden, die gewöhnlichen Sterblichen verborgen bleiben, am Mythos «Rote Kapelle».[52] Einen grundsätzlichen Dissens zwischen dem Kolportageautor Höhne und den Historiographen von Profession gab es nicht. Auch die Fachhistoriker stützten sich vertrauensvoll auf die Akten der NS-Behörden und waren mehrheitlich von der Verwerflichkeit des Treibens der Leute um Harnack und Schulze-Boysen überzeugt.

Die Rote Kapelle, schrieb der Historiker Gerhard Ritter, der mit seiner Biographie Carl Goerdelers 1954 die Maßstäbe für Generationen von Bundesbürgern setzte, sei nur ein von Moskau gesteuerter Spionagering zum Schaden des Deutschen Reiches gewesen. Dass die Frauen und Männer um Schulze-Boysen und Harnack mit dem deutschen Widerstand nichts zu tun hätten – daran erlaubte der einflussreiche Historiker keinen Zweifel. Die Bewegung habe eindeutig – und gemeint war: ausschließlich – im Dienst des feindlichen Auslands gestanden: «Sie bemühte sich nicht nur, deutsche Soldaten zum Überlaufen zu bewegen, sondern verriet wichtige militärische Geheimnisse zum Verderben deutscher Truppen. Wer dazu als Deutscher imstande ist, mitten im Kampf auf Leben und Tod, hat sich von der Sache seines Vaterlandes losgelöst, er ist Landesverräter – nicht nur nach dem Buchstaben des Gesetzes.»

Das war der Tenor der Anklage im Reichskriegsgericht und nahe dem Originalton des Anklägers Roeder. Allerdings, so reflektierte Gerhard Ritter die patriotischen Positionen erlaubten und gebotenen Widerstands, könne es die sittliche Verpflichtung geben, «die Bande nationaler Gemeinschaft» zu sprengen. Formeller Landesverrat sei aber nur dann erlaubt, wenn dadurch Aussicht bestehe, das eigene Land zu retten: «militärisch vor der hilflosen inneren Freiheit, moralisch vor dem Triumph eines bösen Prinzips.»

Das letztere war ja wohl tatsächlich gegeben und bildete den Antrieb nicht nur des Widerstands der Leute des Schulze-Boysen- und Harnackkreises. Aber Ritter, stets und nur die «nationale Opposition um Carl Goerdeler» vor Augen, argumentierte, diese habe zwar auch mit dem Ausland verhandelt, aber nur, um den Beginn eines ungerechten und aussichtslosen Kriegs zu verhindern oder auf glimpfliche Weise beenden zu helfen. Das erklärte der Historiker bei aller Illusion und Vergeblichkeit, die den späten Widerstand der Militäropposition charakterisieren, als gerechtfertigten Bruch national gebotener Rechtsnormen. Im Gegensatz zu den hehren Zielen der nationalen Opposition habe die Rote Kapelle Russlands Sieg gewollt, «um mit russischer Hilfe in Deutschland einen kommunistischen Staat nach sowjetrussischem Muster zu errichten – einen Staat, den die überwältigende Mehrheit der Deutschen sich nur mit Gewalt hätte aufzwingen lassen und der schon diesem seinem Ursprung nach ein sowjetrussischer Vasallenstaat hätte werden müssen, so gut wie heute Polen und die Tschechoslowakei. Von deutscher Freiheit war dann keine Rede mehr und so bleibt diese kommunistische Opposition von dem Kreise Goerdelers, aber auch der deutschen Sozialdemokratie durch Welten getrennt – auch wenn ihnen das allernächste Ziel, der Sturz Hitlers, gemeinsam war.»[53]

Das Urteil des Goerdeler-Biographen war rabiat. Er nannte die Widerstandskämpfer der Roten Kapelle pauschal «Edelkommunisten», bei denen «der Reiz des geistigen Abenteuers» eine ebenso große Rolle gespielt habe (besonders bei dem romantisch veranlagten Schulze-Boysen) wie ein unklarer sozialer Enthusiasmus (wie bei Harnack)», aber auch die Bewunderung «der technisch-ökonomischen Leistung des bolschewistischen Systems». Aus welchen Motiven auch immer, für den Historiker Ritter stand fest: «praktisch haben sie sich bedingungslos dem Landesfeind als höchst gefährliche Werkzeuge zur Verfügung gestellt».[54]

Gerhard Ritter wandelte in den Spuren eines Offiziers aus dem Umkreis des 20. Juli 1944. Fabian von Schlabrendorff, dessen Buch zum 20. Juli 1944 erstmals 1946 in Zürich erschien, aber dann in zahlreichen

Auflagen in Deutschland lange über die 1950er Jahre hinaus mächtige Wirkung entfaltete, machte seinen Lesern den Unterschied zwischen «meist kommunistisch eingestellten» Gruppen und der «eigentlichen Widerstandsbewegung unter Beck» drastisch klar: «Das Ziel der Organisation ‹Rote Kapelle› war der Sturz des Hitler-Regimes und die Errichtung eines kommunistischen Staates nach sowjetischem Muster. Der eingeschlagene Weg führte über die Niederlage Deutschlands. Die angewandten Mittel waren, strafrechtlich gesehen, hoch- und landesverräterischer Art. Der primäre und entscheidende Teil der Betätigung der ‹Roten Kapelle› bestand aber im unmittelbaren Nachrichtendienst für die Sowjetunion.»[55]

Schlabrendorff konzedierte immerhin ein gemeinsames Moment des «echten» Widerstandes mit der Roten Kapelle, nämlich die Ablehnung des Nationalsozialismus. Aber die Motive von Schulze-Boysen und Harnack seien mit dem Ziel, einen deutschen Sowjetstaat zu errichten, im Politischen steckengeblieben, während die Widerstandsbewegung ins Religiöse vorgedrungen sei. Deshalb habe es auch kein gemeinsames Ziel gegeben. Die einen hätten den Sowjetstaat erstrebt, die anderen ein Staatswesen «nach ausschließlich deutschen und europäischen Erfordernissen bei gleichzeitiger Ablehnung aller nichtdeutschen Vorbilder».[56] Schlabrendorffs Urteil beruhte auf Exegese und Sympathie für den Militärrichter Manfred Roeder und den von ihm präsentierten Gestapo-Bericht über die Rote Kapelle, dessen Behauptungen er ungeprüft übernahm. Spekulativ ist auch die Charakterisierung der Hauptakteure, die Schlabrendorff vornimmt. Schulze-Boysen sei klug und gewandt gewesen, «aber unbeherrscht und ohne Hemmungen, ein glühender Fanatiker und geborener Revolutionär». Dagegen sei Arvid Harnack «von Natur aus überlegt, zurückhaltend und unrevolutionär» gewesen und habe nicht die Kraft besessen, «sich von dem Ungestüm Schulze-Boysens und aus den Fesseln zu lösen, die ihm seine Freundschaft zu Sowjetrussen angelegt hatte».[57]

Hans Rothfels, Pionier und Doyen der Erforschung des Widerstands, deutschnationalen Herkommens und jeder Sympathie für den Kommunismus unverdächtig, wies die einseitige Parteinahme Schlabrendorffs gegen die Rote Kapelle zurück und distanzierte sich deutlich vom Verdikt Gerhard Ritters. Rothfels attestierte der Gruppe um Harnack und Schulze-Boysen größeren Realismus im Widerstand als der Weißen Rose.

Und außer Frage stand für ihn auch das Problem, dass die Gruppe in Görings Luftfahrtministerium mit der Sowjetunion nachrichtendienstliche Kontakte unterhalten und die Sowjets mit militärischen Informationen versorgt hätte. Aber «eine summarische Abschüttelung der Männer und Frauen dieses Kreises als bloße Kreml-Agenten und daher nicht zum Bereich der echten Opposition gehörig», war für den Tübinger Historiker, der aus der Emigration zurückgekehrt war, der sich trotz der Vertreibung vom Königsberger Lehrstuhl durch die Nationalsozialisten als deutscher Patriot fühlte, unstatthaft. So wies er den Kollegen Ritter zurecht: Man könne nicht ex post «eine eindeutige Linie ziehen ... zwischen dem, was der ‹Rettung› des Landes, und dem, was seiner ‹Preisgabe› dient. Auch geht es nicht an, die Perspektive und die Erfahrungen des Satelliten-Daseins in die damalige Situation hineinzudenken. Männer wie Schulze-Boysen und Arvid Harnack waren nicht ‹linientreu›. Sie blieben von der Episode des Hitler-Stalin-Paktes unberührt, eben weil in einem idealistischen und eigenständigen Kommunismus gegründet». Rothfels würdigte den Widerstand der Roten Kapelle ohne Vorbehalt: «Mochten ihre Ziele und Mittel von denen der übrigen Gruppen abweichen, Gesinnung und Haltung taten es nicht.»[58]

8. Jüdischer Widerstand und Rettung von Juden

Jüdischer Widerstand[1] im Deutschen Reich war aus vielen Gründen kaum möglich. Der allmähliche Übergang von der Diskriminierung zur Verfolgung ließ bis zu den Novemberpogromen 1938 noch Illusionen über die Vernichtungsabsichten der NS-Ideologie zu. Der Grad existentieller Bedrohung war für die deutschen Juden lange Zeit nicht unmittelbar zu erkennen, denn bis zum Beginn der Deportationen bzw. der Kennzeichnungspflicht 1941 erschien mit Einschränkungen jüdisches Leben auch unter NS-Herrschaft noch möglich. Die deutsche Judenheit war überdies durch Sozialisation und nach ihrem Selbstempfinden nicht zum Widerstand gegen die Staatsmacht prädestiniert. Die deutschen Juden waren überwiegend patriotisch, und die nationalsozialistischen Vernichtungsabsichten – weit jenseits von alltäglichem Antisemitismus – überstiegen jede Phantasie. Schließlich beherrschten die Sorgen um die Existenz, das Bemühen um Fluchtmöglichkeiten aus Deutschland und zuletzt ab 1942 für eine Minderheit noch die Hoffnung auf ein Überleben im Untergrund das Denken der deutschen Juden.

Selbstbehauptung

Widerstand war allenfalls als Selbstbehauptung[2], aber nicht als offensive Haltung und gar nicht als Aktion gegen den Nationalsozialismus und dessen Repräsentanten und Funktionäre denkbar. Jüdische Selbstbehauptung wurde anlässlich der Boykottaktion 1933 erstmals öffentlich artikuliert. Bis zur «Reichskristallnacht» 1938 boten sich zu solchen Demonstrationen noch Möglichkeiten, später verweigerten einzelne Juden die Zwangsvornamen Sarah und Israel oder ab Herbst 1941 das Tragen des Judensterns. Spätestens dann gab es aber nur noch zwei Optionen für deutsche Juden, sich der Judenpolitik des Regimes zu widersetzen. Die eine war das Verschwinden in der Illegalität, die andere war der Selbstmord, durch den sich nicht wenige Juden der Deportation verweigerten.

Ebenso wenig wie es kirchlichen Widerstand gegeben hat, der, nach dem Willen katholischer oder evangelischer Oberhirten organisiert, grundsätzliche Positionen des Christentums gegen den Nationalsozialismus als Widerstand verstanden wissen wollte, gab es einen strukturierten jüdischen Widerstand. Deutsche Juden haben – immer als Einzelpersonen – aus politischen Gründen im Spanischen Bürgerkrieg gegen den Faschismus gekämpft, andere haben sich als Emigranten in die Streitkräfte der Anti-Hitler-Koalition eingereiht und dazu beigetragen, Deutschland und Europa zu befreien. Wie der Widerstand aus christlicher Gesinnung nur individuell geleistet wurde, so war auch jüdischer Widerstand eine persönliche Haltung einzelner Juden mit nur geringem Aktionsraum.

Das Bedürfnis, von kraftvollem und würdigem jüdischen Widerstand zu erzählen und dieses Narrativ in der historischen Tradition zu verankern, hat nachvollziehbare politische Gründe, denen die Geschichtswissenschaft aber weithin nicht entsprechen kann. Die bekannten Aufstände in Ghettos wie Bialystok und den Vernichtungslagern Treblinka und Sobibor auf polnischem Territorium, der emblematische jüdische Heroismus im Warschauer Ghetto, die Existenz jüdischer Partisanen in Weißrussland sind nicht repräsentativ für einen jüdischen Widerstand, der in Deutschland und im west- und mitteleuropäischen Machtbereich des Nationalsozialismus so nicht geleistet werden konnte. Anstrengungen, die Summe einzelner weit verstreuter jüdischer Aktivitäten zum Bild eines omnipräsenten jüdischen Widerstands zu gestalten, hat der Holocaustüberlebende Arno Lustiger unternommen, und sein Erfolg als ehrgeiziger Schriftsteller bestand darin, dass er das Thema ins öffentliche Bewusstsein brachte.

Lustigers Vorstellungen zu folgen, setzt allerdings viel guten Willen und die Bereitschaft zum Primat von Schuldgefühlen bei seinem Publikum voraus.[3] Die Titelei seines Buches verschweigt, dass es sich um eine

Kompilation von Texten handelt, die der Autor mit dem Anspruch, neues Terrain erschlossen zu haben, präsentiert. Polemisiert wird gegen den Holocausthistoriker Raul Hilberg und gegen den Psychoanalytiker und jüdischen KZ-Überlebenden Bruno Bettelheim, die sich mit der Problematik jüdischen Widerstands auseinandergesetzt haben, aber als Ergebnis nicht das erhoffte Bild martialischer und umfassender Gegenwehr zum Holocaust bieten konnten. Die politische Absicht des dank rühriger Werbung bald als Standardwerk gepriesenen Sammelbandes kam auch darin zum Ausdruck, dass Lustiger jede akademische Kritik mit Feindseligkeit beantwortete.[4]

Die große Repräsentanz jüdischer Partisanen in der von Yad Vashem herausgegebenen Enzyklopädie des Holocaust verrät die gleiche politische Absicht, jüdischen Widerstand als unverrückbares Element der Historiographie des Judenmords zu manifestieren. Raul Hilberg, der Nestor der Holocaustforschung, der die Existenz eines jüdischen Widerstands in großer Dimension und an allen Schauplätzen auf Grund seiner Quellenkenntnis bezweifelte, war deshalb in Israel wenig beliebt und wurde dort offiziell nicht gewürdigt.

Das aktive Engagement eines jungen deutschen Kommunisten gegen die entstehende Hitler-Diktatur kann man nur dann als «jüdischen Widerstand» interpretieren, wenn man dessen familiäre Herkunft über die durch politische Sozialisation dominierenden ideologischen Motive stellt. Am 9. November 1934 verhaftete die Gestapo in Breslau den 17-jährigen Maschinenschlosserlehrling Ernst Kroch. Sie hatte ihn – zu Recht – im Verdacht, als Mitglied einer kommunistischen Organisation Widerstand gegen die sich gerade festigende Nazi-Diktatur zu leisten. Misshandlungen im Gestapo-Hauptquartier folgten, dann Untersuchungshaft im Gefängnis, die Verurteilung im Sommer 1935 zu eineinhalb Jahren Haft, die in der Jugendstrafanstalt Kletschkau verbüßt wurden. Dann kam er in das Konzentrationslager Lichtenburg.

Kroch wurde am 11. Februar 1917 als Sohn jüdischer Eltern aus dem unteren Mittelstand in Breslau geboren. Der Vater, Ludwig Kroch, war Handelsvertreter in der Konfektionsbranche; die Mutter Elly, geb. Voss, war Hausfrau. Zwei Geschwister, der sieben Jahre ältere Bruder Heinz und die fünf Jahre jüngere Schwester Suse, begleiteten die Kindheit. Das für jüdische Familien typische Bildungsstreben musste nach vier Jahren Höherer Schule abgebrochen werden. Die Wirtschaftskrise war der Grund, dass Ernst 1932 das Oberrealgymnasium am Zwinger verließ. Die Lehre als Maschinenschlosser in der Firma Smoschewer und Co., Feldbahnbau und Lokomotiven versetzte den im kleinbürgerlichen Milieu aufgewachsenen Jüngling in die Welt der Arbeiterbewegung. Ernst hatte sich als 13-jähriger der deutsch-jüdischen Jugendbewegung, dem Bund Kameraden, angeschlossen, der 1932 in drei Richtungen auseinanderfiel, in einen deutschnationalen, einen zionistischen und einen sozialistischen Zweig. Ernst gehörte der linken Fraktion an und trat mit Gleichgesinnten der kommunistischen Jugendorganisation der KPO bei, der antistalinistischen Sezession der KPD. Anders als die orthodoxe KPD plädierte die KPO für ein antifaschistisches Bündnis aller Arbeiterparteien.

Die Breslauer kommunistische Jugendorganisation KJO leistete nach dem Machterhalt der NSDAP Widerstand. Die jungen Menschen versuchten die Bevölkerung über den Charakter des Regimes aufzuklären. Das geschah unmittelbar nach dem Regierungsantritt der von Hitler geführten Koalition aus reaktionären Deutschnationalen und rechtsextremen Nationalsozialisten, als das bürgerliche Deutschland in patriotischer Wallung jubelte oder abwartete und sich in der Hoffnung still verhielt, die Nazis würden sich mäßigen. Widerstand zu leisten, bedeutete für die jungen Antifaschisten, Flugzettel zu verteilen, z. B. mit dem Text: «Hitler, das bedeutet Krieg. Laßt Euch und Eure Kinder nicht noch einmal für Rüstungsprofite in den Völkermord hetzen! Leistet Widerstand!», oder (im Sommer 1934 vor dem Plebiszit über die Vereinigung der Ämter Reichspräsident und Reichskanzler): «Stimmt mit Nein gegen faschistische Diktatur und Krieg!»[5]

Vor einer groß angekündigten Kundgebung der NSDAP klebten Mitglieder der drei Jugendorganisationen der KPD, der KPO und der SAPD in Breslau gemeinsam Plakate gegen den Faschismus. Ernst Kroch beschreibt die dabei angewendete Technik der jugendlichen Widerstandskämpfer: «In jenen Jahren war es nicht ungewöhnlich, dass man in der Nacht junge Pärchen in den Türnischen der Häuser im Arbeiterviertel stehen sah, die nur hier ungestört zusammenkommen konnten. Dabei stand das Mädchen mit dem Rücken zur Tür und der Junge mit dem Rücken zur Straße. Das Besondere in dieser Nacht war, dass der Junge einen Topf mit Kleister und einen Pinsel unter seinem glockenförmigen Regenmantel verbarg und das Mädchen die zusammengerollten Plakate. Der Junge bestrich mit ein paar Pinselstrichen in Kopfhöhe eine kleine quadratische Fläche der Haustür mit Kleister, das Mädchen hob ihre Rolle, der Junge ergriff sie, rollte sie ab, gab seiner ‹Freundin› die restliche Rolle zurück und beide rückten nun etwas zur Seite, um das Plakat mit ihren Köpfen zu verdecken. So blieben sie ein Weilchen stehen, bis ein Radfahrer vorbeikam und das Mädchen sagte: ‹Wir können nun weitergehen.› Hätte er einmal geklingelt, so hätten sie sogleich, doch ohne Eile, in der Richtung, in der er fuhr, verschwinden müssen. Bei zwei Mal Klingeln in entgegengesetzter Richtung. Folgte dem eine schnelle Serie von Klingelzeichen hieß das: Kleistertopf und Papierrolle in der Haustür lassen und fortlaufen. Jedes Pärchen hatte einen Häuserblock zugeteilt bekommen und jeder Radfahrer die Betreuung von vier bis sechs Pärchen, je nach Seitenlänge und Lage der Häuserviertel. Zu dieser Stunde waren nur noch wenige Menschen auf der Straße, und da die Haustüren meist im Halbdunkel lagen, waren die bereits geklebten Anschläge nicht auffällig. Blieb jedoch ein Fußgänger vor einem stehen, so konnte das gefährlich werden. Ging er zu einer Telefonzelle, so musste die Aktion im ganzen Umfeld unverzüglich ‹abgeklingelt› werden.»[6]

Ernst Kroch war einer der Radfahrer. Engagiert war Ernst auch bei der Herstellung und Verbreitung einer illegalen Zeitung, die auf Schreibmaschinen hergestellt und mit Wachsmatrizen vervielfältigt wurde. An den Wänden Breslauer Gebäude waren Parolen zu lesen, die nächtens von Kroch und dessen Freunden aufgemalt waren, um vor dem Regime Hitlers zu warnen. Im November 1934 schlug die Gestapo zu und nahm die meisten Mitglieder der Gruppe fest. Nur einige wenige konnten sich der Verfolgung durch Flucht in die Tschechoslowakei entziehen. Ernst Kroch, der im Dezember 1934 zu einer Gefängnisstrafe von eineinhalb Jahren verurteilt worden war, hatte gehofft, wieder frei zu sein, als er aus dem niederschlesischen Jugendgefängnis Kletschkau entlassen wurde. Aber außer seinen Eltern warteten auch die beiden Gestapo-Männer, die ihn im November 1934 verhaftet hatten, am Gefängnistor. Die nächste Station seiner Verfolgung war das KZ, wo er in «Schutzhaft» genommen wurde. Die Einlieferung zur «Schutzhaft» vollzog sich immer ohne Mitwirkung der Justiz, also ohne ein Urteil, maßgeblich war nur die Willkür der Gestapo und deren Einschätzung des Betreffenden als Feind des Deutschen Reichs oder des deutschen Volkes oder der nationalsozialistischen Weltanschauung. Kroch wurde als Kommunist auf frischer Tat ertappt und deshalb verfolgt. Dass er Jude war, kam erschwerend hinzu.

Gegen die Zusicherung, Deutschland innerhalb von zehn Tagen zu verlassen, wurde Ernst Kroch am 26. Januar 1937 aus dem KZ Lichtenburg entlassen. Am 10. Februar überschritt er nach aufregenden Vorbereitungen, um ein Visum zu erlangen, die Grenze auf dem Weg nach Golenic bei Podravska Slatina in Jugoslawien. In dem kroatischen Dorf war auf dem Gut von einem Philantropen ein Kibbuz errichtet worden, in dem jüdische Jungen und Mädchen eine landwirtschaftliche Ausbildung für Palästina machten. Die jungen Zionisten kamen aus Polen und Litauen, eine kleinere Gruppe stammte aus Jugoslawien. Die sechs deutschen jüdischen Jugendlichen, unter ihnen Ernst Kroch, waren Außenseiter, denn sie hatten mit Zionismus nichts im Sinn, sie betrachteten den Kibbuz Pusta Golenic «eher als Notausgang aus deutschen KZs oder Gefängnissen».[7]

Mit einem Visum für Paraguay, ausgestellt gegen nicht geringe Gebühr vom Konsul in Zagreb, bestieg Ernst Kroch im Dezember 1938 nach leichtem Abschied von der Zionistenkolonie in Kroatien und mühseliger Anreise nach Marseille mit vier Freunden aus dem Kibbuz das altersschwache Auswandererschiff Alsina Richtung Paraguay. Zu seinem Glück erreichte er das Ziel nicht. Das Visum war ungültig, und so endete die Reise bereits in Uruguay am 26. Dezember 1938 mit der Ausschiffung aller Passagiere, die mit Dokumenten des habgierigen Zagreber Konsuls unterwegs waren. Damit blieb Kroch, der sich nun Ernesto nannte, immerhin das Regime des Diktators Stroessner in Paraguay erspart. In Uruguay war er als Einwanderer willkommen. Er engagierte sich politisch wieder in der Kommunistischen Partei, musste Jahrzehnte später, als Uruguay unter Militärdiktatur stand, fliehen, lebte dann vorübergehend in Frankfurt am Main, wo er auch starb und begraben ist. Es gelang ihm nicht, seine Eltern ins Exil zu holen und dadurch vor Auschwitz zu bewahren. Seine Geschwister entkamen nach Palästina. Ernesto Krochs Verhältnis zu Israel war ambivalent; dem Judentum entfremdete er sich früh: «In der Schule nahm ich an der jüdischen Religionsstunde teil, machte auch die Barmitzwah, war zugleich aber deutsch-patriotisch gesinnt ... Erst als ich in die ‹Kameraden› kam verlor ich Gläubigkeit und Patriotismus. Meine ohnehin oberflächlichen Beziehungen zum Judentum tendierten gegen Null.» Als Jude sei er, zusätzlich zu seiner Gegnerschaft zum Naziregime, erst im KZ Lichtenburg wahrgenommen worden.[8] Für den jüdischen Widerstand lässt er sich also kaum reklamieren.

Jüdischer Widerstand war dagegen die private Demonstration patriotischen Selbstverständnisses im Frühjahr 1933 gegen die Aktion der NSDAP. Der 35-jährige Kaufmann Erich Leyens, Mitinhaber eines angesehenen Kaufhauses in Wesel am Niederrhein, setzte sich mit einer wirkungsvollen Geste gegen den Boykott jüdischer Geschäfte öffentlich zur Wehr. Er ließ Flugblätter drucken, die er am Morgen des 1. April 1933 am Eingang seines Hauses, vor dem SA-Posten die Kunden abhalten sollten, verteilte. Leyens trug seinen Waffenrock aus dem Ersten Weltkrieg mit dem Eisernen Kreuz Erster Klasse und überreichte den Passanten folgenden Text: «Die drei Brüder Leyens waren als Kriegsfreiwillige an der Front, sie sind verwundet worden und haben Auszeichnungen für tapferes Verhalten erhalten. Der Vater Leyens stand in freiwilliger Wehr gegen die Spartakisten. Sein Großvater ist in den Freiheitskämpfen an der Katzbach verwundet worden. – Müssen wir uns nach dieser Vergangenheit in nationalem Dienst jetzt öffentlich beschimpfen lassen? Soll das heute der Dank des Vaterlandes sein, wenn vor unserer Tür durch große Plakate aufgefordert wird, nicht in unserem Haus zu kaufen? Wir fassen diese Aktion, die Hand in Hand mit verleumderischen Behauptungen in der Stadt geht, als Angriff auf unsere nationale und bürgerliche Ehre auf und als eine Schändung des Andenkens von 12 000 gefallenen deutschen Frontsoldaten jüdischen Glaubens. Wir sehen darüber hinaus in dieser Aufforderung eine Beleidigung für jeden anständigen Bürger. Es ist uns nicht bange darum, daß es in Wesel auch heute noch die Zivilcourage gibt, die Bismarck einstmals forderte, und deutsche Treue, die gerade jetzt zu uns steht.»[9]

Leyens hatte das Schlimmste für sich und das Kaufhaus befürchtet, sein Appell an die bürgerliche Zivilcourage, an die Solidarität mit den Juden war jedoch so erfolgreich, dass die SA abgezogen wurde. Die Weseler Presse berichtete mit Sympathie und Anerkennung über den Widerstand eines mutigen Juden. Vielleicht war die Situation im Frühjahr 1933 noch so offen, dass allgemeines zivilgesellschaftliches Engagement gegen den Nationalsozialismus die Entwicklung zum Unrechtsstaat hätte aufhalten können. Der Appell an Recht und Gesetz, an gesellschaftliche Moral oder einfach an den bürgerlichen Anstand war jedenfalls noch möglich. Damit hatte der Jude Erich Leyens im April 1933 Erfolg. Aber die Anpassung der Mehrheit an die neuen politischen Verhältnisse hatte schon begonnen. Das Wegsehen, das Nichtwahrhabenwollen der Demontage von Demokratie und Rechtsstaat wurden gewöhnliche Attitüde.

Erich Leyens verließ 1935 resigniert Deutschland und lebte, nach mühseligen Stationen in Italien, der Schweiz und Kuba, in den Vereinigten Staaten als erfolgreicher Geschäftsmann. Bis zu seinem Tod bewegte ihn die Frage, die sich ihm beim Abschied von seiner Heimatstadt Wesel gestellt hatte: «Ist es den Machthabern gelungen, gute Menschen unbeteiligt, gleichgültig für das Leiden von Mitmenschen zu machen? Konnte man in dem Verhalten früherer Mitbürger einen Beweis für den Sieg nationalsozialistischer Ideologie sehen? Würde so der Deutsche der Zukunft sein?»[10]

Wer vom «jüdischen Widerstand» im «Dritten Reich», d. h. auf deutschem Boden, spricht, beruft sich auf drei Kreise, in denen sich überwiegend junge Menschen zusammengefunden hatten: Die Gemeinschaft für Frieden und Aufbau, Chug Chaluzi und die Herbert-Baum-Gruppe. Die kleine Widerstandsgruppe «Gemeinschaft für Frieden und Aufbau» aus Juden und ihren nichtjüdischen Freunden, die 1941/42 als Initiative zur Hilfe für Juden entstanden war und den beziehungsreichen Decknamen «Sparverein Großer Einsatz» geführt hatte, existierte mit etwa 30 Mitgliedern bis Oktober 1944 in Berlin und Luckenwalde. Geschart um einen Justizbediensteten des Amtsgerichts Luckenwalde, Hans Winkler, und den jüdischen Elektrotechniker Werner Scharff bemühten sich Freunde und Bekannte der beiden um die Linderung jüdischer Not. Darüber hinaus sollte die Bevölkerung zum Widerstand gegen das Hitler-Regime und gegen den Krieg aufgerufen werden. Es gab keine Zusammenkünfte, die Gruppe agierte ohne Organisation und Struktur. Die Appelle der Gemeinschaft für Frieden und Aufbau wurden in drei Flugblättern auch in der Form von Kettenbriefen verbreitet. Anfang 1944 erschien «Zum Überdenken, Feind hört mit» und im August «Wir klären auf». Unter der Überschrift «Generalmobilmachung» wurde im April 1944 das erste Flugblatt der Gemeinschaft für Frieden und Aufbau verteilt. Martialisch waren die Angabe «Reichsführung München» und auch der Ton. Mutige Männer und Frauen Deutschlands hätten sich zusammengeschlossen, um «Lüge und Mord der Nazis ein Ende zu bereiten». Der Krieg sei verloren, Invasionsheere stünden an den Grenzen. «Wir rufen zum passiven Widerstand auf!! Wir verlangen von Dir nichts anderes, als dass Du denken sollst. Rede nicht sinnlos nach, was Dir von der

Regierung oder einzelnen Parteigenossen vorerzählt wird. Du verlängerst damit den Krieg und trägst somit die Schuld am Elend unseres Volkes.» Im Befehlston hieß es weiter: «Hilf uns und Du hilfst Dir. Du hast vorstehendes 10 mal abzuschreiben und an 10 verschiedene Leute zu versenden. Wir werden Dich nach diesen Namen fragen. Wenn Du unserer Aufforderung nicht nachgekommen bist, wirst Du aus der Gemeinschaft ausgeschlossen. Behalte dieses Schreiben für Dich als Ausweis.» Diese Sprache verstanden zumindest die Nationalsozialisten, denen dadurch Angst vor einer weit ausgedehnten Organisation eingejagt werden sollte.[11] Eine Aktion richtete sich gegen jüdische Denunzianten und «Greifer» in Diensten der Gestapo. Auf einem im Amtsgericht Luckenwalde entwendeten Formular wurde der berüchtigten jüdischen Gestapo-Zuarbeiterin Stella Goldschlag-Kübler ein «Todesurteil» ausgefertigt und zugestellt.[12] Mit der Verhaftung von Hans Winkler und Werner Scharff endete im Oktober 1944 die Gemeinschaft für Frieden und Aufbau. Gegen 16 nichtjüdische Mitglieder der Gruppe wurde Anklage wegen Hoch- und Landesverrat sowie Wehrkraftzersetzung erhoben, die jüdischen Mitglieder kamen in Gestapo-Haft. Der vor dem Volksgerichtshof angesetzte Prozess fand wegen des Kriegsendes nicht mehr statt. Die Mehrzahl der Juden überlebte; Werner Scharff wurde allerdings im KZ Sachsenhausen ermordet.

Die einzige Gruppe, auf die das Attribut «jüdisch» voll zutraf, bestand unter der Führung des Zionisten Jizchak Schwersenz aus zunächst etwa elf Jugendlichen, die sich am Tag der Fabrikaktion, dem 27. Februar 1943, entschlossen, ihr Leben in der Illegalität zu retten, um sich später am Aufbau Israels zu beteiligen. Der 28-jährige Jizchak Schwersenz war Lehrer an der Jugend-Alija-Schule in Berlin gewesen; seit August 1942 lebte er im Untergrund. Die Gruppe nannte sich «Chug Chaluzi» (Kreis der Pioniere). Die jungen Juden trafen sich regelmäßig, tauschten Informationen aus, pflegten ihr religiöses Leben und organisierten das Überleben in der Illegalität. Widerstandsaktionen über die Rettung der eigenen Existenz hinaus waren ihnen nicht möglich. Schwersenz floh im Februar 1944, unterstützt von Fluchthelfern, in die Schweiz. Die gegen Kriegsende rund 40 Mitglieder von Chug Chaluzi lebten bis Mai 1945 illegal in Berlin.[13]

Die Philosophiestudentin Edith Wolff, aus einer «privilegierten Mischehe» stammend und damit nicht zur Illegalität gezwungen, spielte als Helferin, die Verbindung zu anderen Gruppen, insbesondere zur Bekennenden Kirche, hielt, eine wichtige Rolle für Chug Chaluzi. Über sie gab es die Verbindung zu einem Helferkreis, den Franz Kaufmann, evangelisch getaufter Jude, Mitglied der Bekennenden Kirche und ehemaliger Oberregierungsrat in der Behörde des Reichsparkommissars, aufgebaut hatte. Ab Oktober 1941 bemühte sich Kaufmann, der wegen des Gesetzes zur Wiederherstellung des Berufsbeamtentums aus dem öffentlichen Dienst entlassen worden war, die Deportation von jüdischen Bekannten zu verhindern oder aufzuschieben, indem er Arbeitsplätze vermittelte und gefälschte Ausweise besorgte.[14] Ein junger jüdischer Graphiker, Cioma Schönhaus, der selbst seit 1942 im Untergrund lebte, fertigte die lebensrettenden Personaldokumente an, die Kaufmann mit seinen Helfern an jüdische Bekannte weitergab. Wolff wurde im Juni 1943 verhaftet und ins KZ Ravensbrück eingewiesen. Im August 1943 wurde Kaufmann denunziert und verhaftet. Da er in einem Notizbuch die Namen, Adressen, Telefonnummern seiner Kontaktleute mit sich führte, riss die Denunziation etwa 50 Personen ins Verderben. Die Juden unter ihnen wurden in Konzentrationslager deportiert, die Nichtjuden und «Mischlinge» von der Justiz zu hohen Strafen verurteilt. Edith Wolff erhielt zwei Jahre Zuchthaus. Franz Kaufmann wurde im Februar 1944 im KZ Sachsenhausen erschossen. Cioma Schönhaus floh auf abenteuerliche Weise per Fahrrad in die Schweiz.[15] Franz Kaufmann hatte die Beweggründe für seinen Widerstand gegen den Nationalsozialismus dargelegt: «Durch die Verwurzelung in christlicher Auffassung und auch durch vorgerücktes Alter habe ich wohl ein verstärktes Gefühl für Not und Leid, das den Einzelnen mehr oder weniger unverschuldet trifft. Dadurch wurde ich, ohne es zu wollen, ein Anziehungs- und Sammelpunkt für jüdische Flüchtlinge. Sie ließen sich mit ihrem Vertrauen und mit der Hoffnung, dass ich auch seelisch helfen könne, nicht abweisen. Meine Hilfe galt nicht den Juden, weil sie Juden waren, sondern weil sie Menschen waren in Nöten und Ängsten.»[16]

Der größte jüdische Widerstandskreis mit zuletzt etwa 100 jungen Menschen beiderlei Geschlechts, die Herbert-Baum-Gruppe in Berlin, hatte außer der Herkunft aus jüdischen Organisationen wie den Deutsch-Jüdischen Wanderbundkameraden, den zionistischen Haschomer Hazair, der Deutsch-Jüdischen Jugendgemeinschaft und anderen vor allem eine ideologische Gemeinsamkeit: die kommunistische, teils auch linkszionistische oder sozialistische Gesinnung. Die Herbert-Baum-Gruppe ist deshalb eher dem Arbeiterwiderstand zuzurechnen als der jüdischen Opposition.

Der Protest in der Rosenstraße

Ein Ereignis, das auch nicht zum jüdischen Widerstand im eigentlichen Sinne gerechnet werden kann, weil es ein Protest war zugunsten von Juden durch deren nichtjüdische Ehefrauen und andere Familienangehörige, ist singulär in der Geschichte des «Dritten Reiches»: der Frauenprotest in der Berliner Rosenstraße.

Im Herbst 1941 begannen die Deportationen der im «Dritten Reich» verbliebenen deutschen Juden in die Ghettos, Mordstätten und Vernichtungslager in Osteuropa, nachdem sie in jahrelanger Verfolgung entrechtet, gedemütigt, ihres Eigentums und ihrer Wohnungen beraubt worden waren. Eine Gruppe von Juden war vorläufig ausgespart: Es waren die Menschen, die mit einem nichtjüdischen Partner in einer von den Nationalsozialisten so genannten «Mischehe» lebten. Viele Diskriminierungen galten auch für sie und ihre Partner; dazu kam die ständige Angst vor Deportation. Eine Ehescheidung oder der Tod des Partners oder der Partnerin bedeutete für den jüdischen Teil das Todesurteil, denn der Schutz dauerte nur, solange die Ehe bestand. Und niemand wusste, wie lange die Nationalsozialisten diesen Personenkreis noch unbehelligt lassen, wann sie ihn in das Programm der Vernichtung einbeziehen würden. Zur Zwangsarbeit waren sie wie die anderen Juden ohnehin verpflichtet.

Am 27. Februar 1943 sollten mit einem letzten Schlag alle noch im Deutschen Reich lebenden Juden «erfasst» und nach Auschwitz deportiert werden. Die Gestapo veranstaltete zu diesem Zweck eine reichsweite Razzia. In Berlin traf die Aktion etwa 10 000 Juden, die Zwangsarbeit in der Rüstungsindustrie verrichteten. Sie wurden abgeholt und in Sammellagern konzentriert. Unter ihnen waren auch etwa 1500 Personen, die in «Mischehen» lebten. Sie wurden im Gebäude Rosenstraße 2–4 in Berlin-Mitte, unweit des Alexanderplatzes, festgehalten. Hier geschah etwas völlig Unerwartetes. Unter den nichtjüdischen Angehörigen, in der Mehrzahl waren es die Ehefrauen der inhaftierten Zwangsarbeiter, sprach sich die Aktion im Laufe des Tages herum. Immer mehr Frauen kamen in die Rosenstraße, schließlich waren es an die 200. Sie waren entschlossen, um die Freiheit ihrer Männer zu kämpfen. Eine Woche lang demonstrierten die Frauen Tag und Nacht, ließen sich nicht durch Drohungen von SS und Polizei und auch nicht durch zwei demonstrativ drohend aufgebaute Maschinengewehre beirren. Sie riefen: «Gebt uns unsere Männer heraus!» Sie nannten die Nationalsozialisten lautstark «Mörder» und «Feiglinge», und sie wichen nicht, bis die Verhafteten am 6. März freigelassen wurden.

Zu den Internierten in der Rosenstraße gehörte der 16-jährige Zwangsarbeiter Hans Grossmann, Sohn eines jüdischen Vaters und einer nichtjüdischen Mutter. Nach der NS-Nomenklatur war er «Mischling» und «Geltungsjude» sowie «arisch versippt». Seine Mutter war eine der Frauen, die auf der Straße für die Freilassung ihrer Männer demonstrierten. Grossmann überliefert die Schilderung der dramatischen Tage durch seine Mutter: «Vor der Eingangstür standen fünf Soldaten der SS und bauten zwei Maschinengewehre auf, die sie auf uns richteten. Einer der SS-Männer rief etwas, was ich aber wegen des Lärms nicht verstand. Vielleicht war das die Aufforderung, die Straße zu räumen. Dann wallte für einige Minuten eine ungeheure Erregung auf. Viele Frauen liefen zwar weg, aber von hinten drängten andere nach. Die ersten Schreie: ‹Mörder!› – ‹Ihr Feiglinge!› Im Mute vollkommener Verzweiflung: ‹Ihr Mörder! Auf Frauen schießen!› Ich habe mitgeschrien. Mir wurde alles egal. Uns war alles egal. Jede von uns wußte: Wenn die jetzt wirklich schießen, dann ist auch von den Gefangenen keiner mehr zu retten. Ich sah, wie der SS-Mann hinter den Maschinengewehren den Mund weit aufriss. Ein Kommando? Unser Schreien übertönte alles. Dann etwas Unerwartetes: Die Soldaten bauten die Maschinengewehre ab. Als sie die Munitionskästen schlossen, wurden wir alle plötzlich sehr still. Man hörte Weinen und Schluchzen. Zögernd fanden sich wieder jene ein, die in Todesangst vor den Maschinengewehren gewichen waren. Da standen wir nun. Erst vereinzeltes Rufen. Dann wieder Sprechchöre: ‹Gebt unsere Männer frei! Unsere Kinder!› In jenen Minuten haben wohl viele von uns gespürt, dass aus unserem spontanen Protest eine Widerstandsaktion geworden war. Wir kämpften ganz ohne Waffen. Gegen Hitler. Gegen Goebbels. Gegen Himmler.»[17]

Der Aufstand war ein einmaliges und beispielloses Ereignis in der Geschichte des «Dritten Reiches». Aus Solidarität mit ihren Nächsten hatten Angehörige der gefährdetsten und schwächsten Gruppe der Bevölkerung es gewagt, ihren Protest in den Formen öffentlichen Ungehorsams auszudrücken. Das war offener Widerstand gegen den nationalsozialistischen Staat. Wie Tagebucheintragungen des Reichsministers und Berliner NSDAP-Gauleiters Goebbels beweisen, hat der Mut der Frauen die Machthaber irritiert und nervös gemacht. Das Ereignis im Frühjahr 1943 war ein Zeichen dafür, welch mutige Form von offenem Widerstand im NS-Staat möglich war.

Der Protest in der Rosenstraße wurde zwar unmittelbar nach dem Ende der NS-Herrschaft in der frühen Erinnerungsliteratur kolportiert, verschwand dann aber aus dem öffentlichen Gedächtnis. Fünfzig Jahre später wurde wieder daran erinnert. Zeitzeugen meldeten sich zu Wort, ein Denkmal wurde an authentischer Stelle in Berlin-Mitte in der Rosenstraße eingeweiht. Aufmerksamkeit fand 2003, nachdem seit Mitte der 1990er Jahre Berichte, die sich auf Zeitzeugen stützten, das Thema popularisierten, der Film Margarethe von Trottas, «Rosenstraße», der freilich kitschige Effekte und Geschichtsklitterungen nicht scheute, um – unnötigerweise – die Rolle der Frauen zu heroisieren. Im Einklang mit den Zeugen, die vor allem die medialen Legenden der ersten Nachkriegszeit reproduzierten, wurde lange Zeit die These vertreten, der Protest habe die Machthaber zum Einlenken bewogen, der Widerstand sei erfolgreich gewesen, denn die inhaftierten Juden seien wegen des Protestes freigelassen worden. Davon leiteten manche die Schlussfolgerung ab, wenn es mehr Widerstand in der Art der Protestaktion in der Rosenstraße gegeben hätte, wäre der Holocaust verhindert worden oder hätte doch weniger Opfer gefordert.

Sowohl die These, der Protest habe die Freiheit der Opfer bewirkt, wie der daraus gezogene Schluss treffen nicht zu. Tatsächlich waren die in der Rosenstraße festgehaltenen «arisch versippten» Juden nicht für die Ermordung in Auschwitz bestimmt. Ihre Internierung diente der Überprüfung des Personenkreises, der in «Mischehen» lebte, über dessen Schicksal erst nach dem «Endsieg» entschieden werden sollte.[18] Sie wurden unabhängig vom Protest auf der Straße freigelassen.

In der Literatur über den Widerstand hat der Protest in der Rosenstraße erst spät Erwähnung gefunden. Auch im Schrifttum zum Holocaust wurde er nicht thematisiert. Tatsache bleibt, dass jenseits von Mythen und Legenden der Frauenprotest in Berlin Anfang März 1943 ein einzigartiges Zeichen offenen Widerstands gegen den Nationalsozialismus und gleichzeitig ein Beweis dafür war, dass mutige Opposition möglich gewesen ist.

Widerstand für Juden

Solidarität mit der diskriminierten, ausgegrenzten, schließlich verfolgten Minderheit der Juden war keine verbreitete Haltung im nationalsozialistischen Deutschland. Die Wirkung antisemitischer Traditionen wurde verstärkt durch nationalsozialistische Propaganda und durch Aktionen wie den Boykott am 1. April 1933. Kodifiziert wurde Judenhass am frühesten mit dem Gesetz zur Wiederherstellung des Berufsbeamtentums (1933). Es folgte ein Katarakt von Verordnungen und Bestimmungen mit dem der Lebensraum für die deutschen Juden immer weiter eingeschränkt wurde. Die Nürnberger Gesetze machten 1935 nicht nur die Emanzipation rückgängig, sondern setzten elementare Bürgerrechte für Juden außer Kraft. Die deutschen Bürger zeigten angesichts brachialer Gewalt auf den Straßen, wenn die SA, um die «Machtergreifung» zu feiern, Juden öffentlich misshandelte, zwar Zurückhaltung, gelegentlich sogar Missbilligung, sie spendeten auch nicht unbedingt Beifall, wenn jüdische Honoratioren öffentlich gedemütigt wurden, aber demonstrative Akte der Solidarität, die am 1. April 1933 noch zu beobachten waren, richteten sich – wie anlässlich der «Reichskristallnacht» am 9. November 1938 – eher gegen die Formen von Rohheit und Gewalt, die bürgerlichen Normen widersprachen, als gegen die Ausgrenzung und Entrechtung der Minderheit.

Gegen die unzähligen Rechtsnormen, mit denen ab Frühjahr 1933 jüdisches Leben in Deutschland eingeschränkt, schikaniert und unterbunden wurde, erhob sich kein Widerspruch. Auch die Ghettoisierung in «Judenhäusern» und die Zwangsarbeit, die den Juden ab 1939 auferlegt wurde, stießen nicht auf den Protest der Mehrheit. Und schließlich wurden die Deportationen, die nach der Verordnung zum Tragen des Judensterns und dem Auswanderungsverbot im Herbst 1941 begannen, von Nachbarn und Mitbürgern hingenommen.

Versuche, diesen beschämenden Tatbestand zu beschönigen, wie sie ein alter Missionar in deutschnationaler Wallung unermüdlich betreibt, um die Legende zu stützen, die NS-Judenpolitik sei gegen den Willen und den Widerstand «der Deutschen» erfolgt, sind so absurd wie die Vorstellung, die Rettung von Juden sei das vordringliche Anliegen der Deutschen gewesen.[19] Den sechs Millionen im Holocaust ermordeten Juden Europas stehen einige 10 000 gerettete gegenüber, die durch die Hilfe nichtjüdischer Mitmenschen im gesamten nationalsozialistischen Machtbereich überlebten. Eine bescheidene Bilanz, in der die Retter zunehmend zu Helden verklärt werden, zu Symbolgestalten einer Moral, die nur von wenigen gelebt, aber zum Vorbild für die Nachwelt erhoben wurde.

Die Rettung von Juden war Sache einer kleinen Minderheit, die damit eine besondere Form von Widerstand zu leisten versuchte. Die Geretteten erscheinen in dem Bild der heroischen Helfer als Objekte der Fürsorge und Zuwendung, denen im Kontext der Katastrophe Gutes widerfuhr. Die Anstrengung, das Überleben zu organisieren, war freilich in erster Linie Sache der Juden selbst, ebenso der Mut und das Geschick, extreme Situationen zu meistern, sowie die Todesangst, die Verzweiflung, die Isolation, die existentielle Not über einen langen Zeitraum hinweg. Der Versuch ab 1942, als die systematische Ermordung auf okkupiertem Territorium Polens und der Sowjetunion begann, in der Illegalität zu überleben, war vor allem Selbstbehauptung einzelner tapferer Juden und individueller Widerstand gegen den Nationalsozialismus. Aber nur sehr wenige waren dabei erfolgreich.

Es gab viele Formen von Hilfe für verfolgte Juden. Je nach Zeitpunkt und Region unterschieden sie sich beträchtlich. Hilfe zur Flucht ins Ausland gehörte zu den frühesten Möglichkeiten, Solidarität mit Juden zu beweisen. Mit der Dauer der nationalsozialistischen Herrschaft, in den besetzten Territorien zumal, wurde das Verbergen von Juden, die Schaffung falscher Identität, die Nichtpreisgabe von Wissen um die echte jüdische Identität oder gar der energische Einsatz zur Rettung jüdischen Lebens zur gefährlichen Widerstandshaltung der Helfer. Trotz aller Hilfe blieben die Juden im Überlebenskampf aber vor allem auf sich alleingestellt, selbst wenn sie sich auf die Solidarität nichtjüdischer Ehepartner (in «privilegierten Mischehen») verlassen konnten oder dank stabiler Beziehungen zur früheren Lebenswelt über ein Netz von Verbindungen zu zuverlässigen Menschen verfügten, deren Moral den Anfechtungen wie Opportunismus oder Angst vor Konsequenzen widerstand. Im Wesentlichen haben die Juden – als Individuen, als Gemeinden, als Kollektiv zuletzt in Gestalt der Reichsvereinigung der Juden in Deutschland – die Mittel für die Rettungsanstrengungen selbst aufgebracht. Die Unterstützung, die der Industrielle Robert Bosch leistete, zum Beispiel durch Zahlungen an Leo Baeck, mit denen die Auswanderung von Juden finanziert wurde, war ein Einzelfall.[20]

In Deutschland befanden sich, als das nationalsozialistische Regime im Herbst 1941 die Stigmatisierung mit dem Judenstern befahl und die Auswanderung verbot, noch etwa 170 000 Juden; genauer gesagt waren es Menschen, die durch die Nürnberger Gesetze zu Juden erklärt worden waren. Ein erheblicher Teil von ihnen, etwa 73 000, lebte in Berlin. Viele von ihnen waren dorthin gezogen, weil die große Stadt besseren Schutz vor Diffamierung gab, weil die Emigration von Berlin aus wegen der ausländischen Vertretungen in der Metropole besser zu betreiben war, weil jüdische Organisationen Rat und Hilfe boten. Nach Berichten fanden die meisten Rettungsversuche von Juden in Berlin statt. In der Anonymität der Metropole waren die Chancen unterzutauchen, sich im Untergrund zu behaupten, mit Helfern, die Obdach und Nahrung besorgten oder gar Ausweise und Lebensmittelkarten beschaffen konnten, größer als in kleineren Orten.

Im Herbst 1941 trat die Verfolgung der deutschen Juden in ihr letztes Stadium. Nach der Diskriminierung und Entrechtung durch Gesetze und Verordnungen, den Berufsverboten, der Ausplünderung durch «Arisierung» der jüdischen Geschäfte und durch Kontributionen, begannen nach dem Beschluss zur «Endlösung», der im Sommer 1941 gefallen war, die Deportationen in die Ghettos, Vernichtungslager und Mordplätze in Polen, Weißrussland und im Baltikum. In Polen waren seit Herbst 1939 die Methoden und Schritte der Vernichtung jüdischen Lebens – Kennzeichnung, Ghettoisierung, Zwangsarbeit, Verelendung – erprobt worden. Nach dem Überfall auf die Sowjetunion begannen unmittelbar die Massenmorde durch die Spezialkommandos der Einsatzgruppen. In Auschwitz wurde seit September 1941 mit dem Giftgas Zyklon B experimentiert. Die «Aktion Reinhardt», in der die Ghettos im Generalgouvernement von Juden leergemordet wurden, lief im Herbst 1941 an und forderte in den Vernichtungslagern Belzec, Sobibor und Treblinka bis 1943 1 750 000 Opfer.[21]

Mit dem Beginn der Deportationen und dem Auswanderungsverbot im Herbst 1941 blieb den deutschen Juden die Flucht in den Untergrund als einzige Option, zugleich als letzte Form des Widerstands. Statt sich den Vernichtungswünschen der Nationalsozialisten zu fügen, durch pünktliches Einfinden im Sammellager, durch Mithilfe bei der Auflösung der bürgerlichen Existenz und geordnete Übergabe des Eigentums entschloss sich eine kleine Minderheit zum Risiko der Flucht in die Illegalität, ohne Ausweisdokumente, ohne Lebensmittelkarten, damit ohne Anrecht auf Nahrung, Kleidung, Obdach, Schutz vor Bomben.

Zu den Gefährdungen des Lebens im Untergrund gehörte die Denunziation durch Nazis wie durch ängstliche Opportunisten oder durch Fanatiker und Geldgierige, die auf Belohnung hofften. Die jüdischen «Greifer» in Diensten der Gestapo, die, um die eigene Haut zu retten, Juden aufspürten und ans Messer lieferten, machten das Überleben in Berlin noch gefährlicher, als es ohnehin war. Aber auch Nachbarn und Freunde, denen die «U-Boote» vertrauten, denen sie Wertsachen übergaben, erwiesen sich oft als verführbar durch das Eigentum derer, die auf sie bauten. Sie wurden zu «Judenfledderern», die sich nicht mehr an untergestelltes Gepäck erinnern konnten oder nur so lange hilfreich waren, als sie für ihr Schweigen und andere Leistungen belohnt wurden.

Manche hatten, wie das Berliner Ehepaar Pineas, ihr Untertauchen im März 1943 monatelang sorgfältig geplant[22], andere flüchteten spontan etwa anlässlich der «Fabrik-Aktion» Ende Februar 1943, als die jüdischen Zwangsarbeiter schlagartig am Arbeitsplatz in den Fabriken verhaftet und in Sammellager zur Deportation verschleppt wurden.[23] Wenig später, am 11. Juni 1943, befahl Heinrich Himmler als Reichsführer SS und Chef der deutschen Polizei die Liquidierung der Ghettos auf polnischem Boden. Sechs Tage später erklärte Goebbels als Gauleiter von Berlin die Reichshauptstadt «judenfrei». Mit der 13. Verordnung zum Reichsbürgergesetz, jenem der Nürnberger Gesetze, die 1935 Juden zu Staatsangehörigen minderen Rechts herabstuften, wurden Juden nun unter Polizeirecht gestellt. Damit gab es keinerlei Instanz mehr, die ihnen irgendwelche Rechte garantiert hätte; Juden waren der Willkür der Polizei preisgegeben. Verfügt war weiter, dass nach dem Tod eines Juden sein Vermögen dem Reich zufiel. Das hieß, die Entdeckung eines versteckten Juden bedeutete unweigerlich dessen Untergang.

8. Jüdischer Widerstand und Rettung von Juden

Aus unterschiedlichen Motiven haben Menschen versucht, Juden zu helfen, aus Solidarität oder aus Mitleid, aus Altruismus oder religiöser Überzeugung oder aus der Haltung bürgerlicher Moral. Da die Gewährung von Obdach und Nahrung, die Hilfe beim illegalen Grenzübertritt, das Besorgen und Überlassen von Ausweisdokumenten und Lebensmittelkarten an Juden, die in die Illegalität geflüchtet waren, immer dem geltenden Recht und dem Staatsziel entgegenstanden, ist jede Hilfe für Juden Widerstand gewesen, auch wenn sie keinen politischen Hintergrund hatte, rein persönlichem Antrieb entsprang oder gar aus Habgier erfolgte.

Das Verhalten des Hauswarts Otto Jogmin (1894–1989), der von 1935 bis 1957 das Haus Nr. 18 in der Berliner Wielandstraße, einer Seitenstraße des Kurfürstendamms, betreute, war in moralischer Hinsicht stilles Heldentum, für ihn aber ganz selbstverständlich, und politisch war es Widerstand gegen das NS-Regime. Jogmin stammte aus kleinen Berliner Verhältnissen, nach dem Besuch der Volksschule wechselten Anstellungen als Hilfsarbeiter mit Arbeitslosigkeit, bis er mit der Hausmeisterstelle ein festes Einkommen für sich und seine kleine Familie (Ehefrau und Pflegetochter) hatte. Jogmin war politisch weder engagiert noch interessiert, für den Nationalsozialismus hatte er keine Sympathie.

Das Haus in der Wielandstraße bot 20 Familien großzügig bemessene Wohnungen, jeweils sechs bis acht Zimmer. Die Mieter, je zur Hälfte Juden und Christen, gehörten zum gehobenen Mittelstand. Einigen der jüdischen Familien gelang ab 1933 die Emigration. 1936 übernahm Jogmin zusätzlich die Betreuung der Heizung im Nachbarhaus Wielandstraße 17. Dieses Gebäude wurde, da hier die Mehrzahl der Mieter jüdisch war, im Zuge der Ghettoisierung zum «Judenhaus»; nach den Verordnungen zum Mietrecht ab Ende 1938 wurden hier also Juden einquartiert, die aus ihren ursprünglichen Wohnungen vertrieben worden waren. Immer mehr Juden mussten sich den vorhandenen Wohnraum teilen. In den großzügig dimensionierten Wohnungen der Wilhelminischen Zeit wurde ein Vielfaches der ursprünglich vorgesehenen Bewohner zusammengepfercht. Der Hausmeister wurde, spätestens nach der «Reichskristallnacht», den jüdischen Mietern beider Häuser zum Ratgeber und Helfer. Er versorgte sie mit Medikamenten und anderem Lebensnotwendigem und gewährte immer mehr jüdischen Personen, die vor der Deportation in die Illegalität flüchteten, Unterschlupf. Eine Frau holte er im Winter 1942 buchstäblich von der Straße und nahm sie in seine Hausmeisterwohnung auf. Sie war aus einer Pension vor der Gestapo geflüchtet. Dreieinhalb Jahre lebte sie unter falschem Namen bei Otto Jogmin; den Mietern stellte er sie als seine Tante vor. Unter Hilfesuchenden sprach sich die Adresse in der Wielandstraße herum.

Der selbstlose Hausmeister gab ihnen nicht nur Unterkunft, er kümmerte sich um Lebensmittel, fuhr aufs Land, wo er Essbares für seine Schützlinge organisierte, und verkaufte schließlich seinen einzigen Besitz, eine Briefmarkensammlung, um die illegalen Juden ernähren zu können. Als der Ansturm immer größer wurde, richtete er im Keller des Nachbarhauses, zu dem er wegen der Heizung Zutritt hatte, Schlafplätze ein und brach in die Mauer zwischen den beiden Gebäuden einen Durchgang als Rettungsweg im Falle einer Razzia der Gestapo. Er habe nicht anders gekonnt als zu helfen, er habe nicht lange überlegt und sei ja auch der einzige gewesen, der in dieser Situation habe helfen können, sagte der schlichte Mann der Historikerin, die ihn viele Jahre später über seinen rettenden Widerstand befragte.[24]

Die Möglichkeiten, den Juden zu helfen, die in den Ghettos auf polnischem Boden und weiter östlich Zwangsarbeit leisteten, ehe sie in Vernichtungslager deportiert wurden, waren begrenzt, aber es gab Chancen, wenn man etwas tun wollte und die Risiken auf sich nahm. Das Ehepaar Donata und Eberhard Helmrich engagierte sich seit 1933 für jüdische Bekannte und Nachbarn in Berlin, weil sie das nationalsozialistische Regime verabscheuten und sich für diskriminierte Mitbürger verantwortlich fühlten.[25] Die Familie Helmrich lebte in Berlin in einem kleinen Haus in Neuwestend in der Nähe des Reichssportfeldes. Eberhard kam aus einer Hamburger Kaufmannsfamilie, hatte Landwirtschaft studiert und beschäftigte sich mit dem Sanieren von Gütern und überschuldeten Höfen in Brandenburg. Donata war das Kind einer Griechin aus großbürgerlicher Familie und eines deutschen Literaten, der aus einer preußischen Offiziersfamilie stammte; er hieß Ernst Hardt und ist als Autor des Romans «Don Hjalmar» bekannt geworden.

Helmrichs hatten jüdische Freunde und Bekannte; das war nichts Besonderes zu der Zeit in Berlin. Das Besondere ist, dass sie keine Kompromisse eingingen, konsequent den Nationalsozialismus ablehnten und gar nicht daran dachten, die Juden im Stich zu lassen. Donata Helmrich war nach dem Urteil ihrer Tochter «temperamentvoll, mitfühlend, blitzschnell im Denken und Handeln, verwirrend inkonsequent in der Erziehung – mal streng und fordernd, mal nachlässig und desinteressiert –, sie war maßlos tüchtig und unglaublich couragiert. Ihre hervorstechendsten Eigenschaften waren, so will es mir scheinen, ihr Talent, sich von niemandem und durch nichts etwas vormachen zu lassen, und ihre überwältigende Großzügigkeit des Herzens.»[26]

Eberhard Helmrich wurde 1941 Kreislandwirt in Drohobycz, einer Stadt in Galizien, die damals polnisch war und zum «Generalgouvernement» gehörte, heute in der Ukraine liegt. Ein damaliger Vorgesetzter charakterisierte Eberhard Helmrich nach dem Krieg: «Herrn Helmrich unterstand auch die Versorgung der jüdischen Bevölkerung. Recht bald stellte ich fest, daß er mehr zuteilte, als gestattet war. Er war ein Mann, der menschlich aufgeschlossen war, den schönen Dingen zugetan, fast ein musischer Mensch. Er war kein Landwirt, der mit Stulpenstiefeln einherstampfte und nur von Kuhrücken und Schweinerücken sprach, sondern mehr ein theoretischer Landwirt, ein sehr feiner Mensch. Man konnte ihm keinen Tadel entgegenbringen, und in seiner Lebensführung war er bescheiden. Ich habe mich dann dazu entschlossen, seine Handlungen nicht nur zu billigen, sondern bewußt als gut aufrechtzuerhalten und zu fördern.» Und: «Seine Hausbedienstete war ein Typ, der nicht so polnisch aussah, wie es eigentlich einer Polin zustehen mußte, sondern sie sah mehr jüdisch aus.»[27]

Wie sich die Helmrichs zusammen in Berlin für jüdische Nachbarn engagiert hatten, so versuchte nun Eberhard Helmrich als Kreislandwirt in Drohobycz zu helfen, wo er nur konnte. Praktisch hieß das: Juden wurden versteckt, im Haushalt als «polnische» Dienstmädchen getarnt beschäftigt, mit neuer Identität ausgestattet, gefälschten Ausweisen oder geliehenen echten Dokumenten, und nach Berlin geschickt, wo sie von Donata Helmrich betreut und mit Hilfe eines Netzes von Helfern versteckt und versorgt wurden. Einmal reiste Donata nach Drohobycz, um ein jüdisches Mädchen abzuholen. Sie vermittelte als Ukrainerinnen oder Polinnen getarnte Frauen als Hausangestellte.

Die Rettungsaktivitäten Eberhard Helmrichs waren in Drohobycz nicht die einzigen. In unmittelbarer Nachbarschaft betätigte sich Berthold Beitz als Chef der Karpathen Öl auf die gleiche Weise.[28] Die beiden Männer kannten sich, verkehrten miteinander, sprachen aber nicht von ihrer philanthropischen Nebenbeschäftigung. Der spätere deutsche Großindustrielle Berthold Beitz wurde «Vater der Juden» und Eberhard Helmrich «König der Juden» genannt. Beitz zog etwas später mit seiner Frau und seiner kleinen Tochter in die Nachbarstadt Borislaw. Helmrich unterstützte den um vierzehn Jahre jüngeren Erdölmanager Beitz bei der Einrichtung einer eigenen Genossenschaft – «Zluka» –, die Verkaufsläden für die Belegschaft unterhielt. Offenkundig schätzten die beiden Männe sich gegenseitig, aber man hielt sich bedeckt, wollte kein Risiko eingehen. Berthold Beitz erinnert sich an einen «besonnenen, sehr ruhigen Mann, der uns durch sein Schweigen vielleicht beide schützen wollte».[29]

Helmrich hatte im Frühjahr 1942 die Idee, eine Gartenfarm in der zeitgemäßen Form eines Arbeitslagers einzurichten, die bis Sommer 1943 existierte. Sie versorgte die Gestapo und die örtliche SS mit Obst und Gemüse und diente vor allem der Beschäftigung und Rettung von Juden.

Die Zahl der Geretteten, die durch Donata und Eberhard Helmrichs Fürsorge überlebten, ist nicht zu bestimmen. Es mögen 300 gewesen sein oder 70, in diesem Bereich bewegen sich die Schätzungen. Die Helmrichs waren sich ihrer Gefährdung bewusst und hatten sich die Devise zurechtgelegt, wenn wir erwischt werden und nur zwei Menschen gerettet haben, sind wir mit Hitler quitt. Jedes darüber hinaus gerettete Leben ist schierer Gewinn. Der Widerstand der «Stillen Helden», wie Retter später genannt wurden, fand nach dem Ende des NS-Regimes lange keine Beachtung. Die Tochter von Donata und Eberhard Helmrich, die Politikerin Cornelia Schmalz-Jacobsen, erinnert sich: «Damals, als Kind in Berlin, hatte ich mir vorgestellt, daß meine Eltern, auf die ich so maßlos stolz war, nach dem Krieg sozusagen ‹ganz groß herauskommen› würden, und wir Geschwister mit ihnen. Das hatte sich dann ganz rasch als Hirngespinst erwiesen, weil nämlich Widerstand und Rettung von Verfolgten keinen Menschen in Deutschland interessierten.»[30]

Luise Meier und Josef Höfler knüpften ein Netz von Helfern, um insgesamt 28 Juden 1943/1944 in die Schweiz zu schleusen, das einzige neutrale Land, das an Deutschland angrenzte und – widerwillig genug – zur rettenden Insel wurde, wenn man es schaffte, dorthin zu gelangen.[31]

Die geringe Bereitschaft zur Solidarität in Deutschland erodierte rasch.

Stand die Mehrheit den Boykottaktionen des Jahres 1933 noch deutlich ablehnend gegenüber, so erhob sich schon kein Protest mehr gegen die Nürnberger Gesetze von 1935 und gegen die Berufsverbote und «Arisierungen». Bei den Pogromen der «Reichskristallnacht» im November 1938 erfolgten die Sympathiebekundungen und Hilfen für jüdische Nachbarn und Kollegen meist nur im Verborgenen. Das Verhalten des Polizeibeamten Wilhelm Krützfeld am 9. November 1938 zeigt die Möglichkeiten, die es, Zivilcourage vorausgesetzt, tatsächlich gegeben hat. In der Neuen Synagoge in der Oranienburger Straße 30 in Berlin-Mitte waren in der «Reichskristallnacht» Brandstifter am Werk, als der Vorsteher des zuständigen Polizeireviers 16 am Hackeschen Markt erschien. Die Synagoge, 1866 eingeweiht, war mit 3000 Plätzen und einer prächtigen Innenausstattung eine der prunkvollsten jüdischen Kultusstätten in Deutschland. Die aufwendige Fassade und die weithin sichtbare goldene Kuppel demonstrierten auch äußerlich Anspruch und Rang des Gebäudes. Mehrere Beamte begleiteten den Polizeichef Krützfeld, der sich mit einem Dokument ausgerüstet hatte, das den Bau als denkmalgeschützt auswies. Er jagte die Brandstifter davon und veranlasste die Feuerwehr, die Befehl hatte, brennende jüdische Gebäude nicht zu löschen und lediglich Nachbarhäuser zu schützen, den beginnenden Brand zu löschen. Der Reviervorsteher musste sich zwei Tage später vor dem Berliner Polizeipräsidenten verantworten und bekam eine Rüge – weiter ist ihm nichts geschehen. Er trat am 1. November 1943 aus gesundheitlichen Gründen in den Ruhestand, ließ sich aber nach dem Ende der NS-Herrschaft reaktivieren.[32]

Die verfolgten Juden mussten viel Glück haben, wenn sie auf Retter – Uneigennützige wie Gewinnsüchtige – angewiesen waren. Trotzdem gibt es Tausende von Fällen der Solidarität und Hilfe, die in Erlebnisberichten und autobiographischen Zeugnissen dokumentiert sind. Viele «U-Boote», wie man die Untergetauchten auch nannte, hatten sich spontan entschlossen, den Weg der Illegalität zu wählen; andere hatten ihre «Flucht» lange geplant, sich falsche Papiere besorgt, Lebensmittelvorräte in verschiedenen Verstecken angelegt und die Lage mit ihren Helfern besprochen. Erste Anlaufstation waren oft in «Mischehe» lebende oder nichtjüdische Verwandte, aber auch ehemalige Hausangestellte. Viele jener, die zunächst Hilfe angeboten und einzelne Menschen, manchmal sogar Familien mit kleinen Kindern, aufgenommen hatten, wurden sich erst allmählich darüber klar, welcher Gefahr sie sich selbst und ihre Familien aussetzten. Die durch den Zuzug beengten Verhältnisse und die daraus resultierenden zwischenmenschlichen Spannungen sowie das notwendige ständige Lauern auf drohende Gefahr machten das Leben für Helfer und Untergetauchte oft unerträglich. Ausweichverstecke, neue Helfer mussten immer wieder gesucht werden. Die Untergetauchten wurden von einem zum anderen gereicht.

Es ist unbekannt, wie viele Juden im nationalsozialistischen Machtbereich durch widerständige Solidarität, durch den Einsatz von nichtjüdischen Mitbürgern gerettet wurden. Die Geschichte solidarischen Handelns gegenüber der tödlich bedrohten jüdischen Minderheit unter der Diktatur des NS-Regimes entzieht sich jeder systematischer Betrachtung, die durch Generalisierung Typisches und Allgemeingültiges zu fixieren versucht. Die Geschichte der Geretteten und ihrer Retter besteht aus einzelnen Schicksalen. Sie stehen jeweils für sich allein. Die Historie der Hilfe für die Juden ist deshalb eine Geschichte einzelner Menschen.[33]

Oskar Schindler, der Fabrikant, dem es in Krakau gelang, tausend Juden vor dem Holocaust zu retten, wurde nach Steven Spielbergs Film zur Ikone.[34] Mit «Schindlers Liste» wurde nicht nur die Retterfigur, in der sich die Züge des guten Menschen mit weniger edlen Charaktereigenschaften mischen, populär, auch die Tatsache, dass es möglich war, Angehörige der verfolgten Minderheit vor dem Schicksal des Völkermords zu bewahren, wurde jetzt allmählich einem breiteren Publikum bewusst. Die Kenntnis hatte sich lange Zeit auf die Taten einiger prominenter Helfer wie den Krupp-Manager Berthold Beitz beschränkt. Auch unter den Geretteten haben nur wenige öffentliche Aufmerksamkeit gefunden wie der Fernsehunterhalter Hans Rosenthal[35] oder die Publizistin Inge Deutschkron.[36]

Die Retter waren aber auch nicht immer und unbedingt Heroen der Moral, die selbstlos und nur aus dem Willen zu energischem Widerstand gegen die Hitler-Diktatur den Verfolgten Obdach, Nahrung und Schutz boten. Hab und Gut der Juden wechselte oft gegen Hilfe den Besitzer, auch Arbeitsleistungen mussten erbracht werden, und wenn christliche Nächstenliebe das Motiv der Helfer war, wurde oft ganz selbstverständlich auch die Taufe als Gegenleistung für die Rettung erwartet. Helfer hatten nicht nur edle Beweggründe, auch auf diesem Feld der Geschichte des nationalsozialistischen Deutschland herrschten vielfach andere Regungen als lautere Solidarität und Anstand.

Unter allen möglichen Formen der Flucht vor der nationalsozialistischen Verfolgung war die Existenz in der Illegalität wohl der gefährlichste und mühseligste Ausweg. Das Leben im Untergrund, für das sich im Deutschen Reich annähernd 10 000 jüdische Menschen entschieden – etwa die Hälfte davon in der Metropole Berlin, auf ein paar Hundert schätzt man die Zahl der Untergetauchten in Wien –, war auf beinahe jede denkbare Art bedroht, und entsprechend gering waren die Überlebenschancen. In Berlin erlebten allerdings nach Schätzungen mehr als 1400 von ihnen das Ende der nationalsozialistischen Herrschaft.

Voraussetzung zur Flucht in den Untergrund waren neben dem Mut zum Gesetzesbruch – aber was hatten Juden noch zu verlieren? – Mobilität und die Möglichkeit, eine falsche Identität zu erwerben, die bei den Kontrollen schützte und zum Erwerb von Bezugsscheinen und Lebensmittelkarten berechtigte. Die Flucht in die Illegalität bedeutete bei geringer Erfolgsaussicht oft auch die Erduldung von Zumutungen privater Art, die den offiziellen Diskriminierungen und Bedrohungen hinzugefügt oder vorgeschaltet wurden. Bedrohlich und niederschmetternd waren Gemeinheit und Habgier ehemaliger Nachbarn und Mitbürger, die sich in den Stunden der Not als Erpresser und Nutznießer des Elends erwiesen. «Judenfledderer» nannte man sie, die zu Wucherpreisen kümmerliches und gefährliches Obdach boten, Wertgegenstände und Gebrauchsgüter unterschlugen, statt sie sicherzustellen. Zur Verzweiflung und Einsamkeit kamen Hunger, Obdachlosigkeit und die Sorge um die Angehörigen, nuanciert danach, ob sie deportiert oder zurückgeblieben waren, im Ausland lebten oder ob man einfach keine Nachrichten mehr von ihnen hatte. Und die Todesangst war die ständige Begleiterin aller Illegalen. Zu den Gefährdungen gehörte die Furcht vor Entdeckung, vor Denunziation durch nationalsozialistische Fanatiker oder durch unbarmherzig-gesetzestreue Normalbürger und Angst vor Gestapo-Spitzeln, unter ihnen auch jüdische «Greifer»,[37] die auf diese Art die eigene Haut retten wollten. Auch dem Luftkrieg und seinen Folgen waren die Illegalen schutzloser ausgeliefert als die nichtjüdische Bevölkerung.

Das Überleben wäre nicht möglich gewesen ohne die beträchtliche Schar nichtjüdischer Helfer, die sich solidarisch zeigten und ohne Rücksicht auf die eigene Gefährdung denen halfen, die ohne Ausweispapiere, ohne Kleiderkarte, ohne Lebensmittelkarte ihre Wohnung verlassen hatten im verzweifelten Versuch, das nackte Leben zu retten. Nach einer

Faustregel brauchte ein Jude im Untergrund sieben nichtjüdische Helfer. Mit der Entfernung des Judensterns von der Kleidung mussten auch die Ausweise mit den verräterischen Zwangsvornamen Sara und Israel vernichtet oder versteckt und alle Hinweise auf die tatsächliche Identität mit höchstmöglicher Sorgfalt beseitigt werden.

Die Geschichte der Familie Orbach aus Falkenburg bei Stettin enthält alle Facetten jüdischen Schicksals. Die Orbachs waren bald nach Hitlers Machterhalt nach Berlin übersiedelt. Der Vater ging 1942 im KZ Sachsenhausen zugrunde, die beiden älteren Söhne entkamen in die USA. Die Mutter und Lothar Orbach, der gerade 18-jährige jüngste Sohn, gehen schließlich getrennt in den Untergrund. Lothar verschafft sich eine neue Identität und schlägt sich als Glücksspieler, Erpresser, Dieb, als Kohlenschlepper und Einbrecher knapp zwei Jahre durch, wird verraten und verhaftet, ist dann acht Monate lang Gefangener in Auschwitz und Buchenwald. Nach der Befreiung findet er die Mutter wieder. In die USA ausgewandert, beschreibt er, unterstützt von seiner Tochter, die Geschichte seines Erwachsenwerdens im Untergrund Berlins in den zahlreichen Verstecken. Die rettende Zuflucht wurde von wohlanständigen Bürgern, politischen Gegnern des NS-Regimes oder zwielichtigen Gestalten aus dem kriminellen Milieu gewährt.[38]

Konrad Latte stammte aus dem deutsch-jüdischen Bildungsbürgertum, er verbrachte die Kindheit behütet im wohlhabenden Breslauer Elternhaus. Im «Dritten Reich» ging es mit der Familie bergab; aus dem Textilgroßhändler wurde ein Vertreter. 1938 nach der «Kristallnacht» wurde er als «Aktionsjude» für Wochen ins KZ Buchenwald verschleppt. Der Sohn Konrad, der Musiker werden will, wird zu Zwangsarbeit verpflichtet und kommt ins Gefängnis, weil er mit zwei jungen Mädchen befreundet ist, Anita und Renate Lasker, den später berühmten Töchtern eines bekannten Breslauer Anwalts, die nach der Deportation ihrer Eltern nach Frankreich fliehen wollten, erwischt und nach Auschwitz deportiert wurden.[39]

Im März 1943 fährt die Familie Latte nach Berlin, um dort unterzutauchen. Einer von insgesamt 50 Helfern in Konrad Lattes Untergrundleben ist der Gefängnispfarrer der Strafanstalt Tegel, Harald Poelchau, der gefälschte Ausweise, Unterkunft und Arbeit vermittelt, den Vater als Träger von Eisbarren, die Mutter als Aufwartefrau. Konrad betätigt sich als Organist in evangelischen Kirchen und im Krematorium, dann auch als Korrepetitor an der Staatsoper, findet außerdem Möglichkeiten der Ausbildung, bei denen der Komponist Gottfried von Einem und der Pianist Edwin Fischer hilfreiche Rollen spielen. Schließlich ist Konrad Latte in Diensten des Propagandaministeriums als Kapellmeister auf Tournee, eingesetzt zur Truppenbetreuung in Norddeutschland. In der jungen Sopranistin der Truppe findet er die Frau fürs Leben. Befreit wurde er in Bad Homburg, wo er im Elternhaus der Geliebten Unterschlupf gefunden hatte. Zurück in Berlin gründete er das Barockorchester, das in den folgenden Jahrzehnten zur Berliner Institution wurde. Die Geschichte des Überlebens von Konrad Latte, zu der die Verhaftung und die Deportation seiner Eltern gehören, liest sich wie das Who is who der prominenten Verfolgten und ihrer Retter.[40] Neben dem Tegeler Anstaltsgeistlichen Poelchau, der im Kreisauer Kreis des Widerstands eine Rolle spielte, erscheinen auch Ruth Andreas-Friedrich und Karin Friedrich mit der Gruppe Onkel Emil, ebenso Wolfgang Harich, ein Deserteur der Wehrmacht, der als Philosoph und Regimekritiker später in der DDR berühmt werden sollte. Erich Kästner und Werner Krumme und viele andere kommen auch in anderen Untergrundgeschichten vor. Sie zeigen, wie dünn das Netz der Retter in Wirklichkeit, wie eng begrenzt der Kreis der Helfer war.

Schwieriger noch als für alleinstehende Personen war naturgemäß die Flucht von Ehepaaren oder ganzer Familien in die Illegalität. Das Ehepaar Rewald ging im Januar 1943 in den Untergrund, nachdem alle Verwandten deportiert worden waren und sie nicht mehr fürchten mussten, durch ihr Untertauchen Angehörige zu gefährden. Die Ausweispapiere, in denen sie durch den Stempel «J» gebrandmarkt sind, hatten sie vergraben, um nach dem Ende der NS-Herrschaft ihre Identität beweisen zu können. Wegen der häufigen Kontrollen brauchten sie neue, unverfängliche Papiere.

Ein Betrüger, der vorgibt, falsche Ausweisdokumente besorgen zu können, prellt sie nach wochenlangem Warten um viel Geld. Ein Ausweg muss gefunden werden: «Der Reichsbahninspektor, der der Vorgesetzte meines Mannes war, als er noch Zwangsarbeit leistete, hat sich immer als Gegner der Nazis gezeigt. Mein Mann wurde in versteckten Andeutungen von ihm zum Untertauchen angeregt, so daß wir von ihm Hilfe erwarten dürfen. Am Abend fährt mein Mann zu ihm und erklärt, daß wir ohne irgendwelche Ausweise nicht mehr existieren können. Er hat unsere Fotos mitgenommen und bittet ihn, uns Reichsbahnpapiere zu besorgen. Nach zwei Tagen sind wir im Besitz von zwei Ausweisen der Deutschen Reichsbahn, die mit dem amtlichen Stempel versehen sind. Wir haben unsere Fotografien eingeheftet und den Ausweis meines Mannes auf den Namen: Erich Treptow, Hilfsrottenführer im Dienst der Deutschen Reichsbahn, ausgefüllt. Wir wissen, daß dieser Erich Treptow wirklich existiert, so daß sich bei einer Kontrolle und Rückfrage bei der Polizei oder Reichsbahn die Angaben des Ausweises bestätigen. Mein Mann ist sozusagen ein Double. Aber wie heißt Frau Treptow mit Vornamen, wann und wo ist sie geboren, wo ist sie beschäftigt? Wir können meinen Ausweis nicht ausfüllen, ohne diese Personalien zu wissen. Es bleibt nur ein Weg, den ich unternehme. Ich stecke mir ein Parteiabzeichen an, das mein Mann einmal in einem alten Sessel gefunden hat, und fahre in die Wohnung zu Frau Treptow. Dort erkläre ich ihr, daß ich vom Arbeitsamt komme, um die vorhandenen Unterlagen und Akten zu ergänzen. Ich habe mir einen Bogen mitgenommen, in dem schon andere Daten notiert waren, und so stelle ich meine Fragen, um von ihr alles Wichtige zu erfahren. Nach anfänglichen ärgerlichen Reden, daß sie ja längst beim Arbeitsamt registriert sei und daß sie das alles nicht verstehen könne, beruhige ich Frau Treptow. Wir hätten sie extra nicht selbst hinbestellt, ich käme, weil die Karteien durch die Bombenangriffe nicht mehr vollständig seien usw. Ich erfahre schließlich alles für mich Wissenswerte und höre auch, daß sie bei der Gestapo beschäftigt ist!»[41]

Mit Hilfe der gefälschten Ausweise gelingt dem Ehepaar das Überleben. Sie führen eine scheinbar normale Existenz, werden mit «arischen» Freunden, die ihnen Unterschlupf gewähren, mehrfach ausgebombt. Sie verbringen viel Zeit in Luftschutzkellern. Die Angst vor der Entdeckung bei den häufigen Ausweiskontrollen (nicht nur nach untergetauchten Juden wird gefahndet, sondern auch und vor allem nach Deserteuren aus der Wehrmacht, was Männer im «waffenfähigen» Alter besonders gefährdet) und der Hunger unterscheiden sie und ihre Schicksalsgefährten freilich von den «Volksgenossen».

Die Geschichte vom Überleben eines jungen Mannes, des späteren Fernsehunterhalters Hans Rosenthal, ist legendär. Fünfmal war der junge Hans durch glückliche Zufälle der Deportation entgangen, ehe er eine Woche vor seinem 18. Geburtstag Ende März 1943 in der Berliner Laubenkolonie Dreieinigkeit untertauchte. Hans stammte aus einer gutsituierten jüdischen Familie. Der Vater – nach der NS-Terminologie als «Mischling» geboren, der aber als «Volljude» galt, weil seine Mutter bei der Heirat zum jüdischen Glauben übergetreten war – war Bankkaufmann und bis 1937 in sehr guter Position bei der Deutschen Bank in Berlin gewesen. Man hatte ihm sogar ein Unterkommen in der Kairoer Filiale angeboten, um seine Entlassung zu umgehen. Vater Rosenthal macht sich statt dessen als Vertreter selbständig, erliegt aber bald, noch vor den Novemberpogromen 1938, einem Nierenleiden. Mutter Rosenthal stirbt 1941 an Krebs. Der damals 16-jährige Hans geht, um den neunjährigen Bruder Gert zu beschützen, mit ins jüdische Waisenhaus. Er hat nach dem Besuch der jüdischen Mittelschule schon einige Stationen hinter sich, hatte sich bis zur Auflösung des Lehrguts Jessen in der Niederlausitz im Rahmen der Jugend-Alijah auf die Auswanderung nach Palästina vorbereitet, war dann als Zwangsarbeiter im städtischen Friedhof Fürstenwalde zum Hilfstotengräber avanciert und arbeitete schließlich, um in Berlin beim kleinen Bruder zu sein, in einer Blechemballagenfabrik.

Im August 1942 musste er, weil er zu alt dafür geworden war, das Waisenhaus verlassen und ins jüdische Jugendwohnheim umziehen. Das war einer der fünf Glücksfälle. Im Oktober 1942 wurden die Insassen des Waisenhauses deportiert. Hans hoffte, mit Hilfe der Großeltern, die in «Mischehe» lebten, den kleinen Bruder verstecken zu können. Aber sie redeten ihm das gefährliche Unterfangen aus. Der zehnjährige Gert Rosenthal wurde am 19. Oktober 1942 nach Riga abtransportiert. Hans hört nie wieder von ihm, obwohl Gert von seinem Ersparten fünfzig Postkarten gekauft hatte und jeden zweiten Tag eine davon an seinen großen Bruder schreiben wollte.

Hans entgeht nicht nur der «Fabrik-Aktion» am 27. Februar 1943, sondern entkommt gleich darauf, schon auf dem Weg in die Illegalität, auch einer Polizeikontrolle und verschwindet am 27. März in Berlin-Lichtenberg in der Laube der Frau Jauch. Hans kennt sie nur flüchtig, aber er weiß niemand sonst, der ihn verbergen würde. Frau Jauch überlässt ihm das kleine Hinterzimmer und teilt ihre Rationen mit dem jungen Juden. Eingeweiht ist auch Frau Harndt (deren Mann ist Kommunist), die in der Nähe wohnt. Nur während der nächtlichen Luftangriffe auf Berlin kann Hans Rosenthal sein Versteck verlassen. Als Frau Jauch im August 1944 plötzlich erkrankt und stirbt, muss Hans eine neue

Bleibe suchen, und er findet sie, ebenfalls in der Kolonie Dreieinigkeit, bei Frau Schönbeck, die nicht nur ihre Lebensmittelrationen mit ihm teilt, sondern ihn auch gegen den eigenen Sohn verteidigt, der bei einem Fronturlaub den illegalen Gast bemerkt und die Konsequenzen fürchtet. Zuletzt breitet sich die Kenntnis von der illegalen Existenz des jungen Juden in der Kolonie aus, viele wissen von seinem Aufenthalt und helfen nach Kräften.

Der Einmarsch der Roten Armee nach Berlin hätte dem nun 20-jährigen Hans Rosenthal statt der Befreiung um ein Haar fast doch noch das Ende gebracht. Mit feierlich wiederangelegtem Judenstern begab er sich auf die Straße und wäre fast als vermeintlicher Nazi erschossen worden, weil er auf eine Einheit der Roten Armee traf, die kürzlich das KZ Majdanek befreit hatte, wo sich die SS-Wachmannschaft mit Judensternen zu tarnen versucht hatte. Ein vorbeikommender jüdischer Offizier identifiziert Hans Rosenthal als Juden, weil er das Glaubensbekenntnis hebräisch aufsagen kann; das rettet ihn endgültig.

Rückblickend schrieb Hans Rosenthal 1980, es seien diese drei Frauen aus der Kolonie Dreieinigkeit gewesen, «deren Hilfe es mir bis heute möglich gemacht hat, nach dieser für uns jüdische Menschen so furchtbaren Zeit unbefangen in Deutschland zu leben, mich als Deutscher zu fühlen, ohne Haß ein Bürger dieses Landes zu sein. Denn diese Frauen hatten ihr Leben für mich gewagt.»[42]

Michael Degen, der 1943 als Elfjähriger mit seiner Mutter in Berlin in den Untergrund ging – sein Vater war an den Folgen von KZ-Haft gestorben –, beschreibt die vielen Helfer, die sein Überleben ermöglichten: Erna und Käthe Niehoff, Marthchen Schewe, den Kommunisten Karl Hotze, den Lokomotivführer Redlich, den SS-Mann Manfred Schenk, Lona, die Teilhaberin im Textilgeschäft des Vaters, Ludmilla Dimitrieff, die russische Adelige, die Huren Grete, Rosa und Hilde und deren Mutter, Oma Teuber, die großherzig die Juden in ihrem Puff beherbergte.[43] Als Widerstandskämpfer sind sie in der Historiographie nicht erwähnt.

Das Ehepaar Max und Ines Krakauer aus Berlin lebte ab Januar 1943 in der Illegalität. Nach der Befreiung stellte Max Krakauer eine Liste der Unterkünfte und der Helfer zusammen, in der viele Pfarrhäuser vorkommen, in Berlin, in Pommern und Württemberg. Insgesamt umfasst das Verzeichnis 66 Adressen, an denen die Krakauers in den 27 Monaten der Illegalität teils zusammen, teils getrennt Aufnahme fanden. Eine weitere Liste von Helfern enthält 24 Namen, auch unter ihnen sind Pfarrer häufig vertreten.[44]

In den Erlebnisberichten der Geretteten finden sich immer wieder dieselben Namen. Da gab es einen Fabrikbesitzer in Berlin, der nicht nur seine Junggesellenwohnung am Nollendorfplatz untergetauchten Juden zur Verfügung stellte (er selbst schlief in der Firma), sondern auch für Lebensmittel sorgte und die Portierfrau bestach, damit sie stillhielt.[45] Die Zwei-Zimmer-Wohnung der Gräfin Maria von Maltzan glich zeitweise einem Massenasyl, in dem jüdische Illegale, Widerstandskämpfer und Deserteure der Wehrmacht Unterschlupf fanden. Gräfin Maltzan hatte Veterinärmedizin studiert und war wegen ihrer Sprachkenntnisse zunächst im Auswärtigen Amt dienstverpflichtet und dann beim Suchdienst des Roten Kreuzes beschäftigt. Sie war engagierte Gegnerin des Nationalsozialismus, ihr «nichtarischer» Verlobter und späterer Mann Hans Hirschel lebte illegal bei ihr. Die Gräfin erscheint auch in den Berichten anderer Überlebender als ihr Schutzengel.[46]

Ein Freundeskreis engagierter junger Nazigegner betrieb in Berlin die Hilfe für illegale Juden geradezu virtuos. Begonnen hatten die Journalistin Ruth Andreas-Friedrich und der Musiker Leo Borchard mit Liebesdiensten für ihre jüdischen Bekannten, aus Scham über die Novemberpogrome 1938 und weil «arische Helfer» notwendig waren für die Ausreisevorbereitungen, für das Organisieren von Lebensmitteln, für das Aufbewahren und Sicherstellen von Wertvollem. Im Juni 1942 notiert Ruth Andreas-Friedrich im Tagebuch, dass von den 14 «Onkel Heinrichs» und 22 «Tante Johannas» die sie betreuten, nur noch wenige übriggeblieben waren. Für die muss Gemüse und Brot beschafft werden. Die Freunde sind bei der Methode nicht zimperlich: «Um drei Uhr kommt Ursel Reuber. Sie hat sich, allen Verkehrsstörungen zum Trotz, durch Trümmer und Brände zu uns durchgeschlagen. Ihre Kleider riechen, als hätte man sie acht Tage im Rauchfang aufgehängt. Unter dem Arm schleppt sie ein großes Paket: Gemüse für unsere ‹U-Boote›, sprich: Untergetauchte. Drei Kohlrüben, einen Krautkopf, fünf dicke Kohlrabiknollen. ‹Ich hab' noch was viel Schöneres›, rühmt sie sich und nestelt aus ihrer Jacke die Brieftasche hervor. ‹Acht Kilo Brotmarken, frisch geklaut aus dem Markenkästchen in einem Bäckerladen.› – ‹Aber wie denn?› – ‹Es war ganz einfach. Kein Mensch im Geschäft. Ich rief ein paarmal. Niemand erschien. Da fiel mein Blick zufällig auf das Kästchen auf dem Tisch. Der Deckel stand halb offen. Zu langem Überlegen blieb keine Zeit. Heiliger Krispin, Freund aller Diebe, steh mir bei! – dachte ich und – langte hinein. Wenn man für andere stiehlt, ist das Klauen ein Genuß. Und die Bäckerfrau wird es den Kopf nicht gleich kosten. Vier Kilo für Frank, vier Kilo für Wald. Eine glatte Monatszuteilung.› Frank strahlt. Wir alle strahlen, als hätte man hier nicht einen Diebstahl begangen, sondern ein Heldenstück menschlicher Anständigkeit.»[47]

Der Diebstahl von Lebensmittelkarten, Stempeln, der Handel mit gefälschten Dokumenten, das Erschleichen von Bestätigungen und Bescheinigungen gehörte zum Alltag der Helfer, die damit Widerstand gegen das NS-Regime in einer besonderen Form leisteten. Sie riskierten tagtäglich viel, um das rettende Netz für die Illegalen immer wieder neu zu knüpfen. «Niemand, der es nicht selbst erlebte, vermag sich vorzustellen, wie schwierig unter solchen Umständen auch die einfachste Hilfeleistung werden kann. Was tut man, wenn ein Mensch, den man in seiner Wohnung verbirgt, eines Tages unvermutet am Herzschlag stirbt? Soll man ihn im Ofen verbrennen? In Rauch auflösen? Durch den Schornstein hinausblasen? Was macht man mit einer Leiche, die nicht gemeldet ist? ‹Wir haben sie in unseren Waschkorb gelegt, mit Leintüchern bedeckt und nachts aus dem Hause getragen›, vertrauen uns Bekannte an, die in solche Verlegenheit gerieten. ‹Im Tiergarten haben wir sie rausgeholt und auf eine Bank gesetzt.› Sie lächeln verstört. Sie sind nicht froh über diese Lösung. Sie haben keine Übung darin, zwischen drei und vier Uhr morgens Leichen aus dem Hause zu schmuggeln und Tote auf einsame Parkbänke zu setzen. Vierzig Jahre lang sind sie solide Bürger gewesen.»

In der Gruppe Onkel Emil ereignete sich auch diese Episode: «Vor vierzehn Tagen kommt Flamm zu uns gelaufen. ‹Schöne Bescherung das!› klagt er und fingert sich nervös übers Gesicht. ‹Da hat man mir einen Flüchtling zugeschickt. Jüdisches Mädchen aus Breslau. Für ein Nachtquartier auf dem Wege von Schlesien nach Frankfurt. Ich bin an der Bahn. Die Kleine kommt an. Halsschmerzen, Fieber, Schüttelfrost. Am nächsten Morgen liegt sie mit Scharlach. Mit Scharlach in meinem Ehebett!› – ‹Scharlach dauert sechs Wochen›, sagt Andrik. – ‹Und dann muß man desinfizieren›, ergänzt Heike sachkundig. – ‹Schöne Bescherung – schöne Bescherung›, seufzen wir alle. Jetzt geht die Patientin in die dritte Woche. Und Flamm, der Landgerichtsrat außer Dienst, spielt schlecht und recht die Rolle der Krankenschwester. Für ein untergetauchtes Mädchen, das er einmal im Leben gesehen hat. Wenn man nur einen Kammerjäger findet, der vertrauenswürdig ist!» Die Begebenheit findet sich unter dem 4. Februar 1944 im Tagebuch der Berliner Journalistin verzeichnet. Am 7. März schreibt Ruth Andreas-Friedrich, der schlesische Flüchtling sei wieder gesund und glücklich nach Frankfurt abgereist. Die Wohnung hatte ein vertrauenswürdiger Kammerjäger (ein KPD-Mann) desinfiziert.[48]

Nicht weniger listig als mutig war Otto Weidt, der, selbst sehbehindert, in Berlin eine Besen- und Bürstenbinderwerkstatt betrieb, in der er vorwiegend jüdische Blinde und Taubstumme beschäftigte. Der gelernte Tapezierer und spätere Bürstenfabrikant engagierte sich in der Form gegen den Nationalsozialismus, dass er vor allem Arbeiter aus dem jüdischen Blindenheim in seiner Werkstatt beschäftigte, die wegen Wehrmachtsaufträgen als kriegswichtig galt. Darauf berief er sich. Damit finanzierte er auch seine Hilfe. In gemieteten Lagerräumen versteckte Weidt jüdische Familien. Durch Bestechung von Behörden wie Polizei und Arbeitsamt und durch das Engagement freiwilliger Helfer rettete Weidt 56 Juden, von denen 27 überlebten. Keine Mühe war Weidt zu groß, um auch Untergetauchten zu helfen. Seine Beziehungen zum Arbeitsamt, zur Gestapo und zur Wehrmacht förderte er durch Bestechungen. Rohmaterial besorgte er, um die Arbeitsplätze zu sichern, auf dem Schwarzen Markt, und er bot damit einer beachtlichen Anzahl von jüdischen Menschen mindestens eine Zeitlang Sicherheit. «Eines Tages jedoch holte die Gestapo alle Blinden und Taubstummen aus Weidts Werkstatt ab zur Deportation. Kurz entschlossen streifte sich Weidt seine Blindenbinde um und ging abermals zur Gestapo, um seine Leute freizubekommen. Wie er es schließlich geschafft hatte, ob durch die Angabe, daß er Wehrmachtsaufträge hätte (die er übrigens nie ganz ausführte, um seinen Betrieb aufrecht erhalten zu können) oder durch Bestechung, vermag ich nicht zu sagen, jedenfalls gab man ihm seine Belegschaft noch einmal frei. Er ging selbst zum Sammellager Gr. Hamburger Straße, wohin inzwischen seine Leute schon gebracht worden waren, um sie von dort abzuholen. Dann zog er, als Anführer einer Gruppe von etwa 50 jüdischen Blinden und Taubstummen mit Judensternen und Blindenbinden, selbst halbblind, mit ihnen auf dem Fahrdamm nach der Rosenthalerstraße in die Werkstatt zurück. Es war ein Bild wie aus einer antiken Tragödie.»[49]

Die Geschichte der Rettung von Juden vor dem mörderischen Rassenwahn des NS-Regimes hat viele Facetten. Gemeinsam ist den Geretteten die Erfahrung, wie Inge Deutschkron sie stellvertretend für viele in ihren Büchern beschreibt.[50] Zu dieser Erfahrung gehört die Solidarität von Nichtjuden, die ungeachtet der Gefährlichkeit ihres Tuns an ihrer Menschlichkeit, an den schlichten Tugenden des bürgerlichen Anstands, am – scheinbar – Selbstverständlichen, der Sorge um Menschen in Not, festhielten und sich darin nicht beirren ließen, die durch ihr Handeln in Opposition zum NS-Staat gerieten, auch wenn sie sich selbst nicht zum politischen Widerstand rechneten.

Was drohte deutschen Bürgern, die sich mit den verfolgten Juden solidarisiert hatten und ihnen bei der Flucht ins Ausland oder beim Überleben im Untergrund halfen? Juden zu helfen war ja mindestens Ausdruck einer Gesinnung, die einem wesentlichen Ziel des nationalsozialistischen Staates widersprach, ganz gleich, ob ethische Überzeugung oder Gewinnstreben hinter der Tat standen. Im Gegensatz zur drakonisch bestraften «Rassenschande», die mit dem «Blutschutzgesetz» von 1935 Straftatbestand wurde, war Hilfe für Juden nie ins Strafgesetzbuch aufgenommen oder auf andere Weise als kriminelles Delikt definiert worden. Wie bei der «Rassenschande», die nach dem Gesetz nur jüdischen Männern zur Last gelegt wurde – die nichtjüdischen Frauen galten als verführt –, was oft mit der Verurteilung der beteiligten Frauen wegen Meineids oder wegen irgendeinem anderen Delikt, das sich leicht finden ließ, umgangen wurde, erwies sich die Justiz im Rahmen eines großen Ermessensspielraums als erfinderisch, um Hilfe für Juden zu bestrafen.

Begründet mit der Verordnung zur Abwehr heimtückischer Angriffe gegen die Regierung der nationalsozialistischen Erhebung vom März 1933, die im Dezember 1934 durch das Gesetz gegen heimtückische Angriffe gegen Partei und Staat ersetzt wurde, waren im März 1933 in allen Oberlandesgerichtsbezirken Sondergerichte errichtet worden. Sie waren in erster Linie für oppositionelle Äußerungen und Handlungen zuständig. Ihre Kompetenzen, in die später auch Verstöße gegen die Kriegswirtschaftsverordnung (z. B. Delikte wie Schwarzschlachtung) und Rundfunkvergehen (das Hören von «Feindsendern») fielen, wurden ab 1939 exzessiv ausgeweitet.[51] Die Ahndung von «Judenhilfe» oder «Judenbegünstigung» oblag, soweit Organe der Justiz überhaupt zum Zuge kamen, den Sondergerichten. Je nach Sachlage wurden den Angeklagten

Urkundenfälschung, Verstöße gegen Devisenbestimmungen, illegaler Grenzverkehr oder «Rassenschande» zur Last gelegt. Sehr oft kamen die Judenhelfer aber gar nicht vor Gericht, denn der mit der Verfolgung der Juden betraute außernormative Repressionsapparat des Regimes – SS, Gestapo, Sicherheitspolizei – war bemüht, auch solidarische Handlungen für Juden in eigener Hoheit zu ahnden. Ein Runderlass vom 24. Oktober 1941, der für «deutschblütige Personen», die «in der Öffentlichkeit freundschaftliche Beziehungen zu Juden» unterhielten, «Schutzhaft» bis zu drei Monaten vorsah, diente als Handhabe gegen «artvergessenes Verhalten», Fluchthilfe, Sabotage. Das verstand man als «Maßnahmen der Reichsregierung zur Ausschaltung der Juden aus der Volksgemeinschaft». Einer besonderen Begründung für einen «Schutzhaftbefehl» wegen «verbotswidrigen Umgangs mit Juden», der im Konzentrationslager vollstreckt wurde, bedurfte es nicht.[52]

Der Einweisung in das Konzentrationslager (für Berliner Helfer waren dies in erster Linie die KZ Sachsenhausen und Ravensbrück) ging in der Regel der Aufenthalt und das Verhör im Polizeigefängnis voraus. Danach wurden manche Helfer auch ins Arbeitserziehungslager eingewiesen, in manchen Fällen der Justiz überstellt.

Ein Berliner Mechaniker, der 1943 einer Breslauer Jüdin und deren Kindern Obdach gewährt hatte, wurde im Sammellager Große Hamburger Straße (das vor allem als Zwischenstation für Berliner Juden vor der Deportation nach Auschwitz diente) eingeliefert, dann im Gefängnis Moabit inhaftiert und im April 1944 vom Sondergericht zu eineinhalb Jahren Zuchthaus (sowie zwei Jahren Ehrverlust) verurteilt und als wehrunwürdig erklärt. Im April 1945 wurde er aus dem Zuchthaus Luckau geholt und in die Waffen-SS zur Verteidigung Berlins gegen die Rote Armee eingereiht.[53]

So hohe Zuchthausstrafen waren aber Ausnahmen. Fürsprache und Bestechung waren manchmal hilfreich, aber nie war kalkulierbar, wie drakonisch die Strafe für «Judenbegünstigung» ausfallen würde. Mit der Denunziation durch Nachbarn, Funktionäre der NSDAP, Opportunisten und andere Zuträger des Regimes begann auf jeden Fall die Ausgrenzung der Judenhelfer aus der «Volksgemeinschaft». Die sozialen Folgen waren, auch nach der Entlassung aus dem Gefängnis oder dem KZ, beträchtlich. In der Regel wurden Frauen als Judenhelfer weniger hart bestraft als Männer, gelegentlich geschah ihnen auch gar nichts, in einigen

Fällen traf aber auch Frauen die ganze Wucht nationalsozialistischen Verfolgungseifers. Todesurteile wegen «Judenbegünstigung» hat es im Deutschen Reich nicht gegeben. In einigen prominenten Todesurteilen, die in der Literatur zitiert werden,[54] wurde «Judenbegünstigung» quasi als Nebendelikt erwähnt, der Schuldspruch selbst war aber mit Hochverrat, Heimtücke, «Zersetzung» begründet.

In den annektierten und besetzten Gebieten Polens und der Tschechoslowakei wie auf dem Territorium der Sowjetunion unter deutscher Okkupation stand die Todesstrafe auf Hilfe für Juden. Allerdings traf sie nur Angehörige der autochthonen Bevölkerung, Polen, Ukrainer, Tschechen. Im einzigen bekannten Fall, in dem das Sondergericht Lemberg eine Deutsche, die Frau eines Forstbeamten, die eine Jüdin versteckt hatte, zum Tode verurteilte, wurde das Strafmaß auf zwei Jahre Gefängnis gemildert.

Auch wenn die Ahndung von Hilfe für Juden nicht eindeutig geregelt war und für die Helfer weder auf deutschem Boden noch in den besetzten Gebieten unbedingt tödliche Konsequenzen nach sich zog, war es in jedem Fall ein hohes Risiko, sich – aus welchen Motiven auch immer – Juden gegenüber hilfreich zu erweisen. Im Zweifelsfall wurde das als Widerstand gewertet und hart bestraft.

1957 erschien das Buch des ehemaligen Berliners Kurt R. Grossmann, der 1933 über die Tschechoslowakei und Frankreich aus NS-Deutschland in die Vereinigten Staaten emigriert war.[55] Der Titel «Die unbesungenen Helden» wurde zur Metapher und bezeichnete den Beginn der öffentlichen Erinnerung an die Juden im Untergrund und ihre Helfer.[56] Die Jüdische Gemeinde in Berlin beschloss, ihren Heinrich-Stahl-Preis 1958 als Grundstock für einen Fonds zur Ehrung der «unbesungenen Helden» zu nutzen. Der Westberliner Innensenator Joachim Lipschitz, der ab 1944 selbst im Untergrund gelebt hatte, machte sich die Anregung zu eigen und rief die Ehrungsinitiative «Unbesungene Helden» ins Leben, die im April 1960 durch ein Gesetz förmlich begründet wurde. Die ersten Ehrenurkunden wurden am 9. November 1958 19 Rettern überreicht.

Aufrufe in der Presse hatten zahlreiche Anträge auf Ehrung von Helfern zur Folge, die vom Landesentschädigungsamt Berlin im Auftrag des Innensenators geprüft wurden. Wichtig war, dass die Hilfe in «nicht unerheblichem Maße» und ohne Eigennutz erfolgt war. Bedingung war auch, dass die zu ehrenden Helfer zum Zeitpunkt der Antragstellung ihren

Wohnsitz in Westberlin hatten und nicht straffällig geworden waren. Bis 1963 sind 1525 Anträge auf Ehrung eines «Unbesungenen Helden» gestellt worden, nur knapp die Hälfte, nämlich 738 Frauen und Männer, sind mit einer Urkunde, manche auch mit einer materiellen Unterstützung, in den folgenden Jahren geehrt worden.[57]

Die Öffentlichkeit hat die Retter erst allmählich wahrgenommen, obwohl die Medien seit den 1970er Jahren gelegentlich über versteckte Juden und ihre Helfer berichteten. Allerdings beschränkte sich das Interesse in der Regel auf wenige Prominente. Nachdem in der Literatur lange Zeit Werke zur Heroisierung der Retter im Vordergrund standen, beschäftigen sich in den letzten Jahren zum Thema erschienene wissenschaftliche Publikationen, oft auf der Basis von Interviews, mit der Frage, ob die widerständigen Helfer über besondere charakterliche Eigenschaften verfügen mussten, woraus man letztlich die Struktur der idealtypischen Helferpersönlichkeit herausfiltrieren zu können glaubte. Die sozialwissenschaftliche Basis für diese Diskussion haben Samuel und Pearl M. Oliner, Autoren der Studie «The Altruistic Personality», gelegt. Sie interviewten 700 Personen – Retter, Überlebende und als Kontrollgruppe Nichtretter, um die persönlichen Dispositionen einer Retterpersönlichkeit herauszufinden. Das im einzelnen sehr viel differenziertere Ergebnis lässt sich in Kurzform so lesen, als ob «altruistische», also uneigennützige Charaktereigenschaften, erworben durch Herkunft und Sozialisation, Voraussetzung für Hilfsaktionen gewesen wären.[58]

Die Realität war freilich anders. Glaubt man schlüssige Erklärungen für ein spezifisches Helferverhalten gefunden zu haben, stehen dem immer wieder konträre Beispiele entgegen. Religiöse Bindungen und ethische Ideale – Zugehörigkeit zur Bekennenden Kirche oder zum katholischen Milieu – konnten Voraussetzung der Hilfsbereitschaft sein. Oft spielten jedoch andere Faktoren eine wesentlichere Rolle. Manche halfen aus Nächstenliebe, aus christlicher Überzeugung, andere wegen ihrer antifaschistischen Orientierung aus Opposition gegen das NS-Regime, wieder andere wollten Freunde nicht im Stich lassen. Viele kannten ihre Schützlinge gar nicht, kamen aus reinem Zufall in die Situation, plötzlich jemanden zu verstecken, ohne über die Folgen, vielleicht die drohende Einweisung in ein KZ, nachzudenken. Die altruistische Persönlichkeit als Idealtypus, durch Erziehung, Bildung, religiöse Überzeugung oder besondere Humanitätsideale geformt, nach der die Forscher gesucht haben, um

Carl von Ossietzky

Walter Gyßling in
den 1950er Jahren

Plakat von John Heartfield: Der Sinn des Hitlergrußes

Ernst Niekisch: Hitler – ein deutsches Verhängnis, Berlin 1932

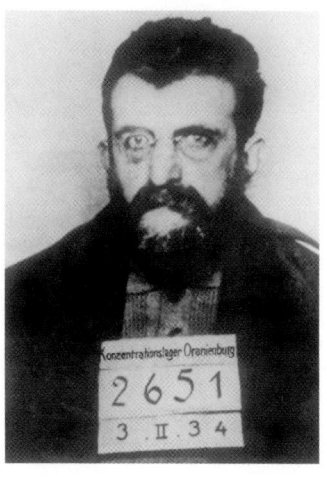

Erich Mühsam im Konzentrationslager Oranienburg

Achim Litten

Kurt Schumacher bei einer Rede im Mai 1945

Erwein von Aretin

Lina Haag

Otto Wels

Ludwig Gehm

Marga Meusel

Pater Rupert Mayer

Georg Elser

Julius von Jan mit Frau und Sohn

Bischof Clemens August Graf von Galen

Dietrich Bonhoeffer

Libertas und Harro Schulze-Boysen

Mildred und Arvid Harnack

Hilde und Hans Coppi

Otto Jogmin, 1984

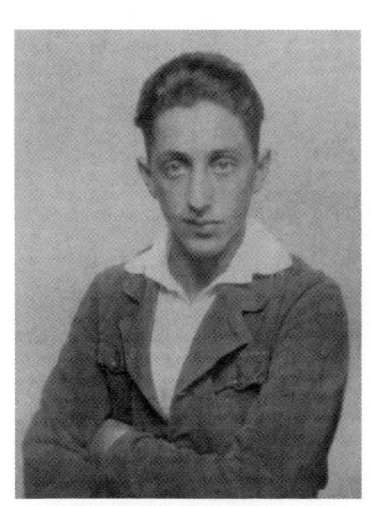

Herbert Baum

Klebezettel gegen die nationalsozialistische Propaganda-Ausstellung «Das Sowjetparadies»

Libertas und Harro Schulze-Boysen

Mildred und Arvid Harnack

*Hilde und
Hans Coppi*

Otto Jogmin, 1984

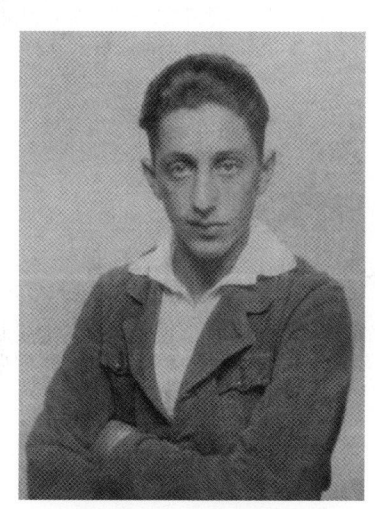

Herbert Baum

*Klebezettel gegen die
nationalsozialistische
Propaganda-Ausstellung
«Das Sowjetparadies»*

*Hans Scholl, Willi Graf und Alexander Schmorell
(zweiter, dritter und vierter von links)*

Sophie Scholl mit Hans (links) und Christoph Probst

Flugblätter der Widerstandsbewegung in Deutschland.

A u f r u f a n a l l e D e u t s c h e !

Der Krieg geht seinem sicheren Ende entgegen. Wie im Jahre 1918 versucht die deutsche Regierung alle Aufmerksamkeit auf die wachsende U-Bootgefahr zu lenken, während im Osten die Armeen unaufhörlich zurückströmen, im Westen die Invasion erwartet wird. Die Rüstung Amerikas hat ihren Höhepunkt noch nicht erreicht, aber heute schon übertrifft sie alles in der Geschichte seither Dagewesene. Mit mathematischer Sicherheit führt Hitler das deutsche Volk in den Abgrund. H i t l e r k a n n d e n K r i e g n i c h t g e w i n n e n , n u r n o c h v e r l ä n g e r n ! Seine und seiner Helfer Schuld hat jedes Mass unendlich überschritten. Die gerechte Strafe rückt näher und näher !

Was aber tut das deutsche Volk? Es sieht nicht, und es hört nicht. Blindlings folgt es seinen Verführern ins Verderben. Sieg um jeden Preis, haben sie auf ihre Fahne geschrieben. Ich kämpfe bis zum letzten Mann , sagt Hitler - indes ist der Krieg bereits verloren.

Deutsche! Wollt Ihr und Eure Kinder dasselbe Schicksal erleiden, das den Juden widerfahren ist? Wollt Ihr mit dem gleichen Masse gemessen werden, wie Eure Verführer? Sollen wir auf ewig das von aller Welt gehasste und ausgestossene Volk sein? Nein! Darum trennt Euch von dem nationalsozialistischen Untermenschentum! Beweist durch die Tat, dass Ihr anders denkt! Ein neuer Befreiungskrieg bricht an. Der bessere Teil des Volkes kämpft auf unserer Seite. Zerreisst den Mantel der Gleichgültigkeit, den Ihr um Euer Herz gelegt! Entscheidet Euch, e h ' e s z u s p ä t i s t !

Das fünfte Flugblatt der Weißen Rose «Aufruf an alle Deutsche!»

Fritz-Dietlof von der Schulenburg vor dem Volksgerichtshof

Friedrich-Werner von der Schulenburg vor dem Volksgerichtshof

Ulrich von Hassell vor dem Volksgerichtshof

Eugen Bolz vor dem Volksgerichtshof

Wilhelm Leuschner vor dem Volksgerichtshof

Carl Goerdeler

Ludwig Beck

Helmuth James von Moltke vor dem Volksgerichtshof

Hans Oster

Wilhelm Canaris auf einem Kameradschaftsabend in der Mitte, neben ihm Reinhard Heydrich

Henning von Tresckow

Friedrich Olbricht

Claus Schenk von Stauffenberg (links) mit Albrecht Mertz von Quirnheim

die Retter nach sozialwissenschaftlichen Kategorien auf einen gemeinsamen Nenner zu bringen, gibt es nicht. Schließlich waren auch diejenigen, die sich persönliche Vorteile verschafften, sei es durch Geld- oder Sachleistungen, Helfer, die Menschenleben retteten oder doch zu retten versuchten. Der Facettenreichtum der Hilfeleistungen lässt sich jedenfalls nicht monokausal erklären. Widerständige Handlungen gegen das NS-Regime waren die Hilfeleistungen für Juden aber auf jeden Fall.

Außer Nachruhm und Vergessen gab es, wie das Beispiel Hermann Gräbes zeigt, auch andere Reaktionen gegenüber Judenhelfern. Im Juli 1942 wird Hermann Gräbe Zeuge der Liquidierung des Ghettos in Rowno, im Oktober 1942 ist er Augenzeuge eines weiteren Massakers in Dubno. Der Bauingenieur aus Solingen steht damit am Anfang einer Karriere im Widerstand. Er war zwar Mitglied der NSDAP seit 1931, aber schon bald mit der Folge eines Gefängnisaufenthaltes mit der Partei in Schwierigkeiten geraten. 1941 hatte er sich als Geschäftsführer einer Solinger Baufirma zum Eisenbahnbau für die Organisation Todt in die Ukraine gemeldet. Über hundert Juden konnte er zwischen September 1941 und Januar 1944 auf seinen Baustellen vor der Ermordung bewahren. Er fälschte zu diesem Zweck Papiere, richtete Filialen seines Betriebs ein, die nur den Zweck hatten, Juden zu verstecken, warnte sie vor Aktionen der SS. Probleme mit der NSDAP hatte er bekommen, weil er gegen die «Arisierung» der Firma eines Bekannten protestiert hatte.

Im November 1945 gab Gräbe Berichte über die beiden Massenmorde in Rowno und Dubno für den Nürnberger Prozess zu Protokoll. Seine Aussagen wurden Schlüsseldokumente. Als Mitarbeiter der amerikanischen War Crimes Commission half er, Beweismaterial zu sichern, geriet dabei in völlige Isolation und ins berufliche Abseits. Um den Anfeindungen zu entgehen, emigrierte die Familie Gräbe 1948 in die USA. Die Geschichte des Retters Gräbe hatte eine doppelte Fortsetzung, zum einen die Ehrung durch Yad Vashem im Sommer 1965, betrieben von den Geretteten, und zum andern den Rufmord durch einen schlecht recherchierten und fahrlässig geschriebenen Artikel im Nachrichtenmagazin «Der Spiegel» im Dezember desselben Jahres, in dem die Unterstellungen eines Rechtsanwalts ungeprüft übernommen wurden, der damit seinem Mandanten, dem zu lebenslänglicher Haft verurteilten ehemaligen Gebietskommissar Marschall, zum Wiederaufnahmeverfahren verhalf. Der Belastungszeuge Gräbe war nachhaltig diskriminiert.[59]

Die meisten der Helfer von Juden, die damit Widerstand geleistet hatten, die kein Aufhebens von sich machten und heroisierende Gruppencharakterisierungen ablehnten, lebten Werte wie Zivilcourage, Anstand, Humanität. Unter der NS-Diktatur freilich gehörte dazu Mut, der vielen längst fehlte.

Einige Zehntausend Menschen, unter ihnen sicherlich mehr «kleine Leute» mit geringer Bildung und geringem Einkommen, aber intakten Wertbegriffen und unbeirrbaren Moralbegriffen, leisteten angesichts tödlicher Bedrohung von Nachbarn auf schlichte Weise mit ihrer Hilfe für Juden Widerstand gegen den nationalsozialistischen Terror, ohne auf spätere Anerkennung zu rechnen.

Ihre Taten fanden wenig öffentliche Aufmerksamkeit, nachdem der nationalsozialistische Staat zusammengebrochen war, und es dauerte lange, bis sich über den Kreis der Geretteten hinaus Interesse für sie fand. Sicherlich liegt ein Grund dafür auch darin, dass die «stillen Helden» im Gegensatz zu den Heroen des Widerstands, den Männern des 20. Juli, den Studenten der Weißen Rose, den kommunistischen Gruppen dafür stehen, dass Hilfe für die Verfolgten im Alltag möglich war, dass es Alternativen gab zum Wegschauen, zur Gleichgültigkeit, zur Hinnahme der Verfolgung anderer. Die Männer des 20. Juli 1944 wurden zu Märtyrern, die zur Sinnstiftung der westdeutschen Demokratie in Anspruch genommen werden konnten, ebenso wie der kommunistische Widerstand die DDR legitimieren half. Die Retter der Juden vergaß man, nicht nur, weil sie selbst kein Aufhebens von ihren Taten machten, sondern weil ihr Engagement die Behauptung der Vielen, man habe gegen den Terror nichts machen können, als Legende entlarvt.

Die Tochter von Donata und Eberhard Helmrich, deren unbeirrbarer Widerstand vielen Juden das Leben gerettet hat, zog eine ernüchternde Bilanz: «Der Mythos, es habe zwischen Gehorchen und Tod keinen dritten Weg gegeben, ist durch die Jahrzehnte hindurch wirkungsstark geblieben. Für die Mitläufer und die Wegschauer ist es bequem und auch beruhigend, sich an der Überzeugung festzuhalten, daß es wohl eine kleine Minderheit von Helden und Märtyrern gab, die für ihre Taten aber ausnahmslos mit dem Leben bezahlen mußten. Wir gedenken in jedem Jahr der Männer des 20. Juli, und wir erinnern uns mit Schaudern an die jungen, todesmutigen Studenten der ‹Weißen Rose›, benennen

Schulen nach ihnen und bewundern ihre Geradlinigkeit – zu Recht. Die anderen jedoch, die es gewagt haben zu widerstehen, und zwar in ihrem ganz normalen, alltäglichen Leben, stellen eine Anfechtung, sogar eine Kränkung dar für all jene, die stets behauptet haben, unter dem Terror der NS-Diktatur sei einem gar keine Möglichkeit zur Wahl geblieben. Es scheint aber so zu sein, daß es in jedem Gewalt- und Spitzelregime einen kleinen Prozentsatz von Bürgern gibt, die für sich dennoch eine Wahl treffen, die immun sind gegen Lüge, Hetze und Drohungen. Sie bilden gleichsam die Hefe einer Zivilgesellschaft.»[60]

9. Nonkonformes Verhalten: Opposition und Widerstand der jungen Generation

Politische Opposition und aktiver Widerstand Jugendlicher und junger Erwachsener hatten ihre Wurzeln in der religiösen oder politischen Weltanschauung, im sozialen Milieu, in der Herkunft aus der Jugendbewegung, auch im adoleszenten Protest gegen die ältere Generation.[1] Spektakulär nicht nur wegen der Aufmerksamkeit, die ihre Tat erregte, sondern auch wegen der publikumswirksamen drakonischen Bestrafung und wegen des gut organisierten Nachruhms war der studentische Kreis der Weißen Rose in München. Aufsehen erregte auch die Herkunft der Geschwister Scholl und ihrer Freunde aus dem Bildungsbürgertum, das sich ja durch Anpassung seines tradierten Patriotismus an die NS-Bewegung und durch karriereförderliches Wohlverhalten dem Regime gegenüber diszipliniert hatte. Staatsfrömmigkeit und Begeisterung für die vermeintliche nationale Sache hatten die Münchner Studenten erst abstreifen müssen, als sie Gegner aus Einsicht in die aussichtslose Situation wurden. Den aus linken und kommunistischen Verhältnissen kommenden jungen Menschen in Berlin um Herbert Baum war ideologisch begründete Ablehnung des NS-Staats hingegen wesensimmanent, umso mehr, als viele von ihnen im Sinne der NS-Rassenideologie als Juden oder «Halbjuden» behandelt, also diskriminiert wurden.

Die Münchner Weiße Rose und die Berliner Herbert-Baum-Gruppe haben mehr gemeinsam, als Historiographie und Politik jahrzehntelang glauben machen wollten, nämlich Regimekritik und Protest aus Einsicht in die Natur nationalsozialistischer Herrschaft und ihrer Folgen. Das unterschied den Widerstand der jungen Generation, der auch Aufstand gegen die Eltern war, von der mehrheitlich angepassten Haltung der Erwachsenen. Aber auch den jugendlichen Widerstand gab es nur vereinzelt und individuell.

In Thüringen begingen fünf Handelsschüler im Alter von 15 und 16 Jahren «Hochverrat», als sie im Sommer 1943 «Nieder mit Hitler» an die Wände einer Schutzhütte im Erfurter Steigerwald malten und mit Flugblättern ein Ende des Krieges forderten. Von Mitschülern verraten, wurden sie im Juni 1944 zu Gefängnisstrafen verurteilt.[2] Der Wiener Gymnasiast Josef Landgraf hörte Feindsender und verarbeitete, was er von BBC und anderen ausländischen Radiostationen erfuhr, zu Flugblättern und Klebezetteln, die er auf der väterlichen Schreibmaschine produzierte. Drei Schulkameraden halfen ihm dabei und wurden wie Josef Landgraf verhaftet. Im August 1942 verurteilte der Volksgerichtshof ihn und seinen Freund Anton Brunner zum Tod. Sie wurden 1943 begnadigt zu sieben bzw. fünf Jahren Gefängnis. Weniger glimpflich erging es den Jugendlichen, die in Hamburg und München in Gruppen mit nur vier Mitgliedern seit Frühjahr 1941 Widerstand leisteten. Sie waren im Alter von 16 bis 18 Jahren, wurden Anfang 1942 denunziert und verhaftet, dann zum Tod verurteilt und hingerichtet.[3]

In Hamburg war Helmuth Hübener Mittelpunkt einer Gruppe von Freunden, die der Kirche Jesu Christi der Heiligen der letzten Tage (Mormonen) angehörte.[4] Der zur Zeit seines Todes mit 17 Jahren noch minderjährige Helmuth Hübener hatte Einsichten, die der Mehrheit der erwachsenen Deutschen verborgen blieben oder die einfach verdrängt wurden, um kein Ungemach zu riskieren. In einem Flugblatt machte sich Hübener über den «Nazi-Reichsmarschall» («der gute, feiste Hermann») lustig. Er beschrieb die Konsequenzen von Görings Prahlerei, er wolle Meier heißen, wenn die britische Luftwaffe je dazu käme, Berlin zu bombardieren: «Wohl kann der Luftmarschall der Nazis noch immer eine horrende Dividende – er ist eben ein gerissener Kriegsgewinnler und Geschäftsmann – aus seinen Rüstungswerken ziehen, doch der Traum von der uneingeschränkten, immer zunehmenden Luftüberlegenheit seiner Fliegerarmada geht dem Ende immer mehr entgegen. Es wird ein böses Erwachen geben. Denn Winston S. Churchill sagte: Wenn es sein muß, bringen unsere tapferen Bombenflieger Tod und Verderben über Nazi-Deutschland!! Wir wünschen es nicht, haben es nie gewollt, doch der Tod vieler Tausender hingemordeter Menschen in Rotterdam, Belgrad und nicht zuletzt in Frankreich, Norwegen und Polen, das Blut vieler freiheitsliebender Brüder in dem durch Gestapo-Terror niedergehaltenen Europa darf nicht ungesühnt bleiben.»

Das wussten viele, vielleicht alle, aber der Verwaltungslehrling Hübener begnügte sich nicht mit einem verstohlenen Grinsen oder unterdrückter Wut. Mit seinem Flugblatt leistete er Widerstand und wurde von der NS-Justiz dafür ermordet.[5] Hübener hatte versucht, Gleichaltrigen in Hamburg die Augen über die Hitler-Jugend zu öffnen: «Das ist also die weit und breit gepriesene H. J. Eine Zwangsorganisation ersten Ranges zur Heranziehung nazihöriger Volksgenossen. Hitler und seine Komplizen wissen, dass sie euch von Anfang an den freien Willen nehmen müssen, um gefügige, willenlose Elemente aus euch machen zu können. Denn Hitler weiss, daß seine Zeitgenossen ihn langsam zu durchschauen beginnen, ihn, den Unterdrücker freier Nationen, den Mörder von Millionen.»[6]

In Berlin forderte Hanno Günther in einem Flugblatt der «Rütli-Gruppe» – so etikettierte die Gestapo den Freundeskreis im September 1940:

«Wir wollen einen gerechten und dadurch
Dauerhaften Frieden!
Wir wollen die Freiheit der Meinung und des
Glaubens!
Wir wollen die Freiheit der Arbeit!
Wir wollen die Verhinderung kommender
Kriege, durch die Verstaatlichung der
Rüstungsindustrie, und die Einziehung der
Kriegsgewinne!
Wir wollen die Schaffung einer wahren
Volksvertretung!!!»[7]

Hanno Günther besuchte bis 1933 die Reformvolksschule in der Rütlistraße im Berliner Arbeiterbezirk Neukölln, dann wechselte er auf die ebenfalls als fortschrittlich geltende Schulfarm Scharfenberg. Als die Schule zur NS-Vorbildanstalt mutierte, musste er sie verlassen und begann eine Lehre als Bäcker. Politisch war Hanno von den sozialdemokratischen Roten Falken zu den kommunistischen Jungpionieren nach links gewandert. Aus der Hitler-Jugend trat der 15-Jährige aus. Ab 1939 verfasste und verbreitete Günther, unterstützt von Elisabeth Pungs und ab Oktober 1940 auch vom Jungkommunisten Wolfgang Pander Klebezettel mit Parolen in Versen gegen die «Blitzkriege». Bis Januar 1941 erschienen sechs Folgen einer Flugblattserie «Das Freie Wort». Zu dieser Zeit intensivierte Günther seine Kontakte zur illegalen KPD und sammelte gleichgesinnte ehemalige Klassenkameraden aus der Rütlischule um sich. Sie hörten BBC, schulten sich durch marxistische Literatur und diskutierten die militärische Situation. Unter dem Einfluss des kommunistischen Funktionärs Herbert Bochow wurden Strategien des Widerstands in der Wehrmacht, die Günther im April 1941 einzog, erörtert. Der Verhaftung Ende Juli 1942 folgte im Oktober das Todesurteil des Volksgerichtshofs.[8] Hanno Günther war 21 Jahre alt, als er zusammen mit sechs Freunden im Dezember 1943 in Plötzensee hingerichtet wurde. Was hat ihn und wenige andere im jugendlichem Alter, mit eher proletarischem als bildungsbürgerlichem Hintergrund zur frühen Einsicht in die Natur des Hitler-Staats gebracht, was hat den Freundeskreis zu richtigen Erkenntnissen über die Menschenfeindlichkeit des Systems, die Verlogenheit seiner Propaganda, das Irreale der Kriegsziele befähigt – zu Erkenntnissen, zu denen sich die Mehrheit erfahrener Erwachsener, gebildeter und geschulter Studienräte, Offiziere, Ärzte, Juristen, Unternehmer, Intellektuelle, nicht durchringen konnten oder die sie aus furchtsamer Anpassung, berechnendem Opportunismus, inhaltsleerem Karrierestreben willig, frühzeitig und unwiderruflich opferten?

Drei Muster und zwei zeitliche Phasen der Gegnerschaft junger Menschen zum NS-Staat, die erste 1933 bis 1939, die zweite in den Kriegsjahren, sind zu unterscheiden. Es gab erstens Gruppen, die unter politischen, religiösen oder anderen weltanschaulichen Vorzeichen schon vor 1933 existiert hatten und die versuchten, ihre Überzeugung im «Dritten Reich» weiterzuleben. Es entstanden zweitens neue Gruppierungen, deren Motiv die Gegnerschaft zum Nationalsozialismus bildete. Dazu gehörte z. B. der Freundeskreis um Walter Klingenbeck in München. Die Gruppe katholischer Jugendlicher verbreitete 1941/42 mit selbstgebauten Rundfunksendern regimefeindliche Nachrichten und rief zum Kampf gegen Hitler auf. Klingenbeck wurde im August 1943 von der NS-Justiz hingerichtet; zwei Freunde wurden zu Zuchthausstrafen verurteilt. Die dritte Grundform jugendlicher Opposition war nicht strukturiert und kaum organisiert, trat nicht mit programmatischen Manifesten in Erscheinung und hatte Züge adoleszenten Verhaltens.[9]

Edelweißpiraten, Meuten, Swing-Jugend

Vor allem in den Kriegsjahren bildeten sich an vielen Orten Cliquen und Banden, deren Opposition hauptsächlich in der Ablehnung der HJ bestand.[10] Sie wurden bekannt unter Namen wie «Edelweißpiraten», «Swing-Jugend», «Meuten». Durch ihre bloße Existenz bereiteten sie den Behörden viel Verdruss. Im Herbst 1944 gab der Reichsführer SS und Chef der deutschen Polizei Heinrich Himmler einen Erlass heraus, in dem es hieß: «In allen Teilen des Reiches, insbesondere in größeren Städten haben sich seit einigen Jahren – und in letzter Zeit in verstärktem Maße – Zusammenschlüsse Jugendlicher (Cliquen) gebildet. Diese zeigen z. T. kriminell-asoziale oder politisch-oppositionelle Bestrebungen und bedürfen deshalb, vor allem in Hinblick auf die kriegsbedingte Abwesenheit vieler Väter, Hitler-Jugend-Führer und Erzieher, einer verstärkten Überwachung.»[11]

Der pauschale Vorwurf «asozialen Verhaltens» war im NS-Staat gegen unangepasste Personen und Gruppen schnell zur Hand. Er brauchte auch nicht bewiesen zu werden, wenn man als «Asozial» ins KZ eingeliefert wurde. Bei den einige Tausend Jugendliche umfassenden Gruppen, die unter dem Sammelnamen «Edelweißpiraten» verfolgt wurden, waren die Grenzen zwischen provokativ zur Schau getragenem selbstbestimmten Jugendleben («Herumlungern», Ablehnung bürgerlicher Ordnungsvorstellungen als Habitus) und tatsächlicher Kriminalität fließend. Außer wegen Prügeleien mit HJ-Streifen wurden Edelweißpiraten auch wegen strafrechtlicher Delikte wie Schwarzhandel oder Einbruch verurteilt. Entwurzelung und Großstadtkriminalität unter extremen Lebensumständen am Ende des Krieges waren in der Regel stärkere Triebkräfte als politische Motive. Die Verfolgung jugendlicher Cliquen förderte wiederum deren Abneigung gegen den Staat. So mischten sich auch die Beweggründe im berühmtesten Fall: In Köln-Ehrenfeld versuchten Jugendliche nach einer Reihe von Gewalttaten das Gestapo-Gebäude in die Luft zu sprengen. Nach einer anschließenden Schießerei wurden die Mitglieder einer Gruppe von Edelweißpiraten ohne Gerichtsurteil am 10. November 1944 öffentlich erhängt.[12]

Im Rheinland und im Ruhrgebiet, namentlich in Großstädten wie Köln, Düsseldorf und Essen, gab es etliche dieser nach ihrem Erkennungszeichen Edelweißpiraten genannten Jugendlichen. Sie demonstrierten in Auftreten und Kleidung einen Lebensstil, der mit bündischen und proletarischen Elementen deutlich von der Staatslinie abwich. Ähnlich nonkonformes Verhalten zeigten die Schlurfs in Wien und Gruppen in anderen Regionen, wie in Sachsen oder in Frankfurt am Main. Ebenso der oppositionellen jugendlichen Subkultur zuzurechnen sind die Leipziger oder Erfurter Meuten, die Proletengefolgschaften in Halle und andere Gruppen. Gemeinsam war ihnen die Herkunft aus dem Arbeitermilieu.

Aus anderer Wurzel, nämlich im großstädtisch-bürgerlichen Umfeld, entstand etwa ab 1939 eine eigene jugendliche Subkultur, die Swing-Jugend mit Schwerpunkt in Hamburg. Durch betont lässiges Auftreten, langes Haar und unmilitärische Kleidung, durch forciert angelsächsisches Gehabe (gerollter Schirm) und die Bevorzugung ausländischer, in Deutschland verpönter Musikstile (Swing und Jazz) provozierten diese Jugendlichen die NS-Behörden.

«Der Anblick der etwa 300 tanzenden Personen war verheerend. Kein Paar tanzte so, daß man das Tanzen noch als einigermaßen normal bezeichnen konnte. Es wurde in übelster und vollendetster Form geswingt. Teilweise tanzten zwei Jünglinge mit einem Mädel, teilweise bildeten mehrere Paare einen Kreis, wobei man sich einhakte und in dieser Weise dann weiter gehüpft wurde. Viele Paare hüpften so, indem sie sich an den Händen anfaßten und dann in gebückter Stellung, den Oberkörper schlaff nach unten hängend, die langen Haare wild im Gesicht, halb in den Knien mit den Beinen herumschleuderten. Bei manchen konnte man ernsthaft an deren Geisteszustand zweifeln, derartige Szenen spielten sich auf der Swingfläche ab. In Hysterie geratene Neger bei Kriegstänzen sind mit dem zu vergleichen, was sich dort abspielte.»[13]

Die Beschreibung der Orgie findet sich im Bericht einer HJ-Streife, die mit Unterstützung der Gestapo am 8. Februar 1940 durchgeführt wurde. Die im Lichte des «gesunden Volksempfindens» verabscheuungswürdigen Ausschweifungen ereigneten sich bei einer Veranstaltung der Swing-Jugend im Hotel Kaiserhof in Hamburg-Altona. Die jungen Leute demonstrierten subkulturelle Eigenart und politische Distanz zum NS-Regime.[14] Sie hatten sich eine Gegenwelt zur Hitler-Jugend und damit zum uniformierten Lebensgefühl der Mehrheit geschaffen, galten deshalb als moralisch und politisch verwahrlost, wurden als Staatsfeinde in Massen verhaftet und auf Himmlers persönliche Initiative im Frühjahr 1942 in Konzentrationslager eingewiesen.

Obwohl die Swing-Jugendlichen in erster Linie ihr Lebensgefühl zum Ausdruck brachten und mit politischem Widerstand kaum etwas im Sinn hatten, war ihre Verfolgung doch ein Politikum und umgab sie mit der Aura des Oppositionellen.[15] Ohne dass ausdrückliche politische Aktivitäten entfaltet wurden, betrachtete das Regime diese Art der Verweigerung als Widerstand und reagierte entsprechend.[16]

Junge Arbeiter: Die Herbert-Baum-Gruppe

Die nationalsozialistische Propaganda stimulierte Emotionen. Das geschah durch Inszenierung von theatralischen Ereignissen, Massenspektakeln, Aufmärschen und Reden. Ausstellungen, die den Anschein erwecken sollten, objektiv zu informieren, spielten eine wichtige Rolle. Den größten Publikumserfolg mit mehr als zwei Millionen Besuchern hatte die Ausstellung «Entartete Kunst», die von Juli bis November 1937 in München gezeigt wurde.[17] Etwa 600 Werke von 110 Künstlern der klassischen Moderne waren zur Schau gestellt. Die Ausstellung sollte den Triumph nationalsozialistischer Kunstideologie dokumentieren, der Gemälde, Zeichnungen und Skulpturen in riesiger Zahl zum Opfer gefallen, unter deren Anspruch Berufsverbote gegen Künstler, Galeristen und Museumsdirektoren verhängt worden waren.

Die Münchner Schau war als Gruselkabinett konzipiert, als Schreckenskammer, wie sie seit 1933 zur Diffamierung der Moderne in Schandausstellungen inszeniert wurden. Die Kunstwerke wurden in drangvoller Enge auf chaotische Weise präsentiert. Die Kommentare, als Parolen an die Wände geschmiert, lauteten etwa: «Offenbarung der jüdischen Rassenseele», «Verhöhnung der deutschen Frau – Ideal: Kretin und Hure», «Beschimpfung der deutschen Helden des Weltkrieges», «Jüdische Wüstensehnsucht macht sich Luft – der Neger wird in Deutschland zum Rassenideal einer entarteten Kunst», «Wahnsinn wird Methode», «Verrückt um jeden Preis» oder «So schauen kranke Geister die Natur».[18] Ziel war die im Bereich der modernen Kunst allemal leicht erreichbare Identifizierung des Betrachters mit den pejorativen Absichten der Propa-

Die Herbert-Baum-Gruppe

ganda. In Düsseldorf gab es 1938 ein Pendant zu der Ausstellung unter dem Titel «Entartete Musik».[19]

Am 7. November 1936 war die «Große antibolschewistische Schau» im Bibliotheksbau des Deutschen Museums in München eröffnet worden. Anprangerung war auch hier die Methode, die mit allen Mitteln der Suggestion, der Diffamierung, der Stigmatisierung angewendet wurde. Dazu wurde alles gesammelt und dann wüst arrangiert, was tauglich erschien: Gegenstände, Bilder, Fotos. Konzeptionelle Überlegungen über die propagandistische Absicht hinaus waren ebenso wenig erforderlich wie Sachverstand oder auch nur Kenntnis der Materie. Das Niveau erhob sich nicht über den Horizont der Wirtshausrunde oder des «Mannes auf der Straße», deren kleinbürgerliche Ängste, Vorurteile, Feindbilder stimuliert wurden. Ein Jahr später folgte die Ausstellung «Der ewige Jude», die wiederum den berüchtigten Film gleichen Titels nach sich zog.

Fünf Jahre nach der Münchner antibolschewistischen Propagandaschau, die mit 300 000 Besuchern als großer Erfolg gefeiert wurde, gab es in Berlin noch einmal eine Ausstellung gegen den Kommunismus. Inzwischen hatte die Wehrmacht die Sowjetunion überfallen und war im Dezember 1941 vor Moskau an ihre Grenzen gestoßen. Die Ausstellung im Berliner Lustgarten wurde am 8. Mai 1942 eröffnet, sie diente der ideologischen Rechtfertigung des Vernichtungskriegs gegen die Sowjetunion und zur Sinnstiftung des Ostfeldzugs. Um das elende Leben in der Sowjetunion augenfällig zu machen, wurden mit Fotos und Inszenierungen das Innere eines Kolchoswohnhauses, eine Motoren-Traktoren-Station, eine Unterkunft im Studentenheim der Universität Minsk, die Küche eines «staatlichen Speisehauses» («Hier empfing der Verwalter seine bevorzugten Gäste»), eine Arbeiterwohnung und weitere «typische Einrichtungen» dargestellt. Der Kontrast zwischen staatlichem Prunk und dem armseligen Dasein der Sowjetbürger war herausgearbeitet durch die Gegenüberstellung des Opernhauses in Minsk mit einer «Wohnhöhle» in dessen unmittelbarer Umgebung. Der «Blick in einen bolschewistischen Kulturpark» war mit dem «Flickschuster in seiner primitiven Werkstatt» kontrastiert. Der monumentalen «Scheinfassade des Bolschewismus» waren die «Klassen im klassenlosen Staat» gegenübergestellt, veranschaulicht durch Figuren auf Sockeln, die ihren sozialen Status in der Sowjetgesellschaft anzeigten: ganz niedrig Zwangsarbeiter und Menschen «nichtproletarischer Herkunft», Kolchosbauern und Arbeiter auf etwas höherem Podest, am höchsten positioniert die «jüdische Führerschicht». Viel Mühe war darauf verwendet worden, die Rüstung als Verschleuderung des «Reichtums des Ostens» zu Lasten der Bevölkerung und die Sowjetarmee als «furchtbare Bedrohung Europas» darzustellen. «Die jüdisch-bolschewistische Clique in Moskau hat seit dem Tage des Zarenmordes sich planmäßig auf die Vernichtung Europas vorbereitet. Alle Rohstoffe und die gesamten Arbeitskräfte wurden ausschließlich und rücksichtslos für diesen Zweck ausgebeutet.»[20]

Das sollte auch der sowjetische Panzer vor der Ausstellungshalle im Berliner Lustgarten symbolisieren, zusammen mit weiteren Beutewaffen, Karten der Rüstungszentren der Sowjetunion und anderen Beweisen eines angeblich beabsichtigten Angriffs auf Europa. An die deutsche Tierliebe appellierte ein ausgestopfter «Minenhund» mit der Legende: «Diese unglücklichen Tiere werden von den Bolschewisten so abgerichtet, dass sie ihr Fressen ausschließlich unter einem Panzer erhalten. Die ausgehungerten Tiere stürzen sich daher auf die angreifenden feindlichen Panzer im Glauben, unter ihnen Futter zu finden. Die Hunde, die auf dem Rücken zwei Minen tragen, berühren den Panzer mit einer Kontaktstange, die die Explosion auslöst.»[21]

Dass die Rote Armee ein Werkzeug der Juden sei, wurde dem Publikum in Texten der Begleitbroschüre vermittelt: «Diese gewaltige Rüstung sollte das Judentum in die Lage versetzen, ganz Europa zu überrennen. Für die Verwirklichung dieses Planes hatte sich der Bolschewismus außerdem wichtige Stellungen in Finnland, im Baltikum, in Polen und in Bessarabien bereits gesichert. Die Räume wurden planmäßig zum entscheidenden Stoß gegen den Westen ausgebaut».[22]

Die Rechtfertigung des Kriegs, mit dem Deutschland einem angeblich geplanten Angriff der Sowjetunion zuvorgekommen sei, war ein Ziel der Ausstellung. Ein anderes war in kolonialpolitischer Absicht die Darstellung des «Reichtums des Ostens», der offensichtlich in falschen Händen, nämlich der bolschewistisch-jüdischen Herrschaft, verschleudert werde, wenn nicht die «germanisch-deutsche Durchdringung des Ostraums» wieder Realität werde. Die Ausstellung knüpfte ausdrücklich an die antibolschewistische Propagandaschau des Jahres 1936 an: Der Gedanke habe nahegelegen, «ein Stück des bolschewistischen Alltags, so wie ihn die Masse der Sowjetbürger in namenlosem Elend verbringt, in einer Ausstellung dem deutschen Volk lebensecht vorzuführen».[23]

Zur Absicht, die Notwendigkeit deutschen Kolonialerwerbs durch Zerstörung der Sowjetunion zu propagieren, kam als drittes und eigentliches Ziel der Ausstellung die Darstellung der angeblichen Identität von Bolschewismus und Judentum. Dazu griffen die Ausstellungsmacher auf bekannte Muster zurück: «Frühzeitig erkannte das Judentum die unbegrenzten Möglichkeiten, die Land und Menschen des Ostens für die Irrlehre des Bolschewismus boten. Diese Feststellung wird durch zwei Darstellungen anschaulich gemacht, die zwei Tatsachen gegenüberstellen: 1. Dass der Jude Marx-Mardochai der Erfinder des Marxismus ist; 2. Dass der heutige Sowjetstaat nichts anderes ist als die praktische Verwirklichung dieser jüdischen Erfindung.»[24]

In ebenso erschütternder Schlichtheit folgt die Argumentation, die Behauptungen aneinanderreiht wie die, das Wort «Antisemit» sei im Sowjetstaat eine der schwerwiegendsten Beschuldigungen und bedeute für den, den sie treffe, Zwangsarbeit oder den Tod. Ein Blick auf die Statistik «über die Verjudung der hohen Ämter» erkläre alles: «Nahezu alle Ministerien, im bolschewistischen Sprachgebrauch Volkskommissariate genannt, werden fast ausschließlich von Juden beherrscht. Erklärlich wird aus der Erkenntnis, dass der Sowjetstaat eine Sache des Judentums ist, auch die brutale Ausnutzung der Arbeitskraft der Bevölkerung, die für die Ziele der jüdischen Weltrevolution schonungslos geopfert wird. Abgesehen von dem berüchtigten Stachanow-System bewahrheitet sich dies in der bewussten Erniedrigung der Frau zur Arbeitssklavin».[25]

Der GPU, dem Geheimdienst der Sowjetunion, war viel Raum gewidmet. Sie wurde als «Terrorwerkzeug des jüdischen Bolschewismus» dargestellt: «Die immer wieder gestellte Frage, warum die Bolschewisten an der Front so zähen Widerstand leisten, findet ihre vielleicht überzeugendste Erklärung in dem brutalen Terror, den das Judentum mit Hilfe der GPU auf die Bevölkerung ausübt. Dieser 25 Jahre lang währende Terror hat jene graue und willenlose Masse geschaffen, die mit blöder Stumpfsinnigkeit jeden Befehl ausführt, weil dies allein eine letzte Chance zum Leben bietet.»[26]

Die Propaganda gegen den Kommunismus und die Sowjetunion folgte dem gleichen Schema, das gegen die «entartete Kunst» prototypisch entwickelt und dann in den Dienst des Antisemitismus genommen wurde. Wie die künstlerische Moderne dem Gelächter eines spießigen Publikums preisgegeben wurde, so inszenierte die nationalsozialistische Propaganda alles Jüdische denunziatorisch als verkommen, gemein und abartig. Die Stigmatisierung als «fremd» und «anders» hatte zuerst gegenüber der Kunst, dann gegenüber dem Bolschewismus und schließlich durch die Verhöhnung jüdischer Kultur, jüdischer Religion, jüdischer Existenz den einzigen Zweck, die Vernichtung des Unerwünschten vorzubereiten.

Die Ausstellung «Das Sowjetparadies» stieß im Publikum nicht nur auf Zustimmung. An Hauswänden und Litfaßsäulen in Berlin waren hie und da Klebezettel zu lesen, die die Schau parodierten. «Ständige Ausstellung Das Naziparadies, Krieg, Hunger, Lüge, Gestapo – wie lange noch?» war darauf zu lesen. Urheber waren Angehörige der Widerstandsgruppe um Harro Schulze-Boysen.[27]

Am 18. Mai 1942 fand ein Anschlag auf die Ausstellung statt. Der Brandsatz war in der inszenierten «Arbeiterstube» gezündet worden. Er richtete wenig Schaden an, schon am folgenden Tag stand das «Sowjetparadies» wieder dem Publikum offen. Eine Nachrichtensperre sollte unerwünschte Publizität verhindern. So erfuhr die deutsche Öffentlichkeit nichts über diesen Akt des Widerstands. Zwei Berichte der «New York Times» setzten das Gerücht in die Welt, aus Rache hätten die Nazis Hunderte Berliner Juden auf dem Kasernengelände der SS-Leibstandarte Adolf Hitler in Berlin-Lichterfelde erschossen. Die deutschsprachige jüdische Emigranten-Zeitung «Der Aufbau» versuchte sich zur gleichen Zeit an der Beweisführung, dass der Anschlag nicht von Juden verübt worden sein konnte, da Juden der Besuch der Ausstellung verboten gewesen sei.[28]

Für diejenigen, die den Sabotageakt geplant und ausgeführt hatten, und für viele Unbeteiligte waren die Folgen aber katastrophal. Die Gestapo fahndete erfolgreich nach den Attentätern. Am 27. Mai nahm sie 25 Personen fest, unter ihnen Herbert und Marianne Baum, Heinz Joachim und Sala Kochmann. Der 30-jährige Herbert Baum starb im Juni 1942 in der Haft; nach Angaben der Gestapo hatte er Selbstmord begangen. Einer zweiten Verhaftungswelle zwischen 1. Juni und 12. August 1942 fielen elf weitere Mitglieder der Freundeskreise zum Opfer. Am 3. September fasste die Gestapo sechs Personen und von Oktober bis Dezember 1942 waren es noch einmal zwölf, darunter auch Martin Kochmann. Der rasche Fahndungserfolg nährte Vermutungen, dass Verrat im Spiel war, wofür sich allerdings keine Beweise fanden. In mindestens sechs Prozessen, teils vor dem Sondergericht V des Landgerichtes Berlin, teils vor dem 2. Senat des Volksgerichtshofs wurden die meisten Angeklagten zum Tod verurteilt. Am 16. Juli wurden Joachim Franke und neun weitere Angeklagte laut einer «Führerinformation des Reichsjustizministeriums» vom 23. Juli 1942 verurteilt.[29] Im zweiten Prozess gegen die eigentliche Herbert-Baum-Gruppe gab es wieder neun Todesurteile gegen vier junge Frauen im Alter von 20 und 21 Jahren und fünf junge Männer, unter ihnen Marianne Joachim, Lothar Salinger und Siegbert Rotholz. Drei weitere Frauen, Lotte Rotholz, Edith Fraenkel und Alice Hirsch, 19 und 20 Jahre alt, erhielten Zuchthausstrafen. Im dritten Prozess wurden Martin Kochmann und zwei Freunde zum Tod verurteilt. Es folgte im Juli 1943 ein Verfahren vor dem Berliner Kammergericht gegen Helfer. Zwei Angeklagte, Charlotte Paech und Jacob Berger, durften nicht vor Gericht erscheinen, da sie nach nationalsozialistischer Ideologie Juden waren, für die nach einer soeben verfügten Bestimmung die Justiz nicht mehr zuständig war. Ihr Schicksal stand im Belieben der Polizei, die sie entweder ins KZ einweisen, ins Vernichtungslager deportieren oder gleich ermorden konnte. Die Prozeduren der Justiz waren freilich kaum anders. Die Verhandlungen bestanden im Wesentlichen im Vortrag der Anklageschrift und der Verkündung des Urteils, das wenig später vollstreckt wurde.

Als Vergeltung für den Anschlag auf die Ausstellung wurden 500 Juden in Berlin als Geiseln genommen. Die Hälfte von ihnen wurde im KZ Sachsenhausen am 28. Mai erschossen, 96 Männer, die bereits dort Häftlinge waren, und 156 weitere jüdische Männer aus Berlin. Die Angehörigen der Ermordeten wurden nach Theresienstadt deportiert. Die verbliebenen 250 Juden wurden in Sachsenhausen inhaftiert.[30] Die Reichsvereinigung der Juden in Deutschland war durch Gestapo-Funktionäre über den bevorstehenden Racheakt an 500 Juden unterrichtet worden, damit war die Drohung verbunden, dass weitere derartige Maßnahmen ergriffen würden, sollte sich noch einmal ein Sabotageakt ereignen, an dem Juden beteiligt seien.[31]

Der Anschlag war Höhepunkt und Ende des Widerstands der jungen Berliner aus proletarischem Milieu, von denen viele nach der Definition der nationalsozialistischen Rassenideologie Juden waren, d. h. sie waren jüdischer Herkunft ohne religiöse, kulturelle oder emotionale Bindung an das Judentum, wie Herbert und Marianne Baum, die der Gruppe den Namen gaben, überwiegend Kommunisten oder standen dem Kommunismus nahe. Sie waren aber nicht, wie die DDR-Historiographie später behauptete, parteikonform und von deren Kadern angeleitet.[32]

Charakteristisch und einmalig war die zionistische Orientierung der jungen Leute in der Gruppe. Sie kamen zum großen Teil aus der jüdischen Jugendbewegung. Manche waren gleichzeitig im kommunistischen Jugendverband, im linkszionistischen Haschomer Hazair, im «Schwarzen Haufen» (Bauleute), dem Zusammenschluss zionistischer Jugendbünde zum Zweck der Hachschara, oder bei der Organisation Habonim, einem linken lebensreformerischen Kreis im deutschjüdischen Wanderbund Kameraden, organisiert. Bemerkenswert sind das Durchschnittsalter Anfang Zwanzig und der hohe Frauenanteil. Von ausgebildeten Strukturen, gar straffer Organisation kann man nicht sprechen. Die Herbert-Baum-Gruppe bestand aus mehreren Freundeskreisen, die sich überschnitten und ihre Gemeinsamkeit in der Gegnerschaft zum NS-Staat hatten.

Aufgrund der spärlichen Quellen, mehr aber noch wegen politischer Interessen blieb die Geschichte der Herbert-Baum-Gruppe lange undeutlich. Die DDR reklamierte sie als Teil des organisierten antifaschistischen kommunistischen Widerstands, im Westen blieben die jungen Widerstandskämpfer, weil sie – allerdings unorthodoxe – Kommunisten waren, im Schatten des bürgerlichen Widerstandes, bis sie spät für den jüdischen Widerstand entdeckt wurden.[33] Die Konstruktion als jüdische Widerstandsgruppe lässt nicht nur das Selbstverständnis der jungen Widerständigen außer Acht, sie argumentiert mit den Zuschreibungen der NS-Ideologie und macht Menschen zu Juden, die auf ihre Herkunft gar keinen Wert legten.[34]

Legenden rankten sich um den Anschlag im Lustgarten. Die Gestapo habe auf dem Gelände der Kaserne der SS-Leibstandarte Adolf Hitler die jüdischen Geiseln als Repressalie erschossen, lautete eine Version, die durch eine andere relativiert war. Die Juden seien nicht als Rache für den Angriff auf die Propagandaschau, sondern als Strafe für die Ermordung Reinhard Heydrichs, des Chefs des Reichssicherheitshauptamtes und amtierenden «Reichsprotektors» in Prag, ermordet worden. Das passte schon vom Datum nicht, denn er fiel dem Attentat am 4. Juni zum Opfer und sein letztes dienstliches Gespräch mit dem Reichsführer SS Heinrich Himmler hatte am 26. Mai 1942 genau die Repressalien gegen Juden in Berlin zum Gegenstand.[35]

Die vier Personen im Zentrum der Herbert-Baum-Gruppe waren mit

30 Jahren zugleich die ältesten im gesamten Kreis, der bei hoher Fluktuation, durch Auswanderung bedingt, bis zu 100 Personen insgesamt umfasste. Die späteren Ehepaare Herbert Baum und Marianne Cohn sowie Martin Kochmann und Sala Rosenbaum kannten sich zum Teil schon seit früher Jugend. Zu Beginn der NS-Herrschaft waren sie 19 Jahre alt, und von Anfang an standen sie wegen ihrer Herkunft politisch und emotional in Opposition zum Nationalsozialismus. Zu ihren Aktivitäten gehörten Jugendarbeit, oppositionelle Propaganda, marxistische Schulung, Wanderfahrten mit Jüngeren und deren Vorbereitung zur Auswanderung oder Hilfe bei der Flucht. Aus Selbstbehauptungswillen, Aufklärungsdrang (durch Klebezettel, Malaktionen und Flugblätter) und politischer Diskussion wurde spätestens nach dem deutschen Überfall auf die Sowjetunion Widerstand.

Der Antisemitismus, der auch Nichtreligiöse in eine jüdische Schicksalsgemeinschaft trieb, und der Antibolschewismus, der alle Marxisten zu Todfeinden erklärte, waren Motiv und Antrieb für das widerständige Verhalten der Freunde aus proletarischem Milieu, denen als zusätzliches Stigma das Jüdische zugeschrieben wurde. Die Einordnung und Vereinnahmung des Kampfs der Herbert-Baum-Gruppe als kommunistischer Widerstand, wie die DDR ihn feierte und, ähnlich wie bei der Roten Kapelle, als antifaschistisch unter Anleitung und Kontrolle der aus Moskau gelenkten KPD für die Legitimierung der SED-Herrschaft reklamierte, machte einige Anstrengungen erforderlich. In der offiziösen Darstellung des Widerstands heißt es in Parteiprosa über Herbert und Marianne Baum: «Seite an Seite traten sie – getreu ihrer marxistischen Weltanschauung – gegen die kapitalistische Ausbeuterordnung, für ein wahrhaft demokratisches, sozialistisches Deutschland ein, in dem alle Werktätigen, ungeachtet der Unterschiede von Religion, Rasse und Weltanschauung, in Frieden leben können. Seite an Seite nahmen sie aktiv am antifaschistischen Widerstandskampf teil.»[36] Andererseits wurden Herbert Baum und seine Freunde im Westen für den «jüdischen Widerstand» entdeckt.[37] Dazu wurde wiederum die kommunistische Überzeugung der Freunde in den Hintergrund gerückt. Tatsache bleibt, dass viele im Herbert-Baum-Kreis als Diskriminierte und Verfolgte wegen ihrer «rassischen» Herkunft ebenso auf der Schattenseite des «Dritten Reiches» lebten wie Angehörige des linken Milieus, aus dem sie stammten.

Herbert Baum wurde 1912 in Berlin geboren,[38] machte nach einer Lehre als Elektriker den Versuch, sich in Abendkursen zum Ingenieur weiterzubilden, bis die NS-Rassengesetze 1935 dies verhinderten. In der Deutsch-Jüdischen Jugendgemeinschaft, die 1938 verboten wurde, lernte er um 1928 Marianne Cohn, seine spätere Frau kennen; sie heirateten 1934 oder 1936. Ab 1941 waren beide Zwangsarbeiter im Siemens-Elektromotorenwerk. Da Zwangsarbeit von Juden in geschlossenen Abteilungen ohne Kontakt zu «arischen» Arbeitern verrichtet wurde, lernten sie dort eine Gruppe junger Juden kennen, deren Mittelpunkt Heinz und Marianne Joachim bildeten. Heinz, geboren 1919, studierte von 1939 bis 1941 Musik am privaten Konservatorium Hollaender mit dem Hauptfach Klarinette. Er war, wie die zwei Jahre jüngere Marianne Prager, die 1941 seine Frau wurde, im «Ring – Bund deutsch-jüdischer Schüler» gewesen. Marianne war bis Sommer 1940 Kinderpflegerin im jüdischen Kindergarten, dann arbeitete sie bei Zeiss-Ikon in Berlin, wurde zum Landeinsatz verpflichtet, war schließlich Zwangsarbeiterin in einer Berliner Fabrik. Zu ihren Freunden gehörten Lothar Salinger, der Fotojournalist werden wollte, das aber als Jude nicht durfte, und Siegbert Rotholz, der Hilfsarbeiter in einer Polsterei war; angestrebt hatte er eine Lehre als Tapezierer, später arbeitete er als Hausdiener, Arbeiter in Abrissfirmen und bei einem Kohlenhändler.

Eine weitere Widerstandsgruppe, die mit Herbert Baum zusammenarbeitete, scharte sich in Berlin-Friedrichshain um Hans Georg Vötter. Der 1901 in Leipzig geborene Schriftsetzer war Kommunist und seit 1928 Mitglied und Funktionär der Internationalen Arbeiterhilfe. 1935 bis 1940 verbüßte er deswegen eine Zuchthausstrafe. Nach der Entlassung bildete er mit Gleichgesinnten eine Parteizelle der KPD im Untergrund. Zu seinen Freunden gehörten Werner Steinbrinck und dessen Verlobte Hildegard Jadamowitz. Das Arbeiterkind Steinbrinck besuchte nach der Realschule Aufbaukurse, schloss eine Ausbildung zum Chemielaboranten ab, wurde 1939 zum Reichsarbeitsdienst und 1940 zur Wehrmacht eingezogen. Steinbrinck hatte sich 1933 dem Kommunistischen Jugendverband angeschlossen und dort Herbert Baum kennengelernt. 1936 war er von der Gestapo verhaftet, aber wieder freigelassen worden, weil ihm seine Untergrundtätigkeit nicht nachgewiesen werden konnte. Hildegard Jadamowitz, aus kleinbürgerlichen Verhältnissen stammend, besuchte in Berlin-Neukölln die Reformvolksschule in der Rütlistraße und arbeitete dann als medizinisch-technische Assistentin in einer Arztpraxis. Seit 1931 gehörte sie dem Kommunistischen Jugendverband an, war 1936 kurze Zeit verhaftet.

Ein anderer Kreis Widerständiger fand sich um den Ingenieur Joachim Franke zusammen. Er arbeitete bei AEG in Berlin-Köpenick. Dort lebte er auch mit seiner Frau Erika. Franke war 1942 37 Jahre alt und damit der Älteste in den Gruppen um Herbert Baum. Er kam aus der Internationalen Arbeiterhilfe und der KPD. Mit Hans-Georg und Charlotte Vötter stand er in Kontakt, ebenso mit dem Schriftsetzer Hans Mannaberg, der wegen kommunistischen Widerstands bereits im Gefängnis und KZ gewesen war.

Das Selbstverständnis und die Selbstvergewisserung der Gruppen um Herbert Baum und Joachim Franke, die sich seit Anfang 1942 programmatisch verständigten (was praktisch dadurch geschah, dass sich Baum und Franke trafen), erfolgte anhand zweier Schriften, die im sozialistischen und kommunistischen Widerstand kursierten. Das Resümee des Textes «Zur Lage (Kurzbericht)» lautete: «Der deutsche Soldat muß wissen, dass die Propaganda ihn belügt, wenn sie ihm zuflüstert, das russische Volk lebe im Elend und müßte befreit werden ... Der Christ muss wissen, dass es nur eine Möglichkeit gibt, darzutun, dass ‹Religion nicht Opium fürs Volk› sei: nämlich eindeutig vom Kreuzzugsschwindel Abstand zu nehmen. Und jeder Vaterlandsfreund muss wissen, dass es nur eines gibt, um die Zukunft des deutschen Volkes zu sichern: Mit dem Massenmord Schluss zu machen und der Welt zu beweisen, dass das wahre Deutschland noch lebt und auch für die Zukunft Lebensrechte hat, Schulter an Schulter mit den anderen Völkern.»[39] Das beschrieb die emotionale Position, aus der heraus die Freundeskreise Baum und Franke gegen den Nationalsozialismus Widerstand leisteten. Ideologisch rüsteten sie sich mit der Schrift «Organisiert den revolutionären Massenkampf gegen Faschismus und imperialistischen Krieg!»; der Text wurde wegen seines Umfangs auch «18-Seiten-Material» genannt. Er zirkulierte im Frühjahr 1942 auch im Widerstandskreis Rote Kapelle und war vermutlich von Wilhelm Guddorf und Bernhard Bästlein verfasst; so protokollierte es die Gestapo.[40] Die Schrift propagierte vor dem Hintergrund der Situation im Winter 1941/42 einen internationalen Bürgerkrieg gegen den Faschismus: «Der imperialistische Krieg setzt den Bürgerkrieg auf die Tagesordnung. Der Faschismus muß fallen. Mit ihm zusammen muss seine Basis zertrümmert werden – der Kapitalismus.»[41]

Werner Steinbrinck und Hilde Jadamowitz waren die Urheber eines Flugblattes, das sich im Namen der «Ärztesektion» einer «Antifaschistischen Aktion Deutschlands» an die deutsche Ärzteschaft richtete. Den «Kollegen» wurde darin vor Augen geführt, dass die Zunahme tödlicher Erkrankungen – Lungenschwindsucht, Typhus, Scharlach, Diphterie, Grippe, Magengeschwüre – eine Folge der Hungerrationen war, die das NS-Regime wegen des Krieges anordnete und ständig verkürzte. Deshalb forderte die Aktion den Sturz Hitlers und die Beendigung des Krieges: «Macht Schluß mit der Politik der Bankrotteure, Schluß mit den nationalsozialistischen Volksverderbern! Wer Deutschland liebt, wer das deutsche Volk liebt, wer sich noch einen Funken von Anständigkeit und innerer Sauberkeit bewahrt hat, der gibt Hitler und seinen Helfershelfern den wohlverdienten Fußtritt! Deutsche Ärzte, kämpft mit uns für die Befreiung des deutschen Volkes vom faschistischen Joch, dann werden wir gemeinsam mit den anderen Völkern der Erde Frieden, Brot und Freiheit haben!»[42]

Werner Steinbrinck wurde 1942 als Wehrmachtsangehöriger zum Dienst als Chemotechniker am Kaiser-Wilhelm-Institut für Chemie in Berlin-Dahlem freigestellt. Das ermöglichte ihm die Beschaffung der Substanzen für den Brandanschlag auf die Ausstellung «Das Sowjetparadies» im Berliner Lustgarten. Beim Erwerb der für die Produktion von Flugblättern notwendigen Mittel und des erforderlichen Materials waren die jungen Widerständler im Umkreis von Herbert Baum nicht zimperlich. Diebstahl und eine Aktion in einem jüdischen Haushalt in der Lietzenburger Straße, bei der sie als Gestapo auftraten und Teppiche konfiszierten, heiligten ihnen zum guten Zweck die schlechten Mittel.

Über die Wirkung von Flugblättern und hektographierten Zeitungen, mit denen Widerständige den Deutschen die Augen über das NS-Regime öffnen wollten, über die katastrophale militärische Situation, über Verbrechen, konnte man sich schon damals eigentlich keine Illusionen machen. Sie sind Beweisstücke, die den Historikern als Belege oppositionellen Denkens und Handelns dienen, aber die Existenz eines Dokuments sagt nichts über seine Resonanz aus. Die Aktion der Geschwister Scholl, bei der sie ihre Zettel in den Lichthof der Münchner Universität warfen, war leichtsinnig und tödlich. Die massenhafte Verbreitung der Flugblätter der Weißen Rose übernahm dann die britische Luftwaffe, aber auch die vom Himmel regnenden Informationen wollten die Deutschen in ihrer großen Mehrheit nicht zur Kenntnis nehmen. Sie hatten Angst vor der Wahrheit und vor Gefährdung und trugen die corpora delicti rasch zur Polizei, statt deren Botschaft zu diskutieren und weiter zu verbreiten.

Die Flugblätter, die von den Freundesgruppen um Herbert Baum unter hohem Risiko verteilt wurden, hatten ebenso wenig aufrüttelnde Wirkung wie die Schriften, die in winziger Auflage unter größter Gefahr für die Urheber ersonnen, vervielfältigt und verschickt wurden. Auch die spektakulärste Aktion, an der Mitglieder der Herbert-Baum-Gruppe beteiligt waren, der Anschlag auf die Ausstellung im Berliner Lustgarten im Mai 1942, blieb ziemlich unbemerkt. Die Nachricht verbreitete sich keineswegs wie ein Lauffeuer durch die Reichshauptstadt. Das behauptete erst die Nachkriegspropaganda, die das Ereignis zur Legitimation der DDR durch antifaschistische Widerstandskämpfer vereinnahmen wollte. Der Brandanschlag gegen die Ausstellung «Das Sowjetparadies» war bei genauer Betrachtung gar keine Tat der ganzen Gruppe Herbert Baum. Die Ausführenden standen zwar in Kontakt mit Herbert Baum, und er selbst spielte auch eine Rolle, aber die wichtigsten Akteure waren Werner Steinbrinck und Joachim Franke, den die DDR-Historiographie ganz verschwieg und dem lange das Odium des Verräters anhaftete.[43]

Joachim Franke war mit Werner Steinbrinck die treibende Kraft beim Anschlag im Lustgarten. Herbert Baum war erst kurz davor verständigt worden, ebenso wie Steinbrincks Verlobte Hildegrad Jadamowitz und Hans Mannaberg. In der Wohnung des Ehepaares Kochmann informierte Baum weitere Freunde: Heinz Rotholz, Irene Walther, Heinz Joachim und Richard Holzer. Vereinbart war ein Treffen am 17. Mai um 16.00 Uhr am Lustgarten am Sowjetpanzer vor der Ausstellung. Herbert und Marianne Baum, Sala Kochmann, Gerd Meyer, Heinz Joachim, Suzanne Wesse und Irene Walther vom Freundeskreis Baum fanden sich ein. Von der Gruppe Franke/Steinbrinck erschienen außer den beiden Protagonisten und Erika Franke, Hildegard Jadamowitz, Hans Mannaberg und Walter Bernecker. Der gemeinsame Besuch der Ausstellung zur Brandstiftung wurde wegen der vielen Besucher dann auf den folgenden Tag verschoben. Am 18. Mai 1942 trafen sich um 19.00 Uhr am selben Ort dieselben Personen wieder, nur Erika Franke war nicht mehr dabei. Ein geheimer Polizeibericht dokumentiert den Erfolg des Treffens: «Am 18. Mai 1942 gegen 20 Uhr ist von bisher unbekannten Tätern versucht worden, die Ausstellung in Brand zu setzen. An der ersten Brandstelle war an einem mit Stoff überzogenen Holzpfeiler ein mit Phosphor getränkter Wattebausch in Brand gesetzt worden. In der Bauernhütte ist ein Brandsatz mit zwei Flaschen Schwefelkohlenphosphor explodiert. Dabei wurden elf Personen verletzt. Eine Sabotagekommission der Staatspolizeistelle Berlin hat die notwendigen Ermittlungen unverzüglich aufgenommen.»

Widerstand an der Universität: Die Weiße Rose

Am Vormittag des 18. Februar 1943, einem Donnerstag, flatterten von der Galerie im zweiten Stock des Lichthofes im Hauptgebäude der Ludwig-Maximilians-Universität in München Flugblätter in die zentrale Eingangshalle hinab. Andere waren vor den Hörsälen ausgelegt. Der Text verwies auf die Katastrophe von Stalingrad, auf vermutete 330 000 Gefallene der Wehrmacht als Opfer der Hybris und des militärischen Unvermögens des Diktators Hitler. Aufgerufen wurden die Studierenden zum Widerstand gegen das NS-Regime. In flammenden Worten erinnerten die Verfasser an die Freiheitskriege gegen Napoleon. Der deutsche Name bleibe für immer geschändet, wenn die deutsche Jugend nicht aufstehe, Freiheit und Ehre wieder herstelle, die Schmach des «Dritten Reiches» räche und sühne und «ein neues geistiges Europa» aufrichte.

Ein pflichteifriger Hausmeister rief die Gestapo und ließ alle Türen des Gebäudes schließen. Es dauerte nicht lange, bis die Täter festgenommen waren. Der knapp 25-jährige Medizinstudent Hans Scholl und seine drei Jahre jüngere Schwester Sophie, Studentin der Biologie und Philosophie, wurden zum Verhör ins Wittelsbacher Palais, die Münchner Gestapo-Zentrale, gebracht und dann im Gefängnis Stadelheim festgesetzt. Schon vier Tage später, am Montag, dem 22. Februar 1943, wurde ihnen und einem dritten, dem Medizinstudenten Christoph Probst, dem 24 Jahre alten Freund und Mitstreiter der Geschwister Scholl, der Prozess gemacht.

Es war ein Schauprozess, dessen Einzelheiten schwer zu rekonstruieren sind; vieles, was den Beteiligten in den Mund gelegt und in der verklärenden Literatur dokumentiert ist, war schön erfunden. Der Volksgerichtshof mit seinem Präsidenten Dr. Roland Freisler, vier hochrangigen Beisitzern und einem Reichsanwalt war aus Berlin herbeigeeilt, um die Tat zu sühnen. Die Anklage lautete auf hochverräterische Feindbegünstigung, Vorbereitung zum Hochverrat und Wehrkraftzersetzung. Das Urteil, zu dem das Gericht nicht viel Zeit brauchte, lautete: «Die Angeklagten haben im Kriege in Flugblättern zur Sabotage der Rüstung und zum Sturz der nationalsozialistischen Lebensform unseres Volkes aufgerufen, defaitistische Gedanken propagiert und dadurch den Feind des Reiches begünstigt und unsere Wehrkraft zersetzt. Sie werden deshalb mit dem Tode bestraft. Ihre Bürgerehre haben sie für immer verwirkt.»[44]

Ein zufälliger Besucher der Verhandlung, der Rechtsreferendar Leo Samberger, nahm mit Bestürzung wahr, dass er die Angeklagten vom Sehen aus Münchner Konzertsälen kannte. Er bewunderte die Haltung der Studierenden auf der Anklagebank und war entrüstet über die Justiz, die «beschämende Vernehmung» der Beschuldigten, das Desinteresse des Pflichtverteidigers und über die Inszenierung des Tribunals: «Die empörende Gesamttendenz des Vorsitzenden Freisler war, die Angeklagten immer wieder als eine Mischung von Dümmlingen und Kriminellen hinzustellen, wenn ihm dies bei ihrer Erscheinung auch sehr schwerfallen mußte ... Es mußte eben jeder Verdacht zerstört werden, daß es sich um ehrenhafte Täter mit dem großen Ziel, das Volk zu Pflicht und Freiheit aufzurütteln, handeln könne.»[45]

Die Verhandlung brachte zutage, dass die Angeklagten, teilweise mit Freunden, seit Sommer 1942 mit Flugblättern erst zur Verweigerung, dann zum aktiven Widerstand gegen den Nationalsozialismus und die Reichsregierung aufgerufen und den Eroberungs- und Vernichtungskrieg im Osten verurteilt hatten. Aber nicht nur die Verteilung von Flugblättern wurde Hans Scholl und seinen Freunden zur Last gelegt. Am 3., 8. und 15. Februar 1943 hatten sie nachts an vielen Stellen Münchens, vor allem in der Umgebung der Universität Parolen wie «Nieder mit Hitler» oder «Hitler der Massenmörder» und «Freiheit» in großen Lettern mit Teerfarbe an die Fassaden von Gebäuden geschrieben.

Den Vater Robert Scholl ließ Freisler aus dem Gerichtssaal weisen. Ungewöhnlich und kennzeichnend für den politischen Charakter des Prozesses war auch, dass die drei Verurteilten bereits wenige Stunden nach der Verhandlung hingerichtet wurden. Die Ausarbeitung eines Gnadengesuchs für Hans und Sophie Scholl, ebenso wie für Christoph

Probst, der verheiratet war und drei kleine Kinder hinterließ, war schon deshalb vergeblich.

Die gleichgeschaltete und gelenkte Presse des «Dritten Reichs» berichtete lakonisch und konform wie die «Münchner Neuesten Nachrichten»: «Der Volksgerichtshof verurteilte am 22. Februar 1943 im Schwurgerichtssaal des Justizpalastes den 24 Jahre alten Hans Scholl, die 21 Jahre alte Sophie Scholl, beide aus München, und den 23 Jahre alten Christoph Probst aus Aldrans bei Innsbruck, wegen Vorbereitung zum Hochverrat und wegen Feindbegünstigung zum Tode und zum Verlust der bürgerlichen Ehrenrechte. Das Urteil wurde am selben Tag vollzogen. Die Verurteilten hatten sich als charakteristische Einzelgänger durch das Beschmieren von Häusern mit staatsfeindlichen Aufforderungen und durch die Vorbereitung hochverräterischer Flugschriften an der Wehrkraft und dem Widerstandsgeist des deutschen Volkes in schamloser Weise vergangen. Angesichts des heroischen Kampfes des deutschen Volkes verdienen derartige verworfene Subjekte nichts anderes als den raschen und ehrlosen Tod.»[46]

Die Politik, verkörpert durch den Gauleiter der NSDAP und bayerischen Ministerpräsidenten Paul Giesler, war an der schnellen Verurteilung der Täter interessiert. Der Volksgerichtshof war für das Delikt die zuständige Instanz, da Hans Scholl und seine Freunde aber Soldaten in einer Studentenkompanie waren, unterstanden sie der Wehrmachtsgerichtsbarkeit. Am 19. Februar 1943, dem Tag nach der Verhaftung der Geschwister in der Universität, erbat Gauleiter Giesler beim allmächtigen Chef der Parteikanzlei Martin Bormann eine Führerweisung an das Reichskriegsgericht, den Fall dem Volksgerichtshof zu übertragen. Dem wurde dadurch entsprochen, dass der Chef des Oberkommandos der Wehrmacht (OKW), Generalfeldmarschall Keitel, die Delinquenten aus der Wehrmacht ausschloss. Der Ausgang des Verfahrens vor dem Volksgerichtshof stand schon fest, wie aus der Korrespondenz Gieslers hervorgeht, der am 19. Februar die Erwartung aussprach: «die Aburteilung in den nächsten Tagen hier und die Vollstreckung alsbald danach vorzunehmen».[47] Mit dem VGH-Prozess am 21. Februar und der Hinrichtung von Hans und Sophie Scholl am selben Tag war den Wünschen des Gauleiters voll und ganz entsprochen.

Die Universität legte parallel zu Partei und Staat größten Eifer an den Tag, sich der unliebsam aufgefallenen Mitglieder zu entledigen. Am

Die Weiße Rose 305

21. Februar 1943 beschloss der Strafausschuss der Ludwig-Maximilians-Universität den Ausschluss von Hans und Sophie Scholl aus der alma mater. In der gleichen unakademischen Eile entledigte sich die Universität in den folgenden Tagen der weiteren Mitglieder des Widerstandskreises. Rektor Walther Wüst teilte am 23. Februar dem Reichsminister für Wissenschaft, Erziehung und Volksbildung mit, dass im nächsten Verfahren die Angeklagten als «ehemalige Studenten» zu bezeichnen seien. Auch den am 27. Februar verhafteten Professor Kurt Huber schlossen die universitären Gremien rasch und gründlich aus. In der Sitzung der Dekane am 8. März 1943 verkündete der Rektor, er habe Huber den Professorentitel bereits entzogen. Entgegen dem Hochschulrecht wurde Huber auch der Doktorgrad aberkannt; der Verlust des kärglichen Salärs war nur eine Nebensache. In der Sache Huber waren sich Universität und Reichswissenschaftsministerium einig, dass er als bereits Geächteter und von der Universität Ausgestoßener vor Gericht erscheinen sollte. Die Universität Innsbruck, an der Christoph Probst immatrikuliert war, verfuhr nicht anders und exmatrikulierte ihn «wegen aktiver kommunistischer Propaganda» nicht nur in Innsbruck, sondern schloss ihn gleich von allen deutschen Hochschulen aus.[48]

Das bürokratische Wüten der Obrigkeit war nicht erstaunlich. Zu fragen ist jedoch nach der Stimmung unter den Studierenden und nach etwaigen Reaktionen. Der Reichsstudentenführer und die absolut parteifromme Deutsche Studentenschaft, eine Gliederung der NSDAP, distanzierten sich von den oppositionellen Kommilitonen, die sie nicht als Studenten, sondern als «asoziale ehemalige Wehrmachtsangehörige» gesehen haben wollten. Um das Außenseitertum des widerständigen Freundeskreises zu dokumentieren und die Loyalität der Mehrheit zum «Dritten Reich» zu beweisen, wurde am Abend des 22. Februar 1943 im größten Hörsaal, dem Auditorium Maximum, eine Kundgebung anberaumt, zu der drei- bis viertausend Studierende erschienen. Die Rede des Studentenführers wurde in den Lichthof übertragen, da das Audimax den Andrang nicht bewältigte. Die Tiraden über die «Schandtaten» wurden mit brüllendem Beifall belohnt, ein verwundeter studentischer Soldat durfte als Idol der richtigen Gesinnung eine Ansprache halten. Als Held zeigte sich den Studierenden auch Jakob Schmid, der Universitätsschlosser, der Hans und Sophie Scholl festgenommen hatte. Stolz entbot er den Hitlergruß. Der Münchner Widerstandskreis erschien als eine

Gruppe von Außenseitern ohne erkennbare Wirkung seitens der jungen akademischen Elite, ohne Resonanz, auf die der Freundeskreis so gehofft hatte.

Ein zweites Tribunal, in gleicher Besetzung unter dem Vorsitz Freislers, wurde am 19. April 1943 inszeniert. 14 Angeklagte standen im Münchner Justizpalast vor dem Volksgerichtshof. Alexander Schmorell und Willi Graf, die beiden Medizinstudenten aus dem Freundeskreis der Geschwister Scholl, und Professor Kurt Huber wurden zum Tod verurteilt. Kurt Hubers Verteidiger, Lorenz Roder, der dienstälteste nationalsozialistische Rechtsanwalt, der 1924 Hitler in dessen Hochverratsprozess vertreten hatte, legte aus Entrüstung über die schwere Beleidigung des Führers, von der er jetzt erst Kenntnis erhalten habe, nach Beginn der Verhandlung das Mandat nieder und verließ den Gerichtssaal. Schmählich verhielt sich auch der Historiker Karl Alexander von Müller, den Huber als Entlastungszeugen gebeten hatte. Der prominente Nazi Müller verweigerte den Freundesdienst. Von den anderen Angeklagten erhielten einer (Eugen Grimminger) zehn und zwei weitere (Dr. Heinrich Bollinger und Helmut Bauer) je sieben Jahre Zuchthaus. Die Schüler Hans Hirzel und Franz Joseph Müller aus Ulm, beide 19 Jahre alt, bekamen jeweils Haftstrafen von fünf Jahren. Ein weiterer Ulmer Schüler, der 18-jährige Heinrich Guter, musste für 18 Monate ins Gefängnis. Drei junge Frauen, die Studentinnen Gisela Schertling, Katharina Schüddekopf und Traute Lafrenz, 21, 27 und 24 Jahre alt, die «dasselbe verbrochen» hatten, wurden dafür «als Mädchen» zu «nur» einem Jahr Gefängnis verurteilt. Pauschal beschimpfte Freisler die Angeklagten als «dumme Jungen und dumme Mädels», nannte einen von ihnen einen «unreifen Wirrkopf». Die Ulmer Gymnasiastin Susanne Hirzel wurde zu einem halben Jahr Gefängnis verurteilt für die Mithilfe bei der Verteilung von Flugblättern, von denen sie in «unverzeihlicher Gutgläubigkeit nicht gewußt habe, dass sie hochverräterisch waren».[49]

Sogar einen Freispruch gab es, und zwar für den promovierten Chemiker Falk Harnack, der am Theater tätig war und nach dem Krieg als Regisseur wichtiger Filme berühmt wurde. Harnack habe zwar Kenntnis von den «hochverräterischen Umtrieben» gehabt, diese aber nicht angezeigt. In seinem Fall entschied das Gericht, lägen «so einmalig besondere Verhältnisse» vor, dass man ihn nicht bestrafen könne. Hintergrund des unerwarteten Zartgefühls der VGH-Richter war, dass Falk Harnacks älterer Bruder Arvid und dessen Frau Mildred dem Widerstandskreis Rote Kapelle angehörten. Arvid war vom VGH am 19. Dezember 1942 zum Tod verurteilt und drei Tage später auf ausdrücklichen Befehl Hitlers in Berlin-Plötzensee am Galgen hingerichtet worden. Mildred wurde zu einer Zuchthausstrafe verurteilt. Hitler hob ihr Urteil jedoch auf und ließ sie in einem zweiten Prozess zum Tode verurteilen. Sie wurde am 16. Februar 1943 hingerichtet. Im Publikum des Prozesses gegen die Weiße Rose hätte die Verurteilung des Bruders und Schwagers in zwar anderem Zusammenhang, aber doch wegen Opposition zum Regime, unerwünschte Spekulationen über ausgedehnte Widerstandsaktivitäten nähren können.

Im Spruch des Volksgerichtshofs am 19. April 1943 wurde der volle Wortlaut der Urteilsbegründung gegen die Geschwister Scholl und Christoph Probst vom 22. Februar 1943 zitiert, um den Zusammenhang der beiden Verfahren und die darin praktizierte Staatsräson zu verdeutlichen: «Wer so, wie die Angeklagten getan haben, hochverräterisch die innere Front und damit im Kriege unsere Wehrkraft zersetzt und dadurch den Feind des Reiches begünstigt ... erhebt den Dolch, um ihn in den Rücken der Front zu stoßen! ... Wer so handelt, versucht gerade jetzt, wo es gilt, ganz fest zusammenzustehen, einen ersten Riß in die geschlossene Einheit unserer Kampffront zu bringen. Und das taten deutsche Studenten, deren Ehre allezeit das Selbstopfer für Volk und Vaterland war! Wenn solches Handeln anders als mit dem Tode bestraft würde, wäre der Anfang einer Entwicklungskette gebildet, deren Ende einst – 1918 – war. Deshalb gab es für den Volksgerichtshof zum Schutze des kämpfenden Volkes und Reiches nur *eine* gerechte Strafe: die Todesstrafe. Der Volksgerichtshof weiß sich darin mit unseren Soldaten einig!»[50]

Damit begnügte sich der Volksgerichtshof aber nicht. Über die am 19. April Verurteilten wurde auch einzeln und gründlich der Stab gebrochen. Den drei Hauptangeklagten hielt Freisler vor: «Wer als Professor oder Student so den Führer beschimpft, gehört nicht mehr zu uns. Wer so den Nationalsozialismus begeifert, hat keinen Platz mehr zwischen uns. Wer so mit seinen hochverräterischen Ausgeburten eines volksfeindlichen Gehirns im Kriege unsere Geschlossenheit und Kampfentschlossenheit aufspaltet, der nagt an unserer Wehrkraft; er hilft dem Feind in diesem Kriege.»[51] Diese erste Gruppe, Alexander Schmorell, Wilhelm Graf und Kurt Huber, bildete nach Ansicht des Gerichts «den Kern der

Dolchstoß-Organisation». Wegen ihrer Kenntnis des «volksfeindlich-hochverräterischen Unternehmens», wegen dessen Nichtanzeige, wegen Abhörens feindlicher Rundfunksender wurde die zweite Gruppe der Angeklagten «um der Sicherheit des Reiches willen», wie es im Urteil heißt, mit Zuchthausstrafen belegt. Die dritte Gruppe der Beschuldigten wurde als Mitwisser drakonisch mit Gefängnis bestraft und als «dumme Jungen und dumme Mädels» verhöhnt, durch die aber «die Sicherheit des Reiches» nicht ernstlich gefährdet sei. Die Todesurteile gegen den Studenten Alexander Schmorell und gegen Professor Kurt Huber wurden am 13. Juli 1943 vollstreckt. Willi Graf wurde erst am 12. Oktober 1943 hingerichtet.

Die Flugblätter der Weißen Rose

An den deutschen Universitäten war nur wenig Opposition gegen den Nationalsozialismus zu bemerken. Die Studentenschaft hatte die Hitler-Bewegung weithin begeistert begrüßt und ihr schon vor 1933 die Wege in den Hochschulen geebnet.[52] Erst im Krieg regte sich studentischer Protest. Es war eine andere Studentengeneration, die aufbegehrte, als jene, die am Ende der Weimarer Republik die «nationale Revolution» wollte und sich für die Hitler-Bewegung begeisterte. Die wichtigste Widerstandsgruppe, die am meisten Aufsehen erregte, war die «Weiße Rose». Sie war in München aktiv. Den Kern dieser Gruppe bildeten fünf Studenten, zwischen 21 und 25 Jahren alt: Hans und Sophie Scholl, Willi Graf, Christoph Probst und Alexander Schmorell. Ihr Mentor war Professor Kurt Huber, der schon vorher mit den Nationalsozialisten in Konflikt geraten war. Zum weiteren Kreis der Weißen Rose gehörten noch etwa ein Dutzend Studenten, Intellektuelle, Künstler und Schüler aus dem Ulmer Bekanntenkreis der Geschwister Scholl. Es war ein nicht organisierter Freundeskreis wohlerzogener, ernsthafter junger Menschen unter dem Einfluss bildungsbürgerlicher Eltern und Lehrer. Der Name Weiße Rose sei willkürlich gewählt, sagte Hans Scholl in der Vernehmung zur Gestapo. Er sei davon ausgegangen, «dass in einer schlagkräftigen Propaganda gewisse feste Begriffe da sein müssen, die an und für sich nichts besagen, einen guten Klang haben, hinter denen aber ein Programm steht». Möglicherweise habe er gefühlsmäßig den Namen gewählt, unter dem Lektüreeindruck der spanischen Romanzen von Brentano «Die Rosa Blanca».[53] Der Name des Widerstandskreises war nach Erkenntnissen eines späteren modernen Marketing gebildet, romantisch war er allemal.

Im Juni und Juli 1942 tauchten in München nacheinander vier Flugblätter auf, verfasst im Wesentlichen von den beiden Medizinstudenten Hans Scholl und Alexander Schmorell. Diese Flugblätter richteten sich an das gebildete Bürgertum, aus dem die Verfasser stammten. In pathetischer Sprache, mit vielen Zitaten aus der klassischen Literatur und christlich-moralischen Appellen wurde zum passiven Widerstand gegen den verbrecherischen Krieg des Hitler-Regimes aufgerufen. Die christlich-humane Prägung der Studenten aus konservativem Elternhaus war unverkennbar, ebenso der aus der bündischen Jugendbewegung stammende moralische Rigorismus. Idealismus und das unbedingte Bekenntnis zur christlichen Humanität charakterisierten die Münchner Studenten.

Der Text des ersten Flugblatts stammt zum größeren Teil von Friedrich Schiller («Die Gesetzgebung des Lykurgus und Solon») und von Goethe («Des Epimenides Erwachen»). Das offenbart die humanistische Bildung der beiden Verfasser, für die auch jener beschwörende Ton charakteristisch ist, der in Abituraufsätzen gepflegt wurde, als Bildung das so wertgeschätzte wie selbstverständliche Privileg des Bürgertums war. Mithilfe der beiden ausführlich zitierten Klassiker wird die Freiheit des Individuums als Ideal gegenüber dem Machtanspruch des Staates beschworen. Die in hohem Ton vorgetragene Klage über die eines Kulturvolkes unwürdige Preisgabe des freien Willens an die verantwortungslose Herrscherclique mündet in den Appell: «Leistet passiven Widerstand – Widerstand –, wo immer Ihr auch seid, verhindert das Weiterlaufen dieser atheistischen Kriegsmaschine, ehe es zu spät ist, ehe die letzten Städte ein Trümmerhaufen sind, gleich Köln, und ehe die letzte Jugend des Volkes irgendwo für die Hybris eines Untermenschen verblutet ist. Vergeßt nicht, dass ein jedes Volk diejenige Regierung verdient, die es erträgt!»[54]

Das Gebot zum Widerstand wird als Antithese zu Goethe, der von den Deutschen als einem tragischen Volke, gleich dem der Juden und Griechen spreche, begründet. Es scheine, als sei das deutsche Volk «eine seichte willenlose Herde von Mitläufern», «bereit sich in den Untergang hetzen zu lassen». Tatsächlich habe man aber «in langsamer, trügerischer, systematischer Vergewaltigung jeden einzelnen in ein geistiges Gefängnis gesteckt, und erst als er darin gefesselt lag, wurde er sich des Verhängnisses bewußt. Wenige nur erkannten das drohende Verderben, und der Lohn für ihr heroisches Mahnen war der Tod.»[55]

Die Metapher «Vergewaltigung», die als Indiz für die Ohnmacht der vom Nationalsozialismus beherrschten Deutschen dient, wird von den Verfassern des ersten Flugblatts der Weißen Rose nicht in dem Sinne verwendet, den er in der deutschen Lebenslüge nach 1945 bekam, dass man nichts habe machen können, dass Widerstand gegen das Regime wegen des herrschenden Terrors nicht nur zwecklos, sondern ganz unmöglich gewesen sei. Die Münchner Studenten Schmorell und Scholl wollten im Gegenteil aufrütteln, noch nicht zum Kampf, aber doch zur Verweigerung weiterer Gefolgschaft für ein als verbrecherisch erkanntes Regime.

Das zweite Flugblatt, von Alexander Schmorell und Hans Scholl verfasst, wurde zur gleichen Zeit wie das erste und das dritte zwischen dem 27. Juni und dem 12. Juli 1942 in München in der bescheidenen Auflage von 100 Exemplaren (mit der Bitte, es «mit möglichst vielen Durchschlägen abzuschreiben und weiter zu verteilen») vertrieben. Die Flugblätter wurden mit der Post an zufällig aus Adressbüchern gewonnene Anschriften gesandt. In der vierten Aussendung wurde zur Beruhigung der Adressaten mitgeteilt, dass nirgendwo schriftliche Unterlagen über den Empfängerkreis existierten.

Auch der zweite Text der studentischen Opposition lässt in seiner feierlichen Diktion Alexander Schmorell als Hauptautor erkennen (ebenso wie wieder der vierte). Auch die Metaphorik der Zeit ist unverkennbar. Das einleitende Verdikt über die Ungeistigkeit des Nationalsozialismus benutzt die Parabel «Krebsgeschwür», das den ganzen Körper der Nation nach seinem Aufbrechen besudelt habe. In der Folge «versteckte sich die Mehrzahl der früheren Gegner, flüchtete die deutsche Intelligenz in ein Kellerloch, um dort als Nachtschattengewächs, dem Licht und der Sonne verborgen, allmählich zu ersticken.»[56] Aber erstmals werden Verbrechen des NS-Staats benannt. Vom Judenmord ist die Rede und von der Vernichtung polnischer Eliten. Die Frage «Warum verhält sich das deutsche Volk angesichts all dieser scheußlichsten menschenunwürdigsten Verbrechen so apathisch» führt zum Postulat, nicht nur Mitleid, sondern Mitschuld zu empfinden. Denn der nicht engagierte Deutsche gebe «durch sein apathisches Verhalten diesen dunklen Menschen erst die Möglichkeit, so zu handeln, er erleidet diese ‹Regierung›, die eine so unendliche Schuld auf sich geladen hat, ja, er ist doch selbst schuld daran, dass sie überhaupt entstehen konnte!» Die Aufforderung, die «braune Horde auszurotten», die «Bestien zu vertilgen», die Regierung «aus der Welt zu schaffen», ließ den früheren Appell zur passiven Resistenz weit hinter sich. Jetzt wurde Widerstand gefordert, in aller Konsequenz.

In der folgenden, dritten Aussendung werden nach gründlicher Definition der «Diktatur des Bösen» unter Erwägungen über die ideale Staatsform und deren Ziel, nach Argumentationsmustern und in der Stilistik Hans Scholls Handlungsmöglichkeiten beschrieben, die zwar wieder als «passiver Widerstand» deklariert waren, aber eindeutig mehr bedeuteten, nämlich Sabotage der Rüstungswirtschaft und kriegswichtigen Industrie, in Versammlungen und Kulturveranstaltungen der NSDAP, in Universitäten, Forschungsanstalten, technischen Büros. Die Aufforderung, Bekannte («auch aus den unteren Volksschichten») von der Sinnlosigkeit des Krieges zu überzeugen, war, nicht anders als der Sabotage-Appell, in den Augen des Regimes und nach geltendem Recht Landesverrat, Hochverrat, Heimtücke, Wehrkraftzersetzung usw. Die theoretische Erörterung über den gerechten Staat, eingeleitet mit dem Zitat «Salus publica suprema lex», beschreibt den Staat als Analogie der göttlichen Ordnung und verkündet daraus resultierend eine moralische Pflicht, ein verderbtes System, ein «mechanisiertes Staatsgetriebe, kommandiert von Verbrechern und Säufern» nicht zu dulden. «Ist euer Geist schon so sehr der Vergewaltigung unterlegen, dass Ihr vergeßt, dass es nicht nur euer Recht, sondern eure sittliche Pflicht ist, dieses System zu beseitigen?»[57]

Das vierte und letzte der «Flugblätter der Weißen Rose» fanden Münchner in den Tagen vom 11. bis zum 20. Juli 1942 in ihren Briefkästen. Stärker als in den bisherigen Texten kommt die religiöse Grundhaltung der Autoren zum Ausdruck. Stärker ist aber auch, in der literarischen Handschrift Schmorells, der Bezug zu aktuellen Ereignissen. Militärische Erfolge der Wehrmacht in Afrika und Russland boten Anlass zur Sorge, artikuliert als Hinweis auf die Opfer, die Hitler in einen sinnlosen Tod getrieben habe. In biblischer Sprache wird der Diktator dafür verurteilt: «Jedes Wort, das aus Hitlers Munde kommt, ist Lüge. Wenn er Frieden sagt, meint er den Krieg, und wenn er in frevelhaftester Weise den Namen des Allmächtigen nennt, meint er die Macht des

Bösen, den gefallenen Engel, den Satan. Sein Mund ist der stinkende Rachen der Hölle, und seine Macht ist im Grunde verworfen.»[58]

Der Aufruf zum Kampf gegen die Macht Hitlers, wider den Dämon, christlichem Gebot folgend, ist bekräftigt mit einem langen Novalis-Zitat, das ein aus dem Geist der Religion wieder erwecktes Europa beschwört. Das Flugblatt endet mit der Darlegung der Motive der Widerstandsaktion: «Wir weisen ausdrücklich darauf hin, daß die Weiße Rose nicht im Solde einer ausländischen Macht steht. Obgleich wir wissen, daß die nationalsozialistische Macht militärisch gebrochen werden muß, suchen wir eine Erneuerung des schwerverwundeten deutschen Geistes von innen her zu erreichen. Dieser Wiedergeburt muß aber die klare Erkenntnis aller Schuld, die das deutsche Volk auf sich geladen hat, und ein rücksichtsloser Kampf gegen Hitler und seine allzuvielen Helfershelfer, Parteimitglieder, Quislinge usw. vorausgehen. Mit aller Brutalität muß die Kluft zwischen dem besseren Teil des Volkes und allem, was mit dem Nationalsozialismus zusammenhängt, aufgerissen werden. Für Hitler und seine Anhänger gibt es auf dieser Erde keine Strafe, die ihren Taten gerecht wäre. Aber aus Liebe zu kommenden Generationen muß nach Beendigung des Krieges ein Exempel statuiert werden, daß niemand auch nur die geringste Lust je verspüren sollte, Ähnliches aufs neue zu versuchen. Vergeßt auch nicht die kleinen Schurken dieses Systems, merkt Euch die Namen, auf daß keiner entkomme! Es soll ihnen nicht gelingen, in letzter Minute noch nach diesen Scheußlichkeiten die Fahne zu wechseln und so zu tun, als ob nichts gewesen wäre!»[59]

Nach einer Pause von einem halben Jahr erschienen in der weitaus höheren Auflage von 10 000 bis 12 000 hektographierten Exemplaren Anfang 1943 zwei weitere Flugblätter in neuer Diktion. Vom 25. Januar bis 18. Februar wurde in München, Augsburg, Salzburg, Wien, Linz, Stuttgart und Frankfurt am Main ein Text verbreitet, der überschrieben war: «Flugblätter der Widerstandsbewegung in Deutschland. Aufruf an alle Deutsche!» Vom 15. Februar bis 18. Februar 1943 folgte in etwa 3000 Exemplaren, die vor allem im Bereich der Ludwig-Maximilians-Universität in München verbreitet wurden, der Aufruf «Kommilitonen! Kommilitoninnen!» Dem Autorenduo Hans Scholl und Alexander Schmorell hatte sich Professor Dr. Kurt Huber hinzugesellt. Am «Aufruf an alle Deutsche!» hatte er mitgewirkt, das Flugblatt «Kommilitonen! Kommilitoninnen!» stammte überwiegend aus seiner Feder. Sprache und Bildung beeindruckten auch den Sachverständigen, den die Gestapo am 17. Februar als Gutachter des fünften und sechsten Flugblatts und am 18. Februar über die ersten vier Flugblätter beauftragte.

Als Experte fungierte der regimenahe Altphilologe Richard Harder, seit 1941 Inhaber des Lehrstuhls für klassische Altertumswissenschaft und Gründungsbeauftragter eines ideologiekonformen Instituts für Geistesgeschichte. Harder attestierte den regimefeindlichen Traktaten hohes intellektuelles Niveau, vermutete scharfsinnig, dass die Flugblätter im Umkreis der Universität entstanden waren, bemerkte jedoch nicht, dass an allen Texten mehrere Verfasser beteiligt gewesen waren. Für ihn stand fest, dass «der Autor» Geisteswissenschaftler oder Theologe sein musste. Die intellektuelle Position des Flugblatts vermutete der Sachverständige im Umkreis des Publizisten Wilhelm Stapel, der in der «konservativen Revolution» gegen die Weimarer Republik agitierte, einen christlichen (und antisemitischen) Nationalismus propagierte, aber nach 1933 in Gegensatz zu den Nationalsozialisten geriet. Die beiden Expertisen Harders spielten bei den Ermittlungen und vor Gericht keine Rolle, da schon am 18. Februar die Verhaftung der Geschwister Scholl und bald auch ihrer Freunde erfolgte.[60]

Unter dem Eindruck der sich abzeichnenden Katastrophe von Stalingrad war der «Aufruf an alle Deutsche» präziser intoniert und stringenter formuliert als die vier «Flugblätter der Weißen Rose». Die Botschaft lautete, Hitler könne den Krieg nicht mehr gewinnen, nur noch verlängern. Es sei höchste Zeit, sich «von dem nationalsozialistischen Untermenschentum» zu trennen, um in dem Strafgericht nach der deutschen Niederlage bestehen zu können. Der Terminus «Untermensch», der nicht zum ersten Mal in einem Appell der Münchner Widerstandsgruppe verwendet wurde, gibt Anlass, darüber nachzudenken, wie sehr die Sprache des Nationalsozialismus auch in die Ausdruckswelt seiner Gegner eingedrungen ist. Irritierender noch ist für den heutigen Leser die Wendung «Deutsche! Wollt Ihr und Eure Kinder dasselbe Schicksal erleiden, das den Juden widerfahren ist?»[61] Auch dem Experten Professor Harder, der im Auftrag der Gestapo das Flugblatt begutachtete, fiel auf, wie über die Juden gesprochen wurde: keineswegs in philosemitischer Haltung «und keineswegs unter Verwendung der sentimentalen Gefühlsargumente, die gerade zu diesem Punkt im Ausland umlaufen».[62]

Vernünftig war aus moralischen Gründen und aus der Perspektive jeder künftigen Betrachtung Deutschlands von außerhalb und aller internationalen Konsequenzen die Aufforderung zum inneren Befreiungskrieg gegen den Nationalsozialismus. Aber das war wenig realistisch. Die Prophezeiung, «ein schreckliches, aber gerechtes Gericht» werde kommen über die, «so sich feig und unentschlossen verborgen hielten», atmete eher den Geist protestantischer Theologie als den der Realität, die 1943 erst noch verkündet werden sollte: Ein internationales Strafgericht sollte die Schuldigen, die Urheber nationalsozialistischer Verbrechen und Zerstörer des Friedens, verurteilen.[63]

Die Absage an imperialistisches Machtdenken, preußischen Militarismus, das «Truggebilde autarker Wirtschaft» war im Konzept einer humanen Nachkriegsordnung sympathisch, aber Anfang 1943 dem deutschen Publikum, das unter dem Einfluss nationalsozialistischer Propaganda stand, die alle Schrecken dieser Welt, vor allem den Sieg des Bolschewismus im Falle einer deutschen Niederlage ausmalte, nicht zu vermitteln. Visionen eines «vernünftigen Sozialismus» zugunsten der Arbeiterschaft, die Geltung der Menschenrechte, ein neues Europa waren in der Situation des «totalen Krieges», der gerade ausgerufen wurde, weltferner Idealismus.

Stilistisch und argumentativ überzeugt der Text des letzten Flugblatts, der auch mit der Anrede «Kommilitoninnen! Kommilitonen!» den Adressatenkreis präzise benennt, am stärksten. Der Untergang der Stalingrad-Armee wird (mit überhöhten Opferzahlen) eindeutig «der genialen Strategie des Weltkriegsgefreiten» mit einem sarkastischen «Führer wir danken dir!» zugeordnet. Daran ist das apokalyptische Verlangen nach «Abrechnung der deutschen Jugend mit der verabscheuungswürdigsten Tyrannis, die unser Volk je erduldet hat», geknüpft. Die Rückforderung der persönlichen Freiheit, um die das deutsche Volk betrogen worden sei, beschwor im Stalingrad-Jahr 1943 mit nationalem Pathos den Aufstand zur Brechung des nationalsozialistischen Terrors, wie 1813 die Napoleonische Knechtschaft in den Freiheitskriegen durch Volkserhebung unter symbolischer Führung der Studentenschaft überwunden worden war.

Der Appell an die studentische Avantgarde war – obgleich er realiter keine Chance hatte – für das Regime auch deshalb bedrohlich, weil es demonstrativ von Anfang an auf die Jugend gesetzt hatte. Kultischer Erinnerung an die nationale Freiheitsbewegung wurde gehuldigt mit dem Zitat des Idols von 1813, dem Dichtersoldaten und Helden Theodor Körner:

«Frisch auf mein Volk, die Flammenzeichen rauchen!»[64] Aber die konkreten Fakten, mit denen der Text argumentiert, zeigten sowohl den studentischen Adressaten des Verdikts über die NS-Herrschaft als auch den Vertretern der Staats- und Parteimacht, wie fundiert die Kritik an den Zuständen war. So wurde die verordnete «weltanschauliche Schulung», ein Kennzeichen der NS-Diktatur, apostrophiert. Auch der ideologisch stramme Gutachter Harder hatte die «weltanschauliche Schulung» als öden und geistlosen Drill bezeichnet. Die Atmosphäre der von Parteibonzen und SS-Führern dominierten Universität wurde vor Augen geführt und insbesondere ein Ereignis zu Beginn des Jahres, das deutliche Differenzen zwischen Studentenschaft und NSDAP öffentlich gemacht hatte.

Zum 13. Januar 1943 hatten der Rektor und der amtierende Gauleiter von München-Oberbayern und Ministerpräsident Paul Giesler die Münchner Studentenschaft zu einer Veranstaltung anlässlich des 470. Jahrestags der Gründung der Universität in den Kongresssaal des Deutschen Museums befohlen. Obwohl Anwesenheitspflicht herrschte, waren Hans Scholl, Willi Graf, Christoph Probst und Alexander Schmorell nicht hingegangen. Giesler, der mächtige Mann, der in Bayern Partei und Staat verkörperte, entgleiste in seiner Rede in sexistischen Pöbeleien gegen Studentinnen. Giesler sprach von jungen Frauen, die sich lieber an den Universitäten herumdrückten als dem Führer ein Kind zu schenken. Der Gauleiter gefiel sich in vermutlich extemporierten Ausführungen, die dem Frauenbild der Hitler-Bewegung konform waren. Nach der Erinnerung von Teilnehmern verstieg er sich zu dem Satz: «Wenn einige Mädels nicht hübsch genug sind, einen Freund zu finden, werde ich gern jeder einen von meinen Adjutanten zuweisen, und ich kann ihr ein erfreuliches Erlebnis versprechen.»[65]

Aus Protest verließen Studentinnen den Saal, während männliche Kommilitonen lautstark protestierten. Mitglieder der NS-Studentenschaft betätigten sich als Hilfsorgane der Staatsgewalt, um die Mädchen am Aufbruch zu hindern. Männliche Studierende, viele von ihnen in Wehrmachtsuniform, kamen den Kommilitoninnen zu Hilfe. Handgreiflichkeiten blieben nicht aus, der Führer der NS-Studentenschaft soll verprügelt worden sein, herbeigerufene Polizei wurde angegriffen. Die Mehrzahl der Studentinnen konnte befreit werden, nur wenige wurden verhaftet und erhielten später einen schriftlichen Verweis des Rektors der Universität.

Die Ereignisse des 13. Januar 1943 sind im einzelnen nicht genau rekonstruierbar; Staat und Partei hatten auch kein Interesse an einer Publizität des in mehrfacher Hinsicht blamablen Vorfalls. Ein hochrangiger Vertreter des Regimes hatte Studentinnen angepöbelt, und die Studierenden hatten sich so energisch zur Wehr gesetzt, dass die Machthaber nervös wurden, an eine Studentenrevolte glaubten, gar an eine Revolution in der so lammfrommen, unkritischen und von Hitler begeisterten Hochschulszene. Die Anspielung auf den 13. Januar im Flugblatt der Weißen Rose bestärkte die Vermutung der Behörden, es existiere eine breite Widerstandsbewegung an der Münchner Universität.[66]

Im Text des letzten Flugblattes der Weißen Rose fehlt ein Bezug, der dem Urheber des Entwurfs, Kurt Huber, wichtig war. Huber hatte sich, wie er in der Vernehmung gegenüber der Gestapo sagte, unter dem Eindruck der Giesler-Rede endgültig in die Opposition zum Nationalsozialismus begeben. Anders als die Studierenden im Kreis der Weißen Rose hatte der Professor ein positives Bild der Wehrmacht, hielt die Streitkräfte für einen Gegenpol zur NSDAP und wollte den seiner Ansicht nach bestehenden Unterschied zwischen guten soldatischen Traditionen der Wehrmacht und bösen ideologischen Positionen der Hitler-Partei herausarbeiten. Dazu hatte er eine Passage formuliert, in der die Leistungen der Wehrmacht gepriesen wurden, und in einer weiteren forderte er zur Unterstellung der Studenten unter die Wehrmacht auf. Die Studenten Hans Scholl und Alexander Schmorell teilten nach dem Dienst an der Ostfront das positive Soldatenbild Hubers aber nicht. Nach einer Auseinandersetzung, die Huber glauben machte, sein Entwurf sei im Ganzen abgelehnt, auch weil er insgesamt nicht aggressiv genug formuliert sei, strichen Scholl und Schmorell diese Sätze, produzierten jedoch den übrigen Text Hubers, dem deshalb der Hauptanteil der Urheberschaft am Flugblatt blieb. Es konfrontierte am 18. Februar die Nationalsozialisten mit dem Widerstand wenigstens einer kleinen akademischen Minderheit.

Ein siebtes Flugblatt, verfasst Ende Januar 1943 von Christoph Probst, blieb Entwurf. Unter dem Titel «Stalingrad» sind die Konsequenzen der militärischen Lage beschrieben und wird die Erhebung gegen Hitler propagiert, die auch Thomas Mann in seinen Rundfunkansprachen aus dem Exil an die «Deutschen Hörer» forderte. Die Verbrechen des Nationalsozialismus, verkörpert durch den «Führer», sind unmissverständlich benannt: die Juden zu Tode gemartert, die Hälfte der Polen ausgerottet, Russland mit Vernichtung bedroht, die Deutschen der Freiheit, des Friedens, des Familienglücks, der Hoffnung und des Frohsinns beraubt. «Hitler und sein Regime muß fallen, dass Deutschland weiter lebt».[67]

Die Geschwister Scholl

Die Eltern kamen aus kleinen Verhältnissen in Hohenlohe, jenem württembergischen Landstrich, in dem schwäbische und fränkische Lebensart aufeinandertreffen. Robert Scholl wurde in einer kinderreichen Kleinbauernfamilie in der Gemeinde Geißelhardt bei Schwäbisch Hall geboren. Nach der mittleren Reife schlug er die Verwaltungslaufbahn ein und heiratete, 25 Jahre alt, im November 1916 die zehn Jahre ältere Lina Müller. Sie war die Tochter eines Schuhmachers in Künzelsau und gab für die Ehe ein erfülltes Dasein als Diakonisse auf. 1917 wurde Scholl Bürgermeister in Ingersheim an der Jagst, zwei Jahre später Stadtschultheiß von Forchtenberg am Kocher. In Ingersheim (heute ein Stadtteil von Crailsheim) kamen die Kinder Inge (1917) und Hans (1918) zur Welt, ihnen folgten in Forchtenberg Elisabeth (1920), Lina Sofie (1921, die sich als junges Mädchen dann lieber Sophie schrieb) und Werner (1922). Dem jüngsten Kind Mathilde (1925) waren nur wenige Monate Lebenszeit beschieden. Von Ernst, einem unehelichen Sohn als Folge einer sittlichen Verfehlung des Bürgermeisters Scholl, wussten zwar alle im Städtchen und der Autorität Robert Scholls war der Seitensprung am Ende seiner Amtszeit arg abträglich, aber in der Familie war keine Rede davon.

Vater Scholl war als Kommunalpolitiker äußerst tüchtig, vielen sogar zu tüchtig, denn nach zehn Jahren im Amt wurde er nicht wiedergewählt. Es fiel ihm schwer, das zu akzeptieren. Scholl gehörte keiner Partei an, er war aber energischer Demokrat und Liberaler, der die aufkommende NSDAP und deren Führer verachtete. Die Amtsgeschäfte in Forchtenberg führte er wohl wenig geschmeidig, aber in jener Region ist es der Brauch, energisch durchzusetzen, was man für richtig erkannt hat. So rühmt Inge, die älteste Tochter, in ihrer Familiensaga den Bau der Eisenbahnlinie nach Forchtenberg, den Robert Scholl gegen die dicken Schädel seiner Bürger erzwang.

1930 musste die Familie die Amtswohnung im Rathaus verlassen. In Ludwigsburg fand Scholl als Geschäftsführer einer Handwerkergenossenschaft eine neue Wirkungsstätte. Gleichzeitig bildete er sich an der Verwaltungsakademie in Stuttgart weiter. Im März 1932 übersiedelte die Familie nach Ulm, wo der Vater als Wirtschaftsprüfer und Steuerberater als Teilhaber in eine Kanzlei eintrat. Das Familienleben, dessen Pfeiler aus pietistisch-protestantischer Christlichkeit (seitens der Mutter), Pflichtbewusstsein und politischer Moral (seitens des Vaters) bestanden, wurde schwieriger, als die drei Großen Inge, Hans und Sophie sich begeistert in der Hitler-Jugend engagierten. Ein Hitler-Porträt im Jugendzimmer trübte die Harmonie zwischen Hans und dem Vater.

Führerqualitäten in der HJ zeigte auch Sophie, die den Dienst sehr ernst nahm und den von ihr geführten Mädchen keine Pflichtverletzung nachsah. Bei ihrer Konfirmation am Palmsonntag 1937 tragen Sophie und Werner Scholl als einzige HJ-Uniform, als Zeichen, dass sie – wie viele – nationalsozialistische und christliche Weltanschauung für miteinander vereinbar hielten. Hans und Sophie Scholl entsprachen dem Jugendideal nationalsozialistischer Doktrin: schneidig und von den neuen Lehren der Volksgemeinschaft durchdrungen, elitär, fanatisch. Geländespiele und Mutproben wechseln mit Heimabenden, an denen bei Kerzenschein Rilkes «Kornett» gelesen wird. Im September 1935 wird Hans die Ehre zuteil, als einer von wenigen Ulmer HJ-Angehörigen eine Fahne zum Reichsparteitag nach Nürnberg und dort am Führer vorbei zu tragen. Inge Scholl legte später in ihrem Buch «Die Weiße Rose» die Spur zur Verklärung ihrer Geschwister, als sie schrieb, Hans sei enttäuscht und zweifelnd aus Nürnberg zurückgekommen. Der beginnende Sinneswandel habe sich auf die Geschwister übertragen und die Abkehr von Hitler eingeleitet. Im März 1937 machte Hans Abitur und wurde zum Reichsarbeitsdienst eingezogen. Irgendwann um diese Zeit distanzierte sich Sophie innerlich vom Bund Deutscher Mädel, wie eine Tagebuchnotiz am 31. August 1937 belegt: «Von der H. J. habe ich mich ohne mein Wollen ganz gelöst. Ich habe nichts mehr zu geben, nichts mehr zu nehmen.»[68] Äußerlich änderte sich nichts. Erst im Herbst 1938 legte die inzwischen 17-jährige Sophie nach einem Zerwürfnis mit Vorgesetzten ohne politischen Hintergrund ihr Amt als Gruppenführerin im Bund Deutscher Mädel nieder.

Inge Scholl hat über das Ende der HJ-Karriere ihres Bruders Hans eine Legende ersonnen. Die Gruppe (ein «Fähnlein»), die Hans führte, hatte sich einen besonderen Wimpel ausgedacht und verfertigt. Das sei unstatthaft, habe der Stammführer erklärt und beim Appell die Herausgabe vom 12-jährigen Fahnenträger gefordert. Ob der Anmaßung in drohendem Ton gegen den Jüngeren habe Hans nicht mehr an sich halten können. «Er trat still aus der Reihe heraus und gab diesem Führer eine Ohrfeige. Von da an war er nicht mehr Fähnleinführer.»[69] Erwiesen ist lediglich, dass Hans Scholl mit einem älteren HJ-Führer Rivalitätsprobleme hatte. Für aufkeimende Sehnsucht nach Freiheit – ein Leitmotiv seines späteren Widerstands – oder Solidarität mit dem bedrängten Jüngeren als Motive gibt es, wie für die ganze Ohrfeigengeschichte, keine Beweise.

Aber eine andere, bedrohlichere Affäre holte den 19-jährigen Hans kurz vor Weihnachten 1937 ein. Wegen «bündischer Umtriebe» wird der junge Soldat, der sich zur Kavallerie gemeldet hatte, aus der Kaserne Stuttgart–Bad Canstatt heraus verhaftet. Zur Last gelegt wurde ihm von der Gestapo, dass er, mehr als ein Jahr zuvor, innerhalb der HJ eine Elite um sich geschart habe, die sich «Trabanten» nannte. Eine nicht genehmigte Fahrt nach Schweden, verbunden mit einem dazu notwendigen Devisenvergehen (Bargeld versteckt in einer Niveadose) wurde als kriminelles Delikt gesehen. Im Hintergrund stand das Verbot aller Bünde der Jugendbewegung, um die Hitler-Jugend als Staatsjugend zu monopolisieren. Fast zur gleichen Zeit, Anfang 1938, musste sich auch Willi Graf, Hans Scholls späterer Freund in der Weißen Rose, wegen des Delikts «bündische Umtriebe» verantworten. Eine Hausdurchsuchung bei der Familie Scholl in Ulm und die Verhaftung der Geschwister Inge, Sophie und Werner (der hatte an der verbotenen Schwedenfahrt teilgenommen) erhöhten den Druck auf die Familie Scholl.

Hans kam zwar bald wieder auf freien Fuß, aber im Mai 1938 wurde die Anklageschrift zugestellt; für den 2. Juni war die Verhandlung anberaumt. Peinlich ist es, dass auch «sittliche Verfehlungen», nämlich homosexuelle Handlungen mit Jüngeren, zur Sprache kommen; der damals schwerwiegende Vorwurf wurde auch nicht – wie häufig geschehen – nur aus taktischen Gründen erhoben.[70] Die Sache ging aber glimpflich aus. Einen Monat Gefängnis lautete das Urteil, die Amnestie wegen der «Heimkehr der Ostmark ins Deutsche Reich» hob die Strafe jedoch sofort auf.

Hans ist dem «Dritten Reich» noch lange nicht entfremdet. Er genießt das Soldatenleben, ist in Liebe zur 14 Jahre jungen Lisa Remppis entbrannt, die er in Langenburg in deren Elternhaus häufig besucht, und von der Kriegsgefahr, die den Vater Scholl umtreibt, ist er nicht angerührt. Seiner Schwester Inge schreibt er Ende 1938: «Noch nie in meinem Leben bin ich so sehr Patriot im eigentlichen Sinn des Wortes, als gerade in den ersten Oktobertagen dieses Jahres. Erst, wenn man sich fragen muß, ob das Vaterland überhaupt noch die Bedeutung hat, wie es vielleicht einmal war; wenn man allen Glauben an Fahnen und Reden verloren hat, weil die Begriffe abgegriffen und wertlos geworden sind; dann erst setzt sich das reine Ideal durch.»[71]

Hans Scholl ist nach dem Prozess in seinem Selbstgefühl angerührt. Der ehrgeizige junge Mann ist auf dem Weg zum Erwachsenen, fühlt sich einer Elite, nicht der verachteten Masse zugehörig, will sich nicht unterordnen, sondern führen. Hans hat der Familie in protestantischem Ethos versprochen, durch Arbeit wiedergutzumachen, was ihn beschämt hat, was er glaubt, durch das, was im Gerichtsverfahren zur Sprache kam, der Familie angetan zu haben. Der Entschluss, Medizin zu studieren, «um zu helfen», soll im Gefängnis gefallen sein. Selbstzweifel quälen Hans, auch das ist nicht selten bei jungen Männern in dieser Lebensphase. Er sucht den Sinn des Lebens. Kriegerische Gewalt lehnt er keineswegs ab, er sieht im militärischen Konflikt eine Notwendigkeit, erhofft Katharsis und den Sieg der gerechten Sache. Hans Scholl identifiziert sich mit der Nation und einem vom Deutschen Reich dominierten Europa. In einem Tagebuchfragment vom Herbst 1939 ist zu lesen: «Mich verlangt es nicht nach einem Heldentum im Kriege. Ich suche Läuterung. Ich will, dass alle Schatten von mir weichen. Ich suche mich, nur mich. Denn das weiß ich: Die Wahrheit finde ich nur in mir. Anfangs waren wir froh, daß endlich der Krieg entfesselt worden ist: Er muß die Erlösung von diesem Joche bringen. Deutschland hat dieses Joch verdient. Vielleicht dauert dieses Massenmorden lange Zeit. Vielleicht müssen die Menschen Europas sehr umgepflügt werden. Werden wir dann eine Stufe höher steigen? Unsere Hoffnung hängt an diesem fürchterlichen Krieg.»[72] Das war adoleszentes Pathos, dem die Erfahrung des Krieges erst folgte, im Frankreichfeldzug 1940 und an der Ostfront 1942.

Eine Folge des Militärdienstes war das Bedürfnis nach Freiheit, das dann zentrales Postulat des Widerstands der Weißen Rose wurde. Gleichzeitig entwickelte sich ein zweites bedeutsames Agens aus der bewussten

Hinwendung zur christlichen Ethik. Im Elternhaus dominierte die protestantische Frömmigkeit der Mutter (der Vater war nicht religiös), aber erst die Begegnung mit Carl Muth im Sommer 1941 lenkte Hans zum bewussten Christentum fortschrittlich-katholischer Observanz. Wichtig waren die Bücher von Georges Bernanos, Paul Claudel und Werner Bergengruen und Gespräche mit älteren Intellektuellen, die wie Carl Muth und Theodor Haecker zu Lehrern und Wegbereitern Hans Scholls wurden. Für die Universität blieb dem Studierenden der Medizin, der gleichzeitig lebhaftes Interesse an der Philosophie hatte, wenig Zeit. Er war ja Soldat und außerdem viel unterwegs, im Konzertsaal, bei Lesungen, zu Diskussionen. Die Suche nach dem Sinn des Daseins, das Nachdenken über den Krieg und die Zwänge des nationalsozialistischen Regimes, das Reden darüber mit Freundinnen und Freunden füllten Tage und Nächte.

Im Mai 1942 beginnt Sophie Scholl, zwei Jahre nach dem Abitur, in denen sie im Arbeitsdienst und in der Ausbildung zur Kindergärtnerin Zwänge erlitten und Lebenszeit verbraucht hat, mit dem Studium der Philosophie und Biologie in München. Die Geschwister wohnen zusammen in zwei Zimmern in der Franz-Joseph-Straße 13 unweit der Universität. Sophie teilt die Interessen und Aktivitäten des älteren Bruders, wird in den Freundeskreis aufgenommen. Die Geschwister leben in großer Nähe zueinander, was auch andere Mitglieder des Freundes- und Widerstandskreises charakterisiert: Christoph und Angelika Probst sind sich ähnlich vertraut, und auch Willi und Anneliese Graf stehen in ungewöhnlich enger Geschwisterbeziehung zueinander. Das rastlose Studentenleben der Geschwister Scholl ist kräftezehrend. Sophie hat neben ihrer ausgedehnten Lektüre musische Interessen. Sie engagiert zusammen mit Alexander Schmorell ein Modell, um zu zeichnen, während Alexander modelliert. Geselligkeit und Lebensfreude spielen trotz ernsthafter Auseinandersetzung mit der Lebenswelt im «Dritten Reich» eine Rolle. Um den selbstgesetzten und an sie herangetragenen Anforderungen zu entsprechen, nehmen die Geschwister Scholl möglicherweise auch aufputschende Drogen.[73] Hans ist die den Freundeskreis und die Schwester treibende Kraft. Sophie, so wird berichtet, ist in den Debatten meist still. Das mag auch am Rollenverständnis zwischen älterem Bruder und jüngerer Schwester liegen. Zweifellos hing Sophie aber nicht nur im Schlepptau. An moralischem Rigorismus stand sie Hans nicht nach, und ihre Handlungen konnten mutwillig werden wie an jenem 18. Februar

1943, als sie die Flugblätter von der Galerie in die Halle des Lichthofs warf, was das Verhängnis unmittelbar auslöste.

Muntere Lebenslust schließt Empörung und Empfindsamkeit nicht aus. Sophie umschritt, auf der Blockflöte «Die Gedanken sind frei» spielend, das Gefängnis, in dem ihr Vater seine Strafe wegen Beleidigung des Machthabers verbüßte. Vor allem aber hatte Sophie Scholl einen klaren Verstand, mit dem sie die Wirklichkeit des Nationalsozialismus wahrnahm, als die jugendliche Begeisterung verflogen war. Auf den Krieg reagierte Sophie sensibler als ihr Bruder Hans. In den Briefen an ihren vier Jahre älteren Freund Fritz Hartnagel, der als Offiziersanwärter an der Front war, stellt sie ihm kritische Fragen nach dem Sinn des Blutvergießens. Wann und wie Sophie, die seit Mai 1942 mit ihrem Bruder zusammenlebte, von den vier Flugblättern Kenntnis erlangte, die Hans Scholl und Alexander Schmorell im Juni und Juli 1942 verbreiteten, ist nicht klar. Inge Scholls Version, nach der Sophie in aufgeschlagenen Büchern ihres Bruders die Zitate entdeckte, die in den Flugblättern stehen, Hans daraufhin auf seine Urheberschaft ansprach, gehört ins Reich der Phantasie. Im Herbst 1942, nach der Rückkehr der drei Freunde Hans Scholl, Alexander Schmorell und Willi Graf und dem Entschluss, aktiv Widerstand zu leisten, war Sophie jedoch Mitwisserin und Mitwirkende.

Im Sommer 1942 veränderte sich vieles. Hans Scholl wurde, wie auch Alexander Schmorell und Willi Graf, zur Kriegsfamulatur in ein Lazarett westlich von Moskau kommandiert. Sophie wurde zum Rüstungseinsatz in eine Schraubenfabrik bei Ulm befohlen. Am 24. August musste der Vater Robert Scholl eine viermonatige Gefängnisstrafe antreten, weil er Hitler eine «Gottesgeißel» genannt hatte; das war als Verstoß gegen das Heimtückegesetz vom zuständigen Sondergericht relativ milde bestraft worden. Für Sophie war es ein Unrecht, das ihre Abwendung vom Nationalsozialismus beschleunigte.

Die Familie Scholl wurde für den Widerstand der Geschwister Hans und Sophie in Sippenhaft genommen. Am fünften Tag nach der Hinrichtung von Hans und Sophie, am 27. Februar 1943, holte die Ulmer Gestapo die Eltern und die Schwestern Inge und Elisabeth aus der Wohnung. Werner, der jüngste Sohn, war gerade auf Fronturlaub in Ulm. Er blieb allein zurück, da er als Wehrmachtsangehöriger an der Front unentbehrlich war. Er ist nicht mehr zurückgekehrt, wurde 1944 als vermisst gemeldet. Magdalena Scholl, die Mutter, hatte beim Prozess einen

Zusammenbruch erlitten und saß mit den Töchtern in einer Zelle, wie Inge fünf Monate; die jüngere Tochter Elisabeth wurde nach zwei Monaten entlassen. Robert Scholl, der Vater, saß neuneinhalb Monate im Gefängnis in Ulm, wurde dann wegen Rundfunkverbrechens durch das Sondergericht Stuttgart verurteilt und ins Zuchthaus Kislau in Baden eingewiesen. Im November 1944 wurde er entlassen. Die Familie hatte sich auf einen Einödhof im Schwarzwald zurückgezogen. Nach dem Zusammenbruch des «Dritten Reiches» bestimmten die Amerikaner Robert Scholl zum Oberbürgermeister in Ulm. 1948 bei den ersten Wahlen verlor er das Amt wieder. 1951 zogen die Eltern nach München, wo Magdalena Scholl 1958 starb. Robert Scholl lebte bis 1973, zuletzt in Stuttgart.[74]

Alexander Schmorell

Im Februar 2012 wurde Alexander Schmorell durch die russisch-orthodoxe Kirche im Ausland heilig gesprochen. Die Ikone des «Märtyrers Alexander von München» zeigt den 1943 hingerichteten Medizinstudenten Alexander Schmorell mit Heiligenschein, in der rechten Hand das orthodoxe Kreuz und eine weiße Rose. Das Bild ziert die Ikonostase der Kathedrale der Heiligen Neumärtyrer und Bekenner Russlands in München. Das russisch-orthodoxe Gotteshaus ist unweit der Hinrichtungsstätte und des Grabes von Alexander Schmorell im Perlacher Forst gelegen. Die Heiligsprechung war ein feierlicher Gottesdienst, in dessen Mittelpunkt die Verherrlichung des neuen Heiligen stand: «Du bekanntest den Heiland, den von der Jungfrau geborenen Gott und Herrn, gottgetreuer Alexander, im Gericht legtest du durch deine Geduld der Häscher Hochmut nieder. Die Engel staunten ob deiner Geduld, da sie schauten, wie du in Standhaftigkeit furchtlos Drohungen und boshafte Beschimpfungen erträgst; so warfst du auch die körperlosen Feinde in die Nichtigkeit und erscheinst als siegreicher Zeuge Christi.»[75] Teilnehmer der Zeremonie, als einer der letzten Überlebenden des Freundeskreises der Weißen Rose, war Nikolaj Nikolajeff Hamazaspian, der 69 Jahre davor dem Freund seinen bulgarischen Pass, seine Windjacke, Brot und Tabak sowie Geld gegeben hatte, um ihm zur Flucht vor der Gestapo zu helfen.

Geboren wurde Alexander Schmorell am 16. September 1917 am Ural in Orenburg in Russland. Sein Vater, Hugo Schmorell, praktizierte dort als Arzt. Er war Deutscher; auch der Sohn erhielt die deutsche Staatsbürgerschaft. Die Mutter Natalie Vedenskaja, Tochter eines orthodoxen Priesters, starb, als Alexander zwei Jahre alt war. Im Gedenken an sie wurde er orthodox-religiös erzogen. 1921 übersiedelte die Familie – der Vater hatte wieder geheiratet – nach Deutschland, wo Hugo Schmorell im großbürgerlichen Münchner Vorort Harlaching eine Praxis eröffnete. Zur Stiefmutter fand der heranwachsende Alexander kein Verhältnis. Er hielt sich an die russische Kinderfrau Njanja, die nach München mitgekommen war. Njanja, die rundliche Babuschka, die nicht deutsch sprach, umsorgte den heranwachsenden Alexander mit Mütterlichkeit und gab ihm Geborgenheit, verkörperte für ihn ursprüngliche Vitalität und die russische Seele.[76]

Alexander Schmorell, den seine Freunde als großherzigen, weltoffenen, naiven, unpolitischen Romantiker liebten, hatte sich in schwärmerischer Begeisterung für Russland und den russischen Menschen – fernab der politischen und sozialen Realitäten der Sowjetunion – eine seelische Heimat erträumt, der er mit Balalaika-Spiel, nächtlichen Gesprächsrunden, einsamen Wanderungen, Dostojewski-Lektüre und gefühlsseliger Hingabe huldigte. Nach dem Besuch einer Privatschule und des Gymnasiums machte Alexander Schmorell im Frühjahr 1937 das Abitur. 15-jährig war er 1932 der HJ beigetreten, gehörte dann dem Jung-Stahlhelm an und war kurze Zeit Mitglied des SA-Reitersturms. Den verließ er jedoch bald wieder, weil er «über die Reiterei enttäuscht war». Das sagte er im Gestapo-Verhör 1943 aus.[77]

Die anfängliche Begeisterung für das «Dritte Reich», die ihn zur HJ getrieben hatte, verflog, als er zum Reichsarbeitsdienst eingezogen wurde. Unter den Organisationen des NS-Staats war der RAD die sinnloseste. Als Pflichtdienst erfüllte er vordergründig gemeinnützige Aufgaben wie Landmeliorationen und öffentliche Bauprojekte, fungierte aber tatsächlich als vormilitärisches Erziehungsinstrument und als Hinführung zur egalitären «Volksgemeinschaft», dem Gesellschaftsideal des Nationalsozialismus. Die Öde des militärischen Drills und der weltanschaulichen Schulung stießen Alexander Schmorell ab. Sein Individualismus und seine Freiheitsliebe standen ebenso im Gegensatz zum Geist des RAD wie sein elitäres Bewusstsein, das zwischen schöpferischen und führenden «Auserwählten» (zu denen er sich selbstverständlich rechnete) und der dumpfen Masse unterschied. In einem Brief an seine Freundin Angelika Probst gab er seiner Verachtung für die Masse Ausdruck: «Sie sind froh und glücklich, wenn sie nach fremden Regeln leben dürfen, auf fremde Befehle gehorchen dürfen, um selber nicht denken zu brauchen, der Masse nachzugehen, folgend ihrem Herdentrieb, um nicht zu irren.»[78]

In seinem «Politischen Bekenntnis», das er in der Haft im Frühjahr 1943 verfasste, bekannte sich Schmorell zur Staatsform eines aufgeklärten Autoritarismus, in der aber auch Opposition möglich sein müsse. Deshalb sei er, so schrieb er, auch Gegner des Nationalsozialismus geworden: «Meiner Ansicht nach stützt sich die natsoz. Regierung zu sehr auf die Macht, die sie in Händen hat. Sie duldet keine Opposition, keine Kritik, deshalb können die Fehler, die gemacht werden, nicht erkannt, nicht beseitigt werden.»[79]

Politischer Zeitgeist und persönlicher Idealismus verbanden sich in der Überzeugung, «der autoritären Staatsform fast immer vor der demokratischen den Vorzug zu geben. Denn wohin uns die Demokratien geführt haben, haben wir alle gesehen. Eine autoritäre Staatsform bevorzuge ich nicht nur für Rußland, sondern auch für Deutschland. Nur muß das Volk in seinem Oberhaupt nicht nur den politischen Führer sehen, sondern vielmehr seinen Vater, Vertreter, Beschützer.» Intellektuell war das juveniler Idealismus, aber in der Feststellung, dass im Nationalsozialismus dem Führer diese Eigenschaften fehlen, lag der Widerstand eines zentralen Akteurs der Weißen Rose begründet. Im zweiten Flugblatt (Juni 1942) tritt in der von Alexander Schmorell formulierten Passage der elitäre Grundzug im Denken des Autors zutage. Er mündet im flammenden Appell zum Widerstand: «Und wieder schläft das deutsche Volk in seinem stumpfen, blöden Schlaf weiter und gibt diesen faschistischen Verbrechern Mut und Gelegenheit, weiterzutöten –, und diese tun es. Sollte dies ein Zeichen dafür sein, daß die Deutschen in ihren primitivsten menschlichen Gefühlen verroht sind, daß keine Saite in ihnen schrill aufschreit im Angesicht solcher Taten, daß sie in einen tödlichen Schlaf versunken sind, aus dem es kein Erwachen mehr gibt, nie, niemals? Es scheint so und ist es bestimmt, wenn der Deutsche nicht endlich aus dieser Dumpfheit auffährt, wenn er nicht protestiert, wo immer er nur kann, gegen diese Verbrecherclique.»[80]

Dem musischen, ungebärdigen «Auserwählten» Alexander, dessen politisches Ideal im patriarchalischen Führertum, in einem von Weisheit und Güte beseelten autoritären Staat verwirklicht gewesen wäre, war der militärische Stumpfsinn der RAD-Führer, die verordnete Freizeit der Massenorganisation «Kraft durch Freude», der Zwang in der alles regelnden Volksgemeinschaft so zuwider, dass er alles Deutsche zu hassen begann und als erstrebenswerte Gegenwelt das Russische verklärte. Der Medizinstudent, der sich eigentlich zum Künstler, zum Bildhauer berufen fühlte, lehnte jeden Zwang ab, als er bekannte, «fremden Befehlen gehorchen – das ist nichts für mich, auch nicht nach fremden Regeln zu leben».[81]

Die Kriegsfamulatur, die Alexander Schmorell zusammen mit seinen Freunden Hans Scholl und Willi Graf von August bis Oktober 1942 in Russland leistete, wühlte ihn in mehrfacher Weise auf. Die drei Studenten arbeiteten auf einem Verbandsplatz der Wehrmacht etwa 130 Kilometer vor Moskau als Hilfsärzte, sie sahen das Elend russischer Kriegsgefangener und versuchten zu helfen, sie verbrüderten sich mit den Bauern aus dem Dorf, sangen russische Lieder, sahen die Verwüstungen des Krieges und wurden bei der Durchreise in Warschau Zeugen der jüdischen Tragödie, als sie das Ghetto sahen, in dem zu der Zeit 500 000 Juden auf engstem Raum in größtem Elend von den deutschen Machthabern zusammengesperrt waren. Alexander spielte mit dem Gedanken, zu desertieren und in den Reihen der Partisanen für seine «Heimat» Russland zu kämpfen.

Eine Folge des Einsatzes an der Ostfront war die Überzeugung, Widerstand leisten zu müssen. Die Begeisterung für Russland und die russischen Menschen, für russische Religiosität, Musik, Innigkeit, Schlichtheit und Tiefe teilten Alexanders Freunde; sie lernten ein bisschen Russisch, um das Land besser zu verstehen. Vom baldigen Ende der kommunistischen Herrschaft, auch ohne deutschen Sieg, waren sie überzeugt. Professor Huber, ihr Münchner Mentor, missverstand die Russlandbegeisterung Alexander Schmorells vollständig, wenn er Sympathien für Stalins Herrschaftssystem darin vermutete. Aber den Professor und den gefühlsbetonten Studenten Alexander verband ohnehin eine tiefe gegenseitige Abneigung.

Auch Hans Scholl und Willi Graf veränderte die Russlanderfahrung, aber Alexander Schmorell war in seiner ganzen Existenz berührt und getroffen. Er fühlte sich jetzt in Deutschland als Fremder, versank in Melancholie und träumte von der Rückkehr in die «Heimat». Einer Freundin schrieb er Anfang Februar 1943: «Es war die schönste reichste Zeit meines Lebens gewesen – diese drei Monate, sie erschienen mir lang, wie ein ganzes Leben. Wie waren sie reich!!! Jetzt lebe ich nur von Erinnerung und von Hoffnung auf eine *baldige Rückkehr* – für immer. Mein Herz, meine Gedanken, meine Seele, sie sind drüben geblieben».[82] Die Stimmung hielt an und ging mit zunehmender Einsamkeit einher. Für eine russische Freundin, die Lehrerin Nelly, entwarf Alexander Anfang Dezember 1942 einen Brief: «Unruhe, furchtbare Unruhe ist der Hauptzug in meinem hiesigen Leben. Ich würde es hier nicht mehr aushalten, hätte ich nicht hier einige Verpflichtungen. Nur diese geben mir das moralische Recht hier zu bleiben. Sind diese Verpflichtungen beendet, so ist auch mein Verbleiben in Deutschland beendet. Dann erfüllt sich mein glühendes Verlangen, das ich schon mein ganzes Leben mit mir trage – dann kehre ich zurück nach Russland, in meine Heimat.»[83] Mit der Heiligsprechung durch die orthodoxe Kirche ging die Sehnsucht 69 Jahre nach Alexanders Tod in Erfüllung.

Willi Graf

Im Juni 1942 kommt der 24-jährige Medizinstudent Willi Graf in München mit dem Diskussions- und Freundeskreis um Hans Scholl in Berührung. Er findet hier den Ausweg aus lange währender Einsamkeit und Ratlosigkeit, die der Kriegseinsatz als Sanitätssoldat 1941/42 bei ihm ausgelöst hatte. Am 1. Februar 1942 schrieb er an seine Schwester Anneliese: «Ich wünschte, ich hätte das nicht sehen müssen, was sich in meiner Umgebung zugetragen hat und mich aufs tiefste trifft. Ich kann Dir das alles gar nicht im einzelnen schildern. Der Krieg gerade hier im Osten führt mich an Dinge, die so schrecklich sind, daß ich sie nicht für möglich gehalten hätte.»[84] Mit Hans Scholl und Alexander Schmorell wird er im Juli 1942 zum zweiten Mal an die Ostfront kommandiert. Beim Dienst auf dem Verbandsplatz Gshatsk in Russland und in Gesprächen mit den Freunden reift der Entschluss, aktiven Widerstand gegen das NS-Regime zu leisten.

Am 2. Januar 1918 war Willi Graf im Rheinland bei Bonn in einer Familie, die aus tiefer Überzeugung katholisch war, zur Welt gekommen. Der Vater war Kaufmann; er übernahm 1922 die Geschäftsführung eines Weinhandels in Saarbrücken. Dort wuchs Willi zusammen mit der drei Jahre älteren Schwester Mathilde und der drei Jahre jüngeren Anneliese auf. Das katholische Milieu prägte ihn. Er war fromm, diente als Ministrant im Gottesdienst und schloss sich als Gymnasiast dem Bund Neudeutschland an, der Traditionen der Jugendbewegung mit katholischer Religiosität, Fahrtenromantik mit Marienverehrung und Patriotismus verband. Im Deutschen Reich seit 1933 zu Gunsten der Hitler-Jugend verboten, blieb der Bund im Saarland, das bis 1935 unter Völkerbundsmandat stand, aktiv. Nach dem Verbot aller katholischen Jugendverbände im November 1936 weigerte sich Willi Graf, in die Hitler-Jugend einzutreten, brach sogar den Kontakt zu Freunden ab, die zur HJ gingen, und schloss sich dem Grauen Orden an, einer Gruppe von etwa 150 Jugendlichen, die teils von Neudeutschland kamen, teils aus der von Eberhard Koebel (tusk) gegründeten sozialrevolutionären bündischen Bewegung dj 1.11. (Deutsche Jungenschaft vom 1. November 1929), die weniger religiös als der ND-Bund und auch nicht ausgesprochen politisch war, aber als Sammelbecken kritischer junger Menschen diente, deren Gemeinsamkeit in der Verweigerung gegenüber dem Nationalsozialismus bestand.

Wegen «bündischer Umtriebe» geriet Willi Graf mit der Obrigkeit in Konflikt. Nach Abitur und Arbeitsdienst als Student der Medizin in Bonn immatrikuliert, nach wie vor der katholischen Kirche engagiert verbunden und an theologischen und liturgischen Fragen sehr interessiert, wurde er am 22. Januar 1938 von der Gestapo verhaftet und am 21. April 1938 beim zuständigen Sondergericht Düsseldorf mit weiteren 17 Angehörigen des Grauen Ordens angeklagt. Zur Last wurden ihnen die als staatsfeindlich geltenden «bündischen Umtriebe» gelegt, verübt durch Fahrten auf den Balkan und in den Schwarzwald. Die Amnestie, die die Reichsregierung Ende April 1938 zur Feier der Annexion Österreichs erließ, machte den Eifer von Gestapo und Staatsanwaltschaft zunichte.[85] Im Grauen Orden nahmen Günther Schmich und Fritz Leist, beide fünf Jahre älter, Einfluss auf Willi Graf. Die beiden Freunde studieren Theologie, sie sind wie Willi auf der Suche nach Orientierung, jedoch schon gefestigter. Für Graf sind intensive Freundschaften existenziell, auch zu seiner Schwester Anneliese hat er eine tiefe Bindung. Trotzdem fühlt er sich bis zur Begegnung mit Hans Scholl, den er von Anfang an bewundert, «allein, ganz allein» mit seiner Skepsis gegenüber dem Regime, verstärkt durch die erste Erfahrung an der Front. Eine Liebesbeziehung bleibt platonisch, erschöpft sich drei Jahre lang in Briefen und seltenen Begegnungen, bis Willi erfährt, dass die Studentin Marianne Thoeren in Bonn anderweitig gebunden ist.

Willi Graf ist ein ernsthafter junger Mann, religiös und musisch. Er spielt Bratsche und singt im Bachchor, liest mit Leidenschaft, interessiert sich für Philosophie und Theologie, Dichtung und Musik. Er treibt auch Sport, auf dem Fechtboden. Die zweite Feldfamulatur im Spätsommer und Herbst 1942 steht im Zeichen der Freundschaft mit Hans Scholl und Alexander Schmorell und der Verbrüderung mit den russischen Menschen in den Dörfern um das Feldlazarett Gshatsk. Nach NS-Propaganda sind die Russen als Slawen und Bolschewisten in rassistischer und politischer Sicht Feinde, die vernichtet werden sollen. Für Wehrmachtssoldaten war es deshalb mehr als ungehörig, mit ihnen zu singen und zu plaudern, gemeinsam zu essen, den Gottesdienst zu besuchen und Menschlichkeit unter Gleichen zu üben.

Ab November 1942 sind die Freunde wieder in München. Dort trifft sich Willi Grafs anderer Freundeskreis, der Graue Orden, in der Siegfriedstraße in Schwabing. Willi entfremdet sich ihm allmählich, weil es ihm nicht gelingt, Fritz Leist für den Widerstand der Weißen Rose zu gewinnen. Das einstige Vorbild hält Flugblätter und Aktionen wie regimefeindliche Parolen an öffentlichen Gebäuden für unwirksam und zu gefährlich. Willi Graf macht sich auf die Suche nach Verbündeten, in der Absicht, ein Netz studentischen Widerstands an verschiedenen Orten zu knüpfen.[86] Er übernimmt den gefährlichsten Teil der konspirativen Arbeit, reist mit gefälschten Militärfahrkarten nach Bonn, Freiburg, Ulm, Saarbrücken, um Verschwörer zu werben, die Flugblätter verteilen und den Widerstand der Münchner Gruppe in anderen Regionen mittragen sollen. Den Weihnachtsaufenthalt in Saarbrücken bei der Familie hatte er genutzt, um die Brüder Heinz und Willi Bollinger, Kameraden aus Schülertagen und Angehörige des Bundes Neudeutschland als Helfer zu gewinnen.

Im Januar 1943 ist Willi Graf mit einem Vervielfältigungsgerät im Rucksack und Flugblättern im Gepäck unterwegs, sich damit erheblich gefährdend, denn er wird oft kontrolliert in der Eisenbahn; junge Männer sind besonders auffällig, weil sie Deserteure sein könnten. In Köln findet er beim Kaplan Franz Tack Verständnis für die Weiße Rose, in Bonn verweigern sich Kommilitonen mit enttäuschenden Ausreden. Dafür übernimmt Willi Bollinger in Saarbrücken nicht nur die Flugblätter, er stellt mit dem Gerät, das Willi Graf ihm bringt, im Lazarett, in dem er Dienst als Sanitäter tut, weitere Abzüge her. Die Anfertigung der Flugblätter war zeitraubend und mühsam. Der Text musste mit der Schreibmaschine auf Wachsmatrizen getippt und diese zum Druck in das Vervielfältigungsgerät eingespannt werden. Mit einer Kurbel setzte man das Gerät in Gang, nach wenigen hundert Exemplaren war die Matrize verbraucht.

In Ulm traf sich Willi Graf mit Heinz Bollinger. Der Versuch, weitere Widerständler aus dessen Freundeskreis zu gewinnen, misslang. In Freiburg fand sich jedoch mit Helmut Bauer ein Gesinnungsgenosse mit dem Mut, aktiv zu werden. Auch er kam aus den Reihen des Bundes Neudeutschland.

An jenem 18. Februar 1943, an dem Hans und Sophie Scholl in der Universität nach ihrer Flugblattaktion im Lichthof verhaftet werden, kommt Willi Graf am späten Abend nachhause in die Mandlstraße 1 in Schwabing, in der er und seine Schwester Zimmer haben. Anneliese bedeutet ihm mit Lippenbewegungen, dass die Gestapo auf ihn warte. Er bittet, seine Uniform anziehen zu dürfen, und nutzt den Moment, sein Tagebuch zwischen Büchern zu verstecken. Dann werden die Geschwister in die Brienner Straße zum Münchner Gestapo-Hauptquartier gebracht. Die Verhöre beginnen. Willi Graf leugnet erst jedes Wissen um die Weiße Rose, gibt sich dann aber auskunftbereit und agiert geschickt im Bemühen, niemanden – außer Hans Scholl, von dem er wohl wusste, dass er ihm nicht mehr schaden konnte, weil er schon tot war – zu belasten.[87]

Dem Urteil des Volksgerichtshofs am 19. April 1943 folgte eine lange qualvolle Zeit des Wartens auf den Tod. Willi Graf blieb in Stadelheim inhaftiert, weil die Gestapo wohl glaubte, ihn bei Gegenüberstellungen mit möglichen weiteren Widerstandskämpfern zu brauchen. 17 Briefe schrieb er noch aus dem Gefängnis an die Familie. Der Gedanke an das Leid der Mutter betrübte ihn. Am Tag der Hinrichtung, dem 12. Oktober 1943, diktierte er dem Gefängnisseelsorger eine letzte Botschaft. Die

Schwester Anneliese erinnert er an die Aufführung von Händels «Messias», insbesondere an die Arie «Ich weiß, daß mein Erlöser lebt», die sie im Dezember 1942 so bewegt hatte. Er versichert sie seiner Liebe und macht sie zur Hüterin seines Vermächtnisses: «Du weißt, dass ich nicht leichtsinnig gehandelt habe. Und Du mögest dafür sorgen, daß dieses Andenken in der Familie, den Verwandten und Freunden lebendig und bewußt bleibt.» Die Freunde grüßend bittet Willi Graf: «Sie sollen weitertragen, was wir begonnen haben.»[88]

Die Hinrichtung fand am Nachmittag des 12. Oktober 1943 statt. Die Familie wurde nicht benachrichtigt. Ein Gefängnisbeamter verständigte privat Verwandte in München, die die Nachricht nach Saarbrücken weitergaben. Beerdigt wurde Willi Graf auf dem Friedhof am Perlacher Forst. Nach dem Krieg ließ die Familie ihn nach Saarbrücken überführen. Am 27. Dezember 2017 verkündete das Erzbistum München und Freising die Aufnahme der Präliminarien zur Seligsprechung von Willi Graf als Märtyrer des Glaubens.

Christoph Probst

Die vier «Flugblätter der Weißen Rose», die im Juni und Juli 1942 in kleiner Auflage hergestellt und per Post versandt wurden, sind intellektuell von Hans Scholl und Alexander Schmorell verantwortet worden. Ob und wie sehr Christoph Probst, mit Alexander Schmorell seit 1935/36 befreundet und seit Sommer 1942 mit Hans Scholl bekannt, diskutierend in dieser Phase des Widerstands beteiligt war, ist nicht geklärt.[89] Für die folgenden zwei Flugblätter war außer den beiden auch Kurt Huber verantwortlich. Der Entwurf zu einem siebten Flugblatt, den Hans Scholl sorglos mit sich herum trug und bei der Verhaftung zu vernichten suchte, stammte aus Christoph Probsts Feder und bewies seine Zugehörigkeit zum innersten Kreis. Nach weitverbreiteter Lesart sollte Probst als jung verheirateter Vater dreier Kinder aus der Gefahrenzone herausgehalten werden, was freilich naiv anmutet.

Christoph Probst war am 6. November 1919 in Murnau als Sohn eines vermögenden Privatgelehrten mit vielfältigen Interessen und pazifistischer Gesinnung geboren, der als Kunstsammler mit Franz Marc vom Blauen Reiter und dann mit Emil Nolde und Paul Klee befreundet war. Von Hause aus Naturwissenschaftler, wendete sich der ehemalige Münchner Korpsstudent Hermann Probst am Ende der Ersten Weltkriegs fernöstlicher Spiritualität zu, betrieb Sanskritstudien, wurde 1918 Buddhist und beschäftigte sich später mit Astrologie. Der 1917 mit der Aachener Patrizierstochter Katharina von der Bank geschlossenen Ehe bekam die geistige Wendung Probsts nicht gut. Im Sommer 1919 verließ die junge Frau mit der einjährigen Tochter Angelika den Mann, 1920 und 1921 lebten sie wieder zusammen, um sich im April 1922 scheiden zulassen. Die Kinder Angelika und Christoph lebten überwiegend bei der Mutter, aber auch längere Zeit beim Vater. Hermann Probsts neue Lebensgefährtin und zweite Frau war Jüdin. 1936 setzte er, fünfzig Jahre alt, in tiefer Depression seinem Leben ein Ende. Christoph, der stark von seinem Vater geprägt war, hatte ein enges Verhältnis zur Stiefmutter und eine starke Bindung an die knapp eineinhalb Jahre ältere Schwester Angelika.

Christoph Probsts Schulzeit begann mit Privatunterricht bei der Mutter und setzte sich 1927 in einem Kinderheim in Oberstdorf fort. Abhängig vom jeweiligen Wohnort des Vaters bzw. der Mutter waren weitere schulische Stationen das humanistische Gymnasium in Nürnberg, das Landerziehungsheim Marquartstein und das Neue Realgymnasium München. Dort kam der 15-jährige Christoph Probst in die Klasse Alexander Schmorells. Die enge Freundschaft der beiden begann im März 1935. Schließlich erfolgte ein neuer Schulwechsel ins Landerziehungsheim Schondorf am Ammersee, wo Christoph im März 1937 die Reifeprüfung ablegte. In Schondorf traf er auf Bernhard Knoop, den jungen Lehrer für Sport, Geschichte, Deutsch und Französisch und HJ-Kameradschaftsführer, der ihm Mentor wurde. Knoop fand auch Gefallen an Angelika Probst, die in München u. a. bei Carl Orff eine Ausbildung in rhythmischer Musikerziehung genoss. Ihre Nähe zum Komponisten der Carmina Burana spiegelt sich in Briefen des eifersüchtigen Alexander Schmorell, der sie heftig umwarb. Sie entschied sich dann doch (wenigstens vorübergehend) für Bernhard Knoop, 1938 heirateten sie, was eine spätere leidenschaftliche Liebesbeziehung mit Alexander Schmorell nicht verhinderte. Knoop setzte seine pädagogische Karriere als Leiter des Landerziehungsheimes Marienau in Norddeutschland fort, Angelika unterstützte ihn.

Angelika und Bernhard Knoop waren Nationalsozialisten, ob aus überzeugter Begeisterung oder aus Opportunismus steht dahin, wie bei so vielen Deutschen. Auch Christoph war gerne in der HJ, wo ihn Fahrten und Geländespiele, Sonnwendfeiern und jugendgemäßes Brauchtum faszinierten. 1937 meldete er sich freiwillig zur Luftwaffe. Der Stumpfsinn des Reichsarbeitsdienstes und die sinnlosen Zwänge des Militärs stießen den introvertierten Individualisten allerdings ab. Nicht zur NS-Weltanschauung, aber zum organisierten Zwang ging Christel, wie die Freunde ihn nannten, auf Distanz; seiner humanistischen Einstellung war kriegerisches Denken und Treiben zuwider. Zum Christentum entwickelte er erst ganz allmählich, auch unter dem Einfluss des gläubigen Schwiegervaters, ein Verhältnis, das mit der katholischen Taufe in der Todeszelle vor der Hinrichtung die Erfüllung fand.

Nach dem vierten Semester des Medizinstudiums, das Probst 1938 in München begonnen hatte, wurde er von April bis August 1940 als Sanitätsunteroffizier in einer Flakartillerieschule bei Schongau eingesetzt. Dann studierte er wieder in München, tat in den Semesterferien Militärdienst in Schongau. Zum Wintersemester 1941/42 wurde er an die Reichsuniversität Straßburg kommandiert. Auch anschließend in München war er, zeitweise kaserniert, Angehöriger einer Studentenkompanie. Im Herbst 1942 wurde er an die Universität Innsbruck befohlen. Probst, der mit knapp 21 Jahren, nach damaligem Recht also noch minderjährig, im Juni 1940 Vater eines Sohnes Klaus Michael geworden war, heiratete im August 1941 seine Freundin Herta Dohrn. Am 30. Dezember 1941 kam das zweite Kind Vincent zur Welt. Als drittes wurde die Tochter Katharina Elisabeth Maria am 21. Januar 1943 geboren. Sie war vier Wochen alt, als der Vater hingerichtet wurde. Probst hatte für seine Familie eine Wohnung in Lermoos in Tirol gemietet, die von Innsbruck aus leicht erreichbar war und auch den Kontakt zu den Münchner Freunden ermöglichte.

Christophs Weg zum Widerstand war so folgerichtig wie sein Weg zum katholischen Glauben. Seine Schwester überliefert die Reaktion auf den Krankenmord der «Euthanasie»-Aktion: «Besonders lebhaft erinnere ich mich an die heilige Erregung, mit der Christoph sich gegen die Tötung der Irren und rettungslos Kranken aussprach, wie er mir, der ich damals nicht ganz so Entsetzliches darin sah, klar machte, dass es den Menschen in keinem Fall zustände, in den Willen Gottes einzugreifen, denn niemand könne doch wissen, was in den Seelen dieser Irren vorgehe und zu welch geheimer Reifung das Leid über sie verhängt sei.»⁹⁰

Am 19. Februar 1943 wurde Christoph Probst in Innsbruck verhaftet und nach München überführt. Zum Verhängnis wurde ihm der Entwurf zum siebten Flugblatt, den Hans Scholl mit sich herumschleppte, und in Gestapo-Haft vergeblich zu vernichten suchte. In der Vernehmung erklärte Christoph Probst, dass er nicht zum Aktivismus neige. Er sei «im allgemeinen ein unpolitischer Mensch», habe deshalb unter den Kriegserscheinungen seelisch gelitten. Christoph Probst rekonstruierte für die Gestapo den teilweise zerstörten Text des Flugblatts und sagte dazu, er habe sich unter dem Einfluss britischer Sender seine innere Not angesichts der Kriegslage von der Seele geschrieben, aber nicht die Absicht gehabt, den Text zu publizieren.⁹¹ Im Prozess bat er um sein Leben, aber nicht aus Angst oder Kleinmut oder geänderter Gesinnung. Der introvertierte Familienmensch wollte seinen drei Kindern den Vater erhalten. Vor der Vollstreckung des Urteils hatte er nicht mehr die Möglichkeit, sich von ihnen zu verabschieden.

Kurt Huber

Professor Kurt Huber, dessen Vorlesung über Leibniz Sophie Scholl gerne hörte, war ein Hochschullehrer mit ausgedehnten Interessen, aber mit fünfzig Jahren in der akademischen Karriere wenig erfolgreich. Persönlich – vielleicht deshalb – war der Vater von zwei Kindern schwierig. Am 24. Oktober 1893 geboren, war er wegen einer Kinderkrankheit körperlich behindert, was u. a. im Gang, in Zuckungen von Arm und Bein und beim Sprechen auffällig war. In Stuttgart besuchte Huber das gerühmte und angesehene Eberhard-Ludwigs-Gymnasium. Nach dem Abitur und dem frühen Tod des Vaters übersiedelte seine Mutter mit ihren Kindern nach München. Dort studierte er ab 1912 an der Ludwig-Maximilians-Universität Musikwissenschaft, Philosophie und Psychologie. Aufgrund seiner Behinderung war Kurt Huber vom Militärdienst freigestellt. Das hat ihn sehr bekümmert; nicht weniger als dreimal hatte er sich als Student vergeblich freiwillig zum Ersten Weltkrieg gemeldet. Kompensiert hat Huber die Enttäuschung seines militärischen Patriotismus mit einem Brettspiel, «General Jedermann (Pandux)», das er erfand, mit dem das Schlachten des Weltkrieges nachgestellt und nachempfunden werden konnten. Er ließ es patentieren, fand einen Verleger dafür und verdiente sogar Geld damit.[92]

Der Promotion in Musikwissenschaft 1917 folgte 1920 die Habilitation in Philosophie und Psychologie. 1926 erhielt der Privatdozent den Titel außerplanmäßiger Professor, der aber nicht mit einem Gehalt verbunden war. Das Streben galt einem Lehrstuhl, dem Einkommen und dem Renommee der ordentlichen Professur. Kurt Huber hat dieses Ziel nie erreicht, er litt immer an finanzieller Bedrängnis und gelegentlich wohl an Bitterkeit wegen erfolgreicherer Kollegen. Er war mit dem Historiker Karl Alexander von Müller eng befreundet, einem Star der Münchner Universität und der Münchner Gesellschaft, früh engagiertem Nationalsozialisten und gefeiertem Autor. Kurt Huber schüttete ihm in Briefen das Herz aus, wenn er sich wieder zurückgesetzt fühlte, wenn Fachkollegen jüdischer Abstammung den Erfolg hatten, der ihm nicht zuteil wurde. Kurt Huber war Antisemit und machte kein Hehl daraus. Außerdem war er national und völkisch eingestellt. Zur NSDAP hielt er allerdings lange Distanz, weil er im Lager der christlich-katholisch orientierten Bayerischen Volkspartei stand. Seit 1. April 1940 war er dann doch Mitglied der NSDAP. Mit Sicherheit hatte die Entscheidung hinsichtlich der akademischen Karriere strategische Gründe: Zweifel an seiner Loyalität gegenüber dem Staat wollte Huber ausräumen, um doch noch Ordinarius zu werden – nicht zuletzt um seine Familie ernähren zu können.

Ein Forschungsauftrag am Berliner Staatsinstitut für deutsche Musikforschung war von persönlichen Querelen und Animositäten überschattet. Das 1935 gegründete Institut war ideologiekonform zur NSDAP und deren völkischen Idealen. Huber, der sich seit langem mit deutschen Volksliedern beschäftigte, glaubte eine seinen Kompetenzen entsprechende Aufgabe in der Volksmusikforschung gefunden zu haben und wechselte 1937 nach Berlin. Er sah sich dort aber mit Zweifeln an seiner politischen Zuverlässigkeit konfrontiert. Ursachen waren nicht nur sein Temperament sondern vor allem sein Beharren auf wissenschaftlichen vor weltanschaulichen Positionen. Huber fühlte sich bald abermals zurückgesetzt, und zwar auf dem Gebiet, das nicht nur eine Kernkompetenz seiner wissenschaftlichen Tätigkeit bildete, sondern auf dem er Pionierarbeit geleistet hatte. Im Wintersemester 1938/39 war Kurt Huber wieder in München und froh, seine bescheiden dotierten Lehraufträge wieder zu haben. Das Mediokre und Vulgäre der Nazis, auch und vor allem derer, die an der Universität den Ton angaben, stießen Huber ab. Aber in der erstrebten Position des Ordinarius hätte er wohl seinen Frieden mit den Verhältnissen gemacht. Seine Philosophievorlesung war für Hörer aller Fakultäten eine Attraktion, nicht zuletzt wegen der Sottisen über Zeitläufte und Prominente der NSDAP. Ein politischer Gegner des Regimes war er damit aber noch nicht.

Vom Nationalsozialismus trennten Huber nicht so sehr die programmatischen Linien. Sowohl im deutschnationalen Patriotismus, der ausgeprägten Abneigung gegen jeglichen Marxismus, von der Sozialdemokratie bis zum Bolschewismus, als auch den rassistischen und militaristischen Überzeugungen einschließlich der Judenfeindschaft gab es keinen grundsätzlichen Dissens Hubers zum Nationalsozialismus. Die Intonation der Ideale der Hitler-Bewegung durch deren Vertreter war Huber sicherlich zu vulgär, und sein christlicher Konservatismus stärkte die Reserve gegenüber der NS-Ideologie. Nicht minder das Ideal der Freiheit des Individuums, das der Philosoph Huber ebenso entschieden vertrat wie die Unabhängigkeit von Forschung und Lehre im akademischen Raum. Dem in der Entfaltung an der Universität auch durch das ständige Hineinregieren von Staat und Partei gehemmten außerplanmäßigen Professor war die «Bonzenwirtschaft» verhasst. Das lässt sich aus dem letzten Flugblatt des Münchner Widerstandskreises, dessen Verfasser er war, herauslesen. Auch in Briefen Hubers war das ein Thema. Im Grunde war er die Inkarnation des deutschen Professors, dem das Ausüben seiner Gelehrsamkeit wichtiger als anderes war. Dazu gehörte die grundsätzlich nationale wie christlich konservative Einstellung ebenso wie die elitäre Liberalität des Bürgers einer altehrwürdigen Universität.

Das Verhältnis Hubers zur Partei und zum NS-Regime war lange Zeit durch Konsens mit den Staatszielen bei gleichzeitiger Distanz zu Protagonisten und Methoden bestimmt. Es verschlechterte sich vor dem Hintergrund des Scheiterns der akademischen Ambitionen Hubers und radikalisierte sich wegen der Ein- und Übergriffe nationalsozialistischer Funktionäre in den Universitätsbetrieb. Erheblichen Anteil hatten die Rede des Gauleiters Giesler am 13. Januar 1943 und der dadurch ausgelöste studentische Protest sowie die Reaktion der Universität darauf. Maßgeblich für die Hinwendung zum Widerstand war die militärische

Situation, die Katastrophe von Stalingrad, ausgelöst durch den Dilettantismus und Starrsinn des obersten Befehlshabers Hitler. Kurt Huber war ein Mann des späten konservativen Widerstands.[93]

Sympathisierende und Unterstützer

Die Münchner Studenten der Weißen Rose waren im bildungsbürgerlichen Milieu aufgewachsen und blieben ihm treu. Abendunterhaltungen, bei denen vorgelesen und diskutiert wurde, gehörten wie Hausmusik und Konzertbesuche zum Angebot der Elternhäuser. Bei einem Leseabend im Hause Schmorell hatten sich Ende Mai 1941 Hans Scholl und Christoph Probst kennengelernt. Im Frühjahr 1942 machte Hans Scholl bei einer solchen Gelegenheit die Bekanntschaft des Architekten Manfred Eickemeyer, der sein Atelier in der Leopoldstr. 38a in München-Schwabing für die Treffen des Studentenkreises zur Verfügung stellte. Er war zur Regierung des Generalgouvernements in Krakau dienstverpflichtet, wo er angesichts der deutschen Besatzungspolitik in Polen zum Regimegegner wurde. Mitte Juni 1942 begegneten die Geschwister Scholl und Christoph Probst bei einem literarischen Abend in der Wohnung des Ehepaares Mertens in der Schönfeldstraße erstmals Professor Kurt Huber. Sie verständigten sich über ihre politischen Ansichten. Im Sommer 1942 besuchten der katholische Publizist Carl Muth und die Schriftsteller Theodor Haecker und Sigismund von Radecki Leseabende, zu denen Hans Scholl und Alexander Schmorell ins Atelier Eickemeyer eingeladen hatten. Den Vorträgen folgte der Meinungsaustausch. Anfang Juli 1942 wurde Willi Graf nach einer weiteren Lesung Theodor Haeckers in den engeren Kreis der studentischen Opposition einbezogen. Wenig später, am 22. Juli 1942, trafen sich im Atelier Eickemeyer Hans und Sophie Scholl, Alexander Schmorell, Willi Graf und Christoph Probst mit Traute Lafrenz, Gisela Schertling, Katharina Schüddekopf und Hans Hirzel. Eickemeyer und Huber waren ebenfalls in den politischen Debatten engagiert.

Neben Huber hatten vor allem Carl Muth (1867–1943) und Theodor Haecker (1879–1945) prägenden Einfluss auf die Studenten. Der Publizist Muth vertrat als Gründer (1903) und Herausgeber der Zeitschrift «Hochland», die 1941 vom NS-Regime verboten wurde, einen weltoffenen Reformkatholizismus. Muth führte in München-Solln ein offenes Haus. Er lebte die Tugenden Einfachheit und Güte und nahm damit Menschen für sich ein. Hans Scholl lernte ihn zusammen mit seiner Schwester Inge im August 1941 kennen. Die protestantischen Geschwister, Hans und Inge, etwas später auch Sophie, fühlten sich in schwärmerischer Begeisterung zu Muth hingezogen. Hans Scholl kam ihm nahe, als er den Auftrag erhielt, Muths Bibliothek zu ordnen. Muth weckte das glühende Interesse der protestantischen Geschwister Scholl für den christlichen Humanismus reformkatholischer Observanz, machte sie mit dem Werk von Paul Claudel und anderen Denkern bekannt. Die Nähe zu diesem Katholizismus ist den Flugblättern abzulesen, und Inge Scholl hat den Schritt zur katholischen Taufe ein Jahr nach dem Tod von Hans und Sophie getan. Im Hause Muth lernten die Geschwister auch Theodor Haecker kennen, der ebenfalls bekennender Katholik war und mit seinem Buch «Vergil, Vater des Abendlandes» (1932) das Christentum als Kulturmacht definierte und gegenüber dem NS-Regime ein kritischer Geist war. Haecker hatte seit 1935 Vortrags-, seit 1938 auch Publikationsverbot. In seinen «Tag- und Nachtbüchern» (1947 posthum erschienen) setzte er sich ähnlich wie Viktor Klemperer in seinen Tagebüchern kritisch mit dem Nationalsozialismus auseinander. Die Gestapo wurde nach der Verhaftung der Geschwister Scholl und ihrer Freunde auch bei den Sinnstiftern der Weißen Rose vorstellig. Der 76-jährige Carl Muth entging mangels Beweisen und durch selbstbewusstes Auftreten der Verhaftung. Theodor Haecker wurde dagegen gefangengenommen; ein Prozess gegen ihn wurde jedoch eingestellt. Die Gestapo hatte beide vergeblich als entscheidende intellektuelle Urheber des Widerstands der Weißen Rose in Anspruch nehmen wollen.[94]

Im November 1942 reisten Hans Scholl und Alexander Schmorell nach Stuttgart, um den Buchprüfer Eugen Grimminger aufzusuchen. Grimminger, 50 Jahre alt, in Crailsheim geboren, literarisch ambitioniert, mit einer Jüdin verheiratet und mit dem Vater Robert Scholl landsmannschaftlich, kollegial und freundschaftlich verbunden, war politischer Gegner der Nationalsozialisten. Die beiden Münchner Studenten weihten ihn ohne weiteres in ihre Widerstandsaktivitäten ein und fanden offene Ohren. Grimminger gab ihnen Geld und sammelte in seinem Bekanntenkreis weitere Mittel. Bei einem zweiten Besuch der Studenten in Stuttgart wurden wenig später mögliche Verbindungen zu anderen Regimegegnern diskutiert und die Notwendigkeit von Auslandskontakten erörtert. Grimminger unterstützte die Weiße Rose mit einer weiteren Geldsumme, besorgte ein Vervielfältigungsgerät (das seine Sekretärin am Tag der Verhaftung der Geschwister Scholl bei ihnen abliefern wollte). Am 2. März 1943 wurde Grimminger von der Gestapo verhaftet. Es gelang ihm, Hinweise auf andere Beteiligte zu vernichten, und im Prozess konnte ihm lediglich eine Spende von 500.- Reichsmark nachgewiesen werden. Dank der geschickten Zeugenaussagen seiner Sekretärin verurteilte der Volksgerichtshof am 19. April 1943 Grimminger, der die Aktivitäten des Widerstandskreises maßgeblich finanziert hatte, «nur» zu zehn Jahren Zuchthaus.[95] Er verbüßte die Strafe bis 1945 in Ludwigsburg. Seine Frau Jenny wurde in dieser Zeit als Jüdin nach Auschwitz deportiert und dort am 2. Dezember 1943 ermordet. Nach der Befreiung nahm Grimminger wieder am öffentlichen Leben teil, als liberal-konservativer, jedoch nicht parteigebundener Gemeinderat in Stuttgart und in zahlreichen Ehrenämtern. Über seine Rolle im Widerstand der Weißen Rose äußerte er sich öffentlich nicht, übte freilich diskret Kritik an der verherrlichenden Nachkriegshistoriographie über den Kreis. 1986 ist er gestorben.

Zu den Unterstützern und Wissenden gehörte auch Josef Furtmeier, ein 1933 entlassener mittlerer Beamter des bayerischen Justizdienstes mit umfassender literarischer Bildung, der mit Manfred Eickemeyer befreundet war.[96] Einflussreich waren auch der katholische Priester Max Schwarz und der Kulturhistoriker Professor Alfred von Martin. Als Mitwisser standen in einem dritten Prozess am 13. Juli 1943 vor dem Landgericht München I Harald Dohrn, der Schwiegervater Christoph Probsts, der Architekt Manfred Eickemeyer, der Kunstmaler Wilhelm Geyer und der Buchhändler Joseph Söhngen unter Anklage. Aber nur Söhngen wurde verurteilt, zu sechs Monaten Gefängnis.

Die Weiße Rose und die Juden

Weder in der öffentlichen Rezeption noch in der Widerstandsforschung war es lange Zeit von Interesse, ob die Entrechtung und Verfolgung von Minderheiten für die Opposition gegen den NS-Staat als Motiv eine Rolle spielten. Das Schicksal von Homosexuellen und anderen «Gemeinschaftsfremden», von Sinti und Roma, von religiösen Gruppen jenseits der beiden großen christlichen Kirchen interessierte die Mehrheit wenig oder gar nicht. Dem monströsen Menschheitsverbrechen des Judenmords unter NS-Ideologie wurde in den ersten Jahrzehnten nach dem Zusammenbruch der NS-Herrschaft allenfalls pflichtschuldiges erzwungenes Interesse entgegengebracht. Die Ressentiments gegen Minderheiten, die älter sind, aber unter nationalsozialistischer Ideologie kultiviert wurden, dauerten fort, wurden durch Gefühle von Scham und Schuld noch verstärkt und gingen in der allgemeinen Amnesie über die Verbrechen der Nationalsozialisten auf. Das galt in erster Linie für die Sinti und Roma, die unter der stigmatisierenden Bezeichnung «Zigeuner» verfolgt worden waren, deren Diskriminierung nach 1945 anhielt und denen Entschädigung verweigert wurde. Auch Homosexuelle blieben verfemt. Verdächtig waren überhaupt alle, die im KZ gewesen waren.

So wurde lange Zeit auch nicht nach der Einstellung der Verschwörer des 20. Juli oder des Kreisauer Kreises oder anderer Widerstandskämpfer zur Verfolgung und Ermordung der Juden, geschweige der Sinti und Roma oder der Zeugen Jehovas, gefragt. Die Frage nach Positionen – nicht nur von Widerstandskämpfern – gegenüber Juden, Judenverfolgung und Judenmord ist legitim und bedarf keiner besonderen Begründung, und das Argument, das Wissen über Auschwitz dürfe nicht rückverlängert werden, ist nicht stichhaltig. Denn die Frage nach den Motiven oppositionellen Denkens und Verhaltens ist konstitutiv für die Erforschung des Widerstands. Ebenso hat die Frage nach der Kenntnis der Deutschen von den Verbrechen des NS-Regimes und ihr Verhalten angesichts von Wissen, Nichtwissenwollen und tatsächlichem Unwissen zentrale Bedeutung. Denn der Mythos, «die Deutschen» hätten insgesamt «nichts gewusst» und nichts wissen können, wurde zur Lebenslüge einer Generation, die nach dem Zusammenbruch des Regimes und der Ächtung seiner Ideologie beteuerte, entweder von den Verbrechen nichts gewusst zu haben oder trotz Wissens oder Ahnens ohnmächtig gewesen zu sein, weil man gegen den Terror der Nationalsozialisten nichts habe machen können.

Wie erklärt sich dann aber das Zusehen beim Abtransport jüdischer Nachbarn, von denen man nie wieder hörte, zuvor das Erlebnis der Ereignisse der «Reichskristallnacht», bei der Gewalt gegen Juden in aller Öffentlichkeit geübt und bejubelt wurde? Wie reagierten die Familienangehörigen, Freunde, Dorfbewohner, denen Soldaten beim Urlaub von der Ostfront von Massenerschießungen der Juden erzählten, die sie gesehen hatten? Wie erklärt sich das Geraune über Seife, die angeblich aus «Judenfett» hergestellt werde, und was dachten sich Bürger, die über Konzentrationslager Witze machten? Ein Teil der Erklärung liegt gewiss in der Tatsache, dass die Geschicke von Minderheiten, seien es Ernste Bibelforscher, Juden, «Zigeuner» oder andere «Fremde», die Mehrheit nur wenig oder gar nicht interessieren. Man war froh, nicht zu den Missliebigen und Unerwünschten zu gehören, passte sich herrschender Meinung und geltendem Trend an oder arrangierte sich unauffällig.

Auch die Geschwister Scholl und ihre Freunde waren nicht von Anfang an dem Nationalsozialismus gegenüber kritisch oder feindlich eingestellt – so wenig wie der Widerstandskreis um den ehemaligen Leipziger Oberbürgermeister Carl Goerdeler oder wie der Hitler-Attentäter Graf Stauffenberg und dessen Freunde in der Wehrmacht. Auch für den Kreis der Weißen Rose galt, was für die Mehrheit der Deutschen zutraf: Die Gefühle gegenüber den jüdischen Bürgern waren bestenfalls indifferent, in der Regel von Ressentiments bestimmt, die traditionellem, religiös motiviertem Antijudaismus oder auch rassistisch begründetem Antisemitismus entsprangen. Das musste nicht mit der Billigung der Judenpolitik der Nationalsozialisten einhergehen. Die üblichen Ressentiments gegenüber Juden, wobei Unterschiede gemacht wurden zwischen assimilierten deutschen Juden und den auch äußerlich wegen ihrer Sprache und Tracht fremdartig wirkenden «Ostjuden», gingen oftmals mit deutlicher Reserve gegen den fanatischen Judenhass einher.

In den Briefen und Tagebüchern des Freundeskreises der Weißen Rose gibt es keine Hinweise darauf, dass die Ausgrenzung, Diskriminierung und Verfolgung der Juden sie stark bewegt hätte. Auch in den Vernehmungen der Gestapo waren Juden und der Judenmord keine Themen. In den Flugblättern der Weißen Rose erscheinen Juden allerdings gelegentlich. Im zweiten Flugblatt im Sommer 1942 lautet die von Alexander Schmorell verfasste Passage zum Judenmord in Polen: «Nicht über die Judenfrage wollen wir in diesem Blatte schreiben, keine Verteidigungsrede verfassen – nein, nur als Beispiel wollen wir die Tatsache kurz anführen, die Tatsache, dass seit der Eroberung Polens dreihunderttausend Juden in diesem Land auf bestialische Art ermordet worden sind.»[97] Das klingt merkwürdig distanziert, zum einen wegen des Terminus «Judenfrage», der suggeriert, es habe ein Problem mit den Juden gegeben, das gelöst werden musste, zum anderen wegen der Verwahrung, über die «Judenfrage» zu schreiben und keine «Verteidigungsrede» zu verfassen – wer hätte verteidigt werden sollen? Gewiss nicht die Nationalsozialisten, aber wofür dann die Juden?

Weiter geht es in dem Flugblatt in humanistischer Empörung: «Hier sehen wir das fürchterlichste Verbrechen an der Würde des Menschen, ein Verbrechen, dem sich kein ähnliches in der ganzen Menschengeschichte an die Seite stellen kann. Auch die Juden sind doch Menschen – man mag sich zur Judenfrage stellen wie man will – und an Menschen wurde solches verübt.»[98] Das Mitleid mit den Juden ist mit einem deutlich hierarchisierenden Werturteil verbunden, und die «Judenfrage» wird noch eindeutiger als zu Beginn als Hinweis auf notwendige oder berechtigte Handlungsweisen apostrophiert. Noch apodiktischer wird die Ausgrenzung im nächsten Satz: «Vielleicht sagt jemand, die Juden hätten ein solches Schicksal verdient; diese Behauptung wäre eine ungeheure Anmaßung; aber angenommen, es sagte jemand dies, wie stellt er sich dann zu der Tatsache, dass die gesamte polnische adelige Jugend vernichtet worden ist (Gäbe Gott, dass sie es noch nicht ist!)?»[99]

Die gerechte Empörung über die nationalsozialistischen Verbrechen und über die Apathie der Deutschen ihnen gegenüber ist nicht frei von elitären Zügen, die herablassende Sentenz, Juden seien doch auch Menschen, musste so gelesen werden, dass man nicht einmal Juden so behandeln dürfe, geschweige denn die adelige Jugend Polens. Mit der Beteuerung, die «Judenfrage» nicht erörtern zu wollen, war vielleicht die Absicht verfolgt, einen möglichst großen Kreis von regimekritischen Lesern zu erreichen, wahrscheinlicher ist jedoch die traditionelle und weiter nicht reflektierte Reserve gegenüber Juden als Anhängern einer Religion, die verstockt die Heilslehre der Erlösung durch Jesus Christus ablehnten und deshalb seit Jahrhunderten ausgegrenzt waren. Dass die Ausgrenzung zu Recht erfolgte, lernte man im christlichen Religionsunterricht. Antijudaismus war ebenso protestantische wie katholische Überzeugung und nicht minder die der ostkirchlichen Orthodoxie.

Urheber der einschlägigen Passagen im zweiten Flugblatt war Alexander Schmorell. Im fünften Traktat der Münchner Studenten gibt es eine zweite Erwähnung der jüdischen Tragödie, verfasst von Hans Scholl. In Analogie zum christlich antijudaistischen Bild, nach dem die Juden für den Gottesmord, für ihr Selbstbewusstsein als «auserwähltes Volk» gerechte Strafe erleiden müssten, lautet die Passage: «Deutsche! Wollt Ihr und Eure Kinder dasselbe Schicksal erleiden, das den Juden widerfahren ist? Wollt Ihr mit dem gleichen Masse gemessen werden, wie Eure Verführer? Sollen wir auf ewig das von aller Welt gehasste und ausgestoßene Volk sein? Nein! Darum trennt Euch von dem nationalsozialistischen Untermenschentum!»[100] Anzumerken wäre auch die unkritische Übernahme des rassistischen NS-Begriffs «Untermenschentum», die nicht nur an dieser Stelle erfolgt, zentral ist aber die in den Flugblättern wiederholt erscheinende christliche Idee der Strafe der Juden durch Zerstreuung als Volk und kollektive Missachtung.

Was gegenüber den Juden offensichtlich als historisch gerecht empfunden wurde, war den Deutschen bei anhaltender Gefolgschaft zu Hitler und dem Nationalsozialismus – in Analogie zur «Verstocktheit» der Juden hinsichtlich des Alten Testaments – angedroht und unausweichbares Schicksal. Die Viktimisierung der Deutschen war ein bereits im ersten Flugblatt angedeuteter Gedanke, der im fünften Sendschreiben Anfang 1943 zur Apokalypse verdichtet wurde. Ohne den studentischen Urhebern der Flugblätter Sympathien für die Judenfeindschaft im Sinne des nationalsozialistischen Antisemitismus attestieren zu wollen, ist festzustellen, dass sie die Denkfiguren des christlichen Antijudaismus so verinnerlicht hatten, dass sie sich berechtigte Bestrafungsanalogien zwischen Deutschen und Juden vorstellen konnten. Die mörderische Verfolgung der Juden im Zeichen rassistischer Ideologie im Holocaust bewegte die Geschwister Scholl und ihre Freunde nicht so sehr, dass sie dem in ihren Traktaten Ausdruck verliehen hätten.

Epigonen in München

Am 18. Februar 1943, jenem Tag, an dem in München Sophie und Hans Scholl nach ihrer Tat im Lichthof der Universität verhaftet wurden, an dem Reichspropagandaminister Goebbels im Berliner Sportpalast unter frenetischem Beifall den «totalen Krieg» ausrief, lasen zwei Studierende im Chemischen Labor der Münchner Universität das Flugblatt «Kommilitonen, Kommilitoninnen». Hans Konrad Leipelt und seine Freundin

Marie-Luise Jahn waren begeistert. Sie kannten niemanden aus dem Kreis der Weißen Rose, aber sie fühlten sich angesprochen, gesinnungsverwandt, sie teilten die Kritik am «Dritten Reich» und wollten Widerstand leisten. Hans Leipelt, am 18. Juli 1921 in Wien geboren, hatte sich nach dem Abitur zum Reichsarbeitsdienst gemeldet, von April bis Oktober 1938 war er beim Bau des Westwalls eingesetzt, dann nahm er als Soldat in einem Infanterieregiment am Polen- und am Frankreichfeldzug teil. Im Juni 1940 wurde er mit dem Eisernen Kreuz II. Klasse und dem Panzerkampfabzeichen in Bronze dekoriert.[101]

Im August 1940 erhielt Hans Leipelt jedoch den Abschied aus der Wehrmacht, weil er eine jüdische Mutter hatte. Dem «Halbjuden» war dies eine bittere Kränkung, die sich an der Hamburger Universität fortsetzte, als er nach drei Semestern auch vom Studium ausgeschlossen wurde. Er ging nach München, wo der Nobelpreisträger Heinrich Wieland als Ordinarius und Chef des Chemischen Instituts es sich leisten konnte, sein Renommee zu Gunsten «rassisch» unerwünschter Studierender einzusetzen. Neben Leipelt arbeiteten als «persönliche Gäste» des Geheimrats Wieland Studenten ohne im Sinn der NS-Ideologie und den ihr folgenden Universitätsstatuten ordnungsgemäße Immatrikulation im Institut.

Leipelts Mutter war promovierte Chemikerin. Sie stammte aus einer liberalen jüdischen Familie. Der Vater war Diplomingenieur. Das Elternhaus in Hamburg, wohin der väterliche Beruf als Betriebsleiter die Familie geführt hatte, war deutsch-national eingestellt und christlich mit der protestantischen Mutter und dem katholischen Vater. Mit dessen frühem Tod im September 1942 endete der schützende Status der «privilegierten Mischehe» der Eltern.

Das bedeutete, dass Hans Leipelts Mutter jetzt den Judenstern tragen und alle Diskriminierungen, die Juden galten, ertragen musste. An ihrem Arbeitsplatz, einem chemischen Labor in Hamburg, war sie nicht mehr Wissenschaftlerin, sondern nur noch die Helferin, die Reagenzgläser spülte. Die Angst vor der Deportation bestimmte nach dem Tod des Mannes den Alltag. Hans Leipelts Großmutter mütterlicherseits, die im Hamburger Haushalt seiner Eltern gelebt hatte, wurde im Juli 1942 ins Ghetto Theresienstadt deportiert, wo sie zugrunde ging.

Hans Leipelt, der nach dem Tod des Vaters den offiziellen Status «Halbjude» mit allen negativen Folgen hatte, dem der entehrende Ausschluss aus der Wehrmacht bitter war, den die Hamburger Exmatrikulation kränkte, hatte viele persönliche Gründe, Gegner des Nationalsozialismus zu sein. Die erlittene Ausgrenzung erfüllte ihn mit glühendem Hass gegen das Regime. Das erklärt auch die in seiner Sozialisation nicht angelegte Sympathie für sozialistische und kommunistische Ideen, seine Parteinahme für die Sowjetunion. Hans Leipelt war, durch sein persönliches Schicksal geprägt, bei ähnlichem bildungsbürgerlichem familiärem Hintergrund wie die Studenten der Weißen Rose, entschiedener zum Widerstand als Kampf mit aller Konsequenz motiviert als die Geschwister Scholl und ihre Freunde. Aber Hans Leipelt war ein junger Mann, der eher in Phantasien den Kampf gegen das verhasste NS-Regime lebte, als planmäßig zu Werke ging.

An der Münchner Universität verliebte er sich in die drei Jahre ältere Kommilitonin Marie-Luise Jahn, eine behütete Gutsbesitzerstochter aus Ostpreußen, die Privatunterricht bekommen hatte, dann ein Lyzeum in Ostpreußen und schließlich das Internat der Königin-Louise-Stiftung in Berlin besucht hatte. 1939 absolvierte sie den Reichsarbeitsdienst. Im Frühjahr 1940 nahm sie das Studium der Chemie in München auf. Im Winter 1942/43 beginnt die Freundschaft mit Hans Leipelt. Auch Marie-Luise steht dem Nationalsozialismus skeptisch gegenüber. Nach ihrer Erinnerung war der 13. Januar 1943, an dem Gauleiter Giesler mit seiner sexistischen Rede Studenten zum Protest provoziert hatte, ein Schlüsselereignis, ein «Hoffnungsschimmer für uns, dass endlich etwas passieren würde. Allen Studenten war befohlen worden, an der Veranstaltung im Kongreßsaal des Deutschen Museums teilzunehmen – Grund genug für mich, mich zu widersetzen und nicht hinzugehen. Hans, der sehr gut stenografieren konnte, besuchte die Veranstaltung und schrieb die gesamte Rede mit allen Zwischenrufen mit. Freudestrahlend kam er anschließend zu mir und sagte: ‹Der Protest der Studenten über die unverschämte Rede Gieslers war großartig – endlich lehnen sie sich gegen die Nazis auf!› Wir dachten, dass damit Bewegung in die Studentenschaft gekommen sei, dass Studenten einen Aufstand machen würden. Aber nichts dergleichen geschah. Die Niederlage von Stalingrad, die selbst das Regime nicht mehr verheimlichen oder schönreden konnte, hatte uns beide zutiefst erschüttert. Wir waren entsetzt über die vielen sinnlosen Opfer, die der Krieg, Hitlers Krieg, forderte. In unseren Gesprächen waren wir uns einig, dass die Nazis ‹weg mussten›, damit endlich der fürchterliche Krieg aufhören konnte. Wir hofften so sehr darauf, dass mehr Deutsche, dass alle Deutsche, die Dinge so sehen und entsprechend handeln würden.»[102]

Dass Hans Leipelt die ominöse Veranstaltung am 13. Januar 1943 im Kongreßsaal des Deutschen Museums in München besucht und die Rede des Gauleiters mitstenographiert hatte, ist sehr unwahrscheinlich, obwohl seine Freundin dies im Abstand mehrerer Jahrzehnte behauptete. Aber warum hätte er, als entschiedener Feind der Nationalsozialisten, der mit regimekritischen Bemerkungen auch in der Universitätsöffentlichkeit nicht geizte, an einer höchst systemkonformen Veranstaltung als Komparse mitwirken sollen? Da die Studierenden nach Geschlechtern getrennt im Saale saßen, wäre ihm als Zivilisten unter den feldgrauen Kommilitonen die Ausstoßung aus der Wehrmacht in besonders kränkender Weise bewusst gewesen. Die Verbreitung der Rede des Gauleiters Giesler mit abfälligen Kommentaren wurde Leipelt trotzdem zu Recht als staatsfeindliche Handlung zur Last gelegt. Unklar bleibt nur, wie er zu dem Text gekommen war. Völlig unstrittig ist die Bedeutung des Ereignisses für die studentische Opposition in München.

Am Chemischen Institut des Geheimrats Wieland entfaltete sich studentisches widerständiges Verhalten nach dem Ende der Weißen Rose. Eine Wurzel war die Sympathie zum Kreis um die Geschwister Scholl nach deren Verhaftung. Kontakte hatte es nicht gegeben, aber nach deren Ende fühlten sich die «Gäste» des Professors Wieland solidarisch mit der Weißen Rose. Hier fand deren letztes Flugblatt, das Leipelt im Februar 1943 erhalten hatte, aufmerksame Leser. Ob es, wie Marie-Luise Jahn in Interviews berichtete, mit einer Reiseschreibmaschine abgetippt und in Durchschlägen im Institut verteilt worden ist, bleibt fraglich. Die Überschrift «Und ihr Geist lebt trotzdem weiter», die Leipelt über das Huber-Flugblatt gesetzt haben soll, ist jedenfalls eine Legende. Aber der Text, das ist erwiesen, wurde im Chemischen Institut weitergereicht, vorgelesen und diskutiert. Auch eine Solidaritätsaktion für Clara Huber, die Witwe des hingerichteten Professors Kurt Huber, ging im September 1943 vom Chemischen Laboratorium des Nobelpreisträgers Wieland aus. Wolfgang Erlenbach und Franz Treppesch waren die Initiatoren. Hans Leipelt bemühte sich u. a. bei Hamburger Freunden um Spenden. Es kam ein wenig Geld zusammen. Ob es jedoch die völlig mittellose Witwe Huber tatsächlich erreichte, ist nicht klar. Denn das Bemühen, ihr zu helfen, wurde der Gestapo denunziert. Die Geste der Solidarität, die einen nachträglichen Brückenschlag zur Weißen Rose bedeutete, wurde als staatsfeindliche Tat gewertet und den Studenten zur Last gelegt.

Am 8. Oktober 1943 verhaftete die Gestapo Hans Leipelt, zehn Tage später seine Freundin Marie-Luise Jahn. Am 9. November wurden Hans' Schwester Maria und am 7. Dezember seine Mutter in Hamburg festgenommen. Diese, Dr. Katharina Leipelt, starb wenig später, am 8./9. Dezember, in der Gestapo-Haftanstalt Fuhlsbüttel. Wahrscheinlich hat sie den Freitod weiterer Diskriminierung vorgezogen.

Ein Jahr lang warteten Hans Leipelt und Marie-Luise Jahn im Münchner Gestapo-Gefängnis auf ihren Prozess vor dem Volksgerichtshof. Erst am 13. Oktober 1944 trat in Donauwörth im bayerischen Schwaben das Tribunal zusammen. Der zweite Senat des Volksgerichtshofs war dorthin gereist, denn wegen des Luftkriegs standen Gerichtsgebäude nicht mehr überall zur Verfügung. Die Besetzung des Gerichts war weniger prominent als im Prozess gegen die Mitglieder der Weißen Rose. Vor allem fehlte der berüchtigte Präsident Freisler, sei es, weil der Volksgerichtshof in Berlin im Herbst 1944 immer noch mit den Verschwörern des 20. Juli beschäftigt war, sei es, weil die Causa Leipelt geringeren Stellenwert für die NS-Justiz hatte.

Neben Hans Leipelt und Marie-Luise Jahn saßen fünf weitere Beschuldigte auf der Anklagebank: Wolfgang Erlenbach, Student der Chemie, Franz Treppesch, Angestellter, Hedwig Amalie Elisabeth Schulz, geborene Freifrau von Perfall sowie die beiden Studierenden Valentin Freise und Liselotte Dreyfeldt. Die letztgenannten wurden freigesprochen. Zwei Jahre Zuchthaus erhielt Hedwig Schulz wegen des Hörens ausländischer Rundfunksendungen und weil sie Kenntnis der hoch- und landesverräterischen Aktivitäten Hans Leipelts hatte, diese aber nicht zur Anzeige brachte. Die mit dem Freund Leipelts jungvermählte Hedwig Schulz hatte während der Abwesenheit ihres Mannes, der zur Wehrmacht einberufen war, ein Verhältnis mit Hans Leipelt. Alles deutet darauf hin, dass ihr Ehemann Johann Schulz die Gestapo informierte. Er selbst wurde, obwohl er mindestens ebensolche «Rundfunkverbrechen» wie seine Frau begangen hatte und obwohl er von den regimekritischen Absichten und den Flugblättern wusste, die sein Freund verteilte, von der Gestapo und der Justiz nicht behelligt.[103]

Die Studenten Wolfgang Erlenbach und Valentin Freise wurden zu

Gefängnisstrafen von zwei Jahren bzw. einem Jahr verurteilt. Gegen Leipelt und Jahn hatte der Vertreter des Oberreichsanwalts die Todesstrafe beantragt. Hans Leipelt wurde wegen ständigen Abhörens ausländischer Rundfunksendungen, wegen staatsfeindlicher bolschewistischer Propaganda unter Studierenden, gewertet als Wehrkraftzersetzung und Feindbegünstigung, zum Tod verurteilt. Das Gericht hielt ihm in der Urteilsbegründung vor, er habe insofern «eine besondere Begünstigung erfahren, als ihm durch die Rückziehung aus dem Wehrdienst die Möglichkeit gewährt wurde, ungehindert seiner Berufsausbildung nachzugehen, während alle waffenfähigen deutschen Männer an der Front stehen. Diese Vergünstigung hat er damit vergolten, daß er sich an deutsche Jünglinge und Mädchen heranmachte, sie in überaus dreister Weise gegen ihr eigenes Volk aufhetzte und so auf den Zusammenbruch unseres Volkes hinarbeitete. Alle Mitangeklagten sind, soweit sie verurteilt sind, mehr oder weniger ein Opfer dieses Angeklagten, der in überaus geschickter Weise es verstanden hat, seine zersetzenden Ideen zu verbreiten. Wie stark der verbrecherische Wille des Angeklagten war, geht aus seinen Äußerungen hervor, in denen er sich selbst bereiterklärt, führende Männer des Nationalsozialismus zu beseitigen und Terror- und Sabotageakte zu verüben. Zieht man ferner in Betracht, daß der Angeklagte seine verbrecherische Tätigkeit in der Notzeit des Krieges entfaltet hat, in dem das ganze Volk die äußerste Kraft aufbringen muß, um dem Feinde standzuhalten, und in dem jede zersetzende Tätigkeit schwerste Folgen nach sich ziehen kann, so muß jeder Milderungsgrund ausscheiden, auch der, daß der Angeklagte sich vor der Tat einwandfrei verhalten, als Soldat seine Pflicht getan und sich sogar ausgezeichnet hat.»[104]

Das Urteil ist in seiner hasserfüllten Polemik und menschenfeindlichen Diktion ein Dokument für die Vernichtungswut des NS-Regimes gegen politisch Andersdenkende, zugleich auch dafür, dass die Justiz nur noch ausführendes Organ der Politik des Unrechtsstaates war. Angesichts der Exmatrikulation durch die Universität Hamburg, die der unehrenhaften Entfernung aus der Wehrmacht folgte, muss die Bemerkung über die dadurch erfolgte Begünstigung Leipelts im Urteil zynisch genannt werden. Die Strafe war barbarisch, denn Hans Leipelt hatte außer dem Hören ausländischen Rundfunks, dem Verteilen von Flugblättern an einen sehr kleinen Adressatenkreis vor allem im Privaten seinen Hass gegen den Nationalsozialismus Ausdruck verliehen und von monströsen und unrealistischen Sabotageakten geträumt wie der Vergiftung des Hamburger Trinkwassers oder der Sprengung der Lombardsbrücke in der Hansestadt. Im privaten Kreis hatte er Mordphantasien gegen NS-Funktionäre geäußert und seine Überzeugung verkündet, dass die Sowjetunion den Krieg gewinnen werde und gewinnen müsse. Hans Leipelt war noch keine 24 Jahre alt, als er am 29. Januar 1945 im Gefängnis München-Stadelheim hingerichtet wurde.

Marie-Luise Jahn gelang es, sich in Verhören und vor Gericht als dem Hauptangeklagten hörige Gefährtin ohne eigene Initiative darzustellen. Das Gericht gewann «jedenfalls aus dem Gesamtverhalten der Angeklagten und insbesondere auch aus ihrem Auftreten in der Hauptverhandlung den Eindruck, daß sie so stark unter dem Einfluß Leipelts gestanden hat, daß sie lediglich, um ihm gefällig zu sein und sich seine Neigung zu erhalten, die ihr zur Last fallende Betätigung ausgeübt hat. Sie war sich zwar vollkommen klar darüber, daß Leipelt darauf ausging, unsere Wehrkraft zu zersetzen und auch sonst den Feinden in die Hand zu arbeiten, und sie wußte auch, daß sie ihn durch ihr Verhalten darin unterstützte und förderte. Obwohl sie nun selbst gar nicht staatsfeindlich eingestellt war, brachte sie doch nicht die Kraft auf, Leipelt insoweit entgegenzutreten, weil sie ihn dadurch zu verlieren befürchtete. Der Senat hat sie daher der Beihilfe zu dem von Leipelt begangenen Verbrechen der Wehrkraftzersetzung und Feindbegünstigung für schuldig erachtet.»[105]

Der Volksgerichtshof erkannte gegen sie statt der beantragten Todesstrafe auf zwölf Jahre Zuchthaus, weil sie «als Vertraute Leipelts diesen in seinem hoch- und landesverräterischen Vorhaben bestärkt und unterstützt» habe.[106] Höchst bemerkenswert ist das Verhalten des Professors Wieland, der es sich nicht nehmen ließ, nach Donauwörth zu reisen, um als Entlastungszeuge für seine Studenten vor dem Volksgerichtshof auszusagen. Auch für einen Nobelpreisträger war Zivilcourage nötig, um sich so gegen das Unrechtsregime zu positionieren, denn als Parteinahme wurde die nicht alltägliche Solidarität Wielands allemal gewertet.[107]

Nachhall in Hamburg

Ein Hamburger Zweig der Weißen Rose, in dem die Ziele und Wünsche der Geschwister Scholl und ihrer Freunde weiterlebten, worüber in vielen Darstellungen berichtet wird, hat nie, weder als Organisation noch als locker strukturierte Gemeinschaft, existiert. Mehrere voneinander unabhängige Kreise mit insgesamt etwa 30 Personen hatten allerdings Kenntnis von den Münchner Flugblättern, sympathisierten mit deren Urhebern, aber es gab kaum persönliche Verbindungen während der Existenz des Münchner Kreises. Hamburg war der Nachhall von München; für den Argwohn der Gestapo und die Verfolgung bis zum Prozess und zur Verurteilung durch den Volksgerichtshof reichte der Verfolgungseifer des Regimes jedoch ohne weiteres. Charakteristisch für die Hamburger Studenten war, dass es sich mehr um schöngeistige Diskussionsrunden, weniger um politisch engagierte Oppositionelle und schon gar nicht um zielgerichtete Widerstandsaktivisten handelte. Die herausragende Person war der 1919 geborene Heinz Kucharski. Er hatte an der pädagogisch renommierten Lichtwark-Schule 1938 das Abitur abgelegt und studierte, 1941 unterbrochen durch einen aus gesundheitlichen Gründen nur zweimonatigen Militärdienst, Philosophie, Indologie und Völkerkunde. Er galt als der tonangebende Intellektuelle in seinem Umkreis, hatte aber nach Aussagen seiner Freunde charakterliche Defizite und war bekennender Kommunist.

Erheblichen Einfluss als Mentorin hatte Erna Stahl, die als junge Lehrerin an der Lichtwark-Schule unterrichtete und ihre Schüler für einen freiheitlichen Humanismus, für Kunst und Literatur begeisterte. Sie scharte auch außerhalb des Unterrichts junge Menschen um sich zu gemeinsamer Lektüre und Diskussion literarischer, philosophischer und theologischer Themen.

Für alle Hamburger Kreise, deren einer sich «Musenkabinett», ein anderer «candidates of humanity» nannte, galt, dass ihre Mitglieder nicht unbedingt regimekritisch oder oppositionell eingestellt waren. Patriotismus hatte für sie große Bedeutung, und keineswegs hatten die jungen Leute, wie in älteren Darstellungen zu lesen ist, die Teilnahme an nationalsozialistischen Organisationen wie der Hitler-Jugend oder dem Arbeitsdienst aus Überzeugung verweigert. Es waren normale, intelligente junge Menschen aus dem Bildungsbürgertum, die durch zufällige Kenntnis des einen oder anderen Flugblatts aus München hellhörig geworden waren.

Einer von ihnen war der Medizinstudent Albert Suhr, dessen Interessen mit der Bezeichnung seines Zirkels als «Musenkabinett» charakterisiert sind. Die Buchhändlerin Hannelore Willbrandt gehörte dazu und, stärker oppositionell engagiert als die meisten, die Freundin Kucharskis, Margaretha Rothe, die wiederum mit Traute Lafrenz eng befreundet war. Traute Lafrenz, auch sie war eine ehemalige Schülerin der Lichtwark-Schule, die in München Medizin studierte, war mit Sophie Scholl befreundet und der Familie nach einer Liebesbeziehung mit Hans Scholl verbunden. Sie war die Kontaktperson zwischen der Münchner Weißen Rose und den Hamburger Freunden, ehe sie im April 1943 vom Volksgerichtshof als Mitwisserin zu einem Jahr Gefängnis verurteilt wurde. Bei Heinz Kucharski liefen die Fäden zusammen. Von Traute Lafrenz erhielt er Kenntnis über die Weiße Rose, und sie hatte ihm auch eines der Flugblätter gegeben.

Nach dem Ende der Münchner Widerstandsgruppe war Hans Leipelt, der ja seine Jugend in Hamburg verbracht hatte und aus dieser Zeit mit Kucharski befreundet war, ein Vermittler. Ostern 1943 hatte Leipelt zusammen mit Marie-Luise Jahn seine Mutter besucht und seiner Schwester das letzte, von Kurt Huber verfasste Flugblatt der Münchner gegeben. Im Mai oder Juni 1943 war Leipelt wieder in Hamburg. Unter dem Einfluss Kucharskis, der ihm auch in der Buchhandlung von Felix Jud den Erwerb kommunistischer Schriften ermöglichte, heckten die beiden Sabotagepläne aus, die das Regime empfindlich treffen und die Bevölkerung aufrütteln sollten. Sie dachten an die Vergiftung des Hamburger Trinkwassers und wollten die Lombardsbrücke in die Luft sprengen. Leipelt bemühte sich tatsächlich, aber ohne Erfolg, den erforderlichen Sprengstoff in München zu besorgen. Für Kucharski waren die Pläne wohl nicht mehr als Phantasien, denn er war, wie auch seine Freunde, nicht einmal vom Nutzen des Verbreitens von Flugblättern gegen das NS-Regime überzeugt. Er wartete auf den natürlichen Untergang des Nationalsozialismus und die dann nach seiner Meinung anbrechende kommunistisch-revolutionäre Zeit.

Den Hamburger Sympathisanten der Weißen Rose waren nur wenige Aktivitäten anzulasten. Ein paar Flugblätter, ein Gedicht von Erich

Kästner, einen Text von Thomas Mann, von den Alliierten aus der Luft abgeworfene Schriften hatten sie in wenigen Exemplaren verteilt, ja eigentlich nur besessen und zur Kenntnis genommen. Aber das genügte zu ihrer Verfolgung, die im Sommer 1943 mit Verhaftungen und Gestapo-Verhören begann. Am 17. April 1945 standen vier Angeklagte vor dem Volksgerichtshof. Kucharski war der Hauptbeschuldigte, er wurde zum Tode verurteilt, konnte aber während eines britischen Angriffs aus dem Gefängnis entfliehen. In Stendal warteten sechs weitere Angeklagte, unter ihnen der Medizinstudent Albert Suhr vom Musenkabinett, auf ihren Prozess. Der kam bis zum Zusammenbruch des «Dritten Reichs» nicht mehr zustande.

Verklärung nach dem Untergang: Der Nachruhm der Weißen Rose

Thomas Mann, der prominenteste deutsche Schriftsteller im Exil, gedachte in seiner BBC-Sendung «Deutsche Hörer!» am 27. Juni 1943 des Widerstands der Weißen Rose mit großem Pathos.[108] Das Nationalkomitee Freies Deutschland, die aus der Sowjetunion operierende Widerstandsorganisation deutscher Kriegsgefangener, pries in einem Flugblatt die Münchner Studenten als Helden, die «starben, doch ihr Geist, ihre Liebe und ihr Haß, ihr Kampf für Frieden und Freiheit Deutschlands leben in Hunderttausenden und Millionen junger deutscher Herzen weiter».[109] Das war eine Illusion, wie auch der millionenfache Abwurf des sechsten Flugblatts der Münchner Studenten «Aufruf an alle Deutsche» im Juli 1943 über dem Ruhrgebiet und vielen deutschen Großstädten keinen Keil zwischen die Bevölkerung und das NS-Regime trieb.[110] Das Fanal, das die Geschwister Scholl und ihre Freunde im Februar 1943 mit den Parolen gegen Hitler an Fassaden und der Flugblattaktion an der Universität setzen wollten, verhallte ohne Resonanz.

Deshalb ist der Widerstand der jungen Akademiker in München nicht vergeblich gewesen. Eine Darstellung, die erste Korrekturen an den Huldigungen der ersten Nachkriegsjahre erbrachte, benannte das Scheitern im Untertitel.[111] Die Wirkung stellte sich erst nach dem Untergang des NS-Regimes ein. Wenigstens einige hatten sich gefunden, die sich gegen das institutionalisierte Unrecht, gegen die Barbarei der Herrenmenschenideologie aufgebäumt hatten, die nicht der Eroberungslust und dem kurzsichtigen Siegestaumel verfallen waren oder blieben. Der Freundeskreis Weiße Rose war nach dem Ende des NS-Regimes herzeigbar geworden. Er wurde stellvertretend in Anspruch genommen für eine Haltung, die als moralischer Anspruch, als Ziel politischer Bildung, als humanistischer Imperativ gültig wurde. Die jungen Leute aus gutem Hause, die eher konservativ und bürgerlich als revolutionär, zudem im Christentum tief verankert waren, taugten besser als der späte Widerstand militärischer Eliten um Graf Stauffenberg, besser als die zögerliche Konspiration der Männer um Carl Goerdeler oder des Kreisauer Kreises als Vorbilder in der jungen Bundesrepublik Konrad Adenauers. Sie hatten dabei auch die Funktion des Gegenbildes gegen den kommunistischen Widerstand, der in der DDR leitmotivisch Legitimationsfunktionen erfüllte. Zur Sinnstiftung in der jungen westlichen Demokratie waren die christlichen Geschwister Scholl so notwendig und willkommen wie die kommunistische Herbert-Baum-Gruppe im Osten. Die Männer des 20. Juli waren lange Zeit nicht so gut vermittelbar, und Georg Elser, der im Alleingang schon 1939 Hitler hatte beseitigen wollen und darüber spät zum Idol wurde, war in den ersten Jahrzehnten nach 1945 vergessen oder unbekannt.

Das Denkmal für die Weiße Rose, das die Schwester von Hans und Sophie Scholl unmittelbar nach dem Ende der NS-Herrschaft zu bauen begann, mit Büchern und Vorträgen, mit Gedenkveranstaltungen und Institutionen wie der Volkshochschule in Ulm und der Hochschule für Gestaltung, getragen von der Stiftung, die Inge Scholl und Otl Aicher zur Erinnerung an die studentischen Widerstandskämpfer gegründet hatten, steht längst als wesentliches Element der Erinnerungskultur. Schulen tragen die Namen von Hans und Sophie Scholl oder ihren Freunden. Die beiden Rondells an der Münchner Ludwigstraße, die den noblen klassizistischen Gebäuden der Universität vorgelagert sind, heißen Geschwister-Scholl-Platz und Kurt-Huber-Platz, damit gibt die Weiße Rose der Ludwig-Maximilians-Universität die Adresse. Im Lichthof des Hauptgebäudes informiert eine Ausstellung in der 1997 eingerichteten DenkStätte Weiße Rose. Eine Gedächtnisvorlesung erinnert jährlich feierlich an den Widerstand der Studenten, der einst von den akademischen Gremien mit so großem Abscheu verdammt wurde.

Den Anfang machte im Herbst 1945 Romano Guardini mit einer Huldigung an den Widerstand der Münchner Studierenden im Münchner Schauspielhaus. Ein Jahr später, am 2. November 1946, wurde die Weiße Rose zum ersten Mal in der Universität durch den Rektor Karl Vossler gewürdigt. Im Frühjahr 2017 erschien, das erinnerungspolitische Engagement der Universität ebenso beweisend wie gelehrtem Bemühen um dessen Dokumentation verpflichtet, eine wissenschaftliche Arbeit über die «Gedenkveranstaltungen für die Weiße Rose an der Ludwig-Maximilians-Universität München» zwischen 1945 und 1968.[112]

Der Börsenverein des Deutschen Buchhandels und die Landeshauptstadt München stifteten gemeinsam den Geschwister-Scholl-Preis, der 1980 zum ersten Mal verliehen wurde. Er wird jedes Jahr für ein Buch vergeben, «das geeignet ist, bürgerliche Freiheit, moralischen, intellektuellen und ästhetischen Mut zu fördern und dem verantwortungsvollen Gegenwartsbewußtsein wichtige Impulse zu geben».

Nicht nur die Historiker haben sich der Geschwister Scholl und der Weißen Rose angenommen. Die Studenten leben in Büchern und auf dem Theater weiter. Drei Spielfilme sind ihnen gewidmet. Michael Verhoeven brachte 1982 «Die Weiße Rose» auf die Leinwand, wenig später folgte Percy Adlons «Fünf letzte Tage», und 2005 hatte der Film von Marc Rothemund über die letzten Tage Sophie Scholls (gespielt von Julia Jentsch) Premiere. 2009 hatten Weggefährten und Zeitzeugen ihren Auftritt in dem Dokumentarfilm von Katrin Seybold «Die Widerständigen. Zeugen der Weißen Rose».

10. Gesellschaftliche Eliten

Das Bürgertum, die durch Besitz, Bildung, Einfluss geprägte Schicht, stand dem NS-Staat, der an patriotische Gefühle appellierte und der die politische Linke vernichten wollte, lange Zeit mehrheitlich mit Sympathie, vielfach sogar mit Begeisterung gegenüber. Eine Minderheit konservativ und liberal denkender Bürger war zwar von Anfang an skeptisch, zog sich aber in die «innere Emigration» zurück und zeigte allenfalls durch Verweigerung Opposition nach außen. Nur im Kreis Gleichgesinnter wurden politische Ereignisse und daraus resultierende Lebensumstände kritisch kommentiert. Angesichts des augenscheinlichen Erfolgs der Nationalsozialisten befiel auch Gegner aus prinzipiell politischem, demokratischem, liberalem oder konservativem Antrieb eine Art Lähmung.

Die allmählich wachsende moralische Empörung einzelner über die Korruption und die alltägliche Gewalt verdichtete sich ab 1938 – dem Jahr des Pogroms gegen die Juden und der Sudetenkrise – zum politischen Widerstand. Unter hohen Militärs, im bayerischen und preußischen Adel, unter Beamten und Diplomaten, in verschiedenen Kreisen der traditionellen Eliten, die von den Nationalsozialisten entmachtet worden waren oder die nach anfänglicher Gefolgschaft zur Einsicht in die wahre Natur des Regimes kamen, entstand Unruhe: zum einen über die Radikalisierung der nationalsozialistischen Politik, insbesondere gegenüber den Juden, zum anderen wegen der expansionistischen Außenpolitik Hitlers, die offenkundig auf Krieg angelegt war.

Wachsende Kritik am Dilettantismus der NS-Politik bildete einen weiteren Anlass, über eine Neuordnung nach dem erhofften Ende der NS-Herrschaft nachzudenken. Der Krieg machte diese Notwendigkeit noch deutlicher. In mehreren Widerstandskreisen, die durch persönliche

Beziehungen einzelner Mitglieder meist auch voneinander wussten, sich gegenseitig informierten und auch mit dem militärischen Widerstand Kontakt aufnahmen, wurden Planungen für die Zeit nach Hitler gemacht, ganz konkret auch für seinen Sturz.

Liberale: Der Robinsohn-Strassmann-Kreis

Einige prominente Liberale der Weimarer Republik standen in Opposition zum «Dritten Reich» wie Eduard Hamm, der bayerischer Minister für Handel, Industrie und Verkehr, dann Reichswirtschaftsminister und schließlich Geschäftsführer des Deutschen Industrie- und Handelstags gewesen war. 1933 zog er sich aus dem politischen Leben zurück, arbeitete als Anwalt und stand in Verbindung mit Carl Goerdeler und Franz Sperr, der Widerstand in Bayern zu organisieren versuchte. Am 2. September 1944 verhaftet, stürzte sich Hamm während eines Gestapoverhörs aus einem Fenster im Berliner Gefängnis in der Lehrter Straße. Zu Hamms Freunden gehörte der ehemalige Reichswehrminister Otto Gessler. Der Mitgründer der Deutschen Demokratischen Partei hatte sich 1933 aus der Öffentlichkeit zurückgezogen. Weil sein Name auf einer der Personallisten des Goerdeler-Kreises stand, wurde er am 20. Juli 1944 festgenommen und bis Februar 1945 in diversen Haftanstalten und KZ inhaftiert. Fritz Elsas, 1933 als Berliner Bürgermeister amtsenthoben, war ein bekannter liberaler Kommunalpolitiker, der deutschen Juden zur Flucht ins Ausland half. Elsas gewährte nach dem 20. Juli 1944 zweimal Carl Goerdeler Obdach. Fritz Elsas wurde am 4. Januar 1945 im KZ Sachsenhausen ermordet. Auch der liberale Nürnberger Oberbürgermeister Hermann Luppe wurde 1933 aus dem Amt gejagt, nicht zuletzt, weil er dem Antisemiten Julius Streicher, dem Herausgeber des Hetzblatts «Der Stürmer», energisch Paroli geboten hatte. In die innere Emigration hatten sich Theodor Heuss und Reinhold Maier zurückgezogen. Beide machten nach dem 8. Mai 1945 wieder politische Karriere, Heuss als Kultusminister in Stuttgart, als einer der Väter des Grundgesetzes und als erster Bundespräsident, Reinhold Maier als Ministerpräsident des Landes Württemberg-Baden. Die liberale Prominenz der Weimarer Zeit, arg dezimiert und durch die Zustimmung der Partei zu Hitlers Ermächtigungsgesetz 1933 in der politischen Glaubwürdigkeit beschädigt, trat nicht als Widerstandsgruppe in Erscheinung.

Der einzige liberale Widerstandskreis in Deutschland entstand aus dem politischen Hamburger Klub vom 3. Oktober, den engagierte junge Demokraten im Herbst 1924 gegründet hatten. Initiator war Hans Robinsohn, promovierter Volkswirt und Inhaber eines renommierten Textilkaufhauses in Hamburg. Zum republikanischen Freundeskreis Robinsohns gehörten Gustav Dahrendorf und Theodor Haubach, damals junge SPD-Politiker in Hamburg, später prominent im Widerstand gegen den NS-Staat, der Historiker Alfred Vagts, der Journalist Egon Bandmann, der Studienrat Heinrich Landahl, jüngstes Mitglied der Hamburger Bürgerschaft für die DDP, und der Jurist Ernst Strassmann. Strassmann und Robinsohn waren nach dem 30. Januar 1933 als kompromisslose Demokraten nicht zur Anpassung an die Verhältnisse bereit. Schon im Frühjahr 1934 verständigten sich der Berliner Landgerichtsrat und der Hamburger Geschäftsmann darüber. Sie waren nicht willens, mit den Nationalsozialisten bei der Vernichtung von Wertvorstellungen in Konkurrenz zu treten, nicht einmal im Kampf gegen deren Tyrannei. Die Aktivitäten des Robinsohn-Strassmann-Kreises – selbst hatten sie sich nie einen Namen gegeben – bestanden zunächst in der Sammlung, Sichtung und Weitergabe von Material gegen das NS-Regime. Außerdem bemühten sich Strassmann und Robinsohn um den Aufbau einer Gruppe von Vertrauensleuten. Allmählich wurde ein Netz geknüpft, das schließlich etwa 60 vertrauenswürdige Personen im ganzen Reichsgebiet umfasste. Es waren überwiegend Linksliberale. Geographische Schwerpunkte waren zunächst in Berlin und Norddeutschland.

Nach den Novemberpogromen 1938 emigrierte Robinsohn nach Kopenhagen, blieb aber in Kontakt zur Widerstandsgruppe. Verbindungen existierten nach Österreich in die Umgebung des ehemaligen Kanzlers Karl Renner und zu anderen oppositionellen Kreisen. Bis Ende 1938 bestanden die Aktivitäten im Aufbau eines Netzes gleichgesinnter Mitarbeiter. Über Fritz Elsas gab es Beziehungen zum Goerdeler-Kreis, zur Militäropposition über Hans von Dohnanyi. Der Referent im Reichsjustizministerium, Reichsgerichtsrat und – nach Kriegsausbruch – Mitarbeiter von Oster und Canaris in der militärischen Abwehr, hatte schon dem Hamburger Klub nahegestanden. Zur Bekennenden Kirche, namentlich zu Eugen Gerstenmaier, aber auch zum Katholiken Josef

Wirmer im Goerdeler-Kreis unterhielt die Gruppe Beziehungen. Strassmann selbst stand in gutem Kontakt zu Gewerkschaftern, vor allem zu Wilhelm Leuschner.

Im Februar 1939 reiste Robinsohn von Kopenhagen nach London, um Verbindung zu britischen Stellen aufzunehmen. Ende Mai 1939 fand dann ein Treffen mit Vertretern des Secret Service statt. Die mehrtägigen Besprechungen brachten aber kein Ergebnis: Die Engländer interessierten sich für militärische Informationen, die die Deutschen nicht bieten konnten. Die Deutschen wollten Geld für ihre illegale Arbeit, verlangten aber zu wenig. Es schien so zu sein, als wäre der Secret Service bereit, größere Summen für die Beschaffung von Waffen und zur Unterstützung gewaltsamer Aktionen in Deutschland auszugeben. Das hatten die Männer des Strassmann-Kreises aber nicht im Sinn.

Im Vergleich zu den auf Aktionen zielenden Widerstandskreisen, den Männern des 20. Juli, der Roten Kapelle, der Weißen Rose, den gewerkschaftlichen, sozialdemokratischen und kommunistischen Widerstandsgruppen, nahmen sich die Vorhaben des Robinsohn-Strassmann-Kreises bescheiden aus. Weil die Mitglieder sich bewusst darauf beschränkten, Planungen für die politische Neuordnung nach einem Umsturz, den das Militär irgendwie herbeiführen sollte, zu machen, sind sie von den Historiographen des Widerstands lange Zeit nicht beachtet worden.

Das politische Programm des Widerstandskreises, gedacht «für die ersten Jahre nach dem revolutionären Sturz des Nationalsozialismus», war schon 1934 schriftlich fixiert worden. In fünf Exemplaren existierte ein Memorandum, das «bis ins einzelne gehende Vorschläge für die Neugestaltung des Staats- und Wirtschaftslebens und eingehende Grundsätze für die aus so verschiedenartigen politischen Richtungen zusammengesetzte Opposition» enthielt. Nach der Verhaftung Strassmanns wurden die in Deutschland verbliebenen Stücke vernichtet. Das Exemplar, das Robinsohn 1936 oder 1937 nach Dänemark in Sicherheit gebracht hatte, blieb unauffindbar. Robinsohn floh im Oktober 1943 nach Schweden weiter, das Memorandum hatte er bei seinem Kopenhagener Rechtsanwalt deponiert, der es während der deutschen Besetzung Dänemarks so gründlich versteckte, dass es nie wieder auftauchte.

Die Grundideen des politischen Programms von 1934, wie sie in dem verschollenen Schriftstück formuliert waren, sind annäherungsweise aus einer Denkschrift Robinsohns von 1939 rekonstruierbar. Im Mittelpunkt der politischen Vorstellungen des Kreises stand der demokratische Rechtsstaat. Robinsohn bezeichnete rückblickend das damals Erstrebte als eine «konstitutionelle Republik» mit unitarischer Tendenz. Starke Regierungen sollten «Politik aus einem Guß» machen können, rekrutiert nach demokratischen Ausleseprinzipien. Das bedeutete die Absage an den Weimarer Verfassungskompromiss des föderalistisch organisierten Staates, der von den Föderalisten als zu einheitsstaatlich, von den Unitariern aber als zu föderalistisch empfunden worden war. Eine gewisse Skepsis gegenüber dem Grundsatz der Gewaltenteilung resultierte ebenfalls aus den Erfahrungen der ersten Republik. Nach guter liberaler Tradition sollte im postnationalsozialistischen Staat individuelle politische und soziale Verantwortlichkeit Triebfeder des Handelns sein. Die Überzeugung, dass die notwendigen Fähigkeiten aber nicht in großer Zahl verfügbar sind, führte zwangsläufig zu einem einigermaßen elitären Bewusstsein.

Der Freundeskreis um Robinsohn und Strassmann huldigte keineswegs sozialreaktionären Anschauungen. Die Ablehnung einer Proletarisierung des Mittelstandes und die programmatische Forderung nach Erhöhung des Lebensstandards der «breiten Massen» – so Robinsohn in der Denkschrift von 1939 – standen vielmehr in engem Zusammenhang mit dem Wunsch nach «lebendiger Anteilnahme der großen Massen des deutschen Volkes an der eigenen Schicksalsgestaltung», nach «echter Politisierung», die sich aber nicht in der Wiederholung des «denaturierten Parlamentarismus» der späten Weimarer Zeit auswirken sollte. Mit anderen Worten, die politischen Köpfe des Kreises hofften, nach dem Ende der NS-Herrschaft die Reform an Haupt und Gliedern des Staates durchführen zu können, für die sie schon lange vor 1933 gekämpft hatten.[1]

Milieu und Widerstand

Konservative Herkunft und steile Karriere im NS-Staat waren nicht ungewöhnlich für Angehörige des preußischen Adels. Drei Mitglieder der Familie Schulenburg waren prominent im «Dritten Reich». Friedrich Bernhard Graf von der Schulenburg (1865–1939) war nach dem Jurastudium ins preußische Heer eingetreten, diente als Generalstabsoffizier, als Militärattaché in London, als Flügeladjutant des Kaisers, wurde im Ersten Weltkrieg reich dekoriert und nahm 1919 als Generalmajor den Abschied.

Als Gutsbesitzer betätigte sich Friedrich Bernhard von der Schulenburg in der Deutschnationalen Volkspartei und standespolitisch an der Spitze des Verbandes der Mecklenburgischen Ritterschaft. 1924 bis 1928 vertrat er die DNVP im Reichstag, 1931 trat er zur NSDAP über und saß 1934 bis 1939 abermals im Reichstag. Außerdem war er im Stab der obersten SA-Führung, bis er 1936 zur SS wechselte. Er hatte dort den Rang eines Gruppenführers, außerdem war er Gauamtsleiter der NSDAP. 1938 wurde er mit dem Goldenen Parteiabzeichen geehrt. Die Biographie des Generals, Gutsbesitzers und NS-Funktionärs steht auch dafür, dass sich Regimekritiker und Angehörige der Nazi-Elite nicht in hermetisch gegeneinander abgrenzenden Lagern gegenüberstanden. Friedrich Graf Schulenburg war z. B. mit dem General und Widerstandskämpfer Ludwig Beck seit der Militärzeit eng befreundet.

Sein Sohn Fritz-Dietlof Graf von der Schulenburg (1902–1944) war Verwaltungsjurist. Im Landratsamt Recklinghausen erwarb er sich wegen seines Engagements für die Arbeiterschaft den Titel «der rote Graf». 1932 trat er der NSDAP bei, hatte Verbindung zum linken Flügelmann Gregor Straßer und distanzierte sich nach dessen Ermordung beim «Röhm-Putsch» allmählich vom Regime. Nach dem Dienst im preußischen Oberpräsidium Königsberg, er war zeitweise persönlicher Referent des Oberpräsidenten und Gauleiters Erich Koch, wurde er 1937 stellvertretender Polizeipräsident in Berlin, dann Regierungspräsident in Schlesien. Als Offizier im Zweiten Weltkrieg fand Fritz-Dietlof von der Schulenburg über seinen Freund, den Grafen Moltke, zum Widerstand im Kreisauer Kreis, zur Goerdeler-Gruppe und zu Stauffenberg. Nach dem gescheiterten Anschlag auf Hitler wurde er am 20. Juli 1944 im Bendlerblock, der Zentrale der Verschwörung, festgenommen, am 10. August zum Tod verurteilt und hingerichtet.[2]

Der Onkel Fritz-Dietlofs, Friedrich-Werner Graf von der Schulenburg (1875–1944), war Diplomat. Nach dem Studium in Lausanne, München und Berlin trat er in den auswärtigen Dienst, war Vizekonsul in Tiflis, Gesandter in Teheran und Bukarest, ehe er 1934 Botschafter in Moskau wurde. Er arbeitete engagiert am Hitler-Stalin-Pakt mit und versuchte nach Kräften, den deutschen Überfall auf die Sowjetunion zu verhindern. Noch im April 1941 wollte er Hitler persönlich davon abbringen und warnte schließlich die sowjetische Regierung. Ab Juli 1941 im Auswärtigen Amt kaltgestellt, näherte er sich unter dem Eindruck der deutschen Kriegführung und Besatzungspolitik an der Ostfront und unter dem Einfluss seines Neffen Fritz-Dietlof dem Widerstandskreis um Carl Goerdeler. Er arbeitete an den Planungen für die Zeit nach Hitler mit, wollte nach dem Umsturz mit Stalin über glimpfliche Friedensbedingungen verhandeln und stand vorübergehend auf der Kabinettsliste als Außenminister. Auch der Diplomat Schulenburg teilte die Illusion der Verschwörer, es gebe einen Verhandlungsspielraum trotz des alliierten Postulats der unconditional surrender. Immerhin kannte er Stalin persönlich, worauf die Verschwörer Hoffnungen setzten. Im August 1944 wurde auch Friedrich-Werner Graf Schulenburg verhaftet, im Oktober verurteilt und im November in Berlin-Plötzensee erhängt.[3]

Zu den herausragenden Gestalten des Widerstands gehört Ulrich von Hassell. Er war Sohn eines bis 1866 hannoverschen, dann preußischen Offiziers und Schwiegersohn des Großadmirals Alfred von Tirpitz, der als alldeutscher Politiker und Mitgründer der chauvinistischen Vaterlandspartei eine verhängnisvolle Rolle als Propagandist deutscher Welt- und Seegeltung gespielt hatte. Ulrich von Hassell bereitete sich nach dem Jurastudium in Lausanne, Tübingen und Berlin auf die diplomatische Laufbahn vor, die er 1911 als Vizekonsul in Genua begann. Sie endete im Ersten Weltkrieg mit dem Militärdienst. Nach schwerer Verwundung (ihm steckte ein Geschoss im Herzen) war er nicht mehr kriegsverwendungsfähig und wechselte in die innere Verwaltung. 1917 wurde er Chef des Verbandes der preußischen Landkreise. Politisch engagierte sich der junge Konservative bei der Gründung und im Aufbau der Deutschnationalen Volkspartei. Hassell war Vorstandsmitglied der republik- und demokratiefeindlichen Partei, die nach der Novemberrevolution die konservativen Hauptströmungen des untergegangenen Kaiserreichs sammelte. Die DNVP war selbstverständlich monarchistisch, machte sich das parlamentarische System nur zunutze, um es zu verhindern, kämpfte gegen den Versailler Vertrag, denunzierte die Erfüllungspolitik und den Sozialismus. Mit ihrem völkisch-alldeutschen Flügel schloss sie zum entstehenden Rechtsextremismus der völkischen Bewegung und des Nationalsozialismus auf.

Hassell arbeitete in den Anfängen der DNVP an deren Programm mit. So unbedingt er an die Notwendigkeit des Groß- und Weltmachtstatus des Deutschen Reiches glaubte und unter der Schmach litt, dass sein Vaterland nach dem Ersten Weltkrieg zu einer Nation mit dem Einfluss und der Bedeutung etwa der Niederlande abgestürzt sei, so war er doch weder rückwärtsgewandter Reaktionär wie die Mehrheit der Mitglieder der DNVP, noch suchte er wie diese in einfältigem Antisemitismus die Erklärung für den verlorenen Krieg und die damit zerstobenen Illusionen. Der Schwiegersohn des Alldeutschen Tirpitz verehrte Bismarck und den ersten deutschen Kaiser, er hatte 1914 den deutschen Sieg mit strahlendem Gewinn an Territorium und Macht für Deutschland erhofft, und er stand 1918 dem System der parlamentarischen Demokratie mit Skepsis gegenüber. Aber den völkischen Phrasen von Rasse, Blut und Boden, deutscher Art, die nach dem Weltkrieg Konjunktur hatten, misstraute er. Der Staat als Strukturelement war dem preußischen Juristen von Hassell die wichtigere Kategorie als jenes «Volkstum», das Völkische und Antisemiten zum Inbegriff der Nation erklärten.

Der sozialdemokratische Außenminister Hermann Müller holte Hassell 1919 zurück in den auswärtigen Dienst. Stationen der Karriere waren dann Rom, Barcelona, Kopenhagen und Belgrad. Nicht nur als aristokratische Erscheinung und kompetenter Gesprächspartner imponierte der Diplomat. Er bemühte sich auch, die jeweilige Landessprache zu lernen, er galt als einer der fähigsten Vertreter deutscher Interessen auf dem internationalen Parkett und mindestens als Staatssekretär, wenn nicht als Chef des Auswärtigen Amtes als ministrabel.

Ulrich von Hassell war, nach Herkommen und politischer Überzeugung, ein Verfechter deutscher Großmachtaspirationen. Er arbeitete für die Revision des Versailler Vertrags – das war Ziel und Zweck aller deutschen Diplomatie. Hassell lagen darüber hinaus aber auch hypernationale Gedankengänge nicht fern.[4]

Im September 1932, noch als Vertreter der Weimarer Republik, wurde er deutscher Botschafter in Rom. Unter nationalsozialistischer Ägide hatte er an der Konstruktion der «Achse Berlin – Rom» erheblichen Anteil, geriet aber in Gegensatz zu Hitler und zu dessen außenpolitischem Berater Ribbentrop, weil er die antibritische und antifranzösische Stoßrichtung der Achse missbilligte. Nicht nur die Orientierung der deutschen Außenpolitik ab November 1937 zum Krieg irritierte ihn. Seit der Besetzung des Rheinlands übte er zunehmend Kritik am Regime, die er auch nicht verbarg. Andererseits schlug ihm aus der NSDAP Argwohn entgegen, und der italienische Außenminister Graf Ciano arbeitete an Hassells Abberufung. Sie erfolgte im Februar 1938, bald nachdem Ribbentrop das Auswärtige Amt übernahm. Am 17. Februar 1938 wurde Hassell aus Rom abberufen und in den Wartestand versetzt. Aus der Kritik an der Kriegspolitik Hitlers wurde Opposition gegen die Innenpolitik des «Dritten Reiches». Die Zerstörung des Rechtsstaats und die immer radikalere Judenverfolgung trieben den Diplomaten in den Widerstand. Die Erkenntnis kam ihm, wie vielen Konservativen, erst spät, denn der Rechtsstaat war ja schon 1934 am Ende, und die Diskriminierung und Ausgrenzung der Juden war auch bereits seit 1933 im Gange.

So wenig überstürzt die Erkenntnis über die Natur des Regimes gekommen sein mag, so nachhaltig war sie. Die «Reichskristallnacht» wurde zum Schock. Am 25. November 1938 steht in Ulrich von Hassells Tagebuch: «Ich schreibe unter dem schwer lastenden Eindruck der niederträchtigen Judenverfolgung nach der Ermordung vom Raths. Seit dem Weltkriege haben wir noch niemals so an Kredit in der Welt verloren wie dieses Mal, und das kurz nach den größten außenpolitischen Erfolgen. Aber meine Hauptsorge ist nicht die Auswirkung im Auslande, also irgendwelcher Rückschlag außenpolitischer Art, jedenfalls nicht für den Augenblick ... Die wirklich schwere Sorge bezieht sich auf unser inneres Leben, das immer vollständiger und eiserner von einem solcher Dinge fähigen System erfaßt wird. Goebbels hat wohl selten mit einer Behauptung so wenig Glauben gefunden (obwohl es im Inlande wohl Leute gibt, die darauf hereingefallen sind) wie mit der, daß eine spontane Volkswut die Gewalttaten verübt und nach wenigen Stunden gestoppt worden sei. Zugleich hat er sich dem überzeugenden Gegenargument ausgesetzt, daß es – wenn dergleichen ungehindert geschehen könne – um die Staatsautorität schlecht bestellt sein müsse. Tatsächlich unterliegt es keinem Zweifel, daß es sich um einen amtlich organisierten, zu ein und derselben Nachtstunde in ganz Deutschland losgelassenen Judensturm handelt – eine wahre Schande!»[5]

Dem deutschen Patrioten Hassell fiel die Kritik der Weltöffentlichkeit an der deutschen Barbarei schwer aufs Gemüt. «Es gibt wohl nichts Bittereres im Leben, als ausländische Angriffe auf das eigene Volk als berechtigt ansehen zu müssen.»[6] Mehr Wunschdenken und Trost als Realität war Hassells Vermutung, dass die Entrüstung über das Geschehen nicht nur die Gebildeten, sondern die Mehrheit des Volkes erfasst habe. Den Grad der Opposition und die Distanz zu konservativen Gesinnungsgenossen markiert der Tagebucheintrag vom November 1938 weiter: «Am meisten haben sich alle anständigen Menschen geschämt, Namen wie Gürtner und Schwerin-Krosigk unter den Beschlußfassern über die Strafmaßnahmen gegen die Juden zu lesen. Sie merken wohl gar nicht mehr, wie sie sich entwürdigen und wie sie als Feigenblatt dienen.»[7]

Nach dem Beginn des Krieges durch den deutschen Überfall auf Polen am 1. September 1939 wurde Ulrich von Hassell, 58 Jahre alt, in voller Schaffenskraft, aber in seinem Beruf ohne Beschäftigung, zu einem der wichtigsten Akteure des Goerdeler-Kreises. Er fungierte auch als Verbindungsmann zu den Kreisauern.

Rudolf von Scheliha entstammte einer verzweigten schlesischen Adelsfamilie, 17-jährig wurde er nach gerade bestandenem Abitur Kriegsfreiwilliger in dem Regiment, in dem schon der Vater und der Großvater gedient hatten. Als Student der Rechte trat er in Heidelberg dem Corps Saxo-Borussia bei, focht die üblichen Mensuren, engagierte sich im AStA. In der organisierten Studentenschaft gehörte er zur liberalen Fraktion, die in der «Judenfrage» jede Diskriminierung ablehnte. Der junge Adelige genoss das Leben, war als charmanter Gesellschafter beliebt, trieb Sport und liebte die Jagd. 1922 begann seine Ausbildung für den auswärtigen Dienst, 1925 kam er an die Gesandtschaft in Prag, der Legationssekretär freundete sich dort mit den Schriftstellern Max Brod, Franz Kafka, Franz Werfel und Johannes Urzidil an. Weitere Stationen waren Istanbul und Ankara, 1929 wurde Scheliha nach Polen versetzt, erst ins Generalkonsulat Kattowitz, dann zur Gesandtschaft in Warschau. Wie in Prag suchte er auch dort freundschaftliche Verbindungen zu polnischen Intellektuellen und zu deutschen Regimegegnern wie Ilse Stöbe und Rudolf Herrnstadt, die Verbindung zum Widerstandskreis Rote Kapelle hatten.

Schelihas konservative Gesinnung war angesichts seiner Herkunft nicht verwunderlich. Dass er am Aufstand in Oberschlesien im Mai 1921 teilnahm, entsprach der nationalkonservativen Gesinnung und dem Zeitgeist. Auch der Beitritt in die NSDAP im Juli 1933 (zurückdatiert wohl wegen des offiziellen Mitgliederstops), der auf diskreten Druck des Auswärtigen Amtes erfolgte, kann als karrieresichernde Maßnahme verstanden werden, zeigt aber auch, dass Scheliha nicht von Anfang an Gegner des Nationalsozialismus war.

Rudolfs jüngere Schwester Renata wich in der Lebensgestaltung vom Familienbrauch ab, weil sie als Intellektuelle und promovierte Historikerin keinerlei materielle Bedürfnisse erkennen ließ. Sie machte kein Hehl aus ihrer radikalen Gegnerschaft zum Nationalsozialismus. Renata von Scheliha gab 1933 die Absicht, sich in Deutschland zu habilitieren, auf, emigrierte in die Schweiz und übersiedelte 1948 in die USA. Sie existierte zeitlebens in kargen äußeren Verhältnissen, war aber als Wissenschaftlerin und Expertin für die Antike eine überragende Erscheinung.

In seinen Dienstjahren in Polen entwickelte Scheliha Verständnis für Land und Leute und hatte immer weniger Sympathie für den NS-Staat. Nach dem deutschen Überfall auf Polen am 1. September 1939 wurden die deutschen Diplomaten aus Warschau nach Berlin zurückgerufen. Scheliha wurde Referatsleiter in der neu geschaffenen Informationsabteilung des Auswärtigen Amtes. Sie diente der Abwehr von Gräuelpropaganda, d. h. der Marginalisierung und Verharmlosung deutscher Verbrechen an der Zivilbevölkerung besetzter Territorien. Scheliha erhielt im Amt authentische Informationen über deutsche Verbrechen. Bei Dienstreisen in die Schweiz nutzte Scheliha sein Wissen zum Versuch, die Weltöffentlichkeit über den Judenmord aufzuklären. Wegen der Diskretion und Vorsicht derer, die Scheliha informierte, scheiterte seine Absicht. Am schlimmsten enttäuschte ihn Carl Jacob Burckhardt in Basel, auf dessen Autorität der deutsche Diplomat gehofft hatte, als er ihm die Beweise für den Zivilisationsbruch vorlegte. Der große Humanist, Historiker, Diplomat, Präsident des Roten Kreuzes Burckhardt wollte aber anonym bleiben und das Gewicht seiner Person nicht in die Waagschale werfen. Die Adressaten des Berichts im US-Konsulat in Genf zuckten nur die Achseln und bezweifelten die Glaubwürdigkeit der erschreckenden Nachricht. Aber auch die Botschaften über den Holocaust aus anderen Quellen wie die Informationen, die Jan Karski dem US-Präsidenten Roosevelt vortrug,[8] oder den Vrba-Wetzler-Bericht aus Auschwitz[9] wollte die Welt nicht hören.

Ende Oktober 1942 wurde Scheliha im Büro des Personalchefs des Auswärtigen Amtes verhaftet. Die Rote Kapelle, der er nicht angehörte, besiegelte sein Schicksal. Der Vorwurf lautete auf Landesverrat, weil er Informationen an die Sowjetunion gegeben hatte. Ilse Stöbe und Rudolf Herrnstadt hatten seine Informationen zur Roten Kapelle geleitet. Der berüchtigte Manfred Roeder vertrat die Anklage vor dem Reichskriegsgericht gegen Scheliha. Das Verfahren war, wie stets, ein Justizmord. Weniger als zwei Monate nach der Verhaftung im Dezember 1942 wurde Rudolf von Scheliha in Plötzensee hingerichtet.[10]

Ein Freund Schelihas und dessen Corpsbruder aus Studentenzeiten war Nikolaus Graf von Halem, der 1933 als Referendar den Beamteneid auf Hitler verweigerte und damit auf eine Karriere als Jurist im Staatsdienst verzichtete. Halem stammte aus einer ostfriesischen Familie mit stolzen Vorfahren, wie einem Urgroßvater, der oldenburgischer Minister, Dichter und Schriftsteller, einem Großvater, der Chef der Reichskanzlei des Fürsten Bismarck gewesen war. Der andere Großvater war Parlamentarier wie auch der Vater des Grafen Nikolaus, der als freikonservativer Reichstagsabgeordneter und dann als Mitgründer der Deutschnationalen Volkspartei bekannt wurde.

Unter dem Einfluss der Jungkonservativen in der Weimarer Republik, die sich 1934 in der Vizekanzlei Franz von Papens als Frondeure gegen den Nationalsozialismus versuchten, wie Edgar Jung und Wilhelm von Ketteler, mit dem Halem gut befreundet war, befand er sich seit 1933 kompromisslos in der Opposition. Konsequent erhoffte er einen Staatsstreich mit der gewaltsamen Beseitigung Hitlers und warb dafür unter Gleichgesinnten. Beruflich war Halem leitend in der Lederindustrie tätig. Er arbeitete auch für den schlesischen Gauleiter und Preiskommissar Joseph Wagner, den er im regimekritischen Sinn zu beeinflussen versuchte. Auf Auslandsreisen, die seine Tätigkeit ermöglichte, informierte Halem Presse- und Wirtschaftsvertreter über die Situation in Deutschland. Kontakt hatte Halem mit Adam von Trott zu Solz im Auswärtigen Amt und über ihn zur Militäropposition im Amt Ausland/Abwehr und zum Kreisauer Kreis.

Verbindungen gab es auch zu Karl Ludwig zu Guttenberg und zu Justus Delbrück. Der Träger des berühmten Namens aus der Beamten- und Gelehrtenfamilie (er war Sohn des Historikers Delbrück, seine Schwester Emmi war mit Klaus Bonhoeffer verheiratet) wurde zweimal Opfer erst des Nationalsozialismus, dann des Stalinismus. Delbrück ging nach dem Studium der Rechtswissenschaften in die Innere Verwaltung, war Mitglied der linksliberalen Deutschen Demokratischen Partei. 1933 verweigerte er den Beitritt zur NSDAP, engagierte sich in der Bekennenden Kirche und verließ 1935 den Staatsdienst. 1938 übernahm er die Leitung einer Tuchfabrik in Sommerfeld, um sie vor der Arisierung zu bewahren. 1940 zur Wehrmacht einberufen, wurde er auf Veranlassung Hans von Dohnanyis und seines Schwagers Klaus Bonhoeffer Mitarbeiter des Amts Ausland/ Abwehr des OKW und des Widerstands. Ab 1941 war er auch mit dem Kreisauer Kreis in Verbindung. Nach dem 20. Juli 1944 stand Delbrück unter Verdacht und wurde Mitte August 1944 verhaftet. Während der Eroberung Berlins entkam er aus dem Gefängnis an der Lehrter Straße, wurde aber einen Monat später vom sowjetischen Geheimdienst NKWD verhaftet und als «Mitarbeiter der Abwehr-Organe» des NS-Staates im Juni 1945 in das sowjetische Speziallager Nr. 6 in Frankfurt (Oder) eingeliefert und im September 1945 in das Speziallager Jamlitz verlegt. Dort ging er, knapp 43 Jahre alt, im Oktober zugrunde.

Über Fabian von Schlabrendorff lief eine Verbindung Halems zum militärischen Widerstand um Henning von Tresckow bei der Heeresgruppe Mitte. Hoffnungen setzte Halem 1941 aber vor allem auf den bayerischen Hauptmann a. D. Beppo Römer, der sich nach Aktivitäten in rechtsradikalen Freikorps nach der Novemberrevolution 1918/19 und vorübergehendder Hitler-Begeisterung der KPD angenähert hatte und nach seiner KZ-Haft von 1933 bis 1939 Mordpläne gegen Hitler schmiedete. Römer kooperierte dazu mit der kommunistischen Uhrig-Gruppe. Die Verhaftung Römers im Februar 1942 riss auch Halem ins Verderben. Nach zweieinhalb Jahren Haft und Folter wurde Nikolaus von Halem am 16. Juni 1944 vom Volksgerichtshof zum Tod verurteilt und wenig später im Zuchthaus Brandenburg-Görden enthauptet.[11]

Politischer Katholizismus

Das Zentrum, die Partei des politischen Katholizismus mit immer stärkerem Rechtsdrall, war zusammen mit der Sozialdemokratie und den laufendem Schwund unterliegenden Liberalen, der von der parlamentarischen Demokratie überzeugten Deutschen Demokratischen Partei, und den Vernunftrepublikanern der Deutschen Volkspartei, eine der Stützen der Weimarer Republik als parlamentarisch verfasster Demokratie gewesen. Die Front des Zentrums gegen den Nationalsozialismus war allerdings bröckelig und wurde mit der Zustimmung zu Hitlers «Ermächtigungsgesetz» 1933 aufgegeben.

Heinrich Brüning, der letzte Kanzler, den das Zentrum stellte, war

Katholik, Nationalist und Monarchist.[12] Seit 1924 Mitglied des Reichstags, 1929 Fraktionsvorsitzender der Zentrumspartei, von März 1930 bis Mai 1932 Reichskanzler, hatte er drei Ziele, die er, gestützt auf den greisen Reichspräsidenten Hindenburg ohne parlamentarischen Rückhalt verfolgte: den Wiederaufstieg Deutschlands als Großmacht, die Restauration der Monarchie und die drastische Reduktion der Macht des Parlaments. Seinem Erfolg durch die Lösung des Reparationsproblems standen die Verelendung und Radikalisierung breiter Schichten durch seine Deflationspolitik und die fortschreitende Marginalisierung des Reichstags gegenüber. Als gescheiterter Politiker emigrierte Brüning 1934 in die USA. In seinen Memoiren bereitete er allen, die ihn als Kämpfer für Republik und Demokratie gesehen hatten und als letztes Bollwerk gegen Hitler, das durch eine Intrige geschleift worden war, eine bittere Offenbarung.[13]

Nicht besser steht es um den Nachruhm des Prälaten Ludwig Kaas, der als engstirniger katholischer Theologe seit 1919 die Politik des Zentrums mitgestaltete und als Vorsitzender der Partei ab 1928 bestimmte. Den Interessen der katholischen Kirche glaubte er durch die Öffnung des Zentrums nach rechts am besten zu dienen. Er schmiedete Pläne zu einer Koalition mit der NSDAP und bot im März 1933, nach den Reichstagswahlen, dem Vizekanzler Papen die Mitarbeit des Zentrums an einer «nationalen Regierung» an. Das geschah freilich ohne Wissen der Parteifreunde, die er jedoch zur Zustimmung zum «Ermächtigungsgesetz» überreden konnte. Im April 1933 setzte sich Kaas nach Rom ab. Von dort aus wirkte er, bis zur Auflösung der Partei immer noch Vorsitzender des Zentrums, an den Verhandlungen über das Reichskonkordat mit, mit dem die Kirche ihren materiellen und institutionellen Besitzstand in Deutschland gegen Preisgabe jeden politischen Einflusses zu sichern suchte.[14]

Der politische Katholizismus war so offensichtlich bestrebt, mit der Hitler-Regierung Frieden zu halten, dass von geschlossenem Widerstand überhaupt keine Rede sein konnte. Aber einige Persönlichkeiten des Widerstands kamen doch aus der Zentrumspartei. Das galt besonders für den 1933 aus dem Amt gejagten württembergischen Staatspräsidenten Eugen Bolz. In Rottenburg am Neckar, dem katholischen Bischofssitz, war er am 15. Dezember 1881 geboren worden. Er war das zweitjüngste von 13 Kindern der Eheleute Josef und Maria Theresia Bolz. Der einer in der Stadt angesehenen Handwerkerfamilie entstammende Vater betrieb

Großhandel mit Kolonialwaren und sonstigem Bedarf von Dorfläden in der Region. Die Familie lebte mit schwäbischem Fleiß in bescheidenem Wohlstand. In der Rottenburger Lateinschule erwarb Eugen mehr durch Eifer und Frömmigkeit als durch leuchtkräftige Begabung das Wohlwollen seiner Lehrer. Im Gymnasium in Stuttgart, nunmehr katholischer Außenseiter in protestantisch dominierter Umgebung, zeigten sich auch seine Talente. Als zweitbester bestand er die Reifeprüfung und begann um die Jahrhundertwende das juristische Studium in Tübingen. Nicht weniger ernst als den Vorlesungsbetrieb nahm Eugen Bolz das Leben in der Verbindung Guestfalia, im Cartellverband der katholischen deutschen Studentenverbindungen (CV). Im akademischen Lebensbund wurde die eigene Weltanschauung gegen Andersdenkende gestärkt, wurden Karrieren begründet. Je ein Semester studierte Bolz in Bonn und Berlin, kehrte dann nach Tübingen zurück und schloss 1905 mit einem sehr guten Staatsexamen ab. Referendarzeit und Militärdienst in Ulm folgten.

Der introvertierte junge Mann, der über die schwäbischen Tugenden der Schweigsamkeit und Zurückhaltung hinaus in jenen Jahren zum melancholischen Rückzug neigte (sein überaus einfühlsamer früher Biograph[15] spricht von einer Lebenskrise), verweigerte sich dem standesgemäßen Abschluss der Militärzeit als Offizier, weil damit der Ehrenkodex der Duellbereitschaft verbunden war; das konnte er mit seinem katholischen Glauben nicht vereinbaren. Der Verzicht war keine Kleinigkeit, denn im wilhelminischen Deutschland vor dem Ersten Weltkrieg war gesellschaftlicher Status mit der Eigenschaft des Reserveoffiziers aufs engste verbunden.

Die Zeit als Referendar beim Amtsgericht Rottenburg und beim Landgericht Ravensburg sowie als unbezahlter Assessor bei der Staatsanwaltschaft Stuttgart, zuletzt mit dem Titel Amtsrichter, ging in die politische Karriere über. 1912 wurde Eugen Bolz zum ersten Mal für den Wahlbezirk der Oberämter Ellwangen, Aalen und Neresheim als Abgeordneter des Zentrums in den Reichstag gewählt, im folgenden Jahr auch in den Württembergischen Landtag. Man war auf den ebenso redlichen wie fleißigen und gesinnungsstarken Juristen höheren Orts in der Partei aufmerksam geworden und schloss mit dem 30-jährigen Mann aus dem Windthorstbund, der Nachwuchsorganisation des Zentrums, eine personelle Lücke. Er wurde jüngster Abgeordneter des Parlaments.

Nach dem Ersten Weltkrieg widmete sich Bolz überwiegend der Landespolitik. Er gehörte 1919 der württembergischen Konstituante und der deutschen Nationalversammlung in Weimar an. Die Novemberrevolution war dem überzeugten Demokraten Bolz ein Gräuel, weil er Unordnung verabscheute. Er hätte, wie seine Parteifreunde in Württemberg, eine konstitutionelle Monarchie der Republik vorgezogen, stellte sich aber auf den Boden der Tatsachen, entschied sich endgültig für die Politik als Beruf und gehörte mit ähnlich gesinnten Sozialdemokraten und Liberalen zu den Garanten der Weimarer Koalition. 1919 wurde er Justizminister, 1923 Innenminister und 1928 Staatspräsident in einer Mitte-Rechts-Koalition. Der konservative Demokrat Bolz verteidigte in allen Ämtern energisch die verfassungsmäßige Ordnung gegen den Extremismus von links und rechts. Bolz war mehr als nur Vernunftrepublikaner, er war konservativer Demokrat und ebenso Katholik aus Überzeugung.

Der Reichstagsabgeordnete Eugen Bolz, der die Politik des Kanzlers Brüning überzeugt unterstützte, hatte sich Ende 1932, wie viele, Illusionen über die Ziele Hitlers gemacht. Er unterschätzte die destruktive Gewalt der NS-Ideologie, aber als Innenminister und Staatspräsident Württembergs vertrat er kompromisslos Recht und Ordnung im Land und machte sich durch Versammlungsverbote den Gauleiter der NSDAP Wilhelm Murr zum persönlichen Feind.

Die Gleichschaltung der Länder nach den Märzwahlen 1933 beseitigte die nichtnationalsozialistischen Regierungen in den süddeutschen Ländern. Am 11. März wurde Bolz aus dem Amt gejagt. Die Macht hatte jetzt der NSDAP Gauleiter Murr. Vom 19. Juni bis 12. Juli 1933 war Bolz in Schutzhaft. Er verbrachte sie auf dem Hohenasperg bei Ludwigsburg, jener Festung, die seit dem 18. Jahrhundert als Staatsgefängnis und Ort der Fürstenwillkür diente, in der der aufsässige Dichter Christian Friedrich Daniel Schubart und der idealistische Reformer Friedrich List, aber auch Herzog Karl Alexanders Finanzienrat Joseph Oppenheimer, berühmt als «Jud Süß», eingekerkert waren. Nach der Entlassung lebte Bolz in der inneren Emigration. Er betätigte sich in einem Wirtschaftsunternehmen, suchte Ruhe im Kloster Beuron, reiste zu Verwandten in Schlesien und pflegte den Kontakt mit politischen Weggefährten der Zentrumspartei wie Heinrich Brüning und zu Politikern im Lande wie den Liberalen Theodor Heuss und Reinhold Maier oder dem Sozialdemokraten Wilhelm Keil. Vorlesungen an der Technischen Hochschule Stuttgart zu hören, wurde dem ehemaligen Staatspräsidenten verwehrt, als Lebensunterhalt war ihm nur die vergleichsweise karge Pension eines Amtsrichters zugebilligt worden.

Zu Beginn des Jahres 1942 nahm Carl Goerdeler Verbindung zu Bolz auf. Den Kontakt hatte der einstige Kollege in der Zentrumsfraktion im Reichstag Josef Ersing hergestellt. Eugen Bolz hatte, anders als die Militärs und anders als viele gläubige Protestanten, kein Problem mit dem Widerstandsrecht gegen eine verbrecherische Regierung. Er war von der Notwendigkeit eines gewaltsamen Umsturzes überzeugt, aber er war kein Revolutionär. Der Einsame grübelte über inneren Frieden, über Vollkommenheit im Einklang mit Gott und beteiligte sich nicht am Pläneschmieden für die Zeit nach der Tyrannei. Aber er erklärte sich einverstanden, das Amt des Innenministers in der Regierung Beck/Goerdeler zu übernehmen. Das war im Januar 1943 bei einem Treffen von Mitgliedern des Goerdeler-Kreises in der Wohnung Jakob Kaisers beschlossen worden. Später, Anfang 1944, nach Querelen über den parteipolitischen Proporz des Schattenkabinetts, war Bolz damit einverstanden, statt des Verfassungsresorts das Kultusministerium zu führen.

Mehr Aktivitäten hat es auf der Seite von Eugen Bolz im Widerstand gegen Hitler nicht gegeben. Er hielt sich bereit, das entsprach seiner Natur, und er war naiv überrascht, als er am 12. August 1944 verhaftet wurde. Er sah sich als Dulder, im Gestapo-Gefängnis in Berlin, im Zellenbau des KZ Ravensbrück. Am 21. Dezember stand er, abgemagert, aufrecht und Achtung gebietend in prälatenhafter Erscheinung vor dem Volksgerichtshof, zusammen mit seinen Parteifreunden Hermann Pünder und Andreas Hermes, mit Fabian von Schlabrendorff und anderen. Bolz wird zum Tod durch den Strang verurteilt, das Gnadengesuch bewirkt nur, dass das Urteil am 23. Januar 1945 mit dem Fallbeil vollstreckt wird.[16]

Die katholische Arbeiterbewegung zeigte sich resistenter gegen das NS-Regime als die Zentrumspartei selbst. Der gelernte Buchbinder und Angehörige des von Adolph Kolping gegründeten katholischen Gesellenvereins Jakob Kaiser war als Repräsentant der christlichen Gewerkschaften schon in der Weimarer Republik als Gegner der NSDAP profiliert. Im Kontakt zu Wilhelm Leuschner vom Allgemeinen Deutschen Gewerkschaftsbund und Max Habermann vom Deutschnationalen Handlungsgehilfenverband engagierte sich Kaiser nicht nur für eine Einheitsgewerkschaft nach dem «Dritten Reich». Er sammelte Regimegegner um sich und stand ab Ende 1941 in enger Verbindung zum Goerdeler-Kreis.[17]

Bernhard Letterhaus kam aus der katholischen Arbeiterbewegung, er war dort Verbandsfunktionär und saß seit 1928 für die Zentrumspartei im preußischen Landtag. Letterhaus warnte lange vor dem Machterhalt Hitlers: «Wenn es diesem Demagogen einmal gelingen sollte, an der Spitze Deutschlands zu stehen, dann ist der Anfang des Unterganges da und auch ein neuer Krieg. Wir müssen uns dem entgegenstemmen, wo immer es sein mag.»[18] Im Kölner Ketteler-Haus bildete sich unter seiner Mitwirkung nach 1933 eine oppositionelle Gruppe, der Kölner Kreis. Ihm gehörten auch Nikolaus Groß an, der wegen seiner Verbindungen zu Goerdeler und Jakob Kaiser hingerichtet wurde, sowie der Pfarrer Otto Müller und Joseph Joos. Letterhaus wurde 1939 eingezogen und stellte als Hauptmann im Amt Ausland/Abwehr die Verbindung zur ehemaligen katholischen Arbeiterbewegung her. Er wurde im November 1944 in der Haftanstalt Berlin-Plötzensee ermordet.[19]

Früh war auch ein anderer Zentrumspolitiker, der Agrarexperte Andreas Hermes, Gegner des «Dritten Reiches» geworden. Der Diplomlandwirt war von 1920 bis 1923 Reichsernährungsminister gewesen und hatte dann an der Spitze des Finanzressorts gestanden. Hermes war Präsident der Vereinigung der Deutschen Bauernvereine und Präsident des Einheitsverbandes der deutschen Genossenschaften. Gegen die Gleichschaltung der Verbände wehrte er sich – gegen den Willen seiner Partei. Aus beiden Ämtern entfernten ihn die Nationalsozialisten mit Gewalt. Um nicht für das «Ermächtigungsgesetz» stimmen zu müssen, legte Hermes einige Tage vor der Abstimmung sein Reichstagsmandat nieder. Hermes wurde von der dem Nationalsozialismus willfährigen Justiz wegen angeblicher Veruntreuung von Verbandsgeldern verhaftet und nach langer Untersuchungshaft 1934 zu einer Gefängnisstrafe verurteilt. 1936 bis 1939 arbeitete Hermes als Wirtschaftsberater der kolumbianischen Regierung. Nach der Rückkehr schloss er sich dem Kölner Kreis im Ketteler-Haus um Bernhard Letterhaus und Nikolaus Groß an und stand in Kontakt mit Wilhelm Leuschner, Josef Wirmer und Carl Goerdeler. Hermes war als Landwirtschaftsminister für die Regierung nach Hitlers Sturz vorgesehen. Deshalb wurde er nach dem 20. Juli 1944 verhaftet, am 11. Januar 1945 zum Tod verurteilt, überlebte im Gefängnis und wurde von der Roten Armee befreit. Andreas Hermes gehörte 1945 zu den Gründern der CDU in Berlin.[20]

Vom linken, entschieden demokratischen Flügel des Zentrums fand Josef Wirmer, katholischer Rechtsanwalt in Berlin, zum Widerstand. Er arbeitete mit den Gewerkschaftern Jakob Kaiser, Max Habermann und Wilhelm Leuschner zusammen, gehörte zur Opposition um Hans Oster und Hans von Dohnanyi im Amt Ausland/Abwehr und kam 1941 zum Goerdeler-Kreis. Er war in der Nach-Hitler-Regierung als Justizminister vorgesehen, wurde am 4. August 1944 verhaftet, am 8. September verurteilt und ermordet. Eine freche Usurpation der 2014 entstandenen ausländerfeindlichen Pegida-Bewegung in Dresden benutzt eine von Josef Wirmer entworfene Fahne, die seinerzeit als Signal gegen den Nationalsozialismus gedacht war, aber nie eine Rolle spielte, als Symbol rechtspopulistischen Widerstands gegen Vernunft, Demokratie und Anstand.[21]

Von anderer politischer Couleur als die politischen Katholiken war der Sozialdemokrat und prominente Gewerkschafter Wilhelm Leuschner. Auch er gehörte als Innenminister des Volksstaats Hessen ab Februar 1928 zu den Gegnern des Nationalsozialismus qua Amt. Leuschner hatte sich ebenso energisch gegen die Feinde der Republik von links, die KPD, wie gegen die Nationalsozialisten engagiert. Besonders verhasst war Leuschner seit der Veröffentlichung der «Boxheimer Dokumente», den Staatsstreichplänen der NSDAP, die Werner Best zu Papier gebracht hatte. Sie waren auf dem Boxheimer Hof bei Bürstadt in Hessen ausgeheckt worden. Ende 1931 wurden die Pläne von einem ehemaligen Nazi verraten. Leuschner und sein preußischer Kollege Severing versuchten, mit den Boxheimer Dokumenten als Beweismaterial ein Verbot der NSDAP zu erwirken, was an der Verschleppungstaktik des Oberreichsanwalts scheiterte. Leuschner war seitdem, nicht nur als prominenter Gewerkschaftsfunktionär, sondern auch als Ordnungspolitiker, der sich für die Demokratie der Weimarer Verfassung im republikanischen Reichsbanner Schwarz-Rot-Gold, in der sozialdemokratischen Eisernen Front und in Kundgebungen eingesetzt hatte, im Visier der Nationalsozialisten.

Leuschner brachte Carlo Mierendorff, seinen ehemaligen Pressesprecher im hessischen Innenministerium,[22] und seinen persönlichen Referenten Ludwig Schwamb mit in den Widerstand. Nach der Entlassung aus dem KZ Lichtenburg im Juni 1934 (vorausgegangen war die Haft im Gefängnis Freiburg, im Zuchthaus Rockenburg und im Emslandlager Börgermoor) nutzte Leuschner seine gewerkschaftlichen und politischen

Verbindungen zur Opposition. In Berlin betrieb er eine kleine Fabrik, in der er vor allem Hitler-Gegner beschäftigte. Das Unternehmen diente auch als Basis für ausgedehnte Geschäftsreisen im Dienst des Widerstands. Leuschners Pläne für eine Einheitsgewerkschaft nach Hitler, die er mit den Freunden Jakob Kaiser und Julius Leber verfolgte, führten zum Zerwürfnis mit den Kreisauern. Im Goerdeler-Kreis arbeitete Leuschner an den Überlegungen zur Nachkriegsordnung mit und beteiligte sich an den Planungen des Attentats. Leuschner war für das Amt des Vizekanzlers vorgesehen. Am 16. August 1944 wurde er verhaftet, am 8. September zum Tod verurteilt und wenig später hingerichtet.[23]

Konservatives Bürgertum: Johannes Popitz

Johannes Popitz, als Sohn eines Apothekers in städtischen Diensten in Leipzig 1884 geboren, wuchs nach dem frühen Tod des Vaters in Dessau auf, studierte nach glänzendem Abitur Jura in Lausanne, Leipzig, Berlin und Halle, wo er 1906 mit Auszeichnung das Staatsexamen ablegte. Im preußischen Staatsdienst war er Referendar am Amtsgericht Schkeuditz, dann in Verwaltungsbehörden in Köln und Gummersbach, Assessor in Beuthen und schließlich in Berlin. Als nicht kriegstauglich wurde er 1914 ins preußische Innenministerium berufen. Die Karriere führte ihn in der Weimarer Republik ins Reichsfinanzministerium, wo er als Abteilungsleiter und Staatssekretär bis zum Rücktritt 1929 höchste Reputation genoss. Die Berliner Universität berief den Finanzexperten, der nicht nur als Verwaltungsjurist, sondern auch als Theoretiker einen guten Ruf hatte, 1922 zum Honorarprofessor.

Popitz war klug und gebildet, politisch konservativ ohne Bindung an eine Partei, er war in der Berliner Gesellschaft präsent und verkörperte den Prototyp des preußischen Beamten. Gewissenhaft, fleißig, unsportlich galt er manchen als Streber, anderen als Intrigant und Leuteschinder. Heinrich Köhler, Reichsfinanzminister 1927/28, verglich seinen Staatssekretär mit Napoleons Polizeiminister Fouché und meinte, er habe «an Zynismus, Verschlagenheit, Überheblichkeit, einem fast bis ins krankhafte gesteigerten Ehrgeiz und einer manchmal geradezu lächerlichen Eitelkeit kaum seinesgleichen»[24] gehabt.

Rätselhaft scheint die Freundschaft, die Popitz mit dem Juristen Carl Schmitt verband. Die beiden waren in vielem grundverschieden, Popitz war national und monarchistisch gesonnen, ohne fundamentale Ablehnung von Parlamentarismus, Demokratie und Pluralismus, wie der in vieler Hinsicht zügellose Schmitt, der 1933 als einer der ersten zu Hitler eilte, um für eine kurze Zeit als Starjurist und Staatstheoretiker des «Dritten Reiches» zu glänzen. Popitz, der Vernunftrepublikaner, gehörte dagegen zu jenen, die 1933 als Patrioten Hoffnungen auf das Bündnis der Konservativen mit den Rechtsextremen setzten, die dabei an den Reichspräsidenten Hindenburg als Garanten von Recht und Ordnung glaubten. Im November 1932 ließ sich Popitz von Franz von Papen zum Reichsminister ohne Geschäftsbereich und Kommissar für die preußischen Finanzen ernennen. Im April 1933 übertrug ihm der neue Ministerpräsident Preußens, Hermann Göring, das Amt des Finanzministers. Popitz übte es bis 1944 aus, und er war der letzte in diesem Amt überhaupt, weil das Land Preußen als Folge der NS-Katastrophe von den Alliierten 1946 aufgelöst wurde.

Als Nationalkonservativer, als Kulturpessimist und Skeptiker gegenüber der Moderne ließ sich Popitz 1933 willig in den Dienst der neuen Machthaber nehmen. Er war kein Antisemit und kein fanatischer Ideologe, aber engagiert für autoritäre Verhältnisse und den starken Staat, und er begrüßte, was man «nationale Revolution» nannte. Und wie so viele war er anpassungsfähig und -willig. Das zeigte er u. a. als Festredner bei der Neueinweihung der enteigneten Berliner KPD-Zentrale als Horst-Wessel-Haus im November 1936, als er seine Befriedigung zum Ausdruck brachte, dass aus der einstigen «Hochburg des Kommunismus» ein «Haus des Staates» geworden sei. Im August 1936 hatte er die Baracken der acht neuen Emslandlager besichtigt und die dort praktizierte «Erziehung durch Arbeit» für Strafgefangene gepriesen. Dass die Lager Teil des KZ-Systems waren, kann ihm nicht unbekannt geblieben sein.

Erstaunlich, dass ein solcher Mann, als einziger, der ein Ministeramt im NS-Staat bekleidete, als Exponent des konservativen Bürgertums, das sich gerne als «unpolitisch» sah, zum Widerstand fand. Zusammen mit Ulrich von Hassell und anderen Honoratioren der Berliner Mittwochsgesellschaft schmiedete Popitz Pläne für die Beseitigung Hitlers, konspirierte im Goerdeler-Kreis und war so naiv, im August 1943 bei Heinrich Himmler vorzusprechen, um dem Reichsführer SS die Notwendigkeit eines Staatsstreichs gegen Hitler darzustellen. Von da an stand er unter Verdacht und Beobachtung. Am 21. Juli 1944 wurde er verhaftet, am 3. Oktober vom Volksgerichtshof verurteilt, am 2. Februar 1945 in Berlin-Plötzensee hingerichtet. Die Verschwörer des 20. Juli hatten ihn für ein Ministeramt vorgesehen. Nach dem Untergang des NS-Regimes wurde er vergessen.

Wie kam dieser Mann, der sich vom «Führer» am 30. Januar 1937 mit dem Goldenen Parteiabzeichen der NSDAP hatte dekorieren lassen, zum Widerstand? Die Ereignisse im November 1938, als «Reichskristallnacht» im zeitgenössischen Wortschatz verortet, gelten als Wendepunkt des «stillen Seitenwechsels» von Popitz. Möglicherweise kamen Enttäuschung und Scham über die Entwicklung der «nationalen Revolution» hinzu. Als Angehöriger der Funktionselite der Weimarer Republik wie des NS-Staats, als Bürger und Spitzenbeamter war Popitz in vielfacher Hinsicht eine exemplarische Person des konservativen Widerstands.

Einig als Opposition: Der Solf-Kreis

Typisch für die Formierung von Regimekritik unter gebildeten Bürgern, die zum Widerstand gegen das NS-Regime wurde, waren die Teegesellschaften in der Berliner Wohnung von Hanna Solf. Sie war die Witwe des 1936 verstorbenen ehemaligen deutschen Gouverneurs von Samoa und späteren deutschen Botschafters in Tokio. In Hanna Solfs Salon trafen sich Diplomaten aus dem Auswärtigen Amt wie der Gesandte Dr. Otto Kiep, der von seinem Posten als Generalkonsul in New York 1933 abgelöst worden war, weil er an einem Bankett zu Ehren Albert Einsteins teilgenommen hatte, Legationsrat Hilger van Scherpenberg (er war Schwiegersohn des ehemaligen Reichsbankpräsidenten und Wirtschaftsministers Hjalmar Schacht), der Botschaftsrat i. R. Albrecht Graf von Bernstorff, Industrielle wie Nikolaus von Halem und Publizisten wie Karl Ludwig Freiherr von Guttenberg, der Herausgeber der regimekritischen katholischen Zeitschrift «Weiße Blätter». Vom Solf-Kreis wurden weder Attentate geplant, noch Entwürfe für eine Staats- und Gesellschaftsordnung nach Hitler ausgearbeitet. Hier tauschten vielmehr Gleichgesinnte in der Abneigung gegen den Nationalsozialismus ihre

Gedanken aus. Vor allem aber liefen viele Verbindungen vom Solf-Kreis zu anderen Gegnern Hitlers. Halem hatte nicht nur Kontakt zur Militäropposition im Amt Ausland/Abwehr, sondern auch zur kommunistischen Uhrig-Römer-Gruppe und zum Kreisauer Kreis. Über Otto Kiep gab es Beziehungen zu regimekritischen Beamten im Auswärtigen Amt und zum Kreisauer Kreis. Mitgliedern des Solf-Kreises war die Hilfe für Verfolgte, vor allem für Juden, ein Anliegen. Darin lag der tätige stille Widerstand der Gruppe, die auch dadurch charakterisiert ist, dass zwei Damen den Nucleus bildeten. Der politisch-gesellige Kreis um Johanna Solf nahm den Tee gelegentlich auch in Elisabeth von Thaddens Salon. Sie war Gründerin eines Landerziehungsheimes für Mädchen in Wieblingen bei Heidelberg. 1941 wurde ihr die behördliche Genehmigung dafür entzogen. Dann leitete sie für das Rote Kreuz Soldatenheime. Elisabeth von Thadden war eine energische Regimekritikerin. In dem Kreis verkehrte auch Graf Halem, der 1933 als Referendar den Eid auf Hitler verweigert und damit eine Karriere im Staatsdienst ausgeschlagen hatte, der 1942 wegen seiner Verbindung zur Uhrig-Römer-Gruppe verhaftet und 1944 hingerichtet wurde.

In eine Zusammenkunft bei Elisabeth von Thadden am 10. September 1943 hatte die Gestapo einen Spitzel eingeschleust. Seiner Denunziation fielen die meisten Angehörigen des Zirkels zum Opfer. Während Hanna Solf, ihre Tochter Gräfin Ballestrem und van Scherpenberg wegen mehrmaliger Verschiebung ihrer Gerichtsverhandlung das Kriegsende überlebten, wurden Otto Kiep, Freiherr Guttenberg und andere hingerichtet. Nach KZ-Haft in Ravensbrück stand Elisabeth von Thadden am 1. Juli 1944 vor dem Volksgerichtshof, sie wurde in Berlin-Plötzensee hingerichtet.[25] Graf Bernstorff und Legationsrat Richard Kuenzer wurden noch am 24. April 1945 in der Nähe des Lehrter Bahnhofs in Berlin ermordet. Der Solf-Kreis war kein Ort von Widerstandsaktivitäten, vielmehr eine Insel regimekritischer Humanität. Das haben fast alle Mitglieder mit dem Leben bezahlen müssen.

Gelehrte: Der Freiburger Kreis

Drei Professoren, Adolf Lampe (Wirtschaftswissenschaft), Constantin von Dietze (Agrarwissenschaften) und Walter Eucken (Wirtschaftswissenschaften), die der Bekennenden Kirche angehörten, arbeiteten seit Ende 1938 in einem Gesprächskreis, dem Freiburger Konzil, zusammen, um mit dem Historiker Gerhard Ritter und Geistlichen beider Konfessionen theologische Fragen zu diskutieren.[26] Ausgangspunkt waren Entsetzen, Empörung und Scham über die «Reichskristallnacht» im November 1938. Angeregt von einer Predigt des Pfarrers Helmut Gollwitzer, die er in Berlin-Dahlem am Buß- und Bettag dazu gehalten hatte, trafen sich die Freiburger Professoren zum ersten Mal im Dezember 1938. Sie waren als Christen in der Opposition. Ungewöhnlich war, dass sich auch die Ehefrauen am Gespräch beteiligten. Es ging vor allem um das Problem, wie sich Christen gegenüber einem Staat verhalten sollen, dessen Führung die göttlichen Gebote missachtet.

Unter maßgeblichem Anteil Gerhard Ritters wurden die Überlegungen zu einer Denkschrift verdichtet. Der aktuelle politische Befund wird dort als christlicher Auftrag zur Buße verstanden: «Den öffentlichen Geist der Selbstüberhebung und Selbstgerechtigkeit eines ganzen Volkes gilt es zu bekämpfen; denn dieser öffentliche Geist hat uns nun dahin geführt, daß ungestraft in aller Öffentlichkeit, die allerelementarsten Gebote christlicher Sittlichkeit, die zehn Gebote, in ihrer allerschlichtesten Form gröblich verletzt werden konnten. Soweit sind wir nun gekommen. Wenn auch die Kirche dazu schweigt, das heißt wenn sie nicht ihre Glieder unmißverständlich zur Buße ruft, versäumt sie ganz ohne jeden Zweifel die Pflicht der Gewissensführung und richten durch ihre Unterlassung die allergrößte Verwirrung, nicht nur in der Jugend, an.»[27]

Ab 1942 erarbeiteten die Freiburger eine zweite, umfangreichere Denkschrift mit dem Titel «Politische Gemeinschaftsordnung. Ein Versuch zur Selbstbesinnung des christlichen Gewissens in den politischen Nöten unserer Zeit». Diese Arbeit war von der Leitung der Bekennenden Kirche in Auftrag gegeben worden; sie sollte einer nach dem Krieg geplanten Weltkirchenkonferenz als Orientierung dienen. Günter Brakelmann nannte die Denkschrift «das bedeutendste Dokument christlichen Widerstandsdenkens aus der NS-Zeit».[28] Die Bedeutung der Schrift, die außerhalb kirchlicher Gremien entstand, liegt zum einen in der Überwindung protestantischen Obrigkeitsdenkens, zum anderen darin, dass die Grenzen der Staatsgewalt durch vorrangige sittliche Pflichten als Postulate markiert sind: «1. ‹Gesetzlich gesicherte Freiheit der Gewissen› sowohl in religiöser Hinsicht wie in Fragen politischer Überzeugungen. Der Staat hat kein Recht, politische Gesinnungen oder Weltanschauungen verpflichtend zu machen. 2. Jedes Spitzelsystem muss wegfallen. Der Mensch ist eigenverantwortliche Person und muss als solche vom Staat geachtet werden. 3. Es kann keine ‹lügenhafte Propaganda› geschehen, die das Menschsein und die politische Gemeinschaftsordnung diffamiert. 4. Es kann keine polizeiliche Verfügung politisch Andersdenkender geben. Dauerhaft sie in Konzentrationslagern halten ist nicht möglich. 5. Alle Schäden, die die Gewaltherrschaft verursacht hat, müssen wieder gutgemacht werden.»[29]

Zur Diskussion des Entwurfs wurde auch Carl Goerdeler eingeladen. Nach dem 20. Juli 1944 wurden die Professoren Dietze, Lampe und Ritter verhaftet, weil die Gestapo von der Verbindung der Freiburger zum Goerdeler-Kreis erfahren hatte.

Eine weitere Freiburger Gruppe, zu der die Wirtschaftswissenschaftler Dietze, Eucken und Lampe ebenfalls gehörten, beschäftigte sich seit 1943 mit Problemen der Wirtschaft nach dem Krieg. Die Gelehrten dieser «Arbeitsgemeinschaft Erwin von Beckerath» erstellten Gutachten für den Übergang von der Plan- zur Marktwirtschaft. Die Freiburger Nationalökonomen, Finanz- und Staatswissenschaftler, die eine zentralgelenkte Wirtschaftsordnung ebenso ablehnten wie einen völlig sich selbst überlassenen marktwirtschaftlichen Wettbewerb, leisteten mit ihren Gutachten und wissenschaftlichen Untersuchungen die theoretischen Vorarbeiten für die nach dem Krieg in Westdeutschland von Ludwig Erhard eingeführte soziale Marktwirtschaft.[30]

Carl Goerdelers Weg zum Widerstand

Im März 1934 entstand ein Foto, das Adolf Hitler neben dem Oberbürgermeister von Leipzig und anderen Honoratioren des «Dritten Reiches» bei der Grundsteinlegung eines Denkmals für Richard Wagner zeigt. Zweieinhalb Jahre später, im November 1936, fand ein Ereignis statt, das Goerdeler bewog, aus dem Amt zu scheiden. Grund war wieder ein Musikerdenkmal, aber jetzt ging es um den Abriss des Monuments, das 1868 für Felix Mendelssohn-Bartholdy errichtet worden war. Den Nationalsozialisten galt der große Sohn der Stadt Leipzig, ein Enkel des Philosophen Moses Mendelssohn, als Jude, obwohl er getauft war und sich bedeutende Verdienste um die evangelische Kirchenmusik erworben hatte.[31]

Goerdeler hatte dem Wunsch des Leipziger Kulturbeauftragten der NSDAP, das Denkmal abzureißen, nicht entsprochen, der Oberbürgermeister hatte sich an höchster Stelle erkundigt und in Erfahrung gebracht, dass weder Goebbels noch Hitler das Mendelssohn-Denkmal schleifen wollten. Eine Auslandsreise Goerdelers nutzend, wurde das Denkmal in einer Blitzaktion in der Nacht vom 9. zum 10. November 1936 abgerissen. Wegen dieses Coups erklärte Goerdeler seinen Rücktritt vom Amt des Oberbürgermeisters von Leipzig, weil seine Autorität untergraben war. Dass philosemitische Gefühle ihn zu dem Schritt bewogen, ist unwahrscheinlich. Der Vorfall bot disziplinarisch Grund genug; er war ein gezielter Affront gegen das Stadtoberhaupt, das daraus Konsequenzen ziehen musste.

Carl Goerdeler, 1884 geboren, war Spross einer traditionsreichen preußischen Beamtenfamilie.[32] Nach dem Studium der Rechte trat er in den Kommunaldienst und wurde 1930 Oberbürgermeister von Leipzig. Sein Ruf als hervorragender Verwaltungsfachmann und Organisator drang weit über Leipzig hinaus, mehrmals war er als Kandidat für das Amt des Reichskanzlers im Gespräch. Im Dezember 1931 wurde er als Reichspreiskommissar berufen. Anders als bei seinem Kollegen Konrad Adenauer, dessen Amtszeit als Kölner Oberbürgermeister mit dem nationalsozialistischen Machtbeginn jäh endete, musste Goerdeler als national-konservativ gesinnter Politiker den Leipziger Oberbürgermeisterstuhl nicht verlassen. Im Januar 1934 wurde er auch wieder zum Preiskommissar ernannt, obwohl er keine Zugeständnisse an die neue Reichsregierung gemacht hatte und auch nicht der NSDAP beigetreten war.

Goerdeler geriet jedoch bald in Gegensatz zur nationalsozialistischen Finanz- und Wirtschaftspolitik. Er missbilligte die unseriöse Kreditschöpfung des Wirtschaftsministers Hjalmar Schacht, mit der die Aufrüstung finanziert wurde, und er kritisierte die antijüdische Politik des «Dritten Reiches» wegen ihrer negativen Wirkungen für das deutsche Ansehen im Ausland. In zwei Gutachten zur Finanzlage, die Hitler 1935 und 1936 beim Preiskommissar in Auftrag gegeben hatte, verhehlte Goerdeler seine Überzeugung nicht. Aus der kritischen, aber grundsätzlich regimeloyalen Einstellung des Leipziger Oberbürgermeisters und Preiskommissars (dessen politischer Rang dem eines Reichsministers etwa gleichkam) wurde offener Protest, als Goerdeler im November 1936 durch den Abriss des Mendelssohn-Denkmals desavouiert war. Am 1. April 1937 trat Goerdeler, 52-jährig, zurück.

Goerdelers oppositionelle Einstellung war aber noch längst keine Widerstandshaltung, die auf die Beseitigung der Hitler-Regierung zielte. Mit manchen außen- und wehrpolitischen Bestrebungen des NS-Regimes stimmte Goerdeler – wie viele Konservative – überein. Auch wenn sie die Methoden der Nationalsozialisten missbilligten, so gehörten die Überwindung des Versailler Vertrages und die Hoffnung auf die Wiederherstellung der Reichsgrenzen von 1914 zu den gemeinsamen Zielen. Vom Stuttgarter Industriellen Robert Bosch mit einem Beratervertrag ausgestattet,[33] unternahm Goerdeler mit Wissen und Zustimmung von Hermann Göring, der als «Beauftragter für den Vierjahresplan» eine zentrale Rolle in der nationalsozialistischen Wirtschaftspolitik spielte, in den Jahren nach seinem Rücktritt ausgedehnte «Geschäftsreisen», auch ins Ausland. Als deren Folge warnte er wiederholt Göring vor einer Unterschätzung Frankreichs und Großbritanniens durch die deutsche außenpolitische Führung. Gleichzeitig machte er auf den negativen Eindruck aufmerksam, den die nationalsozialistische Kirchenpolitik und die Judenverfolgung im Ausland machten. Der eigentliche Zweck der Reisen Goerdelers bestand darin, im Ausland Sympathien und Verständnis für oppositionelle Haltungen gegenüber der Reichsregierung zu wecken und zu fördern.

Die Berliner Mittwochsgesellschaft

Ein Treffpunkt von Kritikern und Gegnern der Nationalsozialisten wurde die Berliner Mittwochsgesellschaft, ein traditionsreicher Zirkel von liberalen und konservativen Persönlichkeiten der Wissenschaft und des öffentlichen Lebens, der seit 1863 jeden zweiten Mittwoch zur «wissenschaftlichen Unterhaltung» zusammenkam. Die Mittwochsgesellschaft war keine Widerstandsgruppe. Unter den dort verkehrenden Akademikern, Beamten, Politikern waren auch Nazis, aber die Begegnungen fanden im Geist des freien Meinungsaustausches statt und boten gleichgesinnten Regimegegnern die Möglichkeit der Verständigung.[34]

In der Mittwochsgesellschaft verkehrte auch Jens Jessen, Ordinarius für Staats- und Wirtschaftswissenschaften an der Berliner Universität. Mit Johannes Popitz und Erwin Planck, einem Sohn des Nobelpreisträgers, der bis 1933 Staatssekretär in der Reichskanzlei gewesen war, der dann auch mit den Verschwörern des Goerdeler-Kreises Verbindung hatte, arbeitete Jessen an Verfassungsplänen für einen Staat nach Hitler, die aber nicht Goerdelers Billigung fanden. Jessen seinerseits lehnte die im Widerstand propagierte Einheitsgewerkschaft ab. Jessen war als Reserveoffizier im Stab des Generalquartiermeisters des Heeres Wagner den Männern des 20. Juli nützlich, nach seiner Verhaftung aber auch der Gestapo, die Informationen über Verbindungen zwischen der Mittwochsgesellschaft und dem 20. Juli von ihm erpresste. Jens Jessen wurde Ende November 1944 wegen «Nichtanzeige eines hochverräterischen Unternehmens» verurteilt und hingerichtet.

Frühe gedankliche Übereinstimmung in der Kritik an Hitler fand Goerdeler in der Mittwochsgesellschaft mit dem Generalstabschef des Heeres Ludwig Beck, mit dem deutschen Botschafter in Rom Ulrich von Hassell, dem preußischen Finanzminister Johannes Popitz und anderen. Einig waren sich diese Männer darin, dass der Krieg, den Hitler offen anstrebte, verhängnisvoll für Deutschland sein werde. Generaloberst Ludwig Beck versuchte bis zum Sommer 1938 mit Denkschriften und Vorträgen über das Risiko eines Krieges für Deutschland auf Hitler einzuwirken. Als er erkannte, wie wenig Rückhalt er unter hohen Offizieren mit seinen Warnungen fand, bat er am 18. August 1938 um seinen Abschied als Chef des Generalstabs des Heeres.

Der Goerdeler-Kreis

Mit seinen weitreichenden Verbindungen zu Oppositionellen in ganz Deutschland wurde Carl Goerdeler Mittelpunkt eines Widerstandskreises, der sich in verschiedenen Richtungen erweiterte und über Ludwig Beck eng mit der Militäropposition verbunden war. Nach Kriegsbeginn im Herbst 1939 fanden Gewerkschafter wie Jakob Kaiser (1949–1957 Bundesminister für gesamtdeutsche Fragen) und der Sozialdemokrat Wilhelm Leuschner zum Goerdeler-Kreis. Die Industriellen Robert Bosch und Paul Reusch sympathisierten mit den Plänen des Goerdeler-Kreises. Das Netz der Gleichgesinnten, überwiegend Männer des konservativen und national-liberalen Bürgertums und christliche Politiker, dehnte sich immer weiter aus.

Die Aktivitäten des Goerdeler-Kreises gingen in zwei Richtungen. Zum einen drängte Goerdeler, inzwischen zum entschiedenen Gegner des NS-Regimes geworden, zum Staatsstreich, zum Sturz Hitlers durch das Militär, um die Ausweitung des Krieges zu verhindern. Zum anderen arbeitete er an Entwürfen für eine Staats- und Gesellschaftsordnung, deren Grundlage Rechtsstaatlichkeit, Moral, bürgerlicher Anstand und die christliche Weltanschauung sein sollten. Die Vorstellungen des Goerdeler-Kreises wiesen stärker autoritäre Züge als demokratische auf. Unübersehbar waren nationalkonservative Sehnsüchte, die sich an dem von Bismarck geprägten Deutschen Kaiserreich orientierten.[35]

Die von Carl Goerdeler Ende 1941 verfasste und von Ludwig Beck mitverantwortete Denkschrift «Das Ziel» gehört wie das zwei Jahre jüngere Dokument «Grundsätze für die Neuordnung» aus dem Kreisauer Kreis zu den wichtigsten Verfassungsentwürfen des Widerstandes. Aus der Entstehungszeit – es war die Zeit der größten militärischen Erfolge Hitlers – erklärte sich die Annahme, das Deutsche Reich werde in den territorialen Grenzen von 1939 (unter Einschluss Österreichs, des Elsass, des Sudetenlands und polnischer Gebiete) fortbestehen können.

Die politische Haltung des Goerdeler-Kreises zeigt in dieser Denkschrift die ausgeprägtesten Konturen. Bezeichnend sind die Aussagen zum Wahlrecht, zum Reichsaufbau von unten nach oben, zum Selbstverwaltungsgedanken und zur beherrschenden Stellung des Reichskanzlers. Die Volksvertretung erscheint unter den verfassungsmäßigen Institutionen an letzter Stelle, quasi als Anhängsel der Reichsregierung. Dem indirekt gewählten Reichstag sollte ein nichtgewähltes Reichsständehaus aus Vertretern von Berufsgruppen, Hochschulen und vom «Staatsführer» Berufenen gleichberechtigt zur Seite stehen. Bei der Aufzählung der notwendigen Minister erscheint der Wehrminister an erster Stelle. Ein Arbeitsministerium wurde bewusst abgelehnt, weil sich alle Ressorts in gleicher Weise für diesen wichtigsten Bereich sozialen Lebens engagieren sollten: «Die Einrichtung eines besonderen Arbeitsministeriums vermindert die entscheidende Verantwortung, die jeder Minister als erste gerade auf dem Gebiet der Arbeit hat.»[36]

Patriarchalische und sozialreaktionäre Züge mischen sich in der Konzeption Goerdelers und Becks mit moralisch-aufklärerischen Forderungen. Verantwortungsgefühl und das «Vertrauen anständiger Männer untereinander» waren den Verfassern der Denkschrift wichtigere Werte als demokratische Kategorien der Mitwirkung und Mitbestimmung der Bürger in Staat und Gesellschaft. «Der diktatorische oder tyrannische Führerstaat» schien ihnen «ebenso unmöglich wie der entfesselte überdemokratische Parlamentarismus» zu sein. Als Staatsspitze wurden Möglichkeiten wie Erbkaiser, Wahlkaiser oder auf Zeit gewählter «Reichsführer» erwogen, mit einer deutlichen Vorliebe für die Erbmonarchie.

Im Winter 1941/42 konkretisierten sich die Pläne dahin, dass nach dem gewaltsamen Sturz Hitlers zunächst ein Direktorium die Regierungsgewalt ausüben sollte: Generaloberst Beck als Staatsoberhaupt («Reichsführer»), Goerdeler als Reichskanzler und Generalfeldmarschall von Witzleben als Oberbefehlshaber des Heeres. Ministerlisten wurden ausgearbeitet, die später der Gestapo in die Hände fielen, für viele mit tödlichen Folgen. Ein Regierungsprogramm entstand im Sommer 1944 in der Erwartung des bevorstehenden Staatsstreichs. Dazu bedurfte es langer Verhandlungen und immer neuen Einwirkens auf die Militäropposition. 1942 versuchte Goerdeler, einen hochrangigen und populären Truppenbefehlshaber für den Widerstand zu gewinnen. Generalfeldmarschall Erwin von Witzleben kam nicht mehr in Frage, als er im Februar 1942 von Hitler als Oberbefehlshaber West abgelöst wurde. Im Spätherbst 1942 versuchte Goerdeler vergeblich, den Chef der Heeresgruppe Mitte an der Ostfront, Generalfeldmarschall Kluge, auf die Seite der Opposition zu ziehen. Weil sich die populären Frontkämpfer wie auch der «Wüstenfuchs», Generalfeldmarschall Erwin Rommel, versagten, blieben nur die Offiziere in Positionen des Ersatzheeres, vor allem in Berliner Dienststellen, die den Staatsstreich militärisch durchsetzen konnten. Wichtigster Ansprechpartner war General Friedrich Olbricht, der Chef des Allgemeinen Heeresamtes.

Je mehr Zeit verstrich und je mehr Attentatspläne der Militäropposition misslangen, je schlechter die militärische Lage für Deutschland wurde, desto deutlicher wurde, dass der Staatsstreich nicht mehr der politischen Erneuerung, sondern allenfalls noch der Beendigung des Krieges dienen konnte. Er hatte vor allem symbolische Bedeutung, nämlich das Ziel, der Welt anzuzeigen, dass es Widerstand gegen den Nationalsozialismus gab. Eine Regierung Goerdeler/Beck, die nach der Beseitigung Hitlers ins Amt gekommen wäre, hätte nicht mehr tun können, als einen Waffenstillstand ohne Bedingungen zu schließen und dann abzutreten. Neun Monate später, im Mai 1945, erfuhr die von Hitler eingesetzte Regierung Dönitz dieses Schicksal mit anschließender Verhaftung.

Schon vor dem 20. Juli 1944, dem Tag des misslungenen Attentats auf Hitler, geriet Goerdeler unter Verdacht der Gestapo und tauchte unter. Nach einer Denunziation wurde er entdeckt und am 12. August 1944 verhaftet. Am 8. September 1944 zum Tode verurteilt, wurde er nach vielen Verhören am 2. Februar 1945 im Gefängnis Berlin-Plötzensee hingerichtet. Sein Schicksal teilten Johannes Popitz und der konservative Großgrundbesitzer Ewald von Kleist-Schmenzin, der katholische Zentrumspolitiker und frühere Staatspräsident Württembergs Eugen Bolz, der Diplomat Ulrich von Hassell, der ehemalige deutsche Botschafter in Moskau Friedrich-Werner Graf von der Schulenburg und viele mehr.

In der Exegese von Goerdelers politischem Denken stießen Historiker, zuerst Hans Mommsen, dann Christof Dipper, auf ein Weltbild, nicht nur Goerdelers, sondern auch Ludwig Becks, das nicht ohne Ressentiments gegenüber Juden war.[37] Goerdeler, der untadelige preußische Beamte mit Wurzeln im Kaiserreich, war kein Antisemit im nationalsozialistischen Verständnis, d. h. er sann nicht auf Diskriminierung und Verfolgung der Juden mit deren tödlichem Ende. Aber die seit langem üblichen Vorbehalte der Konservativen gegen die jüdische Minderheit, die Shulamit Volkov[38] als kulturellen Code der Mehrheit zur Ausgrenzung der Minderheit beschrieben hat, teilte Goerdeler, wie seinen Schriften unschwer zu entnehmen ist. Auch die Deutschnationale Volkspartei, der Goerdeler eine Zeitlang angehörte, war keine judenfreundliche Vereinigung; das stand deutlich in ihrem Programm, das wusste jedes Mitglied. Ressentiments gegen Juden gehörten zum Erbe des Abendlandes. Erst neue Bedrohung zu Beginn des 21. Jahrhunderts bewog Ideologen, die den Islam als aktuellen Feind des Abendlandes ausmachten, von den «christlich-jüdischen Traditionen» zu sprechen, die es zu verteidigen gelte.

Die kritische Betrachtung Goerdelers löste eine anhaltende Kontroverse aus, in der sich ein verdienstreicher Patriarch der Widerstandsforschung, Peter Hoffmann, schließlich zu Goerdelers Ehrenrettung veranlasst sah.[39] Die Kritik der Historiker, die sich selbst als Beteiligte oder patriotische Gesinnungsfreunde wie die erste Generation, vor allem Hans Rothfels und Gerhard Ritter, mit den Heroen des konservativen Widerstands identifizierten, wurde als Sakrileg empfunden. Karl Dietrich Bracher, zu Beginn seiner Laufbahn als Politologe und Zeithistoriker als «der rote Bracher» beargwöhnt, aber längst in den Olymp der Staatstragenden aufgerückt, beklagte 2004 die nicht nur von ihm vermutete «Neigung zumal einer jüngeren Generation», den Widerstand «ziemlich ahnungslos oder besserwisserisch als apologetisch und ‹undemokratisch› zu diskreditieren, ja ihm eine ‹antisemitische Grundhaltung› anzulasten». Bracher stützte seine Klage auf Joachim Fest, den wortgewaltigen Publizisten, der den Widerstand als «das verschmähte Vermächtnis» bezeichnete und eine «herrschende denunziatorische Laune gegenüber dem Widerstand» beobachtet haben wollte. Damit zeigte sich, dass ihm Zeitgeschichte geradezu eine Glaubenssache war. Bracher setzte noch einen drauf, als er den «wirkungskräftigen Historiker und Publizisten Hans Mommsen» zum Sprachrohr der Tempelschänder erhob.[40]

Wenn Goerdeler 1936 ausdrücklich «die Mäßigung der deutschen Judenpolitik» forderte, so war er doch überzeugt, dass es eine Judenfrage gebe, die auf internationaler Ebene gelöst werden müsse.[41] Damit war Goerdeler der NS-Ideologie sowie den Ressentiments des Publikums sehr nahe, auch wenn er die Lösung des angeblichen Problems durch Mord und Totschlag als anständiger Mensch natürlich ablehnte, ebenso wie die Vorstufe dazu, die Anwendung von Gewalt. Aber Bürgerrechte für Juden in Deutschland waren ihm nicht selbstverständlich. Auch in der Denkschrift «Das Ziel» waren sie nicht als obligatorisch vorgesehen.

Was Goerdeler Anfang 1945 in der Todeszelle schrieb, war konstitutiv für seine Sicht der Welt: «Wir dürfen nicht bemänteln wollen, was geschehen ist, müssen aber auch die große Schuld der Juden betonen, die in unser öffentliches Leben eingebrochen waren in Formen, die jeder gebotenen Zurückhaltung entbehren».[42] Das war im Geist Heinrich von Treitschkes gedacht, der mit solchen Wendungen 1879 den Berliner Antisemitismusstreit entfacht hatte. Das war beileibe kein Appell zum Völkermord, aber das war der verbreitete dissimilatorische Antisemitismus bürgerlicher Kreise seit dem 19. Jahrhundert, den es immer noch gibt und der 1988 die Gedenkfeier zum 50. Jahrestag der «Reichskristallnacht» mit der Rede des Bundestagspräsidenten Jenninger in Schieflage brachte.

Eine Erneuerung der Apotheose Goerdelers, wie von Peter Hoffmann versucht, ist trotzdem nicht nötig. Denn die politischen und ideologischen Positionen Goerdelers, die nicht kongruent mit den Idealen der parlamentarischen Demokratie und einer pluralistischen Gesellschaft sind, beeinträchtigen seine Statur als Widerstandskämpfer nicht. Widerstand gegen die Diktatur aus konservativer Gesinnung ist nicht geringer zu schätzen als anderer. Goerdelers Einstellung gegenüber den Juden war freilich typisch für seine Herkunft, seine Sozialisation und seinen politischen Standort. Ressentiments gegen «die Juden», wie sie auch Goerdeler hatte, waren kein Indiz für fanatischen Antisemitismus und schon gar nicht für nationalsozialistischen Verfolgungswahn und Vernichtungseifer. Aber als Einstellung gehört das Ressentiment zur Person Goerdelers und kann weder negiert noch wegdisputiert werden. Ein gerechtes Bild der zentralen Figur des deutschen Widerstands darf und muss viele Facetten haben, wenn es nicht der Gattung Hagiographie zugeordnet werden will. Goerdeler braucht die Ehrenrettung, die ihm so emsig wie voreilig angedient wird, nicht, wenn man ihn als Person und als politisches Individuum in allen seinen zeitgebundenen Zusammenhängen und Gegebenheiten sehen und verstehen will. Man kann den Widerstandskämpfer gegen Hitler auch im Bewusstsein würdigen, dass seine politischen Zukunftsvisionen rückwärtsgerichtet und undemokratisch gewesen sind, ebenso wie Widerstand aus kommunistischer Gesinnung nicht wegen dieses politischen Standorts zu entwerten ist.

Hans Rothfels, konservativ-preußisch nach Herkunft und Gesinnung, protestantisch mit jüdischen Wurzeln, durch die Nazis vom Königsberger Lehrstuhl vertrieben und nach glanzvollen Exiljahren in Chicago zurückgekehrt nach Deutschland auf eine Professur in Tübingen, war nicht nur Nestor der Zeitgeschichte als akademischer Disziplin. Er war der erste Chronist des deutschen Widerstandes und pflegte dessen Erbe. Rothfels charakterisierte Goerdeler als Mittelpunkt des Widerstands, freilich als «vom Blickpunkt der pluralistischen und parlamentarischen Demokratie von heute nicht unumstritten». Das schrieb der damals 83-jährige Historiker 1974. Ohne Frage habe er in seinen Verfassungsplänen «auf älteres Gedankengut, auf den Freiherrn vom Stein und die Jungkonservativen der Jahre nach 1920» zurückgegriffen. Für Rothfels zählten aber die Grundmotive in Goerdelers Staatsidee und Gesellschaftsbild: «Für Goerdeler ging es ganz eindeutig um die Wiederherstellung der Menschenwürde, um die Wiederbelebung jener unveräußerlichen Werte, die für ihn das tiefere Fundament aller Demokratie waren. Und noch ein Grundmotiv wird zum Schluß zu nennen sein, das Goerdeler mit vielen Persönlichkeiten des Widerstands, Laien wie Geistlichen, teilte und das mit am frühesten von den Münchner Studenten der Scholl-Gruppe ausgesprochen worden ist: das Bedürfnis nach Sühne und nach Reinigung des deutschen Namens.»[43]

Der Kreisauer Kreis

In Kreisau bei Schweidnitz in Niederschlesien, auf dem Gut der Grafen Moltke, trafen sich Pfingsten 1942 einige Männer und Frauen. Die Tage vom 22. bis 25. Mai wurden von dem Freundeskreis genutzt, um über Themen zu diskutieren, die vom Verhältnis zwischen Staat und Kirche über Erziehung bis zu Hochschulreform und Lehrerbildung reichten. Es war eine Diskussion über allgemeine und abstrakte Probleme, deren Ergebnisse schriftlich fixiert wurden. So wäre das Treffen in Kreisau zu charakterisieren, wenn es in normalen Zeiten stattgefunden hätte. Für den nationalsozialistischen Staat aber war es Hochverrat.

Die führenden Köpfe des Kreisauer Kreises waren Helmuth James Graf von Moltke[44], geboren 1907, und der drei Jahre jüngere Peter Graf Yorck von Wartenburg. Moltke hatte Jura studiert, war mit der angelsächsischen Welt vertraut. Politisch liberal und von tiefer christlicher Überzeugung, verachtete er die Nationalsozialisten und verzichtete nach seinem Assessorexamen 1933 auf die erstrebte Karriere als Richter. Er ließ sich als Rechtsanwalt in Berlin nieder. Zu Beginn des Zweiten Weltkrieges wurde Moltke Referent für Völkerrecht in der Auslandsabwehr des OKW. Peter Graf Yorck von Wartenburg, 1904 geboren, war ebenfalls Träger eines berühmten preußischen Namens.[45] Auch er war Jurist, hatte es im Staatsdienst zum Oberregierungsrat gebracht, war ab 1942 im Wehrwirtschaftsamt des OKW tätig.

Schon vor dem Krieg hatten beide Gesprächskreise von Regimegegnern um sich geschart. Ab 1940 trafen sich in Kreisau, aber auch auf den Gütern der Familie Yorck in Klein-Öls und Kauern oder auf dem

Besitz des Industriellen Ernst von Borsig in Groß-Behnitz bei Berlin in wechselnder Zusammensetzung etwa 20 Personen (mit ungefähr noch einmal so vielen Sympathisanten), die in der Opposition gegen den Nationalsozialismus übereinstimmten, denen Weltläufigkeit, soziale Verantwortung und christliches Engagement gemeinsam war.

Zu den Gleichgesinnten, wenn auch von ganz anderem Herkommen, gehörte Eugen Gerstenmaier, ein aus schwäbischem Kleinbürgertum stammender evangelischer Theologe, der im Krieg zur kulturpolitischen Abteilung des Auswärtigen Amtes dienstverpflichtet worden war. Adam von Trott zu Solz[46], Jurist im Auswärtigen Amt, kosmopolitischer Patriot mit Verbindungen ins Ausland, gehörte zu den Kreisauern ebenso wie der Oberpräsident der preußischen Provinz Oberschlesien Hans Lukaschek, den die Nationalsozialisten aus dem Amt gejagt hatten, und Theodor Steltzer[47], der bis 1933 Landrat in Rendsburg gewesen war. Der Kreisauer Kreis bestand aus Männern, die aus ganz unterschiedlichen sozialen, ideologischen und politischen Bereichen kamen. Alfred Delp und Augustin Rösch waren Jesuitenpatres, Hans Peters, Professor für Verwaltungsrecht, war engagierter Katholik und Demokrat, Theo Haubach, Julius Leber und Carlo Mierendorff hatten sich als sozialdemokratische Politiker profiliert und dafür im KZ gelitten. Inspiriert war der Kreisauer Kreis von der Jugendbewegung in Schlesien und von christlich und sozial engagierten Bewegungen wie der Löwenberger Arbeitsgemeinschaft des Philosophen und Sozialreformers Eugen Rosenstock-Huessy, der Peter Yorck von Wartenburg, Helmuth James von Moltke, Carl Dietrich von Trotha, Adolf Reichwein und Hans Peters nahe gestanden waren. Allgemein war den Kreisauern soziales Engagement gemeinsam. Eine Linie lief zum Hofgeismarkreis der Jungsozialisten, der Carlo Mierendorff, Theo Haubach und Gustav Dahrendorf geprägt hatte. Die Jesuiten Alfred Delp und Lothar König wiesen auf die katholische Jugendbewegung, die mit dem Bund Neudeutschland politischen und gesellschaftlichen Fortschritt in der Weimarer Republik propagiert hatte.

Der evangelische Pfarrer Harald Poelchau, 1903 in Potsdam geboren, in Schlesien aufgewachsen, kam aus dem Umkreis des religiösen Sozialismus. Er hatte nach dem Zweitstudium der Wohlfahrtspflege bei Paul Tillich promoviert. Im April 1933 wurde er Gefängnisgeistlicher in Berlin-Tegel. Als Justizbeamter begleitete er die zum Tode Verurteilten zur Hinrichtung. Poelchau gehörte zum Kreisauer Kreis, er hatte am ersten

Treffen 1941 teilgenommen, was der Gestapo verborgen blieb. So konnte er nach dem 20. Juli 1944 vielen Gleichgesinnten letzten Trost spenden, Briefe und Nachrichten übermitteln.⁴⁸

Adolf Reichwein war im Wandervogel engagiert gewesen, nach dem Abitur 1916 musste er Soldat werden, wurde 1917 schwer verwundet wieder Zivilist. Sein Name ist eng mit der Reformpädagogik der Weimarer Republik verbunden. Nach der Promotion warb er im preußischen Kultusministerium für sein Ideal der Volksbildung, erprobte es als Leiter der Volkshochschulen in Thüringen in der Praxis. Weltweite Reisen und Abenteuer schlugen sich in Büchern nieder. Dann wurde er wieder Staatsdiener und wirkte als persönlicher Referent des preußischen Kultusministers Becker an der Gründung Pädagogischer Akademien mit. 1930 übernahm Reichwein eine Professur für Geschichte und Staatsbürgerkunde an der Pädagogischen Hochschule in Halle. Dem Siegeszug Hitlers begegnete er mit dem Beitritt zur SPD. Seine entschiedene Opposition kostete ihn die Professur. Als Dorfschullehrer in Tiefensee, dann als Museumspädagoge in Berlin war er die nächsten Jahre tätig. 1940 wurde er aktiv im Widerstand, erst im Umfeld von Wilhelm Leuschner und Julius Leber, dann im Kreisauer Kreis. Im Sommer 1944 traf er sich auch mit den Aktiven des kommunistischen Widerstands, Anton Saefkow, Franz Jacob und Bernhard Bästlein. Durch einen Spitzel wurde er Anfang Juli 1944 verraten. Sein Schicksal vollendete sich im Oktober 1944 am Hinrichtungsort Berlin-Plötzensee.

Carlo Mierendorffs Entwurf eines Aktionsprogramms nach dem Pfingsttreffen 1943 spiegelt den politischen Pluralismus und die Tendenz einiger Kreisauer zur «Sozialistischen Aktion», die sich als überparteiliche Volksbewegung christlicher, sozialistischer, kommunistischer und liberaler Kräfte verstand. Konservative waren nicht genannt, aber mit der Betonung der Überparteilichkeit und durch die nationalkonforme Diktion nicht ausgeschlossen. Das Aktionsprogramm des 14. Juni 1943 beschwor die Rettung des gemeinsamen Vaterlandes mit neun Postulaten:

«1. Wiederherstellung von Recht und Gerechtigkeit.
2. Beseitigung des Gewissenszwanges und unbedingte Toleranz in Glaubens-, Rassen- und Nationalitätenfragen.
3. Achtung vor den Grundlagen unserer Kultur, die ohne das Christentum nicht denkbar ist.
4. Sozialistische Ordnung der Wirtschaft, um Menschenwürde und

politische Freiheit zu verwirklichen und die Existenzsicherheit der Angestellten und Arbeiter in Industrie und Landwirtschaft sowie des Bauern auf seiner Scholle zu schaffen, die die Voraussetzung von sozialer Gerechtigkeit und Freiheit ist.

5. Enteignung der Schlüsselbetriebe der Schwerindustrie zu Gunsten des deutschen Volkes als Grundlage der sozialistischen Ordnung der Wirtschaft, um mit dem verderblichen Missbrauch der politischen Macht des Grosskapitals Schluss zu machen.
6. Selbstverwaltung der Wirtschaft unter gleichberechtigter Mitwirkung des arbeitenden Volkes als Grundelement der sozialistischen Ordnung.
7. Sicherung der Landwirtschaft vor der Gefahr, zum Spielball kapitalistischer Interessen zu werden.
8. Abbau des bürokratischen Zentralismus und organischer Aufbau des Reiches aus den Ländern.
9. Aufrichtige Zusammenarbeit mit allen Völkern, insbesondere in Europa mit Grossbritannien und Sowjetrussland.»[49]

In drei großen Treffen – Pfingsten 1942, Oktober 1942 und Pfingsten 1943 – diskutierte der Kreisauer Kreis die Grundlagen einer humanen und sozialen Ordnung des Zusammenlebens im nationalen und europäischen Rahmen, die 1943 in den «Grundsätzen für die Neuordnung» zusammengefasst endgültig formuliert wurden. Autoren des Dokuments, das mit 9. August 1943 datiert ist, sind Moltke und Yorck. Sieben unverzichtbare Forderungen sollten das Fundament der inneren Erneuerung und eines gerechten und dauerhaften Friedens bilden. Die Wiederherstellung des Rechtsstaats, die Garantie von Glaubens- und Gewissensfreiheit, das Recht auf Arbeit und Eigentum standen obenan. Selbstbestimmung und Verantwortlichkeit sollten wieder an die Stelle des Prinzips von Befehl und Gehorsam treten. Statt Diktatur und Unterwerfung sollten politische Verantwortung und Mitwirkung jedes einzelnen, was die Mitbestimmung im Betrieb und in der Wirtschaft einschloss, die Prinzipien staatlicher und gesellschaftlicher Ordnung bilden. Wichtig war den Kreisauern aber auch die Überwindung des Nationalismus. Die Gründung einer Völkergemeinschaft im Geiste internationaler Toleranz lag ihnen mehr am Herzen als die Bewahrung bzw. Wiederherstellung einzelstaatlicher Souveränitätsrechte.

Die Grundsätze gehören zu den Schlüsseldokumenten des Widerstands. Zum Ausdruck kommt darin die Absicht, die Neuorientierung von Staat und Gesellschaft nach der Überwindung des Nationalsozialismus zu gestalten: «Die Regierung des Deutschen Reiches sieht im Christentum die Grundlage für die sittliche und religiöse Erneuerung unseres Volkes, für die Überwindung von Haß und Lüge, für den Neuaufbau der europäischen Völkergemeinschaft»[50]

Die «Grundsätze für die Neuordnung» waren ein Programm für den Neuaufbau nach der NS-Diktatur, in dessen Mittelpunkt Arbeiterschaft und Kirchen stehen sollten. Es bot auch eine interessante Variante zum Wahlrecht: Jedes Familienoberhaupt sollte für jedes nicht wahlberechtigte Kind eine zusätzliche Stimme erhalten. Politische Beamte und Waffenträger sollten für den Reichstag, dessen indirekte Wahl durch die Landtage vorgesehen war, nicht wählbar sein. Das Wirtschaftsprogramm war von den Leitmotiven staatlicher Wirtschaftsführung, Sozialisierung der Schlüsselindustrien und vom Gedanken der Mitbestimmung in Betriebsgemeinschaften, Kammern und einer «deutschen Gewerkschaft» bestimmt. Gegen die nationalsozialistische, auf Zwang, Unterwerfung und Irrationalität beruhende Herrschaft setzten die Kreisauer eine Gesellschafts- und Staatsordnung, die sich auf Humanität, christliche Ethik, Gerechtigkeit und Überwindung von Klassenschranken gründen sollte. Ziel des Kreisauer Kreises war die Wiederherstellung eines humanen Rechtsstaats, der nach der Bestrafung der nationalsozialistischen Verbrecher mit einer demokratischen Verfassung neu aufgebaut werden sollte.[51]

Zur Vorbereitung eines gewaltsamen Umsturzes und zum Tyrannenmord durch ein Attentat auf Hitler fühlten sich die Kreisauer nicht berufen. Sie sahen sich in einer Art Arbeitsteilung, bei der sie die Reformpläne ausarbeiten wollten, damit sie zur Verfügung stünden, wenn die Zeit dafür gekommen war. Den Weg zur Neuordnung aber sollte die Militäropposition, zu der man Verbindungen unterhielt, frei kämpfen.

Graf Moltke wurde durch die nationalsozialistischen Verbrechen an den Juden, den Kriegsgefangenen und der Bevölkerung in den besetzten Gebieten zum Widerstand getrieben. Er wollte zwar die Nationalsozialisten ablösen, den Machtstaat und das Rassendenken überwinden, den Gedanken an eine gewaltsame Beseitigung Hitlers lehnte er jedoch lange Zeit ab. Er hatte nicht nur moralische Bedenken gegen den Tyrannenmord. Wie viele andere Gegner des Nationalsozialismus fürchteten auch die Kreisauer, der gewaltsame Sturz des Regimes während des Krieges könnte zu Legenden führen. Denn nach dem verlorenen Ersten Weltkrieg hatten diejenigen, die sich mit der Niederlage Deutschlands nicht abfinden konnten, die «Dolchstoßlegende» in die Welt gesetzt: Verrat habe den Krieg entschieden, das tapfere und siegreiche deutsche Heer sei von hinten, also aus der Heimat, erdolcht worden. Mit einer ähnlichen Hypothek, zu der ein Attentat auf Hitler den Anlass geboten hätte, wollten die Kreisauer die Neuordnung von Staat und Gesellschaft nicht belasten.

Im Januar 1944 wurde Moltke durch die Gestapo verhaftet, weil er einen Kollegen vor der drohenden Festnahme gewarnt hatte. Der Kreisauer Kreis war ohne Moltke als treibende Kraft und geistiger Mittelpunkt am Ende. Die aktivsten Mitglieder schlossen sich, den politischen Umsturz erstrebend, der Widerstandsgruppe um Carl Goerdeler und Ludwig Beck an. Mitte August 1944 stieß die Gestapo beim Verhör der vielen Mitwisser des 20. Juli auch auf den Kreisauer Kreis. Nach Misshandlung und Folter standen die führenden Mitglieder vor dem Volksgerichtshof. Um möglichst viele Freunde aus dem Kreisauer Kreis zu schützen, verteidigte sich Moltke mit der Strategie, man habe keinen Umsturz geplant, keine organisatorischen Schritte getan, mit niemandem über Ämter und Funktionen in einer Regierung nach Hitler gesprochen, man habe nur theoretische Erörterungen angestellt. Im Grunde seien auch nur der Jesuitenpater Delp, der evangelische Theologe Gerstenmaier und er selbst beteiligt gewesen, allenfalls noch Peter Graf Yorck von Wartenburg und Adam von Trott zu Solz.

Eugen Gerstenmaier, der aus dem kirchlichen Außenamt der evangelischen Kirche kam, ab 1940 dienstverpflichtet im Auswärtigen Amt war und im Januar 1945 vom Volksgerichtshof als Verschwörer zu sieben Jahren Zuchthaus verurteilt wurde, ordnete später den Kreisauer Kreis in den Gesamtzusammenhang des Widerstandes ein: «Geschichtliche Wahrheit ist, dass auch die Kreisauer für den Sturz Hitlers gearbeitet haben, indem sie sich energisch darum mühten, dass Deutschland nach der Vernichtung Hitlers bestehen könne. Sie waren der Meinung, je genauer und weitblickender die Vorbereitung dafür sei, desto mehr Chancen habe der Tag X und desto eher werde der Sturz Hitlers und seines Systems herbeizuführen sein.»[52]

Am 11. Januar 1945 wurde Helmuth James von Moltke zum Tode verurteilt. Am 23. Januar 1945, drei Monate vor dem Zusammenbruch des Hitler-Staates, wurde er in Berlin-Plötzensee hingerichtet. Nur wenige aus dem Kern des Kreisauer Kreises entgingen den Henkern des NS-Regimes. Einige spielten beim demokratischen Neuaufbau Deutschlands nach Hitler eine Rolle. Eugen Gerstenmaier war von 1954 bis 1969 Präsident des Deutschen Bundestages, Theodor Steltzer in der ersten Nachkriegszeit Ministerpräsident von Schleswig-Holstein, Hans Lukaschek war unter Adenauer Bundesvertriebenenminister. Das Vermächtnis der Kreisauer blieb die in ihren Dokumenten und Briefen niedergelegte Idee einer humanen und sozialen Gesellschaft nach Hitler.

Staatsziel und Gesellschaftsordnung

Wesentlich für das Scheitern des deutschen Widerstands war nicht nur das lange Zögern der Eliten, sich gegen das Regime zu stellen und das Bewusstsein zu entwickeln, dass der Kampf gegen offenkundiges Unrecht, gegen Verfassungs- und Rechtsbruch, Verfolgung von Minderheiten, staatlich verübte Delikte wie Landraub, Versklavung, Ausplünderung im Namen der Herrenmenschenideologie legitim sei. Wesentlich war auch die Unvereinbarkeit der Bestrebungen divergierender politischer Richtungen. Für nationalkonservative Hitler-Gegner waren Sozialdemokraten immer noch Feinde oder mindestens suspekt und nicht bündnisfähig, Kommunisten und Sozialdemokraten konnten sich auch im Exil nicht auf eine gemeinsame Basis des Widerstands einigen, wie das Fiasko der Verhandlungen über eine Volksfront in Paris zeigte. Die Militäropposition scheiterte am Fahneneid und am Opportunismus zu vieler, die Hitler verachteten, ihm aber ihrer Karriere willen dienten und dafür mit klingenden Titeln, Auszeichnungen und Zuwendungen belohnt wurden.

Ulrich von Hassell fällte im Frühjahr 1943 ein vernichtendes Urteil über die politische Moral des militärischen Spitzenpersonals: «Je länger der Krieg dauert, desto geringer wird meine Meinung von den Generälen. Sie haben wohl technisches Können und physischen Mut, aber wenig Zivilcourage, gar keinen Überblick oder Weltblick und keinerlei innere, auf wirklicher Kultur beruhende geistige Selbstständigkeit und Widerstandskraft, daher sind sie einem Manne wie Hitler völlig unterlegen und ausgeliefert. Der Mehrzahl sind außerdem die Karriere in niedrigem Sinne, die Dotationen und der Marschallstab wichtiger als die großen, auf dem Spiele stehenden sachlichen Gesichtspunkte und sittlichen Werte ... Alle, auf die man gehofft hatte, versagen, und zwar insofern in besonders elender Weise, als sie alles, was ihnen gesagt wird, zugeben und sich auf die tollsten Gespräche einlassen, aber den Mut für die Tat nicht aufbringen.»[53] Kurz darauf fügte Hassell noch hinzu: «kein ‹Feldmarschall› handelt so, wie es ihm eine höhere Pflichtauffassung gebieten würde».[54]

Auch die elitären Kreise des Widerstands pflegten den Dissens über Methoden und Ziele der Opposition. Politische und sozialpolitische Gegensätze zwischen Kreisau und dem Goerdeler-Kreis trafen mit einiger Wucht aufeinander. Der Kreisauer Kreis, angeführt von James Graf von Moltke und Peter Graf Yorck von Wartenburg, hatte die Vision eines Staates, in dessen Gesellschaft sich Maximen des Christentums mit denen des Sozialismus in der Überwindung traditioneller Standes- und Klassenunterschiede verbinden sollten. Die grundlegende Neuordnung, die in den Diskussionen des Kreisauer Kreises vorbereitet wurde, sah gewählte Gremien in pyramidalem Aufbau vor, womit die politische Partizipation der Gesamtbevölkerung gewährleistet sein sollte. Voraussetzung der Neuordnung war für die Kreisauer die militärische Niederlage des NS-Regimes.

Die Männer um Goerdeler, Beck und Hassell teilten diese Prämisse nicht, sie suchten ja gerade den Kontakt zum Militär, um mit dem Staatsstreich als Neuanfang auch Handlungsfreiheit nach außen zu gewinnen. Der Gegensatz wurde auch als Generationenkonflikt empfunden. Die Kreisauer fühlten sich als die Jungen, der Goerdeler-Kreis verkörperte für sie die Honoratioren oder schlicht die Alten. Tatsächlich war auch Hassells Ideal der Staat Bismarcks. Er dachte, was auch in der ausgedehnten Schriftstellerei, die der Diplomat entfaltete, zum Ausdruck kam, in außenpolitischen, d.h. machtpolitischen Kategorien. Innen- und Sozialpolitik, Gesellschaftsmodelle mit dem Ziel sozialer Gerechtigkeit und umfassender politischer Teilhabe waren seine Sache nicht. Hassells Widerstand zielte auf die brutale Machtpolitik des «Dritten Reiches» gegen andere Staaten und die damit verbundenen außenpolitischen Fehler und Risiken. Zum Regimegegner wurde er wegen der Zerstörung des Rechtsstaats durch die Nationalsozialisten, wegen der Missachtung der staatsbürgerlichen Rechte und der Suspendierung von Sitte und Anstand in der Politik. Hassell hatte 1918/19 für das System der parlamentarischen

Demokratie kein Verständnis gehabt und hielt ein solches ab 1940 zur Ordnung des «anderen Deutschland», eines Staates nach Hitler, immer noch nicht für erstrebenswert. Er war deutscher Nationalist und Befürworter eines autoritären Staates. Goerdeler sah er dennoch als «eine Art Reaktionär».[55]

In den programmatischen Auseinandersetzungen mit den Kreisauern bemühte sich Hassell um vermittelnde Positionen. Das Treffen im Januar 1943, bei dem die Kreisauer Graf Moltke, Adam von Trott zu Solz und Eugen Gerstenmaier bei Yorck von Wartenburg mit Carl Goerdeler, Ulrich von Hassell und Ludwig Beck die unterschiedlichen Standpunkte bis tief in die Nacht zu diskutieren versuchten, hatte kein Ergebnis. Hassell schildert in seinem Tagebuch die Aussprache über die scharfen Gegensätze der «Jungen», die unter Moltkes Führung als geschlossene Einheit auftraten, mit den «Alten» unter Goerdeler[56], deren Geschlossenheit offenbar alle Wünsche offen ließ, und Moltke beklagte sich in einem Brief an seine Frau über die Leichtfertigkeit und das Unverbindliche der Goerdeler-Leute.[57]

Das Fazit der Betrachtung der Argumente der Eliten-Opposition gegen den Nationalsozialismus lautet, dass deren Gesellschaftsvisionen und Staatsmodelle, die sie im Widerstand diskutierten, von der jeweiligen Herkunft, der politischen Sozialisation, Erfahrung und Lebenswelt geprägt waren. Das ist kein Verdikt, aber eine Erklärung ihres Scheiterns.

11. Widerstand von Soldaten

Als Held des soldatischen Widerstands ist Claus Graf Schenk von Stauffenberg, der Attentäter des 20. Juli 1944, kanonisiert. Die Legende von der tapferen, unpolitischen Wehrmacht, die dem Nationalsozialismus innerlich fern stand, im Gegensatz zur Waffen-SS an keinen Verbrechen beteiligt war und das Vaterland gegen Feinde verteidigte, ist längst erledigt. Aber auch der mühsam und spät entstandene Nimbus der Militäropposition verblasst allmählich. Die Haltung der Mehrheit der Offiziere zum NS-Regime war durch patriotische Erwartungen, ja Begeisterung bestimmt. Die Hoffnungen richteten sich auf Hitler, der sie durch Überwindung des Versailler Vertrags, durch Aufrüstung und Vermehrung der Streitkräfte erfüllte, dessen Herrschaft Karrierechancen bot. Nach Tradition, Sozialisation und Erfahrung waren die Berufssoldaten ebenso wie die Mehrheit der Bürger keine Demokraten. Der Weimarer Republik trauerten allenfalls Liberale und Sozialisten, Intellektuelle und wenige sonst nach. Künstler und Wissenschaftler zeigten sich mehrheitlich geschmeidig, passten sich an und befreundeten sich mit den Möglichkeiten, die das Regime ihnen bot. Der Jubel des Kleinbürgertums über Hitlers Machterhalt wurde von der abwartenden Skepsis vieler Bildungsbürger begleitet, die den Untergang des Rechtsstaats, Diktatur und nationale Hybris, die sich schrittweise vollzogen, hinnahmen.

Berufssoldaten waren noch anfälliger. Zu ihrer Biographie gehörten in der Regel Familientradition, Distanz zur demokratischen Republik und das Gefühl kollektiver Demütigung nach dem Ersten Weltkrieg. Die Hitler-Herrschaft bot Soldaten nicht nur berufliche Möglichkeiten und gesellschaftlichen Status, sie linderte auch die Kränkungen der Niederlage von 1918 und eröffnete eine neue Ära, in der Uniformen und Rangordnungen wieder wichtig waren und nationales Selbstbewusstsein gefragt war. Anders als die Weimarer Republik bediente das «Dritte Reich» Bedürfnisse nach staatlichem Prunk, betörte durch Aufmärsche, Feiern, Paraden und Kundgebungen, verlieh verschwenderisch Orden und Ehrenzeichen, Titel und – entgegen dem Gerede von der Gleichheit aller in der «Volksgemeinschaft» – gesellschaftlichen Status für alle, die sich einreihten in die gehorsame Phalanx der Deutschen. Das alles mag zur Erklärung beitragen, warum sich in der Wehrmacht nur spät und unter vielen Skrupeln Opposition regte, die sich erst, als es zu spät war, zu verzagtem Widerstand formierte.

Dass bei einem der ranghöchsten Offiziere der Wehrmacht den fachlichen Zweifeln an der militärischen Kompetenz des «Führers», der 1937 den Spitzen der Wehrmacht seinen unbedingten Willen zum Krieg offenbarte, Vorbehalte über die ethische und politische Legitimation des Regimes folgten, war so selten wie die Konsequenz der Demission. Ludwig Beck wurde dann als Generaloberst a. D. Mittelpunkt der Militäropposition und von den Gesinnungsgenossen, die sich allmählich um ihn scharten, zum Staatsoberhaupt nach dem Sturz Hitlers ausersehen. Ludwig Beck, 1880 in Biebrich am Rhein als Sohn eines Industriellen und Spross einer protestantischen Offiziersfamilie geboren, war im Ersten Weltkrieg Generalstabsoffizier, machte Karriere in der Reichswehr der Weimarer Republik und begrüßte die nationalsozialistische Machtübernahme, weil er, wie viele Berufssoldaten, die Überwindung des Versailler Vertrages und das militärische Wiedererstarken Deutschlands erhoffte. Im Herbst 1933 wurde Beck Chef des Truppenamtes; diese Funktion wurde 1935 umbenannt in «Chef des Generalstabs im Oberkommando des Heeres». Zum General befördert, gehörte er zur militärischen Spitze des «Dritten Reiches». Die als «Röhmputsch» kaschierte Mordaktion im Frühsommer 1934 war für ihn ein erster Anlass zur Skepsis gegenüber dem NS-Staat. Die Fritsch-Krise und die sich immer deutlicher abzeichnenden Intentionen Hitlers zur Gewalt verstärkten Becks Opposition. Gegen den Anschluss Österreichs und die Ankündigung der Zerschlagung der Tschechoslowakei argumentierte Beck mit Denkschriften an den Oberbefehlshaber des Heeres Walther von Brauchitsch und an Hitler. Er warnte vor einem europäischen Krieg, für den er Deutschland weder gerüstet, noch die Wehrmacht genug ausgebildet sah. Seine Idee des kollektiven Rücktritts der deutschen Generalität, um diese Entwicklung zu beenden, fand beim politisch unfähigen und gegenüber Hitler willfährigen Brauchitsch kein Gehör. Am 18. August 1938 bat Beck resigniert um seine Entlassung als Chef des Generalstabs.[1]

Beck dachte und handelte nach Kategorien, die im «Dritten Reich» nicht mehr gefragt waren. Fachliches Wissen und staatsbürgerliche Verantwortung waren ihm nicht nur Richtschnur eigenen Handelns, er erwartete das Gleiche von anderen. Auf dieser Grundlage entwickelte er die Idee, wie Hitler von seinen aggressiven Plänen abzubringen sei. In einer Vortragsnotiz vom 16. Juli 1938 hat er seine Strategie festgehalten: «Alle aufrechten und ernsten deutschen Männer in staatsverantwortlichen Stellungen müssen sich berufen und verpflichtet fühlen, alle erdenklichen Mittel und Wege bis zur letzten Konsequenz anzuwenden, um einen Krieg gegen die Tschechei abzuwenden, der in seinen Auswirkungen zu einem Weltkrieg führen muss, der das finis Germaniae bedeuten würde.»[2]

Es ging Beck um die Vermeidung eines Krieges mit fatalem Ausgang für Deutschland. Die Verantwortungslosigkeit des Diktators zu ermessen, die dessen Willen zum Krieg begründete, lag außerhalb der Vorstellungskraft des konservativen Patrioten Beck.[3] Und ein Zweites war für ihn unvorstellbar, nämlich ein Krieg ohne Berufene, die Kriegskunst studiert und deren Anwendung gründlich erlernt hatten. Er glaubte, wenn sich der Sachverstand der militärischen Führung geschlossen versage, könne Hitler keinen Krieg führen. Auf doppelte Weise war der Gedankengang falsch. Zum einen wollte sich die Generalität dem «Führer» nicht verweigern, und zum anderen bewies Hitler in seinem Größenwahn, dass er Dilettantismus überhaupt nicht scheute, dass er glaubte, auch als oberster Feldherr unfehlbar zu sein. Die größte Schuld der deutschen Offiziere besteht deshalb darin, Hitlers militärisches Unvermögen zwar insgeheim zu verurteilen, zu verachten und zu beklagen, es aber bis zum letzten Atemzug des Diktators zu tolerieren und die von ihm verschuldeten Niederlagen und sinnlosen Todesopfer hinzunehmen.

Auch Ludwig Beck dachte im Sommer 1938 nicht daran, Hitler zu beseitigen und das NS-Regime mit Gewalt zu beenden. Er wollte Hitler lediglich in den Arm fallen, mit Argumenten und der Drohung des kollektiven Rücktritts nach dem Motto «Ohne Generale kein Krieg». In einer berühmten Vortragsnotiz hielt er die Gesichtspunkte fest, nach denen seine Aufforderung an den Generalstab, sich zu verweigern, kein Eidbruch, keine Meuterei sei: «Ihr soldatischer Gehorsam hat dort eine Grenze, wo ihr Wissen, ihr Gewissen und ihre Verantwortung die Ausführung eines Befehls verbietet. Finden ihre Ratschläge und Warnungen in solcher Lage kein Gehör, dann haben sie das Recht und die Pflicht vor dem Volk und vor der Geschichte, von ihren Ämtern abzutreten. Wenn sie alle in einem geschlossenen Willen so handeln, ist die Durchführung einer kriegerischen Handlung unmöglich. Sie haben damit ihr Vaterland vor dem Schlimmsten, vor dem Untergang bewahrt. Es ist ein Mangel an Größe und an Erkenntnis der Aufgabe, wenn ein Soldat in höchster Stellung in solchen Zeiten seine Pflichten und Aufgaben nur in dem begrenzten Rahmen seiner militärischen Aufträge sieht, ohne sich der höchsten Verantwortung vor dem gesamten Volke bewußt zu werden.»[4]

Die Geschichte des militärischen Widerstands gegen die Hitler-Herrschaft ist bestimmt von der späten Einsicht Weniger, von deren Zögern und moralischen Skrupeln. Das Odium des Verrats überschattete noch lange Zeit nach dem Untergang des NS-Staats den Diskurs um den Widerstand gegen die Hitler-Diktatur. Die Aufmerksamkeit galt vor allem der Militäropposition, den Männern des 20. Juli. Im Zentrum stand die Frage, ob es dem Grafen Stauffenberg und seinen Freunden moralisch erlaubt gewesen sei, sich gegen den Diktator, dem sie doch den Treueeid geschworen hatten, zu erheben. Solange das Vaterland von außen militärisch bedroht sei, müsse im Inneren Eintracht herrschen, lautete die weit verbreitete Überzeugung. Das spiegelte die Haltung der Mehrheit während des Krieges. Viele, die Hitler und seine Entourage verachteten, von den Phrasen der nationalsozialistischen Funktionäre und Würdenträger ernüchtert waren, glaubten doch, man dürfe die Hand nicht gegen die Obrigkeit erheben, und verstanden ihren Patriotismus als gebotene Haltung ausschließlich für das bedrohte Vaterland gegenüber dem äußeren Feind.

Nicht nur die Furcht vor den Folgen unbotmäßigen Verhaltens hielt die Mehrheit davon ab, aus der Erkenntnis, dass der Krieg längst verloren war, die richtigen Schlüsse zu ziehen und der Welt das Zeichen zu geben, dass das deutsche Volk sich nicht mit dem Nationalsozialismus in toto identifizierte. Thomas Mann, der prominenteste deutsche Schriftsteller, flehte um ein solches Zeichen, wenn er in seinen Rundfunksendungen aus dem Exil die deutschen Hörer über Verbrechen Hitler-Deutschlands informierte und sie zur Reaktion gegenüber der gesitteten Welt, zum Bekenntnis eines «anderen Deutschland» aufforderte. Der Appell des Dichters war vergeblich, die Massen verweigerten auch dem stürzenden Diktator nicht die Gefolgschaft, selbst wenn sie wenigstens das Ende des Krieges herbeisehnten.[5]

Nach dem Zusammenbruch des Regimes, der Flucht Hitlers in den Selbstmord und der allgemeinen Verbreitung der Kenntnis über die Verbrechen und der Einsicht in die Natur der NS-Herrschaft hätte sich die Einstellung zum Widerstand, zum versuchten Tyrannenmord durch die Offiziere des 20. Juli 1944, vielleicht gar zur Verweigerung des Kriegsdienstes durch unzählige Soldaten, die von der Militärjustiz drakonisch bestraft wurden, ändern können. Das war aber nicht der Fall. Mehr als ein Jahrzehnt nach dem Ende des «Dritten Reiches» wurde eine publizistische Anstrengung unternommen, in der ergründet wurde, ob «das Handeln der Widerstandskämpfer trotz der formalen Verletzung des geltenden Strafrechts gerechtfertigt war oder nicht».[6] Das Unterfangen geschah in Form «deutscher Gespräche über das Recht zum Widerstand», deren Wortlaut im Zentrum des Buches «Die Vollmacht des Gewissens», einer Inkunabel der deutschen Widerstandsliteratur, stehen. Verantwortet wurde es von einer anonymen Europäischen Publikation e.V., und abgesegnet war es vom Bundespräsidenten Theodor Heuss, der im Geleitwort in staatsmännischem Ethos den Freispruch vorwegnahm: So scheide sich «‹ein Widerstandsrecht›, das aus Einsicht und Gewissensnot zur ‹Widerstandspflicht› werden kann, von dem, was im Strafgesetzbuch als ‹Hochverrat›, als ‹Landesverrat› umschrieben wird».[7]

Es ging, nicht nur im Buch «Vollmacht des Gewissens», im politischen Diskurs der jungen Bundesrepublik und besonders während der Wiederbewaffnungsdebatten der 1950er Jahre, um das Verhältnis zwischen Hitler und der Wehrmacht. Die Ehrenrettung der widerständigen Militärs war notwendig, weil man unbelastete Wehrmachtsoffiziere für den Aufbau einer neuen, demokratisch verfassten und durch den Widerstand einzelner gegen den Nationalsozialismus legitimierten Truppe brauchte. Die «deutschen Gespräche» über das Recht und die Pflicht zum Widerstand führten hochrangige Offiziere der Wehrmacht wie der General der Flieger a.D. Rudolf Bogatsch und Generalmajor a.D. Hermann von Witzleben, der General der Infanterie Otto Stapf, Oberstleutnant Kurt Sendtner, der als Redakteur der «Bayerischen Staatszeitung» tätig war und später als populärer Historiker in Erscheinung trat, der evangelische Theologe Walter Heinrich Künneth und die Jesuitenpatres Augustin Rösch und Max Pribilla, die Juristen Karl August Weinkauff, Präsident des Bundesgerichtshofs, Bundesrichter Sauer, Gottfried Treviranus, der als gemäßigter Deutschnationaler Reichsminister in der Weimarer Republik gewesen war, die Historiker Helmut Krausnick vom Institut für Zeitgeschichte und Georg Stadtmüller von der Münchner Universität.

Die Herren des Diskussionskreises waren, mit Schattierungen, konservativer Gesinnung. Der Theologe Künneth, der im «Dritten Reich» mit Rede- und Schreibverbot belegt gewesen war, dem die venia legendi als Hochschullehrer entzogen war, weil er gegen Alfred Rosenbergs Neuheidentum polemisiert und die NS-Ideologie kritisiert hatte, beharrte darauf, nicht jeder habe ein Widerstandsrecht, vielmehr sei ein Amt im Sinne einer Vollmacht durch Status, Bildung, Auftrag die Voraussetzung. Dem widersprach zwar der Jurist Weinkauff, aber sein Kollege Sauer forderte eine andere Voraussetzung der Berechtigung zum Widerstand, nämlich die Aussicht auf dessen Erfolg, außerdem billigte er das Recht zum Widerstand gegen den Tyrannen nur demjenigen zu, der die Möglichkeit habe, nach der Beseitigung des bösen Regimes ein besseres an dessen Stelle zu setzen.

Den Gedanken weiterführend zur Problematik der Desertion des einzelnen Soldaten, der aus Gewissensgründen und aus der Erkenntnis der Unrechtmäßigkeit des Angriffskriegs die Waffen niederlegte, kam der Münchner Oberstaatsanwalt Hölper zur Folgerung, dass die Desertion nicht als Widerstandsakt zu bewerten sei. Der Offizier von Witzleben stimmte, ohne Widerspruch aus der Runde zu bekommen, aus vollem Halse zu: «Desertion ist kein Widerstand. Ich stehe persönlich als Soldat auf dem Standpunkt: wenn einer Widerstand leistet, dann muß er mit allen Konsequenzen nach innen Widerstand leisten, aber nicht dadurch, daß er überläuft. Wo ist da die Grenze zwischen Widerstand und Feigheit?»[8] Damit sprach er die allgemeine Überzeugung des Publikums aus. In der zentralen Frage, ob die Offiziere des 20. Juli und die Militäropposition insgesamt des Eidbruches schuldig geworden seien, herrschte am Ende der Diskussion zustimmende Einigkeit. Auch der Münsteraner protestantische Theologe Ernst Kinder hielt den Verschwörern vor, sie hätten den Eid bei Gott geschworen, «und der Gottesgehorsam steht über dem Menschengehorsam».[9]

Der Band «Vollmacht des Gewissens», als Wegbereiter gegen moralische Skrupel in der westdeutschen Wiederbewaffnungsdebatte konzipiert, enthielt auch drei Gutachten der Autoren Weinkauff, Pribilla und

11. Widerstand von Soldaten 403

Künneth, die sich mit der Militäropposition gegen Hitler, dem Problem des Eides nach katholischer Moraltheologie und dem Widerstandsrecht in der evangelisch-lutherischen Theologie auseinandersetzten. Aufsätze von Helmut Krausnick und Kurt Sendtner über die Anfänge des militärischen Widerstands gaben der Publikation die wissenschaftliche Fundierung. Die berühmte und weit verbreitete Ansprache des Bundespräsidenten Theodor Heuss zur zehnten Wiederkehr des 20. Juli «Dank und Bekenntnis» beschloss den Band. Im zeitgemäßen Pathos endete der Heuss-Text mit den Worten: «Die Scham, in die Hitler uns Deutsche gezwungen hatte, wurde durch ihr Blut vom besudelten deutschen Namen wieder weggewischt. Das Vermächtnis ist noch in Wirksamkeit, die Verpflichtung noch nicht eingelöst.»[10]

Die «Vollmacht des Gewissens» spiegelt den Stand der Erkenntnis und die Haltung zum Widerstand im ersten Jahrzehnt nach Hitler im westlichen Deutschland. Die öffentliche Wahrnehmung war, abgesehen von der unproblematischen Weißen Rose, fast ausschließlich vom 20. Juli 1944 bestimmt. Die Offiziere, die zu später Stunde und ohne Erfolg versucht hatten, durch Tyrannenmord ein Ende des Unrechtregimes herbeizuführen und die Existenz der deutschen Nation zu retten, wurden nicht nur zu Heroen – oder in radikaler konservativ-nationaler Perspektive zu eidbrüchigen Schurken –, sondern zu den alles andere ausschließenden Symbolgestalten des Widerstands.

«Vollmacht des Gewissens» erschien unter der Herausgeberschaft der «Europäischen Publikation e. V.». Bundespräsident Heuss pries in seiner Vorrede deren Bedeutung, weil die Mitarbeiter «mit ebenso großem Ernst als tapferer Unbefangenheit» die frühen Versuche des «Widerstands» (im Original in Anführungszeichen), die Vorgeschichte des Hitler-Krieges und das Verhältnis Hitlers zur Wehrmacht wie «den inneren Widerstreit in deren Führungsgruppe» in den Blick genommen hätten. Die Publikation, schrieb Theodor Heuss, richte sich nicht vorrangig an Historiker, sie sei nicht als Quellenedition für die wissenschaftliche Forschung zu verstehen, sie solle von Erziehern gelesen werden, dann auch von Publizisten «und den Militärs der Nationen, mit denen Deutschland im Kriege lag». Im hohen Ton, den der intellektuelle Bundespräsident pflegte, folgte die Ehrenrettung der unter ehemaligen Wehrmachtsoffizieren auch in den 1950er Jahren noch sehr umstrittenen Widerstandskämpfer des 20. Juli: «Weniges war ja im Sommer 1944 so peinlich und für viele so enttäuschend, wie in der Beurteilung des Unternehmens vom 20. Juli die fremde Welt, ob politisch, ob militärisch firmierend, zu einer allzu willigen Gefolgschaft der Goebbels'schen Propagandathesen sich hergab – den sie um seines Talents zur Lüge willen vorher angeprangert hatten, nahmen sie jetzt als Gewährsmann.»[11]

Spiritus Rector der Europäischen Publikation e. V., die von der Bundeszentrale für Heimatdienst diskret finanziert wurde, war der Generalmajor a. D. Hermann von Witzleben, ehemals Generalstabschef der Zweiten Armee, der 1941 seinen Abschied genommen hatte, weil er von der Aussichtslosigkeit des Ostfeldzugs überzeugt war. Witzleben, ein entfernter Cousin des Generalfeldmarschalls Erwin von Witzleben, der seine Beteiligung an der Verschwörung des 20. Juli mit dem Leben bezahlte, war Mittelpunkt eines Kreises ehemaliger hoher Wehrmachtsoffiziere, die sich beim Tee in der Villa des pensionierten Generalmajors in München-Bogenhausen trafen. Witzleben, die Inkarnation des märkischen Edelmanns, wie Fontane ihn im «Stechlin» beschreibt, lag nicht nur aus familiären und kameradschaftlichen Gründen das Problem Verrat oder Recht, ja Pflicht zum Widerstand am Herzen. An den Sitzungen nahmen außer adeligen militärischen Standesgenossen und ihren Damen auch zwei Historiker aus dem Institut für Zeitgeschichte, das damals in einer Villa um die Ecke residierte, teil: der wissenschaftliche Referent und spätere Generalsekretär Helmut Krausnick und, nicht nur als dessen Adlatus, der junge Historiker Hermann Graml, der sich mit den Anfängen des militärischen Widerstands beschäftigte und die Nähe zu Offizieren wie Franz Halder genoss, weil sie eindrucksvolle Zeitzeugen waren.[12]

Die Reichswehr hatte die Machtübernahme Hitlers mehrheitlich begrüßt. Die Militärs freuten sich über die Überwindung der Hemmnisse des Versailler Vertrags, über die Wiedereinführung der Wehrpflicht (1935) und bessere Aufstiegschancen durch die Vergrößerung der Streitkräfte. Viele billigten auch die Beseitigung der parlamentarischen Demokratie und standen der angekündigten autoritären Staatsordnung erwartungsfroh gegenüber. Die meisten Militärs hatten nichts dagegen, dass die Hitler-Regierung die politische Linke ausschaltete, politische Gegner verfolgte und mit der NSDAP ein Einparteien-Regime errichtete. Die Reichswehr unterstützte die Mordaktionen des 30. Juni 1934 («Röhmputsch»), bei der die Spitze der SA liquidiert wurde, weil damit eine gefährliche und zugleich verachtete Konkurrenz ausgeschaltet wurde. Im

11. Widerstand von Soldaten

August 1934 gab es auch keine Einwände seitens der militärischen Führung dagegen, dass Hitler gegen die formal noch geltende Reichsverfassung und auch nicht legitimiert durch das «Ermächtigungsgesetz» mit dem Tod des Reichspräsidenten von Hindenburg die Ämter des Reichskanzlers und des Staatsoberhaupts vereinigte und damit auch Oberbefehlshaber der Streitkräfte wurde. Dass der Reichswehrminister von Blomberg seit dem 1. Juni 1935 die Bezeichnung «Reichskriegsminister und Oberbefehlshaber der Wehrmacht» führte, wurde kaum als böses Omen wahrgenommen. Dass Hitler im Februar 1938 nach der Abhalfterung des Ministers Blomberg und des Oberbefehlshabers des Heeres Fritsch das Amt des Kriegsministers und des obersten militärischen Führers selbst übernahm, erregte die Spitzenoffiziere mehr wegen der skandalösen Umstände als wegen der Tatsache, dass sich der Gefreite des Ersten Weltkriegs die Fachkompetenz anmaßte, Deutschland in einen zweiten Krieg zu führen. Nur einige Besonnene unter den Generälen waren bestürzt.

Nur wenige Offiziere empörten sich auch über die Morde des 30. Juni 1934, denen zwei ehemalige Generale (Kurt von Schleicher, Hitlers Vorgänger als Reichskanzler, und Ferdinand von Bredow) zum Opfer fielen. Zu ihnen gehörte der damalige Major Hans Oster in der Abwehrabteilung des Reichswehrministeriums. Er und einige Gleichgesinnte missbilligten die Zerstörung des Rechtsstaates und verabscheuten die Methoden des NS-Regimes, dessen Antisemitismus und Kirchenfeindschaft. Daraus entstand ein erster Zirkel des militärischen Widerstands.

Hans Oster, geboren 1887, war im Ersten Weltkrieg Generalstabsoffizier gewesen, wurde dann in die Reichswehr übernommen. 1932 nahm er den Abschied, arbeitete aber weiterhin als Zivilangestellter im Amt Abwehr des Reichswehrministeriums. Admiral Wilhelm Canaris, der im Januar 1935 Chef des Amtes Ausland/Abwehr des OKW wurde, ließ Oster reaktivieren. Er leitete die Zentralabteilung des militärischen Nachrichtendienstes und war, spätestens seit den Machenschaften gegen den Oberbefehlshaber des Heeres Werner von Fritsch, ein Gegner Hitlers. Oberst Oster holte den 1902 in Wien geborenen Juristen Hans von Dohnanyi ins Amt Ausland/Abwehr und übertrug ihm das Referat Berichterstattung, in dem mit Billigung des Admirals Canaris ein Militärputsch geplant wurde. Dohnanyi war, ehe er als Sonderführer im Sommer 1939 zum militärischen Geheimdienst kam, Leiter des Ministerbüros im Reichsjustizministerium gewesen, bis er aufgrund einer Intrige des Staatssekretärs Roland Freisler zum Reichsgericht in Leipzig versetzt wurde. Dohnanyi beschäftigte sich mit der Dokumentation von Verbrechen des NS-Regimes, um sie nach einem Staatsstreich als Beweismaterial gegen den Diktator zu verwenden. Mit ihnen sollten in Vorbereitung eines Umsturzes die zögernden Spitzenmilitärs von der Notwendigkeit und Berechtigung des Widerstands überzeugt werden.

Hitlers Kriegspläne und die Anfänge der Militäropposition

Opposition im Militär regte sich erst um die Jahreswende 1937/38, als einige wenige Offiziere die Gefahren der aggressiven Außenpolitik Hitlers zu erkennen begannen. Zu ihnen gehörte auch der Oberbefehlshaber des Heeres, Generaloberst Werner Freiherr von Fritsch, der Hitlers Annexionsabsichten gegen die Tschechoslowakei und Österreich kritisch gegenüberstand. Eine Intrige, die von der SS angezettelt war, um ihn und andere konservative Generale loszuwerden, drängte Fritsch Anfang 1938 aus dem Amt. Die Fritsch-Krise begann mit der Ablösung des Reichskriegsministers. Wegen seiner Heirat mit einer Dame zweifelhaften Rufes wurde der Minister und Oberbefehlshaber der Wehrmacht, Werner Blomberg, ein Hitler ergebener Nationalsozialist, geschmückt mit dem goldenen Parteiabzeichen und dem Titel Generalfeldmarschall, am 27. Januar 1938 aus allen Ämtern entlassen. Nachfolger sollte Generaloberst Werner Freiherr von Fritsch werden, gegen den jedoch unbegründete, auf Intrige beruhende Polizeiermittlungen wegen Homosexualität im Gange waren.

Die Fritsch-Krise lähmte zwei Wochen lang die Staatsführung. Zwar wurde Fritsch von einem Ehrengericht unter Vorsitz Görings rehabilitiert, er wurde aber nicht mehr in sein Amt als Oberbefehlshaber des Heeres eingesetzt, sondern als Kommandeur eines Artillerieregiments abgeschoben. Um Göring und Himmler, die für viele als Urheber der Intrige gegen Fritsch galten, ebenso wie Fritsch von der Nachfolge Blombergs auszuschließen, machte Hitler sich selbst zum Chef der Wehrmacht und beschloss «sein eigener Feldherr zu sein». Das war das folgenreichste Ergebnis der Fritsch-Krise. Die Armee war nunmehr praktisch gleichgeschaltet und nicht mehr in der Lage, Einfluss auf den politischen Entscheidungsprozess zu nehmen.

Im November 1937 teilte Hitler den Offizieren an der Spitze der Wehrmacht mit, dass er Österreich und die Tschechoslowakei annektieren wolle, als erste Etappen zur Erweiterung des deutschen «Lebensraumes» durch Krieg. Der Chef des Generalstabs des Heeres, Generaloberst Ludwig Beck, versuchte, sich dieser Entwicklung entgegenzustemmen. Nach der Annexion Österreichs im März 1938 hoffte Beck, erst mit Denkschriften den Gang der Dinge zu beeinflussen, und versuchte dann vergeblich die Generale zur Gehorsamsverweigerung zu bewegen. Im August 1938 trat er in der Erkenntnis der Vergeblichkeit seines Bemühens zurück.

Ähnlich wie Beck dachten andere hochrangige Offiziere, etwa der Leiter der militärischen Abwehr, Admiral Wilhelm Canaris, und dessen Stabschef Hans Oster sowie Becks Nachfolger als Chef des Generalstabs des Heeres Franz Halder. Auch der Kommandierende General des III. Armeekorps, Erwin von Witzleben, gehörte zu den Militärs, die Überlegungen anstellten, wie man Hitler an der Fortsetzung seiner aggressiven Politik hindern könne. Zwei Strömungen standen bei den zögernd die Notwendigkeit eines Staatsstreichs erwägenden Offizieren einander gegenüber. Die eine, vertreten durch die Männer der Abwehr, zielte dahin, Hitler festzunehmen und zu töten; die andere beabsichtigte lediglich, den «Führer» zu zwingen, seine Kriegspläne aufzugeben. Zu letzteren gehörten der Generalstabschef des Heeres Halder und der Oberbefehlshaber des Heeres Walther von Brauchitsch.

Tyrannenmord: Das verschobene Attentat

Als Hitler im September 1938 die Tschechoslowakei durch Kriegsandrohung zur Abtretung des Sudetengebietes zwang, war der Kreis um Oberstleutnant Hans Oster zu einer gewaltsamen Aktion gegen die Reichskanzlei entschlossen: Hitler musste getötet werden, um den Frieden zu retten. Absicht der oppositionellen Offiziere um Ludwig Beck und den Kreis politischer Bürger um Carl Goerdeler war es hingegen, unmittelbar nach der

Kriegserklärung, mit der Hitler nach ihrer Ansicht die Zerstörung der Tschechoslowakei beginnen würde, ihn durch einen Staatsstreich zu stürzen. Diese Absicht war auch in London bekannt. Goerdeler hatte über einen Mittelsmann das Foreign Office ins Bild gesetzt. Der Gutsbesitzer Ewald von Kleist-Schmenzin war im August 1938 auf Wunsch Osters und mit Billigung Becks nach London gereist, wo er die Pläne sogar Winston Churchill vortragen konnte. Mit der diplomatischen Lösung der Sudetenkrise durch das Münchener Abkommen, das mit britischer und französischer Billigung zustande kam, in dem am 29./30. September 1938 Prag der Annexion der Sudetengebiete durch das Deutsche Reich zustimmen musste, entfielen jedoch die äußeren Voraussetzungen für den geplanten Putsch, jedenfalls der unmittelbare Anlass.

Die Militäropposition resignierte für längere Zeit und blieb auch nach dem Überfall auf Polen am 1. September 1939 passiv. Die Führer der Wehrmacht beurteilten den Ausgang des Krieges gegen Frankreich und Großbritannien skeptisch, weil die Streitkräfte noch nicht hinlänglich gerüstet und ausgebildet seien. Die Missachtung der Neutralität Belgiens, Hollands und Luxemburgs missbilligten viele. Die Nachrichten von dem deutschen Schreckensregiment in Polen taten ein übriges, um Offiziere an der Westfront gegen Hitler einzunehmen. Die Vorbereitungen zu einem Staatsstreich wurden jedoch Anfang November 1939 vom Chef des Generalstabs des Heeres Franz Halder abgebrochen, weil er den Eindruck hatte, Hitler sei über die Aktivitäten informiert. Halder, der im Herbst 1938 das Amt von Generaloberst Ludwig Beck übernommen hatte, war nach anfänglicher Skepsis gegenüber dem Nationalsozialismus Hitler näher gekommen, er organisierte die Blitzkriege im Westen, näherte sich dann wieder der militärischen Opposition, wich jedoch jeder Konfrontation mit Hitler aus. Im Vorfeld der Stalingrad-Katastrophe wurde Halder im September 1942 entlassen und nach dem 20. Juli 1944 verhaftet.

Mit dem «Blitzkrieg» gegen Frankreich und der Besetzung großer Teile Westeuropas 1940 wuchs das Ansehen Hitlers noch einmal. Die Begeisterung erfasste Soldaten und Zivilisten gleichermaßen. Billigung fand bei vielen auch noch der Angriff auf die Sowjetunion im Juni 1941. Die Zustimmung hielt mindestens bis zur Niederlage in Stalingrad Anfang 1943 an. Die Mehrheit der Deutschen ließ sich von Hitlers Erfolgen blenden und glaubte allzu lange daran, für eine gute Sache, für ein größeres und besseres Deutschland und gegen den Kommunismus zu kämpfen. Viele hohe Militärs sahen, wie von Goebbels gepredigt, den Überfall auf die Sowjetunion als berechtigten und notwendigen «Kreuzzug» gegen den Bolschewismus an. Und die militärischen Erfolge der «Blitzkriege» hatten sie berauscht.

Die Männer der Militäropposition hielten jedoch weiterhin Distanz zum NS-Regime. Ludwig Beck stand schon vor seinem Rücktritt in Kontakt mit Carl Goerdeler. Offiziere wie die Generale Halder, von Witzleben oder Georg Thomas hatten ebenfalls Verbindung zum zivilen Widerstandskreis um den ehemaligen Leipziger Oberbürgermeister aufgenommen. Die engagiertesten Hitler-Gegner im militärischen Bereich waren aber die Männer im Amt Ausland/Abwehr des OKW unter Admiral Canaris. Bis April 1943 war die Dienststelle ein Zentrum des Widerstandes mit engen Kontakten zum Kreisauer Kreis.

1940 informierte Oster den Militärattaché der niederländischen Botschaft in Berlin vom bevorstehenden Überfall der Wehrmacht auf die Niederlande.[13] Die Brüder Bonhoeffer, der Theologe Dietrich und der Jurist Klaus, die beide im Amt Ausland/Abwehr Dienst taten und in die Staatsstreichplanungen der Verschwörergruppe um Beck und Goerdeler eingeweiht waren, bemühten sich auf Auslandsreisen, Regierungen auf den deutschen Widerstand aufmerksam zu machen. Sie wurden aber nicht ernst genommen, ebenso wie die Warnungen in Den Haag, Oslo und Kopenhagen vor einem Angriff deutscher Truppen ohne Wirkung verhallten.

Die Planungen im Amt Ausland/Abwehr für eine militärische Erhebung gegen das Unrechtsregime zogen sich hin. Möglichkeiten und Begleitumstände wurden erwogen, Konstellationen miteinander in Bezug gesetzt, der richtige Zeitpunkt sollte es sein, und Mitstreiter wurden gesucht. Die Konspiration musste sorgfältig getarnt werden. Es gab viele Gründe, den weltpolitischen Moment zu verpassen. Während der Widerstand im Großen stagnierte, brachte ein bravouröser Coup den widerständigen Offizieren Erfolg, besiegelte aber auch ihr Schicksal.

Unternehmen Sieben

Eine geniale Aktion, das «Unternehmen Sieben», bezeugt den humanen Geist im Amt Ausland/Abwehr und nicht minder die Bedeutung persönlichen Kontakts, von dem die Rettung oder der Untergang von Menschenleben im «Dritten Reich» abhingen. Hans von Dohnanyi hatte noch in seiner Dienstzeit im Justizministerium zwei jüdische Rechtsanwälte, Julius Fliess und Fritz W. Arnold, kennengelernt. Sie waren Sprecher der im Ersten Weltkrieg schwerkriegsverletzten Anwälte, die 1933 das vorläufige Privileg weiterer Berufsausübung genossen und ab Herbst 1938 als Konsulenten noch für jüdische Klienten tätig sein durften. Im Juni 1942 drohte den Familien Fliess und Arnold die Deportation. Um ihnen, trotz des Auswanderungsverbots für Juden, das seit Herbst 1941 galt, die Ausreise ins neutrale Ausland zu ermöglichen, deklarierten Dohnanyi und Oster sie zu Agenten des Geheimdienstes der Wehrmacht. Außer Julius Fliess mit Frau und Tochter sowie Fritz Arnold, dessen Frau Ursula und drei Kindern gehörte zu der Gruppe noch Charlotte Friedenthal, Mitarbeiterin der vorläufigen Kirchenleitung der Bekennenden Kirche. Sie war jüdischer Herkunft und auf Bitten Dietrich Bonhoeffers, des Schwagers von Dohnanyi, dazu gekommen. Die Frau des Abwehrchefs Canaris intervenierte zugunsten einer Nachbarin, Irmgard Conzen und deren zwei Töchter sowie der Ärztin Ilse Rennefeld und deren Ehemann, des blinden Schriftstellers Otto Rennefeld. Die Schützlinge der Frau Canaris waren als Anthroposophen gefährdet.

Admiral Canaris begründete gegenüber dem Reichsführer SS die Notwendigkeit der Ausreise dieser Personengruppe. Er überzeugte Himmler davon, dass die überwiegend jüdischen «Mitarbeiter» als Agenten «im positiven Reichsinteresse» (so lautete die Formel für Ausnahmen vom Ausreiseverbot) Informationen aus Lateinamerika für das Amt Ausland/Abwehr beschaffen würden. Canaris berief sich auf einen angeblichen Befehl Hitlers, der im Zorn über eine fehlgeschlagene Sabotageaktion in den USA angeordnet habe, für solche Einsätze künftig nur noch «Verbrecher oder Juden» zu verwenden.[14] Die «Gruppe von sechs oder sieben Personen», an deren Rettung die Mitarbeiter des Amtes Ausland/Abwehr arbeiteten, war auf 14 Menschen angewachsen, von denen zwölf am 29. September 1942 abends im Anhalter Bahnhof Berlin den Zug nach Basel bestiegen. Erhebliche Anstrengungen bürokratischer und finanzieller Art, Haushaltsauflösung, Ausstellung von Reisepässen, Unbedenklichkeitsbescheinigungen des Finanzamts nach Bezahlung der Reichsfluchtsteuer etc., waren von den Helfern der Abwehr erbracht worden. Das Amt übernahm auch die Finanzierung der Flucht. Hans von Dohnanyi war unter falschem Namen in die Schweiz gereist, um Wege zu ebnen. Die Gruppe wurde von einem Offizier begleitet, der für die reibungslose Reise bis zur Grenzstation Basel Badischer Bahnhof sorgte. Dort baten deutsche Beamte die jüdischen Reisenden, die Judensterne vor dem Betreten Schweizer Territoriums von der Kleidung zu entfernen. Eine Schere hielten sie bereit.[15]

Das Unternehmen Sieben wurde dem Widerstandskreis in der Abwehr zum Verhängnis. Die zur Rettung notwendige Transaktion von Geld aus einem Fond der Dienststelle (gegen die Abtretung des gesamten Vermögens der Geretteten) hatte den Argwohn regimetreuer Mitarbeiter erregt. Zwei Wehrmachtsbürokraten, zuständig für Finanzen und Rechtsangelegenheiten im Amt Abwehr, mit bedingungsloser Sympathie für den Nationalsozialismus und starker persönlicher Abneigung gegen die regimekritischen Vorgesetzten Canaris und Oster, außerdem voll Neid gegen die Karriere des Außenseiters Dohnanyi, ermittelten insgeheim die Hintergründe der Finanzierung des Unternehmens. Der Oberkriegsgerichtsrat Roeder, der auch gegen den Widerstandskreis Rote Kapelle den Berserker gab, war als Untersuchungsführer des Reichskriegsgericht im Falle Depositenkasse (unter dieser Chiffre wurde ermittelt) eingesetzt.[16] Am 5. April 1943 wurde Hans von Dohnanyi in seinem Dienstzimmer wegen angeblichen Devisenvergehens verhaftet. General Oster, der ihn zu schützen versuchte, wurde vom Dienst suspendiert. Oster, der nach dem Gelingen des Attentats auf Hitler als Präsident des Reichskriegsgerichts vorgesehen war, kam am 21. Juli 1944 in Haft. Als die Gestapo die von Dohnanyi seit 1938 gesammelten Dokumente über Verbrechen des NS-Regimes entdeckte, war das Schicksal beider besiegelt. Dohnanyi wurde nach langer Gestapo-Haft, die seine Gesundheit ruinierte, am 9. April 1945 im KZ Sachsenhausen von einem Standgericht der SS zum Tod verurteilt und hingerichtet. Hans Oster verurteilte ein SS-Standgericht im KZ Flossenbürg am 8. April 1945, am folgenden Tag wurde das Urteil vollstreckt.

Schwarze Kapelle

Die Aktivitäten des Kreises um Wilhelm Canaris und Hans Oster waren seit 1939/1940 vom Chef des Reichssicherheitshauptamtes Heydrich beobachtet worden. Für die Sondierungen beim Vatikan, die der sehr katholische Münchner Rechtsanwalt Dr. Josef Müller (genannt «Ochsensepp»), getarnt als Oberleutnant in der Abwehrstelle München zwischen September 1939 und April 1940 durchführte, prägte Heydrich den Begriff «Schwarze Kapelle». Die Versuche der Verschwörer im Amt Ausland/Abwehr, über die Kontakte Müllers zum Vatikan die Westoffensive im Frühjahr 1940 durch Information der Alliierten zum Scheitern zu bringen, blieben erfolglos. Müller suchte seine Beziehungen zum Vatikan, zum ehemaligen Vorsitzenden der Zentrumspartei Prälat Ludwig Kaas, zu einem Mitarbeiter des Papstes, dem Jesuitenpater Robert Leiber, und anderen Würdenträgern in Rom für den Widerstand zu nutzen. Es gelang, mit dem britischen Gesandten beim Vatikan in Kontakt zu kommen. Er sollte London von der Ernsthaftigkeit der Opposition in Deutschland überzeugen. In einem zweiten Anlauf im Mai 1940 wurden über Rom Informationen über die bevorstehende Westoffensive an die Alliierten übermittelt. Die Konspiration im Amt Ausland/Abwehr konnte zunächst vertuscht werden, die Überwachung der Männer um Canaris durch die SS dauerte an. Josef Müller wurde Anfang April 1943 verhaftet. Das Reichskriegsgericht konnte ihm dann nur «das Reich schädigende Behauptungen» und sorglosen Umgang mit Geheimakten vorwerfen, musste ihn im März 1944 freisprechen. Müller blieb jedoch bis Kriegsende im KZ Flossenbürg inhaftiert. Seine Nachkriegskarriere als Mitgründer der CSU hatte Höhepunkte als Parteivorsitzender 1946 und bayerischer Justizminister (1947–1952).[17]

Im Februar 1944 wurde auch Canaris abgelöst, etwas später unter Hausarrest gestellt, am 23. Juli 1944 verhaftet, dann ins KZ Flossenbürg eingeliefert und im April 1945 hingerichtet. Seine Rolle im Widerstand bestand vor allem darin, dass er die Aktivitäten Osters und seiner Freunde duldete.

Zentren und Akteure des Widerstands der Offiziere

In drei wichtigen militärischen Dienststellen waren ab Ende 1941 oppositionelle Gruppen tätig, die auch Verbindung untereinander aufnahmen: im «Allgemeinen Heeresamt beim Oberbefehlshaber des Ersatzheeres», geleitet von General Friedrich Olbricht im Bendler-Block in Berlin, beim Militärbefehlshaber in Frankreich, General Carl-Heinrich von Stülpnagel, und an der Ostfront in der Heeresgruppe Mitte, deren Erster Generalstabsoffizier Henning von Tresckow Mittelpunkt einer Gruppe von Regimegegnern war. Die Gräuel der deutschen Besatzungspolitik im Osten und der 1941 beginnende Massenmord an den Juden durch die Einsatzgruppen der SS und in den Vernichtungslagern blieben den Soldaten der Wehrmacht nicht verborgen. Offiziere, die Rechtsempfinden und Moral über soldatisch-militärische Pflichterfüllung stellten, waren zwar in der Minderheit, aber es gab sie, wie den Obersten Claus Schenk Graf von Stauffenberg, der nach schwerer Verwundung in Afrika 1944 Chef des Stabes beim Oberbefehlshaber des Ersatzheeres in Berlin wurde. Graf Stauffenberg drängte seit Frühjahr 1942 auf einen Staatsstreich, um Hitler auszuschalten und die Verbrechen des Regimes zu beenden.

Die Suche nach einem populären Frontgeneral, der sich an die Spitze der Erhebung stellen würde, war mühsam und blieb erfolglos. Unterdessen scheiterten aber auch auf geradezu groteske Weise alle Attentatsversuche gegen Hitler. Nachdem schon etliche Pläne fehlgeschlagen waren, sollte Hitler bei einem Besuch der Heeresgruppe Mitte in Smolensk erschossen werden. Aus Rücksicht auf unbeteiligte Offiziere unterblieb der Anschlag jedoch; Oberst Tresckow ließ dann im Flugzeug Hitlers eine Bombe verstecken, die ihn auf dem Rückflug in die Luft sprengen sollte. Aber der Zünder versagte.

Im März 1944 schmuggelte der Abwehroffizier Oberst Rudolf-Christoph von Gersdorff eine Bombe ins Berliner Zeughaus, wo Hitler erbeutetes Kriegsmaterial besichtigen wollte, aber Hitler verließ die Ausstellung – wie beim Bürgerbräuattentat Georg Elsers 1939 – unerwartet früh. Zwei junge Offiziere, Axel von dem Bussche und Ewald-Heinrich von Kleist, wollten Hitler Anfang 1944 anlässlich der Vorführung neuer

Uniformen beseitigen. Da Hitler zu der Veranstaltung nicht erschien, scheiterte auch dieser Plan. Schließlich schlug die Absicht des Rittmeisters Breitenbuch fehl, der als Ordonnanzoffizier des Generalfeldmarschalls Busch Zugang zu Hitler finden und ihn bei einer Besprechung am 11. März 1944 erschießen wollte. Die SS-Wachen verweigerten den Ordonnanzen jedoch den Zutritt, damit war auch diese Gelegenheit zunichte gemacht.

Im Sommer 1944 war die militärische Lage längst aussichtslos. In der Normandie waren die Alliierten gelandet, die Ostfront war in der Mitte zusammengebrochen, die deutsche Niederlage war nur noch eine Frage der Zeit. Die oppositionellen Offiziere standen vor der Frage, ob ein gewaltsamer Umsturz noch Sinn hatte, da absehbar war, dass die Geschicke der Deutschen nach Kriegsende von den Siegern bestimmt würden.

Die zur Beseitigung Hitlers und der NS-Herrschaft entschlossenen Offiziere planten mit äußerster Sorgfalt und Umsicht. Sie erwogen Chancen und Risiken eines Attentats, sannen über Methoden und Gelegenheiten, hielten Kriegsrat über geeignete Personen. Sie machten sich gewiss keiner Überstürzung schuldig, brauchten mit unterschiedlicher Intensität sieben Jahre bis zur Tat. Sie pflegten ihre Skrupel, die dem Eid auf Hitler galten, und loteten den Zwiespalt aus zwischen der unbedingten Notwendigkeit des Widerstands durch einen Tyrannenmord und der individuellen Unfähigkeit der meisten Kandidaten, den tödlichen Anschlag auszuführen. Schließlich blieb der schwer behinderte Graf Stauffenberg übrig. Während des Wartens auf die richtige Gelegenheit verschlechterte sich die militärische Situation von einer Niederlage zur anderen. Die Invasion der Alliierten in der Normandie im Juni 1944 raubte dem militärischen Widerstand die letzte Zuversicht. Selbst für diejenigen, die die alliierte Verabredung, bis zur bedingungslosen Kapitulation des Deutschen Reiches zu kämpfen, verdrängten, musste klar sein, dass durch einen Umsturz politisch oder gar militärisch nichts mehr zu bewirken war.

Fabian von Schlabrendorff, der als Ordonanzoffizier bei der Heeresgruppe Mitte Dienst tat, zur Militäropposition gehörte und nach dem Krieg einer der frühesten Chronisten des Widerstands aus den Reihen der Wehrmacht wurde, hat den Schock der Invasion und dessen Folgen beschrieben. Er war mit seinem Cousin, dem soeben zum Generalmajor beförderten Chef des Stabes der 2. Armee an der Ostfront Henning von

Tresckow, im Juni 1944 in Ostpreußen. Sie waren zu Besuch bei Heinrich Graf Lehndorff, Gutsbesitzer und Reserveoffizier, auf dessen Schloss sich Außenminister Ribbentrop eingenistet hatte, um es als Hauptquartier im Krieg zu nutzen; Lehndorff tat als Oberleutnant der Reserve im Stab der Heeresgruppe Mitte Dienst. Fabian von Schlabrendorff, Philipp Freiherr von Boeselager, Oberst i. G. Rudolf-Christoph von Gersdorff, Oberstleutnant i. G. Berndt von Kleist und andere Offiziere scharten sich im Widerstand um Tresckow, wurden deshalb als Vaterlandsverräter vom NS-Regime verfolgt, aber nach dessen Untergang und Jahren anhaltenden Argwohns gingen sie schließlich als Helden des Widerstands in den Ehrentempel der Wehrmacht ein.

Lehndorff gehörte wie Stauffenberg zu den Eingeweihten des Planes «Walküre», nach dem der Staatsstreich verlaufen sollte. Henning von Tresckow hatte den ostpreußischen Grafen für die Militäropposition gewonnen. Tresckow selbst war wie so viele Berufsoffiziere dem Nationalsozialismus mit ebensolcher Sympathie begegnet, wie er Abneigung gegen die Weimarer Republik empfunden hatte. Nach der «Reichskristallnacht» und unter dem Eindruck deutscher Massaker in Polen ging er in die Opposition. Ab 1942 versuchte er, den als notwendig erkannten Anschlag auf den Diktator zu organisieren. Er rechtfertigte am 21. Juli 1944 seine Haltung mit der fundamentalen ethischen Erkenntnis, Hitler sei die Inkarnation des Bösen: «Ich halte Hitler nicht nur für den Erzfeind Deutschlands, sondern auch für den Erzfeind der Welt. Wenn ich in wenigen Stunden vor den Richterstuhl Gottes treten werde, um Rechenschaft abzulegen über mein Tun und Unterlassen, so glaube ich mit gutem Gewissen das vertreten zu können, was ich im Kampf gegen Hitler getan habe. Wenn einst Gott Abraham verheißen hat, er werde Sodom nicht verderben, wenn auch nur zehn Gerechte darin seien, so hoffe ich, daß Gott auch Deutschland um unseretwillen nicht vernichten wird.»[18]

Auch Tresckow glaubte nach der alliierten Invasion nicht mehr an einen politischen und militärischen Sinn des Staatsstreichs. Umso energischer war sein moralisches Postulat, das er, wie Schlabrendorff überliefert, dem Grafen Lehndorff als Antwort an Stauffenberg auf dessen Frage, ob das geplante Attentat noch sinnvoll sei, ausrichten ließ: «Das Attentat muß erfolgen, coûte que coûte. Sollte es nicht gelingen, so muß trotzdem in Berlin gehandelt werden. Denn es kommt nicht mehr auf den praktischen Zweck an, sondern darauf, daß die deutsche Widerstandsbewegung vor der Welt und vor der Geschichte den entscheidenden Wurf gewagt hat. Alles andere ist daneben gleichgültig.»[19] Auch nach dem Scheitern des Attentats vom 20. Juli 1944 handelte von Tresckow in der moralischen Rigorosität, die seinem Diktum entsprach. Am 21. Juli tötete er sich selbst. Die Gestapo nahm noch an seiner Leiche Rache, exhumierte und verbrannte sie.[20]

Der 20. Juli 1944

Claus Schenk Graf von Stauffenberg war im Sommer 1944 37 Jahre alt, er galt als ausgezeichneter Offizier.[21] Er stammte aus württembergischen Adel, sein Vater war Oberhofmarschall des Königs in Stuttgart gewesen und blieb der demokratischen Republik nach 1918 abgeneigt. Claus wuchs mit den älteren Zwillingsbrüdern Berthold und Alexander (1905) auf der Schwäbischen Alb und in Stuttgart auf. Die jungen Aristokraten waren vielseitig begabt und literarisch interessiert, Musik und Lyrik gehörten zum Bildungshorizont, der katholische Glaube zur innersten Überzeugung.[22] Die Brüder Claus und Berthold schlossen sich 1923 dem Dichter Stefan George an. Der George-Kreis war als elitäre Sekte lyrisch engagierter Schöngeister bekannt, stand aber auch unter dem Odium, dass der Meister seinem Ideal, dem «pädagogischen Eros», mit Initiationsriten und anderen seltsamen Praktiken huldigend, Missbrauch mit jungen Männern trieb. Das war nicht öffentlich, aber immerhin reiste Gräfin Stauffenberg beunruhigt nach Heidelberg, um mit George zu reden und sich ein Bild vom esoterischen Treiben zu machen.[23] Die Visionen im George-Kreis vom «geheimen Deutschland» wurden von den jungen Männern im Bewusstsein, als Elite zur Gestaltung der Gesellschaft besonders berufen zu sein, sehr ernst genommen. George, der 1933 Deutschland verlassen hatte, hielt Distanz zu Hitler, obwohl es ideologische Affinitäten gab. Die geistige Prägung Claus Stauffenbergs durch den Dichter George war tief und nachhaltig. Noch in seinem politischen Bekenntnis berief er sich auf den Meister. Alexander Stauffenberg wurde Historiker, Berthold Jurist.

Claus trat 1926 in das Bamberger Reiter Regiment 17 ein. 1933 heiratete er Nina Freiin von Lerchenfeld[24], wurde Vater von zwei Töchtern und drei Söhnen. Anfänglich hatte der junge Offizier, der bis 1938 die Generalstabsausbildung an der Berliner Kriegsakademie absolvierte, Sympathien für den Nationalsozialismus. Die Teilnahme am Fackelzug am Abend der «Machtergreifung» Hitlers, wegen der Stauffenberg zu spät in die Bamberger Kaserne kam, machte Biographen und Verehrern später Kopfzerbrechen. Stauffenbergs militärische Karriere schloss Einsätze bei der Besetzung des Sudetenlandes, beim Überfall auf Polen und im Frankreichfeldzug ein. Anfang 1943 war Stauffenberg in der 10. Panzerdivision in Afrika eingesetzt. Im April 1943 wurde er dort schwer verwundet. Durch den Verlust eines Auges, der rechten Hand und zweier Finger der linken Hand war er erheblich behindert. Am 1. Juli 1944 war der inzwischen zum Oberst beförderte Graf Stauffenberg zum Chef des Generalstabs beim Befehlshaber des Ersatzheeres Generaloberst Fromm ernannt worden. Das ermöglichte ihm, der seit Herbst 1943 zu den aktiven Gegnern des Nationalsozialismus im militärischen Widerstand gehörte, Zugang zu Hitler anlässlich der Lagebesprechungen im Hauptquartier. Wenige Offiziere hatten diese Möglichkeit. Aus dem Kreis der Militäropposition war es nur Stauffenberg.

Erste Gelegenheiten zum Attentat, das seit langem geplant und mit einer Gruppe von oppositionellen Offizieren verabredet war, nutzte Stauffenberg nicht. Denn als er am 6., 11. und 15. Juli 1944 Vortrag bei Hitler auf dem Obersalzberg bei Berchtesgaden hielt, waren die beiden mächtigsten und gefährlichsten Männer nach Hitler, Reichsmarschall Hermann Göring und Reichsführer SS Heinrich Himmler, nicht anwesend. Sie sollten nach dem Plan der Verschwörer aber unbedingt gleichzeitig mit Hitler ausgeschaltet werden. Das Hauptquartier Hitlers war inzwischen wieder nach Ostpreußen verlegt worden. Oberst Stauffenberg war jetzt entschlossen, das Attentat auf Hitler unter allen Umständen zu begehen. Dazu war er auch von seinen Freunden und Mitverschwörern ausdrücklich ermuntert worden.

Der Umsturz war präzise und seit langem vorbereitet. Der Entwurf einer Regierungserklärung, die von Ludwig Beck als provisorischem Staatsoberhaupt und Carl Goerdeler als Kanzler unterzeichnet werden sollte, war ausgearbeitet. Sie sollte unmittelbar nach dem gewaltsamen Sturz des Hitler-Regimes veröffentlicht werden. Das Original dieser Regierungserklärung ist verschollen, eine Rekonstruktion aus den Akten der Gestapo-Sonderkommission zum 20. Juli gibt jedoch Einblick in das Dokument. Ein Zwölfpunkteprogramm verkündete, wie Deutschland nach dem Umsturz regiert werden sollte. An oberster Stelle standen für Beck und Goerdeler die «Wiederherstellung der vollkommenen Majestät des Rechts», im gleichen hohen Ton wurde die Rückkehr der Moral ins öffentliche Leben angekündigt, der Lüge der Kampf angesagt, die Freiheit des Geistes, der Meinungen, der Presse beschworen und eine Neuordnung der Verwaltung ohne Korruption angekündigt. Christliche Gesinnung wurde als Fundament gesitteter Staatlichkeit propagiert. Unmissverständlich war die Forderung nach anständiger Behandlung aller Menschen: «Zur Sicherung des Rechts und des Anstandes gehört die anständige Behandlung aller Menschen. Die Judenverfolgung, die sich in den unmenschlichsten und unbarmherzigsten, tief beschämenden und gar nicht wiedergutzumachenden Formen vollzogen hat, ist sofort eingestellt. Wer geglaubt hat, sich am jüdischen Vermögen bereichern zu können, wird erfahren, daß es eine Schande für jeden Deutschen ist, nach einem unredlichen Besitz zu streben. Mit solchen Marodeuren und Hyänen unter den von Gott geschaffenen Geschöpfen will das deutsche Volk in Wahrheit auch gar nichts zu tun haben.»[25]

Beweggründe und Ziele der geplanten Regierung Beck/Goerdeler waren edel und in angemessener Sprache formuliert, wenngleich etwas weitschweifig vorgetragen. Aber den Ernst der Lage im Sommer 1944 verkannten die Verfasser gründlich. Es schien, als hätten sie von der Vereinbarung der Alliierten nie gehört, dass die bedingungslose Kapitulation Deutschlands das Kriegsziel der Anti-Hitler-Koalition war. Im elften Punkt des Programms der Männer des 20. Juli war zu lesen: «Aber noch ist Krieg. In ihm gebührt unser aller Arbeit, Opfer und Liebe den Männern, die das Vaterland verteidigen. Ihnen haben wir alles an seelischen und materiellen Werten zuzuführen, was wir irgend schaffen können. Mit ihnen stehen wir in Reih und Glied, aber nunmehr alle wissen, daß nur die zur Verteidigung des Vaterlandes und zum Wohle des Volkes notwendigen, nicht aber die der Eroberungssucht und dem Prestigebedürfnis eines Wahnsinnigen dienende Opfer verlangt werden, und daß wir diesen Krieg fernerhin mit reinen Händen, in Anstand, mit der Ehrenhaftigkeit, die jeden braven Soldaten auszeichnet, führen werden. Den bisherigen Opfern dieses Krieges gehört unsere volle Fürsorge. Verzärtelungen erwarten sie nicht, aber Liebe und Möglichkeit, aus ihrem Leben noch etwas Nützliches zu machen.»²⁶ Angesichts der militärischen und politischen Situation waren solche Ankündigungen unrealistisch, und nach den Verbrechen, dem Völkermord, der Unterdrückung und Ausplünderung Europas durch die NS-Machthaber waren die Erwartungen der widerständigen Offiziere auch in moralischer Hinsicht bodenlos naiv.

Die Illusion bestand darin, dass die Patrioten des 20. Juli glaubten, einen Krieg, den Hitler als Angriffs-, Vernichtungs-, Eroberungs-, Rasse- und Weltanschauungskrieg begonnen hatte, als Feldzug nach den Regeln preußischer Soldatentugend und als Verteidigungskrieg für das bedrohte Vaterland weiterführen zu können. Auf die Kriegsverbrechen und Gräueltaten hinter der Front gingen die Verfasser der Regierungserklärung gleichwohl im zweiten Programmpunkt, «Wiederherstellung der Moral», ein: «Wir empfinden es als eine tiefe Entehrung des deutschen Namens, daß in den besetzten Gebieten hinter dem Rücken der kämpfenden Truppe und ihren Schutz mißbrauchend, Verbrechen aller Art begangen worden sind. Die Ehre unserer Gefallenen ist damit besudelt.»²⁷ Mit solchen Formulierungen war aber auch die Realitätsverweigerung der Nachkriegszeit vorweggenommen, nämlich die Vorstellung, dass die ehrenhaft kämpfende Wehrmacht mit den Verbrechen des Regimes nichts zu tun gehabt hätte, dass diese vielmehr ausschließlich der SS, Sicherheitspolizei und SD sowie deren Gefolge anzulasten wären. Dieser Wahn hatte bis zu den Wehrmachtsausstellungen der 1990er Jahre Entlastungsfunktion.

Um das Land nach dem befreienden Attentat gegen den Diktator unter Kontrolle zu bekommen, entwarf General Friedrich Olbricht, der seit März 1940 Chef des Allgemeinen Heeresamtes beim Oberkommando des Heeres war, mit Stauffenberg und dessen Freund Albrecht Ritter Mertz von Quirnheim den Operationsplan «Walküre». Er basierte auf einem bereits vorhandenen Plan zur Niederwerfung eines etwaigen Aufstandes ausländischer Zwangsarbeiter. Ein Netz aus vertrauenswürdigen Offizieren in den wichtigen militärischen Schaltstellen war geknüpft. Der Tyrannenmord stand unmittelbar bevor.

Am frühen Morgen des 20. Juli 1944 fuhr Oberst Stauffenberg zum Reichssportflughafen Rangsdorf südlich von Berlin. Er diente als Fliegerhorst militärischen Zwecken, aber auch Sportflieger wie Heinz Rühmann und Elly Beinhorn hatten ihre Flugzeuge in Rangsdorf, und Beate Uhse war als Übungs- und Überführungspilotin dort tätig. Stauffenbergs Ziel, das Führerhauptquartier Wolfsschanze in Ostpreußen, ein Komplex aus Bunkern und Baracken, einsam gelegen, gut getarnt und durch drei Sperrkreise gegenüber der Außenwelt hermetisch abgesichert, war für gewöhnliche Sterbliche unerreichbar. Um 7.00 Uhr flog Stauffenberg von Rangsdorf nach Rastenburg in Ostpreußen, in dessen Nähe das Hauptquartier Hitlers lag. Stauffenberg war zum Vortrag beim «Führer» bestellt.

Im Bewusstsein, eine nur noch symbolische Tat zu wagen, erreichte Stauffenberg in Begleitung seines Adjutanten, des Oberleutnants Werner von Haeften, am Vormittag des 20. Juli 1944 die Wolfsschanze. Himmler und Göring waren zwar wieder nicht anwesend, aber darauf wollten die Verschwörer keine Rücksicht mehr nehmen. Die Lagebesprechung war für 12.30 Uhr angesetzt. Stauffenberg schärfte in einem Aufenthaltsraum eine der beiden mitgebrachten Bomben (wegen seiner Behinderung konnte er keine Schusswaffe für das Attentat verwenden). Er brachte sie in die Lagebaracke und stellte dort die Aktentasche mit dem Sprengsatz in der Nähe Hitlers unter dem massiven eichenen Kartentisch ab. Oberst Stauffenberg verließ dann unter einem Vorwand den Raum. Zehn Minuten später, gegen 12.42 Uhr, explodierte die Bombe. Stauffenberg und Haeften, die die Detonation beobachtet hatten und von Hitlers Tod überzeugt waren, konnten gerade noch das Sperrgebiet verlassen und das wartende Flugzeug erreichen, das gegen 13.15 Uhr Richtung Berlin startete. Dort, im Oberkommando des Heeres in der Bendlerstraße, warteten die Verschwörer auf Nachrichten aus der Wolfsschanze, um die Operation «Walküre» auszulösen, wodurch sie über die Wehrkreisbefehlshaber die Kontrolle über Berlin und das ganze Reichsgebiet erlangen wollten. Sie warteten zu lange, und sie hatten es vor allem versäumt, die Nachrichtenverbindungen zur Wolfsschanze zu unterbrechen.

Stauffenberg traf gegen 16.30 Uhr in der Bendlerstraße ein und versicherte, das Attentat sei geglückt, Hitler könne den Anschlag nicht überlebt haben. Generaloberst Fromm, der Befehlshaber des Ersatzheeres und damit ranghöchster Offizier in Berlin, der sich nur im sicheren Falle auf die Seite der Verschwörer gestellt hätte, war aber nicht von Hitlers Tod zu überzeugen. Die Offiziere des Widerstands verhafteten ihn deshalb und erklärten, auf alle Rückfragen aus den Wehrkreiskommandos des Deutschen Reiches, Hitler sei tot. Generaloberst Beck, der 1938 als Chef des Generalstabs des Heeres zurückgetreten war, und Generalfeldmarschall Erwin von Witzleben hätten die oberste Gewalt übernommen. An die Stelle Fromms als Befehlshaber des Ersatzheeres trat Generaloberst Hoepner, den Hitler 1942 entlassen hatte.

Aber aus dem Führerhauptquartier kamen andere Nachrichten, und als auch der Rundfunk berichtete, Hitler lebe, war die Sache des Widerstands verloren. Der Kommandeur des Berliner Wachbataillons, ein Major Remer, führte, nachdem Hitler selbst mit ihm telefoniert hatte, nur die Befehle aus Hitlers Hauptquartier aus und trug wesentlich zur Niederschlagung des Aufstandes bei. (Remer wurde dafür zum General befördert und spielte später in der Bundesrepublik als unverbesserlicher Rechtsextremist bis zu seinem Tod in den 1990er Jahren eine unrühmliche Rolle.) Am Abend des 20. Juli 1944 herrschte Klarheit: Hitler hatte das Attentat überlebt. Die Macht befand sich immer noch in den Händen des nationalsozialistischen Regimes.

Als am 20. Juli 1944 gegen 12.42 Uhr die Bombe im ostpreußischen Hauptquartier in Hitlers Lagebaracke Wolfsschanze explodierte, schien der militärische Widerstand am Ziel. Fünf der 24 Anwesenden wurden getötet. Hitler aber war nur leicht verletzt worden. Statt der Regierungserklärung von Beck und Goerdeler hörten die Deutschen gegen 1.00 Uhr am Morgen des 21. Juli 1944 eine Ansprache Hitlers: «Eine ganz kleine Clique ehrgeiziger, gewissenloser und zugleich verbrecherischer dummer Offiziere hat ein Komplott geschmiedet, um mich zu beseitigen und zugleich mit mir den Stab praktisch der deutschen Wehrmachtführung auszurotten. Die Bombe, die von dem Obersten Graf von Stauffenberg gelegt wurde, krepierte zwei Meter an meiner rechten Seite. Sie hat eine Reihe mir treuer Mitarbeiter sehr schwer verletzt, einer ist gestorben. Ich selbst bin völlig unversehrt bis auf ganz kleine Hautabschürfungen, Prellungen oder Verbrennungen. Ich fasse das als eine Bestätigung des Auftrages der Vorsehung auf, mein Lebensziel weiter zu verfolgen, so wie ich es bisher getan habe. Denn ich darf es vor der ganzen Nation feierlich gestehen, daß ich seit dem Tage, an dem ich in die Wilhelmstraße einzog, nur einen einzigen Gedanken hatte, nach bestem Wissen und Gewissen meine Pflicht zu erfüllen, und daß ich, seit mir klar wurde, daß der Krieg ein unausbleiblicher war und nicht mehr aufgeschoben werden konnte, eigentlich nur Sorge und Arbeit kannte und in zahllosen Tagen und durchwachten Nächten nur für mein Volk lebte.»

An die Luftwaffe richtete anschließend Reichsmarschall Göring Worte des Abscheus über den «unvorstellbar gemeinen Mordanschlag», ausgeführt im Auftrag «einer erbärmlichen Clique von ehemaligen Generalen, die wegen ihrer ebenso feigen wie schlechten Führung davongejagt werden mußten». Dann, ebenfalls unter beschwörendem Dank an die «Vorsehung», verlieh Großadmiral Dönitz in einer Botschaft an die Männer der Kriegsmarine seinem «Heiligen Zorn» und seiner «maßlosen Wut» Ausdruck über den «verbrecherischen Anschlag, der unserem geliebten Führer das Leben kosten sollte».

Das war offensichtlich die richtige Wortwahl: «Schicksalskampf», «feige Treulosigkeit», «gemeinster Verrat an dem Führer und dem deutschen Volk». Die Verschwörer hätten durch ihre Tat das deutsche Volk wehrlos seinen Feinden ausliefern wollen. «Ausrottung unseres Volkes, Versklavung unserer Männer, Hunger und namenloses Elend würden die Folge sein».[28] Diktion und Semantik des Propagandachefs Goebbels waren unverkennbar, auch wenn der an den Verlautbarungen nicht persönlich mitgewirkt hat. Es war die Sprache des «Dritten Reiches», an die die Deutschen gewöhnt waren, an die auftrumpfende Larmoyanz des «Führers», der sich rastlos für sein Volk aufopfere, an das wehleidige Herrenmenschentum, das einen Schicksalskampf gegen übermächtige Feinde zu bestehen habe und dabei nicht durch differenzierende Vernunft gestört sein wollte. Es war der richtige Ton, vaterländische Empfindungen, Unterwerfungswünsche, Gemeinsamkeit und Gefolgschaft zu stimulieren. Eine große Mehrheit der Deutschen war auch jetzt weit entfernt davon, aufzubegehren, duckte sich, schwieg und ertrug das Regime bis zu dessen Untergang. Einer Minderheit mag es im Bewusstsein der Verbrechen des Regimes auch vor dessen Ende so gegraust haben, dass sie den Status quo der kommenden Besatzungsherrschaft und der angekündigten Abrechnung durch die Sieger vorzogen, dass sie lieber die Augen verschloss.

Die martialische Sprache des «Dritten Reiches», deren Tradition Generationen zurückreichte, verschwand mit der Niederlage 1945 noch lange nicht. Die nationalen Phrasen und die verbreitete Überzeugung, es sei Verrat, sich gegen die Obrigkeit zu erheben, während «äußere Feinde» das Vaterland bedrängten, überdauerten den NS-Staat. Volk und Führung müssten in der Stunde der Not einmütig zusammenstehen, war unhinterfragte Überzeugung der Mehrheit. Widerstand von Militärs war deshalb besonders diskreditiert. Den Migliedern der Weißen Rose billigte man wenigstens ethische Motive zu, nicht minder den Christen, die aus ihrem Glauben zu Märtyrern geworden waren – wobei die Kirchen ab 1945 auch energisch deren Widerstand für sich reklamierten –, nicht aber den Offizieren, deren Pflicht im Gehorsam gegenüber dem Staat und im Einsatz gegen den Feind von außen gesehen wurde. Das sahen auch konservative Hitler-Gegner so. Möglicherweise hätte der Widerstand aus den Reihen der Wehrmacht größeres Ansehen, vielleicht auch mehr Erfolg gehabt, wenn er nicht aus der Etappe gekommen wäre, wenn die Akteure und Protagonisten nicht an Berliner Schreibtischen geplant und konspiriert, sondern von der Front her agiert hätten.

Die Offiziere um Beck, Tresckow und Stauffenberg, die mit ihren Kameraden den Umsturz planten, bemühten sich lange darum, einen bekannten und populären Heerführer für die Sache des Widerstands zu gewinnen. Sie versuchten es bei vier Höchstrangigen, bei Erich von Manstein, bei Gerd von Rundstedt, bei Hans Günter von Kluge und bei Erwin Rommel. Generalfeldmarschall Erich von Manstein, Oberbefehlshaber der Heeresgruppe Don, dann Süd, war kein Nazi. Er galt als militärisch herausragend tüchtig, war aber politisch töricht und verweigerte sich mehrfach dem Widerstand. Im Januar 1943 hatte ihn Graf Stauffenberg gebeten, sein Renommee als prominenter Heerführer in die Waagschale zu werfen. Im August 1943 wies Manstein auch den Obersten von Gersdorff mit dem gleichen Anliegen ab, der ihn im Auftrag Henning von Tresckows aufsuchte, und am 25. November 1943 gab er Tresckow selbst einen Korb. Gerd von Rundstedt, mit 69 Jahren 1944 einer der ältesten aktiven Offiziere der Wehrmacht, auch er mit dem Rang und Prunk eines Generalfeldmarschalls geschmückt, verkörperte als der «letzte Preuße» die soldatischen Tugenden, aber auch die intellektuellen und emotionalen Zwänge und Hemmungen des Kaiserreichs. Hitler und dem Nationalsozialismus gegenüber hielt er Distanz, sah sich als unpolitisch und lehnte deshalb im Sommer 1943 ebenfalls die ihm angetragene führende Rolle im Widerstand ab. Auch Hans Günter von Kluge, Oberbefehlshaber der Heeresgruppe Mitte und Generalfeldmarschall, ließ sich 1942 und 1943 von seinem Generalstabschef Henning von Tresckow zwar von der Notwendigkeit politischen Widerstands überzeugen, hielt sich selbst jedoch bedeckt und verharrte, auch als Oberbefehlshaber West, in hilfloser Untätigkeit. Die angloamerikanische Invasion in der Normandie stürzte ihn in Verzweiflung. Innerlich auf Seiten des Widerstands, beging er, unfähig zu politischem Denken und Handeln, vier Wochen nach dem gescheiterten Attentat in Metz Selbstmord.

Der 53-jährige Erwin Rommel, Generalfeldmarschall, Träger des Ritterkreuzes mit Eichenlaub, Schwertern und Brillanten, war im Afrikafeldzug als «Wüstenfuchs» zur Legende geworden und populärster deutscher Truppenführer des Zweiten Weltkriegs. Rommel hatte anfangs Sympathien für den Nationalsozialismus gehabt, kritisierte aber zunehmend den militärischen Dilettantismus Hitlers. Er forderte zwar am 15. Juli 1944 Hitler auf, die politischen Konsequenzen aus der Invasion der Alliierten zu ziehen und den Krieg zu beenden, aber den Verschwörern des 20. Juli hatte er nicht die Erlaubnis erteilt, ihn als Oberbefehlshaber des Heeres in der Nach-Hitler-Ära zu nominieren. Das war aber trotz seiner Ablehnung so geschehen. Er büßte dafür, als Hitler ihn am 14. Oktober 1944 vor die Alternative Selbstmord mit Staatsbegräbnis oder Anklage vor dem Volksgerichtshof stellte. Rommel wählte das Gift, den Nachruhm als Kriegsheld und etwas später unverdient den als Widerstandskämpfer. Sein Schicksal lässt ahnen, welche Möglichkeiten der militärische Widerstand mit einem so charismatischen Truppenführer an der Spitze gehabt hätte. Die Offiziere des 20. Juli waren dem Publikum weithin unbekannt. Es fehlten ihnen Schlachtenruhm und Heldenmythos, das trug wie das lange Abwägen des richtigen Moments, der Methode und der Berechtigung des Tyrannenmords zum Debakel der Militäropposition wesentlich bei.

In Prag, Paris und Wien waren die Gesinnungsgenossen der Verschwörer erfolgreicher als in Berlin, allerdings nur für kurze Zeit. Sie waren Herren der Lage und setzten SS-Führer fest. In Berlin brach der Widerstand – Zentrum waren die Diensträume des Allgemeinen Heeresamtes im Oberkommando des Heeres (OKH) im Bendlerblock – noch am Abend des 20. Juli zusammen. Vor Mitternacht verhaftete Generaloberst Fromm, den Hitler treue Offiziere inzwischen wieder befreit hatten, die Spitzen des Widerstandes. Den Generalen Beck und Hoepner gab er die Möglichkeit zum Freitod. Hoepner lehnte dies ab. Er wurde am 8. August vom Volksgerichtshof zum Tod verurteilt und hingerichtet. Erich Hoepner, 1886 geboren, im Ersten Weltkrieg Generalstabsoffizier, 1940 Generaloberst und neben Guderian der prominenteste Panzerführer der Wehrmacht, gehörte zu den ganz wenigen hohen Offizieren, die ihre Missbilligung der angemaßten militärischen Kompetenz Hitlers auch deutlich erkennen ließen. Im Krisenwinter 1941/42, nachdem der deutsche Angriff vor Moskau steckengeblieben war, zog Hoepner die Entlassung wegen Ungehorsams weiteren Konzessionen an den «größten Feldherrn aller Zeiten», wie sie fast alle seine Kollegen bis zum Untergang machten, gegen seine Überzeugung vor. Das war noch kein Widerstand. Immerhin hatte Hoepner aber schon vor 1939 Kontakte zur Militäropposition gehabt. Nach seiner Entlassung im Januar 1942 nahm Hoepner diese wieder auf. Seine im Offizierskorps seltene Souveränität aus fachlicher und politischer Einsicht, aus der heraus er Hitler kritisiert hatte, prädestinierte ihn zum aktiven Widerstand und für ein hohes Amt nach dem Umsturz. Hoepner war als Befehlshaber des Ersatzheeres vorgesehen. General Olbricht, der die Operation «Walküre» ausgelöst hatte, Stauffenberg, dessen Freund Mertz von Quirnheim und Stauffenbergs Adjutant von Haeften wurden nach Mitternacht des 20. Juli im Hof des OKH-Gebäudes an der Bendlerstraße erschossen.

Auf Generaloberst Friedrich Fromm, der als Befehlshaber des Ersatzheeres die Schlüsselstelle in Berlin innehatte, den die Verschwörer am Nachmittag des 20. Juli verhaftet hatten, weil er sich für Hitler und gegen den Widerstand entschied, der die Verschwörer dann, als sich das Blatt gewendet hatte, hinrichten ließ, wartete kein besseres Schicksal. Hitler ließ ihn am anderen Tag festnehmen. Im März 1945 wurde Fromm «wegen Feigheit» zum Tod verurteilt und hingerichtet.

Hitlers Rache

Hitler nahm schreckliche Rache an den Männern des Widerstands und ihren Familien. Im Reichssicherheitshauptamt, der Befehlszentrale der Gestapo, wurde eine Sonderkommission 20. Juli gebildet, in der bis zu 400 Ermittler arbeiteten. Ihre Aufgabe war es, alle Verschwörer des 20. Juli aufzuspüren und zu verhaften. Eine zweite Verfolgungsinstanz, ebenfalls im Reichssicherheitshauptamt, hatte die Aufgabe, jeden politischen Widerstand durch eine Verhaftungswelle zu unterbinden. Unter dem Decknamen «Aktion Gewitter» wurden Verdächtige im ganzen Reich inhaftiert und verurteilt oder in Konzentrationslagern festgehalten.[29] Hitler hatte öffentlich die Losung ausgegeben, es handele sich bei den Verschwörern um eine «ganz kleine Clique ehrgeiziger Offiziere», aber die Ermittlungen machten deutlich, auf welche Größe der Widerstand im Militär, in bürgerlichen Gruppen, in der Arbeiterschaft angewachsen war. Der Diktator befahl die Diffamierung und Demütigung der Widerstandleistenden. Ehrengerichte stießen die Offiziere aus der Wehrmacht aus, damit «diese gemeinsten Kreaturen, die jemals den Soldatenrock» trugen, «dieses Gesindel» (Originalton Hitler) als Zivilisten vor dem Volksgerichtshof verurteilt werden konnten. Zuständig wäre sonst die Militärgerichtsbarkeit gewesen. Die Offiziere sollten nicht «die ehrliche Kugel bekommen». Hitler wollte, «daß sie gehenkt werden, aufgehenkt wie Schlachtvieh». Er besprach persönlich die Prozedur mit den Richtern und Henkern, ließ die Hinrichtung von Kameramännern der Wochenschau filmen, um sie sich abends anzusehen.

Die Gestapo verhaftete in den folgenden Tagen Hunderte von Regimegegnern.[30] Anfang August begannen die Prozesse vor dem Volksgerichtshof. Sie dauerten bis zum Zusammenbruch des NS-Regimes im Mai 1945. Die Justiz tat ihre Schuldigkeit, an oberster Stelle der Präsident des Volksgerichtshofs Roland Freisler, der vor den gedemütigten Angeklagten tobte und schrie. Eindrucksvoll war das Verhalten des Reserveoffiziers Cäsar von Hofacker. Der Cousin Graf Stauffenbergs gehörte in Paris zum Stab der deutschen Militärverwaltung und war zusammen mit seinem Chef General Carl-Heinrich von Stülpnagel von der Gestapo verhaftet worden. Der Militärbefehlshaber und sein Adjutant Hofacker hatten in Paris die Umsturzpläne durchgesetzt. Als das Scheitern in Berlin offensichtlich war, unternahm Stülpnagel einen Selbstmordversuch, wurde schwerverletzt nach Berlin transportiert und musste sich wie Hofacker am 30. August vor dem Volksgerichtshof verantworten. Beide wurden zum Tod verurteilt, der General am selben Tag hingerichtet, der Adjutant erst im Dezember 1944. Cäsar von Hofacker herrschte den Gerichtspräsidenten Freisler, als der ihm das Wort abschnitt, an: «Sie schweigen jetzt, Herr Freisler, denn heute geht es um meinen Kopf. In einem Jahr geht es um Ihren Kopf!»[31] So lange sollte es aber nicht mehr dauern. Freisler kam am 3. Februar 1945 bei einem Luftangriff ums Leben. Die Staatsanwaltschaft stand den Richtern nicht nach, die Verteidigung war eine Farce. Den Angehörigen der zum Tod verurteilten Widerstandskämpfer wurde schließlich die Kostenrechnung für die Bemühungen der Justiz übersandt. In einem typischen Fall enthielt sie folgende Posten: Gebühr für Todesstrafe (300 RM), Postgebühr (1,84 RM), Kosten für Pflichtverteidiger (81,60 RM), 27 Tage Strafhaft (44,00 RM), Vollstreckung (158,18 RM), Porto für Übersendung der Kostenrechnung (0,12 RM). Die genaue Zahl der Verurteilten ist nicht bekannt, Hunderte wurden Opfer der Rache Hitlers, sie sind auf grausame Weise hingerichtet worden. Viele ihrer Angehörigen, die nichts mit dem Umsturzversuch zu tun hatten, wurden in Sippenhaft genommen und kamen ins Gefängnis oder ins Konzentrationslager.

Bei einer Besprechung im Führerhauptquartier Wolfsschanze, zu der Hitler den Reichsführer SS, Heinrich Himmler, und den Chef des Oberkommandos der Wehrmacht, Wilhelm Keitel, befohlen hatte, wurden am 30. Juli 1944 Maßnahmen nicht nur gegen die Frondeure, sondern auch gegen deren Familien beschlossen. Das traf nicht nur 55 Offiziere, die aus der Wehrmacht ausgestoßen wurden, und weitere 20, die entlassen wurden. Zwischen dem 8. August 1944 und dem 19. April 1945 wurden 156 Angeklagte verurteilt, davon 104 zum Tode. Beschlossen wurde am 30. Juli ferner, dass die Familie Stauffenberg in Sippenhaft zu nehmen sei, ebenso die Familie des Generals Walther von Seydlitz-Kurzbach, der sich in sowjetischer Kriegsgefangenschaft befand und von dort aus an der Spitze des Bundes deutscher Offiziere im Nationalkomitee Freies Deutschland zum Widerstand der Wehrmacht gegen Hitler aufrief.[32]

Zwei Tage nach dem Attentat sprach Robert Ley, Reichsorganisationsleiter der NSDAP und Chef der Deutschen Arbeitsfront (DAF), in einem Berliner Großbetrieb. Die Rede wurde vom Rundfunk reichsweit übertragen und am folgenden Tag gedruckt. Ley wütete gegen «international versippte Marxisten» und gegen «degenerierte Adelige»: «Dieses Geschmeiß muß man ausrotten, mit Stumpf und Stiel vernichten. Es genügt nicht, die Täter allein zu fassen und unbarmherzig zur Rechenschaft zu ziehen, man muss auch die ganze Brut ausrotten. Dies gilt vor allem für alle Landesverräter in Moskau, London und New York. Jeder Deutsche muß wissen, wenn er sich gegen das kämpfende Deutschland stellt, in Wort und Schrift oder gar in der Tat zum Verrat auffordert, daß dann er und seine Familie sterben müssen. Das ist hart, jedoch diese harte Zeit verlangt es. Wer uns verrät, wird ausgerottet! Das verlangt das tapfere, kämpfende, anständige deutsche Volk.»[33]

In seiner Rede vor Gauleitern Anfang August 1944 in Posen erklärte Himmler weitschweifig die Nützlichkeit des germanischen Brauchs der

Blutrache und pries die «maßlose Konsequenz» der Vorfahren. Himmler denunzierte die Männer des Widerstands dann einzeln und begründete die Notwendigkeit der Sippenhaft. Pars pro toto prophezeite er: «Die Familie Stauffenberg wird ausgelöscht werden bis ins letzte Glied.»[34] Im Laufe des August und September 1944 wurden mehr als 150 Angehörige, Eltern, Geschwister, Kinder, von Männern des Widerstands inhaftiert. Nach dem Sippenprinzip wurden Frauen, die eingeheiratet hatten, in der Regel verschont. Säuglinge, Kleinkinder, Jugendliche kamen aber in Gefangenschaft, die für manche im Herbst 1944, für andere erst im April 1945 endete. Haftort waren Gefängnisse und Konzentrationslager, für Jugendliche die Jugendschutzlager Moringen und Uckermark. Kinder sollten in Lebensbornheimen untergebracht werden. Ende Juli 1944 rechnete die Gestapo-Sonderkommission mit etwa 200 Kindern, für die in Bad Sachsa ein Kinderheim rekrutiert wurde. Das war leicht möglich, da Bad Sachsa in Nordthüringen im Sperrkreis um das KZ Dora-Mittelbau lag, in dem das Reichssicherheitshauptamt besondere Vollmachten hatte. Dorthin wurden Kinder von Widerstandskämpfern deportiert. In Bad Sachsa sollten sie unter Regie der Gestapo und betreut von der Nationalsozialistischen Volkswohlfahrt ihrer Identität beraubt und zur Adoption vorbereitet werden.

Als Ende Januar 1945 die Wehrmacht die Gebäude des Kinderheims beschlagnahmte, waren die meisten Kinder wieder bei ihren Familien. Die restlichen 14 Kinder sollten ins KZ Buchenwald verlegt werden. In der Agonie des «Dritten Reiches» scheiterte der Plan, US-Truppen besetzten am 12. April 1945 Bad Sachsa. Die Stauffenberg-Kinder kamen im Juni nachhause. Rainer und Carl Goerdeler wurden am 27. Juli abgeholt. Zwei Mädchen, die Halbschwestern Hildegard Gehre und Renate Henke, waren die letzten, die im November 1945 bei Verwandten wieder ein Zuhause fanden.[35]

Ab Mitte April 1945 wurden Angehörige von Widerstandskämpfern, die in Sippenhaft gehalten wurden, aus anderen Lagern nach Dachau gebracht. Im KZ Flossenbürg waren am 9. April Admiral Canaris, Dietrich Bonhoeffer, Hans Oster und weitere Männer aus dem Widerstandskreis im Amt Ausland/Abwehr ermordet worden, der Jurist Karl Sack, der Chef der Heeresjustiz gewesen und als Justizminister der Regierung nach Hitler vorgesehen war, Ludwig Gehre, Theodor Strünck und Friedrich von Rabenau.[36] 137 prominente Sonderhäftlinge verließen in Omnibussen und

Lastwagen am 26. April 1945 das KZ Dachau Richtung Süden. Am 4. Mai 1945 wurden sie in Niederndorf in Südtirol von amerikanischen Soldaten übernommen. Unter ihnen befanden sich, neben ausländischen Politikern wie Léon Blum und Kurt Schuschnigg und Offizieren des griechischen Generalstabs, 36 Sippenhäftlinge aus den Familien Stauffenberg und Goerdeler, sowie Verdächtige wie Franz Halder. Sonderhäftlinge aus dem Umkreis des Widerstands waren auch Hermann Pünder, der katholische und konservative einstige Regierungspräsident in Münster, der zu den Mitwissern des 20. Juli gehörte, und Isa Vermehren, die als junge Kabarettistin im Februar 1944 in Sippenhaft genommen worden war, weil ihr Bruder als Deserteur die Seiten gewechselt hatte. Isa Vermehren trat nach der Internierung und Befreiung auf Capri wieder in Werner Fincks Berliner Kabarett auf, ehe sie studierte und Klosterfrau wurde.[37]

Nina Stauffenberg, geborene Freiin Lerchenfeld, hatte am 21. Juli ihren vier Kindern mitteilen müssen, dass der Vater erschossen worden war. Sie selbst wurde verhaftet und eine Woche im Gefängnis Rottweil (das lag unweit des Familiensitzes Lautlingen am Südrand der Schwäbischen Alb), dann drei Wochen in Berlin am Alexanderplatz gefangen gehalten und verhört, ehe sie ins Frauen-KZ Ravensbrück eingeliefert wurde. Dort brachte sie am 27. Januar 1945 ihr jüngstes Kind Konstanze zur Welt. In Einzelhaft erfuhr sie nichts über das Schicksal ihrer vier Kinder in Bad Sachsa, nichts über die anderen Mitglieder der Familie Stauffenberg, die in verschiedenen Konzentrationslagern in Sippenhaft saßen.[38]

Berthold Graf Stauffenberg überlebte seinen Bruder Claus um 21 Tage. Der Jurist, dessen wissenschaftliche Karriere am Kaiser-Wilhelm-Institut für Völkerrecht 1933 mit der Verpflichtung als Marinestabsrichter zum Oberkommando der Marine endete, hatte schon vor seinem jüngeren Bruder Claus Verbindung zur Militäropposition. Berthold Stauffenberg war am Abend des 20. Juli im Bendler-Block anwesend. Er wurde verhaftet, am 10. August 1944 vom Volksgerichtshof verurteilt und am selben Tag in Berlin-Plötzensee hingerichtet. Der Bruder Alexander Stauffenberg hatte keine Verbindung zum Widerstand. Er wurde am 26. Juli in Athen, wo er als Reserveoffizier der Wehrmacht eingesetzt war, verhaftet und nach Deutschland gebracht. Der Professor für Alte Geschichte war bis Kriegsende im KZ in Sippenhaft. Seine Frau Melitta, Physikerin und Pilotin im Dienst der Luftwaffe, wurde bis 2. September gefangen gehalten, sie war kriegswichtig und hatte deshalb auch die Möglichkeit, sich um die Familie zu kümmern. Am 8. April 1945 wurde sie, mit dem Flugzeug auf dem Weg zu ihrem Mann Alexander Stauffenberg im KZ Schönberg bei Passau, von der US Air Force abgeschossen.[39]

Hitler herrschte noch weitere neun Monate und neun Tage über Deutschland. Aber sein Herrschaftsgebiet wurde immer kleiner. Militärisch lag das Deutsche Reich in Agonie. Moralisch war es längst am Ende. Nur eine kleine Minderheit von Offizieren hatte – spät genug – versucht, den Diktator zu beseitigen, Widerstand zu leisten in der Erinnerung an Freiheit und Rechtsordnung, Menschenwürde und mit der Vision eines anderen Deutschland als das, welches die Nationalsozialisten mit beispiellosen Verbrechen besudelt hatten. So war Stauffenbergs Tat doch eine notwendige symbolische Geste gewesen, die als Erinnerung Legitimation stiftete für den Neubeginn nach der Befreiung Deutschlands von außen.

Das Nationalkomitee Freies Deutschland

Widerstand gegen das NS-Regime regte sich auch unter Offizieren und Soldaten der Wehrmacht, die an der Ostfront in Gefangenschaft der Roten Armee geraten waren. Von der Aussichtslosigkeit des Krieges überzeugt, glaubten sie nicht mehr an den von der Goebbels-Propaganda gepredigten Endsieg. Ein frühes Zeugnis gab ein Hauptmann der Reserve, der seine Kameraden von der Notwendigkeit, sich von Hitler abzukehren, zu überzeugen und ihren Argwohn gegen die Antifa-Kurse in den Lagern der Sowjetarmee zu überwinden versuchte. In glänzender Rhetorik und souveräner Beweisführung plädierte Ernst Hadermann, im Zivilberuf promovierter Philologe und Studienrat für Geschichte in Kassel, für den Sturz des Hitler-Regimes durch Volksaufstand und Beendigung der Kriegshandlungen. Er sprach als antifaschistischer Offizier, als Hauptmann und Kompaniechef nach zehnmonatiger sowjetischer Gefangenschaft vor Offizieren eines Lagers in Jelabuga an der Kama am 21. Mai 1942. Das war lange vor Stalingrad, und Hadermann gehörte zu den ersten Soldaten, die fortgesetzten Verfassungsbruch und unzählige Verbrechen des Regimes anprangerten und für ein Ende der Diktatur und des Krieges warben. Noch sei Zeit zur Rettung der deutschen Sache, noch sei die Wehrmacht stark genug, um einen ehrenvollen Frieden zu erkämpfen. «Noch kann das deutsche Volk, wenn es sich von Hitler lossagt, das Vertrauen der Völker wiedergewinnen», rief er den Kameraden zu.[40]

Hadermann war kein Marxist, er war durch und durch deutscher Patriot, der sich als 18-Jähriger 1914 freiwillig zum Kriegsdienst gemeldet und nach Heilung einer Verwundung zurück an die Front gegangen war, der 1939 abermals freiwillig zu den Waffen geeilt war, am Polen- und am Frankreichfeldzug teilgenommen hatte und einige Wochen nach dem Überfall auf die Sowjetunion schwerverletzt in Gefangenschaft der Roten Armee geriet. Hadermann kannte den Ehrenpunkt der gefangenen Offiziere, der sie am Umdenken hinderte: «Wir haben unseren Fahneneid geleistet auf den Führer des deutschen Volkes. Von ihm uns loszusagen, ist uns schwer geworden, sehr schwer. Männliche Keuschheit verbietet uns, von den seelischen Kämpfen zu sprechen, die hinter uns liegen. Aber Gott, der die Gewissen prüft und durchschaut, wird wissen um unsere Not und unsere Lauterkeit, er wird uns freisprechen. Denn den Eid, den wir Hitler geleistet haben, haben wir ihm nur geleistet als dem Führer des deutschen Volkes. Hitler aber hat das Recht verwirkt, sich Führer des deutschen Volkes zu nennen. Durch Freveltaten zur Macht gekommen, führt er, vom Wahn geblendet, das Volk in die Katastrophe.»[41] Solche Botschaft wollten die Wehrmachtsoffiziere aber – noch – nicht hören. Ihnen blieb Hadermann suspekt.

Auch die kommunistischen deutschen Emigranten in Moskau waren skeptisch, weil sie die marxistisch-leninistische Dogmatik in der Rede des Offiziers Hadermann vermissten. Ihre Agitprop-Phrasen waren aber wirkungslos. Die ledernen Abkündigungen, verfasst von Ideologen, fanden keine Beachtung bei Gefangenen der Wehrmacht. Hadermanns Rede wurde auf sowjetischen Befehl in einer Auflage von einer halben Million Exemplaren unter dem Titel «Wie ist der Krieg zu beenden? Ein Manneswort eines deutschen Hauptmanns» verteilt. Erfolg hatte der eindrucksvolle und überzeugende Text im Vorfeld der Bewegung Freies Deutschland aber nicht. Im Sommer 1943 gehörte Hadermann zu den zwölf Offizieren, die zusammen mit den 13 deutschen Kommunisten im Moskauer Exil, die als Initiatoren und Vordenker fungierten, und 13 Unteroffizieren sowie Mannschaftsdienstgraden im Haus des Gebietssowjets in Krasnogorsk bei Moskau ein Nationalkomitee mit dem programmatischen Titel «Freies Deutschland» (NKFD) gründeten. An der Gründungsversammlung nahmen etwa 300 Personen teil. Der Schriftsteller Erich Weinert hielt das Grundsatzreferat, in dem er die Rettung des deutschen Vaterlandes durch den Sturz Hitlers propagierte und an die deutsch-russische Waffenbrüderschaft in den Befreiungskriegen gegen Napoleon erinnerte. Er appellierte zudem an den Patriotismus der Deutschen im Zeichen der schwarz-weiß-roten Fahnen des Kaiserreichs, mit denen der Saal geschmückt war.

Politische, historiographische und publizistische Kontroversen entzündeten sich früh an dieser Organisation, die auf sowjetische Initiative beitragen sollte, das Ende des NS-Regimes herbeizuführen. In der Bundesrepublik galt das NKFD weithin als eine Bande verführter oder verblendeter Verräter, in der DDR wurde die Bewegung als progressives Kampfbündnis von Kommunisten mit Bürgertum und Adel kanonisiert und zum «politischen und organisatorischen Zentrum des deutschen antifaschistischen Widerstandskampfes» promoviert. Die Gründung appellierte an deutschnationale Gefühle bei Offizieren und Soldaten der Wehrmacht. Zu den Unterzeichnern des Manifests gehörten u. a. der Schriftsteller und spätere Kulturminister der DDR Johannes R. Becher, der Schriftsteller Willi Bredel sowie die nach Moskau emigrierten ehemaligen Reichstagsabgeordneten der KPD Wilhelm Pieck und Walter Ulbricht, die nach dem Krieg Karriere machten, der eine als Staatspräsident der DDR und der andere als Erster Sekretär des Zentralkomitees der SED.

Das Manifest des NKFD «An die Wehrmacht und an das deutsche Volk» rief ausgehend von der Einsicht in das Unrecht und die Aussichtslosigkeit des Krieges zum Sturz des Hitler-Regimes auf, um Deutschland als Staat und in seinem territorialen Bestand zu retten. Da niemand mit Hitler Frieden schließen werde, müsse eine neue Regierung, gestützt auf antinationalsozialistische Truppen, sofort den Krieg beenden, die Wehrmacht an Deutschlands Grenzen zurückführen und Friedensverhandlungen unter Verzicht auf alle Eroberungen beginnen. Die Verurteilung aller Kriegsverbrecher und führenden Nationalsozialisten sollte am Beginn eines freien Deutschlands stehen, in dem die demokratischen Rechte garantiert werden sollten. Der Aufruf gipfelte in der Forderung, bewaffnet «den Weg zur Heimat, zum Frieden» zu suchen: «Die Opfer im Kampf um Deutschlands Befreiung werden tausendfach geringer sein als die sinnlosen Opfer, die eine Fortsetzung des Krieges erfordert.»[42]

Die Idee zur Gründung einer Sammlungsbewegung auf sowjetischem Boden, in der kommunistische Emigranten Arm in Arm mit gefangenen nationalbewussten Wehrmachtsoffizieren und Soldaten gegen den Nationalsozialismus agieren sollten, war in der politischen Abteilung der Roten Armee entstanden. Stalin selbst setzte Hoffnungen auf die Sammlung aller «antifaschistischen Deutschen», um den Krieg schneller beenden zu können.[43]

Sowjetische Offiziere und deutsche kommunistische Emigranten warben im Sommer 1943 unter den gefangenen deutschen Offizieren für die Ziele des NKFD. Diese fühlten sich zwar von Hitler verraten, der durch sinnlose Durchhaltebefehle den Tod von 100 000 Soldaten bei Stalingrad verursacht hatte, sie wollten aber nicht das Odium des Eidbruchs und Verrats auf sich nehmen. Der Jagdfliegerleutnant Heinrich Graf von Einsiedel, ein Urenkel des Fürsten Bismarck, war eine Ausnahme. Im Spätherbst 1942 war er in der Sowjetunion abgeschossen und gefangengenommen worden. Unter dem Einfluss von Offizieren der Roten Armee wandelte er sich zum Gegner des NS-Regimes, war Gründungsmitglied des NKFD und wurde zu einem der beiden Vizepräsidenten gewählt.

Die Mehrheit der psychologisch einfühlsam von sowjetischen Offizieren betreuten und umworbenen deutschen Offiziere, zumal die höheren Chargen, zögerte lange, sich der offensichtlich kommunistisch dominierten Gruppe anzuschließen. Eine zweite Anstrengung zielte darauf, ranghohe Wehrmachtsangehörige, insbesondere Generale, die in Stalingrad in sowjetische Gefangenschaft geraten waren, zu gewinnen. Im September 1943 wurde in Lunjowo bei Moskau der Bund deutscher Offiziere gegründet. Etwa 100 Teilnehmer hatte das Treffen. Zwei Tage nach der Gründung, am 14. September 1943, wurden die beiden Organisationen Bund deutscher Offiziere und NKFD zur Bewegung Freies Deutschland verschmolzen. Die Mitglieder des Nationalkomitees bildeten fortan den politisch linken, die des Bundes deutscher Offiziere den rechten Flügel. Die Aktivitäten durch Flugblätter, Lautsprecherkampagnen an der Front, die auflagenstarke Wochenzeitung «Freies Deutschland» und eine Radiostation in Moskau, die in ganz Deutschland gut zu empfangen war, wurden im Rahmen der psychologischen Kriegsführung von sowjetischer Seite finanziert. Der Erfolg rechtfertigte den Aufwand aber nicht, und die Kriegslage machte im Lauf des Jahres 1944 die Aktivitäten der Bewegung obsolet.

Im September 1943 fanden sich schließlich doch einige deutsche Generale bereit, sich aus der Gefangenschaft heraus gegen Hitler zu wenden und dem Bund deutscher Offiziere beizutreten. Die Mitglieder waren auch mit dem Versprechen geködert worden, die Sowjetunion werde sich für den territorialen Fortbestand Deutschlands in den Grenzen von 1937 einsetzen, wenn der Offiziersbund einen Staatsstreich gegen Hitler bewirken könne. Den Vorsitz des Bundes übernahm Generalmajor Walther von Seydlitz-Kurzbach, der im Februar 1943 mit der Stalingrad-Armee in sowjetische Gefangenschaft geraten war. Er war auch einer der Vizepräsidenten des Nationalkomitees. Er verkörperte als Nachfahre des berühmten Kavalleriegenerals unter Friedrich dem Großen die Tugenden des preußischen Militärs und wurde für seine militärisch-fachliche Kompetenz gerühmt. Für seinen «Verrat» verurteilte ihn die deutsche Militärjustiz im August 1944 in Abwesenheit zum Tod. 1950 empfing Seydlitz von einem sowjetischen Tribunal sein zweites Todesurteil, nachdem er mit der Politik Stalins in Konflikt geraten war. Er wurde aber begnadigt und 1955 aus der Kriegsgefangenschaft in die Bundesrepublik entlassen.

Die Reaktionen im nationalsozialistischen Deutschland taten die Bestrebungen des ungleichen Bündnisses, das stalinistische Ideologen und die Strategen der psychologischen Kriegsführung der Roten Armee aus den Vertretern preußischer Soldatentugend und kommunistischen Exilanten in Moskau schmieden wollten, als Verrat und Feindpropaganda ab. Tatsächlich glaubten viele gar nicht an die reale Existenz des Nationalkomitees und einer Bewegung Freies Deutschland unter Beteiligung ranghoher Wehrmachtsoffiziere. Das politische und intellektuelle Exil reagierte anders. Thomas Mann sandte aus den USA eine Grußadresse, in der er das Manifest des Nationalkomitees als eines der Zeichen der Umkehr lobte, mit denen sich «das deutsche Volk vor der ganzen Welt und vor der Weltgeschichte rehabilitieren» könne.[44] Hubertus Prinz zu Löwenstein, ehemals Führer der Jugendorganisation des Reichsbanners Schwarz-Rot-Gold, erklärte aus dem Exil in New York, das Manifest entspreche «dem Ideal der gewaltigen Mehrheit des deutschen Volkes, das mehr als 10 Jahre den Kampf gegen den Faschismus, den gemeinsamen Feind aller Nationen» führe.[45] Das war im Juli 1943. Die Sozialdemokraten im Londoner Exil ließen sich viel Zeit, ehe Erich Ollenhauer Anfang 1945 wissen ließ, dass «das wirkliche nationale Interesse des kommenden Deutschlands» anders zu definieren sei als im Programm des Nationalkomitees.[46]

Auch die deutschen Soldaten in sowjetischer Kriegsgefangenschaft blieben mehrheitlich misstrauisch und reserviert, umso mehr, als ihre Erfahrungen mit den Antifa-Kursen in den Lagern sie nicht ermunterten, den sowjetisch-kommunistischen Lockungen zu folgen. Sie waren als Indoktrination marxistisch-leninistischer Ideologie, gelehrt im staubtrockenen Jargon der Funktionäre, die an die unmittelbare und suggestive Überzeugungskraft ihrer Lehre glaubten, weniger attraktiv als die antibolschewistische Goebbels-Propaganda, mit der die deutschen Landser auf den Kreuzzug gegen die Sowjetunion geschickt worden waren. Mit den überraschenden Appellen aus Moskau an einen schwarz-weiß-rot gefärbten Patriotismus konnten sie ohnehin nichts anfangen.

Die deutschen Offiziere, die sich nach langem Gewissenskampf der Bewegung Freies Deutschland angeschlossen hatten, sahen ihre Erwartungen in zweifacher Hinsicht bald enttäuscht. Zum einen blieben die Appelle des Nationalkomitees ohne Echo. Zum anderen gingen die Hoffnungen auf die Überwindung der Kluft zwischen der kommunistischen Ideologie und dem bürgerlichen Nationalbewusstsein der deutschen Soldaten nicht in Erfüllung. Die Wirkungslosigkeit des Nationalkomitees kann aber ebenso wenig wie die Initiative durch die Stalin-Diktatur und die kommunistische Dominanz ein Grund sein, die Anstrengung in der Betrachtung des deutschen Widerstands auszuschließen. Die Hoffnung, der Hitler-Diktatur und einem längst verlorenen Krieg ein Ende zu bereiten, gar unter der Aussicht, den territorialen Bestand des Deutschen Reiches zu bewahren, stand ja keineswegs im Gegensatz zu den Zielen des Goerdeler-Kreises oder der Offiziere des 20. Juli.

Eine weitere militärische Katstrophe, größer noch als die von Stalingrad, die Vernichtung der Heeresgruppe Mitte (350 000 Mann in 28 Divisionen waren getötet oder verwundet worden und gefangen genommen) veranlasste 16 Generale am 22. Juli 1944 zu einem Aufruf, in dem sie nach generalstabsmäßiger Beschreibung der Gründe die Aussichtslosigkeit eines Sieges der Wehrmacht darstellten und zum Schluss kamen, es sei an der Zeit, statt abzuwarten, bis Hitler alles zugrunde gerichtet habe, «Gewalt mit Gewalt zu beantworten, Hitler Widerstand zu leisten, seine Befehle nicht auszuführen, Hitlers Regime abzuschließen und damit den Krieg». Auftreten gegen Hitler, erklärten die Generale, die solches zuvor nicht gewagt hatten, bedeute Auftreten für Deutschland.[47] Noch mehr klingende Namen, nämlich die von 50 deutschen Generalen, angeführt von Generalfeldmarschall Friedrich Paulus, dem ranghöchsten Gefangenen der Roten Armee, und Generalmajor von Seydlitz, standen unter der Beschwörung «Deutsche!», in der diese am 8. Dezember 1944 aufgefordert wurden «zur rettenden Tat gegen Hitler und Himmler, gegen ihr unheilbringendes System!»

Unter Berufung auf Hindenburg und Ludendorff, die 1918 die Beendigung des Krieges gefordert hatten, als die militärische Lage aussichtslos geworden war, riefen die Militärs, denen das Regime zu Karrieren und Prestige verholfen hatte, aus sowjetischer Kriegsgefangenschaft dem deutschen Volk zu: «Befreie Dich selbst von dieser pflichtvergessenen und verbrecherischen Staatsführung, die Deutschland in den sicheren Untergang treibt!»[48] Das war gut gemeint, jedoch kam die Einsicht zu spät, war daher nutzlos. Die Handlungsanweisung an das deutsche Volk war illusionär, und die Begründung mit dem Vergleich des Kriegsendes 1918 zynisch. Damals hatten die patriotischen Militärs die Dolchstoßlegende und das angebliche Versagen der Heimat ersonnen, um ihre Unschuld am militärischen Zusammenbruch, an der verstörenden Niederlage zu beteuern.

Generalfeldmarschall Paulus, der Chef der 6. Armee, der gegen jede militärische Vernunft auf Hitlers Durchhaltebefehl in Stalingrad 22 Divisionen der Wehrmacht opferte – 100 000 Mann waren gefallen, verhungert und erfroren, 90 000 kamen in sowjetische Gefangenschaft –, hatte sich nach langem Zögern dem Bund deutscher Offiziere angeschlossen. Zwei Tage nach dem Attentat des 20. Juli trat er bei. Im August 1944 suchte Paulus das deutsche Volk und die Wehrmacht zum Sturz Hitlers zu bewegen. Der Zeitpunkt, kurz nach dem missglückten Staatsstreich des 20. Juli, und die Adressaten, die Soldaten und Offiziere in den Kriegsgefangenenlagern der Roten Armee, waren allerdings nicht erfolgversprechend gewählt. Überzeugender wäre der Appell gewesen, wenn er vor der Katastrophe von Stalingrad, bestenfalls diese verhindernd, erfolgt wäre.

Die Argumente des Generalfeldmarschalls Paulus trafen trotzdem zu. Er stellte fest: «Der Krieg ist für Deutschland verloren», und er forderte: «Deutschland muß sich von Adolf Hitler lossagen und sich eine neue Staatsführung geben, die den Krieg beendet und Verhältnisse herbeiführt, die es unserem Volke ermöglichen, weiterzuleben und mit unseren jetzigen Gegnern in friedliche, ja freundschaftliche Beziehungen zu treten.»[49] Die späteren Postulate des Generalfeldmarschalls korrespondieren mit den Zielen der Männer des 20. Juli, allerdings mit der Ausnahme, dass diese die Front im Osten halten und nur die im Westen für die Alliierten öffnen wollten. Der Antikommunismus war als Feindbild so tief ins Denken der deutschen konservativen Eliten eingelassen, dass ein Bündnis mit der Sowjetunion gegen Hitler für die meisten undenkbar blieb. Die Männer der Bewegung Freies Deutschland genossen, als die sowjetische Führung das Interesse an dem erfolg- und nutzlosen Unternehmen verlor, keine Privilegien mehr. Auch Generalfeldmarschall Paulus blieb bis 1953 in Gefangenschaft. Als tüchtiger Soldat, aber unglücklich taktierend in politischen Dingen, der soldatischen Tugend des Gehorsams stärker huldigend als der Einsicht in die aussichtslose militärische Situation, als Zauderer im Widerstand und, wie die Mehrheit der Militärs, als zu lange von Hitler beeindruckbar ging er in die Geschichte ein.[50]

Der Patriotismus der deutschen Soldaten hatte sich gegenüber dem antifaschistischen Bewusstsein der kommunistischen Exilpolitiker als retardierendes Moment erwiesen. Aber nicht nur die Goebbels-Propaganda, auch der Augenschein der vorrückenden Roten Armee ernüchterte die Hitler-Gegner, die aus Vernunft auf die Seite der Sowjetunion getreten waren. Graf Einsiedel, eines der prominenten Mitglieder der Bewegung, vertraute seine Sorge vor dem Ende des Krieges dem Tagebuch an: «Ich habe immer Angst vor dem Tag gehabt, an dem die Rote Armee kämpfend deutschen Boden betreten würde. Aber was sich hier abgespielt hat, übersteigt alles, was ich in meinen pessimistischen Stunden für möglich gehalten habe.»[51] Einsiedels schlimmste Befürchtungen wurden noch übertroffen: «In den letzten Tagen, seitdem ich wieder beim Frontstab bin, sind nach und nach alle unsere Helfer bei den Divisionen in Ostpreußen hier eingetroffen. Sie haben den Untergang von Ostpreußen miterlebt – den Hunnensturm. Sie sahen die russische Soldateska Städte und Dörfer niederbrennen. Sie sahen sie Gefangene und Zivilisten erschießen, Frauen vergewaltigen und Lazarette mit dem Kolben in ein Totenhaus verwandeln.»[52]

Die Männer der Bewegung Freies Deutschland hatten sich schwergetan, der Werbung aus Moskau zum Widerstand gegen Hitler zu folgen. In der Bundesrepublik fanden sie nach der oft späten Rückkehr aus sowjetischer Gefangenschaft kein Verständnis. In Zeiten des Antikommunismus, des Kalten Krieges, aber auch nach den soldatischen Ehrbegriffen von Gehorsam und Verrat erschien ihr Verhalten unerhört.

Nach dem Krieg offenbarte Friedrich Paulus den Gewissenskonflikt, an dem letztlich der militärische Widerstand scheiterte. Erich Hoepner, der schon 1938 zum Kreis der Militäropposition um den Generalstabschef Franz Halder gehört hatte, verweigerte Anfang 1942 als Oberbefehlshaber der Vierten Panzerarmee vor Moskau einen aussichtslosen Durchhaltebefehl Hitlers. Dafür wurde er aus der Wehrmacht ausgestoßen. Das mag Paulus vor Augen gehabt haben, als er, durch soldatische Tradition und Sozialisation geprägt, seine Haltung in Stalingrad rechtfertigte: «Damals hätten Wehrmacht und Volk eine solche Handlungsweise meinerseits nicht verstanden. Sie wäre in ihrer Auswirkung ein ausgesprochen revolutionärer, politischer Akt gegen Hitler gewesen. Es steht auch dahin, ob ich durch ein befehlswidriges Verlassen der Position Stalingrad nicht gerade Hitler die Argumente in die Hand gespielt hätte, die Feigheit und den Ungehorsam der Generale an den Pranger zu stellen, ihnen die ganze Schuld an der sich immer drohender abzeichnenden militärischen Niederlage aufzubürden. Einer neuen Legende, nämlich der des Dolchstoßes von Stalingrad, hätte ich den Boden bereitet zum Nachteil des Geschichtsbildes unseres Volkes und der ihm so nottuenden Erkenntnisse aus diesem Kriege. Die umstürzende Absicht, die Niederlage bewußt herbeizuführen, um damit Hitler und das nationalsozialistische System als Hindernis für die Beendigung des Krieges zu Fall zu bringen, ist weder von mir erwogen worden, noch kam sie mir aus meinem ganzen Befehlsbereich in irgendeiner Form zur Kenntnis.»[53]

Kriegsdienstverweigerung und Fahnenflucht als Widerstand

Aus Gründen, die mit moralischen, emotionalen und nationalen Kategorien wie Patriotismus, Tradition, Treue, Ehre und daraus resultierender Sozialisationserfahrung zu umschreiben wären, sind Kriegsdienstverweigerung und Fahnenflucht besonders schwierige Themen in der Diskussion um den Widerstand gegen den Nationalsozialismus. Traditionell wird solches Verhalten als Zeichen von Angst, Feigheit und Verrat gewertet. Aber es bedeutete doch auch Schwächung des Regimes durch individuelle Unterlassung, durch Verweigerung der Unterstützung eines Eroberungskrieges. Desertion war vor allem als politische Entscheidung ein individueller Akt des Widerstandes durch Entzug. Das hat Ludwig Gehm gelebt, der als Mitglied des Internationalen Sozialistischen Kampfbundes frühen sozialistischen Widerstand leistete, dafür inhaftiert und schließlich für eine Bewährungseinheit der Wehrmacht rekrutiert wurde, die zu den griechischen Partisanen überlief.

Die Motive für die höchst risikoreichen, individuellen Entscheidungen entziehen sich dem pauschalen Zugriff ebenso wie einer detaillierten Darstellung. Man wird wohl in den meisten Fällen von einem Motivbündel ausgehen müssen, das sich von Außenstehenden kaum entwirren lässt. Insofern sind eindeutige Urteile über diese Gewissensentscheidungen nur schwer möglich.[54] Auf jeden Fall aber wurden Kriegsdienstverweigerung und Fahnenflucht vom nationalsozialistischen Regime als Auflehnung und verbrecherische Widerstandshandlungen angesehen. Entsprechend drakonisch waren die Strafen.[55]

Tausende von deutschen Soldaten haben im Zweiten Weltkrieg durch Kriegsdienstverweigerung versucht, sich dem Dienst mit der Waffe zu entziehen. Dafür gab es zum einen religiöse und ethische Gründe, wie etwa bei den Zeugen Jehovas, aber auch bei evangelischen und katholischen Christen, die nicht an kriegerischem Unrecht beteiligt sein wollten. Seit August 1939 war im Deutschen Reich die Kriegssonderstrafrechtsverordnung in Kraft, mit der jede Art von Wehrkraftzersetzung unterbunden bzw. geahndet werden sollte. Defätistische Äußerungen, Anstiftung zur Fahnenflucht, alle Formen von Wehrdienstentzug standen unter Strafandrohung.

Wegen Fahnenflucht ergingen im Laufe des Krieges etwa 35 000 Urteile der Militärgerichtsbarkeit, darunter 22 000 Todesurteile, von denen 15 000 vollstreckt wurden. Wohl keine andere Armee hat in dieser Hinsicht so barbarisch agiert wie die deutsche Wehrmacht. Im Ersten Weltkrieg verurteilten deutsche Kriegsgerichte insgesamt 18 Soldaten wegen Fahnenflucht zum Tode. Die US Army hat im ganzen Zweiten Weltkrieg einen einzigen Deserteur hingerichtet. Unter den Verurteilten deutscher Kriegsgerichte befanden sich aber auch Angehörige der Resistance oder polnische Patrioten, die Widerstand gegen die deutsche Besatzung geleistet hatten.

Das Wüten der Standgerichte am Ende des Krieges während des Einmarsches alliierter Truppen ist in der Bilanz der Militärjustiz noch gar nicht enthalten. An einer Berliner Straßenkreuzung erinnert seit April 2015 eine Gedenktafel an einen unbekannten 17-jährigen, der an dieser Stelle standgerichtlich ermordet wurde. Er gehört zu den Opfern, die in den letzten Tagen des Krieges in den letzten Aufwallungen eines blinden Fanatismus anonym und oft von unbekannten Tätern durch Standgerichte im Namen des Deutschen Reiches oder des Nationalsozialismus oder des Diktators Hitler oder des Vaterlandes zu Tode gebracht wurden. Die Schnelligkeit des «Gerichts» steht im umgekehrten Verhältnis zur Rechtsgültigkeit, mit der Jugendliche, erwachsene Männer und Greise gemordet wurden, weil sie Vernunft walten ließen, kriegsmüde waren, der Phrasen und des sinnlosen Gemetzels überdrüssig waren oder wie die 16- und 17-Jährigen, die zum Volkssturm rekrutiert wurden, Angst hatten, die weiterleben wollten, statt einen sinnlosen Heldentod zu sterben.

Der 17-Jährige Unbekannte in Berlin wurde von Soldaten in den letzten Apriltagen 1945 aus dem Keller eines Hauses zwischen Uhland- und Fechnerstraße herausgeholt. Der Junge hatte sich dort versteckt, weil er im sinnlosen Schrecken der letzten Kriegstage sein Leben retten wollte. Er war ein Deserteur. Der oberste Befehlshaber Hitler, der sich im Bunker unter der Reichskanzlei verkrochen hatte und sich durch Selbstmord der Verantwortung für viele Millionen Tote entzog, hatte angeordnet, Verräter augenblicklich zu erschießen oder zu erhängen. Dann beging der Diktator selbst Fahnenflucht und entzog sich irdischem Gericht.

Fanatiker vollstreckten, wo sie nur konnten, den verbrecherischen Befehl. Auch an dem 17-Jährigen in Berlin-Wilmersdorf am 24. April 1945. Dazu wurde im Haus Berliner Straße 133 eine Wäscheleine beschafft, mit der der junge Mann an Ort und Stelle aufgehängt wurde, mit einem Schild um den Hals «Ich war zu feige, für Deutschland zu kämpfen». Das war den Mördern noch nicht genug der Barbarei. Zur «Abschreckung» musste die Leiche tagelang hängen bleiben.

Es war derselbe Tag, der 24. April 1945, über den der damals 16-jährige Hans-Rudolf Vilter berichtet. Er war im Januar 1945 zum Volkssturm eingezogen und dann zur Wehrmacht überstellt worden. Am 24. April wurde ihm befohlen, Berlin zu verlassen und sich Richtung Westen abzusetzen. Er erinnerte sich: «wir hatten Angst vor den eigenen Feldgendarmen, die gnadenlos jeden erwischten Deserteur dem nächsten Standgericht überstellten. Und diese fällten im Schnellverfahren nur ein

Urteil: Tod durch Erschießen oder Erhängen. Wir haben sie gesehen, an Straßenlaternen und Chausseebäumen hängend, mit dem Schild auf der Brust: Ich war zu feige, meine Frau und meine Kinder zu verteidigen.»[56]

Nach dem Zusammenbruch des «Dritten Reichs» haben die Richter der Wehrmacht weder Unrechtsbewusstsein gezeigt noch ihr Bedauern geäußert. Der ehemalige Marinerichter Hans Filbinger ist als Prototyp des positivistischen Juristen in dieser Rolle in die Geschichte eingegangen. Sein Diktum, «was damals Recht war, kann heute nicht Unrecht sein», mit dem er sich zu rechtfertigen suchte, als seine politische Karriere wegen solcher Todesurteile 1978 zerbrach, wurde zur Metapher für die Borniertheit der Täter.[57] Zur Verantwortung gezogen wurde kaum einer der Richter, die auf ihre Paragraphen pochten, nationalsozialistischer Ideologie folgten und von Empfindungen wie Humanität nie angerührt waren. Die Opfer der NS-Militärjustiz blieben, auch nach Filbingers ruhmlosem Abgang aus dem Amt des Ministerpräsidenten von Baden-Württemberg, als Vaterlandsverräter, als Drückeberger, als Feiglinge, als Verräter verfemt und verachtet. Erst 2002 hob der Deutsche Bundestag die Urteile der gnadenlosen Wehrmachtsrichter in toto auf.[58]

Zu den Opfern der Wehrmachtsjustiz gehört auch die Gruppe der «Kriegsverräter». Im Gegensatz zu den Deserteuren sind sie erst im September 2009 vom Bundestag rehabilitiert worden. Wegen des diffusen Delikts «Kriegsverrat» sind viele Soldaten zum Tode verurteilt worden, die sich nichts anderes hatten zuschulden kommen lassen als pazifistische Gesinnung, kritische Äußerungen über den Nationalsozialismus, Skepsis gegenüber dem «Endsieg», das Hören ausländischer Rundfunkstationen oder unerlaubten Umgang mit Kriegsgefangenen. Sie haben damit eine widerständige Haltung gegenüber dem Unrechtsregime eingenommen. Die lange währende Verweigerung ihrer kollektiven Rehabilitierung wurde damit begründet, dass «Kriegsverräter» durch ihr Verhalten Kameraden gefährdet haben könnten. Das war freilich unwahrscheinlich, und es ist kein einziger Fall nachweisbar, dass ein Wehrmachtsangehöriger durch einen «Kriegsverräter» in Gefahr gebracht worden wäre.

Selbstverständlich waren manche Fälle von Fahnenflucht keine Akte des Widerstandes oder der Demonstration gegen den Nationalsozialismus. Zu den Motiven gehörten sicher auch Heimweh oder Feigheit, ebenso das Entsetzen über den Krieg, über die Verbrechen an der Zivilbevölkerung und über die Judenmorde, deren unfreiwillige Zeugen viele

Wehrmachtsoldaten im Osten wurden. Bei vielen Deserteuren hat das politische Motiv eine wichtige Rolle gespielt. Zu ihnen muss man auch diejenigen rechnen, die schließlich von der Sinnlosigkeit des Krieges überzeugt waren und ihn nicht mehr verlängern wollten. Sie legten es darauf an, in Gefangenschaft zu geraten. In der letzten Phase des Krieges geschah dies mit steigender Tendenz. Andere, insbesondere Angehörige von Straf- oder Bewährungseinheiten, liefen gemeinsam zum Gegner über oder schlossen sich dem Widerstandskampf nationaler Befreiungsbewegungen an.[59]

Der Ort, an dem sich die Erinnerung an die unheilvolle Wehrmachtsjustiz kristallisiert, ist Torgau an der Elbe. Die sächsische Stadt war seit 1943 Sitz des Reichskriegsgerichts. Dort gab es mit «Fort Zinna» und «Brückenkopf» zwei Militärgefängnisse, in denen die verhängten Strafen vollstreckt wurden. Fort Zinna war 1936 bis 1938 zum modernsten Strafgefängnis der Wehrmacht ausgebaut worden. Ab August 1939 diente auch die Kaserne auf dem Brückenkopf auf dem östlichen Elbufer als Militärhaftanstalt. Durchschnittlich 15 000 Soldaten waren jährlich in Torgau in den beiden stets überfüllten Gefängnissen inhaftiert.

Die Rehabilitierung der Deserteure war ein Akt später Gerechtigkeit für eine Opfergruppe, der über das Ende des nationalsozialistischen Regimes hinaus Unrecht getan wurde, bis sie als Widerstand Leistende oder wenigstens nicht aus unehrenhaften Motiven Handelnde anerkannt wurden. Bundesjustizministerin Brigitte Zypries machte 2007 anlässlich der Eröffnung der Ausstellung «Was damals Recht war» in Berlin deutlich, dass das Treiben der Militärrichter mit Recht wenig zu tun gehabt hatte: «Die nationalsozialistische Strafjustiz diente nicht der Gerechtigkeit. Sie war eine Waffe zur Vernichtung politischer Gegner. Und die Militärjustiz war ein Instrument, um einen verbrecherischen Angriffskrieg möglichst lange führen zu können … Dass sich all dies mehr oder weniger in den Formen des Rechts abspielte, war Ausdruck einer perfiden Legalitätstaktik. Sie verleitete die Zweifler zum Mitmachen und unterdrückte bei vielen Tätern die Skrupel. Dabei lag für diejenigen Juristen, die sehen wollten, die Pervertierung des Rechts klar vor Augen. Der Bruch mit allen Prinzipien des Rechtsstaates war offenkundig: Keine Unabhängigkeit der Richter, unpräzise Tatbestände, die von der völkischen Ideologie der Nazis geprägt waren – etwa die sogenannte Wehrkraftzersetzung, und ein Strafmaß, das im krassen Missverhältnis zur Schwere der Schuld stand.»[60]

Der individuelle Entschluss, sich dem Kriegsdienst zu entziehen, konnte viele Gründe haben, die von ganz privaten Motiven bis zur Verweigerung aus wachsender politischer Erkenntnis oder zur fundamentalen Opposition aus Gesinnung reichten. Das letztere traf für Soldaten zu, die nach Verbüßung einer Gefängnisstrafe oder nach einem KZ-Aufenthalt, die gegen sie wegen politischer Gegnerschaft verhängt worden waren, in Bewährungseinheiten zum Militärdienst gezwungen waren. Der Übertritt zu Partisanen oder zur gegnerischen Armee war ebenso Widerstand wie die Verweigerung aus religiöser oder anders begründeter pazifistischer Gesinnung.

Die Mehrzahl der Desertionen hatte Motive als Ursache, bei denen sich politische und private Erfahrungen bündelten. Das traf für den Schützen Stefan Hampel zu, der im Frühjahr 1942 aus dem Urlaub nicht zur Wehrmacht zurückkehrte. 1918 war er in Wilna als Sohn eines deutschen Vaters und einer Polin, einer Gutsbesitzerstochter, geboren. Die Eltern ließen sich früh scheiden, die Mutter kehrte in ihre Heimat nach Ostpolen zurück. Stefan wuchs beim Vater, einem Polizeioberleutnant auf. Den Fronturlaub 1942 nutzte er, wie er bei der Verhandlung vor dem Kriegsgericht angab, um nach seiner Mutter zu suchen, die möglicherweise unter sowjetischer Besatzung Ostpolens deportiert worden war. Unterwegs dorthin wurde Stefan Hampel aber auch Zeuge eines Massenmords an Juden in Ostpolen. Im Dorf Wassilischki in der Nähe von Grodno erschossen Angehörige der SS die jüdischen Einwohner. Hampel kehrte vom Urlaub zu seiner Einheit zurück, reiste aber wenig später ohne Erlaubnis zum zweiten Mal nach Grodno, besorgte sich Zivilkleider, verbrannte die Uniform und ging in den Untergrund. Mit einem gefälschten litauischen Ausweis, aber in seiner wirklichen Identität als deutscher Eisenbahnangestellter reiste er Anfang Mai 1942 nach Freiburg im Breisgau, wurde verhaftet und stand im August vor dem Gericht der Wehrmachtkommandantur in Berlin.

Hampels Konflikt mit dem NS-Regime hatte eine Vorgeschichte. Das Studium, das er 1938 begonnen hatte, musste er bald aus Geldmangel abbrechen. 1939, vor dem deutschen Überfall auf Polen, verhaftete ihn die Gestapo wegen Verstößen gegen das Heimtückegesetz, er hatte behauptet, die sowjetische Prawda sei die einzige Zeitung, der man glauben dürfe, und ihm sei es egal, ob Berlin oder Warschau Sitz seiner Regierung sei. Das Verfahren vor dem Sondergericht endete ohne Strafe.

Nach der Entlassung aus der Haft wurde Hampel 1940 Soldat. Die Militärjustiz verurteilte den Deserteur im August 1943 ohne weiteres zum Tod. Ein Gnadengesuch bewirkte die Wiederaufnahme des Prozesses, die Bestellung eines Psychiaters als Gutachter, der den Verurteilten zwar als Psychopathen, jedoch als zurechnungsfähig charakterisierte, und schließlich die Abmilderung der Strafe in 15 Jahre Zuchthaus. Hampel verbüßte sie im Emslandlager Börgermoor, wurde 1945 noch zu einer Bewährungseinheit rekrutiert und geriet in Schlesien in sowjetische Kriegsgefangenschaft. Das Stigma des Deserteurs mit den Konnotationen Feigheit und Verrat haftete an ihm. Bemühungen um eine Entschädigung für die durch Misshandlung in der Haft ruinierte Gesundheit blieben ohne Erfolg.[61]

Der Fall Hampel kann sicherlich nicht verallgemeinert werden. Auch nicht alle Argumente seiner Verteidigungsstrategie sind belastbar. In der Darstellung seiner Motive und seines Schicksals hat Hampel das traumatisierende und Widerstand gegen das Regime evozierende Erlebnis der Massenerschießung polnischer Juden im Lauf der Zeit stärker betont und auch von Kontakten mit Partisanen gesprochen, die er vor Gericht mit gutem Grund nicht erwähnt hatte. Dem steht die Beteuerung seiner nationalsozialistischen Gesinnung und der gegenüber der Militärjustiz betonten antijüdischen Überzeugung entgegen. Tatsache bleibt, dass Stefan Hampel im politischen Konflikt mit dem NS-Regime stand und sich ihm durch Fahnenflucht entzog. Zu konstatieren ist auch, dass die Militärjustiz die Verweigerer insgesamt nicht nur als Delinquenten im militärischen Sinn, sondern universal als Feinde des Unrechtsstaates behandelte, dem sie mit solcher barbarischen Kampfansage hingebungsvoll diente. Ungeachtet der jeweils individuellen Motive, sich dem Militärdienst zu entziehen, war die Verweigerung eine Form von Widerstand, die auch von der postnationalsozialistischen Gesellschaft – und zwar in der demokratischen Bundesrepublik ebenso wie in der totalitär verfassten DDR – jahrzehntelang nicht anerkannt wurde.

Das galt auch für den Widerstand, der aus weltanschaulichem Grund durch Verweigerung geleistet wurde. Am konsequentesten verhielten sich die Angehörigen der Glaubensgemeinschaft Jehovas Zeugen. Ein eindrucksvolles und repräsentatives Beispiel bietet die Vita Fritz Vogels. Er war 1898 in Rußdorf, einem Dorf in der sächsischen Textilregion, als Kind armer Leute zur Welt gekommen. Wie der Vater wurde er Strumpfwirker. 18-jährig wurde er 1916 zum Kriegsdienst eingezogen. Im April 1919 wurde er entlassen und erhielt wegen der Folgen einer beim Militär erlittenen Malaria eine kleine Rente, die jedoch in der Inflationszeit billig abgefunden wurde. Vogel arbeitete dann wieder in der Textilindustrie und half in der elterlichen Landwirtschaft. Das Kriegserlebnis hatte den jungen Mann dem protestantischen Glauben entfremdet. Im Januar 1924 verließ er die evangelisch-lutherische Kirche, weil diese «den Krieg geheiligt und die Waffen gesegnet» hatte.[62] Fritz Vogel empfing die Taufe der Gemeinschaft Ernster Bibelforscher und beteiligte sich am Verkündigungsdienst. Den Lebensunterhalt verdiente er als Strumpfwirker bei der Firma ELBEO in Gersdorf.

Nach dem Machterhalt der NSDAP geriet Fritz Vogel zunehmend in Schwierigkeiten. Seine Weigerung, der DAF beizutreten, seine Kritik am Nationalsozialismus bei einem Betriebsappell und die Nichtteilnahme an der Reichstagswahl führten im November 1933 zum Verlust des Arbeitsplatzes. Im Sommer 1936 begann mit der Festnahme durch die Gestapo der Leidensweg Vogels durch Gefängnisse und Konzentrationslager. Nach Verbüßung einer 18-monatigen Gefängnisstrafe in Bautzen und Reichenbach (Vogtland) wurde er entlassen. Da er sich weigerte, sich vor der Gestapo von seinem Glauben loszusagen, wurde er ins KZ Buchenwald eingeliefert, nach zwei Jahren ins KZ Wewelsburg überstellt und schließlich nach Ravensbrück verlegt. In allen Konzentrationslagern wurde er bei schwerster Arbeit misshandelt. Er erkrankte und überlebte den Evakuierungsmarsch im Frühjahr 1945 nur durch die Hilfe solidarischer Glaubensbrüder. Nach neun Jahren Haft kehrte Fritz Vogel ins zivile Leben zurück. Seine Frau hatte ihn verlassen, er lebte bei der 22-jährigen Tochter in Gersdorf in Sachsen, die jedoch bald in den Westen ging. Zunächst arbeitete Vogel wieder als Strumpfwirker. Ab August 1946 widmete er sich hauptberuflich als Prediger seiner Glaubensgemeinschaft. Anfang 1946 wurde ihm der Status Opfer des Faschismus zuerkannt. Seine Glaubensgemeinschaft setzte ihn in Sachsen, Thüringen und Brandenburg im Verkündigungsdienst ein. Ab April 1948 war er in Cottbus tätig, 1949 ging er mit der Glaubensschwester Dora Bahr eine neue Ehe ein. Vogel arbeitete halbtags in der Gärtnerei des Schwiegervaters in Sonnewalde mit und verkaufte Gemüse auf dem Markt von Finsterwalde.

Am 30. August 1950 endete die kurze Zeit seiner Freiheit nach nationalsozialistischer Verfolgung. Die Staatssicherheit verhaftete Fritz Vogel, den sie zu den wichtigsten Funktionären der Zeugen Jehovas in Brandenburg rechnete. Sie sah in ihm ein «äußerst aktives und verbohrtes Mitglied der Sekte und antidemokratisch und antisowjetisch eingestellt».[63] Begründet war der Vorwurf damit, dass Vogel im Verhör erklärt hatte, er werde keine Unterschrift zur Ächtung der US-amerikanischen Atombombe leisten und an den Landtagswahlen im Oktober 1950 nicht teilnehmen. Die grundsätzliche politische Abstinenz wurde ihm in einem Gutachten der Vereinigung der Verfolgten des Naziregimes als undemokratisches Verhalten angekreidet und diente als Begründung, ihm den Status als Opfer nationalsozialistischer Verfolgung zu entziehen.

Am 18. November 1950 verurteilte das Landgericht Cottbus Fritz Vogel wegen «Boykotthetze gegen demokratische Organisationen, Kriegshetze und Verbreitung friedensgefährdender Gerüchte» zu zwölf Jahren Zuchthaus. Vier Glaubensbrüder erhielten im selben Prozess zwölf, ein weiterer zehn Jahre Zuchthaus. Fritz Vogel verbüßte die Strafe in der Vollzugsanstalt Luckau, wo er Glaubensbrüder traf, die er bereits aus den nationalsozialistischen Konzentrationslagern kannte. Ein Gnadenerweis des DDR-Präsidenten Pieck setzte im Dezember 1956 die Haft auf acht Jahre herab. Am 15. März 1957 wurde Fritz Vogel auf Bewährung entlassen.

Das Ehepaar Vogel blieb dem Glauben treu und hielt auf seinem abgelegenen Grundstück regelmäßige Versammlungen ab. Die Staatssicherheit beobachtete Vogel weiterhin und verhinderte 1970 seine Teilnahme als Zeuge am Prozess gegen das Wachpersonal des KZ Wewelsburg in der Bundesrepublik. Aufgrund seiner Verurteilung wegen illegaler Tätigkeit für Jehovas Zeugen sei er ungeeignet für eine Aussage vor einem bundesdeutschen Gericht, entschied die DDR-Behörde. Fritz Vogel ist 1973 gestorben, seine Frau ein Jahr später.

Durch Kritik am Nationalsozialismus in der Bereitschaft, die Konsequenzen dafür zu tragen, war Fritz Vogel seit Sommer 1936 bis zum Zusammenbruch des Regimes im Mai 1945 in Gefängnissen und Konzentrationslagern inhaftiert. Er hat durch die unbeirrte Verweigerung des Wehrdienstes und jeder Gefolgschaft Widerstand geleistet und dafür bis zum Ende seines Lebens auch als Bürger der DDR gebüßt.

12. Widerstand in letzter Stunde

Die Männer von Brettheim

Das Dorf Brettheim (heute Teil der Gemeinde Rot am See) in der württembergischen Region Hohenlohe geriet Anfang April 1945 durch das Vorrücken US-amerikanischer Verbände in die Kampfzone. Der Volkssturm, bestehend aus 25 Hitler-Jungen im Alter von 15 und 16 Jahren unter dem Kommando eines schwerkriegsbeschädigten Unteroffiziers, hatte Befehl, die Straße von Blaufelden nach Crailsheim zu observieren. Quartier wurde in der Nacht zum 7. April in einem Gasthof im Dorf Hausen am Bach genommen. Vier Hitler-Jungen, bewaffnet mit einem Gewehr, vier Panzerfäusten und Handgranaten wurden zur Panzeraufklärung eingesetzt und marschierten als Spähtrupp Richtung Rot am See.

Der Bürgermeister von Hausen war mit seinem Kollegen in Brettheim einig, dass eine «Verteidigung» durch diese Truppe unsinnig, ja gefährlich sei, dass ein Angriff auf einen US-Panzer schreckliche Folgen für die Dörfer haben würde. Sie berieten sich telefonisch und fragten den Ortsgruppenleiter der NSDAP in Brettheim, ob man die Buben nicht verjagen könne, von solchen Kriegern wolle man sich zu diesem Zeitpunkt nicht verteidigen lassen. Der Brettheimer Ortsgruppenleiter gab zu bedenken, dass die vier HJ-Kämpfer Angehörige der Wehrmacht seien, dass man sie wohl nicht ohne weiteres loswerde. Gegen sieben Uhr morgens empfing eine Gruppe von Männern am Ortsausgang von Brettheim die vier Vaterlandsverteidiger. Mit regionaler Grobheit ging es zur Sache. Bauer Hanselmann, Gemeindediener Uhl, Molkereibesitzer Schmetzer und andere entwaffneten die Jungen, schimpften sie, einer erhielt eine Ohrfeige, ein anderer wurde gebeutelt. Die HJ floh weinend, als ein Schuss die verhinderten Helden zusätzlich erschreckte. Zurück in Hausen erstatteten die Volkssturmsoldaten Meldung, und ihr Kommandant, der Unteroffizier Bloß, berichtete der NSDAP-Kreisleitung in Rothenburg ob der Tauber den Vorfall. Dann brach er mit seiner gesamten Truppe nach Brettheim auf und forderte ultimativ die Rückgabe der Waffen. Diese waren von den Brettheimern aber inzwischen zerlegt und im Dorfteich entsorgt worden.

Unglücklicherweise befand sich der Stab des 13. SS-Armeekorps in der Gegend, er hatte sich auf Schloss Schillingsfürst einquartiert. Dessen Kommandeur, SS-Gruppenführer und Generalleutnant der Waffen-SS Max Simon, erhielt Kenntnis von der Angelegenheit und beschloss, sich persönlich darum zu kümmern. Er erteilte dem SS-Sturmbannführer Gottschalk den Befehl, die Vorgänge in Brettheim zu untersuchen. Gottschalk begab sich in Begleitung eines weiteren Offiziers, des Majors Ernst Otto, und einiger SS-Männer an den Tatort. Zuerst ließ er sich von den Hitler-Jungen berichten, dann befahl er die verdächtigen Männer in Brettheim zum Verhör, stellte sie der HJ gegenüber. Erst als er drohte, das Dorf niederbrennen zu lassen, bekannte sich Bauer Hanselmann dazu, an der Entwaffnung mitgewirkt zu haben. Um das ihm notwendig dünkende Exempel zu statuieren, ernannte sich Gottschalk zum Vorsitzenden eines Standgerichts, den begleitenden Major Ernst Otto und den Ortsgruppenleiter der NSDAP Leonhard Wolfmeyer zu Beisitzern. Einen Auftrag dazu hatte Sturmbannführer Gottschalk nicht. Das Todesurteil gegen den 63jährigen Landwirt Friedrich Hanselmann war mit den beiden Stimmen der Offiziere rasch gefällt. Aber der NSDAP-Ortsgruppenleiter Leonhard Wolfmeyer weigerte sich, das Urteil gegen den geachteten und beliebten Bürger seines Dorfes zu unterschreiben.

Damit war aber die ordnungsgemäße Verkündung des Todesurteils nach dem ausgeprägten Rechtsempfinden Gottschalks nicht möglich. Nach strenger Ermahnung durften die Männer von Brettheim am frühen Morgen des 8. April nachhause gehen. Nicht aber der zum Tod verurteilte Friedrich Hanselmann und der 15-jährige Molkereilehrling Schwarzenberger, der zugegeben hatte, an der Entwaffnung der HJ beteiligt gewesen zu sein. Die beiden wurden ins Gefängnis Rothenburg o. T. gebracht. Am folgenden Tag wurden auch der Ortsgruppenleiter Wolfmeyer und der Brettheimer Bürgermeister Gackstatter wegen widersetzlichen Verhaltens bei der Verurteilung Hanselmanns verhaftet; beide waren im Dorf beliebt, der NSDAP-Ortsgruppenleiter, der im Hauptberuf Lehrer war, galt als moderat und vernünftig, der Bürgermeister war seit 34 Jahren im Amt und geachtet. Am 9. April trat ein neues Standgericht zusammen, wieder unter Gottschalks Vorsitz. Hanselmann wurde abermals wegen Wehrkraftzersetzung zum Tod verurteilt. Der Lehrling Schwarzenberger wurde, als strafunmündig, einem Wehrertüchtigungslager überstellt.

Am 10. April standen auch Bürgermeister Leonhard Gackstatter und Ortsgruppenleiter Leonhard Wolfmeyer in Schillingsfürst vor einem Standgericht, das sie wegen Verweigerung der Unterschrift des Todesurteils bzw. wegen des Eintretens für Hanselmann zum Tod verurteilte. SS-General Simon betätigte die Urteile und bestand auf der Hinrichtung durch den Strang. Am Abend wurden die drei Männer, die jäh zu Widerstandskämpfern geworden waren – Ortsgruppenleiter Wolfmeyer hatte freilich um Gnade gebeten und sich bereit erklärt, das Urteil gegen Hanselmann jetzt doch zu unterschreiben –, nach Brettheim gefahren. An Bäumen vor dem Friedhofseingang wurden sie gehenkt. Ihre Leichen mussten, mit Schildern um den Hals «Ich bin der Verräter Hanselmann» bzw. «Ich habe mich schützend vor den Verräter gestellt», drei Tage lang hängenbleiben. Die Hitler-Jungen erfuhren Genugtuung für die ihnen zugefügte Schmach. Sie durften bei der Exekution helfen und wirkten mit Eifer mit.[1]

Eine unmittelbare Folge der Einschüchterung der Bevölkerung durch die SS in den letzten Tagen des Kriegs war das Unglück, das Brettheim wenige Tage später traf. Am 17. April nahmen US-Truppen das Dorf ein. Sie hatten die Einwohner aufgefordert, sich zu ergeben, aber niemand wagte es nach den Ereignissen der vergangenen Tage, die weiße Fahne zu zeigen, und die SS schoss auf die US-Panzer. Daraufhin wurde das Dorf fast vollständig zerstört, 17 Menschen fanden den Tod.

Die Tragödie setzte sich auf juristischer Ebene fort. Zwölf Jahre, von 1948 bis 1960, dauerte der Justizskandal vor mehreren Gerichten und Instanzen, dem Landgericht Ansbach, dem Bayerischen Obersten Landesgericht, dem Bundesgerichtshof, dem Landgericht Nürnberg-Fürth. Milde Urteile gegen die Mörder wechselten sich mit Revisionen und Freisprüchen ab. Nur wegen der Ermordung von Friedrich Hanselmann, dem aufrechten Landwirt aus Brettheim, durch das Standgericht unter seinem Vorsitz wurde der ehemalige SS-Sturmbannführer Friedrich Gottschalk wegen Totschlags unter Zubilligung mildernder Umstände zu dreieinhalb Jahren Gefängnis verurteilt, und zwar wegen Rechtsbeugung, weil das

Urteil schon vor dem Verfahren formuliert war. Der SS-General Max Simon wurde in allen Instanzen «mangels Beweisen» freigesprochen. Streiflichter aus den Gerichtssälen, in denen die Geschichte der Ermordung der Brettheimer Bürger aufgeklärt werden sollte, beleuchten ein verstörendes Bild formaljuristischen Umgangs mit nationalsozialistischer Vergangenheit, militärischer Notwendigkeit, aber auch öffentlicher Empörung. Die beiden Angeklagten, Sturmbannführer Gottschalk und Major Otto, litten unter der üblichen Erinnerungsschwäche und beriefen sich auf Befehlsnotstand. Der ehemalige SS-General, der 1947 wegen Kriegsverbrechen an italienischen Partisanen von einem britischen Militärgericht zum Tod verurteilt, aber zu sieben Jahren Zuchthaus begnadigt worden war, gab sich martialisch als verfolgte Unschuld. Der Verteidiger beleidigte die Angehörigen der Opfer, unterstellte ihnen Rachsucht und machte beim Lokaltermin unter den Linden am Brettheimer Friedhof die Zuhörer sprachlos, als er erklärte, er «finde es bedeutend reizvoller, an den Lindenbäumen von Brettheim aufgehängt zu werden, als an Fleischerhaken in Plötzensee!»[2]

Als Sachverständiger der Verteidigung wurde der Rechtsprofessor Erich Schwinge gehört. Als Kommentator des Militärstrafgesetzbuches vor 1945 und als Mitwirkender des Bundeswehrstrafrechts war er eine juristische Autorität. Politisch stand er rechtsaußen. Er hielt selbstbewusst und schwungvoll eine Vorlesung im Gerichtssaal, in der er dem SS-General Simon nicht nur korrektes Handeln bescheinigte, sondern dessen Vorgehen als vorbildlich pries. Es sei korrekt gewesen: «Mehr noch. Wenn Simon im Sinne der preußisch-deutschen militärischen Tradition nachgeprüft hätte, was die Pflichten seines Standes verlangten, wäre er ebenfalls zu dem Ergebnis gekommen, dass er den Kampf nicht einstellen durfte und sich gegen Handlungen, die den Zusammenhalt der Truppe gefährdeten, wehren musste.»[3]

Der Staatsanwalt, verärgert über den Zynismus des Verteidigers, stellte den Antrag, einen Sachverständigen aus dem Umfeld des 20. Juli zu hören. Er bot dem Gericht «als Zeugen für die verbrecherischen Ziele der deutschen Kriegsführung in der Endphase des Zweiten Weltkriegs» den Brigadegeneral im Bundesverteidigungsministerium Cord von Hobe an. Dieser, im April 1945 als Oberst dem Angeklagten unterstellt, erregte allgemeines Erstaunen und brachte sogar den Verteidigungsminister Franz Josef Strauß mit seiner Aussage in Erklärungsnot. Brigadegeneral von Hobe erklärte nämlich nicht nur das Schicksal der Zivilbevölkerung als nachrangig, als der Staatsanwalt ihn fragte, ob die Zivilbevölkerung im Krieg nicht den gleichen Anspruch auf Schutz habe wie die Truppe. Auch mit der Konstruktion einer neuen Dolchstoßlegende verrannte sich der ranghohe Offizier. Er behauptete, die Bevölkerung habe den Auftrag der Wehrmacht in den letzten Kriegstagen, im Westen möglichst viel Territorium feindfrei zu halten, um den Rückzug aus dem Osten zu ermöglichen, nicht gewürdigt: «Diese Notwendigkeit ist von der Zivilbevölkerung nicht erkannt worden. Ihre kriegsmüde Haltung hat die Lage meiner Soldaten psychologisch außerordentlich erschwert.» Unter dem Jubel des Verteidigers erklärte Hobe: «Meine Soldaten fühlten sich von der Bevölkerung, für die sie zu kämpfen glaubten, im Stich gelassen. Mir sind Fälle bekannt geworden, dass versprengten Soldaten nicht geholfen wurde. Einige Male ist sogar von Einheimischen auf deutsche Soldaten geschossen worden.»[4]

Am Totensonntag des Jahres 1960 organisierten Studierende verschiedener baden-württembergischen Hochschulen eine Feierstunde auf dem Brettheimer Friedhof. Sie wollten das schwere Erbe der Vergangenheit annehmen und auf den Konflikt zwischen dem eigenen Gewissen und der Ausführung eines – wie die Prozesse gezeigt hatten – juristisch anscheinend nicht anfechtbaren Befehls aufmerksam machen. Es ging ihnen um die Moral im Unrechtsstaat, um Recht und Pflicht der Verweigerung und des Widerstands. Dazu hatten sie prominente Redner gewonnen. Den evangelischen Landesbischof und den Innenminister des Landes Baden-Württemberg Hans Filbinger. Er beeindruckte die Zuhörer mit den richtigen Worten über Diktatur und Staatskriminalität und tröstete die Angehörigen der Mordopfer: «Da dieser eine kein Sittengesetz über sich anerkannte und nur seinen Hass und seine verbrecherischen Neigungen zur Richtschnur seines Handelns machte, war damit auch der Staat als solcher – an höheren Rechtsnormen orientiert – kriminell geworden ... Ein Vorfall, wie der in Brettheim, kann sich nur in einem totalitären Staat abspielen. Nur dort ist es möglich, einem breiteren Teil des Volkes durch gelenkte Propaganda einzuhämmern, dass ein offensichtlich sinnloser Widerstand sinnvoll ist. Nur dort ist es möglich, im einzelnen das Gefühl für den Wert des Menschenlebens und für Recht und Gerechtigkeit zu zerstören.»[5]

18 Jahre später, inzwischen zum Ministerpräsidenten avanciert, wurde Filbinger von der eigenen Vergangenheit als Marinerichter eingeholt. Um seine Todesurteile zu rechtfertigen, die so spät und so sinnlos waren

wie die gegen die Männer von Brettheim, prägte Filbinger den Satz, der moralische Indolenz und politischen Starrsinn seither kennzeichnet: «Was damals Recht war, kann heute nicht Unrecht sein.» Er begründete damit seinen Ruf als «furchtbarer Jurist» und leitete seinen Sturz von der politischen Bühne ein.

Das Kriegsende in Ansbach

In Ansbach, der Metropole des bayerischen Regierungsbezirkes Mittelfranken, hatte sich am humanistischen Gymnasium Carolinum 1943 ein Kreis NS-kritischer Schüler zusammengefunden. Im Mittelpunkt standen Robert Limpert und sein Freund Wolfgang Hammer. Wegen milieutypischer Missetaten wie regimekritischer Tafelanschriebe wurden sie relegiert, konnten aber in Erlangen das Abitur ablegen. Robert Limpert war herzkrank und deshalb nicht militärdienstfähig. Er bereitete sich auf das Studium der Orientalistik in Fribourg vor, wegen Immatrikulationsproblemen in der Schweiz schrieb er sich im Wintersemester 1944/45 vorerst als Gasthörer an der Julius-Maximilians-Universität Würzburg ein. Im März, nach dem Luftangriff auf Würzburg, kehrte er nach Ansbach zurück. Der knapp 20-Jährige war nicht nur skeptisch gegenüber dem Nationalsozialismus, er war auch Kriegsgegner aus Grundsatz. Im April 1945 verteilte er Flugblätter, die zur kampflosen Übergabe der Stadt Ansbach an die Amerikaner aufriefen.

Am 18. April stand die US-Armee kurz vor Ansbach. Robert Limpert leistete jetzt aktiven Widerstand. Mit einer Zange durchtrennte er das Telefonkabel, das den Gefechtsstand des Kampfkommandanten mit den Verteidigungstruppen der Wehrmacht verband. Limpert wusste nicht, dass der Gefechtsstand bereits geräumt war. Er wurde aber von zwei Hitler-Jungen beobachtet, die Erwachsene informierten. Im Elternhaus wurde Robert verhaftet. Der Ansbacher Kampfkommandant, Oberst Ernst Meyer, verurteilte ihn standgerichtlich zum Tod und verfügte die Hinrichtung mit dem Strick am Rathaustor. Robert Limpert unternahm bei der Exekution einen Fluchtversuch, wurde schnell wieder eingefangen und zurückgebracht. Oberst Meyer betätigte sich persönlich als Henker, legte dem Delinquenten den Strick um den Hals und ließ ihn daran hochziehen. Der Strick riss, der Offizier wurde zum Barbaren, knüpfte eine neue Schlinge, gab abermals das tödliche Kommando.

Wenige Stunden nach Robert Limperts Tod marschierten die Amerikaner in Ansbach ein und nahmen die Leiche ab. Oberst Meyer wurde vom Landgericht Ansbach am 14. Dezember 1946 wegen Totschlags zu einer Zuchthausstrafe von zehn Jahren verurteilt, von denen er sechs Jahre verbüßte. Meyer hat seine Tat nie bereut. Seine Tochter hat sich in einem Buch damit auseinandergesetzt.[6] Robert Limperts Widerstandsakt hatte außer dem juristischen weitere Nachspiele. Die katholische Kirche schmückte sich mit der Tat des frommen jungen Mannes und nahm ihn in ihr Martyrologium auf.[7] Die Stadt Ansbach tat sich lange schwer, des bestialisch gemordeten jungen Mannes zu gedenken. Die Legende, seine Tat hätte den Rückzug von Wehrmachtssoldaten verhindert und sie gefährdet, wurde gerne geglaubt und auch von der Verteidigung Meyers ins Treffen geführt. Davon konnte keine Rede sein, denn der Gefechtsstand, dessen Kommunikationslinien der ahnungslose Robert Limpert zerstört hatte, war ja gar nicht mehr besetzt.

«Zu viele ehrbare Bürger» seien in fataler Weise in den Fall verwickelt gewesen, «deshalb durfte Limpert kein Denkmal gesetzt werden», schrieb die Historikerin Elke Fröhlich, die dem Ereignis die erste gründliche Recherche gewidmet hat.[8] Ein Gedenkstein, gestiftet von der Friedensbewegung, bestimmt für das Rathaus, wurde 1986 am Waldfriedhof aufgestellt, denn der Stadtrat wollte nach Aussage einer Stadträtin «kein Kainsmal am Rathaus».[9] Im Gymnasium Carolinum können die Schüler an einer Gedenktafel ihre Fortschritte im Fach Latein prüfen: «Ruinam patriae prohibitus infamem mortem pertuli»; auf Deutsch lesen es Passanten des Torbogens auf dem Weg zum Innenhof des Rathauses: «Unheil wollte ich von der Vaterstadt wenden, dafür erlitt ich ehrlosen Tod».[10] Mit einer Stimme Mehrheit gab der Ansbacher Stadtrat im April 1989 nach langer Debatte seine Reserve gegen eine Ehrung Limperts auf.

Ein letztes Nachspiel begann Jahre später. Dabei verlor ein berühmter Gelehrter, ehemaliger Studienrat am Ansbacher Gymnasium, einer der Lehrer Robert Limperts, Karl Bosl, posthum seine Reputation. Er hatte sich vor der Entnazifizierungskammer als Spiritus Rector des widerständigen Ansbacher Schülerkreises stilisiert, eine bewegende Gedenkrede im September 1945 auf Robert Limpert gehalten. Er ist später als Historiker berühmt geworden. Bosl war als ehrgeiziger junger Assessor am 1. Mai

1933 der NSDAP beigetreten, er zeigte sich auch in SA-Uniform und beteiligte sich als Historiker am Forschungsprojekt der SS-Forschungsgemeinschaft Ahnenerbe «Wald und Baum in der arisch-germanischen Kulturgeschichte». Die Entnazifizierung überstand Bosl 1948 wegen der Retuschen in der Causa Limpert als Entlasteter und machte als Privatdozent, dann als Ordinarius in Würzburg und München rasch Karriere. Bosls wissenschaftliche Leistungen als Mediävist waren international anerkannt, als akademischer Lehrer genoss er Charisma, als Rhetor und Autor wurde er bewundert.

Dass Opportunismus 1933 den damals 25-Jährigen, wie so viele, zum Parteigenossen werden ließ, wusste bis in die 1990er Jahre kaum jemand. Er lebte altbayerische Liberalität, barocke Lebensfreude, autoritäre Professorenherrlichkeit und wurde deshalb von seinen Schülern (unter ihnen der Autor dieses Buches) geachtet, gefürchtet, geliebt und verehrt. Das Erschrecken über eine Durchhalterede im Dezember 1944 wie über Bosls Taktieren im Entnazifizierungsverfahren mischt in den Respekt für den großartigen Lehrer den Schmerz der Enttäuschung.[11]

Als Bosl 84-jährig im Jahr 1993 starb, war er als Gelehrter und Humanist längst denkmalwürdig. Seine Vaterstadt Cham hat ihm einen Platz gewidmet, eine Bronzebüste im Rathaus aufgestellt; Ehrenbürger war er ohnehin. Die Entzauberung geschah 2011, als zwei Historiker seine Geschichte untersuchten.[12] Zwar entpuppte Bosl sich nicht als fanatischer Ideologe, als Vordenker oder Unterstützer der Hitler-Herrschaft, aber im Entnazifizierungsverfahren hatte er sich den Lorbeer des Widerstandskämpfers angeeignet und die Tat seines einstigen Schülers Robert Limpert für sich adaptiert.

Der listenreiche Kampf um die eigene Einstufung «entlastet» statt des weniger schmückenden Etiketts «Mitläufer» im Entnazifizierungsverfahren vor der Spruchkammer hat Bosls Nimbus zerstört. Nicht sein Opportunismus, der ihn 1933 in die NSDAP trieb und ihn wissenschaftlich gar mit der SS-Forschungsgemeinschaft Ahnenerbe paktieren ließ. Das war Karrierestreben, ebenso die Teilnahme an einer Historikerkonferenz am 16. und 17. Januar 1945 in Braunau in Hitlers Geburtshaus. Dass die Tagung vom Präsidenten der Monumenta Germaniae Historica organisiert war, bedeutete für einen strebsamen jungen Mediävisten gewiss genug Anreiz zur Teilnahme. Schlimmer war eine Rede in Ansbach im Dezember 1944, in der Bosl vor geladenen Gästen aus Partei, Staat, Wehrmacht und

Wirtschaft das «Reich als politische Idee» beschwor. Nach der zeitgenössischen Presseberichterstattung schloss die Durchhalterede mit folgendem Appell: «Unter dem Eindruck dieser europäischen Sendung stehen wir vor den Gräbern unserer gefallenen Helden in West und Ost, Nord und Süd, ferne von den Grenzen unserer Heimat, und wissen, daß sie das Unterpfand sind dafür, daß trotz mancher Rückschläge die Kraft des deutschen Volkes im Dienst an Europa und der Welt nie erlahmen wird für das Hochziel des Reiches: Das Reich – es muß uns bleiben!» Gewiss, andere wie der Sportfunktionär Carl Diem haben in der Agonie des «Dritten Reiches» noch schlimmere Sparta-Rhetorik entfaltet, aber die durch das abschließende Luther-Zitat überhöhte Beschwörung der angeblichen deutschen Mission in Europa und der Welt war ganz ohne Gesinnung und Überzeugung nicht denkbar. Ob seiner Verfehlung gegen das Gebot der Wahrhaftigkeit hat Bosl posthum einen hohen Preis bezahlt.

Die Geschichte des Historikers Karl Bosl ist exemplarisch. Denn zu fragen ist ja nicht nur, wie viel politisches Engagement im NS-Staat hinreichte, um einen Menschen schuldig zu machen, sondern auch und hier vor allem, wie die einstigen fanatischen oder naiven, überzeugten oder opportunistischen Parteigenossen Adolf Hitlers nach dem Zusammenbruch des «Dritten Reiches», nach dem Ende der Herrschaft und der Auflösung der Ideologie des Nationalsozialismus mit ihrer Geschichte, ihrer Verstrickung in das Unrecht umgegangen sind und wie viel Widerständigkeit nach dem Untergang des «Dritten Reiches» phantasiert wurde.

Aufstand in Dachau

Am 28. April 1945, einem kühlen und regnerischen Samstag, an dem man die Kanonen der von Norden vorrückenden US-Armee bereits hören konnte, waren in Dachau viele Menschen nervös. Der NSDAP-Kreisleiter sowie die SS fürchteten die bevorstehende Einnahme der Stadt und die Befreiung des Konzentrationslagers durch die Amerikaner. «Dachau» war seit zwölf Jahren ein Schreckenswort, das für das älteste KZ des «Dritten Reiches» und die Gewaltherrschaft der Nationalsozialisten synonym gebraucht wurde. Viele Dachauer Bürger sahen das bevorstehende Ende des Nationalsozialismus mit Besorgnis, weil es die Rache der KZ-Insassen und

Strafen der Sieger bringen könnte. Viele sehnten aber auch das Ende herbei. Aus dem KZ waren Evakuierungsmärsche Richtung Alpen unterwegs, Pioniere der Wehrmacht bereiteten die Sprengung der Amperbrücke vor, der Volkssturm, das letzte Aufgebot alter Männer und minderjähriger Knaben, machte sich, miserabel ausgerüstet und nicht ausgebildet, bereit zum letzten sinnlosen Einsatz. Zwei Männer sorgten sich um die Insassen des Konzentrationslagers. Der eine war Georg Scherer, selbst ehemaliger Häftling und Lagerältester im KZ Dachau. Der andere hieß Walter Neff. Er war erst Gefangener, dann Kapo gewesen und schließlich, auf Weisung Himmlers entlassen, jedoch als Zivilangestellter in der Krankenstation des KZ weiter beschäftigt, in der Sigmund Rascher seine verbrecherischen Experimente an Häftlingen vornahm.[13]

Am 25. April war es Scherer und Neff gelungen, etwa 15 Häftlinge eines Kommandos zu befreien und zusammen mit sechs weiteren Gefangenen eines anderen Außenkommandos in einer Scheune zu verstecken. Sie waren bereit, sich an einer Erhebung gegen das NS-Regime zu beteiligen. Zusammen mit einigen Dachauern aus der Arbeiterbewegung, die den Untergang ihrer Heimatstadt beim befohlenen Aufbäumen gegen die Eroberung durch die Amerikaner im sinnlosen Widerstand befürchteten, wollten die befreiten Häftlinge mitwirken, um ihre Kameraden in der Agonie des Zusammenbruchs zu retten.

Der Aufstand sollte wegen der starken SS-Präsenz im Ort erst beginnen, wenn die Amerikaner in unmittelbarer Nähe wären. Der Aufruf der Freiheitsaktion Bayern, der in den frühen Morgenstunden des 28. April im Rundfunk zu vernehmen war, brachte die Dachauer Männer in Zugzwang. Eine Volkssturmeinheit, deren Angehörige nicht recht wussten, ob sie gegen fliehende KZ-Häftlinge, gegen die US-Armee oder gegen die SS zum Einsatz geführt wurde, marschierte am Vormittag Richtung Rathaus. In dessen Nähe hielten sich die befreiten KZ-Insassen zum Kampf bereit. Chaos brach aus, als alarmierte SS-Formationen aus dem Lager in der Altstadt erschienen und dem Dachauer Aufstand ein blutiges Ende bereiteten. Die meisten Aufständischen konnten fliehen und fanden für die letzten 24 Stunden der NS-Herrschaft ein Versteck. 40 Männer, unter ihnen der Landrat, wurden im Amtsgerichtsgefängnis arretiert und warteten dort auf ihre angekündigte Hinrichtung. Sie wurden aber am Abend nachhause geschickt.

Sechs Todesopfer waren beim Dachauer Aufstand zu beklagen. Nach ihnen sind Dachauer Straßen benannt. Der Ort des Geschehens vor dem Rathaus wurde 1946 zum «Platz des Widerstands» umgewidmet, was den Dachauer Bürgern lange Zeit nicht recht ins Bewusstsein drang.[14]

Die Freiheitsaktion Bayern

Schlecht vorbereitet, politisch naiv und militärisch dilettantisch, war die vollmundig propagierte Freiheitsaktion Bayern in den letzten Tagen vor dem Zusammenbruch Posse und Trauerspiel zugleich. Farce deshalb, weil die Akteure, Hauptmann Rupprecht Gerngroß und seine Mitstreiter, Major Alois Braun und Leutnant Ottoheinz Leiling, Lage und Machtverhältnisse falsch eingeschätzt hatten. Tragödie deshalb, weil das Unternehmen mit einem leichtfertigen Propagandacoup inszeniert war, der Regimefeinde und Kriegsmüde in vielen Orten Oberbayerns – wie beim Dachauer Aufstand – über die Chancen einer Erhebung täuschte. Den Morden bei der Niederschlagung der Erhebung, zu der das Regime noch die Kraft und genügend fanatische Anhänger hatte, fielen mehr als 40 Menschen zum Opfer.

Die militärische Streitmacht der Freiheitsaktion Bayern umfasste etwa 200 Mann, mit drei Panzern, geführt von Hauptmann Gerngroß, der seit Anfang 1942 Chef der Dolmetscherkompanie im Wehrkreis VII war. Die relative Selbstständigkeit dieser Position erlaubte es, Regimekritiker in die Einheit zu holen. Der geplante Putsch sollte im Kontakt mit der vorrückenden US-Armee erfolgen, weil sich die Verschwörer, unter ihnen Leutnant Leo Heuwing und Sonderführer Ottoheinz Leiling, der Übermacht von SS- und Wehrmachtsverbänden im Raum Bayern durchaus bewusst waren. Als Mitstreiter gewann Gerngroß den Kommandeur des Panzerersatzbataillons 17 in Freising Major Alois Braun mit 90 Mann und den drei Panzern sowie Angehörige der Grenadierersatz- und Ausbildungsbataillone 19 und 61, einige Offiziere der Wehrmachtkommandantur München und des Luftgaukommandos VII. Dazu kamen aus dem linken Spektrum Mitglieder einer Untergrundorganisation 07 und Gruppen in den Münchner Industriebetrieben Steinheil und BMW. Die fehlende Kampfkraft sollte mit einem Propagandacoup ausgeglichen werden, der Mobilisierung der Öffentlichkeit über den Rundfunk, der Beteiligung des populären Ritters von Epp, der prominenter Nazi und bayerischer Kriegsheld war, und dem Zusammenwirken mit den vorrückenden Amerikanern. Alle drei Voraussetzungen schienen gegeben. Kontakte mit den US-Truppen durch Emissäre waren erfolgversprechend, zwei Rundfunkstationen kamen per Handstreich in der Nacht zum 28. April in die Gewalt der Freiheitsaktion Bayern, die Stationen München-Freimann und Erding, und General von Epp schien sich für das Unternehmen zu interessieren.

Der 77-jährige Franz Xaver Ritter von Epp, der 1919 als Offizier an der Niederschlagung der Münchner Räterepublik beteiligt und deshalb zu Ruhm gekommen war und als früher Unterstützer der NSDAP 1933 mit dem Amt des Reichsstatthalters in Bayern belohnt worden war, galt am Ende des «Dritten Reiches» als Kritiker Hitlers. Er widerstand aber allen Bemühungen, ihn zur sichtbaren Opposition zu bewegen. Sein Ordonnanzoffizier Major Günther Caracciola war in die Pläne der Freiheitsaktion Bayern eingeweiht und überredete Epp in der Nacht zum 28. April, zusammen mit Gerngroß nach Freising zu Major Braun zu fahren. Gerngroß und sein Vertrauter Leiling hatten zu diesem Zweck am späten Abend Epp in Starnberg aufgesucht, ihn heftig bedrängt und mit Caracciolas Hilfe zur Fahrt überredet. Inzwischen besetzte Major Braun mit seiner Abteilung die Sendeanlagen in Erding, gleichzeitig wurden die Wachen im Sender Freimann überrumpelt und die Tontechniker zum Mitmachen überredet.

Der Versuch, das Zentralministerium in der Münchner Ludwigstraße und damit die Befehlsstelle des Gauleiters zu besetzen, misslang dagegen in den frühen Morgenstunden des 28. April. Ebenso war die Festnahme des Oberbefehlshabers Süd in München-Pullach nicht möglich. Die Redaktionen des «Völkischen Beobachters» und der «Münchner Neuesten Nachrichten» wurden dagegen besetzt, ebenso kam das Rathaus für kurze Zeit in die Gewalt der Freiheitsaktion. Die Aufständischen hissten die weiß-blaue Bayernfahne und nahmen den Ratsherrn Christian Weber fest, einen besonders unbeliebten Hitler-Intimus aus der Frühzeit der NSDAP.

Um 3.40 Uhr morgens war der erste Aufruf der Freiheitsaktion über den Sender Freimann zu hören. Um 5.00 Uhr rief Hauptmann Gerngroß von Erding aus zur «Fasanenjagd», zur Erhebung gegen die nationalsozialistischen Machthaber auf. Allzu voreilig und vollmundig hieß es in der Proklamation, die Freiheitsaktion Bayern habe «die Regierungsgewalt erstritten». Ein Programm wurde verkündet mit vagen Forderungen: «1. Ausrottung der Blutherrschaft des Nationalsozialismus, 2. Beseitigung des Militarismus, 3. Wiederherstellung des Friedens, 4. Kampf gegen die Anarchie, 5. Sicherstellung der Ernährung, 6. Wiederherstellung geordneter wirtschaftlicher Verhältnisse, 7. Wiederaufbau des Rechtsstaates, 8. Errichtung einer sozialen Ordnung, 9. Wiedereinführung der Grundrechte, 10. Wiederherstellung der Menschenwürde.»

Hauptmann Gerngroß hatte vergeblich versucht, den Reichsstatthalter Franz Ritter von Epp zu bewegen, den US-Streitkräften die Kapitulation Bayerns anzubieten. (Dazu hätte Epp freilich weder Befugnis noch Macht gehabt. Er hatte im Wesentlichen dekorative Bedeutung im NS-Staat.) Ritter von Epp verweigerte, als er in Freising den Aufruf im Rundfunk hörte, endgültig die Mitwirkung an der Erhebung und fuhr nach Hause. Dort geriet er in Ehrenhaft, als der Aufstand niedergeschlagen wurde. Sein Adjutant Caracciola wurde auf der Stelle erschossen. Das Regime schlug noch einmal mit voller Kraft jeden Widerstand nieder.

In den bayerischen Orten, in denen der Aufruf befolgt wurde, hatte das katastrophale Folgen. Bürger veranstalteten die über den Rundfunk proklamierte «Fasanenjagd» auf NSDAP-Funktionäre, setzten sie fest und übernahmen die Gemeindeverwaltungen. In Götting im Landkreis Rosenheim hatte die SS mitten im Dorf Maschinengewehre gegen feindliche Tiefflieger in Stellung gebracht und der Bevölkerung gedroht, vor dem Einmarsch der Amerikaner alle Höfe und Häuser durch Brandstiftung zu vernichten. Der Aufruf der Freiheitsaktion Bayern veranlasste den Lehrer und den Pfarrer, die bayerische Fahne auf dem Kirchturm zu hissen als Signal der Befreiung und als Zeichen, dass kein Widerstand geleistet würde. Beide büßten dafür mit ihrem Leben. Der Pfarrer wurde von SS-Leuten in den Wald verschleppt, misshandelt und erschossen, der Lehrer wurde durch einen Kopfschuss getötet.

In Landshut wurde der regimekritische Regierungsrat Dr. Franz Seiff, nachdem er vor seinem Wohnhaus die Bayernfahne zeigte, im Rathaus verhaftet. Als Kopf des lokalen Widerstands sollte er auf Veranlassung des Gauleiters Bayerische Ostmark Ludwig Ruckdeschel vor ein Standgericht. Das konnte durch besonnene Bürger verhindert werden, ebenso der Befehl, ihn ohne Verfahren vor dem Rathaus zu hängen. Schließlich wurde Seiff auf dem Viehmarktplatz in Landshut von SS-Leuten hingerichtet.

In Burghausen reagierten Arbeiter der Chemiefabrik Wacker auf die Proklamation der Freiheitsaktion. NS-Funktionäre wie der Ortsgruppenleiter und der Kommandant des Volkssturms wurden inhaftiert, das Werk in Verteidigungszustand gegen die Nazis versetzt. Nach der Rundfunkansprache des Gauleiters Giesler, der die Niederschlagung des Aufstands in München bekanntgab, wurden die Verhafteten gegen das Versprechen, dass den Burghausener Rädelsführern nichts geschehe, freigelassen. Der NSDAP-Kreisleiter aber wollte Rache, gegen den Willen des Stadtkommandanten und der Polizei wurden die drei Verantwortlichen verhaftet, zum Tod verurteilt und im Vorgarten des Direktionsgebäudes der Wacker-Werke exekutiert.

In Augsburg war die Freiheitsaktion Bayern erfolgreich, da es ihr gelang, die kampflose Übergabe der Stadt an die Amerikaner zu sichern. Auch im Wallfahrtsort Altötting und in der Bergarbeiterstadt Penzberg in Oberbayern schien die Erhebung zunächst geglückt. Nach der Festsetzung von NS-Funktionären ging die öffentliche Gewalt an die Hitler-Gegner über. Das neue Stadtregiment in Penzberg war nur von kurzer Dauer. Um 10.30 Uhr war das Rathaus von einer Wehrmachtseinheit umstellt, auf Veranlassung des Gauleiters in München wurde ein Exekutionskommando gebildet, der abgesetzte NS-Bürgermeister kehrte zurück ins Amt, verlas den Widerstandskämpfern das Todesurteil, um 18.00 Uhr wurden sieben Männer erschossen. Damit war der Schrecken noch nicht zu Ende. Am Abend erschien das «Freikorps Adolf Hitler», die Eingreiftruppe des Gauleiters Giesler, bestehend aus fanatischen Nationalsozialisten, die wegen Unabkömmlichkeit oder anderer Hindernisse nicht der Wehrmacht angehörten. Geführt von Hans Zöberlein, Schriftsteller und Hauptmann der Reserve, Alter Kämpfer der NSDAP seit 1921. Gauleiter Giesler hatte die Vollstrecker des Rachefeldzugs angewiesen, als «oberbayerischer Werwolf» aufzutreten. In den frühen Morgenstunden des 29. April war die «Penzberger Mordnacht» zu Ende. Sechs Bürger waren, ohne Verhör oder Urteil, aufgehängt worden. Sie hatten Schilder um den Hals, auf denen «Werwolf» stand.

In Altötting hatte der stellvertretende Landrat Josef Kehrer, 36 Jahre alt und ledig, nach dem Aufruf der Freiheitsaktion Bayern im Rundfunk die Initiative ergriffen. Durch die Feuerwehr ließ er am Vormittag des 28. April prominente Nationalsozialisten festnehmen. Der Bürgermeister erschoss sich, um der Verhaftung zu entgehen. Im benachbarten Neuötting beschloss ein Oberstleutnant, der dort im Lazarett lag, in Altötting für Ruhe und Ordnung zu sorgen. Ohne Legitimation und Auftrag drang er in Begleitung zweier weiterer Offiziere in das Dienstzimmer Kehrers im Landratsamt ein und schoss ihn nieder. Er starb am übernächsten Tag. Die Wehrmachtsoffiziere befreiten die arretierten Nazis. Eine Liste von Feinden des NS-Regimes wurde angefertigt, für nicht Auffindbare wurden Verwandte als Geiseln genommen. Ein SS-Kommando wurde auf Ersuchen des NSDAP-Kreisleiters in Mühldorf nach Altötting in Marsch gesetzt und ermordete dort fünf Personen, darunter den 70-jährigen Priester Adalbert Vogel, den Administrator der Gnadenkapelle des Wallfahrtortes. Wie in Penzberg, das für den Nationalsozialismus wegen der linken Bergarbeiter schwieriges Terrain war, wurde auch in Altötting Rache genommen für die Resistenz der katholischen Bevölkerung, die nach dem Aufruf der Freiheitsaktion Bayern zum Widerstand in letzter Stunde entschlossen war.[15]

Die Leichtfertigkeit, mit der Hauptmann Gerngroß seine Aktion startete, steht hinter dem Fanatismus und dem dumpfen Pflichtgefühl, das Wehrmachtsoffiziere zum mörderischen Selbstauftrag gegen den Aufstand inspirierte, nicht zurück. Gerngroß, der auf einer Berghütte das Debakel seiner Aktion überlebte, brüstete sich nach dem Zusammenbruch des NS-Staates mit seinem Widerstand. In der US-Armee, von der er erwartete, dass sie ihn bei der Neuordnung der Verhältnisse unter Besatzungshoheit mit wichtigen Aufgaben betrauen werde, schätzte man die Freiheitsaktion realistisch ein. In einem Dokument des Counter Intelligence Corps ist die Rede von einer «selbststilisierten pro-alliierten Gruppe von Deutschen, die sich als die Führer eines Neuen Deutschland dünken». Anfang Mai kamen zwei Spezialisten des militärischen Geheimdienstes CIC zu einem wenig schmeichelhaften Urteil über Gerngroß: «Ein Opportunist ohne grundlegende Glaubensprinzipien, nur mit einem gewissen Genuß an der Macht und an dem Einfluß, den er plötzlich auszuüben vermochte.»[16]

In den Mittagsstunden des 29. April brach die Freiheitsaktion Bayern zusammen. Die Aufständischen wurden von Einheiten der SS und der Wehrmacht verhaftet und hingerichtet. Gerngroß und einigen weiteren gelang es, unterzutauchen. Am folgenden Tag, dem 30. April 1945, besetzten amerikanische Streitkräfte München. Die «Freiheitsaktion» hat als schlecht vorbereiteter Putsch nichts bewirkt außer Racheakten der Nationalsozialisten, denen in Penzberg und Altötting mehr als 20 Menschen zum Opfer fielen. Insgesamt forderte der Aufstand in letzter Stunde des NS-Regimes noch 41 Menschenleben.

Epilog:
Widerstand in Deutschland und im Exil

Mit dem Zusammenbruch des nationalsozialistischen Regimes entstand und verbreitete sich das Bedürfnis, die deutsche Katastrophe und den Weg dorthin zu erklären. Die Aufgabe fiel vor allem in das Ressort der Historiker, aber für die eben noch erfolgreichen – etwa Karl Alexander von Müller – war es am besten zu schweigen. Andere, die untadelig geblieben waren und sich dem Regime ferngehalten hatten, wie Franz Schnabel, waren nicht geneigt, sich jenseits der Barrieren ihres engeren und eigentlichen Fachgebiets vernehmen zu lassen; sie scheuten die Aktualität des Gegenstands. Wieder andere blieben erst einmal stumm, weil sie sich mit dem NS-Regime irgendwie eingelassen hatten – als Parteigenossen, als SA-Mitglieder oder durch Konzessionen in Lehre, Forschung, Publikation.

Der Groß- und Altmeister der deutschen Historikerzunft, der im 84. Lebensjahr stehende Friedrich Meinecke, meldete sich 1946 als einer der ersten zu Wort. In seinem Buch «Die deutsche Katastrophe» suchte er, eingebettet in einen Rückblick auf das Zeitalter seit Bismarck, ebenso subjektiv wie distanziert und kritisch in der Methode, nach Erklärungen: «Wird man die ungeheuerlichen Erlebnisse, die uns in den zwölf Jahren des Dritten Reiches beschieden wurden, je vollkommen verstehen? Erlebt haben wir sie, aber verstanden haben wir sie, keiner von uns ausgenommen, bisher nur unvollkommen. Diese oder jene Seite unseres Schicksals tritt uns zwar in oft greller Beleuchtung anscheinend völlig zweifelsfrei vor Augen. Aber wie das alles unter sich und mit tieferen Ursachen zusammenhängt und wie es von den grenzenlosen Illusionen, denen so viele in den Anfangsjahren des Dritten Reiches unterlagen, zu den grenzenlosen

Enttäuschungen und Zusammenbrüchen der Endjahre kam und kommen mußte, wer kann uns das heute ganz begreiflich machen? Die deutsche Geschichte ist reich an schwer lösbaren Rätseln und an unglücklichen Wendungen. Aber dies uns heute gestellte Rätsel und die heute erlebte Katastrophe übersteigt für unser Empfinden alle früheren Schicksale dieser Art.»[1] Ein anderer Historiker, ebenfalls prominent, aber eine Generation jünger und während der Hitler-Jahre als Hochschullehrer in vieler Beziehung aktiv, bemühte sich um diese «schwer lösbaren Rätsel und unglücklichen Wendungen». Gerhard Ritters Buch «Europa und die deutsche Frage» erschien 1948. Sein Anliegen war die Rehabilitierung der Deutschen, als Methode wählte er die Interpretation der Eigenarten deutscher Geschichte, die auf dem Weg zum Nationalsozialismus eine Rolle gespielt und im Ausland entsprechend gewürdigt worden waren: Luthertum und Preußentum, neudeutscher Nationalismus von der Romantik bis zum Idealismus und schließlich Ursprung und Folgen des Ersten Weltkriegs.

Wie alle Bücher dieser Jahre war auch Ritters Buch eine Bekenntnisschrift. Das deutsche Volk sehe sich vor die böse Alternative gestellt, heißt es in der Einleitung, entweder durch hemmungslose Selbstkritik, durch moralische «Preisgabe seiner ganzen Vergangenheit alles Selbstvertrauen zu verlieren oder aber sich in hartnäckigem Trotz zu versteifen, sich damit abermals um die Früchte einer heilsamen politischen Selbstbesinnung zu bringen und das Mißtrauen der Welt erst vollends zu bestätigen. In solcher Lage wird das Bemühen deutscher Historiker um eine nüchterne, gründliche, nach beiden Seiten vorurteilslosen Revision des herkömmlichen deutschen Geschichtsbildes zu einer unmittelbar politischen Pflicht.»[2]

Hatte Meinecke nicht mit Kritik an der politischen Attitüde des deutschen Bürgertums und am preußisch-deutschen Militarismus gespart, so mühte sich Ritter, die totalitäre Diktatur als ein in Deutschland grundsätzlich neues, erst nach dem Ersten Weltkrieg mögliches Phänomen zu erklären, das ebenso unerwartet wie der italienische Faschismus und der russische Bolschewismus aufgetreten sei. Zwangsläufigkeiten auf dem Weg zum Nationalsozialismus, die in deutschen Traditionen, Denk- und Verhaltensweisen wurzelten, lehnte Gerhard Ritter entschieden ab. Das alliierte Propagandabild einer Einbahnstraße von Friedrich dem Großen über Bismarck zu Hitler – womit eine aus dem «deutschen

Nationalcharakter» resultierende Zwangsläufigkeit von Autoritätswünschen, Untertanengeist und Unfähigkeit zur Demokratie mit unausweichlicher Tendenz zum Faschismus unterstellt war – empörte ihn zutiefst, und er hielt ihm die Vielfalt deutscher Art entgegen: «Das deutsche Wesen ist viel zu reich, die Wechselfälle deutschen Schicksals sind viel zu mannigfaltig, als daß wir annehmen dürften, es habe in der Vergangenheit nur den einen Weg gegeben, der uns schließlich in den Abgrund geführt hat. Es gab auch andere, die bergauf führten, und unser Emporsteigen bedeutete keineswegs notwendig eine Bedrohung des Friedens der Menschheit (wie allein schon die Geschichte der Spätjahre Bismarcks zeigt). Niemand vermag zu sagen, ob wir aus der Tiefe des Abgrunds, in dem wir jetzt liegen, jemals wieder herausfinden werden; auf die ‹Höhe der Menschheit› im Sinn früherer Jahrhunderte zu gelangen, ist heute für uns weder Hoffnung noch Ziel. Es wird schon sehr viel sein, wenn wir ein leidlich gesichertes Dasein als Kulturvolk retten können. Aber auch dazu bedarf es des Selbstvertrauens an Stelle mutloser Selbstverzweiflung. Und die Betrachtung unserer deutschen Vergangenheit gibt uns dazu – trotz allem – das Recht.»[3]

Auch Friedrich Meinecke schloss seine Betrachtungen mit der tröstlichen Besinnung auf die besseren deutschen Werte. Derartiges war in jenen Tagen durchaus repräsentativ für das gebildete Bürgertum, wie sich mit einer Fülle von Tagebucheintragungen, Briefen, Erinnerungen beweisen lässt. Meinecke schwebte die Etablierung von Gemeinschaften gleichgesinnter Kulturfreunde vor, die sich in jeder deutschen Stadt und größeren Ortschaft unter dem Namen «Goethegemeinde» regelmäßig treffen sollten: «Etwa wöchentlich zu einer späten Sonntagnachmittagsstunde – und wo es irgend möglich wird, sogar in einer Kirche! Denn der religiöse Untergrund unserer großen Dichtung rechtfertigt, ja fordert es, daß er auch durch einen derartig symbolischen Vorgang anschaulich werde. Anfang und Schluß solcher Feierstunden seien dann immer durch große deutsche Musik, durch Bach, Mozart, Beethoven, Schubert, Brahms usw. emporgehoben.»[4]

Es wäre zu einfach, diese Sätze nur als Sentimentalität abzutun. Friedrich Meineckes wichtige Schlussfolgerung lag im Appell zum «radikalen Bruch mit unserer militaristischen Vergangenheit». Aber das führte ihn auch zu der Frage, was aus den historischen Traditionen der Deutschen nun überhaupt werden solle: «Unmöglich und selbstmörderisch wäre es, sie in Bausch und Bogen ins Feuer zu werfen und uns als Renegaten zu gebärden. Aber unser herkömmliches Geschichtsbild, mit dem wir groß geworden sind, bedarf jetzt allerdings einer gründlichen Revision, um die Werte und Unwerte unserer Geschichte klar voneinander zu unterscheiden.»[5]

Meineckes idealistisch-pathetischer Traum von einer «Goethegemeinde» war aber, da weniger Selbstkritik voraussetzend, leichter zu rezipieren, und er fügte sich besser in das System von Deutungen ein, die von den seriösen Historikern dem deutschen Bürgertum angeboten wurden, um mit dem Elend des Zusammenbruchs, den Demütigungen und zerstörten Hoffnungen umgehen zu können. «Der deutsche Staat ist uns zerschlagen, weites deutsches Land geht uns verloren, Fremdherrschaft ist uns für lange Zeit zum Schicksal geworden»[6] – diesem schrecklichen Befund stellte nicht nur Meinecke die kraft- und trostspendende Besinnung auf kulturelle Traditionen gegenüber. Das war eine der drei Denkfiguren. Die zweite, im Grunde eine Variante, aber mit apologetischer Tendenz, führte Gerhard Ritter vor, als er die Eigenarten deutscher Geschichtsentwicklung zeigte, um den Schuldanteil außerdeutscher Kräfte – Ausgang des Ersten Weltkriegs und Versailles – diskret ins Spiel zu bringen.

Das dritte Argumentationsmuster knüpfte an den Widerstand gegen den Nationalsozialismus an, freilich nicht an die Opposition, die die Arbeiterbewegung und insbesondere die Kommunistische Partei gezeigt hatte, und auch nicht an den Widerstand, den radikale Demokraten wie Tucholsky, Ossietzky, Gumbel und viele andere schon vor 1933 geleistet hatten; vorbildlich und identitätsstiftend sollte erst der späte Versuch der militärischen, diplomatischen und bürokratischen Eliten sein, der am 20. Juli 1944 gescheitert war. Dieser Widerstand gegen Hitler spielte sowohl im Plädoyer wie in der subjektiven Erlebniswelt von Friedrich Meinecke und Gerhard Ritter eine Rolle – beide hatten Kenntnis von der Opposition gegen Hitler gehabt, Ritter war nach dem 20. Juli sogar verhaftet worden –, aber im Mittelpunkt der Argumentation stand «der deutsche Widerstand» erst bei einem dritten prominenten Historiker, bei Hans Rothfels.

Er war deutsch-national und preußisch-bismarckisch gesonnen wie Ritter, aber er hatte als Jude seinen Königsberger Lehrstuhl räumen müssen und war ins amerikanische Exil gegangen. Als einer von wenigen intellektuellen Flüchtlingen vor Hitler hatte er schließlich in Chicago wieder eine vollwertige akademische Position errungen. Die benutzte er, was ihm dann nach seiner Rückkehr auf einen Lehrstuhl in Tübingen 1951 viel gedankt wurde, zu Rehabilitationsanstrengungen zugunsten der deutschen Sache. Er machte auch kein Hehl daraus, wie der Vorbemerkung seines Buches von 1949 – die amerikanische Ausgabe war schon im Jahr zuvor erschienen – zu entnehmen ist: «Dies Buch ist mit bestimmter Absicht geschrieben worden – mit einer Absicht, die nach meiner Überzeugung dem Geist strenger Wissenschaftlichkeit nicht widerspricht, sondern in ihm recht eigentlich eingeschlossen ist. Es will dazu beitragen, Vorurteile aufzulösen, eine undogmatische Erörterung in Gang zu bringen und der historischen Gerechtigkeit Raum zu schaffen.»[7]

Das Märtyrerschicksal der Männer des 20. Juli beschwörend, die gegenüber dem übermächtigen Terrorstaat nur Zeichen setzen, letztlich jedoch nichts bewirken konnten, kam Rothfels zu der Schlussfolgerung, die moralischen Kräfte des deutschen Volkes seien durchaus und reichlich am Leben geblieben. Es gehöre deshalb «ein gut Teil Selbstgefälligkeit dazu, entweder einem Volk allein alle Schuld beimessen oder ein Urteil über das Maß seiner ‹moralischen Rehabilitierung› fällen zu wollen.» Deshalb sei seine Studie über den deutschen Widerstand auch keine Verteidigungsschrift: «Es wird hier nicht die Kompetenz in Anspruch genommen zu entscheiden, ob und bis zu welchem Grade die Ausdehnung und die Eigenart der deutschen Opposition gegen Hitler sozusagen ‹mildernde Umstände› begründet oder als ‹Wiedergutmachung› angenommen werden kann. Es mag genügen, daran zu erinnern – und dies ist vielleicht wichtiger als irgendeine Feststellung, die man heute vom Schreibtisch aus machen könnte –, daß die leitenden Männer der Verschwörung selbst, Geistliche sowohl wie Laien, und zwar mitten im Sturm der Ereignisse und der Erprobungen, für den Gedanken der Sühne lebten und starben.»[8]

Damit war eine Tradition in der deutschen Zeitgeschichtsforschung begründet: die Herausarbeitung und Darstellung des heroischen Widerstands gegen Hitler, verkörpert durch «die Männer des 20. Juli». Diesem Thema wurden in den nächsten Jahrzehnten beträchtliche Anstrengungen gewidmet. Das begann etwa mit Gerhard Ritters Goerdeler-Biographie und war mit der Edition der Groscurth-Tagebücher 1969 noch nicht zu Ende.[9] Zum Thema gehörte auch der Kreisauer Kreis um die Grafen Moltke und Yorck von Wartenburg mit seinen ebenfalls konservativen, aber doch weniger reaktionären Vorstellungen zur Neuordnung nach Hitler. Widerstandsforschung war jedenfalls eine im Wortsinne konservative Angelegenheit, wobei durch die richtigen Konstellationen dafür gesorgt war, dass Gegenstand und Methode mindestens bis in die 1960er Jahre einander kongenial blieben.

Die Pflege des Bildes vom Widerstand gegen Hitler korrespondierte mit der Verweigerung einer Diskussion über das seit 1918 traumatische Thema deutscher Geschichte schlechthin, der Frage nach der Schuld am Ersten Weltkrieg. So unabweisbar und selbstverständlich die Schuldfrage von 1939 war, so hartnäckig wurde das Tabu der Schuldfrage von 1914 verteidigt. Das stand natürlich in vielfältiger Wechselwirkung und hatte bei den Protagonisten auch lebensgeschichtliche Hintergründe. Jedenfalls bildeten die Hege des Widerstandsbildes und die Tabuisierung einer Erörterung der ersten Kriegsschuld die beiden Pole, zwischen denen Zeitgeschichte in den Gründerjahren der Disziplin als Wissenschaft betrieben wurde.

Aber wer überhaupt war berufen, Zeitgeschichte zu erforschen, also die Auseinandersetzung mit dem unmittelbar vergangenen NS-Staat, seinen Ursachen und seiner Ideologie und – das vor allem – seinen Verbrechen zu beginnen?

Die Historiker hatten sich in ihrer Mehrheit ja während des «Dritten Reiches» keineswegs auf die Inseln innerer Emigration zurückgezogen und sich der Erforschung unverfänglicher Themenkomplexe gewidmet. Sie hatten mit Engagement und Leidenschaft an den Erfolgen des Regimes teilgenommen und in Aufsätzen, Büchern und Zeitungsartikeln Argumente für die Notwendigkeit deutscher Vorherrschaft in Europa geliefert. Sie hatten bewiesen, dass die Sowjetunion eine Bedrohung des Abendlandes sei, sie hatten England verdammt und begeistert den Sieg über Frankreich gefeiert.[10] Die Historiker, die sich immer als politische Präzeptoren der Nation verstanden hatten, waren, bei allem Bemühen um Rechtfertigung und Klärung von Positionen nach dem Zusammenbruch des NS-Regimes, wenig gerüstet zur unbefangenen Bestandsaufnahme, Beschreibung und Deutung dessen, was in den gerade zurückliegenden zwölf Jahren geschehen war.[11]

Lange Zeit wurde der fachwissenschaftliche Diskurs über das «Dritte Reich» außerhalb der Universität geführt: Im Westen war er delegiert auf das 1947 gegründete Institut für Zeitgeschichte in München und die Forschungsstelle für Zeitgeschichte in Hamburg, im Osten war die SED zuständig. Die Auseinandersetzung mit dem Widerstand stand aber nicht in Verbindung mit einer gesellschaftlichen Debatte über den Nationalsozialismus. Im Osten galt, dass die Kommunisten den Kampf gegen den Hitler-Faschismus angeführt und im Wesentlichen bestritten hätten, im Westen wurde das Thema Widerstand unter konservativer bürgerlich-konventioneller Befindlichkeit erörtert. Unter dem Verdikt der Totalitarismustheorie im Kalten Krieg war kommunistischer Widerstand als irrelevant denunziert, da er nur einer vermeintlich gleichartigen Ideologie gedient habe und deshalb nicht ernst zu nehmen sei. Kaum hinterfragt wurde auch die Grundüberzeugung bürgerlichen Denkens, nach der das Vaterland Vorrang vor seiner jeweiligen Regierung habe und man auch dem Unrechtsregime in der Situation äußerer Bedrohung nicht entgegentreten dürfe.

Gegner des Nationalsozialismus hatten sich in wachsender Zahl in Konzentrationslagern und anderen Haftstätten des Regimes gefunden. Als Gefangene hatten sie aber konkret keine Möglichkeit zum Widerstand. Die Aufstände im Warschauer Ghetto, im KZ Auschwitz und in den Vernichtungslagern Sobibor und Treblinka waren ein Aufbäumen in äußerster existentieller Katastrophe, dem die Nachgeborenen Respekt zollen. Gestaltender Widerstand mit der Vision eines Sturzes des Unrechtsregimes und einer humanen Staats- und Gesellschaftsordnung waren unter den Umständen der Gefangenschaft jedoch kaum denkbar. Wie die Versuche der Selbstbehauptung von Juden ihr Ziel in der Zeit nach der Überwindung des Nationalsozialismus hatten, konnte es in Dachau oder in Buchenwald nur darum gehen, die Befreiung zu erleben, um dann die Erfahrung der Gegnerschaft in eine Neugestaltung einzubringen. Daran haben die klandestinen Komitees der Häftlingsgesellschaft gearbeitet. Die Heroisierung des Kampfes – gipfelnd in der Legende der Selbstbefreiung der Buchenwalder Häftlinge im Frühjahr 1945 – entstand später als Ideologie der Legitimierung politischer Ansprüche der Nachkriegszeit. In einer Hinsicht war die Situation der ins Exil Geflohenen derjenigen der eingekerkerten Hitler-Gegner ähnlich: sie kämpften mit mehr oder minder gefesselten Händen.

Welchen Widerstand das Exil geleistet habe, wurde oft gefragt, und kleinbürgerliche Patrioten nahmen es den Emigranten übel, dass sie Deutschland verlassen hatten, weil sie ihrer Gesinnung oder Herkunft halber verfolgt wurden. Der Historiker Klemens von Klemperer, der als junger Mann 1938 von Wien aus in die USA emigrierte und ab 1942 in der US-Army gegen Hitler-Deutschland kämpfte, musste sich bei einem Besuch in der Bundesrepublik auf einem Bankett zu seinen Ehren von einem ehemaligen General der deutschen Wehrmacht fragen lassen «Wie kam es eigentlich, dass Sie im Krieg gegen ihr eigenes Land kämpften?»[12] Hätte sich nicht der Wehrmachtsgeneral erst selbst fragen müssen, wie er seinen Dienst für das Unrechtsregime rechtfertige?

Der Hass, der Willy Brandt entgegenschlug, weil er eine norwegische Uniform getragen, die Ressentiments gegen Herbert Wehner, der von Schweden aus, damals noch als Kommunist, der NS-Ideologie und der daraus abgeleiteten Herrschaftspraxis die Stirn geboten hatte, charakterisierten die Stimmung gegenüber den Emigranten in den ersten Jahrzehnten der Bundesrepublik. In der DDR wurde zwischen dem vertrauenswürdigen Ostexil, dessen Mitglieder von Moskau aus den Faschismus bekämpften, und der verdächtigen Westemigration in die USA oder nach Mexiko, wo Paktieren mit dem Klassenfeind unterstellt wurde, streng differenziert.

Deutscher Widerstand unterschied sich, in seiner Legitimation wie in der Zaghaftigkeit seiner Entschlüsse und seines Handelns, vom Widerstand in den vom Nationalsozialismus okkupierten und annektierten Gebieten. Anerkannte Eliten neben den Nationalsozialisten, eine Exilregierung, wie sie als politische, moralische und emotionale Instanz den Tschechen oder Polen, den Belgiern, Franzosen, Niederländern usw. Trost spendete und Hoffnung machte, die zerstörte Staatlichkeit und die unterdrückte nationale Kultur symbolisch kompensierte, existierten für die deutsche Sache nicht, erst recht keine militärischen Einheiten, die im deutschen Namen gegen den Nationalsozialismus gekämpft hätten. Das «andere Deutschland» im Exil repräsentierte wie Graf Stauffenbergs «heiliges Deutschland» keinen universalen Widerstand, sondern nur jeweils eine Facette. Thomas Mann, der in seinen Radiosendungen aus dem Exil die Deutschen beschwor, wenigstens Zeichen des Widerstands zu zeigen, verwahrte sich gegen den Appell Ernst Reuters aus dem türkischen Exil, als Sprecher des «geistigen, freien, menschlichen Deutschlands» aufzutreten, mit einer herablassenden Sottise gegen den «gewissen Emigrantenpatriotismus».[13]

Es hat Ansätze zu einer deutschen Exilregierung gegeben. Heinrich

Brüning, der letzte auf demokratische Weise ins Amt gekommene Reichskanzler, hätte an ihrer Spitze stehen sollen, Männer wie Arnold Brecht und Max Brauer waren für wichtige Ämter vorgesehen; aber sie verweigerten sich. Heinrich Brüning begründete es im November 1943: «Aus all meiner Erfahrung in der Vergangenheit, auch in den anderthalb Jahren, die ich unter dem Naziregime verlebte, habe ich geschlossen, daß es nicht so einfach ist, das Regime zu stürzen, wie Ausländer häufig annehmen. Die Proklamation einer Regierung im Ausland würde der Nazimaschine die Gelegenheit verschaffen, die Menschen zu beseitigen, die für die Zukunft Deutschlands wirklich wertvoll sein können, und die jetzt seit über zehn Jahren Verfolgung, Armut und entsetzliche geistige Belastungen ausgehalten haben.»[14] Arnold Brecht, prominenter preußischer Beamter und Demokrat, begründete seine Absage ähnlich: Auch sei es ihm im tiefsten Herzen zuwider gewesen, «vom sicheren amerikanischen Hafen aus Heldentaten des Märtyrertums von denen zu fordern, die in Deutschland der furchtbaren Realität brutalen Terrors ausgesetzt waren». Er fügte aber hinzu: «Später ist mir zweifelhaft geworden, ob meine Ablehnung richtig war. Eine Exilregierung hätte vielleicht die halb-offizielle Sammelstelle für Verhandlungen mit den alliierten Regierungen während des Krieges werden und dahin wirken können, daß die Alliierten für den Fall eines inneren Umsturzes dem deutschen Volke günstigere Friedensbedingungen zusagten.»[15] Der exilierte Reichskanzler Heinrich Brüning hatte so wenig Leuchtkraft wie der ehemals legendäre preußische Ministerpräsident Otto Braun, und sie hatten sich wie andere Prominenz der Weimarer Republik auf eigenes Terrain zurückgezogen. Braun war im Frühjahr 1933 in die Schweiz gegangen, sein Innenminister Carl Severing, der als starker Mann gegolten hatte, lebte in Bielefeld in der inneren Emigration, die Hitler-Gegner waren verstummt.

Und die Alliierten der Anti-Hitler-Koalition hatten wenig Interesse am deutschen Widerstand; sie vertrauten auf die militärische Lösung und nahmen wie Stalin nur Leute der eigenen Couleur für die Zeit nach dem Sieg in den Dienst. Das Experiment des Brückenschlags vom Kommunismus zum nationalen Bürgertum mit dem Nationalkomitee freies Deutschland überzeugte nicht. In London und Washington war man am politischen Wissen der Emigranten interessiert, um es für die Besatzungsherrschaft in Deutschland und die Demokratisierung der Deutschen zu nutzen. Dem «deutschen Widerstand», der aus dem Kreisauer Kreis, der Goerdeler-Gruppe und anderen konservativen, liberalen, christlichen Zirkeln Boten mit der Bitte um Unterstützung gesandt hatte, zeigten die westlichen Demokratien aber die kalte Schulter.

Charakteristika des deutschen Widerstands waren seine Zersplitterung in Fraktionen, Gruppen, Zirkel und Sekten, die daraus resultierende Erfolglosigkeit, vor allem aber die trostlose Einsamkeit der Widerstandskämpfer. Das galt für den Widerstand in Deutschland zwischen Angepassten und Begeisterten, und es galt für den Widerstand im Exil in einer Umgebung, die sich nicht für die aus Deutschland Vertriebenen interessierte oder ihnen misstraute. Heinz Kühn, im Kampf gegen die Machtübernahme Hitlers exponiert als Jungsozialist und Angehöriger des Reichsbanners Schwarz-Rot-Gold, beschrieb Status und Selbstgefühl der politischen Emigration: «Für sie gab es nicht das Untertauchen in die schützende Anonymität einer neugewonnenen Gemeinschaft. Sie wollte ja auch nicht, auf Selbstrettung bedacht, anonym untertauchen, sondern im Gegenteil sich sichtbar machen in ihrer Gesinnung, Banner entrollen gegen Hitler, Sprachrohr sein für das andere, das bessere, das in der Heimat mundtot gemachte Deutschland.»

Aber die politische Exilbewegung war in doppelter Hinsicht einsam, fühlte sich im Stich gelassen durch die wachsende Akklamation, die Hitler wegen seiner Erfolge in Deutschland erfuhr und wegen der Reputation, die sein Regime im Ausland in immer stärkerem Maße gewann: «nie in der Geschichte ist eine politische Widerstandsbewegung im Ausland so sehr im Stich gelassen worden wie die deutsche Exilbewegung.»[16]

Der Emigrant Heinz Kühn – der spätere Ministerpräsident in Nordrhein-Westfalen – beschreibt die Welt des Exils als eine Art Mikrokosmos des deutschen Volkes: «In ihr repräsentierte sich die ganze Dutzendspältigkeit der inneren Mannigfaltigkeit und Zerrissenheit: Sozialdemokraten und Kommunisten, Katholiken und Protestanten, Juden und Bibelforscher, Reformisten und Revolutionäre, Gemäßigte und Radikale, Konservative und Liberale, Demokraten und Monarchisten, Bürger und Aristokraten, Kapitalisten und Proletarier – der babylonische Wirrwarr der rund drei Dutzend deutscher Parteien war so ziemlich restlos vertreten. Wir waren die kleinen verlorenen Haufen des in alle Welt versprengten deutschen Widerstandes, manchmal der verzweifelnden Mutlosigkeit näher als dem siegesgewissen Optimismus. Wo hätten wir ihn auch hernehmen sollen in der Enttäuschung an Enttäuschung fügenden Kapitulation des Opportunismus vor Hitlers Gewalt in aller Welt?»¹⁷

Die Möglichkeiten einer deutschen politischen Widerstandsbewegung im Ausland waren begrenzt. Dafür sorgten nicht nur die Exilländer mit Restriktionen der politischen Betätigung. Auch die Fortdauer der weltanschaulichen Differenzen in Parteien und Gruppen hemmte die Wirksamkeit des Exilwiderstands. In den Gruppierungen und Organisationen des Exils lebte die Parteienlandschaft der Weimarer Republik weiter; an den Konstellationen und Positionen änderte sich kaum etwas. SPD und KPD fanden im Exil zu keiner Volksfrontbewegung zusammen; die linken Splitterparteien und die diversen Richtungen der Gewerkschaften führten ihr Eigenleben weiter, ebenso die bürgerlich-demokratischen oder konservativ-christlichen Organisationen wie die Deutsche Freiheitspartei.

Widerstand gegen Hitler und das nationalsozialistische Regime vom Ausland aus konnte in den Jahren 1933 bis 1938/39 nur darin bestehen, die Weltöffentlichkeit und die Deutschen über den wirklichen Charakter und die Ziele des Regimes aufzuklären, zu warnen, zu beschwören, zu mahnen. Das geschah in Zeitungen wie dem «Pariser Tageblatt» beziehungsweise der «Pariser Tageszeitung» (1933 bis 1940), der «Deutschen Freiheit» (1933 bis 1935 in Saarbrücken) oder dem Londoner Blatt «Die Zeitung» und in Wochenschriften wie dem «Neuen Vorwärts», dem «Gegenangriff», dem «Neuen Tage-Buch», der «Neuen Weltbühne», der «Zukunft» und vielen anderen. Dazu kam eine Fülle von kulturpolitischen, literarischen Zeitschriften, erwähnt seien nur «Die Sammlung» (ab Herbst 1933 in Amsterdam), «Maß und Wert» (ab Herbst 1937 in Zürich), die «Neuen Deutschen Blätter» (ab September 1933 in Prag), «Das Wort» (ab Juli 1936 in Moskau) oder «Orient» (1942 bis 1943 in Haifa).

Der politischen und literarischen Publizistik des Exils dienten auch die legendären Verlage Bermann-Fischer in Stockholm, Querido in Amsterdam, Oprecht in Zürich, Malik und andere. Was heute freilich von einer spät in Gang gekommenen Exilforschung als literarische, kulturelle, humanitäre Leistung gefeiert wird, hatte damals nur bescheidene Wirkungen. Der größere Teil der Welt und die Deutschen waren von Hitler fasziniert und wenig interessiert an Aufklärung über die Verbrechen des Regimes, an Informationen über den Terror und das System der Konzentrationslager, an der Verfolgung der Juden, an den räuberischen Absichten gegenüber Nachbarstaaten des Deutschen Reiches.

In den ersten Jahren, vor allem als das Saargebiet noch nicht zum Herrschaftsbereich Hitlers gehörte, gab es mehr Informationen und Kontakte zwischen draußen und drinnen; Kuriere brachten Flugblätter nach Deutschland und schleusten Gefährdete ins Ausland. Aber das hörte nach einiger Zeit fast ganz auf. Als der Nationalsozialismus in seine scheinbar friedliche Phase eingetreten war, in den Jahren 1935 bis 1938, brachen die Kontakte zwischen Heimat und Exil so ziemlich ab. Die Emigranten blieben mit ihrer «Offensive der Wahrheit», mit ihren Versuchen, der Welt die Augen zu öffnen, allein. Dass sie sich als das andere und bessere Deutschland verstanden, blieb ihnen aber unverwehrt, und in dieser Existenz hat ihnen die Geschichte Recht gegeben.

Mit der Zerstörung der Tschechoslowakei, mit dem Krieg gegen Polen und die Westmächte, mit dem Überfall auf die Sowjetunion und der Kriegserklärung an die Vereinigten Staaten änderten sich schließlich der Stellenwert des Exils und die Möglichkeiten des Widerstands von außen. Nun gab es die Möglichkeit, an der alliierten Kriegsführung teilzunehmen, mit militärischen Waffen oder mit denen der Propaganda. Von beiden Möglichkeiten haben die Emigranten keinen großen Gebrauch gemacht. Trotzdem sahen sie sich dann von vielen im Nachkriegsdeutschland pauschal, wenn nicht als Verräter, so doch als vaterlandslose Gesellen in fremder Uniform diffamiert. Dabei war es Patriotismus, wenn sich das politische Exil gegen Hitler-Deutschland engagierte; es waren aber ebenso patriotische Gefühle, die viele vom aktiven Kampf abhielten.

Die wichtigste Aktivität des Exilwiderstands bestand, neben dem publizistischen Kampf gegen das nationalsozialistische Regime, im Nachdenken über eine künftige Ordnung. Die ersten Programmschriften zum staatlichen, gesellschaftlichen und kulturellen Neubau Deutschlands nach Hitler entstanden im Exil. Der wohl früheste Text, das «Prager Manifest» der Sopade, wurde im Januar 1934 vom sozialdemokratischen Exilvorstand in Prag als Ergebnis langer Debatten und mehrerer Entwürfe verabschiedet. Das «Prager Manifest» verstand die Hitler-Diktatur als Sieg der Gegenrevolution, der durch neuen revolutionären Kampf überwunden werden müsse, quasi um die Ausgangsposition von 1918 wiederherzustellen. Die Wiedereroberung demokratischer Rechte werde «zur Notwendigkeit, um die Arbeiterbewegung als Massenbewegung wieder möglich zu machen und den sozialistischen Befreiungskampf wieder als bewußte Bewegung der Massen selbst zu führen». Der «Kampf um die Demokratie» müsse sich zum «Kampf um die völlige Niederringung der nationalsozialistischen Staatsmacht» erweitern.[18]

Das Pathos der Verzweiflung bestimmte die Sprache des «Prager Manifests», wenn es etwa hieß: «Die Niederwerfung des nationalsozialistischen Feindes durch die revolutionären Massen schafft eine starke revolutionäre Regierung, getragen von der revolutionären Massenpartei der Arbeiterschaft, die sie kontrolliert.» Die litaneimäßige Beschwörung der Revolution war wohl auch als Schmerzlinderungsmittel für die Wunden verordnet, die die widerstandslose Zerschlagung der organisierten Arbeiterbewegung den Sozialdemokraten und Gewerkschaftern beigebracht hatte.

Als Bedingung des revolutionären Wandels erschienen die sofortige entschädigungslose Enteignung des Großgrundbesitzes und der Schwerindustrie und die Sozialisierung der Großbanken unerlässlich. Das Zauberwort «Selbstverwaltung» findet sich auch im Prager Manifest: «Das despotische System der zentralisierten Staatsvollmacht wird durch die Herstellung einer echten freiheitlichen Selbstverwaltung innerhalb des gegliederten Einheitsstaats gebrochen.»[19] Die erstrebte Sozialisierung der gesamten Wirtschaft würde dann das «Mittel zum Endziel der Verwirklichung wahrer Freiheit und Gleichheit, der Menschenwürde und voller Entfaltung der Persönlichkeit» sein.

Das Ideal schließlich sollte, je mehr der Obrigkeitsstaat durch die Selbstverwaltung ersetzt wäre, in der Überwindung des Gegensatzes zwischen Staat und Gesellschaft erreicht sein: «An die Stelle des Machtstaates, der durch Militär, Bürokratie und Justiz seine Untertanen beherrscht, tritt die Selbstverwaltung der Gesellschaft, in der jeder zur Mitwirkung an den allgemeinen Aufgaben berufen ist.»[20]

Anders als später beim Goerdeler-Kreis, in dem mit dem Begriff «Selbstverwaltung» in erster Linie die Kompetenzen des preußischen Landrats gemeint waren, assoziierten die Sozialdemokraten im Exil damit Elemente direkter Demokratie. Das «Prager Manifest» schloss mit dem flammenden Aufruf an die deutsche Arbeiterschaft, die Ketten der Knechtschaft abzuschütteln.

Die Illusion, dass sich das deutsche Volk aus eigener Kraft von der nationalsozialistischen Herrschaft befreien könne, verflog unter den

Emigranten bis in die letzten Kriegsjahre hinein nicht vollständig. In New York trafen sich Anfang Juli 1943 deutschsprachige Sozialdemokraten und Gewerkschafter zu einer Konferenz. Als Veranstalter zeichnete der deutschsprechende Zweig der Social Democratic Federation of America, die German Labor Delegation in U.S.A und die New Yorker «Neue Volkszeitung». Einige Prominenz der deutschen Arbeiterbewegung war versammelt, wie Siegfried Aufhäuser, Hedwig Wachenheim, Friedrich Stampfer und Max Brauer. Unter den Resolutionen, die nach zweitägiger Beratung verabschiedet wurden, war eine dem künftigen Staatsaufbau Deutschlands gewidmet. Darin wurde der Hoffnung Ausdruck verliehen, dass «die allgemeine Kriegslage zu einer Revolution in Deutschland führen möge, noch ehe ein Soldat der alliierten Mächte deutschen Boden betreten hat». Die Konferenz, so hieß es weiter, würde in dieser Revolution «den vom deutschen Volke selbst ausgesprochenen und Tat gewordenen Willen zur Freiheit erblicken, dem die Welt ihre Achtung nicht versagen dürfte».[21]

Aber viel Hoffnung auf einen befreienden revolutionären Akt hatten die Emigranten in New York wohl nicht, denn sie fuhren ahnungsvoll fort: «Sollte der Zusammenbruch des Naziregimes nur allmählich, jeweils mit dem Vordringen der alliierten Heere vor sich gehen, so spricht die Konferenz den Wunsch aus, daß bei der dann eintretenden Okkupation die militärischen Befehlshaber bereit sein werden, den demokratischen Kräften Gelegenheit und Hilfe zur Liquidierung der nationalsozialistischen Gewaltherrschaft und zu wirkungsvollem Aufbau einer neuen Demokratie zu bieten ... Die Konferenz würde es begrüßen, wenn der organische Aufbau eines neuen Deutschlands möglichst früh durch Wiedereinführung normaler Formen demokratischen Lebens in Angriff genommen werden könnte. Sie empfiehlt zur Sicherung der künftigen Demokratie und zur Erhaltung des Weltfriedens die politische Demokratie der Zweiten Republik durch wirtschaftlich demokratische Maßnahmen zu festigen und den Bestand der Verfassung durch die Garantie einer überstaatlichen Organisation sicherzustellen.»[22]

Das Referat über die staatliche Neugestaltung Deutschlands hatte bei dieser Konferenz der frühere preußische Innenminister Albert Grzesinski gehalten. Seine Rede war eine Verteidigung der Weimarer Reichsverfassung von 1919 und ein Plädoyer für ihre Wiederinkraftsetzung. Grzesinski dachte freilich an einige Modifikationen wie die Heraufsetzung des

Wahlalters und die Verbesserung des Wahlsystems. Der Präsident sollte nicht mehr plebiszitär gewählt werden, die Kompetenzen des Reichs wollte er unter anderem auf dem Gebiet des Erziehungswesens, der Polizei, der Justiz ausdehnen und die Verwaltungsexekutive den Ländern nehmen. Das waren für den Sozialdemokraten Grzesinski selbstverständliche Konsequenzen und Nutzanwendungen zu einer verbesserten Neuauflage der demokratischsten Verfassung der Welt.[23]

Ein Jahr zuvor, 1942, hatte im brasilianischen Exil der ehemalige Reichsminister Erich Koch-Weser, einer der linksliberalen Verfassungsväter von Weimar, der zusammen mit dem einstigen preußischen Finanzminister Otto Klepper auch den Gedanken einer deutschen Exilregierung erwogen hatte, den «Entwurf einer Deutschen Reichsverfassung nach Hitlers Sturz» fertiggestellt.[24] Koch-Weser zog zum Teil die gleichen Schlüsse aus dem Scheitern der Weimarer Republik wie Grzesinski, wenn er die Regierung gegenüber Misstrauensvoten des Parlaments stärken und den Ländern Kompetenzen entziehen wollte. Anders als der Sozialdemokrat Grzesinski hielt Koch-Weser aber am plebiszitär gewählten Staatsoberhaupt als der Spitze einer starken Exekutive fest, und – das war ein typischer Reflex auf den Untergang der Weimarer Republik – er suchte die eher konservative Lösung der Stärkung der Exekutive einschließlich eines formulierten Notstandsrechts anstelle der verfassungsrechtlichen Fixierung des Instrumentariums der Massendemokratie, der politischen Parteien.

Im Schweizer Exil hatte sich eine Gruppe deutscher Politiker getroffen, die unter dem Namen «Das Demokratische Deutschland» eine Arbeitsgemeinschaft bildeten. Der Sozialdemokrat und spätere bayerische Ministerpräsident Wilhelm Hoegner, sein Parteifreund, der legendäre frühere preußische Ministerpräsident Otto Braun und der ehemalige Reichskanzler Josef Wirth vom Zentrum waren die Köpfe der Gruppe. Im Mai 1945, schon an der Schwelle zur Nachkriegszeit, veröffentlichten sie eine Broschüre mit dem Titel: «Grundsätze und Richtlinien für den deutschen Wiederaufbau im demokratischen, republikanischen, föderalistischen und genossenschaftlichen Sinne». Diese Grundsätze sind ein signifikantes und singuläres Beispiel für die Adaption politischer Ideen des Exillandes. Sie zeigen aber auch die zögernde Gangart des Widerstands im Exil.

In kraftvoller Sprache und mit Pathos wurde ein deutscher Bundesstaat im Mittelpunkt einer europäischen Föderation propagiert. Kategorisch abgelehnt wurden die Auflösung der nationalen Einheit und jede Verletzung der territorialen Integrität Deutschlands durch Gebietsverluste im Osten wie durch Gründung katholischer Separatstaaten im Süden oder im Westen. Statt eines Reichspräsidenten sollte der deutsche Bundesstaat eine kollegiale Bundesregierung mit jährlich wechselndem Vorsitz haben. Wirtschaftspolitisch wurden rigorose Enteignungen des Großgrundbesitzes, aber der Erhalt des vererbbaren Privateigentums und genossenschaftliche Produktionsformen in der Landwirtschaft, im Gewerbe und in der zu dezentralisierenden Industrie propagiert. Die besonders zu fördernde Familienpolitik schloss die Forderung nach Einfamilienhäusern beim Wiederaufbau ein.

Den Grundsätzen war ein Aufruf vorangestellt, in dem der Gedanke einer Kollektivschuld der Deutschen zurückgewiesen wurde: Das ganze deutsche Volk für alle seit 1933 begangenen Untaten verantwortlich machen zu wollen sei reine Rachsucht: «Gerecht ist schließlich doch auch die Einsicht, daß das gegenwärtige furchtbare Weltunglück nicht nur von seinen unmittelbaren Urhebern, sondern auch durch blinde Duldung des Unrechts mitverschuldet worden ist.»[25]

Die ausdrückliche Zurückweisung der Kollektivschuld-These war häufig Bestandteil von Überlegungen, die im Exil publiziert wurden, und indirekt basierte sogar der Aufruf des Nationalkomitees Freies Deutschland an die Wehrmacht und an das deutsche Volk darauf, ja darüber hinaus wurde darin in Aussicht gestellt, dass die Selbstbefreiung der Deutschen vom Nationalsozialismus honoriert werde. Das Ziel heiße «Freies Deutschland», hatten die Kriegsgefangenen der bei Stalingrad vernichteten 6. Armee in Krasnogorsk bei Moskau im Juli 1943 geschrieben, und das bedeute: «Eine starke demokratische Staatsmacht, die nichts gemein hat mit der Ohnmacht des Weimarer Regimes, eine Demokratie, die jeden Versuch des Wiederauflebens von Verschwörern gegen die Freiheitsrechte des Volkes oder gegen den Frieden Europas rücksichtslos schon im Keim erstickt. Restlose Beseitigung aller auf Völker- und Rassenhaß beruhenden Gesetze, aller unser Volk entehrenden Einrichtungen des Hitlerregimes, Aufhebung aller gegen die Freiheit und Menschenwürde gerichteten Zwangsgesetze der Hitlerzeit. Wiederherstellung und Erweiterung der politischen Rechte und sozialen Errungenschaften der Schaffenden, Freiheit des Wortes, der Presse, der Organisation, des Gewissens und der Religion.»[26]

Der deutsche Widerstand kämpfte nicht wie die europäische Resistance gegen die Herrschaft fremder Eroberer und stritt nicht für die Wiedergeburt der Nation oder um den Erhalt des deutschen territorialen Bestands. Letzterer stand anscheinend so außer Frage, dass nationalkonservative Gegner Hitlers die Illusion hegen konnten, auch der Zuwachs des Jahres 1938, Österreich und die Sudetengebiete, stünde bei der deutschen Niederlage nicht zur Disposition. Deutscher Widerstand gegen den Nationalsozialismus legitimierte sich als Kampf um Menschenrecht und Menschenwürde, um Freiheit und Recht. Das sind wichtige und unverzichtbare Werte, sie sind aber im Gegensatz zu Fremdherrschaft, Gebietsansprüchen, Machtdemonstrationen, politischen Ideologien und emotionalen Befindlichkeiten abstrakt.

Nationalstaatliches Denken, politische Lagermentalität standen, obwohl die europäische Idee schon im Widerstand der Kreisauer eine Rolle spielte, den Ideen von Demokratie und Toleranz, internationale Solidarität und einer europäischen Wertegemeinschaft im Wege. Die Ideale der Aufklärung und der Französischen Revolution waren verschüttet unter der Ideologie von Rasse und Herrenmenschentum, von Recht durch Stärke. Die seit dem Kaiserreich existente Hybris des nationalen Geltungsdrangs und des nationalistischen Sendungsbewusstseins, die mit dem Ersten Weltkrieg zum vaterländischen Trauma geworden war, triumphierte, nachdem Hitler die Deutschen vermeintlich erlöst hatte. Die Konservativen, das Bürgertum, das Militär waren betört, die Unterschichten nach Arbeitslosigkeit und Existenzangst durch die Anfangserfolge des NS-Regimes befriedet. Der Nährboden für den deutschen Widerstand war karg.

Die Eliten, wenngleich nicht in toto zu Hitler übergelaufen und vielfach nur mit Mühen und Schmerzen aus der Begeisterung erwacht, waren im Wilhelminismus zum Chauvinismus erzogen, hatten großenteils für die Errungenschaften der Revolution 1918 kein Verständnis gehabt. Sie glaubten, die Demokratie sei dem deutschen Wesen fremd und oktroyiert; sie sahen wenig oder keinen Grund, sich für dieses Staats- und Gesellschaftssystem einzusetzen. Und sie empfanden die Kollision zwischen dem nationalen Interesse, das der Nationalsozialismus propagierte, und den elementaren Menschenrechten, die dadurch im Innern wie gegenüber fremden Völkern und Nationen verletzt wurden, als keinen Konflikt. Die Minderheit, die ihn spürte und darunter litt, bildete unabhängig von politischem Lager und weltanschaulicher Observanz das Potenzial des deutschen Widerstands. Vielleicht ist das zu ideal gesehen. Jedenfalls wurde auch Widerstand aus geringerem Anspruch geleistet.

Die Fragen bleiben: Warum leisteten so wenige Widerstand, warum regte sich die Opposition gegen das Hitler-Regime so spät, und warum war sie so wenig erfolgreich? Für viele Deutsche ergab sich aus der Überlagerung von NS-Diktatur und Krieg am Ende ein Zwiespalt, dem sie nicht entrinnen konnten. Sie steckten in einem Dilemma: Einerseits empfanden sie Zweifel am Nationalsozialismus und lehnten das Regime und seine Methoden ab, aber andererseits waren sie von Pflichtbewusstsein und dem Gefühl durchdrungen, vor allem anderen den äußeren Feinden und Gefahren standhalten zu müssen. Den Soldaten und Beamten, den Arbeitern und Angestellten, den Gebildeten und auch den weniger Nachdenklichen, also den meisten «Volksgenossen», war es am Ende des «Dritten Reiches» bewusst, dass es ein Unrechtsstaat war, in dem sie lebten und dem sie dienten. Sie wussten, dass Hitler den Zweiten Weltkrieg ausgelöst hatte, dass grauenhafte Verbrechen begangen wurden, aber sie sahen es trotzdem als ihre erste Pflicht, das Vaterland gegen die feindlichen Armeen zu verteidigen. Sie meinten, sich erst nach außen wehren zu müssen, ehe sie im Inneren Änderung schaffen durften. Oder sie glaubten an die versprochenen Wunder des Kriegsglücks.

Bei vielen, und nicht nur den Parteigenossen, hinderte aber auch die Begeisterung der ersten Jahre unter NS-Herrschaft die Einsicht, dass Notwehr im Inneren das erste Gebot gewesen wäre. Die zaghaften Versuche dazu blieben erfolglos, weil diese Einsicht der Mehrheit zu lange Zeit fehlte.

Wenn die Mehrheit aus der Haltung begeisterter Zustimmung allmählich in einen Zustand der Resignation verfiel, aber trotzdem dem Regime in unreflektierter Ergebenheit treu blieb, so hat sich doch eine nicht unbeträchtliche Minderheit dem Regime dauerhaft verweigert, und andere haben aus der Opposition zum bewussten Widerstand gefunden, zu einem Widerstand mit dem politischen Ziel der Beseitigung der nationalsozialistischen Diktatur. Die Frage an die Mehrheit, warum sie trotz des erkennbaren Unrechts, trotz der institutionalisierten Missachtung von Menschenrecht und Menschenwürde, trotz der militärischen Katastrophe, die mehr als drei Jahre vor dem totalen Zusammenbruch der NS-Herrschaft sichtbar und spürbar war, dem Diktator die Treue hielt – diese Frage bleibt ohne befriedigende Antwort. Trotz der Skrupel und der vielen Zeit, die Angehörige der bürgerlichen Eliten und des Militärs benötigten, um die Natur des Regimes zu erkennen, und trotz des äußeren Misslingens jeden Widerstands war er nicht vergeblich gewesen. Die Rache des Regimes an allen, die sich dagegen auflehnten, zeigt, wie notwendig ihre Tat war. Die vielen Opfer waren nicht umsonst. Im äußeren Sinne blieb der Widerstand erfolglos, denn die NS-Herrschaft brach erst mit der militärischen Niederlage zusammen. Für den Neubeginn nach dem Zusammenbruch, für eine auf Humanität, Recht und Demokratie gegründete Staats- und Gesellschaftsordnung nach Hitler gehört der Widerstand gegen den Nationalsozialismus aber als Beweis politischer Moral, unter welcher ideologischen Prämisse oder sozialen Voraussetzung er auch geleistet wurde, zu den wichtigen sinnstiftenden Ereignissen der deutschen Geschichte.

Der Verleugnung des Widerstands folgte dessen Heroisierung. Der nächste Schritt, die Historisierung, d. h. die kritische Betrachtung und Einordnung in den gesellschaftlichen und politischen Kontext der NS-Zeit, geht zwangsläufig einher mit der Neuverteilung des Gewichts der diversen Anstrengungen. Dass Deserteure und Verweigerer als Handelnde einer Opposition gegen das Unrechtsregime zu würdigen sind, ist so notwendig wie die Abkehr von den Verdikten des Kalten Krieges, die einerseits Kommunisten die moralische Legitimation zum Widerstand gegen Hitler absprachen und andererseits in reziproker Betrachtung ausschließlich Nichtkommunisten historische Bedeutung zumaß.

Der Kritik am Versagen der traditionellen Eliten – konservatives Bürgertum, Militär, Funktionäre der Arbeiterbewegung, Kirchen – in der Konfrontation mit dem Nationalsozialismus steht die individuelle Gewissensentscheidung der vielen Männer und Frauen gegenüber, die ihr Leben einsetzten im Kampf gegen die als fundamental böse erkannte Herrschaft Hitlers und seines Gefolges. Die Opfer des Widerstands bildeten das moralische Kapital für den Neubeginn nach der Katastrophe.

Die Geschichte des «Dritten Reiches» ist notwendigerweise aber auch und vor allem eine Geschichte der Mehrheit, die sich (oft gegen besseres Wissen) bis zum bitteren Ende anpasste und mitlief. Voraussetzung für Widerstand ist das Bewusstsein für das Unrecht, für die Verbrechen, die im Namen von Ideologie und Staatsräson begangen werden. Dieses Bewusstsein fehlte weithin in der deutschen Bevölkerung, als Hitler mit ihrer Zustimmung, getragen von der Begeisterung zu vieler, die Macht ausübte. Dass die oppositionelle Minderheit dagegen keine Chance hatte – darin liegen Größe und Scheitern des deutschen Widerstands.

Dank

Der herzliche Dank des Autors gilt vielen Einrichtungen. An erster Stelle ist die Hilfsbereitschaft der Gedenkstätte Deutscher Widerstand in Berlin zu rühmen, insbesondere danke ich deren Leiter Johannes Tuchel für viele Hilfen in langjähriger Verbundenheit. Die Bibliotheken und Mitarbeiter der Gedenkstätte Deutscher Widerstand (Matthias Mann und Sebastian Droste), der Stiftung Topographie des Terrors (Florian Gehringer), des Zentrums für Antisemitismusforschung (Irmela Roschmann) haben mich in vielfältiger Weise unterstützt. Für Recherchen und andere notwendige Hilfsdienste danke ich herzlich Carina Baganz und Christine Eberle. Diese hat in bewährter Weise auch dem Manuskript die notwendige Sorgfalt angedeihen lassen. Im Verlag haben sich Christiane Schmidt, Janna Rösch und Bettina Corßen-Melzer um das Lektorat und die Korrekturen des Textes sowie um die Beschaffung der Bilder verdient gemacht. Cheflektor Detlef Felken hielt in kritischer Solidarität mit dem Autor und ebenso freundschaftlicher Zuwendung die Fäden in der Hand. Anja Schöne und Tanja Warter sorgen dafür, dass das Buch Rezensenten und Leser findet. Stellvertretend für viele weitere danke ich allen Genannten sehr herzlich.

Berlin, November 2018

Anhang

Appendix

Anmerkungen

Prolog:
Widerstand ohne Volk oder Volk ohne Widerstand?

1 Exemplarisch für ultrakonservative Positionen mit dürftiger Argumentation: Konrad Löw, Adenauer hatte recht. Warum verfinstert sich das Bild der unter Hitler lebenden Deutschen, Berlin 2014.
2 Bernward Dörner, Die Deutschen und der Holocaust. Was niemand wissen wollte, aber jeder wissen konnte, Berlin 2007.
3 Antje Dertinger, Der treue Partisan. Ein deutscher Lebenslauf: Ludwig Gehm, Bonn 1989.
4 Martin Broszat, Resistenz und Widerstand. Eine Zwischenbilanz des Forschungsprojekts «Widerstand und Verfolgung in Bayern 1933–1945», in: ders., Elke Fröhlich und Anton Grossmann (Hrsg.), Bayern in der NS-Zeit, Bd. IV, München 1981, S. 691–709.
5 Ian Kershaw, Der Hitler-Mythos. Volksmeinung und Propaganda im Dritten Reich, Stuttgart 1980, S. 17.
6 Richard Löwenthal, Widerstand im totalen Staat, in: ders./Patrik von zur Mühlen (Hrsg.), Widerstand und Verweigerung in Deutschland, Bonn 1997, S. 11–24.
7 Christoph Kleßmann, Widerstand gegen den Nationalsozialismus in Deutschland, in: Otto R. Romberg u. a. (Redaktion), Widerstand und Exil. 1933–1945, Bonn (3. Aufl.) 1989, S. 15.

1. Widerstand gegen den Nationalsozialismus vor Hitlers Machterhalt: Publizisten, Politiker, Künstler, Wissenschaftler

1 Kurt Tucholsky, Gesammelte Werke, Bd. 8, Hamburg 1960, S. 107 (zuerst in: Arbeiter-Illustrierte-Zeitung 35, 1930, S. 290).

2 Kurt Tucholsky, Gesammelte Werke, Bd. 10, Hamburg 1960, S. 78 (zuerst in: Die Weltbühne, 17. 5. 1932).
3 Ebenda, Bd. 9, S. 138. Zuerst in: Die Weltbühne, 24. 2. 1931.
4 Carl von Ossietzky, Kommt Hitler doch?, in: Die Weltbühne, 15. 12. 1931.
5 Antworten, in: Die Weltbühne 29, 1933, S. 376.
6 Andreas W. Mytze, Ottwalt. Leben und Werk des vergessenen revolutionären deutschen Schriftstellers, Berlin 1977.
7 Vgl. Ingrid Belke, Publizisten warnen vor Hitler. Frühe Analysen des Nationalsozialismus, in: Conditio Judaica. Judentum, Antisemitismus und deutschsprachige Literatur vom Ersten Weltkrieg bis 1933/38, hrsg. von Hans Otto Horch und Horst Denkler, Tübingen 1993, S. 116–176, insbes. S. 157 f.
8 Ernst Ottwalt, Deutschland erwache! Geschichte des Nationalsozialismus, Wien und Leipzig 1932, S. 388.
9 Paul Kampffmeyer, Der Fascismus in Deutschland, Berlin 1923, zit. nach Belke, Publizisten warnen S. 128.
10 Weigand von Miltenberg, Adolf Hitler – Wilhelm III., Berlin 1931.
11 Zit. nach Ernst Ottwalt, Deutschland erwache! Geschichte des Nationalsozialismus, Wien und Leipzig 1932, S. 168 f.
12 Lion Feuchtwanger, Erfolg. Drei Jahre Geschichte einer Provinz, Hamburg 1956 (ursprünglich Berlin 1930), S. 721 f.
13 Eugeni Xammar, Das Schlangenei. Berichte aus dem Deutschland der Inflationsjahre 1922–1924, Berlin 2007.
14 E. J. Gumbel, Vier Jahre politischer Mord, Berlin-Fichtenau 1922, S. 6.
15 Ders., Verschwörer. Beiträge zur Geschichte und Soziologie der Deutschen Nationalistischen Geheimbünde seit 1918, Wien 1924; ders., Verräter verfallen der Feme. Opfer – Mörder – Richter 1919–1929, Berlin 1929.
16 Ders., «Laßt Köpfe rollen». Faschistische Morde 1924–1931, Berlin 1931, S. 23.
17 Wolfgang Benz, Emil Julius Gumbel. Die Karriere eines deutschen Pazifisten, in: Ulrich Walberer (Hrsg.), 10. Mai 1933. Bücherverbrennung in Deutschland und die Folgen, Frankfurt am Main 1983, S. 160–198; Christian Jansen, Emil Julius Gumbel. Portrait eines Zivilisten, Heidelberg 1991.
18 Der Anti-Nazi. Handbuch im Kampf gegen die NSDAP, hrsg. vom Deutschen Volksgemeinschaftsdienst Berlin-Wilmersdorf, Berlin 1932. Neuausgabe: Walter Gyßling, Mein Leben in Deutschland vor und nach 1933 und Der Anti-Nazi. Handbuch im Kampf gegen die

NSDAP, hrsg. und eingeleitet von Leonidas E. Hill, mit einem Vorwort von Arnold Paucker, Bremen 2003, S. 233.
19 Theodor Heuss, Hitlers Weg. Eine historisch-politische Studie über den Nationalsozialismus, Stuttgart 1932. Im Auftrag des Theodor-Heuss-Archivs erschien eine kritische Neuausgabe: Theodor Heuss, Hitlers Weg. Eine Schrift aus dem Jahre 1932, neu herausgegeben und mit einer Einleitung versehen von Eberhard Jäckel, Tübingen 1968. Die Originalausgabe war trotz des offiziellen Erscheinungsjahres schon ab Dezember 1931 im Buchhandel.
20 Heuss, Hitlers Weg, S. 41 f.
21 Joseph Goebbels, Vom Kaiserhof zur Reichskanzlei, Berlin 1934, S. 31.
22 Engelbert Huber, Das ist Nationalsozialismus. Organisation und Weltanschauung der NSDAP, Stuttgart o. J.
23 Konrad Heiden, Geschichte des Nationalsozialismus. Die Karriere einer Idee, Berlin 1932.
24 Stefan Aust, Hitlers erster Feind. Der Kampf des Konrad Heiden, Reinbek 2016.
25 Ebenda, S. 7.
26 Ebenda, S. 291.
27 Vgl. Ernst Niekisch, Gewagtes Leben. Begegnungen und Begebnisse, Köln 1958, S. 142 f.
28 Ernst Niekisch, Hitler – ein deutsches Verhängnis, Berlin 1932, S. 17 f.
29 Manfred von Killinger, Ernstes und Heiteres aus dem Putschleben, mit Zeichnungen von A. Paul Weber, München 1933^5.
30 Weitere Beispiele bei Thomas Dörr, «Mühsam und so weiter, was waren das für Namen ...». Zeitgeist und Zynismus im nationalistisch-antisemitischen Werk des Graphikers A. Paul Weber, Lübeck 2000.
31 Otto Thomae, Die Propaganda-Maschinerie. Bildende Kunst und Öffentlichkeitsarbeit im Dritten Reich, Berlin 1978, S. 495.
32 Auch die Werkbiographie geht mit der nationalsozialistischen Zeit im Leben des Künstlers äußerst diskret um, widmet etwa den Illustrationen zu Killingers rechtsradikaler Putsch-Apotheose nur knappste Erwähnung und spielt die politische Bedeutung des Buches «Britische Bilder» herunter: Helmut Schumacher und Klaus J. Dorsch, A. Paul Weber, Leben und Werk in Texten und Bildern, Hamburg 2003.
33 Kurt Kusenberg, Manuskript ohne Titel im Nachlass Erich Ohser, zit. nach: Frauke Klinkers, Der Zeichner Erich Ohser (1903–1944), Phil. Diss. TU Berlin 1976, S. 27.

34 Schreiben, Landesverband Berlin im Reichsverband der deutschen Presse, 19. 2. 1936, zit. nach Klinkers, Der Zeichner Erich Ohser, S. 14.
35 Kusenberg, a. a. O., zit. nach Klinkerts, S. 28.
36 Ebenda, S. 29.
37 Berliner Tageblatt, 8. 6. 1930, zit. nach Christel Goldbach, Distanzierte Beobachtung, Theodor Wolff und das Judentum, Oldenburg 2002, S. 246.
38 Johannes Steiner (Hrsg.), Prophetien wider das Dritte Reich. Aus den Schriften des Dr. Fritz Gerlich und des Paters Ingbert Naab O. F. M. Cap., München 1946, S. 437.
39 Ebenda, S. 447.
40 Ebenda, S. 541.
41 Wolfgang Benz, Deutsche Juden im 20. Jahrhundert. Eine Geschichte in Porträts, München 2011, S. 25–35.
42 Ders., Eine liberale Widerstandsgruppe und ihre Ziele. Hans Robinsohns Denkschrift aus dem Jahre 1939, in: Vierteljahrshefte für Zeitgeschichte 29 (1981), S. 437–471, zit. S. 438.
43 Erich Mühsam, Aktive Abwehr, in: Die Weltbühne Nr. 50, 15. Dezember 1931, S. 880 f.
44 Ebenda.
45 Werner Hegemann, Entlarvte Geschichte, Leipzig 1933, Prag 1934, Reprint Hildesheim 1979, S. 7 f.
46 Hellmuth Langenbucher, Entlarvter Geschichtsklitterer, in: Völkischer Beobachter, 15. 3. 1933.
47 Nachwort zur 2. Auflage Entlarvte Geschichte, S. 190.
48 Werner Hegemann, Nazi-Reue über Dessau, in: Die Weltbühne Nr. 36, 6. September 1932, S. 369 f.
49 Hermann Kesten, Meine Freunde, die Poeten, München 1959, S. 112.
50 Arnold Zweig, Auch Werner Hegemann …, in: Über Schriftsteller, Berlin und Weimar 1967, zit. nach dem Reprint Hegemann, Entlarvte Geschichte, Hildesheim 1979, dem der Text vorangestellt ist.
51 Irmgard Litten, Eine Mutter kämpft gegen Hitler, 1984, S. 64 f. Das Buch erschien zuerst in englischer Sprache (A mother fights Hitler), 1940 in London, dann u. a. in Paris, um die Weltöffentlichkeit auf den Fall Litten aufmerksam zu machen.
52 Angelika Königseder, Als prominenter Regimegegner vernichtet: Der Dachau-Häftling Hans Litten, in: Wolfgang Benz und Angelika Königseder (Hrsg.), Das Konzentrationslager Dachau. Geschichte und Wirkung nationalsozialistischer Repression, Berlin 2008, S. 351–361.

53 Verhandlungen des Deutschen Reichtags. Stenographische Berichte, Bd. 446, S. 2254–2255, abgedruckt auch in: Turmwächter der Demokratie. Ein Lebensbild von Kurt Schumacher, Bd. II, Berlin-Grunewald 1953, S. 23–24 und in: Heinz Kühn, Auf den Barrikaden des mutigen Wortes, Bonn 1986, S. 192–195.
54 Friedrich Stampfer, Die vierzehn Jahre der ersten deutschen Republik, Karlsbad 1936, zit. nach Hamburg 1947², S. 614.
55 Schwäbische Tagwacht, 4. 4. 1932.
56 Ebenda, 7. 4. 1932.
57 Ebenda, 3. 6. 1932.
58 Ebenda, 11. 6. 1932.
59 Ebenda, 30. 9. 1931.
60 Ebenda.
61 Heinrich Potthoff, Kurt Schumacher – Sozialdemokraten und Kommunisten, in: Dieter Dowe, Kurt Schumacher und der «Neubau» der deutschen Sozialdemokratie nach 1945, Bonn 1996, S. 137.
62 Friedrich Franz von Unruh, Nationalsozialismus, Frankfurt a. M. 1931, S. 22 f.
63 Ebenda, S. 20.
64 Ebenda, S. 47.
65 Paul Kampffmeyer, Der Nationalsozialismus und seine Gönner, Berlin 1924, S. 58.
66 Ebenda, S. 59. Kampffmeyer nennt als Quelle einen Artikel der Sozialdemokratischen «Münchner Post» vom 29. 10. 1923.

2. Statt Hitler lieber einen König: Bayerische Monarchisten

1 Karl Otmar von Aretin, Der bayerische Adel. Von der Monarchie zum Dritten Reich, in: Martin Broszat, Elke Fröhlich, Anton Grossmann, Bayern in der NS-Zeit. Bd. III, Herrschaft und Gesellschaft im Konflikt, München 1981, S. 513–567, zit. S. 534.
2 Politik in Bayern 1919–1933. Berichte des württembergischen Gesandten Moser von Filseck, hrsg. von Wolfgang Benz, Stuttgart 1971, S. 270.
3 Ebenda.
4 Ebenda.
5 Falk Wiesemann, Die Vorgeschichte der nationalsozialistischen Machtübernahme in Bayern 1932/1933, Berlin 1973, S. 206 ff.

6 Aretin, Der bayerische Adel, S. 540.
7 Bericht über die beiden Unterredungen im Wortlaut bei Wiesemann, Vorgeschichte, S. 288 f., zit. S. 291 und 293.
8 Wortlaut der Niederschrift über die Besprechung am 1.3.1933 bei Wiesemann, Vorgeschichte, S. 294–303, zit. S. 302.
9 Heike Bretschneider, Der Widerstand gegen den Nationalsozialismus in München 1933 bis 1945, München 1968, S. 149; vgl. James Donohoe, Hitler's conservative Opponents in Bavaria, Leiden 1961.

3. Widerstand aus der Arbeiterbewegung

1 Ilse Krause, Die Schumann-Engert-Kresse-Gruppe. Dokumente und Materialien des illegalen antifaschistischen Kampfes (Leipzig 1943 bis 1945), hrsg. vom Institut für Marxismus-Leninismus beim ZK der SED, Berlin 1960.
2 Klaus Bästlein, «Hitlers Niederlage ist nicht unsere Niederlage, sondern unser Sieg!» Die Bästlein-Organisation, in: Beate Meyer und Joachim Szodrzynski (Hrsg.), Vom Zweifeln und Weitermachen. Fragmente der Hamburger KPD-Geschichte, Hamburg 1988.
3 Oswald Bindrich und Susanne Römer, Beppo Römer. Ein Leben zwischen Revolution und Nation, Berlin 1991; Luise Kraushaar, Berliner Kommunisten im Kampf gegen den Faschismus 1936–1942. Robert Uhrig und Genossen, Berlin 1981.
4 Gerhard Nitzsche, Die Saefkow-Jacob-Bästlein-Gruppe. Dokumente und Materialien des illegalen antifaschistischen Kampfes (1942–1945), hrsg. vom Institut für Marxismus-Leninismus beim ZK der SED, Berlin 1957.
5 Günter Braun, Georg Lechleiter. Ein Mannheimer Kommunist, in: Michael Bosch und Wolfgang Niess (Hrsg.), Der Widerstand im deutschen Südwesten 1933–1945, Stuttgart 1984.
6 Beatrix Herlemann, Auf verlorenem Posten. Kommunistischer Widerstand im Zweiten Weltkrieg. Die Knöchel-Organisation, Bonn 1986.
7 Markus Kienle, Gotteszell – das frühe Konzentrationslager für Frauen in Württemberg, Ulm 2002.
8 Lina Haag, Eine Handvoll Staub. Widerstand einer Frau, Frankfurt a. M. 1995 (zuerst Nürnberg 1947), S. 122 f.
9 Ebenda, S. 138 f.
10 Ebenda, S. 118.
11 Ebenda, S. 119.

12 Ebenda, S. 118.
13 Ernst Reuter, Schriften, Reden, Berlin 1973; Willy Brandt und Richard Löwenthal, Ernst Reuter. Ein Leben für die Freiheit. Eine politische Biographie, München 1957; David E. Barclay, Schaut auf diese Stadt. Der unbekannte Ernst Reuter, München 2000.
14 Peter Merseburger, Der schwierige Deutsche. Kurt Schumacher. Eine Biographie, Stuttgart 1995; Willy Albrecht (Hrsg.), Kurt Schumacher. Reden-Schriften-Korrespondenzen 1945–1952, Berlin, Bonn 1985.
15 Vgl. im Überblick Klaus Schönhoven, Reformismus und Radikalismus. Gespaltene Arbeiterbewegung im Weimarer Sozialstaat, München 1989; zu Möglichkeiten und Grenzen der SPD am Ende der Weimarer Republik vgl. insbesondere Hans Mommsen, Sozialdemokratie in der Defensive. Der Immobilismus der SPD und der Aufstieg des Nationalsozialismus, in: ders. (Hrsg.), Sozialdemokratie zwischen Klassenbewegung und Volkspartei, Frankfurt a. M. 1974, S. 106–133; Hagen Schulze, Anpassung oder Widerstand? Aus den Akten des Parteivorstandes der deutschen Sozialdemokratie 1932/33, Bonn 1975; Helga Grebing, Flucht vor Hitler?, in: Aus Politik und Zeitgeschichte, 29. 1. 1983, S. 26–42; Eberhard Kolb, Die sozialdemokratische Strategie in der Ära des Präsidialkabinetts Brüning – Strategie ohne Alternative?, in: Ursula Büttner (Hrsg.), Das Unrechtsregime, Hamburg 1986, Bd. 1, S. 157–176.
16 Das Ende der Parteien 1933, hrsg. von Erich Matthias und Rudolf Morsey, Düsseldorf 1960, S. 101–278.
17 Stenographische Berichte des Deutschen Reichstages, Bd. 457, S. 32 ff., abgedruckt u. a. auch bei Susanne Miller/Heinrich Potthoff, Kleine Geschichte der SPD. Darstellung und Dokumentation 1848–1983, Bonn 1983, S. 346 ff.
18 Vgl. zur Geschichte der sozialdemokratischen Emigration die Klassiker: Lewis J. Edinger, Sozialdemokratie und Nationalsozialismus. Der Parteivorstand der SPD im Exil von 1933–1945, Hannover 1960; Erich Matthias, Sozialdemokratie und Nation. Ein Beitrag zur Ideengeschichte der sozialdemokratischen Emigration in der Prager Zeit des Parteivorstandes 1933 bis 1938. Stuttgart 1952; sowie vor allem: Mit dem Gesicht nach Deutschland. Eine Dokumentation über die sozialdemokratische Emigration. Aus dem Nachlass von Friedrich Stampfer, ergänzt durch andere Überlieferungen, hrsg. im Auftrag der Kommission für Geschichte des Parlamentarismus und der politischen Parteien von Erich Matthias, bearb. von Werner Link, Düsseldorf

1968; als Überblick wichtig: Ursula Langkau-Alex, Zwischen Tradition und neuem Bewußtsein. Die Sozialdemokraten im Exil, in: Manfred Briegel/Wolfgang Frühwald (Hrsg.), Die Erfahrung der Fremde, Weinheim 1988, S. 61–77; Quellenedition mit informativer Einleitung: Marlis Buchholz/Bernd Rother, Der Parteivorstand der SPD im Exil. Protokolle der Sopade 1933–1940, Bonn 1995.

19 Neuer Vorwärts, 18. 6. 1933.

20 Das «Prager Manifest» der Sopade wurde unter dem Titel «Kampf und Ziel des revolutionären Sozialismus. Die Politik der Sozialdemokratischen Partei Deutschlands» am 28. 1. 1934 im «Neuen Vorwärts» veröffentlicht, wiederabgedruckt u. a. bei Miller/Potthoff, Kleine Geschichte, S. 349–351.

21 Zum Exil in der Tschechoslowakei generell vgl.: Drehscheibe Prag. Zur deutschen Emigration in der Tschechoslowakei 1933–1939, hrsg. von Peter Becher und Peter Heumos, München 1992.

22 Walter Euchner, Rudolf Hilferding (1877–1941), in: Vor dem Vergessen bewahren. Lebenswege Weimarer Sozialdemokraten, hrsg. von Peter Lösche, Michael Scholing, Franz Walter, Berlin 1988, S. 170–192.

23 Vgl. Detlef Lehnert, Rudolf Breitscheid (1874–1944), in: ebenda, S. 38–56.

24 Friedrich Stampfer, Die 14 Jahre der ersten deutschen Republik, Karlsbad 1936.

25 Ursula Langkau-Alex, Volksfront für Deutschland? Bd. I: Vorgeschichte und Gründung des «Ausschusses zur Vorbereitung einer deutschen Volksfront» 1933–1936, Frankfurt a. M. 1977.

26 Die revolutionäre Illusion. Zur Geschichte des linken Flügels der USPD. Erinnerungen von Curt Geyer, hrsg. von Wolfgang Benz und Hermann Graml, Stuttgart 1976.

27 Brigitte Seebacher-Brandt, Biedermann und Patriot. Erich Ollenhauer. Ein sozialdemokratisches Leben, Rheinbreitbach 1984.

28 Mit der Ausbürgerung («Rechtsgrundlage» war das «Gesetz über den Widerruf von Einbürgerungen und die Aberkennung der deutschen Staatsangehörigkeit vom 14. 7. 1933) wurde der Emigrant staatenlos und sein Vermögen war zugunsten des Deutschen Reiches beschlagnahmt. Die Ausbürgerungen wurden in Listen im «Deutschen Reichsanzeiger» veröffentlicht. Die erste Liste (mit den Namen von Wels, Breitscheid, Hilferding, Stampfer und Ollenhauer) wurde am 25. 8. 1933 publiziert. Anna und Curt Geyer erschienen auf Liste 6 (25. 7. 1936), die Ausbürgerung von Charlotte Stampfer und Marianne war in Liste 12 am

16. 4. 1937 veröffentlicht. Vgl. Michael Hepp (Hrsg.), Die Ausbürgerung deutscher Staatsangehöriger 1933–45 nach den im Reichsanzeiger veröffentlichten Listen, München 1985–1988 (3 Bde.).
29 Jack Jacobs, Ein Freund in Not. Das Jüdische Arbeiterkomitee in New York und die Flüchtlinge aus den deutschsprachigen Ländern, 1933–1934, Bonn 1993.
30 Varian Fry, Auslieferung auf Verlangen. Die Rettung deutscher Emigranten in Marseille 1940/41, hrsg. von Wolfgang D. Elfe und Jan Hans, München 1986.
31 Vgl. Werner Röder, Die deutschen sozialistischen Exilgruppen in Großbritannien, Hannover 1969.
32 Herbert und Elsbeth Weichmann Stiftung (Hrsg.), Schicksale deutscher Emigranten. Auf der Suche nach den Quellen. Arbeitsergebnisse, München 1993.
33 Bernd Rabe, Die «Sozialistische Front». Sozialdemokraten gegen Faschismus 1933–1936, Hannover 1984; Hans-Dieter Schmid, Sozialdemokratischer Widerstand, in: Historisches Museum Hannover (Hrsg.), Widerstand im Abseits. Hannover 1933–1945, Hannover 1992.
34 Zit. nach Gerhard Beier, Die illegale Reichsleitung der Gewerkschaften, in: Löwenthal und zur Mühlen, Widerstand und Verweigerung, S. 30.
35 Reiner Tosstorff, Wilhelm Leuschner gegen Robert Ley. Ablehnung der Nazi-Diktatur durch die Internationale Arbeitskonferenz 1933 in Genf, Frankfurt a. M. 2007.
36 Helmut Esters und Hans Pelger, Gewerkschafter im Widerstand. Mit einem forschungsgeschichtlichen Überblick von Alexandra Schlingensiepen, Bonn 1983, S. 141.
37 Detlev J. K. Peukert, Die Lage der Arbeiter und der gewerkschaftliche Widerstand im Deutschen Reich, in: Ulrich Borsdorf (Hrsg.), Geschichte der deutschen Gewerkschaften. Von den Anfängen bis 1945, Köln 1987.
38 Hans Gottfurcht, Als Gewerkschafter im Widerstand, in: Löwenthal und zur Mühlen, Widerstand und Verweigerung, S. 53.
39 Gerhard Beier, Die illegale Reichsleitung der Gewerkschaften 1933–1945, Köln 1981.
40 Jan Foitzik, Zwischen den Fronten. Zur Politik, Organisation und Funktion linker politischer Kleinorganisationen im Widerstand 1933 bis 1939/40, Bonn 1986.

41 Karl Hermann Tjaden, Struktur und Funktion der KPD-Opposition (KPDO). Eine organisationssoziologische Untersuchung zur «Rechts»-Opposition im deutschen Kommunismus zur Zeit der Weimarer Republik, Hannover 1983.
42 Hanno Drechsler, Die Sozialistische Arbeiterpartei Deutschlands (SAPD). Ein Beitrag zur Geschichte der deutschen Arbeiterbewegung am Ende der Weimarer Republik, Meisenheim 1965.
43 Rudolf Küstermeier, Der Rote Stoßtrupp, Berlin 1981 (Gedenkstätte Deutscher Widerstand); Hans-Rainer Sandvoß, Widerstand in Mitte und Tiergarten, Berlin 1994.
44 Olaf Ihlan, Die Roten Kämpfer. Ein Beitrag zur Geschichte der Arbeiterbewegung in der Weimarer Republik und im Dritten Reich, Meisenheim 1969, S. 121 f.
45 Jan Foitzik, Zwischen den Fronten. Zur Politik, Organisation und Funktion linker politischer Kleinorganisationen im Widerstand 1933 bis 1939/40 unter besonderer Berücksichtigung des Exils, Bonn 1986, S. 91.
46 Kurt Klien, Der sozialistische Widerstand gegen das Dritte Reich dargestellt an der Gruppe «Neu Beginnen», Phil. Diss. Marburg 1957.
47 Richard Löwenthal, Die Widerstandsgruppe «Neu Beginnen», hrsg. von der Gedenkstätte Deutscher Widerstand, Berlin 1985; Walter Loewenheim, Geschichte der Org. (Neu Beginnen) 1929–1935. Eine zeitgenössische Analyse, hrsg. von Jan Foitzik, Berlin 1994.
48 Werner Link, Die Geschichte des Internationalen Jugend-Bundes (IJB) und des Internationalen Sozialistischen Kampf-Bundes (ISK). Ein Beitrag zur Geschichte der Arbeiterbewegung in der Weimarer Republik und im Dritten Reich, Meisenheim 1964.
49 Antje Dertinger, Der treue Partisan. Ein deutscher Lebenslauf: Ludwig Gehm, Bonn 1989, S. 55 f.
50 Dertinger, Der treue Partisan, S. 143 f.
51 Ludwig Linsert, Aus meiner Widerstandsarbeit, in: Richard Löwenthal und Patrik von zur Mühlen (Hrsg.), Widerstand und Verweigerung in Deutschland, Bonn 1997, S. 76–82.
52 Rüdiger Griepenburg, Die Volksfronttaktik im sozialdemokratischen Widerstand gegen das Dritte Reich. Dargestellt an der Gruppe Deutsche Volksfront und dem Volksfrontkomitee im Konzentrationslager Buchenwald, Phil. Diss., Marburg 1969.
53 Hermann Brill, Gegen den Strom, Offenbach a. M. 1946, S. 16 f.
54 Brill, Gegen den Strom, S. 96.

55 Manfred Overesch, Hermann Brill. Ein Kämpfer gegen Hitler und Ulbricht, Bonn 1992.
56 Alfred Kantorowicz, Deutsches Tagebuch, München 1964, S. 40.
57 Ursula Langkau-Alex, Volksfront für Deutschland, Frankfurt a. M. 1977.
58 Babette Groß, Willi Münzenberg, Leipzig 1991.

4. Misslungenes Aufbegehren: Konservative Opposition nach dem Scheitern des Zähmungskonzepts

1 Karl Heinrich Peter (Hrsg.), Reden, die die Welt bewegten, Stuttgart 1959, S. 369–380, zit. S. 376.
2 Ebenda, S. 378.
3 Ebenda, S. 379.
4 Ebenda, S. 375.
5 Reiner Möckelmann, Franz von Papen. Hitlers ewiger Vasall, Darmstadt 2016.
6 Karl Martin Graß, Edgar Jung. Papen-Kreis und Röhmkrise 1933/34, Diss. Heidelberg 1966, S. 47, zit. nach Hermann Graml, Vorhut konservativen Widerstands. Das Ende des Kreises um Edgar Jung, in: ders. (Hrsg.), Widerstand im Dritten Reich. Probleme, Ereignisse, Gestalten, Frankfurt a. M. 1994, S. 178.
7 Vgl. jedoch Franz von Papen, Appell an das deutsche Gewissen. Reden zur nationalen Revolution, Oldenburg 1933.
8 Franz von Papen, Der Wahrheit eine Gasse, München 1952, S. 346. Die Rolle des Autors der Rede spielte Papen auf gemeinsame Überlegungen und Skizzen Jungs herunter und trumpfte auf: «Ist es nicht das Vorrecht eines Staatsmannes, sich mit den besten Köpfen zu umgeben, die er finden kann, und bleibt nicht die volle und letzte Verantwortung für das, was er sagt, dem Staatsmanne – und nicht dem Mann im Hintergrunde? Man hat nie gehört, daß man nach dem Meisterschuß den Kugelgießer verherrlicht und des Schützen vergißt. Niemand hat das Schicksal Edgar Jungs mehr betrauert als ich. Wenn er einen Fehler hatte, so war es der, es von allen Dächern zu rufen, daß er die Seele des Papenschen Widerstandes sei. Ohne den gewiß berechtigten Ehrgeiz, sein Licht nicht unter den Scheffel zu stellen, wäre er sicher heute noch unter uns.» Ebenda, S. 364.
9 Die Tagebücher von Joseph Goebbels, hrsg. von Elke Fröhlich, Teil I,

Bd. 3/I, April 1934 – Februar 1936, bearb. von Angela Hermann u. a., München 2005, S. 65.

10 Ebenda, S. 67.
11 Ebenda, S. 70 f.
12 Franz von Papen, Der Wahrheit eine Gasse, München 1952; ders., Vom Scheitern einer Demokratie 1930–1933, Mainz 1968.
13 Vgl. die Schilderungen der Mitarbeiter der Vizekanzlei Kurt Josten und Graf Kageneck in: Fritz Günther von Tschirschky, Erinnerungen eines Hochverräters, Stuttgart 1972, S. 204–207.
14 Rainer Orth, «Der Amtssitz der Opposition»? Politik und Staatsumbaupläne im Büro des Stellvertreters des Reichskanzlers in den Jahren 1933–1934, Köln 2016.
15 Graml, Vorhut konservativen Widerstands, S. 174.
16 Vgl. Albert Speer, Erinnerungen, Frankfurt a. M. 1969, S. 66.
17 Edgar Jung, Deutschland und die konservative Revolution, Nachwort zu: Deutsche über Deutschland, München 1932, S. 380.
18 Kurt Sontheimer, Antidemokratisches Denken in der Weimarer Republik. Die politischen Ideen des deutschen Nationalismus zwischen 1918 und 1933, München 1962.
19 Vgl. die Würdigung aus dem neurechten Lager: Karlheinz Weißmann, Edgar J. Jung, Zur Politischen Biographie eines konservativen Revolutionärs, Berlin 2015.
20 Zit. nach Tschirschky, Erinnerungen, S. 160, der sich zugleich energisch von diesem Diktum Jungs distanziert.

5. Der Mann aus dem Volk: Georg Elser

1 Bernd Burckhardt, Helmut Hirsch. Ein Aktivist der bündischen Jugend, in: Michael Bosch und Wolfgang Niess (Hrsg.), Der Widerstand im deutschen Südwesten 1933–1945, Stuttgart 1984.
2 Klaus Urner, Der Schweizer Hitler-Attentäter. Drei Studien zum Widerstand und seinen Grenzbereichen. Systemgebundener Widerstand. Einzeltäter und ihr Umfeld. Maurice Bavaud und Marcel Gerbonay, Zürich 1982; Peter Hoffmann, Maurice Bavaud's Attempt to assassinate Hitler in 1938, in: George L. Mosse (Ed.), Police Forces in History, London 1975, S. 173–204.
3 Rolf Hochhuth, «Tell 38». Er wollte Hitler töten. Der Fall des Theologie-Studenten Maurice Bavaud, in: Die Zeit, Nr. 52, 17. 12. 1976; ders., «Tell 38». Dankrede für den Baseler Kunstpreis 1976 am 2. Dezember

1976 in der Aula des Alten Museums. Anmerkungen und Dokumente, Reinbek bei Hamburg 1979.
4 Ernst Deuerlein (Hrsg.), Der Hitler-Putsch. Bayerische Dokumente zum 8./9. November 1923, Stuttgart 1962.
5 Lothar Gruchmann und Reinhard Weber (Hrsg.), Der Hitler-Prozeß 1924, 4 Bde., München 1997–1999.
6 Vgl. Hans Günther Hockerts, Mythos, Kult und Feste. München im nationalsozialistischen «Feierjahr», in: München – «Hauptstadt der Bewegung», Ausstellung des Münchner Stadtmuseums, Katalog/Begleitband, München 1993, S. 331–337.
7 Die Tagebücher von Joseph Goebbels, hrsg. Von Elke Fröhlich, Teil I., Bd. 7, München 1998, S. 188 (Eintragung 9. 11. 1939).
8 Vgl. z. B. «Der Führer rechnet mit England ab», in: Hannoverscher Kurier, 9. 11. 1939.
9 Völkischer Beobachter, Berliner Ausgabe, 9. 11. 1939.
10 Völkischer Beobachter, Münchner Ausgabe, 23. 11. 1939.
11 Patrick Moreau, Nationalismus von links. Die «Kampfgemeinschaft Revolutionärer Nationalsozialisten» und die «Schwarze Front» Otto Straßers 1930–1935, Stuttgart 1984; Otto Straßer, Hitler und ich, Konstanz 1948; ders., Mein Kampf, Frankfurt a. M. 1969.
12 Vgl. Zeitungsartikel wie «Anschlag oder Propagandatrick? Vor 10 Jahren: Explosion im Bürgerbräu», in: Telegraf (Berlin), 9. 11. 1949; Ernst Günther, Das Attentat im Bürgerbräukeller aufgeklärt. Hitler opferte «alte Kämpfer» zur Stimmungsmache, in: Süddeutsche Zeitung, 22. 2. 1946; dagegen: Das umstrittene Attentat im Bürgerbräukeller. Der Täter Elser hatte keine Hintermänner/Die Schliche der Goebbels-Propaganda, in: Süddeutsche Zeitung, 21. 7. 1949.
13 Der Grenzbote. Heidenheimer Tageblatt, zit. nach Georg-Elser-Arbeitskreis Heidenheim (Hrsg.), Gegen Hitler – gegen den Krieg! Georg Elser. Der Einzelgänger, der frei und ohne Ideologie, auf sich selbst gestellt, bereit war zum Eingriff in die Geschichte, Heidenheim 1989, S. 55 f.
14 DNB, 10. 11. 1938, zit. nach Hellmut G. Haasis, Georg Elsers Attentat im Spiegel der NS-Presse und des Schweizer Journalismus, in: Andreas Grießinger (Hrsg.), Grenzgänger am Bodensee. Georg Elser. Verfolgte – Flüchtlinge – Opportunisten, Konstanz 2000, S. 92.
15 Ebenda, S. 109.
16 Ebenda, S. 97 f.
17 Ebenda, S. 104.

18 Ebenda.
19 Neuer Vorwärts. Sozialdemokratisches Wochenblatt, Paris 19. 11. 1939, zit. nach ebenda, S. 60.
20 Deutschland-Berichte, 6. Jahrgang, 2. Dezember 1939.
21 Deutschland-Berichte der Sozialdemokratischen Partei Deutschlands (Sopade) 1934–1940, 6. Jahrgang 1939, S. 1023 f.
22 Arthur Nebe, der später 1941/42 die Einsatzgruppe B der Sicherheitspolizei und des SD auf sowjetischem Territorium kommandierte und damit des Mordes an mehr als 45 000 Menschen, meist Juden, schuldig wurde, fand zuletzt selbst zum Widerstand. Er arbeitete dem Kreis des 20. Juli 1944 zu, blieb unentdeckt, wurde aber durch Flucht verdächtig. Nach einer Denunziation verhaftet, verurteilte ihn der Volksgerichtshof zum Tod, am 3. März 1945 wurde er hingerichtet.
23 Peter Steinbach und Johannes Tuchel, Georg Elser. Der Hitler-Attentäter, S. 187, Faksimile.
24 «Mit tiefer Genugtuung erfährt das deutsche Volk: Der Attentäter gefasst. Täter: Georg Elser – Auftraggeber: Britischer Geheimdienst», in: Völkischer Beobachter, Berliner Ausgabe, 22. 11. 1939.
25 Völkischer Beobachter, 22. 11. 1939.
26 Hamburger Tageblatt, 22. 11. 1939.
27 Völkischer Beobachter, Münchner Ausgabe, 23. 11. 1939.
28 Tobias Engelsing und Ulrich Renz, Elser & Sohn. Prägende Jahre am Bodensee, Königsbronn 2009.
29 Ulrich Renz, Elser und Elsa. Geschichten um den Königsbronner Widerstandkämpfer, Königsbronn 2014.
30 Protokoll der Vernehmungen Georg Elsers zwischen dem 19. und 23. November 1923 in Berlin im Geheimen Staatspolizeiamt, Prinz-Albrecht-Straße 8, in: Steinbach und Tuchel, Georg Elser, S. 208–337, zit. S. 262.
31 Ebenda, S. 265 f.
32 Ebenda, S. 257 f.
33 Ebenda, S. 257.
34 Rudolf Hangs, Die Zeitbombe. Beschreibung und Dokumentation des Nachbaus, Königsbronn 2015.
35 Zum Umgang der Schweizer Behörden mit dem Fall Elser vgl. Die Akte Elser, Schriftenreihe der Georg Elser Gedenkstätte in Königsbronn, Bd. 1 Königsbronn o. J. (2000).
36 Steinbach und Tuchel, Georg Elser, S. 95.
37 Kampf um Gerechtigkeit. Das Schicksal der Familie Hirth. Mit einem

Vorwort von Ulrich Renz und Dokumenten zu ihrem Kampf um Entschädigung, Königsbronn 2007.
38 S. Payne Best, The Venlo Incident, London 1950.
39 Ulrich Renz (Bearb.), Der Fall Niemöller. Ein Briefwechsel zwischen Georg Elsers Mutter und dem Kirchenpräsidenten, Königsbronn 2003.
40 Anton Hoch hat in mühevoller Kleinarbeit die Fakten gesichert und dargestellt: Anton Hoch, Das Attentat auf Hitler im Münchner Bürgerbräukeller 1939, in: Vierteljahrshefte für Zeitgeschichte 17 (1969), S. 383–413. Lothar Gruchmann entdeckte die Vernehmungsprotokolle Elsers nach dem Anschlag: Lothar Gruchmann, Die Entdeckung des Protokolls, in: Georg Elser Gedenkstätte Königsbronn (Hrsg.), Das Protokoll. Die Autobiographie des Georg Elser, Königsbronn 2006, S. 11–14, und publizierte sie: ders. (Hrsg.), Johann Georg Elser. Autobiographie eines Attentäters. Aussage zum Anschlag im Bürgerbräukeller, Stuttgart 1970, Neuausgabe 1989; im Taschenbuch zusammengefasst erschienen beide Arbeiten zehn Jahre später noch einmal: Anton Hoch und Lothar Gruchmann, Georg Elser: Der Attentäter aus dem Volke. Der Anschlag auf Hitler im Bürgerbräu 1939, Frankfurt a. M. 1980.
41 Alfred Dürr, Der Mann, der Hitler töten wollte, wird im Dorf noch immer totgeschwiegen, in: Stuttgarter Nachrichten, 9. 11. 1989.
42 Stephen Sheppard, Georg Elser, Roman, München 1989.
43 Peter-Paul Zahl, Johann Georg Elser. Ein deutsches Drama, Berlin 1982 («Heidenheimer Fassung», Grafenau 1996).
44 Klaus-Maria Brandauer, Georg Elser. Einer aus Deutschland, 1989; Oliver Hirschbiegel, Er hätte die Welt verändert, 2015.
45 Peter Steinbach und Johannes Tuchel, Georg Elser. Der Hitler-Attentäter, Berlin 2010; Hellmut G. Haasis, «Den Hitler jag ich in die Luft». Der Attentäter Georg Elser. Eine Biographie, Berlin 1999 (vollständig überarb. Neuausgabe, Hamburg 2009); Ulrich Renz, Georg Elser. Ein Meister der Tat, Leinfelden-Echterdingen 2009; Achim Rogoss, Eike Hemmer und Edgar Zimmer (Hrsg.), Georg Elser. Ein Attentäter als Vorbild, Bremen 2006; Helmut Ortner, Der einsame Attentäter. Der Mann, der Hitler töten wollte, Frankfurt a. M. 2009.
46 Vgl. Der Streit um den Widerstandskämpfer Georg Elser. Forum, in: Jahrbuch Extremismus und Demokratie 12 (2000), S. 95–178.
47 Ebenda, S. 101–139.

48 Uwe Backes, «Neurotischer Umgang mit NS-Geschichte», in: Dresdner Neueste Nachrichten vom 6. Januar 2000.

6. Widerstand von Christen: Anpassung und Kollaboration der Kirchen

1 Günther van Norden, Kirche in der Krise. Die Stellung der evangelischen Kirche zum nationalsozialistischen Staat im Jahr 1933, Düsseldorf 1963.
2 Kundgebung der deutschen Bischöfe über die Haltung zum Nationalsozialismus, 28. März 1933, in: Hubert Gruber, Katholische Kirche und Nationalsozialismus 1930–1945. Ein Bericht in Quellen, Paderborn 2006, S. 39 f.
3 Bernhard Sauer, In Heydrichs Auftrag. Kurt Gildisch und der Mord an Erich Klausener während des «Röhm-Putsches», Berlin 2018.
4 Karl Barth, «Der Götze wackelt». Zeitkritische Aufsätze, Reden und Briefe von 1930 bis 1960, hrsg. von K. Kupisch, Berlin 1961.
5 Eberhard Busch, Karl Barths Lebenslauf. Nach seinen Briefen und autobiographischen Texten, Gütersloh 1993^5 (zuerst 1975).
6 Wilhelm Niemöller, Die Evangelische Kirche im Dritten Reich. Handbuch des Kirchenkampfes, Bielefeld 1956; ders., Aus dem Leben eines Bekenntnispfarrers, Bielefeld 1961.
7 Georg Kretschmar (Hrsg.), Dokumente zur Kirchenpolitik des Dritten Reiches, 2 Bde., München 1971–1975.
8 Klaus Scholder, Die Kirchen und das Dritte Reich, 2 Bde., Frankfurt, Berlin und Wien 1977, 1985; Leonore Siegele-Wenschkewitz, Nationalismus und Kirchen. Religionspolitik von Partei und Staat bis 1935, Düsseldorf 1974.
9 Manfred Gailus (Hrsg.), Elisabeth Schmitz und ihre Denkschrift gegen die Judenverfolgung. Konturen einer vergessenen Biografie (1893–1977), Berlin 2008.
10 Martin Greschat, «Gegen den Gott der Deutschen». Marga Meusels Kampf für die Rettung der Juden, in: Ursula Büttner und Martin Greschat, Die verlassenen Kinder der Kirche. Der Umgang mit Christen jüdischer Herkunft im «Dritten Reich», Göttingen 1998, S. 70–85, zit. S. 72.
11 Ebenda, S. 74 f.
12 Eberhard Röhm und Jörg Thierfelder, Juden – Christen – Deutsche, 3 Bde., Stuttgart 1990–1995, Bd. 1, S. 391–396, zit. S. 396.

13 Wortlaut der Denkschrift in: Wilhelm Niemöller (Hrsg.), Die Synode zu Steglitz, Göttingen 1970, S. 29–48, zit. S. 47.
14 Ebenda, S. 48–58.
15 Zit. nach Greschat, «Gegen den Gott», S. 84.
16 Die Bekenntnissynoden von Barmen (29. bis 31. Mai 1934), An die evangelischen Gemeinden und Christen in Deutschland, in: Heinrich Hermelink, Kirche im Kampf. Dokumente des Widerstands und des Aufbaus in der Evangelischen Kirche Deutschlands von 1933 bis 1945, Tübingen 1950, S. 108 f.
17 Ebenda, S. 55.
18 Hans Günter Hockerts, Die Sittlichkeitsprozesse gegen katholische Ordensangehörige und Priester 1936–1937. Eine Studie zur nationalsozialistischen Herrschaftstechnik und zum Kirchenkampf, Mainz 1971.
19 Papst Pius XI., Enzyklika «Mit brennender Sorge», 14. März 1937, in: Gruber, Katholische Kirche, S. 308 f.
20 Alfons Späth, Joannes Baptista Sproll. Der Bekennerbischof, Stuttgart 1963; Paul Kopf, Joannes Baptista Sproll. Bischof von Rottenburg (1870–1949), in: Lebensbilder aus Schwaben und Franken 13 (1977), 442–469; vgl. Abb. 15 und 16 in: Klaus Gotto und Konrad Repgen (Hrsg.), Die Katholiken und das Dritte Reich, Mainz 1990.
21 Roman Smolors, Die Regensburger Domspatzen im Nationalsozialismus. Singen zwischen Katholischer Kirche und NS-Staat, Regensburg 2017.
22 Martin Niemöller, Vom U-Boot zur Kanzel, Berlin 1934.
23 Wilhelm Niemöller, Der Pfarrernotbund. Geschichte einer kämpfenden Bruderschaft, Hamburg 1973.
24 James Bentley, Martin Niemöller. Eine Biographie, München 1985.
25 Klaus Drobisch, Wider den Krieg. Dokumentarbericht über Leben und Sterben des katholischen Geistlichen Dr. Max Josef Metzger, Berlin 1970.
26 Faksimile in: Rita Haub/Josef Sudbrack, Pater Rupert Mayer SJ, München 2008, S. 29.
27 Predigt des Erzbischofs von München und Freising, Michael Kardinal von Faulhaber, aus Anlaß der Verhaftung von P. Rupert Mayer SJ, 4. 7. 1937, in: Gruber, Katholische Kirche, S. 348–353, zit. S. 351.
28 Vgl. Andreas Wirsching, Mehr Nähe als Distanz? Kardinal Michael von Faulhaber und der Nationalsozialismus, in: Friedrich Wilhelm Graf und Hans Günter Hockerts (Hrsg.), Distanz und Nähe zugleich?

Die christlichen Kirchen im «Dritten Reich», München 2017, S. 199–223.

29 Die Verfolgung und Ermordung der europäischen Juden durch das nationalsozialistische Deutschland 1933–1945, Bd. 1: Deutsches Reich 1933–1937, München 2008, S. 135 f.
30 Michael Schmaus, Faulhaber, Michael von, in: NDB 5 (1961), S. 31–32.
31 Lothar Gruchmann, Ein unbequemer Amtsrichter im Dritten Reich. Aus den Personalakten des Dr. Lothar Kreyßig, in: Vierteljahrshefte für Zeitgeschichte 32 (1984), S. 463–488.
32 Wortlaut u. a. in: Hermelink, Kirche im Kampf, S. 344–355, zit. S. 345.
33 Ebenda, S. 351.
34 Manfred Gailus, Friedrich Weißler. Ein Jurist und bekennender Christ im Widerstand gegen Hitler, Göttingen 2017.
35 Zitiert nach Manfred Gailus, Eine Geschichte der Schuld, in: Zeitzeichen. Evangelische Kommentare zu Religion und Gesellschaft, 5/2016, S. 15–17.
36 Ebenda.
37 Wolfgang Benz, Gewalt im November 1938. Die «Reichskristallnacht» – Initial zum Holocaust, Berlin 2018.
38 Thomas Zuche (Hrsg.), StattFührer. Trier im Nationalsozialismus, Trier 1996, S. 126 f.
39 Predigt des Pfarrers Julius von Jan am Buß- und Bettag Oberlenningen, 16. November 1938, in: Georg Denzler und Volker Fabricius, Die Kirchen im Dritten Reich. Christen und Nazis Hand in Hand? Frankfurt a. M. 1984, Bd. 2, S. 208–210.
40 Erlass der Kirchenleitung an die Dekanatämter als Reaktion auf die Predigt des Pfarrers Julius von Jan, 6. 12. 1938, Landeskirchliches Archiv Stuttgart; vgl. Denzler und Fabricius, Kirchen Bd. 2, S. 211.
41 Anklageschrift 23. 5. 1939, Landeskirchliches Archiv Stuttgart, D 1, 78.
42 Theodor Dipper, Die Evangelische Bekenntnisgemeinschaft in Württemberg 1933–1945, Göttingen 1966.
43 Ernst Klee, «Euthanasie» im NS-Staat. Die «Vernichtung lebensunwerten Lebens», Frankfurt a. M. 1983; Ernst Klee (Hrsg.), Dokumente zur «Euthanasie», Frankfurt a. M. 1985.
44 Landesbischof D. Wurm und der Nationalsozialistische Staat 1940–1945. Eine Dokumentation, in Verbindung mit Richard Fischer zusammengestellt von Gerhard Schäfer, Stuttgart 1968, S. 119 f.
45 Klee, «Euthanasie» im NS-Staat, S. 283.

46 Ebenda, S. 220.
47 Klee (Hrsg.), Dokumente zur «Euthanasie», S. 170–173, zit. S. 173.
48 Hermelink, Kirche im Kampf, S. 539 f.
49 Kurt Nowak, «Euthanasie» und Sterilisierung im «Dritten Reich». Die Konfrontation der evangelischen und katholischen Kirche mit dem «Gesetz zur Verhütung erbkranken Nachwuchses» und der «Euthanasie»-Aktion, Göttingen 1978, 1980².
50 Max Bierbaum, Nicht Lob Nicht Furcht. Das Leben des Kardinals von Galen nach unveröffentlichten Briefen und Dokumenten, Münster 1958, S. 341.
51 Ebenda, S. 363.
52 Wortlaut auch in: Bierbaum, Nicht Lob Nicht Furcht, S. 355–365, zit. S. 359 f.; Predigt des Münsteraner Bischofs Clemens August von Galen, Münster 3. August 1941, in: Denzler und Fabricius, Die Kirchen, Bd. 2, S. 198–208.
53 Heinz Faulstich, Die Zahl der «Euthanasie»-Opfer, in: Andreas Frewert und Clemens Eickhoff (Hrsg.), «Euthanasie» und die aktuelle Sterbehilfe-Debatte. Die historischen Hintergründe medizinischer Ethik, Frankfurt a. M. 2000, S. 218–232.
54 Eine einfühlsame und von Verehrung getragene Biographie aus der Feder seines Vertrauten und bischöflichen Kaplans erschien bald nach seinem Tod: Heinrich Portmann, Kardinal von Galen, Ein Gottesmann seiner Zeit, Münster 1948.
55 Statement im Film von Hans Peylo, Kirchenfürst und Naziterror. Der selige Graf von Galen, WDR Fernsehen 7. 10. 2005.
56 Uta Ranke-Heinemann, Ein Antisemit und Kriegsfreund, in: Junge Welt, 7. 10. 2005.
57 Ekkehardt Klausa, Ein Löwe für den Himmel, in: Die Zeit, 29. 9. 2005.
58 Joachim Kuropska (Hrsg.), Streitfall Galen. Studien und Dokumente, Münster 2007.
59 Eberhard Bethge, Dietrich Bonhoeffer. Theologe – Christ – Zeitgenosse, München 1984⁵.
60 Dietrich Bonhoeffer, Die Kirche vor der Judenfrage (April 1933), in: Gesammelte Schriften, Bd. 2 (1959), S. 44–53.
61 Else Pelke, Der Lübecker Christenprozess 1943, Mainz 1974.
62 Claude R. Foster, Paul Schneider. Seine Lebensgeschichte, Holzgerlingen 2001.
63 Hans Hesse (Hrsg.), «Am mutigsten waren immer wieder die Zeugen Jehovas». Verfolgung und Widerstand der Zeugen Jehovas im Natio-

nalsozialismus, Bremen 1998; Falk Bersch, Aberkannt! Die Verfolgung von Jehovas Zeugen im Nationalsozialismus und in der SBZ/DDR, Berlin 2017.

64 Detlef Garbe, Zwischen Widerstand und Martyrium. Die Zeugen Jehovas im «Dritten Reich», München 1993.
65 Ebenda, S. 93.
66 Resolution, Mitteleuropäischer Kongreß der Zeugen Jehovas, Luzern 4.-7. September 1936, Archiv Jehovas Zeugen in Deutschland, K. d. ö. R., Selters.
67 Ebenda.
68 Offener Brief. An das bibelgläubige und Christus liebende Volk Deutschlands! o. D. [1937], Archiv Zeugen Jehovas in Deutschland, K. d. ö. R., Selters.
69 Vgl. Garbe, Zwischen Widerstand und Martyrium, S. 243 f.
70 Angela Nerlich und Wolfgang Slupina, Aus der Vergessenheit geholt. Der Fall Hans Gärtner, in: Hans Hesse (Hrsg.), «Am mutigsten waren immer wieder die Zeugen Jehovas», S. 177–241, zit. S. 183.
71 Ebenda, S. 185.
72 Jochen Klepper, Unter dem Schatten deiner Flügel. Aus den Tagebüchern 1932–1942, München 1976, S. 660.
73 Georges Passelecq und Bernhard Suchecky, Die unterschlagene Enzyklika. Der Vatikan und die Judenverfolgung, Berlin 1999.
74 Heinz Boberach (Hrsg.), Meldungen aus dem Reich. Auswahl aus den geheimen Lageberichten des Sicherheitsdienstes der SS 1939–1944, Neuwied 1965, S. 197.
75 Ebenda, S. 195.
76 Heinz Brunotte, Die Kirchenmitgliedschaft der nichtarischen Christen im Kirchenkampf, in: Zeitschrift für evangelisches Kirchenrecht 13 (1967/68), S. 140–174, zit. S. 165. Der Verfasser war Oberkonsistorialrat in der Kirchenkanzlei der Deutschen Evangelischen Kirche und beschreibt auf amtliche Akten gestützt die Ausgrenzung der Judenchristen, allerdings mit leichter Tendenz zur Rechtfertigung.
77 Katharina Staritz, Des großen Lichtes Widerschein, Münster 1953.
78 Erstaunlicherweise wird die Bedeutung des Begriffs im hier relevanten Sinn im Artikel «Judenchristentum» der Theologischen Realenzyklopädie (Bd. XVII, Berlin/New York 1988, S. 310–325) nicht erwähnt.
79 Gerhard Jasper, Die evangelische Kirche und die Judenchristen, Göttingen 1934.
80 Ebenda, S. 24.

81 Ebenda, S. 22. Zur Zahl der evangelischen Theologen «nichtarischer Herkunft» vgl. Eberhard Röhm und Jörg Thierfelder, Juden – Christen – Deutsche, Bd. 1: 1933–1935, Stuttgart 1990, S. 199. Dort sind dieselben zeitgenössischen Zahlen und deren Quelle genannt, aber auch die Feststellung, dass nach neueren Forschungen etwa 100 Personen betroffen waren.
82 Martin Niemöller, Sätze zur Arierfrage in der Kirche (November 1933), in: Röhm und Thierfelder, Juden – Christen – Deutsche, Bd. 1, S. 388–390.
83 Ursula Büttner und Martin Greschat, Die verlassenen Kinder der Kirche.
84 Röhm und Thierfelder, Juden – Christen – Deutsche, Bd. 1, S. 234–239.
85 Ebenda, S. 262. In der Jüdischen Rundschau von 25. 7. 1933 war von insgesamt 160 710 «Nichtariern» (unter Einbeziehung der «Achteljuden») die Rede. In einem weiteren Artikel vom 8. 8. 1933 wurde die Zahl 217 000 genannt. Nationalsozialistische Quellen geben – auf Vermutungsbasis – höhere Zahlen an; auf eine halbe Million wird die Zahl aber auch geschätzt bei Werner Cohn, Bearers of a Common Fate? The «Non-Aryan» Christian «Fate-Comrades» of the Paulus-Bund, 1933–1939, in: Yearbook Leo Baeck Institute 33 (1988), S. 327–366, zit. S. 330.
86 Werner Steinberg, Das zugewandte Antlitz, in: Arnulf H. Baumann (Hrsg.), Ausgegrenzt. Schicksalswege «nichtarischer» Christen in der Hitlerzeit, Hannover 1992, S. 87–155, zit. S. 111.
87 Brunotte, Kirchenmitgliedschaft, S. 166 f.
88 Heinrich Grüber, Erinnerungen aus sieben Jahrzehnten, Köln-Berlin 1968; Vgl. dazu Wolfgang Gerlach, Als die Zeugen schwiegen. Bekennende Kirche und die Juden, Berlin 1993, S. 256 f.
89 Ursula Büttner und Martin Greschat, Die verlassenen Kinder der Kirche; Ursula Büttner, Die anderen Christen. Ihr Einsatz für verfolgte Juden und «Nichtarier» im nationalsozialistischen Deutschland, in: Beate Kosmala und Claudia Schoppmann (Hrsg.), Überleben im Untergrund. Hilfe für Juden in Deutschland 1941–1945, Berlin 2002, S. 127–150.
90 Alfons Erb, Bernhard Lichtenberg – Dompropst von St. Hedwig zu Berlin, Berlin 1968 (5. Aufl.).
91 Jana Leichsenring, Die katholische Kirche und «ihre Juden». Das «Hilfswerk beim Bischöflichen Ordinariat Berlin» 1938–1945, Berlin 2007.

92 Wolfgang Knauft, Unter Einsatz des Lebens. Das Hilfswerk beim Bischöflichen Ordinariat Berlin für Katholische «Nichtarier» 1938–1945, Berlin (W) 1988, S. 47.
93 Vgl. Manfred Wittwer, Adolf Kardinal Bertrams Hilfestellung für verfolgte Nichtarier im Erzbistum Breslau 1938–1945, in: Bernhard Stasiewski (Hrsg.), Adolf Kardinal Bertram. Sein Leben und Wirken auf dem Hintergrund der Geschichte seiner Zeit, Köln, Weimar, Wien 1992, S. 199–211. Bemüht, vom persönlichen Engagement des Kirchenfürsten für Hilfsbedürftige ein positives Bild zu zeichnen, hinsichtlich der Begrifflichkeit und Terminologie erstaunlich unreflektiert und weit hinter dem Stand der historischen Forschung, bietet der Verfasser im wesentlichen eine Beschreibung der karitativen Tätigkeit der ehemaligen Polizeifürsorgerin Gabriele Gräfin Magnis in Schlesien.
94 Ebenda, S. 51. Kirchenrechtlich war die Ablehnung der Besuche durchaus begründet, weil Frau Sommer sich auf das Einvernehmen mit dem Berliner Bischof Graf Preysing berief. Bertram klagte: «soll ich alle heißen Kohlen aus dem Feuer holen, dann darf ich bitten, die beteiligten Oberhirten wollen mit voller Unterschrift den Bericht als geprüft und richtig bezeichnen, so daß ich mich nötigenfalls auf den berichtenden Oberhirten amtlich berufen kann».
95 Mark Riebling, Die Spione des Papstes. Der Vatikan im Kampf gegen Hitler, München 2017.
96 Dietrich Bonhoeffer, Ethik. Zusammengestellt und herausgegeben von Eberhard Bethge, München 1966[7], zit. nach Martin Greschat (Hrsg.), Die Schuld der Kirche. Dokumente und Reflexionen zur Stuttgarter Schulderklärung vom 18./19. Oktober 1945, München 1982, S. 22.
97 Ebenda, S. 24.
98 Ebenda, S. 100 f.
99 Clemens Vollnhals, Evangelische Kirche und Entnazifizierung 1945–1949. Die Last der nationalsozialistischen Vergangenheit, München 1989.
100 Ansprache Papst Pius XII. an das Kollegium der Kardinäle, 2. Juni 1945, in: Denzler und Fabricius, Kirchen, Bd. II, S. 243–252.
101 Ebenda, S. 246 f.
102 Ebenda, S. 247.
103 Gerald Steinacher, Nazis auf der Flucht. Wie Kriegsverbrecher über Italien nach Übersee entkamen, Innsbruck 2008.

Anmerkungen zu den Seiten 210–218   **509**

104 Ernst Klee, Persilscheine und falsche Pässe. Wie die Kirchen den Nazis halfen, Frankfurt a. M. 1991, S. 39.
105 Hansjakob Stehle, Bischof Hudal und SS-Führer Meyer. Ein kirchenpolitischer Friedensversuch 1942/43, in: Vierteljahrshefte für Zeitgeschichte 37 (1989), S. 299–322. Dort ist auch zu lesen, dass Hudal im Oktober 1943 zugunsten von Juden beim deutschen Stadtkommandanten in Rom interveniert hatte.
106 Gitta Sereny, Am Abgrund. Eine Gewissensforschung. Gespräche mit Franz Stangl, Kommandant von Treblinka und anderen, Frankfurt a. M. 1980, S. 319 f.
107 Alois Hudal, Römische Tagebücher. Lebensbeichte eines alten Bischofs, Graz 1976, S. 21.
108 Eva Maria Kaiser, Hitlers Jünger und Gottes Hirten. Der Einsatz der katholischen Bischöfe Österreichs für ehemalige Nationalsozialisten nach 1945, Wien 2017.

7. Intellektuelle: Die Rote Kapelle

1 Gedenkstätte Deutscher Widerstand, Berlin (Faksimile); abgedruckt auch bei: Heinrich Scheel, Die «Rote Kapelle» und der 20. Juli 1944, in: Zeitschrift für Geschichtswissenschaft 33 (1985), S. 325–337.
2 Ebenda.
3 Ebenda.
4 Hans Coppi, Harro Schulze-Boysen – Wege in den Widerstand. Eine biographische Studie, Koblenz 1993; Hans Coppi, Geertje Andresen (Hrsg.), Dieser Tod passt zu mir. Harro Schulze-Boysen. Grenzgänger im Widerstand, Berlin 1999.
5 Silke Kettelhake, Erzähl allen, allen von mir! Das schöne kurze Leben der Libertas Schulze-Boysen 1913–1942, München 2008, S. 170 f.
6 Hans Coppi, Harro und Libertas Schulze-Boysen, in: Hans Coppi, Jürgen Danyel und Johannes Tuchel (Hrsg.), Die Rote Kapelle im Widerstand gegen den Nationalsozialismus, Berlin 1994, S. 192–203.
7 Elfriede Paul, Ein Sprechzimmer der Roten Kapelle, Berlin 1987³.
8 Tobias Engelsing, Im Haus meines Vaters, in: Der deutsche Widerstand gegen Hitler. Zeit Geschichte 4/09, S. 58–63.
9 Unter diesem Titel gestaltete der Sohn Christian Weisenborn einen bewegenden Dokumentarfilm zum Thema «Mein Vater, Die Rote Kapelle und ich», der Ende Juli 2017 in die Kinos kam. Zur Romanze

zwischen Libertas Schulze-Boysen und Günther Weisenborn vgl. Kettelhake, Erzähl allen, S. 210 f.
10 Günther Weisenborn, Memorial. Erinnerungen, Berlin 1948.
11 Der lautlose Aufstand. Bericht über die Widerstandsbewegung des Deutschen Volkes 1933–1945, herausgegeben von Günther Weisenborn, Hamburg 1953.
12 Shareen Blair Brysac, Mildred Harnack und die Rote Kapelle. Die Geschichte einer ungewöhnlichen Frau und einer Widerstandsbewegung, Bern 2003.
13 Vgl. Arvid Harnack, Die vormarxistische Arbeiterbewegung in den Vereinigten Staaten, Jena 1931.
14 Kai Burkhardt, Adolf Grimme. Eine Biographie, Köln, Weimar, Wien 2007.
15 Karl Heinz Biernat und Luise Kraushaar, Die Schulze-Boysen/Harnack-Organisation im antifaschistischen Kampf, Berlin 1970, S. 28 f.
16 Werner Krauss, Ein Romanist im Widerstand. Briefe an die Familie und andere Dokumente, Berlin 2004.
17 Regine Lockot, Erinnern und Durcharbeiten. Zur Geschichte der Psychoanalyse und Psychotherapie im Nationalsozialismus, Frankfurt a. M. 1985.
18 Walter Bräutigam, John Rittmeister. Leben und Sterben, Ebenhausen 1987.
19 Kurt Schilde (Hrsg.), Eva-Maria Buch und die «Rote Kapelle». Erinnerungen an den Widerstand gegen den Nationalsozialismus, Berlin 1992.
20 Heinrich Scheel, Vor den Schranken des Reichskriegsgerichts. Mein Weg in den Widerstand, Berlin 1993.
21 Laut Urteil des Reichskriegsgerichts gegen Schulze-Boysen war die Schrift bereits im Frühjahr 1941 verfasst. Sie erschien erstmals im Druck in: Günther Weisenborn, Der lautlose Aufstand, Hamburg 1953, S. 305–313.
22 Vgl. Scheel, Vor den Schranken, S. 239 f.
23 Greta Kuckhoff, Vom Rosenkranz zur Roten Kapelle. Ein Lebensbericht, Berlin 1972, S. 168.
24 Faksimile in: Biernat/Kraushaar, Die Schulze-Boysen/Harnack Organisation, nach S. 160.
25 Johannes Tuchel, Weltanschauliche Motivationen in der Harnack/Schulze-Boysen-Organisation («Rote Kapelle»), in: Kirchliche Zeitgeschichte 1 (1988), S. 267–292.

26 Johannes Tuchel, Maria Terwiel und Helmut Himpel, Christen in der Roten Kapelle, in: Coppi u. a. (Hrsg.), Rote Kapelle, S. 213–225.
27 Hans Coppi, Erwin Gehrts, in: ebenda, S. 226–234.
28 Marlies Coburger, Wege in den Widerstand. Marta und Walter Husemann, in: Hans Coppi u. a. Die Rote Kapelle, S. 235–241.
29 Hans Coppi, Der tödliche Kontakt mit Moskau. Berliner Funkspiele mit Moskau, in: Hans Schafranek, Johannes Tuchel (Hrsg.), Krieg im Äther. Widerstand und Spionage im Zweiten Weltkrieg, Wien 2004, S. 33–55.
30 Gilles Perrault, L'Orchestre rouge, Paris 1967, dt.: Auf den Spuren der Roten Kapelle, Frankfurt a. M. und Wien 1992 (überarbeitete Neuauflage).
31 Leopold Trepper, Die Wahrheit. Autobiographie, München 1975.
32 Peter Koblank (Hrsg.), Rote Kapelle, 90-seitiger Gestapo-Bericht über die Aufrollung der Spionage- und Widerstandsgruppen: http://www.mythoselser.de/images/rote-kapelle-na-19421222-faksimile.pdf, eingesehen am 29. 11. 2017.
33 Norbert Haase, Aus der Praxis des Reichskriegsgerichts. Neue Dokumente zur Militärgerichtsbarkeit im Zweiten Weltkrieg, in: Vierteljahrshefte für Zeitgeschichte 39 (1991), S. 379–411; Überblick über die Prozesse gegen die «Rote Kapelle»: Regina Griebel, Marlies Coburger und Heinrich Scheel (Hrsg.), Erfaßt? Das Gestapo-Album zur Roten Kapelle, Halle 1992.
34 Zit. nach Winfried Meyer, Unternehmen Sieben. Eine Rettungsaktion für vom Holocaust Bedrohte aus dem Amt Ausland/Abwehr im Oberkommando der Wehrmacht, Frankfurt a. M. 1993, S. 385.
35 Die Anekdote findet sich mit Variationen in der einschlägigen Literatur.
36 Kassiber Oda Schottmüllers an ihre ebenfalls verhaftete Freundin Ina Lautenschläger, in: Biernat, Schulze-Boysen/Harnack-Organisation, S. 147.
37 Heinrich Grosse, Ankläger von Widerstandskämpfern und Apologet des NS-Regimes nach 1945 – Kriegsgerichtsrat Manfred Roeder, in: Kritische Justiz 38 (2005), S. 36–55.
38 Koblank, Rote Kapelle. 90-seitiger Gestapo-Bericht über die Aufrollung der Spionage- und Widerstandsgruppen http://www.mythoselser.de/rote-kapelle.htm; vgl. Jürgen Danyel, Die Rote Kapelle innerhalb der deutschen Widerstandsbewegung, in: Hans Coppi, Jürgen Danyel und Johannes Tuchel (Hrsg.), Die Rote Kapelle im Wider-

39 Ebenda, S. 47.
40 Lüneburger Landeszeitung, 15. 11. 1951 («Kein Spionageprozeß. ‹Rote Kapelle›-Verfahren gegen Generalrichter Dr. Roeder – Neetze eingestellt»). Zit. nach Grosse, Ankläger, S. 50.
41 Abschlussbericht Oberstaatsanwalt Finck, Lüneburg 1951, zit. nach Grosse, Ankläger, S. 48 f.
42 Die Rote Kapelle. Aufzeichnungen des Generalrichters Dr. M. Roeder, Hamburg 1952, S. 36.
43 Ebenda.
44 Vgl. die neunteilige Serie «Rote Agenten unter uns. Ein Bericht über das sowjetische Spionagenetz von der ‹Roten Kapelle› bis zur Agentenschule Potsdam» im «Stern», Heft 18–26, ab 6. 5. 1951. Auch die «Frankfurter Allgemeine Zeitung» übernahm die Lesart Roeders, vgl. «Was war die Rote Kapelle?» Der frühere Generalrichter Roeder bezeichnete ihre Mitglieder als Hochverräter, in: FAZ, 27. 4. 1951. Das Blatt druckte zwar einen Leserbrief Adolf Grimmes, gab dann aber Roeder Gelegenheit zur Polemik gegen den diffamierten Widerstandskämpfer.
45 Karl Heinz Biernat, Luise Kraushaar, Die Schulze-Boysen/Harnack-Organisation im antifaschistischen Kampf, Berlin 1970.
46 Ebenda, S. 24.
47 Johannes Tuchel, Das Ministerium für Staatssicherheit und die Widerstandsgruppe «Rote Kapelle» in den 1960er Jahren, in: ders., Der vergessene Widerstand. Zur Realgeschichte und Wahrnehmung des Kampfes gegen die NS-Diktatur, Göttingen 2005, S. 232–270; ders., Das Ministerium für Staatssicherheit und die Fallschirmagenten der Roten Kapelle. Der Fall Albert Hößler, in: Hans Schafranek und Johannes Tuchel (Hrsg.), Krieg im Äther. Widerstand und Spionage im Zweiten Weltkrieg, Wien 2004, S. 56–77.
48 Biernat und Kraushaar, Schulze-Boysen, S. 25 f.
49 Vgl. Günther Nollau und Ludwig Zindel, Gestapo ruft Moskau. Sowjetische Fallschirmagenten im 2. Weltkrieg, München 1979.
50 Vgl. Hans-Heinrich Wilhelm, Die Prognosen der Abteilung Fremde Heere Ost 1942–1945, in: Zwei Legenden aus dem Dritten Reich, Stuttgart 1974, S. 7–75.
51 Gerhard Sälter, Phantome des Kalten Krieges. Die Organisation Geh-

The text begins with continuation: stand gegen den Nationalsozialismus, Berlin 1994, S. 12–38; vgl. Johannes Tuchel, Die Gestapo-Sonderkommission «Rote Kapelle», in: ebenda, S. 145–159.

len und die Wiederbelebung des Gestapo-Feindbildes «Rote Kapelle», Berlin 2016.
52 Heinz Höhne, Kennwort Direktor. Die Geschichte der Roten Kapelle, Frankfurt a. M. 1970.
53 Gerhard Ritter, Carl Goerdeler und die deutsche Widerstandsbewegung, München 1964 (zuerst Stuttgart 1954), S. 109.
54 Ebenda, S. 108.
55 Fabian von Schlabrendorff, Offiziere gegen Hitler, Frankfurt a. M. 1961, S. 78 (zuerst 1946).
56 Ebenda, S. 83.
57 Ebenda, S. 81.
58 Hans Rothfels, Die deutsche Opposition gegen Hitler, Frankfurt a. M. 1964 (101.-112. Tausend, ungekürzt, stark revidiert, ursprünglich Krefeld 1949, als Taschenbuch seit 1958).

8. Jüdischer Widerstand und Rettung von Juden

1 Vgl. Arnold Paucker, Deutsche Juden im Widerstand 1933–1945. Tatsachen und Probleme, Berlin 1999.
2 Konrad Kwiet und Helmut Eschwege, Selbstbehauptung und Widerstand. Deutsche Juden im Kampf um Existenz und Menschenwürde 1933–1945, Hamburg 1984.
3 Arno Lustiger, Zum Kampf auf Leben und Tod! Vom Widerstand der Juden 1933–1945, Köln 1994.
4 Vgl. Konrad Kwiet, Ein Lesebuch zum jüdischen Widerstand, in: Jahrbuch für Antisemitismusforschung 4 (1995), S. 301–304.
5 Ernesto Kroch, Heimat im Exil. Exil in der Heimat, Berlin 2004, S. 54.
6 Ebenda, S. 54 f.
7 Ebenda, S. 77.
8 Ernesto Kroch, Meine Heimaten, Typoskript 26. 12. 2005, Exilarchiv Nationalbibliothek Frankfurt a. M.
9 Erich Leyens, Unter dem NS-Regime, 1933–1938. Erlebnisse und Beobachtungen, in: Ders. und Lotte Andor, Die fremden Jahre. Erinnerungen an Deutschland, Frankfurt a. M. 1991, S. 18.
10 Ebenda, S. 12.
11 Flugblatt in der Gedenkstätte Deutscher Widerstand Berlin.
12 Eugen Herman-Friede, Für Freudensprünge keine Zeit. Erinnerungen an Illegalität und Aufbegehren 1942–1948, Berlin 1991; Barbara

Schieb-Samizadeh, Die Gemeinschaft für Frieden und Aufbau. Eine wenig bekannte Widerstandsgruppe, in: Dachauer Hefte 7 (1991), S. 174–190.
13 Jizchak Schwersenz, Die versteckte Gruppe. Ein jüdischer Lehrer erinnert sich an Deutschland, Berlin 1988.
14 Katrin Rudolph, Hilfe beim Sprung ins Nichts. Franz Kaufmann und die Rettung von Juden und «nichtarischen» Christen, Berlin 2005.
15 Cioma Schönhaus, Der Passfälscher. Die unglaubliche Geschichte eines jungen Grafikers, der im Untergrund gegen die Nazis kämpfte, Frankfurt a. M. 2004.
16 Ebenda, zitiert im Nachwort der Herausgeberin Marion Neiss, S. 234.
17 Gernot Jochheim, Frauenprotest in der Rosenstraße, Berlin 1993, S. 131. Jochheim hat mit didaktischem Anspruch den Text Hans Grossmanns zum Tatsachenroman aufbereitet. Das Zitat gibt die Stimmung wieder, kann aber nicht Authentizität im Wortlaut beanspruchen.
18 Wolf Gruner, Widerstand in der Rosenstraße. Die Fabrik-Aktion und die Verfolgung der «Mischehen» 1943, Frankfurt a. M. 2005.
19 Konrad Löw, Adenauer hatte recht. Warum verfinstert sich das Bild der unter Hitler lebenden Deutschen?, Berlin 2014.
20 Joachim Scholtyseck, Die Firma Robert Bosch und ihre Hilfe für Juden, in: Michael Kißener (Hrsg.), Widerstand gegen die Judenverfolgung, Konstanz 1996, S. 155–226.
21 Stephan Lehnstaedt, Der Kern des Holocaust. Belzec, Sobibór, Treblinka und die Aktion Reinhardt, München 2017.
22 Dr. Hermann Pineas war Neurologe, Herta Pineas war im Jüdischen Wohlfahrtsamt und im Jüdischen Frauenbund engagiert. Beide überlebten und haben unmittelbar nach ihrer Befreiung Berichte über ihr zweijähriges Leben in der Illegalität verfaßt, die höchsten Quellenwert haben. Vgl. Wolfgang Benz, Die Rettung des Ehepaares Pineas, in: ders. (Hrsg.), Die Juden in Deutschland 1933–1945. Leben unter nationalsozialistischer Herrschaft, München 1993³, S. 675–684.
23 Wolf Gruner, Die Fabrik-Aktion und die Ereignisse in der Berliner Rosenstraße. Fakten und Fiktionen um den 27. Februar 1943, in: Jahrbuch für Antisemitismusforschung 11 (2002), S. 137–177.
24 Marion Neiss, Berlin Wielandstraße 18. Ein ehrenwertes Haus, in: Wolfgang Benz (Hrsg.), Überleben im Dritten Reich, München 2003, S. 51–66.
25 Beschrieben sind die Aktivitäten des Retterpaares Donata und Eber-

hard Helmrich im Buch der Tochter: Cornelia Schmalz-Jacobsen, Zwei Bäume in Jerusalem, Hamburg 2002, Neuauflage Berlin 2013.

26 Ebenda, S. 13 f.
27 Ebenda, S. 110.
28 Thomas Sandkühler, «Endlösung» in Galizien. Der Judenmord in Ostpolen und die Rettungsinitiativen von Berthold Beitz 1941–1944, Bonn 1996.
29 Ebenda, S. 108.
30 Ebenda, S. 130.
31 Vgl. Claudia Schoppmann, Fluchtziel Schweiz. Das Hilfsnetz um Luise Meier und Josef Höfler, in: Wolfgang Benz (Hrsg.), Überleben im Dritten Reich, S. 205–219; vgl. Franco Battel, «Wo es hell ist, dort ist die Schweiz». Flüchtlinge und Fluchthilfe an der Schaffhauser Grenze zur Zeit des Nationalsozialismus, Zürich 2000.
32 Heinz Knobloch, Der beherzte Reviervorsteher. Ungewöhnliche Zivilcourage am Hackeschen Markt, Berlin 1990.
33 Wolfgang Benz und Mona Körte (Hrsg.), Rettung im Holocaust. Bedingungen und Erfahrungen des Überlebens, Berlin 2001.
34 Christoph Weiss (Hrsg.), «Der Gute Deutsche». Dokumente zur Diskussion um Steven Spielbergs «Schindlers Liste» in Deutschland, St. Ingbert 1995.
35 Hans Rosenthal, Zwei Leben in Deutschland, Bergisch Gladbach 1980.
36 Inge Deutschkron, Ich trug den gelben Stern, Köln 1978.
37 Doris Tausendfreund, Erzwungener Verrat. Jüdische «Greifer» im Dienst der Gestapo 1943–1945, Berlin 2006.
38 Larry Orbach und Vivien Orbach-Smith, Soaring Underground, Autobiographie, Berlin 1998.
39 Anita Lasker-Wallfisch, Ihr sollt die Wahrheit erben. Breslau – Auschwitz – Bergen-Belsen, Bonn 1997.
40 Peter Schneider, «Und wenn wir nur eine Stunde gewinnen ...». Wie ein jüdischer Musiker die Nazi-Jahre überlebte, Berlin 2001.
41 Ilse Rewald, Berliner, die uns halfen, die Hitlerdiktatur zu überleben, Berlin 1975, S. 8 f.
42 Rosenthal, Zwei Leben in Deutschland, S. 79 f.
43 Michael Degen, Nicht alle waren Mörder. Eine Kindheit in Berlin, München 1999.
44 Die Rettung des jüdischen Ehepaars Krakauer, in: Paul Sauer, Die Schicksale der jüdischen Bürger Baden-Württembergs während der

nationalsozialistischen Verfolgungszeit 1933–1945, Stuttgart 1969, S. 440 f.
45 Bericht «Untergetaucht – an der Oberfläche 1941–1945», Wiener Library P III d, Nr. 119.
46 Hans Hirschel, Erlebnisbericht, Wiener Library P III d, Nr. 385.
47 Ruth Andreas-Friedrich, Der Schattenmann, Berlin 1947, S. 214 f.; vgl. Karin Friedrich, Zeitfunken. Biographie einer Familie, München 2000. Karin Friedrich, die Tochter von Ruth Andreas-Friedrich, erscheint im Tagebuch «Der Schattenmann» unter dem Namen Heike. Die Gruppe «Onkel Emil» um Ruth Andreas-Friedrich und ihren Lebensgefährten Leo Borchard blieb bis Kriegsende unentdeckt. Sie endete trotzdem tragisch, als Leo Borchard im Sommer 1945 kurz nach seinem Debüt als Dirigent der Berliner Philharmoniker versehentlich von einem Posten der US-Armee erschossen wurde.
48 Andreas-Friedrich, Schattenmann, S. 136 f.
49 Inge Deutschkron, Bericht einer jungen jüdischen Sozialistin über ihr illegales Leben in Berlin während des Krieges, Wiener Library P IIId, Nr. 192; vgl. dies., Ich trug den gelben Stern, S. 73 f.
50 Inge Deutschkron, Berliner Juden im Untergrund, Berlin 1980; dies., Sie blieben im Schatten. Ein Denkmal für «Stille Helden», Berlin 1996; dies. und Lukas Ruegenberg, Papa Weidt, Kevelaer 1999; dies., Ein Todesurteil und vier Leben, in: Inge Deutschkron, Wolfgang Benz, Stille Helden. Zeugnisse von Zivilcourage im Dritten Reich, Frankfurt a. M. 2002.
51 Bernward Dörner, «Heimtücke»: Das Gesetz als Waffe. Kontrolle, Abschreckung und Verfolgung in Deutschland 1933–1945, Paderborn 1998.
52 Beate Kosmala, Mißglückte Hilfe und ihre Folgen. Die Ahndung der «Judenbegünstigung» durch NS-Verfolgungsbehörden, in: dies. und Claudia Schoppman (Hrsg.), Überleben im Untergrund. Hilfe für Juden in Deutschland 1941–1945, Berlin 2002, S. 205–221.
53 Ebenda, S. 211.
54 Beate Kosmala verweist auf den Fall einer Berliner Krankenschwester, deren Todesurteil seit Günter Weisenborns Buch «Der lautlose Aufstand» (Hamburg 1953) immer wieder zitiert wird, sowie auf die Urteile des Volksgerichtshofs gegen Robert Havemann, Georg Groscurth, Herbert Richter und Paul Rentsch, ebenda, S. 218.
55 Kurt R. Grossmann, Die unbesungenen Helden, Berlin 1957.
56 In den sechziger Jahren folgten dem Buch Grossmanns folgende

Darstellungen: Michael Horbach, Wenige. Zeugnisse der Menschlichkeit 1933–1945, München 1964; Heinz David Leuner, Als Mitleid ein Verbrechen war. Deutschlands stille Helden 1939–1945, Wiesbaden 1967.
57 Dennis Riffel, Unbesungene Helden. Die Ehrungsinitiative des Berliner Senats 1958 bis 1966, Berlin 2007.
58 Pearl M. and Samuel P. Oliner, The Altruistic Personality. Rescuers of Jews in Nazi Europe. New York 1988; vgl. Eva Fogelman, «Wir waren keine Helden». Lebensretter im Angesicht des Holocaust. Motive, Geschichten, Hintergründe. Frankfurt a. M. und New York 1995.
59 Douglas K. Huneke, In Deutschland unerwünscht. Hermann Gräbe – Biographie eines Judenretters, Lüneburg 2002.
60 Schmalz-Jacobsen, Zwei Bäume in Jerusalem, S. 12.

9. Nonkonformes Verhalten: Opposition und Widerstand der jungen Generation

1 Kurt Schilde, Jugendopposition 1933–1945. Ausgewählte Beiträge, Berlin 2007.
2 Christiane Kuller und Annegret Schüle, Jochen Voit (Hrsg.), Nieder mit Hitler! Der Widerstand der Erfurter Handelsschüler um Jochen Bock, Erfurt 2016.
3 Jürgen Zarusky, «... nur eine Wachstumskrankheit»? Jugendwiderstand in Hamburg und München, in: Dachauer Hefte 7 (1991), S. 210–229.
4 Ulrich Sander, Jugendwiderstand im Krieg. Die Helmuth-Hübener-Gruppe 1941/1942, Bonn 2002.
5 Der Nazi-Reichsmarschall, Flugblatt von Helmuth Hübener 1941, Faksimile in der Gedenkstätte Deutscher Widerstand, Berlin.
6 Flugblatt von Helmuth Hübener, 1941, Faksimile in der Gedenkstätte Deutscher Widerstand, Berlin.
7 Flugblatt «Das Freie Wort!» von Hanno Günther, Faksimile in der Gedenkstätte Deutscher Widerstand, Berlin.
8 Volker Hoffmann, Hanno Günther, ein Hitlergegner. Geschichte eines unvollendeten Kampfes, Berlin 1992.
9 Karl Heinz Jahnke, Jugend unter der NS-Diktatur 1933–1945. Eine Dokumentation, Rostock 2003.
10 Arno Klönne, Jugend im Dritten Reich. Die Hitlerjugend und ihre Gegner, Köln 2014.

11 Detlev Peukert, Die Edelweißpiraten. Protestbewegung jugendlicher Arbeiter im Dritten Reich. Eine Dokumentation, Köln 1980.
12 Matthias von Hellfeld, Edelweißpiraten in Köln. Jugendrebellion gegen das 3. Reich. Das Beispiel Köln-Ehrenfeld, Köln 1981.
13 Zit. nach Rainer Pohl, «Das gesunde Volksempfinden ist gegen Dad und Jo». Zur Verfolgung der Hamburger «Swing-Jugend» im Zweiten Weltkrieg, in: Projektgruppe für die vergessenen Opfer des NS-Regimes in: Hamburg e. V. (Hrsg.), Verachtet – verfolgt – vernichtet – zu den «vergessenen» Opfern des NS-Regimes, Hamburg 1986, S. 26.
14 Wolfgang Beyer und Monica Laduner, Im Swing gegen den Gleichschritt. Die Jugend, der Jazz und die Nazis, St. Pölten 2011.
15 Sascha Lange, Meuten, Swings und Edelweißpiraten. Jugendkultur und Opposition im Nationalsozialismus, Mainz 2015.
16 Wilfried Breyvogel (Hrsg.), Piraten, Swings und Junge Garde. Jugendwiderstand im Nationalsozialismus, Bonn 1991; Alfons Kenkmann, Wilde Jugend. Lebenswelt großstädtischer Jugendlicher zwischen Weltwirtschaftskrise, Nationalsozialismus und Währungsreform, Essen 1996.
17 Stephanie Barron u. a., «Entartete Kunst». Das Schicksal der Avantgarde im Nazi-Deutschland, Begleitbuch zur Ausstellung des Los Angeles County Museum of Art, übernommen vom Deutschen Historischen Museum Berlin, München 1992, darin auch die Rekonstruktion der Ausstellung «Entartete Kunst» und Faksimile des Ausstellungsführers.
18 Mario-Andreas von Lüttichau, Rekonstruktion der Ausstellung «Entartete Kunst», München, 19. Juli – 30. November 1937, in: Peter-Klaus Schuster (Hrsg.), Nationalsozialismus und «Entartete Kunst», München 1987, S. 120–181.
19 Vgl. Albrecht Dümling (Hrsg.), Das verdächtige Saxophon. «Entartete Musik» im NS-Staat. Dokumentation und Kommentar, Düsseldorf 2007 (4. überarb. Aufl.).
20 Das Sowjetparadies. Ausstellung der Reichspropagandaleitung der NSDAP. Ein Bericht in Wort und Bild, Berlin 1942, S. 22.
21 Ebenda, S. 25.
22 Ebenda, S. 22.
23 Ebenda, S. 3, in der Ausstellungsbroschüre ist die erste antibolschewistische Schau falsch auf das Jahr 1934 datiert.
24 Ebenda, S. 16.
25 Ebenda, S. 21.
26 Ebenda, S. 29.

27 Regina Scheer, Im Schatten der Sterne. Eine jüdische Widerstandsgruppe, Berlin 2004, S. 274.
28 New York Times, 14. 6. 1942 und 18. 6. 1942; Der Aufbau (New York), 19. 6. 1942.
29 Wolfgang Scheffler, Der Brandanschlag im Berliner Lustgarten im Mai 1942 und seine Folgen. Eine quellenkritische Betrachtung, in: Berlin in Geschichte und Gegenwart. Jahrbuch des Landesarchivs Berlin 1984, S. 99.
30 Scheffler, Brandanschlag, S. 91–113.
31 Scheer, Im Schatten der Sterne, S. 277.
32 Margot Pikarski, Jugend im Widerstand. Herbert Baum und Kampfgefährten, Berlin 1978 (2., berichtigte Auflage 1984).
33 Vgl. Konrad Kwiet, Helmut Eschwege, Selbstbehauptung und Widerstand. Deutsche Juden im Kampf um Existenz und Menschenwürde 1933–1945, Hamburg 1984, S. 114–139.
34 Scheer, Im Schatten, S. 160 f.
35 Scheffler, Brandanschlag, S. 105 f.
36 Pikarski, Jugend, S. 132.
37 Wolfgang Wippermann, Die Berliner Gruppe Baum und der jüdische Widerstand, Berlin 1981.
38 Eric Brothers, Wer war Herbert Baum? Eine Annäherung auf der Grundlage von «Oral Histories» und schriftlichen Zeugnissen, in: Wilfried Löhken und Werner Vathke (Hrsg.), Juden im Widerstand. Drei Gruppen zwischen Überlebenskampf und politischer Aktion. Berlin 1939–1945, Berlin 1993, S. 83–94.
39 Michael Kreutzer, Die Suche nach einem Ausweg, der es ermöglicht, in Deutschland als Mensch zu leben. Zur Geschichte der Widerstandsgruppen um Herbert Baum, in: Wilfried Löhken und Werner Vathke (Hrsg.), Juden im Widerstand. Drei Gruppen zwischen Überlebenskampf und politischer Aktion, Berlin 1993, S. 95–159, zit. S. 123.
40 Vgl. ebenda, S. 124 und 155, Anm. 93.
41 Ebenda.
42 Pikarski, Jugend, S. 190, Faksimile in Gedenkstätte Deutscher Widerstand, Berlin.
43 Scheffler, Der Brandanschlag, S. 94.
44 Urteil VGH, 22. 2. 1943, in: Inge Scholl, Die weisse Rose, erw. Neuausgabe, Frankfurt a. M. 2013.
45 Bericht Dr. Leo Samberger, in: ebenda, S. 185.
46 Münchner Neueste Nachrichten, ebenda S. 197.

47 Korr. GL Giesler mit NSDAP-Parteikanzlei, Bormann, 19. 2. 1943, BA, ZC 13267, Bd. 1., zit. nach Sönke Zankel, Die Weisse Rose war nur der Anfang. Geschichte eines Widerstandskreises, Köln 2006, S. 142.
48 Ebenda, S. 144.
49 Urteil VGH 19. 4. 1943, in: Scholl, Die Weiße Rose, S. 109 f.
50 Ebenda, S. 108.
51 Ebenda, S. 116.
52 Michael Grüttner, Studenten im Dritten Reich, Paderborn 1995.
53 Vernehmung 20. 2. 1943, in: Ulrich Chaussy und Gerd R. Ueberschär, «Es lebe die Freiheit!». Die Geschichte der Weißen Rose und ihrer Mitglieder in Dokumenten und Berichten, Frankfurt a. M. 2013, S. 295.
54 1. Flugblatt der Weißen Rose, in: Chaussy und Ueberschär, «Es lebe die Freiheit!», S. 23–26, zit. S. 24.
55 Ebenda, S. 23 f.
56 2. Flugblatt der Weißen Rose, ebenda, S. 27.
57 3. Flugblatt der Weißen Rose, ebenda, S. 31 f.
58 4. Flugblatt, ebenda, S. 35 f.
59 4. Flugblatt der Weißen Rose, ebenda, S. 37 f.
60 Ebenda, S. 47 ff.
61 Aufruf an alle Deutsche, ebenda, S. 39.
62 Ebenda, S. 52.
63 Arieh J. Kochavi, Prelude to Nuremberg. Allied War Crimes Policy and the Question of Punishment, Chapel Hill u. a. 1988; Annette Weinke, Die Nürnberger Prozesse, München 2006; Kerstin Marienburg, Die Vorbereitung der Kriegsverbrecherprozesse im II. Weltkrieg. Die Diskussion um die Bestrafung der Kriegsverbrecher im II. Weltkrieg sowie die Vorbereitung der Kriegsverbrecherprozesse – insbesondere des Nürnberger Prozesses – in den Kriegsjahren durch die Alliierten, 2 Bde., Hamburg 2008.
64 Theodor Körner, Leyer und Schwerdt, einzige rechtmäßige, von dem Vater des Dichters veranstaltete Ausgabe, neu herausgegeben von F. M. Kircheisen, Reprint der Ausgabe 1814 auf Büttenpapier, 88 S., Morawe & Scheffelt, Berlin, 1913.
65 Sönke Zankel, Mit Flugblättern gegen Hitler. Der Widerstandskreis um Hans Scholl und Alexander Schmorell, Köln 2008, S. 357–366.
66 Ebenda.
67 Flugblattentwurf von Christoph Probst 28./29. 1. 1943, in: Chaussy und Ueberschär, «Es lebe die Freiheit», S. 45 f.

68 Barbara Beuys, Sophie Scholl, Biographie, München 2010, S. 147.
69 Inge Scholl, Die Weiße Rose, erw. Neuausgabe, Frankfurt a. M. 1993, S. 17.
70 Breit dargestellt in: Robert M. Zoske, Flamme sein! Hans Scholl und die Weiße Rose. Eine Biographie, München 2018.
71 Barbara Ellermeier, Hans Scholl. Biographie, Hamburg 2012, S. 38.
72 Hans und Sophie Scholl, Briefe und Aufzeichnungen, hrsg. von Inge Jens, Frankfurt a. M. 1993, S. 33 f.
73 Vgl. Zankel, Mit Flugblättern gegen Hitler, S. 405 ff. Dagegen polemisiert Miriam Gebhardt, Die Weiße Rose. Wie aus ganz normalen Deutschen Widerstandskämpfer wurden, München 2017, S. 236.
74 Inge Aicher-Scholl (Hrsg.), Sippenhaft. Nachrichten und Botschaften der Familie in der Gestapo-Haft nach der Hinrichtung von Hans und Sophie Scholl, Frankfurt a. M. 1993.
75 Lorenz Jäger, Die Engel staunten ob deiner Geduld, in: Frankfurter Allgemeine Zeitung 6. 2. 2012.
76 Christiane Moll (Hrsg.), Alexander Schmorell – Christoph Probst. Gesammelte Briefe, Berlin 2011.
77 Vernehmungsprotokoll 26. 2. 1943, Bl. 15, zit. nach Zankel, Mit Flugblättern gegen Hitler, S. 74.
78 Alexander Schmorell an Angelika Probst, 1. 5. 1937, zit. nach Moll, Alexander Schmorell, S. 137.
79 Zit. nach Chaussy und Ueberschär, «Es lebe die Freiheit», S. 126.
80 Zit. nach ebenda, S. 121.
81 Alexander Schmorell an Angelika Probst, 1. 5. 1937, zit. nach Moll, Alexander Schmorell, S. 137.
82 Alexander Schmorell an Margaret Knittel, Anfang Februar 1943, in: Gesammelte Briefe, S. 520, zit. nach Peter Selg, Alexander Schmorell 1917–1943. Der Idealismus der «Weißen Rose» und das geistige Rußland, Arlesheim 2013, S. 68.
83 Original in Russisch, deutsche Übersetzung des unvollendeten Entwurfs in: Christiane Moll (Hrsg.), Alexander Schmorell – Christoph Probst. Gesammelte Briefe, Berlin 2011, S. 515.
84 Klaus Vielhaber u. a. (Hrsg.), Gewalt und Gewissen, Willi Graf und die «Weiße Rose». Eine Dokumentation, Freiburg 1964, S. 26.
85 Michael Kissener, Willi Graf. Von der Prägung eines widerständigen Katholiken (1933–1939), in: ders. und Bernhard Schäfers (Hrsg.), «Weitertragen». Studien zur «Weißen Rose». Festschrift für Anneliese Knoop-Graf zum 80. Geburtstag, Konstanz 2001, S. 11–24.

86 Peter Goergen, Willi Graf. Ein Weg in den Widerstand, St. Ingbert 2009, S. 159 f.
87 Goergen, Willi Graf, S. 186.
88 Anneliese Knoop-Graf und Inge Jens (Hrsg.), Willi Graf, Briefe und Aufzeichnungen, Frankfurt a. M. 1988, S. 200.
89 Christiane Moll nimmt einen Brief Christoph Probsts an seine Schwester vom 4. 7. 1942 zum Anlass eines Kommentars, nach dem Probst bereits bei den vier Flugblättern der Weißen Rose zum Kreis der Eingeweihten gezählt habe; Christiane Moll (Hrsg.), Alexander Schmorell – Christoph Probst. Gesammelte Briefe, Berlin 2011, S. 771. Sönke Zankel bezweifelt dagegen eine widerständige Haltung Probsts zu dieser Zeit und dessen Mitwirkung an Flugblättern vor dem Herbst 1942; Zankel, Mit Flugblättern gegen Hitler, S. 184 ff.
90 Angelika Probst, Christoph Probst, in: «damit Deutschland weiterlebt.» Christoph Probst 1919–1943, Gilching 2000, S. 128 f.
91 Vernehmungsprotokoll Christoph Probst 20. und 21. 2. 1943, gedruckt in: Chaussy und Ueberschär, «Es lebe die Freiheit!», S. 307 f.
92 Zankel, Die Weisse Rose war nur der Anfang, S. 42.
93 Wolfgang Huber (Hrsg.), Die Weiße Rose. Kurt Hubers letzte Tage, München 2018.
94 Barbara Schüler, «Geistige Väter» der «Weißen Rose». Carl Muth und Theodor Haecker als Mentoren der Geschwister Scholl, in: Rudolf Hill u. a. (Hrsg.), Hochverrat? Neue Forschungen zur «Weißen Rose», Konstanz 1999, S. 101–128.
95 Michael Kissener, Geld aus Stuttgart. Eugen Grimminger und die «Weiße Rose», in: Rudolf Lill u. a. (Hrsg.), Hochverrat?, S. 65–78.
96 Über Josef Furtmeier (1887–1969), der 1918/19 der KPD angehört hatte und hauptsächlich deswegen nach dem Gesetz zur Wiederherstellung des Berufsbeamtentums entlassen wurde, war lange Zeit wenig bekannt. Nach dem Ende des NS-Regimes amtierte er kurz als Bürgermeister in Moosburg und wurde als Oberinspektor wieder in den Justizdienst übernommen. Vgl. Sönke Zankel und Christine Hikel (Hrsg.), Ein Weggefährte der Geschwister Scholl. Die Briefe des Josef Furtmeier 1938–1947, München 2005, S. 13 f.
97 2. Flugblatt der Weißen Rose, in: Chaussy und Ueberschär, «Es lebe die Freiheit», S. 28.
98 Ebenda.
99 Ebenda.
100 5. Flugblatt Aufruf an alle Deutsche, ebenda, S. 39.

101 Zankel, Mit Flugblättern gegen Hitler, S. 514 ff.
102 Marie-Luise Schultze-Jahn, «... und ihr Geist lebt trotzdem weiter!» Widerstand im Zeichen der Weißen Rose, Berlin 2003, S. 23 f.
103 Zankel, Mit Flugblättern gegen Hitler, S. 527.
104 Urteil, in: Schultze-Jahn, «... und ihr Geist», S. 107 f.
105 Ebenda, S. 109.
106 Anklageschrift und Urteil ebenda, S. 61 ff.
107 Hildegard Hamm-Brücher, Persönliche Erinnerungen an Heinrich Wieland und an die dunkle Zeit, in der er für viele Vorbild und Beschützer war, in: Michael Kißener und Bernhard Schäfers, «Weitertragen». Studien zur «Weißen Rose», Konstanz 2001, S. 61–67; Gerda Freise, Der Nobelpreisträger Professor Dr. Heinrich Wieland. Zivilcourage in der Zeit des Nationalsozialismus, in: Lill u. a. (Hrsg.), Hochverrat?, S. 79–100.
108 Deutsche Hörer!, 27. 6. 1943, in: Thomas Mann, An die gesittete Welt. Politische Schriften und Reden im Exil, Frankfurt a. M. 1986, S. 566 f.
109 Flugblatt «Senkt die Fahnen über frischen Gräbern deutscher Freiheitskämpfer!», in: Scholl, Die Weiße Rose, S. 200 f.
110 Zankel, Mit Flugblättern gegen Hitler, S. 555; Klaus Kirchner (Hrsg.), Flugblattpropaganda im 2. Weltkrieg, Bd. 5: Flugblätter aus England G-1943, G-1944, Erlangen 1979, S. 136 f. und S. 420.
111 Christian Petry, Studenten aufs Schafott. Die Weiße Rose und ihr Scheitern, München 1968.
112 Simone Reitebuch, Die Gedenkveranstaltungen für die Weiße Rose an der Ludwig-Maximilians-Universität München zwischen 1945 und 1968 als Spiegel der sich wandelnden Gedenk- und Geschichtskultur, Zulassungsarbeit München 2009.

10. Gesellschaftliche Eliten

1 Wolfgang Benz, Eine liberale Widerstandsgruppe und ihre Ziele. Hans Robinsohns Denkschrift aus dem Jahre 1939. Dokumentation, in: Vierteljahrshefte für Zeitgeschichte 29 (1981), S. 437–471. Durch die Publikation wurde eine Monographie angeregt: Horst R. Sassin, Liberale im Widerstand. Die Robinsohn-Strassmann-Gruppe 1934–1942, Hamburg 1993.
2 Ulrich Heinemann, Ein konservativer Rebell. Fritz-Dietlof Graf von der Schulenburg und der 20. Juli 1944, Berlin 1990; Albert Krebs,

Fritz-Dietlof Graf von der Schulenburg. Zwischen Staatsraison und Hochverrat, Hamburg 1964.
3 Sigrid Wegner-Korfes, Friedrich-Werner Graf von der Schulenburg. Botschafter Nazideutschlands und Mitverschwörer des 20. Juli 1944, in: Olaf Groehler (Hrsg.), Alternativen. Schicksale deutscher Bürger, Berlin (Ost) 1987.
4 Gregor Schöllgen, Ulrich von Hassell 1881–1944. Ein Konservativer in der Opposition, München 1990.
5 Ulrich von Hassell, Die Hassell-Tagebücher 1938–1944. Aufzeichnungen vom Andern Deutschland, hrsg. von Friedrich Freiherr Hiller von Gaertringen, München 1990, S. 62 (25. 11. 1938).
6 Ebenda.
7 Ebenda, S. 63.
8 Jan Karski, «Mein Bericht an die Welt. Geschichte eines Staates im Untergrund», München 2011.
9 Rudolf Vrba, Die mißachtete Warnung. Betrachtungen über den Auschwitz-Bericht von 1944, in: Vierteljahrshefte für Zeitgeschichte 44 (1996), S. 1–24; Yehuda Bauer, Anmerkungen zum «Auschwitz-Bericht» von Rudolf Vrba, in: ebenda 45 (1997), S. 297–307.
10 Ulrich Sahm, Rudolf von Scheliha 1897–1942. Ein deutscher Diplomat gegen Hitler, München 1990.
11 Klaus von der Groeben, Nikolaus Christoph Graf von Halem im Widerstand gegen das Dritte Reich, Wien 1990.
12 Herbert Hömig, Brüning. Politiker ohne Auftrag. Zwischen Weimarer und Bonner Republik, Paderborn 2005.
13 Heinrich Brüning, Memoiren 1918–1934, Stuttgart 1970; Frank Müller, Die «Brüning Papers». Der letzte Zentrumskanzler im Spiegel seiner Selbstzeugnisse, Frankfurt a. M. 1993.
14 Georg May, Ludwig Kaas. Der Priester, der Politiker und der Gelehrte aus der Schule von Ulrich Stutz, 3 Bde., Amsterdam 1981/82.
15 Max Miller, Eugen Bolz. Staatsmann und Bekenner, Stuttgart 1951, S. 54.
16 Rudolf Morsey, Eugen Bolz (1881–1945), in: Jürgen Aretz, Rudolf Morsey und Anton Rauscher, Zeitgeschichte in Lebensbildern. Aus dem deutschen Katholizismus des 19. und 20. Jahrhunderts, Bd. 5, Mainz 1982, S. 88 ff.; Joachim Köhler, Eugen Bolz. Württembergischer Minister und Staatspräsident, in: Michael Bosch und Wolfgang Niess (Hrsg.), Der Widerstand im deutschen Südwesten 1933–1945, Stuttgart 1984, S. 227 ff.

17 Elfriede Nebgen, Jakob Kaiser. Der Widerstandskämpfer, Stuttgart 1967; Tilman Mayer (Hrsg.), Jakob Kaiser. Gewerkschafter und Patriot, Köln 1988.
18 Bernhard Letterhaus, in: Das Gewissen steht auf. 64 Lebensbilder aus dem deutschen Widerstand 1933–1945, gesammelt von Annedore Leber, hrsg. in Zusammenarbeit mit Willy Brandt und Karl Dietrich Bracher, Frankfurt a. M. 1955, S. 100.
19 Jürgen Aretz, Bernhard Letterhaus (1894–1944), in: Rudolf Morsey (Hrsg.), Zeitgeschichte in Lebensbildern. Aus dem deutschen Katholizismus des 20. Jahrhunderts, Bd. 2, Mainz 1975, S. 10–24.
20 Anna Hermes, Und setzet ihr nicht das Leben ein. Andreas Hermes – Leben und Wirken. Nach Briefen, Tagebuchaufzeichnungen und Erinnerungen, Stuttgart 1971.
21 Rudolf Lill, Josef Wirmer, in: Rudolf Lill und Heinrich Oberreuter, 20. Juli. Portraits des Widerstands, Düsseldorf 1984, S. 335–347.
22 Axel Ulrich und Angelika Arenz-Morch, Carlo Mierendorff kontra Hitler. Ein enger Mitstreiter Wilhelm Leuschners im Widerstand gegen das NS-Regime, Wiesbaden 2018.
23 Axel Ulrich, Wilhelm Leuschner. Ein deutscher Widerstandskämpfer, Wiesbaden 2012.
24 Anne C. Nagel, Johannes Popitz (1884–1945). Görings Finanzminister und Verschwörer gegen Hitler. Eine Biographie, Köln 2015, S. 76.
25 Irmela von der Lühe, Eine Frau im Widerstand. Elisabeth von Thadden und das Dritte Reich, Freiburg 1980.
26 Hans Maier (Hrsg.), Die Freiburger Kreise. Akademischer Widerstand und Soziale Marktwirtschaft, Paderborn 2014.
27 Günter Brakelmann, Christen im Widerstand. Die Freiburger Denkschriften, in: Maier, Freiburger Kreise, S. 41–56, zit. S. 45.
28 Ebenda, S. 48.
29 Ebenda, S. 52.
30 Maier, Die Freiburger Kreise, S. 195 ff.
31 Ines Reich, In Stein und Bronze. Zur Geschichte des Leipziger Mendelssohn-Denkmals 1868–1936, in: Gewandhaus zu Leipzig (Hrsg.), Felix Mendelssohn – Mitwelt und Nachwelt. Bericht zum 1. Leipziger Mendelssohn-Kolloquium am 8. und 9. Juni 1995, Wiesbaden 1996, S. 31–53.
32 Frühe Biographie aus großer Nähe: Gerhard Ritter, Carl Goerdeler und die deutsche Widerstandsbewegung, Stuttgart 1954.
33 Joachim Scholtyseck, Robert Bosch und der liberale Widerstand gegen Hitler 1933 bis 1945, München 1999.

34 Klaus Scholder (Hrsg.), Die Mittwochs-Gesellschaft. Protokolle aus dem geistigen Deutschland 1932 bis 1944, Berlin 1982.
35 Hans Mommsen, Gesellschaftsbild und Verfassungspläne des deutschen Widerstandes, in: Hermann Graml (Hrsg.), Widerstand im Dritten Reich, Frankfurt a. M. 1994, S. 14–91.
36 Sabine Gillmann und Hans Mommsen (Hrsg.), Politische Schriften und Briefe Carl Friedrich Goerdelers, 2 Bde., München 2003; Wilhelm Ritter von Schramm (Hrsg.), Beck und Goerdeler, Gemeinschaftsdokumente für den Frieden 1941–1944, München 1965.
37 Hans Mommsen, Der Widerstand gegen Hitler und die nationalsozialistische Judenverfolgung, in: ders. Alternative zu Hitler. Studien zur Geschichte des deutschen Widerstandes, München 2000, S. 384–415; Christof Dipper, Der deutsche Widerstand und die Juden, in: Geschichte und Gesellschaft 9 (1983), S. 349–380.
38 Shulamit Volkov, Antisemitismus als kultureller Code, in: dies., Jüdisches Leben und Antisemitismus im 19. und 20. Jahrhundert, München 1990, S. 13–36.
39 Peter Hoffmann, Carl Goerdeler gegen die Verfolgung der Juden, Köln 2013.
40 Karl Dietrich Bracher, Wege zum 20. Juli 1944. Zu Bedingungen, Formen und Motiven des Widerstands, in: Die politische Meinung 416 (2004), S. 5–16.
41 Hoffmann, Goerdeler, S. 237.
42 Zit. nach Hoffmann, Goerdeler, S. 247. Dort ist auch der Versuch unternommen, Goerdelers Text von 1945 mithilfe eines persönlichen Erlebnisses aus dem Jahr 1917 zu erläutern.
43 Hans Rothfels, Carl Goerdeler, in: Hans J. Schultz (Hrsg.), Der 20. Juli. Eine Alternative zu Hitler?, Stuttgart 1974. Wiederabgedruckt in: Hermann Graml (Hrsg.), Widerstand im Dritten Reich. Probleme, Ereignisse, Gestalten, Frankfurt a. M. 1994, S. 190–193.
44 Olaf Jessen, Die Moltkes. Biographie einer Familie, München 2010.
45 Günter Brakelmann, Peter Yorck von Wartenburg 1904–1944. Eine Biographie, München 2012.
46 Henry O. Malone, Adam von Trott zu Solz. Werdegang eines Verschwörers 1909–1938, Berlin 1986.
47 Theodor Steltzer, Sechzig Jahre Zeitgenosse, München 1966.
48 Harald Poelchau, Die Ordnung der Bedrängten. Autobiographisches und Zeitgeschichtliches seit den 20er Jahren, Berlin 1963.
49 Entwurf Carlo Mierendorff, Aktionsprogramm des Kreisauer Kreises, Faksimile Gedenkstätte Deutscher Widerstand Berlin.

50 Grundsätze für die Neuordnung, in: Wolfgang Benz (Hrsg.), Bewegt von der Hoffnung aller Deutschen, München 1979, S. 94–103.
51 Ger van Roon, Neuordnung im Widerstand. Der Kreisauer Kreis innerhalb der deutschen Widerstandsbewegung, München 1967; Hermann Graml, Die außenpolitischen Vorstellungen des deutschen Widerstandes, in: Walter Schmitthenner und Hans Buchheim (Hrsg.), Der deutsche Widerstand gegen Hitler, Köln 1966, S. 15–72.
52 Eugen Gerstenmaier, Streit und Friede hat seine Zeit. Ein Lebensbericht, Frankfurt a. M. 1981.
53 Hassell-Tagebücher, S. 359 f. (20. 4. 1943).
54 Ebenda, S. 366 (9. 6. 1943).
55 Ebenda, S. 347 (22. 1. 1943).
56 Ebenda.
57 Helmuth James Graf von Moltke, Briefe an Freya 1939–1945, hrsg. von Beate Ruhm von Oppen, München 1988, S. 450 f., zit. nach Steinbach und Tuchel, Widerstand in Deutschland 1933–1945. Ein historisches Lesebuch, München 1994, S. 308 f.

11. Widerstand von Soldaten

1 Klaus-Jürgen Müller, Generaloberst Ludwig Beck. Eine Biographie, Paderborn 2009².
2 Ludwig Beck, Außergewöhnliche Zeiten verlangen außergewöhnliche Handlungen!, zit. nach: Peter Steinbach und Johannes Tuchel (Hrsg.), Widerstand in Deutschland 1933–1945. Ein historisches Lesebuch, München 1994, S. 286–289.
3 Müller, Generaloberst Ludwig Beck, S. 343.
4 Ebenda.
5 Thomas Mann, Deutsche Hörer! Radiosendungen nach Deutschland aus den Jahren 1940 bis 1945, Frankfurt a. M. 1987.
6 Europäische Publikation e. V. (Hrsg.), Die Vollmacht des Gewissens, München 1956, S. 17.
7 Ebenda, S. 7.
8 Vollmacht des Gewissens, S. 105 f.
9 Ebenda, S. 133.
10 Ebenda, S. 537.
11 Vollmacht des Gewissens, S. 8.
12 Für die Informationen über den Witzleben-Kreis und die Europäische Publikation e. V. danke ich meinem Freund Hermann Graml sehr herzlich.

13 Hermann Graml, Hans Oster, in: ders. (Hrsg.), Widerstand im Dritten Reich. Probleme, Ereignisse, Gestalten, Frankfurt a. M. 1984, S. 221–229.
14 Winfried Meyer, Unternehmen Sieben. Eine Rettungsaktion für vom Holocaust Bedrohte aus dem Amt Ausland/Abwehr im Oberkommando der Wehrmacht, Frankfurt a. M. 1993, S. 243 ff.
15 Dorothee Fliess, «Unternehmen Sieben». Eine Aktion des deutschen militärischen Widerstands, in: Wolfgang Benz und Mona Körte (Hrsg.), Solidarität und Hilfe für Juden während der NS-Zeit, Bd. 4: Rettung im Holocaust. Bedingungen und Erfahrungen des Überlebens, Berlin 2001, S. 29–47.
16 Meyer, Unternehmen Sieben, S. 383 f.
17 Josef Müller, Bis zur letzten Konsequenz, München 1975.
18 Abschiedsworte gegenüber Fabian von Schlabrendorff, in: Fabian von Schlabrendorff, Offiziere gegen Hitler, Frankfurt a. M. 1959 (zuerst: Zürich 1946), S. 154.
19 Ebenda, S. 138.
20 Karl Otmar von Aretin, Henning von Tresckow, in: Rudolf Lill und Heinrich Oberreuter (Hrsg.), 20. Juli. Portraits des Widerstands, Düsseldorf 1984, S. 307–320; vgl. Bodo Scheurig, Henning von Tresckow. Eine Biographie, Oldenburg 1973.
21 Christian Müller, Oberst i. G. Stauffenberg. Eine Biographie, Düsseldorf 1970; Peter Hoffmann, Stauffenberg und der 20. Juli 1944, München 1998; eine neue Biographie von Thomas Karlauf erscheint im Frühjahr 2019.
22 Peter Hoffmann, Claus Schenk Graf von Stauffenberg und seine Brüder, Stuttgart 1992.
23 Thomas Karlauf, Stefan George. Die Entdeckung des Charismas, München 2007.
24 Vgl. das Porträt der Tochter: Konstanze von Schulthess, Nina Schenk Gräfin von Stauffenberg, Zürich 2008.
25 Ludwig Beck und Carl Friedrich Goerdeler, Die Regierungserklärung, in: Peter Steinbach und Johannes Tuchel, Widerstand in Deutschland 1933–1945. Ein historisches Lesebuch, München 1994, S. 332 f.
26 Ebenda.
27 Ebenda, S. 335.
28 Die Reden Hitlers, Görings und Dönitz' vom 21. 7. 1944 gegen 1.00 Uhr, in: Bundeszentrale für Heimatdienst (Hrsg.), 20. Juli 1944, Bonn 1961[4], S. 185–188.

29 Ulrike Hett und Johannes Tuchel, Die Reaktionen des NS-Staates auf den Umsturzversuch vom 20. Juli 1944, in: Peter Steinbach und Johannes Tuchel (Hrsg.), Widerstand gegen die nationalsozialistische Diktatur 1933–1945, Bonn 2004, S. 522–538.
30 Linda von Keyserlingk-Rehbein, Nur eine «ganz kleine Clique»? Die NS-Ermittlungen über das Netzwerk vom 20. Juli 1944, Berlin 2018.
31 Hoffmann, Stauffenberg und seine Brüder, S. 445.
32 Johannes Salzig, Die Sippenhaft als Repressionsmaßnahme des nationalsozialistischen Systems. Ideologische Grundlagen – Umsetzung – Wirkung, Augsburg 2015; Friedrich-Wilhelm von Hase (Hrsg.), Hitlers Rache. Das Stauffenberg-Attentat und seine Folgen für die Familien der Verschwörer, Holzgerlingen 2014.
33 Robert Ley, Gott schütze den Führer, in: Der Angriff, 23. Juli 1944.
34 Die Rede Himmlers vor den Gauleitern am 3. August 1944 in: Vierteljahrshefte für Zeitgeschichte 1 (1953), S. 356–394, zit. S. 585.
35 Petra Behrens und Johannes Tuchel, «Unsere wahre Identität sollte vernichtet werden». Die nach dem 20. Juli 1944 nach Bad Sachsa verschleppten Kinder, Berlin 2017.
36 Christoph U. Schminck-Gustavus, Der «Prozess» gegen Dietrich Bonhoeffer und die Freisprechung seiner Mörder, Bonn 1996².
37 Vgl. Isa Vermehren, Reise durch den letzten Akt, Hamburg 1979 (zuerst 1946), S. 140 ff.; Hermann Pünder, Von Preußen nach Europa, Stuttgart 1968, S. 174 ff.
38 Konstanze von Schulthess, Nina Schenk Gräfin von Stauffenberg. Ein Porträt, München 2008.
39 Hoffmann, Stauffenberg und seine Brüder, S. 445 f.
40 Rede des Hauptmanns Dr. Ernst Hadermann vor den Kriegsgefangenen deutschen Offizieren des Lagers Nr. 95 in Jelaguga an der Kama am 21. 5. 1942, in: Verrat hinter Stacheldraht? Das Nationalkomitee «Freies Deutschland» und der Bund Deutscher Offiziere in der Sowjetunion 1943–1945. Dokumente, München 1965, S. 53–73, zit. S. 63.
41 Ebenda, S. 65 f.
42 Ebenda, S. 77–85, zit. S. 81.
43 Bodo Scheurig, Verräter oder Patrioten, Berlin 1993 (ursprünglich München 1960).
44 Verrat hinter Stacheldraht?, S. 120.
45 Ebenda, S. 121.
46 Ebenda, S. 122.
47 Ebenda, S. 239–245.

48 Ebenda, S. 246–250.
49 Ebenda, S. 238 f.
50 Walter Görlitz (Hrsg.), Paulus und Stalingrad. Lebensweg des Generalfeldmarschalls Friedrich Paulus. Mit den Aufzeichnungen aus dem Nachlass, Briefen und Dokumenten, Frankfurt a. M. 1964 (zuerst Frankfurt 1960).
51 Heinrich Graf von Einsiedel, Tagebuch der Versuchung. 1942–1950, Frankfurt a. M. 1985, S. 151 ff.
52 Ebenda.
53 Görlitz, Paulus und Stalingrad, S. 263.
54 Magnus Koch, Fahnenfluchten. Deserteure der Wehrmacht im Zweiten Weltkrieg. Lebenswege und Entscheidungen, Paderborn 2008.
55 Fietje Ausländer (Hrsg.), Verräter oder Vorbilder? Deserteure und ungehorsame Soldaten im Nationalsozialismus, Bremen 1990.
56 Hans Rudolf Vilter: «... vom Vater mit dem Handwagen vom Schlachtfeld geholt». Im Kampf um Berlin mit 16 Jahren zum Invaliden geworden – Erinnerungen und Reflektionen, in: Berlin in Geschichte und Gegenwart. Jahrbuch des Landesarchivs Berlin 1987, S. 137–156, zit. S. 145 f.
57 Ulrich Baumann, Magnus Koch und Stiftung Denkmal für die ermordeten Juden Europas (Hrsg.), «Was damals Recht war ...» Soldaten und Zivilisten vor Gerichten der Wehrmacht, Berlin 2008.
58 Wolfram Wette (Hrsg.), Deserteure der Wehrmacht: Feiglinge – Opfer – Hoffnungsträger? Dokumentation eines Meinungswandels, Essen 1995.
59 Maren Büttner und Magnus Koch (Hrsg.), Zwischen Gehorsam und Desertion. Handeln, Erinnern, Deuten im Kontext des Zweiten Weltkriegs, Köln 2003.
60 Redetext Brigitte Zypries, Stiftung Denkmal für die ermordeten Juden Europas, Berlin.
61 Baumann, Koch und Stiftung Denkmal, «Was damals Recht war ...» Soldaten und Zivilisten vor Gerichten der Wehrmacht, Berlin 2017, S. 60–63.
62 Falk Bersch, Aberkannt! Die Verfolgung von Jehovas Zeugen im Nationalsozialismus und in der SBZ/DDR, Berlin 2017, S. 193.
63 Ebenda, S. 202 f.

12. Widerstand in letzter Stunde

1 Hans Schultheiß, Die Tragödie von Brettheim, Tübingen 2002; Jürgen Bertram, Das Drama von Brettheim. Eine Dorfgeschichte am Ende des Zweiten Weltkriegs, Frankfurt a. M. 2005.
2 Schultheiß, Tragödie, S. 93.
3 Ebenda, S. 90.
4 Ebenda, S. 88.
5 Ebenda, S. 114.
6 Ute Althaus, «NS-Offizier war ich nicht!». Die Tochter forscht nach, Gießen 2006.
7 Helmut Moll im Auftrag der Deutschen Bischofskonferenz (Hrsg.), Zeugen für Christus. Das deutsche Martyrologium des 20. Jahrhunderts, Paderborn 2015 (6. erw. Auflage).
8 Elke Fröhlich, Die Herausforderung des Einzelnen. Geschichten über Widerstand und Verfolgung, München 1983, S. 253.
9 Ulrike Puvogel und Martin Stankowski (Hrsg.), Gedenkstätten für die Opfer des Nationalsozialismus. Eine Dokumentation, Bd. 1, Bonn 1995², S. 113.
10 Ebenda.
11 Matthias Berg, Lehrjahre eines Historikers, in: Zeitschrift für Geschichtswissenschaft 59 (2011), S. 45–63.
12 Benjamin Z. Kedar, Peter Herde, Karl Bosl im «Dritten Reich», Berlin und Boston 2016.
13 Wolfgang Benz, Dr. med. Sigmund Rascher – Eine Karriere, in: Dachauer Hefte 4 (1988), S. 190–214.
14 Hans Holzhaider, Die sechs vom Rathausplatz, München 1982.
15 Hildebrand Troll, Die Freiheitsaktion in Bayern (FAB), in: Bayern in der NS-Zeit, Bd. IV. Herrschaft und Gesellschaft im Konflikt, hrsg. von Martin Broszat, Elke Fröhlich und Anton Grossmann, München 1981, S. 660–677.
16 Klaus-Dietmar Henke, Die amerikanische Besetzung Deutschlands, München 1995, S. 854–861, zit. S. 857.

Epilog:
Widerstand in Deutschland und im Exil

1 Friedrich Meinecke, Die deutsche Katastrophe. Betrachtungen und Erinnerungen, Wiesbaden 1946, S. 5.

2 Gerhard Ritter, Europa und die deutsche Frage. Betrachtungen über die geschichtliche Eigenart des deutschen Staatsdenkens, München 1948, S. 8.
3 Ebenda, S. 200.
4 Meinecke, Deutsche Katastrophe, S. 175 f.
5 Ebenda, S. 156.
6 Ebenda, S. 176.
7 Hans Rothfels, Die deutsche Opposition gegen Hitler. Eine Würdigung, Krefeld 1949, S. 9 f.
8 Ebenda, S. 189.
9 Gerhard Ritter, Carl Goerdeler und die deutsche Widerstandsbewegung, Stuttgart 1954 (Neuauflage München 1964); Helmuth Groscurth, Tagebücher eines Abwehroffiziers 1938–1940, mit weiteren Dokumenten zur Militäropposition gegen Hitler, hrsg. von Helmut Krausnick und Harold C. Deutsch, unter Mitarbeit von Hildegard von Kotze, Stuttgart 1969.
10 Vgl. Karen Schönwälder, Historiker und Politik. Geschichtswissenschaft im Nationalsozialismus, Frankfurt a. M., New York 1992.
11 Vgl. den materialreichen Überblick (mit zahlreichen Literaturbelegen von Winfried Schulze, Der Neubeginn der deutschen Geschichtswissenschaft nach 1945. Einsichten und Absichtserklärungen der Historiker nach der Katastrophe, in: Ernst Schulin (Hrsg.), Deutsche Geschichtswissenschaft nach dem Zweiten Weltkrieg (1945–1965), München 1989, S. 1–37.
12 Klemens von Klemperer, Deutscher Widerstand gegen Hitler – Gedanken eines Historikers und Zeitzeugen, Berlin 2002, S. 17.
13 Ernst Reuter, Artikel, Briefe, Reden 1922 bis 1946. Schriften, Reden, Zweiter Band, bearb. von Hans J. Reichhardt, Berlin 1973, S. 530 f.
14 Heinrich Brüning, Briefe und Gespräche 1934–1945, Stuttgart 1974, S. 407.
15 Arnold Brecht, Mit der Kraft des Geistes. Lebenserinnerungen. Zweite Hälfte 1927–1967, Stuttgart 1967, S. 334.
16 Heinz Kühn, Widerstand und Emigration. Die Jahre 1928–1945, Hamburg 1980, S. 172 f.
17 Ebenda, S. 175 f.
18 Prager Manifest der Sopade, in: Mit dem Gesicht nach Deutschland, hrsg. von Erich Matthias, bearb. von Werner Link, Düsseldorf 1968, S. 215–225, zit. S. 218.
19 Ebenda, S. 220.

20 Ebenda.
21 Landeskonferenz deutschsprachiger Sozialdemokraten und Gewerkschafter in den USA, Resolution zum künftigen Staatsaufbau Deutschlands (3./4. Juli 1943), in: Wolfgang Benz (Hrsg.), Bewegt von der Hoffnung aller Deutschen. Zur Geschichte des Grundgesetzes. Entwürfe und Diskussionen 1941–1949, München 1979, S. 88 f.
22 Ebenda.
23 Albert Grzesinski, Die staatliche Neugestaltung Deutschlands, in: Benz, Bewegt von der Hoffnung, S. 84–88.
24 Ernst Portner, Koch-Wesers Verfassungsentwurf. Ein Beitrag zur Ideengeschichte der deutschen Emigration, in: Vierteljahrshefte für Zeitgeschichte 14, 1966, S. 280–298.
25 Das Demokratische Deutschland. Grundsätze und Richtlinien für den deutschen Wiederaufbau im demokratischen, republikanischen, föderalistischen und genossenschaftlichen Sinne, hrsg. vom Hauptvorstand der Arbeitsgemeinschaft «Das Demokratische Deutschland», Dr. Josef Wirth, Dr. Otto Braun, Dr. Wilhelm Hoegner, Dr. J. J. Kindt-Kiefer, H. G. Ritzel, Bern 1945, S. 8–24; Wilhelm Hoegner, Der schwierige Außenseiter, München 1959, S. 173 f.
26 Manifest des Nationalkomitees Freies Deutschland an die Wehrmacht und an das deutsche Volk, Juli 1943, in: Bodo Scheurig (Hrsg.), Verrat hinter Stacheldraht?, München 1965, S. 77–83, zit. S. 80.

Literatur

Die folgende Auswahl beschränkt sich auf wenige wichtige Titel zu zentralen Aspekten unter besonderer Berücksichtigung der Rezeptionsgeschichte des deutschen Widerstands. Die Spezialliteratur ist in den Anmerkungen nachgewiesen.

Klaus Achmann, Hartmut Bühl, 20. Juli 1944. Lebensbilder aus dem militärischen Widerstand, Hamburg 1999.

Felicitas von Aretin, Die Enkel des 20. Juli 1944, Leipzig 2004.

Aufstand des Gewissens. Der militärische Widerstand gegen Hitler und das NS-Regime 1933, hrsg. vom Militärgeschichtlichen Forschungsamt, Herford/Bonn 1987³.

Detlef Bald, Die «Weiße Rose». Von der Front in den Widerstand, Berlin 2004.

Ulrich Baumann/Magnus Koch/Stiftung Denkmal für die ermordeten Juden Europas (Hrsg.), «Was damals Recht war ...» Soldaten und Zivilisten vor Gerichten der Wehrmacht, Berlin 2008.

Gerhard Beier, Die illegale Reichsleitung der Gewerkschaften 1933–1945, Köln 1981.

Wolfgang Benz (Hrsg.), Selbstbehauptung und Opposition. Kirche als Ort des Widerstandes gegen staatliche Diktatur, Berlin 2003.

Wolfgang Benz, Der deutsche Widerstand gegen Hitler, München 2014.

Karl Heinz Biernat/Luise Kraushaar, Die Schulze-Boysen/Harnack-Organisation im antifaschistischen Kampf, hrsg. vom Institut für Marxismus-Leninismus beim ZK der SED, Berlin 1970.

Günter Brakelmann, Der Kreisauer Kreis. Chronologie, Kurzbiographien und Texte aus dem Widerstand, Münster 2003.

Günter Brakelmann, Helmuth James von Moltke 1907–1945, München 2009.

Wilfried Breyvogel (Hrsg.), Piraten, Swings und Junge Garde, Jugendwiderstand im Nationalsozialismus, Bonn 1991.
Bundeszentrale für Heimatdienst (Hrsg.), 20. Juli 1944, Bonn 1961 (zuerst 1952).
Bundeszentrale für politische Bildung (Hrsg.), Widerstand im Exil 1933–1945, Bonn 1989.
Ulrich Chaussy/Gerd R. Ueberschär, «Es lebe die Freiheit!». Die Geschichte der Weißen Rose und ihrer Mitglieder in Dokumenten und Berichten, Frankfurt a. M. 2013.
Hans Coppi/Jürgen Danyel/Johannes Tuchel (Hrsg.), Die Rote Kapelle im Widerstand gegen den Nationalsozialismus, Berlin 1994.
Georg Denzler, Widerstand ist nicht das richtige Wort. Katholische Priester, Bischöfe und Theologen im Dritten Reich, Zürich 2003.
Georg Denzler/Volker Fabricius, Christen und Nationalsozialisten. Darstellung und Dokumente, Frankfurt/M. 1993.
Antje Dertinger, Der treue Partisan. Ein deutscher Lebenslauf: Ludwig Gehm, Bonn 1989.
Dieter Ehlers, Technik und Moral einer Verschwörung. Der Aufstand am 20. Juli 1944, Bonn 1965.
Joachim Fest, Staatsstreich. Der lange Weg zum 20. Juli, Berlin 1994.
Kurt Finker, Der 20. Juli 1944 und die DDR-Geschichtswissenschaft, Berlin 1990.
Manfred Gailus (Hrsg.), Kirchliche Amtshilfe. Die Kirchen und die Judenverfolgung im «Dritten Reich», Göttingen 2008.
Detlef Garbe, Zwischen Widerstand und Martyrium. Die Zeugen Jehovas im «Dritten Reich», München 1993.
Hermann Graml (Hrsg.), Widerstand im Dritten Reich. Probleme, Ereignisse, Gestalten, Frankfurt a. M. 1984.
Alexander Groß, Gehorsame Kirche – ungehorsame Christen im Nationalsozialismus. Mit einem Nachwort von Heinrich Missalla, Mainz 2000.
Lothar Gruchmann, Autobiographie eines Attentäters. Johann Georg Elser. Der Anschlag auf Hitler im Bürgerbräu 1939, Stuttgart 1989.
Wolf Gruner, Widerstand in der Rosenstraße: die Fabrik-Aktion und die Verfolgung der «Mischehen» 1943, Frankfurt a. M. 2005.
Lina Haag, Eine Handvoll Staub – Widerstand einer Frau 1933 bis 1945. Autobiografie, Frankfurt a. M. 1995^8 (zuerst Lauf bei Nürnberg 1947).
Ulrich von Hassell, Vom andern Deutschland. Aus den nachgelassenen Tagebüchern 1938–1944, Zürich 1946.

Theodore S. Hamerow, Die Attentäter. Der 20. Juli – von der Kollaboration zum Widerstand, München 1999.
Eugen Herman-Friede, Für Freudensprünge keine Zeit. Erinnerungen an Illegalität und Aufbegehren 1942–1948, Berlin 1991.
Anton Hoch/Lothar Gruchmann, Georg Elser: Der Attentäter aus dem Volke. Der Anschlag auf Hitler im Münchner Bürgerbräu 1939, Frankfurt a. M. 1980.
Peter Hoffmann, Widerstand gegen Hitler und das Attentat vom 20. Juli 1944, Konstanz 1994.
Peter Hoffmann, Stauffenberg und der 20. Juli 1944, München 1998.
Peter Hoffmann, Widerstand – Staatsstreich – Attentat. Der Kampf der Opposition gegen Hitler, München 1985[4].
Magnus Koch, Fahnenfluchten. Deserteure der Wehrmacht im Zweiten Weltkrieg. Lebenswege und Entscheidungen, Paderborn 2008.
Annedore Leber/Willy Brandt/Karl Dietrich Bracher (Hrsg.), Das Gewissen steht auf. 64 Lebensbilder aus dem deutschen Widerstand 1933–1945, Berlin 1955.
Annedore Leber/Willy Brandt/Karl Dietrich Bracher (Hrsg.), Das Gewissen entscheidet. Bereiche des deutschen Widerstandes von 1933–1945 in Lebensbildern, Berlin 1957.
Lexikon des Deutschen Widerstandes, hrsg. von Wolfgang Benz und Walter H. Pehle, Frankfurt a. M. 1994.
Lexikon des Widerstandes 1933–1945, hrsg. von Peter Steinbach und Johannes Tuchel, München 1994.
Richard Löwenthal/Patrik von zur Mühlen (Hrsg.), Widerstand und Verweigerung in Deutschland 1933 bis 1945, Bonn/Berlin 1982.
Hans Maier (Hrsg.), Die Freiburger Kreise. Akademischer Widerstand und Soziale Marktwirtschaft, Paderborn 2014.
Klaus-Michael Mallmann/Gerhard Paul, Resistenz oder loyale Widerwilligkeit? Anmerkungen zu einem umstrittenen Begriff, in: Zeitschrift für Geschichtswissenschaft 41 (1993), S. 99–116.
Winfried Meyer (Hrsg.), Verschwörer im KZ. Hans von Dohnanyi und die Häftlinge des 20. Juli 1944 im KZ Sachsenhausen, Berlin 1999.
Hans Mommsen, Alternative zu Hitler. Studien zur Geschichte des deutschen Widerstandes, München 2000.
Klaus-Jürgen Müller, Generaloberst Ludwig Beck. Eine Biographie, Paderborn 2008.
Gerhard Paul/Klaus-Michael Mallmann, Milieus und Widerstand. Eine Verhaltensgeschichte der Gesellschaft im Nationalsozialismus, Bonn 1995.

Christian Petry, Studenten aufs Schafott. Die Weiße Rose und ihr Scheitern, München 1968.
Gerhard Ritter, Carl Goerdeler und die deutsche Widerstandsbewegung, Stuttgart 1956.
Stefan Roloff/Mario Vigl, Die Rote Kapelle. Die Widerstandsgruppe im Dritten Reich und die Geschichte Helmut Roloffs, München 2002.
Ger van Roon, Widerstand im Dritten Reich. Ein Überblick, München 1990^5.
Hans Rothfels, Die deutsche Opposition gegen Hitler. Eine Würdigung, Krefeld 1949.
Bernd Rüthers, Verräter, Zufallshelden oder Gewissen der Nation? Facetten des Widerstandes in Deutschland, Tübingen 2008.
Bodo Scheurig, Verräter oder Patrioten, Das Nationalkomitee «Freies Deutschland» und der Bund Deutscher Offiziere in der Sowjetunion 1943–1945, Berlin 1993 (ursprünglich München 1960).
Inge Scholl, Die Weiße Rose. Erweiterte Neuausgabe, Frankfurt a. M. 1993 (erstmals 1952).
Fabian von Schlabrendorff, Offiziere gegen Hitler, Zürich 1946.
Ferdinand Schlingensiepen, Dietrich Bonhoeffer 1906 1945, München 2006.
Michael Schneider, Unterm Hakenkreuz. Arbeiter und Arbeiterbewegung 1933 bis 1939, Bonn 1999.
Elisabeth Sifton/Fritz Stern, Keine gewöhnlichen Männer. Dietrich Bonhoeffer und Hans von Dohnanyi im Widerstand gegen Hitler, München 2013.
Peter Steinbach, Widerstand im Widerstreit. Der Widerstand gegen den Nationalsozialismus in der Erinnerung der Deutschen, Paderborn 1994.
Peter Steinbach/Johannes Tuchel, Georg Elser, Berlin 2008.
Peter Steinbach/Johannes Tuchel (Hrsg.), Widerstand gegen den Nationalsozialismus, Bonn 1994.
Peter Steinbach/Johannes Tuchel (Hrsg.), Widerstand in Deutschland 1933–1945. Ein historisches Lesebuch, München 1994.
Gerda Szepansky, Frauen leisten Widerstand: 1933–1945. Lebensgeschichten nach Interviews und Dokumenten, Frankfurt a. M. 1983.
Johannes Tuchel (Hrsg.), Der vergessene Widerstand. Zur Realgeschichte und Wahrnehmung des Kampfes gegen die NS-Diktatur, Göttingen 2005.
Gerd R. Ueberschär (Hrsg.), Der 20. Juli. Das «andere Deutschland» in der Vergangenheitspolitik, Berlin 1998.

Gerd R. Ueberschär, Stauffenberg und das Attentat vom 20. Juli 1944, Frankfurt a. M. 2004.

Günther Weisenborn (Hrsg.), Der lautlose Aufstand. Bericht über die Widerstandsbewegung des deutschen Volkes 1933–1945, Hamburg 1953.

Bildnachweis

Der Tafelteil mit den Abbildungen befindet sich zwischen den Seiten 280 und 281.

Carl von Ossietzky: akg-images, Berlin; *Walter Gyßling*: aus: Walter Gyßling. Mein Leben in Deutschland vor und nach 1933 und Der Anti-Nazi: Handbuch im Kampf gegen die NSDAP. Herausgegeben und eingeleitet von Leonidas E. Hill, Bremen 2003; *John Heartfield*: Fotomontage: akg-images, Berlin und © The Heartfield Community of Heirs/VG Bild-Kunst, Bonn 2019; *Ernst Niekisch*: Titelbild von A. Paul Weber, © VG Bild-Kunst, Bonn 2019 und © Deutsches Historisches Museum, Berlin; *Erich Mühsam*: akg-images, Berlin; *Achim Litten*: © Gedenkstätte Deutscher Widerstand, Berlin; *Kurt Schumacher*: AdsD/Friedrich-Ebert-Stiftung, Bonn; *Erwein von Aretin*: aus: Karl Buchheim/Karl Otmar von Aretin (Hrsg.): Erwein von Aretin. Krone und Ketten. Erinnerungen eines bayerischen Edelmannes, München 1955; *Lina Haag*: aus: Lina Haag: Eine Handvoll Staub. Widerstand einer Frau 1933 bis 1945, Tübingen 2004; *Otto Wels*: Kunstbibliothek, SMB, Photothek Willy Römer/Willy Römer/bpk-Bildagentur, Berlin; *Ludwig Gehm*: AdsD/Friedrich-Ebert-Stiftung, Bonn; *Margarete Meusel*: Archiv des Diakonischen Werkes, Berlin. Hier: Manfred Gailus/Clemens Vollnhals (Hg.): Mit Herz und Verstand – Protestantische Frauen im Widerstand gegen die NS-Rassenpolitik (Berichte und Studien Nr. 65, herausgegeben vom Hannah-Arendt-Institut für Totalitarismusforschung e. V.), Göttingen 2013; *Pater Rupert Mayer*: (Süddeutsche Zeitung Photo/Scherl): © ullstein bild, Berlin; *Georg Elser*: aus: Winfried Nerdinger (Hrsg.) – in Verbindung mit Hans Günter Hockerts, Marita Krauss, Peter Longerich sowie Mirjana Grdanjski und Markus Eisen: München und der Nationalsozialismus. Katalog des NS-Dokumentationszentrums München, München ²2015; *Julius von Jan*: aus: Eberhard Röhm/Jörg Thierfelder: Juden, Christen, Deutsche 1933–1945 (Band 3: 1938–1941, Teil 1),

Stuttgart 1995; *Bischof Clemens August Graf von Galen*: akg-images, Berlin; *Dietrich Bonhoeffer*: aus: Winfried Maechler: Dietrich Bonhoeffer. Christ und Widerstandskämpfer, 38 Schwarzweiß-Dias mit Textheft, Witten/ Ruhr o. J. (1958); *Libertas und Harro Schulze-Boysen*: © Gedenkstätte Deutscher Widerstand, Berlin; *Mildred und Arvid Harnack*: ullstein bild, Berlin; *Hilde und Hans Coppi*: © Gedenkstätte Deutscher Widerstand, Berlin; *Otto Jogmin*: aus: Wolfgang Benz (Hrsg.): Überleben im Dritten Reich. Juden im Untergrund und ihre Helfer, München 2003; *Herbert Baum*: © Gedenkstätte Deutscher Widerstand, Berlin; *Klebezettel gegen die Ausstellung «Das Sowjetparadies»*: Bundesarchiv, R 3018/NJ 2/4; *Hans Scholl mit W. Graf, A. Schmorell u. a.*: George (Jürgen) Wittenstein/akg-images, Berlin; *Sophie Scholl mit Hans und Ch. Probst*: George (Jürgen) Wittenstein/akg-images, Berlin; *Flugblatt Weiße Rose*: Bundesarchiv, R 3018/1704 (V. Flugblatt der Weißen Rose); *Fritz-Dietlof von der Schulenburg*: Bundesarchiv Koblenz, Bild 151-18-37A; *Friedrich-Werner von der Schulenburg*: akg-images, Berlin; *Ulrich von Hassell*: (Chronos Dokumentarfilm GmbH): © ullstein bild, Berlin; *Eugen Bolz*: akg-images, Berlin; *Wilhelm Leuschner*: akg-images, Berlin; *Carl Goerdeler*: akg-images, Berlin; *Ludwig Beck*: Bundesarchiv Koblenz, Bild 183-S28037; *Helmuth James von Moltke*: akg-images, Berlin; *Hans Oster*: Bundesarchiv Koblenz, Bild 146-2004-0007; *Wilhelm Canaris*: akg-images, Berlin; *Henning von Tresckow*: © Gedenkstätte Deutscher Widerstand, Berlin; *Friedrich Olbricht*: Bundesarchiv Koblenz, Bild 183-R66036/Fotograf: Koch; *Claus Schenk von Stauffenberg*: bpk-Bildagentur, Berlin

Leider war es nicht in allen Fällen möglich, die Inhaber der Rechte zu ermitteln. Wir bitten deshalb gegebenenfalls um Mitteilung. Der Verlag ist bereit, berechtigte Ansprüche abzugelten.

Personenregister

Adenauer, Konrad 87, 95, 203, 353, 380, 394
Adlon, Percy 354
Aicher, Otl 353
Albert, Martin 160
Andreas-Friedrich, Ruth 270, 274–276
Aretin, Erwein von 67 f., 71
Arminius (Hermann der Cherusker) 51
Arnold, Fritz W. 410
Arnold, Ursula 410
Asmussen, Hans 206
Aufhäuser, Siegfried 102, 476

Bach, Johann Sebastian 465
Baeck, Leo 260
Bästlein, Bernhard 77 f., 299, 390
Bahr, Dora 445
Bakunin, Michail 223
Ballestrem, Lagi von 377
Bandmann, Egon 357
Barbie, Klaus 210
Barth, Karl 158 f., 206
Bauer, Helmut 306, 330
Baum, Herbert 216, 226 f., 229, 252, 254 f., 284, 294–301, 353
Baum, Marianne, geb. Cohn 294 f., 297 f., 301

Bavaud, Maurice 130 f.
Becher, Johannes R. 432
Beck, Ludwig 243, 360, 371, 382–385, 393, 395 f., 398 f., 407–409, 417 f., 420 f., 423 f.
Becker, Carl Heinrich 390
Beckerath, Erwin von 379
Beege-Faude-Furkert, Lona 273
Beethoven, Ludwig van 465
Beinhorn, Elly 419
Beitz, Berthold 264 f., 267
Benedikt XVI., *Papst* 187
Bergengruen, Werner 321
Berger, Jacob 295
Berkowitz, Liane 222, 228
Bernanos, Georges 321
Bernecker, Walter 301
Bernhard, Georg 45
Berning, Wilhelm 205
Bernstorff, Albrecht von 376 f.
Bertram, Adolf 165 f., 183–185, 196, 204 f.
Best, Sigismund Payne 135, 151 f.
Best, Werner 373
Bettelheim, Bruno 247
Bismarck, Otto von 50, 157, 251, 362, 366, 383, 395, 433, 463–466
Blanck, Herbert 28

Blomberg, Werner von 12, 54, 405 f.
Bloß, *Unteroffizier* 448
Blum, Léon 94, 429
Blumenberg, Werner 97 f.
Bochow, Herbert 287
Bodelschwingh, Friedrich von 160 f., 183
Bögler, Franz 106
Boeselager, Philipp von 415
Bogatsch, Rudolf 401
Bohn, Frank 95
Bollinger, Heinrich (Heinz) 306, 329 f.
Bollinger, Willi 329 f.
Bolz, Eugen 64, 166, 368–371, 385
Bolz, Josef 368
Bolz, Maria Theresia 368
Bonhoeffer, Dietrich 151, 159, 188, 200, 205 f., 233, 409 f., 428
Bonhoeffer, Emmi, geb. Delbrück 366
Bonhoeffer, Klaus 366 f., 409
Bontjes van Beek, Cato 224
Borchard, Leo 274
Bormann, Martin 304
Borsig, Ernst von 389
Bosch, Robert 260, 381, 383
Bose, Herbert von 125
Bosl, Karl 453–455
Bouhler, Philipp 174, 181
Boveri, Margret 220
Bracher, Karl Dietrich 386
Brahms, Johannes 465
Brakelmann, Günter 378
Brandt, Karl 181
Brandt, Willy 105, 116, 470
Brass, Otto 112

Brauchitsch, Walther von 398 f., 407
Brauer, Max 96, 471, 476
Braun, Alois 457 f.
Braun, Otto 24, 89, 93, 120 f., 471, 477
Brecht, Arnold 471
Brecht, Bertolt 27, 218
Bredel, Willi 432
Bredow, Ferdinand von 405
Breitenbuch, Eberhard von 414
Breitscheid, Rudolf 89, 91 f., 96
Brentano, Clemens 309
Brill, Hermann Louis 112–114
Brockdorff, Cay-Hugo von 227, 233
Brockdorff, Erika von 233
Brod, Max 364
Brüning, Heinrich 23, 99, 120 f., 125, 128, 367 f., 370, 470 f.
Brunner, Anton 285
Buch, Eva-Maria 224
Buchberger, Michael 167
Buck, Karl 80
Bucko, Ivan 209
Büchner, Georg 220
Burckhardt, Carl Jacob 365
Busch, Ernst 414

Canaris, Erika 410
Canaris, Wilhelm 10, 71, 73 f., 151, 233, 357, 405, 407, 409–412, 428
Caracciola, Günther 458 f.
Chagall, Marc 94
Churchill, Winston 43, 285, 408
Ciano, Galeazzo 363
Claudel, Paul 321, 338
Commons, John R. 219

Personenregister

Conzen, Irmgard 410
Coppi, Hans 222, 224, 227, 231
Coppi, Hans Jr. 222
Coppi, Hilde 222, 224, 227
Corradini, Johann 209
Corti, Leonardo 204
Cossmann, Nikolaus 65, 68
Crispien, Arthur 93
Crummenerl, Siegmund 89, 92

Dahlem, Franz 76
Dahrendorf, Gustav 48, 357, 389
Danz, Hermann 78
Daubenspeck, Hans 44
Debus, Oskar 112
Degen, Anna 273
Degen, Jakob 273
Degen, Michael 273
Delbrück, Hans 366
Delbrück, Justus 366 f.
Delp, Alfred 74, 189 f., 389, 393
Dessauer, Friedrich 158
Deutschkron, Inge 267, 277
Dibelius, Otto 206
Diem, Carl 455
Dietze, Constantin von 378 f.
Dimitrieff, Ludmilla 273
Dinter, Artur 40
Dipper, Christof 385
Dirks, Walter 158
Döblin, Alfred 94
Dönitz, Karl 385, 422
Dohnanyi, Hans von 71, 151, 233, 357, 366 f., 373, 405 f., 410 f.
Dohrn, Harald 339
Dostojewski, Fjodor 324
Draganović, Krunoslav 209
Drewermann, Eugen 187
Dreyfeldt, Liselotte 347

Dupré, Walter 106

Eichler, Willi 107, 109 f.
Eichmann, Adolf 209
Eickemeyer, Manfred 337, 339
Einem, Gottfried von 270
Einsiedel, Heinrich von 433, 437
Einstein, Albert 53, 376
Elsas, Fritz 356 f.
Elser, Anna 150
Elser, Erna 150
Elser, Georg 10, 17, 131, 137, 140–155, 226, 353, 413
Elser, Leonhard 143 f., 150
Elser, Ludwig 141, 143 f., 150
Elser, Maria 141, 143 f., 148, 150, 152
Elser, Marie siehe Hirth, Marie
Engelsing, Herbert 218
Epp, Franz von 71, 73, 458 f.
Erhard, Ludwig 379
Erkelenz, Anton 99
Erlenbach, Wolfgang 346–348
Erler, Fritz 106
Ersing, Josef 371
Erzberger, Matthias 32
Eucken, Walter 378 f.
Eulenburg, Philipp zu 217

Faulhaber, Michael von 67, 69, 171–173, 190
Feder, Gottfried 39
Fest, Joachim 386
Feuchtwanger, Lion 29–31, 94
Filbinger, Hans 232, 441, 451 f.
Finck, Hans-Jürgen 237
Finck, Werner 429
Fischer, Edwin 270
Fischer, Samuel 220
Fliess, Dorothee 410

Fliess, Hildegard 410
Fliess, Julius 410
Florin, Wilhelm 76
Fouché, Joseph 374
Fraenkel, Edith 295
Franco, Francisco 32
Frank, Anne 11
Frank, Karl 106
Franke, Erika 299, 301
Franke, Joachim 295, 299, 301
Franzen, Emil 220
Freise, Valentin 347 f.
Freisler, Roland 44, 54, 151, 174, 303, 306 f., 347, 406, 426
Freud, Sigmund 223
Frick, Wilhelm 49, 182–184
Friedenthal, Charlotte 160, 410
Friedrich I. Barbarossa, *Kaiser* 51
Friedrich II. der Große, *König von Preußen* 51 f., 434, 464
Friedrich, Karin 270
Friedrich Wilhelm III., *König von Preußen* 9
Fritsch, Werner von 128, 398, 405–407
Fritze, Lothar 153–155
Fröhlich, Elke 453
Fromm, Friedrich 417, 420 f., 424 f.
Frühwirth, Andreas Franz 67
Fry, Varian 94 f.
Fugger-Glött, Ernst von 73
Furtmeier, Josef 339

Gackstatter, Leonhard 448 f.
Gärtner, Hans 193 f.
Galen, Clemens August von 165–167, 183–187, 189, 205, 228
Gandhi, Mahatma 9
Garibaldi, Giuseppe 9
Gebsattel, Franz von 65
Gehlen, Reinhard 240 f.
Gehm, Ludwig 18, 108–111, 439
Gehre, Hildegard 428
Gehre, Ludwig 428
Gehrts, Erwin 228
Geisler, Johannes 209
George, Stefan 416
Gerbonay, Marcel 131
Gerlach, Hellmut von 34, 46
Gerlich, Fritz Michael 46 f.
Gerngroß, Rupprecht 457–459, 461
Gersdorff, Rudolf-Christoph von 413, 415, 423
Gerstenmaier, Eugen 357 f., 389, 393 f., 396
Gessler, Otto 73 f., 356
Geyer, Anna 93 f., 95
Geyer, Curt 90, 92 f., 95 f.
Geyer, Friedrich 93
Geyer, Wilhelm 339
Giesler, Paul 304, 315 f., 336, 345 f., 460
Goebbels, Joseph 17, 25, 36, 41, 43 f., 54, 57 f., 118, 123, 134, 136, 147, 177, 211, 236, 256 f., 261, 343, 363, 380, 404, 409, 422, 430, 435, 437
Goerdeler, Carl Friedrich 10, 18, 48, 71, 98, 128, 155, 166, 188, 214, 230, 241 f., 341, 353, 356–358, 360 f., 364, 371–375, 379–388, 393, 395 f., 407–409, 417 f., 421, 428 f., 435, 467, 472, 475
Goerdeler, Rainer 428
Göring, Hermann 17, 35, 118, 128,

147, 223, 234, 244, 285, 375, 381,
  406, 417, 420–422
Göring, Mathias Heinrich 223
Goethe, Johann Wolfgang von 25,
  62, 309, 465 f.
Goetze, Ursula 228
Goldschlag-Kübler, Stella 253
Goldstein, Arthur 104
Gollnow, Otto 228
Gollwitzer, Helmut 160, 378
Gottfurcht, Hans 101 f., 106
Gottschalk, Friedrich 448–450
Gräbe, Hermann 281
Graf, Anneliese 321, 327–331
Graf, Gerhard 328
Graf, Mathilde 328
Graf, Willi 306–308, 315, 319,
  321 f., 326–331, 337
Graml, Hermann 404
Graudenz, John (Johannes) 224,
  226–228
Grimme, Adolf 220, 226, 234–236,
  238
Grimminger, Eugen 306, 338 f.
Grimminger, Jenny 339
Gröber, Conrad 183
Groscurth, Helmuth 467
Groß, Nikolaus 372
Grossmann, Hans 256
Grossmann, Kurt R. 279
Grosz, George 29
Gruchmann, Lothar 152
Grüber, Heinrich 177, 203
Grünspan, Herschel 177
Grzesinski, Albert 89, 476 f.
Guardini, Romano 354
Guddorf, Wilhelm 224, 299
Guderian, Heinz 424
Günther, Hanno 286 f.

Gürtner, Franz 54, 174, 182, 364
Gumbel, Emil Julius 27, 32–34,
  466
Gurewitsch, Anatoli Markowitsch
  230
Guter, Heinrich 306
Guttenberg, Enoch von und zu
  69–71
Guttenberg, Karl-Ludwig von und
  zu 71, 366, 376 f.
Gyßling, Walter 34 f.

Haag, Alfred 79–84, 86
Haag, Käthe 79 f., 83, 86
Haag, Lina 79–86
Habermann, Max 101, 371, 373
Hadermann, Ernst 430 f.
Haecker, Theodor 321, 337 f.
Haeften, Werner von 420, 425
Händel, Georg Friedrich 331
Härlen, Elsa 144, 150
Härlen, Hermann 144
Halder, Franz 404, 407–409, 429,
  438
Halem, Nikolaus von 366 f., 376 f.
Hallgarten, Constanze 34
Hamazaspian, Nikolaj Nikolajeff
  323
Hamm, Eduard 73, 356
Hammer, Wolfgang 452
Hampel, Stefan 443 f.
Hanselmann, Friedrich 447–449
Harder, Richard 313, 315
Hardt, Ernst 263
Harich, Wolfgang 270
Harms, Elise 193
Harms, Johannes 193
Harms, Martin 193
Harnack, Adolf von 159, 219

Harnack, Arvid 219–223, 226 f.,
    229–232, 234, 237–244, 307
Harnack, Falk 110, 239, 306 f.
Harnack, Mildred, geb. Fish 219–
    221, 223, 228, 232, 307
Harnack, Otto 219
Harndt, Emma 272
Harnier, Adolf von 72 f.
Hartnagel, Fritz 322
Hassell, Ulrich von 71, 361–364,
    375, 382, 385, 394–396
Haubach, Theodor 48, 57, 98, 357,
    389
Haushofer, Albrecht 223
Haushofer, Karl 223
Heartfield, John 29
Hegemann, Werner 50–52
Heiden, Konrad 37 f.
Heilmann, Horst 224
Heine, Fritz 95
Heinemann, Karl 211
Heiß, Adolf 65
Held, Heinrich 64, 68–71
Helmrich, Donata 263–265, 282
Helmrich, Eberhard 263–265, 282
Henke, Renate 428
Hermes, Andreas 371 f.
Herrnstadt, Rudolf 364 f.
Hertz, Paul 89
Herzfelde, Wieland 27, 29
Heuss, Theodor 35–37, 356, 370,
    401, 403
Heuwing, Leo 457
Heydrich, Reinhard 73, 118, 139 f.,
    151, 158, 296, 412
Hilberg, Raul 14, 247
Hilferding, Rudolf 89–92
Hiller, Kurt 34
Hilpert, Werner 113 f.

Himmler, Heinrich 69 f., 83 f., 118,
    125, 134–136, 139, 151 f., 256,
    261, 288, 290, 296, 375, 406,
    410, 417, 420, 427 f., 436, 456
Himpel, Helmut 227 f., 233
Hindenburg, Paul von 12, 23, 34,
    50 f., 54, 58, 68 f., 87, 118, 120–
    125, 128, 368, 375, 405, 436
Hirsch, Alice 295
Hirsch, Helmut 129, 131, 135
Hirschel, Hans 274
Hirth, Marie 150
Hirzel, Hans 306, 337
Hirzel, Susanne 306
Hitler, Adolf 10–13, 15, 17–21, 23–
    31, 33–39, 45–52, 54–65, 68–72,
    75, 78 f., 82, 85, 87 f., 90 f., 94–
    96, 98–100, 103 f., 106, 108 f.,
    111–115, 117 f., 120–140, 143–145,
    147–153, 155–157, 159, 163–165,
    167–170, 173–175, 181, 184 f.,
    187, 189, 191–193, 200, 205, 214,
    216, 218, 221 f., 224–226, 233,
    236, 239 f., 242–244, 246–249,
    252, 256, 265, 267, 269, 285–
    289, 294, 296, 300, 302 f., 305–
    309, 311–319, 322, 328, 336 f.,
    341, 343, 345, 350, 352 f., 355–
    357, 360–363, 366–368, 370–
    377, 379–385, 387, 390, 392–
    394, 396–401, 403–411,
    413–421, 423–428, 430–438,
    440, 447–449, 452, 454 f., 458,
    460, 464, 466–474, 477–482
Hobe, Cord von 450 f.
Hoch, Anton 152
Hochhuth, Rolf 131, 205
Höfler, Josef 265
Hoegner, Wilhelm 477

Höhne, Heinz 241
Hölper, Wilhelm 402
Höltermann, Karl 56
Hoepner, Erich 421, 424 f., 438
Hörsing, Otto 56
Hoetzsch, Otto 220
Hofacker, Cäsar von 426
Hofer, Andreas 9
Hoffmann, Peter 386 f.
Holzer, Richard 301
Hotze, Karl 273
Huber, Clara 346
Huber, Franz-Josef 139
Huber, Kurt 305–308, 312, 316, 326, 331, 334–337, 346, 351, 353
Huber, Wolfgang 176
Huch, Ricarda 218
Hudal, Alois 209–213
Hübener, Helmuth 285 f.
Hugenberg, Alfred 13, 59, 64, 121, 125, 128
Husemann, Marta, geb. Wolter 229
Husemann, Walter 229, 233

Imbusch, Heinrich 99
Innitzer, Theodor 196

Jacob, Berthold 34
Jacob, Franz 77 f., 390
Jadamowitz, Hildegard 298–301
Jahn, Hans 106
Jahn, Marie-Luise 343–349, 351
Jan, Julius von 18, 177–181
Jasper, Gerhard 199 f.
Jauch, Ida 272
Jenninger, Philipp 387
Jentsch, Julia 354
Jessen, Jens 382

Joachim, Heinz 294, 298, 301
Joachim, Marianne 295, 298
Jogmin, Otto 262 f.
Johannes Paul II., *Papst* 170
John, Otto 238
Joos, Joseph 372
Josten, Kurt 125
Jud, Felix 351
Jung, Carl Gustav 223
Jung, Edgar Julius 122–124, 126–128, 366

Kaas, Ludwig 368, 412
Kästner, Erich 41, 43, 270, 351 f.
Kafka, Franz 364
Kageneck, Hans Reinhard von 126
Kahr, Gustav von 30, 132
Kaiser, Jakob 99–101, 103, 158, 371–374, 383
Kampffmeyer, Paul 27 f., 62
Kant, Immanuel 62, 107
Kapp, Wolfgang 26, 48, 99, 102, 125
Karl Alexander, *Herzog von Württemberg* 370
Karski, Jan 365
Kaufmann, Franz 254
Kehrer, Josef 460 f.
Keil, Wilhelm 370
Keitel, Wilhelm 304, 427
Kerrl, Hanns 159, 169, 183
Kesten, Hermann 52
Ketteler, Wilhelm Emanuel von 125 f., 184, 366, 372
Kiep, Otto 376 f.
Killinger, Manfred von 40
Kinder, Ernst 402
Klausener, Erich 158
Klee, Paul 332

Kleist, Berndt von 415
Kleist, Ewald-Heinrich von 413 f.
Kleist-Schmenzin, Ewald von 385, 408
Klemperer, Klemens von 470
Klemperer, Viktor 338
Klenze, Leo von 133
Klepper, Jochen 71, 194
Klepper, Otto 477
Klingenbeck, Walter 287
Kluge, (Hans) Günther von 384, 423
Knauf, Erich 41, 44
Knöchel, Wilhelm 78 f.
Knoeringen, Waldemar von 106
Knoop, Bernhard 332 f.
Koch, Erich 360
Koch, Werner 176
Koch-Weser, Erich 477
Kochmann, Martin 294 f., 297, 301
Kochmann, Sala, geb. Rosenbaum 294, 297, 301
Koebel, Eberhard 328
Koegel, Max 81 f.
Köhler, Hanns Erich 43
Köhler, Heinrich 374
König, Lothar 190, 389
Koerber, Adolf Viktor von 62
Körner, Theodor 25, 314 f.
Kollwitz, Käthe 53
Kolping, Adolph 101, 164, 371
Korotkow, Alexander M. 229 f.
Kościuszko, Tadeusz 9
Kottmann, Max 183
Kraft, Friedrike 150
Krakauer, Ines 273
Krakauer, Max 273
Krause, Reinhold 164
Krausnick, Helmut 402–404

Krauss, Werner 223
Kreyssig, Lothar 173 f.
Kroch, Elly, geb. Voss 247, 249 f.
Kroch, Ernst 247–250
Kroch, Heinz 247
Kroch, Ludwig 247, 249 f.
Kroch, Suse 247
Krone, Heinrich 203
Krützfeld, Wilhelm 266
Krumme, Werner 270
Kucharski, Heinz 350–352
Kuckhoff, Adam 220 f., 226, 229
Kuckhoff, Greta, geb. Lorke 220 f., 226, 235, 238 f.
Küchenmeister, Walter 217
Kühn, Heinz 472
Künneth, Walter Heinrich 401–403
Kuenzer, Richard 377
Kürschner, Erich 106
Küster, Fritz 46
Küstermeier, Rudolf 103 f.
Kusenberg, Kurt 42, 44

LaFarge, John 194 f.
Lafrenz, Traute 306, 337, 351
Lammers, Hans Heinrich 183
Lampe, Adolf 378 f.
Landahl, Heinrich 357
Landgraf, Josef 285
Lang, Hilda 143
Lange, Hermann 189
Langenbucher, Hellmuth 51
Lasker, Anita 269
Lasker, Renate 269
Latte, Ellen 270
Latte, Konrad 269 f.
Latte, Manfred 269
Latte, Margarete 269

Lautenschläger, Hans 224
Leber, Julius 98, 100, 374, 389 f.
Lechleiter, Georg 78
Leer, Johann von 210
Legien, Carl 102
Lehndorff, Heinrich von 415
Leiber, Robert 412
Leibniz, Gottfried Wilhelm 334
Leiling, Ottoheinz 457 f.
Leipart, Theodor 100, 102
Leipelt, Hans Konrad 343–349, 351
Leipelt, Katharina 344, 347, 351
Leipelt, Konrad 344
Leipelt, Maria 347
Leist, Fritz 328 f.
Lenin, Wladimir Iljitsch 226
Lenz, Friedrich 220
Lessing, Gotthold Ephraim 62
Lessing, Theodor 34
Letterhaus, Bernhard 372
Leuschner, Wilhelm 98, 100 f., 103, 358, 371–374, 383, 390
Ley, Robert 100, 427
Leyens, Erich 251 f.
Lichtenberg, Bernhard 177, 204
Limpert, Robert 452–454
Linsert, Ludwig 111
Linsert, Margot 111
Lipschitz, Joachim 279
List, Friedrich 370
Litten, Fritz Julius 53
Litten, Hans Achim 53–55
Litten, Irmgard 54
Lobbes, Hans 139
Löbe, Paul 57, 89
Löhr, Elfriede 193
Loewenheim, Ernst 106
Loewenheim, Walter 105 f.
Löwenstein, Hubertus zu 434

Löwenthal, Richard 106
Lohmann, Klaus 177
Lossow, Otto von 132
Ludendorff, Erich 132, 436
Ludwig, Emil 50
Lüttwitz, Walther von 26, 48, 99, 102
Lukaschek, Hans 389, 394
Luppe, Hermann 356
Lustiger, Arno 246 f.
Luther, Martin 51, 62, 118, 160, 164, 455
Lutter, Kurt 129

Maier, Reinhold 35, 356, 370
Malsen-Ponickau, Johann-Erasmus von 69 f.
Maltzan, Maria von 274
Mann, Heinrich 53, 91, 114 f.
Mann, Thomas 45, 53, 316 f., 352, 400, 434, 470
Mannaberg, Hans 299, 301
Manstein, Erich von 423
Marc, Franz 331 f.
Marschall, Georg 281
Martin, Alfred von 339
Marx, Karl 91, 103 f., 223, 293
Mayer, Rupert 170–172
Mazzini, Giuseppe 9
Mehnert, Klaus 220
Meier, Luise 265
Meinecke, Friedrich 159, 463–466
Mendelson, Ernst 201
Mendelson, Paul 200 f.
Mendelssohn, Moses 380
Mendelssohn-Bartholdy, Felix 380 f.
Mengele, Josef 209
Mengelin, Kurt 104

Mertens, Gertrud 337
Mertens, Viktor 337
Mertz von Quirnheim, Albrecht 419, 425
Metzger, Max Josef 170, 188
Meusel, Marga 160–162
Meyer, Conrad Ferdinand 118
Meyer, Ernst 452 f.
Meyer, Gerd 301
Miederer, Martin 167
Mielke, Erich 239
Mierendorff, Carlo 57, 98, 373, 389–391
Moeller van den Bruck, Arthur 121 f.
Mörtel, Sepp 110
Moltke, Freya von 396
Moltke, Helmuth James von 74, 230, 360, 388 f., 391–393, 395 f., 467
Mommsen, Hans 385 f.
Montini, Giovanni Battista *siehe* Paul VI., Papst
Moser von Filseck, Carl 66 f.
Mozart, Wolfgang Amadeus 465
Mühsam, Erich 49 f.
Müller, Eduard 189
Müller, Franz Joseph 306
Müller, Heinrich 139, 151
Müller, Hermann 23, 362
Müller, Josef 233, 412
Müller, Karl Alexander von 306, 335, 463
Müller, Maria *siehe* Elser, Maria
Müller, Otto 372
Münzenberg, Willi 114 f.
Murr, Wilhelm 80, 370
Mussolini, Benito 27, 60, 63, 137
Muth, Carl 321, 337 f.

Mutschmann, Martin 174

Napoleon I. Bonaparte, *Kaiser der Franzosen* 9, 63, 225 f., 302, 314, 374, 432
Nause, Franz 97
Nebe, Arthur 139
Nebel, Friedrich *siehe* Sieg, John
Neff, Walter 456
Nelly, *russ. Freundin Alexander Schmorells* 327
Nelson, Leonard 107 f.
Neubauer, Theodor 78
Niedermann, Manfred 142
Niedermann, Mathilde 142
Niehoff, Erna 273
Niehoff, Käthe 273
Niekisch, Ernst 38–41, 220, 228
Niemöller, Martin 152, 168 f., 176, 188, 200, 206
Niemöller, Wilhelm 160
Njanja, *Kinderfrau Alexander Schmorells* 324
Nolde, Emil 332
Nolte, Ernst 153 f.
Novalis, Georg Philipp Friedrich von Hardenberg 312

Oettingen-Wallerstein, Eugen zu 64 f., 69
Ohser, Erich 41–44
Olbricht, Friedrich 384, 413, 419, 425
Oliner, Pearl M. 280
Oliner, Samuel P. 280
Ollenhauer, Erich 89, 93–95, 434
Oppenheimer, Joseph 370
Orbach, Lothar 269
Orbach, Nelly 269

Personenregister

Orbach-Smith, Vivien 269
Orff, Carl 332
Orsenigo, Cesare 137
Ossietzky, Carl von 26, 46, 466
Oster, Hans 71, 233, 357, 373, 405, 407–412, 428
Otto, Ernst 448, 450
Ottwalt, Ernst 26 f.

Paech, Charlotte 295
Pander, Wolfgang 287
Papen, Franz von 13, 23 f., 55 f., 59, 64, 68, 99, 117–128, 366, 368, 375
Paul VI., *Papst* 210
Paul, Elfriede 217, 239
Paulus, Friedrich 436–438
Pavelić, Ante 209
Peters, Hans 389
Petrich, Franz 112
Peuke, Werner 106
Pfempfert, Franz 46
Philippson, Julius 109
Pieck, Wilhelm 76, 432, 446
Pineas, Hermann 261
Pineas, Herta 261
Pius XI., *Papst* 69, 165, 191, 194 f.
Pius XII., *Papst* 137, 195, 205, 207 f., 210 f.
Pla, Josef 31
Planck, Erwin 382
Pobitzer, Franz 209
Poelchau, Harald 269 f., 389 f.
Poincaré, Raymond 63
Pompanin, Alois 209
Popitz, Johannes 374–376, 382, 385
Poser, Magnus 78
Prager, Marianne 298
Prassek, Johannes 189

Preysing, Konrad von 165–167, 204
Pribilla, Max 401–403
Priebke, Erich 209 f.
Probst, Angelika 321, 325, 332 f.
Probst, Christoph 302–305, 307 f., 315 f., 321, 331–334, 337, 339
Probst, Hermann 332
Probst, Herta, geb. Dohrn 333
Probst, Katharina, geb. von der Bank 332
Probst, Katharina Elisabeth Maria 333 f.
Probst, Klaus Michael 333 f.
Probst, Vincent 333 f.
Pünder, Hermann 371, 429
Pungs, Elisabeth 286

Rabenau, Friedrich von 428
Radecki, Sigismund von 337
Ranke-Heinemann, Uta 187
Rascher, Sigmund 456
Rath, Ernst Eduard vom 137, 363
Rathenau, Walther 32, 48
Rauff, Walter 209
Redlich, Erwin 273
Redwitz, Alfons von 69
Redwitz, Franz von 73
Rehmer, Friedrich 222, 224, 228
Reichmann, Hans 35
Reichwein, Adolf 98, 389 f.
Reincke, Oskar 77
Remer, Otto Ernst 421
Remppis, Lisa 319 f.
Rennefeld, Ilse 410
Rennefeld, Otto 410
Renner, Karl 357
Reuber, Ursel 274
Reusch, Paul 383

Reuter, Ernst 86 f., 470
Rewald, Ilse und Werner 270 f.
Ribbentrop, Joachim von 362 f., 415
Rilke, Rainer Maria 68, 318
Rinner, Erich 92–95
Ritter, Gerhard 241–244, 378 f., 386, 464–467
Rittmeister, Eva 223
Rittmeister, John 222–224, 228
Robinsohn, Hans 48 f., 357–359
Roder, Lorenz 306
Roeder, Manfred 232–238, 241, 243, 365, 411
Röhm, Ernst 11 f., 47, 117 f., 124, 127, 158, 360, 398, 404
Römer, Beppo 77 f., 216, 367, 377
Rösch, Augustin 74, 189–190, 391, 389, 401
Roloff, Helmut 228
Rommel, Erwin 384, 423 f.
Roosevelt, Franklin D. 43, 219, 365
Rosenberg, Alfred 169, 402
Rosenberg, Ludwig 102
Rosenstock-Huessy, Eugen 389
Rosenthal, Else 272
Rosenthal, Gert 272
Rosenthal, Hans 267, 271–273
Rosenthal, Kurt 272
Rothe, Margaretha 351
Rothemund, Marc 354
Rothfels, Hans 243 f., 386–388
Rotholz, Heinz 301
Rotholz, Lotte 295
Rotholz, Siegbert 295, 298
Rowohlt, Ernst 28, 220
Ruckdeschel, Ludwig 459
Rühmann, Heinz 419
Rundstedt, Gerd von 128, 423
Rupprecht, *Kronprinz von Bayern* 65–69, 72 f.

Sack, Karl 428
Saefkow, Anton 78, 98, 390
Salinger, Lothar 295, 298
Salomon, Ernst von 220
Samberger, Leo 303
Sauer, Friedrich 402
Savigny, Friedrich Carl von 126
Schacht, Hjalmar 376, 380
Schäffer, Fritz 68
Schairer, Erich 46
Scharff, Werner 252 f.
Scheel, Heinrich 224 f.
Scheidemann, Philipp 89
Scheliha, Renata von 365
Scheliha, Rudolf von 364–366
Schenk, Manfred 273
Scherer, Georg 456
Scherpenberg, Hilger van 376 f.
Schertling, Gisela 306, 337
Schewe, Marthchen 273
Schill, Ferdinand von 9
Schiller, Friedrich 30, 309
Schindler, Oskar 267
Schlabrendorff, Fabian von 242 f., 367, 371, 414 f.
Schlegelberger, Franz 182
Schleicher, Kurt von 23, 405
Schleiter, Franz 106
Schmalz-Jacobsen, Cornelia, geb. Helmrich 265, 282 f.
Schmetzer, August 447
Schmich, Günther 328
Schmid, Jakob 305
Schmid, Jonathan 80
Schmitt, Carl 375

Schmitt, Joseph 64
Schmitz, Elisabeth 159 f.
Schmorell, Alexander 221, 306–312, 315 f., 321–326, 329, 331 f., 337 f., 341 f.
Schmorell, Hugo 324
Schnabel, Franz 463
Schneider, Gustav-Adolf 189
Schneider, Paul 189
Schneider, Reinhold 71
Schönbeck, Maria 273
Schönfeld, Erika 227
Schönhaus, Cioma 254
Schoettle, Erwin 106
Scholl, Elisabeth 317, 322 f.
Scholl, Hans 284, 300, 302–313, 315–322, 326 f., 329–331, 337–339, 341–343, 346, 350–354, 388
Scholl, Inge 317–320, 322 f., 338, 353
Scholl, Magdalena (Lina), geb. Müller 317 f., 322
Scholl, Mathilde 317
Scholl, Robert 303, 317 f., 320–323, 338
Scholl, Sophie 284, 300, 302–308, 313, 317–319, 321 f., 330, 334, 337–339, 341, 343, 346, 350–354, 388
Scholl, Werner 317–319, 322
Schottmüller, Oda 217, 227, 233
Schröder, Karl 104
Schubart, Christian Friedrich Daniel 370
Schubert, Franz 465
Schüddekopf, Katharina 306, 337
Schürmann-Horster, Wilhelm 227
Schulenburg, Friedrich Bernhard von der 359 f.

Schulenburg, Friedrich-Werner von der 360 f., 385
Schulenburg, Fritz-Dietlof von der 360 f.
Schultz, Bruno 44
Schulz, Hedwig, geb. von Perfall 347
Schulz, Johann 347
Schulze-Boysen, Harro 216–218, 221–232, 234, 237–244, 294
Schulze-Boysen, Libertas, geb. Haas-Heye 217 f., 221, 232
Schumacher, Elisabeth 217, 227
Schumacher, Kurt 57–60, 87, 95
Schumacher, Kurt 217, 225
Schumann, Georg 77 f.
Schuschnigg, Kurt 429
Schrems, Theobald 167
Schwab, Alexander 104, 225
Schwamb, Ludwig 373
Schwammberger, Josef 210
Schwantes, Martin 78
Schwarz, Max 339
Schwarz, Willi 104
Schwarzenberger, Hans 448 f.
Schwarzschild, Leopold 46
Schwerin-Krosigk, Johann Ludwig 364
Schwersenz, Jizchak 253
Schwinge, Erich 450
Seiff, Franz 459
Seisser, Hans von 132
Sendtner, Kurt 401, 403
Seutter von Lötzen, Wilhelm 72 f.
Severing, Carl 24, 373, 471
Seybold, Katrin 354
Seydlitz-Kurzbach, Walther von 427, 434, 436
Sieg, John 216, 221

Simon, Max 448–450
Siri, Giuseppe 209
Soden, Josef Maria von 69
Söhngen, Joseph 339
Solf, Johanna (Hanna) 376 f.
Solf, Wilhelm 376
Sommer, Margarete 204
Sontheimer, Kurt 127
Sostschenko, Michail 41
Speer, Albert 126
Spellmann, Francis 210
Spengler, Oswald 71
Sperr, Franz 73 f., 356
Spielberg, Steven 267
Spoerl, Alexander 227
Sproll, Joannes Baptista 166 f.
Stachanow, Alexei Grigorjewitsch 293
Stadtmüller, Georg 402
Stahl, Erna 350
Stahl, Heinrich 279
Stalin, Josef 43, 211, 221, 244, 326, 360 f., 433–435, 471
Stampfer, Friedrich 58, 89 f., 92 f., 96, 476
Stangl, Franz 209, 212
Stapel, Wilhelm 313
Stapf, Otto 401
Staritz, Katharina 197
Stauffenberg, Alexander Schenk von 416, 429 f.
Stauffenberg, Alfred Schenk von 416
Stauffenberg, Berthold Schenk von 416, 429
Stauffenberg, Caroline Schenk von 416
Stauffenberg, Claus Schenk von 10, 74, 98, 131, 152, 155, 341, 353, 360, 397, 400, 413–417, 419–421, 423, 425 f., 429 f., 470
Stauffenberg, Konstanze Schenk von 429
Stauffenberg, Melitta Schenk von 429 f.
Stauffenberg, Nina Schenk von, geb. von Lerchenfeld 417, 429
Steckert, Kurt 104
Stein, Heinrich Friedrich Karl vom und zum 62, 387
Steinbrinck, Werner 298, 300 f.
Stellbrink, Karl Friedrich 189
Steltzer, Theodor 389, 394
Stengel, Margarethe von 72 f.
Sternberg, Fritz 104
Stevens, Richard Henry 135, 151
Stöbe, Ilse 364 f.
Straßer, Gregor 28, 57, 134 f., 360
Straßer, Otto 129, 134 f.
Strassmann, Ernst 48 f., 357–359
Strauß, Franz Josef 450
Strauß, Walter 162
Streicher, Julius 129, 356
Strelow, Heinz 224
Strinz, Willi 104
Stroessner, Alfredo 250
Strünck, Theodor 428
Stülpnagel, Carl-Heinrich von 413, 426
Suchanek, Willy 83
Suhr, Albert 351 f.
Suhrkamp, Peter 218
Sylten, Werner 203

Tack, Franz 330
Tau, Max 220
Terwiel, Johannes 227
Terwiel, Maria 227 f., 233

Teuber, Hedwig (Oma) 273
Teuber, Grete 273
Teuber, Rosa 273
Teuber, Hilde 273
Thadden, Elisabeth von 377
Thälmann, Ernst 58 f., 151
Thape, Ernst 113 f.
Thiel, Fritz 228
Thoeren, Marianne 329
Thomas, Georg 409
Tillich, Ernst 176
Tillich, Paul 389
Tirpitz, Alfred von 216, 361 f.
Todt, Fritz 281
Toller, Ernst 27
Treitschke, Heinrich von 386
Trepper, Leopold 230
Treppesch, Franz 346 f.
Treptow, Erich 271
Treptow, Maria 271
Tresckow, Henning von 367, 413–416, 423
Treviranus, Gottfried 402
Trotha, Carl Dietrich von 389
Trott zu Solz, Adam von 230, 366, 389, 393, 396
Trotta, Margarethe von 257
Trotzki, Leo 46
Tschirschky, Fritz Günther von 125
Tucholsky, Kurt 25, 46, 53, 466

Uhl, Friedrich 447
Uhrig, Robert 77 f., 216, 367, 377
Uhse, Beate 419
Ulbricht, Walter 76, 115, 432
Unruh, Friedrich Franz von 60–62
Unruh, Fritz von 60
Urzidill, Johannes 364

Vagts, Alfred 357
Vansittart, Robert 96
Vedenskaja, Natalie 324
Verhoeven, Michael 354
Vermehren, Isa 429
Vilter, Hans-Rudolf 440
Vötter, Charlotte 299
Vötter, Hans Georg 298 f.
Vogel, Adalbert 461
Vogel, Fritz 444–446
Vogel, Hans 89, 92 f., 95
Volkov, Shulamit 385
Vollmer, Georg 148
Vollmer, Karl 144
Von dem Bussche, Axel 413 f.
Vossler, Karl 354
Vrba, Rudolf 365

Wachenheim, Hedwig 476
Wächter, Otto 210
Wagner, Eduard 382
Wagner, Gustav Franz 210
Wagner, Joseph 366
Wagner, Richard 167, 379
Waldburg-Zeil, Erich von 72
Walther, Irene 301
Weber, Andreas Paul 39 f.
Weber, Anton 211
Weber, Christian 132, 458
Wehner, Herbert 470
Weichmann, Elsbeth 93 f., 96
Weichmann, Herbert 93 f., 96
Weidt, Otto 276
Weinert, Erich 432
Weinkauff, Karl August 401–403
Weisenborn, Günther 217–219, 227, 235, 238
Weiser, Grethe 218
Weiß, Heinrich 72 f.

Weißler, Friedrich 175 f.
Wels, Otto 88 f., 91–93
Wendt, Willy 97
Werfel, Franz 94, 364
Wesse, Suzanne 301
Wessel, Horst 375
Wetzler, Alfréd 365
Wieland, Heinrich 344, 346, 349
Wilhelm I., *Deutscher Kaiser* 362
Wilhelm II., *Deutscher Kaiser* 50, 59, 121, 216, 262, 360, 369, 479
Willbrandt, Hannelore 351
Windthorst, Ludwig 203, 369
Winkler, Hans 252 f.
Wirmer, Josef 357 f., 372 f.
Wirth, Josef 477
Wiskolo, Eberhard 106
Wiskolo, Wolfgang 106
Witzleben, Erwin von 384, 404, 407, 409, 421

Witzleben, Hermann von 401 f., 404
Wolf, Walter 113 f.
Wolff, Edith 253 f.
Wolff, Theodor 45
Wolfmeyer, Leonhard 448 f.
Wüst, Walther 305
Wurm, Alois 172
Wurm, Theophil 182, 184

Xammar, Eugeni 31 f.

Yorck von Wartenburg, Peter 388 f., 391, 393, 395 f.

Zechlin, Egmont 223
Zinn, Karl 104
Zöberlein, Hans 460
Zörgiebel, Karl 53
Zott, Josef 72 f.
Zweig, Arnold 52 f.
Zypries, Brigitte 442

Wolfgang Benz
bei C.H.Beck

Deutsche Juden im 20. Jahrhundert
Eine Geschichte in Porträts
2011. 336 Seiten mit 32 Abbildungen. Gebunden

Theresienstadt
Eine Geschichte von Täuschung und Vernichtung
2013. 281 Seiten mit 46 Abbildungen und 1 Karte. Gebunden

Lexikon des Holocaust
Herausgegeben von Wolfgang Benz
2002. 264 Seiten. Paperback
Beck'sche Reihe Band 1477

Was ist Antisemitismus?
2. Auflage. 2005. 272 Seiten. Gebunden

Die Feinde aus dem Morgenland
Wie die Angst vor den Muslimen unsere Demokratie gefährdet
3. Auflage. 2016. 220 Seiten. Broschiert
Beck Paperback Band 6073

Die 101 wichtigsten Fragen – Das Dritte Reich
3. Auflage. 2013. 144 Seiten. Paperback
Beck'sche Reihe Band 7007

Der Holocaust
9., aktualisierte Auflage. 2018. 127 Seiten. Broschiert
C.H.Beck Wissen Band 2022

Die Protokolle der Weisen von Zion
Die Legende von der jüdischen Weltverschwörung
3. Auflage. 2017. 128 Seiten mit 19 Abbildungen.
C.H.Beck Wissen Band 2413

Verlag C.H.Beck München

Der Ort des Terrors
Geschichte der nationalsozialistischen Konzentrationslager

Herausgegeben von Wolfgang Benz und Barbara Distel,
Redaktion: Dr. Angelika Königseder.

Bd. 1: Die Organisation des Terrors
2. Auflage. 2008. 394 Seiten mit 12 Abbildungen. Leinen

Bd. 2: Frühe Lager, Dachau, Emslandlager
2. Auflage. 2015. 607 Seiten mit 17 Abbildungen und 3 Karten. Broschiert

Bd. 3: Sachsenhausen, Buchenwald
2. Auflage. 2016. 660 Seiten mit 2 Karten und 16 Abbildungen. Broschiert

Bd. 4: Flossenbürg, Mauthausen, Ravensbrück
2. Auflage. 2018. 644 Seiten mit 3 Karten und 24 Abbildungen. Broschiert

Bd. 5: Hinzert, Auschwitz, Neuengamme
2007. 591 Seiten mit 25 Abbildungen und 3 Karten. Leinen

Bd. 6: Natzweiler, Groß-Rosen, Stutthof
2007. 840 Seiten mit 3 Karten und 30 Abbildungen. Leinen

Bd. 7: Wewelsburg, Majdanek, Arbeitsdorf, Herzogenbusch (Vught), Bergen-Belsen, Mittelbau-Dora
2008. 360 Seiten mit 9 Abbildungen und 20 Karten. Leinen

Bd. 8: Riga-Kaiserwald, Warschau, Vaivara, Kauen (Kaunas), Plaszów, Kulmhof/Chelmno, Belzéc, Sobibór, Treblinka.
2008. 464 Seiten mit 10 Abbildungen und 11 Karten. Leinen

Bd. 9: Arbeitserziehungslager, Ghettos, Jugendschutzlager, Polizeihaftlager, Sonderlager, Zigeunerlager, Zwangsarbeitslager
2009. 656 Seiten mit 11 Karten und 22 Abbildungen. Leinen

Verlag C.H.Beck München

Die Deutschen und der Nationalsozialismus
Herausgegeben von Norbert Frei

Moritz Föllmer
'Ein Leben wie im Traum'
Kultur im Dritten Reich
2016. 288 Seiten mit 5 Abbildungen. Klappenbroschur
Beck Paperback Band 6174

Birthe Kundrus
'Dieser Krieg ist der große Rassenkrieg'
Krieg und Holocaust in Europa
2018. 336 Seiten mit 5 Abbildungen. Klappenbroschur
Beck Paperback Band 6176

Markus Roth
'Ihr wißt, wollt es aber nicht wissen'
Verfolgung, Terror und Widerstand im Dritten Reich
2015. 296 Seiten mit 5 Abbildungen. Klappenbroschur
Beck Paperback Band 6173

Tim Schanetzky
'Kanonen statt Butter'
Wirtschaft und Konsum im Dritten Reich
2015. 272 Seiten mit 5 Abbildungen. Klappenbroschur
Beck Paperback Band 6175

Dietmar Süß
'Ein Volk, ein Reich, ein Führer'
Die deutsche Gesellschaft im Dritten Reich
2017. 303 Seiten mit 4 Abbildungen. Klappenbroschur
Beck Paperback Band 6172

Verlag C.H.Beck München